9·7급 공무원 시험대비

박문각 공무원

기본서

변화하는 공무원 국어를 위한
젊은 감각 국어

최근 출제 경향을 반영한 실전 대비 이론서

방대한 공무원 국어를 체계적으로 구조화

풍부한 확인문제 및 상세한 해설 수록

천지현 편저

동영상 강의 www.pmg.co.kr

천지현 생각의 기술 The콕 국어

이 책의 **머리말**

'무작정 열심히' 대신 '나무보다 숲 먼저' 보길

많은 수험생의 가장 큰 불만 중의 하나는 같은 분량의 내용을 공부하는 데 다른 수험생들보다 시간이 많이 걸린다는 것입니다. 물론 그만큼 꼼꼼하게 공부하기 때문이기도 하지만, 스스로 답답하게 생각하면서도 부분은 교수님께서 절대 시험에 나오지 않는다고 말씀하신 부분까지도 건너뛰질 못하고 자세히 읽고 심지어 외우기까지 하지 않으면 다음 진도로 넘어가지 못합니다. 결과적으로 점수가 나쁘게 나오는 것은 아니지만, 다른 수험생들과 견주어 너무 많은 시간을 들이게 되는 것이 싫다는 것입니다.

수험생의 그런 불만은 공부하고 있는 내용을 완벽하게 이해하고 자신의 것으로 만들려는 당찬 욕심에서 나온 것일 것입니다. 본인이야 그다지 성에 차지 않겠지만, 오히려 칭찬을 해주고 싶은 부분임에 틀림없습니다. 다만 한 가지, 너무 세세한 내용을 완벽하게 공부해 들어가기 전에 전체적인 안목을 가질 필요는 있습니다.

변화하고 있는 공시 국어에 맞는 학습을 해야 합니다.

"너무 열심히만 공부하지 마세요."
물론 이 말은 공부를 하지 말라는 의미가 아닌 것을 우리는 압니다. 전체적인 그림을 먼저 그리기 전에 너무 빨리 세부적인 내용을 열심히 외우려 하지 말라는 뜻입니다. 수험생들이 이 방법을 보다 잘 사용해 덜 열심히(?) 공부하도록 하기 위해서는 무엇이 필요할까요?
수험생들의 불안감을 떨칠 수 있는 변화된 공시국어 학습법을 제대로 제시해 줄 수 있는 선생과 교재라고 생각합니다.

<천지현 The콕 국어 생각의 기술편>으로 변화된 공시국어 준비부터 마무리까지!

“합격국어”

- 변화하는 공무원 국어를 위한 젊은 감각 -
고득점을 결정짓는 문제를 반드시 정복해야 합니다!!

안녕하세요. 공무원 국어 천지현T입니다.
절실한 수험생들을 위한 꼼꼼하고 전략적인 <박문각 공무원 The콕 국어 생각의 기술>은 어떤 난도에도 흔들리지 않는 실전 적용 공무원 국어 수험서입니다.

우리 수험생들에게는
첫째, 방대한 양을 철저하게 구조화할 수 있는 교재!
둘째, 약점을 극복하고 함정을 피하는 기술을 학습할 수 있는 교재!
가 필요합니다.

<박문각 공무원 The콕 국어 생각의 기술>로 기본기를 철저히 다진 후, 정확한 출제 경향 제시와 함께하는 적중 예상문제 그리고 요약집으로 다시 만나 뵙겠습니다.

“합격하고 이별해요.”

천지현 드림

ANALYSIS

구성과 특징

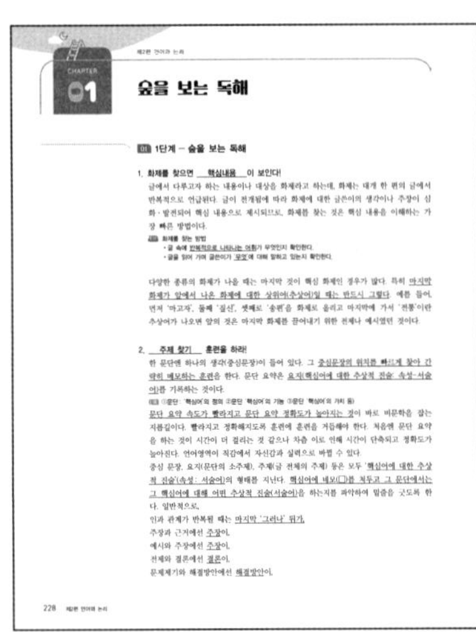

❶ 최신 출제 경향을 반영한 실전 대비 이론서

최신 출제 경향을 반영한 기본 이론서로, 변화된 출제 기조에 완벽히 대비할 수 있도록 하였습니다.

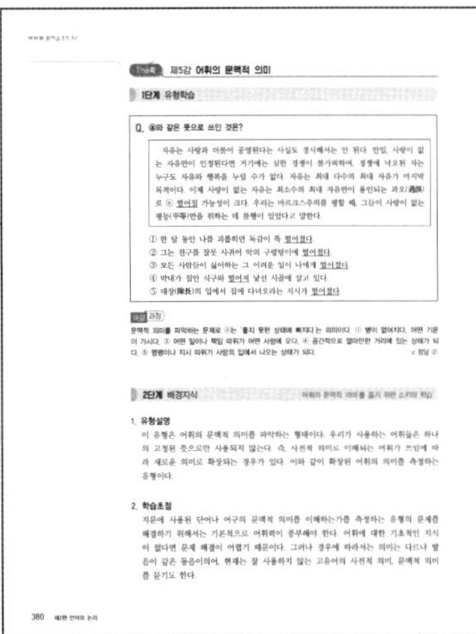

❷ 방대한 공무원 국어를 체계적으로 구조화

방대한 분량의 공무원 국어를 문법, 독해, 어휘 등 전 영역에 걸쳐 체계적으로 구조화하였습니다.

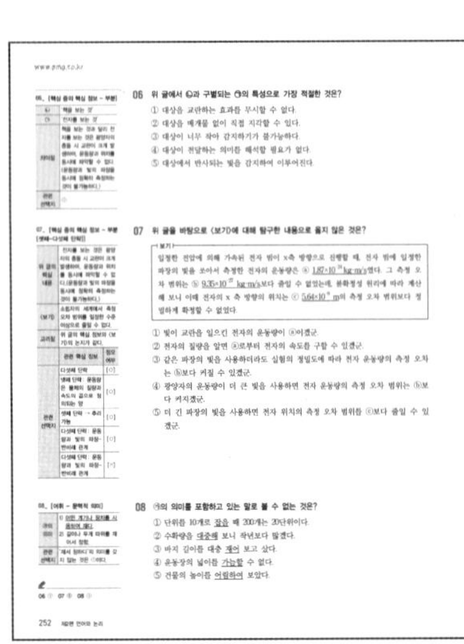

❸ 풍부한 확인문제 및 상세한 해설 수록

관련 이론에 따른 풍부한 확인문제를 수록하였으며, 이에 대한 상세한 해설을 수록하였습니다.

커리큘럼

천지현 국어

1. 이론 입문 기본개념(기초) + 어휘 다지기 학습 + 내 손으로 쓰는 입문 코드명지도	1) 전 영역별 학습 요령을 터득하고 기본 개념 학습 2) 기초적인 내용부터 차근차근 3) 완전 분석을 통한 완전학습
2. 기본 (+ 심화이론) 개념완성(기본)	1) 정확하고 철저한 출제경향 분석 2) 방대한 국어 내용을 체계적으로 도식화 정리 3) 꼼꼼하고 구조화되는 수업
3. 개념완성(심화)	1) 기본 과정에 이은 개념 심화학습 2) 2개월 2회독 심화과정 3) 개념 이해와 적용력 훈련
4. 기출+ 단원별 문풀	1) 문제풀이와 연계된 이론까지 정리 2) 최신 기출 문제 ⇨ 국어 파트별 학습포인트 파악 3) 다양한 문제와 The콕 특수 해설지 ⇨ 실전 감각을 최상으로 높여주는 강의
5. 동형모의고사+ 약점체크	1) 주제별로 다양한 형태의 문제 접근 ⇨ 자신의 취약파트 해결 2) 실전 대비 훈련 ⇨ 고득점을 내게 해주는 솔루션 강의 3) 지속적 문제풀이로 자연스러운 훈련 ⇨ 실전 최적화 모의고사
6. 테마별 특강 + 내 손으로 쓰는 6 테마별 코드명 지도	[독해] 1) 장문 독해와 어려운 지문에도 굴하지 않는 쉽고 바른 독해법을 제시 2) 7법칙과 신호등 이론으로 독해 완전 정복 3) 기출과 동형문제를 통한 마무리까지! [논리논증] 시험에 나오는 내용만으로! 출제자의 관점으로 분석하여 접근방법 이해 및 최신경향 파악 [어휘 문법] 1) 특별 제작한 '내 손 안의 000'과 '000 Test'지를 제공 2) 사례를 통한 명확한 개념 확립
7. 최종단기 특강	1) 시험 전 꼭 듣고 가는 이론 전체 정리과정 2) 입실 5분 전, 실전 훈련까지! 3) 출제 예상 부분을 집중 요약정리

출제경향 분석

공무원 국어 예시 문제 2차 추가 공개

변화와 대비 전략

경향 분석

실용적이고 실전적인 문제들이 출제

해결책

결국~!! 어떤 난도와 유형에도 흔들리지 않는 공부

변화

9급의 국가직/지방직 국어 시험은 지식암기 위주에서 현장 직무중심으로 바뀌어 가고 있습니다. 23년 11월 공개한 1차 예시 문제에 이어, 문제 유형 적응을 돕기 위한 제2차 예시문제를 지난 24년 8월 5일에 제시했습니다. 1차 예시문제 공개 후, 약 8개월이 지나 제시된 2차 문제는 1차 유형과 비슷했으나, 논리 파트에서 좀 더, 세분화된 유형을 제시하고 있습니다.
전체적으로 기본적인 국어능력과 이해추론, 비판력 등 사고력을 요구하는 문제로 구성되었으며, 업무수행에 필요한 실용적인 능력을 올릴 수 있는 문해력 위주의 문제들입니다.
문제의 유형은 큰 차이가 없으나, 난이도 면에서는 1차보다 2차에서 좀 더 쉬운 경향을 보였으며, 이는 추후의 시험에서 얼마든지 달라질 수 있습니다.

1. 문법 및 어휘: 실용적으로 적용할 수 있는 능력을 평가
   통합형 문제 ⇨ 주어와 서술어의 호응, 맞춤법, 문장 성분 분석 등 - 기본적인 문법 지식을 평가
   세트형 문제 ⇨ 문맥적 의미, 지시적 의미 등 - 다양한 단어의 의미와 사용을 이해하는 능력

2. 비문학 독해
   · 논리적 흐름을 이해하고 내용을 정리하는 능력 + 논리적 사고와 비판적 분석을 요구하는 문제가 강화
   · 논설문, 설명문 등 다양한 비문학 지문을 읽고 내용을 이해하는 능력: 주제 파악, 요약, 논리적 추론 + 단순한 내용 이해를 넘어, 지문에서 논리적 흐름을 파악하고 비판적으로 분석할 수 있는 능력

3. 문학 작품 이해
   · 문학적 장치와 기법, 사회적, 역사적 배경을 함께 고려한 평론의 글들을 읽어보는 연습
   · 작품을 읽고 나서 자신의 생각을 정리하고, 작품의 문학적 가치를 평가해보는 연습 (함축적/문맥적의미)
   · 문학 작품에 대한 이해도 높이기

4. PSAT (Public Service Aptitude Test) 논리
   - **공통점**
     - 논리적 사고와 비판적 분석을 요구하는 문제
     - 복잡한 논리 구조를 파악하고 추론하는 능력을 평가

• **차이점**
- PSAT: 주로 공직 적합성을 평가하는 데 중점, 논리적 사고와 문제 해결 능력을 평가
- 공무원 국어: 문법, 어휘, 문학 이해 등 다양한 분야를 종합적으로 평가, 독해형

대비 전략

바뀐 기조에 맞게 올바른 학습 방향을 잡고, 정확하게 학습해야 합니다.
지식 암기형의 문제들, 예를 들어 어문규정과 고유어, 한자어 등의 단순 암기식의 지엽적인 학습은 지양해야 합니다. 또 개별 문학 작품의 분석형 문제 또한 거의 출제되지 않을 문제 유형으로, 문학 평론을 읽고 이를 이해할 수 있도록 폭넓은 학습이 필요합니다. 국어 전 영역 문해력을 요구하고 있습니다.
2025년 9급 출제기조 변화의 가장 유의미한 부분 중의 하나는 민간 시험과의 호환성 강화입니다. NCS, PSAT 등의 문제 유형들을 가져와서 9급 공무원 국어 시험에 반영을 하는 것입니다. 그래서 비문학 문형이 강화될 수밖에 없고 그중, 추론형의 문제를 많이 출제할 것으로 보입니다. psat형 전제-결론, 참-거짓, 강화-약화 등 문제에 대한 철저한 대비가 필요합니다. 전체적으로 추론과 비판 논리 문제를 꾸준히 연습해서 문해력을 높여야 합니다.

1. 기초 문법 다지기
- 기본적인 문법 규칙을 철저히 이해하고, 실제 문장에서 오류를 찾는 연습
- 실용적인 문법 지식을 습득하기 위해서는 다양한 문장 사례를 통해 반복 학습하는 것이 중요

2. 다양한 비문학 지문 읽기: 논리적 사고력 기르기
- 다양한 주제의 비문학 지문을 많이 읽고 요약하는 연습
- 논설문, 설명문, 보고서 등 다양한 유형의 글을 읽고, 주제와 요점을 파악하는 연습
- 지문의 논리적 흐름을 파악하고 비판적으로 분석하는 연습

3. 문학 작품 분석 및 감상
- 문학적 장치와 기법, 사회적, 역사적 배경을 함께 고려한 평론의 글들을 읽어보는 연습
- 작품을 읽고 나서 자신의 생각을 정리하고, 작품의 문학적 가치를 평가해보는 연습 (함축적/문맥적의미)
- 문학 작품에 대한 이해도 높이기

4. 논리
- 새로이 출제되는 추론 문제를 대비하기 위해 기초/기본 논리학 학습
- 낯선 소재의 글을 정확하고 빠르게 읽고 다양한 유형의 문제들을 풀어보는 연습을 꾸준하게 해야 함.

CONTENTS

이 책의 차례

제2편 언어와 논리

천지현 The콕 국어

생각의 기술

합격까지 박문각

PART 01

문법과 어휘

제1장 언어와 국어
제2장 음운론
제3장 형태론
제4장 통사론
제5장 국어사-고대/중세/근대
제6장 문법 · 어법 총정리
제7장 문맥으로 보는 어휘(독해력까지 UP!)

언어와 국어

01 언어의 기능

1. 정보적 기능(지시적 기능, 정보 전달의 기능, 표현의 기능)

- 언어를 통해 정보를 전달하는 것
- 정보를 전달하기 위해서는 대상을 지시해야 하기 때문에 정보적 기능이 필요한데, 이를 지시적 기능이라고도 한다.

예 제품 설명서: 이 제품은 전자렌지에 사용을 금합니다.

2. 명령적 기능(감화적 기능, 지령적 기능)

말을 통해 듣는 이가 어떤 행동을 하도록 요구하는 것

예 어머니: 철수야 콩나물 좀 사다 줄래?

3. 친교적 기능(사교적 기능)

말을 통해 친밀한 관계를 형성하고자 하는 것

예 안녕하세요. 만나서 반갑습니다.

4. 정서적 기능(표출적 기능)

- 언어를 통해서 감정이나 태도를 표현하는 것으로 듣는 이와의 소통을 전제로 하지 않고 본능적으로 사용하는 기능
- 화자가 어떠한 의도도 없이 무의식적 반응을 표출하는 기능으로 청자에 대한 요구가 없다.
- 언어의 정서적 기능은 단순히 말뿐만 아니라 표정, 말투, 억양, 높낮이 등을 통해서도 실현된다.

예 오늘 본 영화는 너무 슬펐어.

5. 미적 기능(미학적 기능, 심미적 기능, 시적 기능)

- 언어를 되도록 듣기 좋고, 읽기 좋고 효과적으로 전달되도록 언어로 표현하는 기능
- 메시지를 효율적으로 전달하기 위해 미적으로 꾸미는 기능

예 가는 말이 고와야 오는 말이 곱다. (대구)

6. 관어적 기능

- 어떤 단어나 개념을 정확히 풀이 하거나 자국어와 외국어의 의미를 대응시키는 기능
- 새로운 언어의 습득과 지식의 체계화에 필요함(메타언어).

7. 지식과 정보 보존의 기능

- 지식과 정보를 보존하여 후대에 물려주는 기능
- 언어를 통해서 지식을 보존하고 축적해 가는 기능

02 국어의 특질

1. 음운상의 특질

(1) 파열음 계열의 삼중 조직

예사소리 – 된소리 – 거센소리 (삼지적 상관속)

예 ㄱ–ㄲ–ㅋ, ㄷ–ㄸ–ㅌ, ㅂ–ㅃ–ㅍ

(2) 두음 법칙

단어의 첫소리에 다음과 같은 소리가 오지 않는다.

① 둘이상의 자음

② 유음 'ㄹ'

예 한자음 '라/로/루' → '나/노/누'
한자음 '랴/려/류/류/리' → '야/여/유/유/이'

③ 'ㅑ, ㅕ, ㅛ, ㅠ, ㅣ' 앞의 'ㄴ' → ㅇ

(3) 음절 끝소리 규칙

자음이 음절 끝에 올 때 터지지 아니하고 닫힌 상태로 발음되는 현상, 대표음으로 발음된다.

① 음절 끝에서 단독으로 발음될 때

예 부엌[부억], 낮, 낯[낟], 앞[압]

② 자음과 연결될 때

예 부엌문[부억문 → 부엉문] 낮밤[낟밤 → 낟빰] 잎사귀[입싸귀]

③ 모음으로 시작되는 실질형태소와 결합할 때

예 흙 위[흑 위 → 흐귀], 옷 안[옫 안 → 오단]

대표음

ㄱ ㄲ ㅋ → [ㄱ]
ㄷ ㅌ ㄸ ㅅ ㅆ ㅈ ㅊ ㅎ → [ㄷ]
ㅂ ㅍ → [ㅂ]

(4) 모음 조화

① 양성 모음은 양성 모음끼리, 음성 모음은 음성 모음끼리

② 의성어, 의태어, 어간과 어미의 연결

예 뛰뛰, 말랑말랑, 깎아, 먹어

(5) **모음 동화('ㅣ' 모음 동화)** → 표준 발음으로 인정 안됨. (일부 인정)

'ㅣ' 모음 앞뒤의 모음이 'ㅣ' 모음을 닮아 'ㅣ' 모음과 비슷한 소리(전설 모음)으로 변하는 현상

① **순행 동화**: 앞의 'ㅣ'가 뒤의 소리를 변화

예 살리어 → [살리여]

② **역행 동화**: 뒤의 'ㅣ'가 앞의 소리를 변화

예 손잡이 → [손잽이]

(6) **자음 동화** → 표준 발음으로 인정

① 비음화(콧소리되기): 비음(콧소리)가 아닌 소리가 비음(콧소리)에 동화되어 비음(콧소리)로 변하는 것

예 밥물 → [밤물], 받는다 → [반는다], 종로 → [종노]

② 설측음화(혀옆소리되기): 설측음(혀옆소리)가 아닌 소리가 설측음(혀옆소리)에 동화되어 설측음(혀옆소리)으로 변하는 것

예 신라 → [실라](역행), 칼날 → [칼랄](순행)

(7) **음상의 발달**

자음이나 모음을 바꿈으로써 느낌(어감)이 달라지거나 뜻이 달라지는 현상

① 어감이 달라지는 경우

- 자음: 강한 느낌(예사소리 < 된소리 < 거센소리)

  예 빙빙 – 삥삥 – 핑핑
- 모음: 양성이 음성보다 '작고, 밝고, 경쾌하고, 가볍고, 명랑한' 느낌

  예 방글방글 – 벙글벙글, 살살 – 슬슬, 옴찔 – 움찔

② 뜻이 달라지는 경우

- 자음 예 덜다 – 털다, 뛰다 – 튀다, 마당 – 바탕
- 모음 예 맛 – 멋, 살 – 설, 낡다 – 늙다, 남다 – 넘다

2. 어휘상의 특질(형태적 특질)

(1) 다량의 한자어가 유입되었다.

(2) 높임말이 발달되어 있다.

(3) 감각어가 발달되어 있다.

(4) 상징어가 발달되어 있다.

① 소리, 동작, 형태를 모사한 것(의성어, 의태어)

② 접미사가 붙어 사물이나 동물의 명칭으로도 쓰임.

예 기러기, 개구리, 매기 / 깜빡이, 누더기, 반짝이

3. 문법상의 특질(통사적 특질)

(1) **조사, 어미의 발달**

① 교착어(첨가어)의 특징

② 문법적 관계뿐만 아니라 미묘한 문체적 효과까지도 드러낸다.

(2) **'주어 – 목적어 – 서술어'의 어순**

① 중요한 말(서술어)가 끝에 온다.

② **장점**: 청자를 끝까지 잡아 둘 수 있다. / **단점**: 비판적으로 사고할 기회를 빼앗는다.

③ 문장 구성 요소의 자리 옮김이나 격조사의 생략이 비교적 자유롭다.

(3) 꾸미는 말(수식어)은 꾸밈을 받는 말(피수식어) 앞에 온다.

(4) 단어 형성법이 발달되어 있다.

(5) 겹문장이 많다.

음운론

01 음운과 음절 체계

1. 음운의 종류

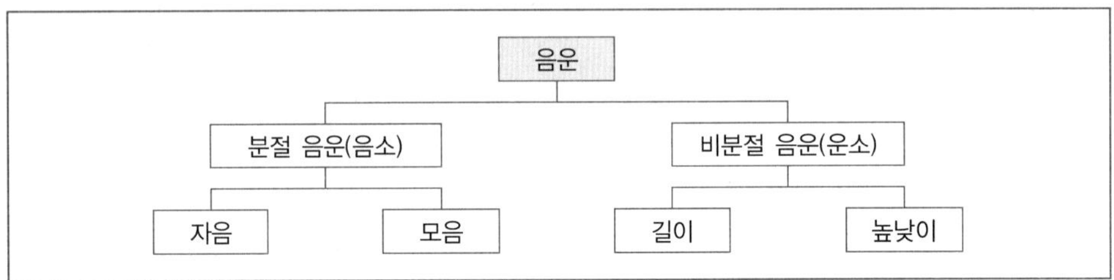

2. 음운의 체계

(1) 자음 체계

조음 방법 \ 조음 위치		입술소리	혀끝소리	센입천장소리	여린입천장소리	목청소리
파열음	예사소리	ㅂ	ㄷ		ㄱ	
	된소리	ㅃ	ㄸ		ㄲ	
	거센소리	ㅍ	ㅌ		ㅋ	
파찰음	예사소리			ㅈ		
	된소리			ㅉ		
	거센소리			ㅊ		
마찰음	예사소리		ㅅ			ㅎ
	된소리		ㅆ			
비 음		ㅁ	ㄴ		ㅇ	
유 음			ㄹ			

(2) 단모음 체계

혀의 위치	전설 모음		후설 모음	
허의 높이 \ 입술 모양	평순 모음	원순 모음	평순 모음	원순 모음
고모음	ㅣ	ㅟ	ㅡ	ㅜ
중모음	ㅔ	ㅚ	ㅓ	ㅗ
저모음	ㅐ		ㅏ	

01

(3) **이중 모음**
발음하는 동안 입술 모양이나 혀의 위치가 달라지는 11개의 모음으로, 반모음 'j' 또는 'w'와 단모음이 결합하여 이루어짐.

상향 이중 모음	'j' + 단모음	ㅑ, ㅕ, ㅛ, ㅠ, ㅒ, ㅖ
	'w' + 단모음	ㅘ, ㅝ, ㅙ, ㅞ
하향 이중 모음	단모음 + 'j'	ㅢ

3. 음절 체계

(1) **모음 단독** 예 아, 에, 예, 와 …
모음은 혼자서 음절을 이룰 수 있는 성절음(成節音, syllabic)

(2) **자음 + 모음** 예 가, 게, 계, 과 …

(3) **모음 + 자음** 예 악, 엑, 옐, 왈 …

(4) **자음 + 모음 + 자음** 예 각, 겍, 녤, 괄, 값 …
'값'은 'ㅄ'으로 표기되어 있어 마치 두 개의 자음으로 되어 있는 것처럼 보이나, 이는 표기만 그럴 뿐 실제 발음은 'ㅅ'이 탈락한 'ㅂ'으로 발음되어 결국 소리로는 하나의 자음만 남는다.

02 음운 변동

1. 음운 변동의 개념
어떤 음운이 그 놓이는 환경에 따라 다른 음운으로 바뀌어 소리 나는 현상

2. 음운 변동의 종류

교체	음운 변동의 결과에 따라 한 음운이 다른 음운으로 바뀌는 현상
탈락	음운 변동의 결과에 따라 원래 있던 음운이 없어지는 현상
첨가	음운 변동의 결과에 따라 없던 음운이 추가되는 현상
축약	음운 변동의 결과에 따라 두 개의 음운이 합쳐져서 하나로 되는 현상

(1) **교체**

◪ 음절의 끝소리 규칙

① 음절의 끝소리 규칙은 받침 위치에 있는 자음이 'ㄱ, ㄴ, ㄷ, ㄹ, ㅁ, ㅂ, ㅇ'의 7개 자음으로만 발음되는 현상이며 'ㄱ, ㄴ, ㄷ, ㄹ, ㅁ, ㅂ, ㅇ'이 받침 위치에 있는 경우는 원래 음가대로 발음되지만, 여기에 속하지 않는 다른 자음들은 'ㄱ, ㄷ, ㅂ' 중 하나로 교체됨.

- ㄱ ㄲ ㅋ → [ㄱ]
- ㄷ ㅌ ㅅ ㅆ ㅈ ㅊ ㅎ → [ㄷ]
- ㄹ → [ㄹ]
- ㅇ → [ㅇ]
- ㅂ ㅍ → [ㅂ]
- ㄴ → [ㄴ]
- ㅁ → [ㅁ]

② **자음 동화**: 자음 사이에 일어나는 동화

- 비음화: 비음이 아닌 자음이 비음의 영향을 받아 비음 'ㄴ, ㅁ, ㅇ'으로 동화되는 현상

  예 닫는다[단는다], 잡는다[잠는다], 먹는다[멍는다]

- 유음화: 유음이 아닌 자음이 유음의 영향을 받아 유음 'ㄹ'로 동화되는 현상

  예 달님[달림], 권력[궐력]

③ **모음 동화**: 모음 사이에 일어나는 동화

- 'ㅣ' 모음 역행 동화: 후설 모음 'ㅏ, ㅓ, ㅗ, ㅜ'가 뒤에 오는 전설 모음 'ㅣ'의 영향을 받아 각각 'ㅐ, ㅔ, ㅚ, ㅟ'로 바뀌는 현상

  예 아기 → [애기], 어미 → [에미], 고기 → [괴기], 죽이다 → [주기다] → [쥐기다]

  ✎ 'ㅣ' 모음 역행 동화에 의한 발음은 일부 단어를 제외하고는 표준 발음으로 인정하지 않음.

  ✎ 'ㅣ' 모음 역행 동화를 표준어로 인정한 예: 냄비, 멋쟁이, (불을) 댕기다, 서울내기, 시골내기, 풋내기, 신출내기, 소금쟁이, 담쟁이넝쿨, 골목쟁이, 발목쟁이 등

④ **구개음화**: 구개음이 아닌 자음 'ㄷ, ㅌ'이 모음 'ㅣ'와 만나 'ㅈ, ㅊ'으로 동화되는 현상

예 굳이 → [구지], 밭이 → [바치], 닫히다 → [다치다], 붙이다 → [부치다]

✎ 구개음화는 실질 형태소 뒤에 형식 형태소가 연결되는 환경에서만 일어남. 한 형태소 내부에서는 일어나지 않음. 예 빌딩, 잔디, 디디다, 느티나무

⑤ **된소리되기**: 두 개의 안울림소리가 만날 때 뒤의 예사소리가 된소리로 발음되는 현상

예 먹지 → [먹찌], 약국 → [약꾹]

관련 규정 경음화

제23항 받침 'ㄱ(ㄲ, ㅋ, ㄳ, ㄺ), ㄷ(ㅅ, ㅆ, ㅈ, ㅊ, ㅌ), ㅂ(ㅍ, ㄼ, ㄿ, ㅄ)' 뒤에 연결되는 'ㄱ, ㄷ, ㅂ, ㅅ, ㅈ'은 된소리로 발음한다.

국밥[국빱]	깎다[깍따]	넋받이[넉빠지]	삯돈[삭똔]
닭장[닥짱]	칡범[칙뻠]	뻗대다[뻗때다]	옷고름[옫꼬름]
있던[읻떤]	꽂고[꼳꼬]	꽃다발[꼳따발]	낯설다[낟썰다]
밭갈이[받까리]	솥전[솓쩐]	곱돌[곱똘]	덮개[덥깨]
옆집[엽찝]	넓죽하다[넙쭈카다]	읊조리다[읍쪼리다]	값지다[갑찌다]

제24항 어간 받침 'ㄴ(ㄵ), ㅁ(ㄻ)' 뒤에 결합되는 어미의 첫소리 'ㄱ, ㄷ, ㅅ, ㅈ'은 된소리로 발음한다.

신고[신ː꼬]	껴안다[껴안따]	앉고[안꼬]	얹다[언따]
삼고[삼ː꼬]	더듬지[더듬찌]	닮고[담ː꼬]	젊지[점ː찌]

다만, 피동, 사동의 접미사 '-기-'는 된소리로 발음하지 않는다.

안기다 감기다 굶기다 옮기다

> 제25항 어간 받침 'ㄼ, ㄾ' 뒤에 결합되는 어미의 첫소리 'ㄱ, ㄷ, ㅅ, ㅈ'은 된소리로 발음한다.
>
> 넓게[널께] 핥다[할따] 훑소[훌쏘] 떫지[떨:찌]

> 제26항 한자어에서, 'ㄹ' 받침 뒤에 연결되는 'ㄷ, ㅅ, ㅈ'은 된소리로 발음한다.
>
> 갈등[갈뜽] 발동[발똥] 절도[절또] 말살[말쌀]
> 불소[불쏘](弗素) 일시[일씨] 갈증[갈쯩] 물질[물찔]
> 발전[발쩐] 몰상식[몰쌍식] 불세출[불쎄출]

다만, 같은 한자가 겹쳐진 단어의 경우에는 된소리로 발음하지 않는다.

허허실실[허허실실](虛虛實實) 절절-하다[절절하다](切切-)

> 제27항 관형사형 '-(으)ㄹ' 뒤에 연결되는 'ㄱ, ㄷ, ㅂ, ㅅ, ㅈ'은 된소리로 발음한다.
>
> 할 것을[할꺼슬] 갈 데가[갈떼가] 할 바를[할빠를] 할 수는[할쑤는]
> 할 적에[할쩌게] 갈 곳[갈꼳] 할 도리[할또리] 만날 사람[만날싸람]

다만, 끊어서 말할 적에는 예사소리로 발음한다.

붙임 '-(으)ㄹ'로 시작되는 어미의 경우에도 이에 준한다.

할걸[할껄] 할밖에[할빠께] 할세라[할쎄라] 할수록[할쑤록]
할지라도[할찌라도] 할지언정[할찌언정] 할진대[할찐대]

---

(2) 탈락

① 자음 탈락

자음군 단순화	음절 말의 겹받침 가운데 하나가 탈락하고 하나만 발음되는 현상	닭[닥], 맑다[막따], 읊다[읍따], 넋[넉], 여덟[여덜], 외곬[외골], 핥다[할따], 값[갑]
'ㅅ' 탈락 (활용)	용언이 활용할 때 어미 '-아/-어' 앞에서 'ㅅ' 탈락	낫 + 아 → 나아, 긋 + 어 → 그어, 짓 + 어 → 지어
'ㄹ' 탈락 (표기)	동사나 형용사의 어간 말 자음 'ㄹ'이 몇몇 어미 앞에서 탈락하는 현상	• 놀다: 노니 논 놉니다 노시다 노오 • 둥글다: 둥그니 둥근 둥그시다 둥그오
'ㅎ' 탈락 (발음)	동사나 형용사의 어간 말 자음 'ㅎ'이 'ㄴ'이나 모음으로 시작하는 어미 앞에서 탈락하는 현상	• 그렇다: 그러니 그럴 그러면 그러오 • 낳은[나은], 많아[마:나], 싫어도[시러도]

② 모음 탈락

'ㅡ' 탈락	동사나 형용사의 어간 말 모음 'ㅡ'가 모음으로 시작하는 어미 앞에서 탈락하는 현상	• 끄다: 꺼, 껐다 • 쓰다: 써, 썼다
동음 탈락	용언이 활용할 때 연접된 두 동음 중 뒤의 모음이 탈락하는 현상	• 가- + -아: 가 • 켜- + -었- + -다: 켰다
'ㅏ' 탈락 (축약)	어간 끝이 '하'로 끝나는 경우	흔하지 → 흔치
'ㅜ' 탈락 (활용)	어간 말 모음 'ㅜ'가 모음으로 시작하는 어미 앞에서 탈락하는 현상	푸어 → 퍼

(3) **축약**

자음 축약	'ㅂ, ㄷ, ㅈ, ㄱ'과 'ㅎ'이 서로 만나면 'ㅍ, ㅌ, ㅊ, ㅋ'(거센소리)이 되는 것	• 잡히다 → [자피다] • 놓다 → [노타] • 쌓지 → [싸치] • 옳지 → [올치] • 먹히다 → [머키다] • 좋고 → [조코]
모음 축약	두 형태소가 서로 만날 때 앞뒤 형태소의 두 음절이 한 음절로 줄어드는 것	• ㅣ + ㅓ → ㅕ: 가리 + 어 → 가려 • ㅡ + ㅣ → ㅢ: 뜨 + 이다 → 띄다 • ㅗ + ㅣ → ㅚ: 보 + 이다 → 뵈다 • ㅗ + ㅏ → ㅘ: 오 + 아서 → 와서 • ㅜ + ㅓ → ㅝ: 맞추 + 어 → 맞춰 • ㅚ + ㅓ → ㅙ: 되 + 어 → 돼

(4) **첨가**

① 'ㄴ' 첨가 현상

합성어나 파생어에서 앞말의 끝이 자음이고 뒷말이 '이, 야, 여, 요, 유'로 시작하는 경우, 뒷말의 첫 소리에 'ㄴ' 소리가 첨가되는 현상

예 색연필[생년필], 물약[물략], 맨입[맨닙], 한여름[한녀름], 막일[망닐]

② 반모음 첨가 현상

용언의 어간 뒤에서 반모음 'ㅣ'가 덧붙는 현상

예 피어 → [피어/피여], 아니오 → [아니오/아니요]

③ 사잇소리 현상

- 두 개의 형태소 또는 낱말이 어울려 합성 명사를 이룰 때, 앞 말의 끝소리가 울림소리이고, 뒷말의 첫소리가 안울림 예사소리이면 뒤의 예사소리가 된소리로 발음되는 현상

  예 등 + 불 → [등뿔], 초 + 불(촛불) → [초뿔]

- 합성어를 이룰 때, 앞말이 모음으로 끝나고 뒷말이 'ㅁ, ㄴ'으로 시작되면 'ㄴ' 소리가 첨가되는 현상

예 잇몸(이 + 몸) → [인몸], 콧날(코 + 날) → [콘날]

• 앞말의 음운과 상관없이 뒷말이 모음 'ㅣ'나 반모음 'ㅣ'로 시작될 때에 'ㄴ'이 하나 혹은 둘이 첨가되는 현상

예 논 + 일 → [논닐]

뒤의 예사소리가 된소리로 나는 경우	• 초 + 불 → 촛불[초뿔] • 배 + 사공 → 뱃사공[배싸공] • 논 + 둑 → 논둑[논뚝] • 길 + 가 → 길가[길까] • 밤 + 길 → 밤길[밤낄] • 등 + 불 → 등불[등뿔]
앞말이 모음으로 끝나고 뒷말이 'ㅁ, ㄴ'으로 시작될 때, 앞말의 끝소리에 'ㄴ' 소리가 첨가되는 경우	• 이 + 몸 → 잇몸[인몸] • 코 + 날 → 콧날[콘날]
앞말의 음운과 상관없이 뒷말이 모음 'ㅣ'나 반모음 [j]로 시작될 때, 'ㄴ'이 하나 혹은 둘 첨가되는 경우	• 집안 + 일 → 집안일[지반닐] • 물 + 약 → 물약[물냑 → 물략] • 가외 + 일 → 가욋일[가왼닐] • 나무 + 잎 → 나뭇잎[나문닙]

관련 규정

제30항 사이시옷은 다음과 같은 경우에 받치어 적는다.

1. 순 우리말로 된 합성어로서 앞말이 모음으로 끝난 경우

(1) 뒷말의 첫소리가 된소리로 나는 것

고랫재	귓밥	나룻배	나뭇가지
냇가	댓가지	뒷갈망	맷돌
머릿기름	모깃불	못자리	바닷가
뱃길	볏가리	부싯돌	선짓국
쇳조각	아랫집	우렁잇속	잇자국
잿더미	조갯살	찻집	쳇바퀴
킷값	핏대	햇볕	혓바늘

(2) 뒷말의 첫소리 'ㄴ, ㅁ' 앞에서 'ㄴ' 소리가 덧나는 것

멧나물	아랫니	텃마당	아랫마을
뒷머리	잇몸	깻묵	냇물
빗물			

(3) 뒷말의 첫소리 모음 앞에서 'ㄴㄴ' 소리가 덧나는 것

도리깻열	뒷윷	두렛일	뒷일
뒷입맛	베갯잇	욧잇	깻잎
나뭇잎	댓잎		

2. 순 우리말과 한자어로 된 합성어로서 앞말이 모음으로 끝난 경우

(1) 뒷말의 첫소리가 된소리로 나는 것

귓병 머릿방 뱃병 봇둑
사잣밥 샛강 아랫방 자릿세
전셋집 찻잔 찻종 촛국
콧병 탯줄 텃세 핏기
햇수 횟가루 횟배

(2) 뒷말의 첫소리 'ㄴ, ㅁ' 앞에서 'ㄴ' 소리가 덧나는 것

곗날 제삿날 훗날 툇마루
양칫물

(3) 뒷말의 첫소리 모음 앞에서 'ㄴㄴ' 소리가 덧나는 것

가욋일 사삿일 예삿일 훗일

3. 두 음절로 된 다음 한자어

곳간(庫間) 셋방(貰房) 숫자(數字) 찻간(車間)
툇간(退間) 횟수(回數)

기출동형 확인하기

연습문제1 교체, 축약

1. 나는 듣직한 맏형이 좋다. [나는 듣지칸 마텽이 조타]
2. 작문 시간에 해돋이를 주제로 글을 쓴다. [장문 시가네 해도지를 주제로 그를 쓴다]

연습문제2 첨가

1. 그는 날렵한 콧날[콘날]이 매우 인상적이다.
2. 나는 아끼던 색연필[생년필]을 잃어버려 속이 상했다.
3. 그 사람은 회사의 막일[망닐]을 도맡아 하고 있었다.
4. 아이가 아직 알약을 먹지 못해서 물약[물략]을 지어갔다
5. 그녀는 잇몸[인몸]이 약해져서 정기적으로 치료를 받았다.

연습문제1
1. 축약, 축약, 축약
2. 교체(비음화), 교체(구개음화)

연습문제2
1. 앞말이 모음으로 끝나고 뒷말이 'ㄴ'으로 시작되는 합성어이므로 앞말의 끝소리에 'ㄴ' 소리가 첨가된 경우
2. 'ㄴ' 소리가 첨가된 이유는 앞말의 끝이 자음이고 뒷말이 '여'로 시작하는 합성어이기 때문
3. 'ㄴ' 소리가 첨가된 후, 'ㄴ'의 영향으로 'ㄱ'이 비음화된 경우
4. 'ㄴ' 소리가 첨가되어 '[물냑]'으로 바뀐 후, 'ㄹ'의 영향으로 유음화가 일어난 경우
5. 사이시옷을 넣어서 'ㄴ' 소리가 첨가됨을 표시한 경우

01

연습문제3 음운 변동

1. '가랑잎[가랑닙]'에서는 (　　　)과 (　　　)의 음운 변동이 일어난다.
2. '값지다[갑찌다]'에서는 (　　　)과 (　　　)의 음운 변동이 일어난다.
3. '숱하다[수타다]'에서는 (　　　)과 (　　　)의 음운 변동이 일어난다.
4. '급행열차[그팽녈차]'에서는 (　　　)과 (　　　)의 음운 변동이 일어난다.
5. '서른여덟[서른녀덜]'에서는 (　　　)과 (　　　)의 음운 변동이 일어난다.

연습문제4 음운 변동

1. '하얗다'를 [하야타]라고 발음한다.
2. '좁히다'를 [조피다]라고 발음한다.
3. '놓는다'를 [논는다]라고 발음한다.
4. '그렇죠'를 [그러쵸]라고 발음한다.
5. '좋아요'를 [조아요]라고 발음한다.

연습문제5 축약

> 고등학교 ㉠ 입학 후 중학교 친구들을 만났다. 우리들은 오랜만에 이렇게 만나니 정말 ㉡ 좋다며 반갑게 인사를 ㉢ 나눴다. 눈에 ㉣ 띄게 모습이 변한 친구들도 있었지만, 다들 마음만은 여전해 ㉤ 보였다. 우리들은 많은 이야기를 나눈 뒤, 다음을 기약하며 헤어졌다.

연습문제6 교체

1. '붙이다'는 왜 [부티다]가 아니라 [부치다]로 소리 날까?
2. '밭이랑'은 왜 [반니랑]으로 소리 날까?
3. '권력'은 왜 [권력]이 아니라 [궐력]으로 소리 날까?
4. '먹는다'는 왜 [멍는다]로 소리 날까?
5. '굳이'는 왜 [구지]로 소리 날까?
6. '옷하고'는 왜 [오타고]로 소리 날까?
7. '홑이불'는 왜 [혼니불]로 소리 날까?

연습문제3

1. 첨가, 교체
2. 탈락, 교체
3. 교체, 축약
4. 축약, 첨가
5. 첨가, 탈락

연습문제4

1. 축약
2. 축약
3. 교체(음절의 끝소리 규칙), 교체(비음화)
4. 축약
5. 탈락

연습문제5

자음 축약 : ㉠, ㉡
모음 축약(어간에서만의 축약) : ㉣
모음 축약(어간, 어미에서의 축약) : ㉢, ㉤

연습문제6

1. 구개음화
2. 'ㄴ' 첨가 후 교체(음절의 끝소리 규칙)가 일어나고 다시 교체(비음화)
3. 유음화
4. 비음화
5. 구개음화
6. 교체(음절의 끝소리 규칙) 후 자음 축약
7. 'ㄴ' 첨가 후 교체(음절의 끝소리 규칙)

연습문제7 음운 변동

1. 논일[논닐]
2. 나뭇잎[나문닙]
3. 칼날[칼랄]
4. 늦여름[는녀름]
5. 닿은[다은]
6. 닳는[달른]

연습문제7

1. 첨가('ㄴ' 첨가)
2. 첨가('ㄴ, ㄴ' 첨가)
3. 교체(유음화)
4. 첨가('ㄴ' 첨가), 교체(음절의 끝소리 규칙)
5. 탈락('ㅎ' 탈락)
6. 탈락(자음군 단순화), 교체(유음화)

연습문제8 동화의 원리

동화의 경우, 조음 위치가 동화되는 것인지, 조음 방법이 동화되는 것인지 정리해 둘 필요가 있습니다. '식물'은 [싱물]로 발음되는데, 이 경우 두 자음이 만나서 발음될 때, 앞 자음의 (조음 위치 / 조음 방법)이 변했습니다.

참고 조음 방법의 동화: 비음화, 유음화
조음 위치의 동화: 구개음화, 'ㅣ' 모음 역행 동화

연습문제8

조음 방법

연습문제9 음운 변동

1. 듣 + 고 → [듣꼬]
2. 놓 + 고 → [노코]
3. 훑 + 네 → [훌레]
4. 뽑 + 느라 → [뽐느라]
5. 넓 + 더라 → [떠라]

연습문제9

1. 교체(된소리 되기)
2. 축약(자음 축약)
3. 탈락(자음군 단순화), 교체(유음화)
4. 교체(비음화)
5. 탈락(자음군 단순화), 교체(된소리 되기)

연습문제10 표준 발음법

1. ㉠ 깎는[깡는]과 ㉡ 흙만[흥만]은 둘 다 비음화가 일어나면서도 차이가 있다. 그 차이점은 무엇일까?
2. "아기를 안다[안:따]."와 "그 사람을 잘 안다[안:다]."에서 '안다'의 표준 발음이 다른 이유는 뭘까?
3. '앞앞이'는 [아바피]로 발음하는 게 맞나요? 같은 받침 'ㅍ'인데 [ㅍ]과 [ㅂ]으로 그 발음이 달라지는 이유가 궁금해요.

연습문제10

1. ㉠ 깎는[깡는]: 음절의 끝소리 규칙(교체) 현상이 일어난 후 비음화가 일어난다.
   ㉡ 흙만[흥만]: 자음군 단순화(탈락) 현상이 일어난 후 비음화가 일어난다.
2. 어간 받침 'ㄴ(ㄵ), ㅁ(ㄻ)' 뒤에 결합되는 어미의 첫소리 'ㄱ, ㄷ, ㅅ, ㅈ'은 된소리로 발음한다. 그런데 "그 사람을 잘 안다."의 '안다'가 표준 발음법의 된소리되기 규정의 적용을 받지 않은 것은 '안다'에서 '안'의 'ㄴ'이 어간 받침에 해당하지 않기 때문이다.
3. '앞앞' 뒤에 모음으로 시작되는 형식 형태소가 올 때는 마지막 받침 'ㅍ'을 제 음가대로 뒤 음절의 첫소리로 옮겨 발음한다. 반면, '앞'과 '앞'이 결합한 '앞앞'처럼 받침이 있는 말 뒤에 모음 'ㅏ, ㅓ, ㅗ, ㅜ, ㅟ'들로 시작되는 실질 형태소가 오게 되면 그 받침을 대표음으로 바꾸어서 뒤 음절의 첫소리로 옮겨 발음한다. 그래서 '앞앞이'는 [아바피]로 발음된다.

형태론

01 품사

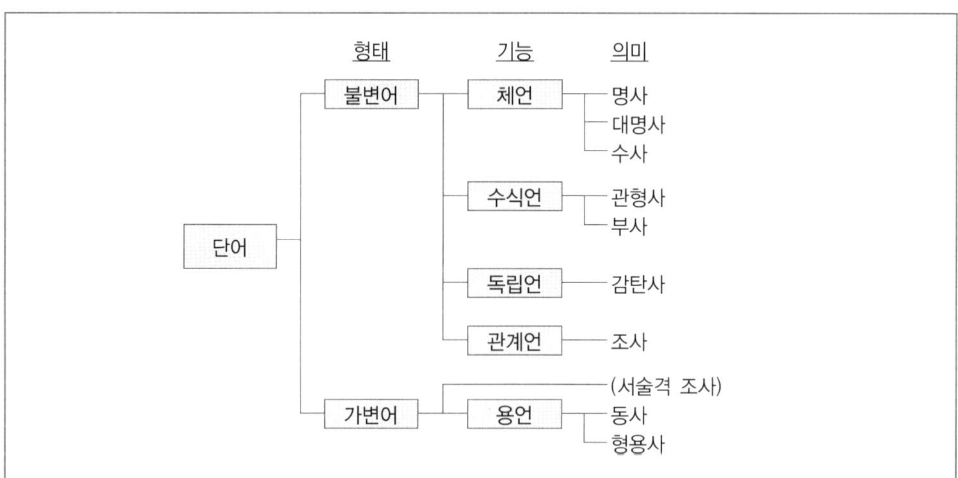

1. 체언 – 명사, 대명사, 수사

(1) **명사(名詞)**: 구체적인 대상의 이름

① 자립 명사: 홀로 자립해 쓰이는 이름

② 의존 명사: 앞에 꾸며주는 말, 관형어가 있어야 문장에 쓰일 수 있는 명사

예 너는 본 대로 느낀 대로 말할 용기가 있느냐?
사과 두 개, 구두 한 켤레

(2) **대명사(代名詞)**: 명사를 대신하는 말

① 지시 대명사: 이것, 그것, 저것, 무엇, 여기, 거기, 저기, 어디

② 인칭 대명사

- 1인칭 예 나, 저, 우리, 저희, 소인, 짐(朕)
- 2인칭 예 너, 자네, 그대, 당신, 너희, 여러분
- 3인칭 예 그, 이분, 그분, 저분, 이이, 그이, 저이
- 미지칭: 대상의 이름이나 신분을 모를 때 묻는 인칭 대명사 예 누구, 무엇
- 부정칭: 특정 인물을 가리키지 않는 인칭 대명사 예 아무, 누구
- 재귀칭: 앞에 한 번 나온 명사를 다시 가리키는 인칭 대명사 예 저, 저희, 자기, 당신

(3) **수사(數詞)**: 사물의 수량이나 순서를 가리키는 말

① **양수사**: 사물의 수량을 나타내는 말

예 둘에 셋을 더하면 다섯이다.

② **서수사**: 사물의 순서를 나타내는 말

예 우리의 이념은 첫째는 진리이고 둘째는 정의이다.

품사 통용

의존 명사와 조사, 어미의 구별

있을 뿐이다	[의존 명사]	아는 대로	[의존 명사]
너뿐이다	[조사]	너대로	[조사]
좋아할 만큼	[의존 명사]	씻은 듯 깨끗하다	[의존 명사]
바다만큼	[조사]	구름에 달 가듯이	[어미]

형태	품사	예문
만큼, 대로, 뿐	명사	아는 만큼 보인다.
	조사	철수만큼 공부하면 누구나 교사가 될 수 있다.
평생	부사	형님은 평생 모은 돈을 노름으로 날렸다.
	명사	그 천재는 시골에서 평생을 보내었다.
내일	명사	내일이 아버님의 생신입니다.
	부사	나는 그를 내일 만날 예정이다.
다섯, 아홉	관형사	이 일은 다섯 사람이 하기에는 너무 양이 많다.
	수사	그때 주몽의 나이가 다섯이었다.
밝다	형용사	사무실 안이 너무 밝다.
	동사	이제 조금만 있으면 날이 밝는다.
보다	조사	다이아몬드보다 단단한 물질은 없을까?
	부사	저 선수는 운동장을 보다 넓게 활용해야 한다.
그	대명사	그는 이제 우리 편이 아니다.
	관형사	그 가방은 어제 백화점에서 사온 것이다.
아니	부사	아직까지 수업료를 아니 낸 학생이 있는가?
	감탄사	아니, 벌써 날이 밝았나?
만세	명사	고지를 점령한 후에 병사들은 만세를 불렀다.
	감탄사	대한민국 만세!

2. 관계언 – 조사

(1) 격조사

앞에 오는 체언이 문장 안에서 일정한 자격을 갖도록 해 주는 조사

① 주격: 이/가, 께서, 에서(단체)

② 서술격: 이다

③ 목적격: 을/를

④ 보격: 이/가 (+ 되다/아니다)

⑤ 관형격: 의

⑥ 부사격: 에, 에서, 에게, 으로, 로서, 로써, 보다, 만큼, 와/과, 고, 라고 등

⑦ 호격: 아/야/여, 이시여

(2) 보조사

앞말에 특별한 뜻을 더하여 주는 조사

예 소설만 읽지 말고 시도 읽어라. ('만'은 한정의 뜻을, '도'는 '역시'의 뜻을 더하여 줌.)
인생은 짧고, 예술은 길다. ('은'은 대조의 뜻을 더하여 줌.)
오늘은요, 학교에서 재미있는 노래를 배웠어요. ('요'는 상대 높임을 나타냄.)

(3) 접속 조사

두 단어를 같은 자격으로 이어 주는 구실을 하는 조사

예 봄이 되면 개나리{와, 랑, 하고} 진달래가 가장 먼저 핀다.

3. 수식언 – 관형사, 부사

다른 말을 수식하는 기능을 하는 단어. 관형사와 부사가 수식언에 해당함.

(1) 관형사

체언 앞에 놓여서 체언(주로 명사)을 수식하는 단어

① 관형사의 특성: 형태가 변하지 않으며(불변어), 조사와 결합하지 않음.

② 관형사의 종류

성상 관형사	사물의 성질이나 상태를 나타내는 관형사	예 새 옷, 헌 책, 다른 물건
지시 관형사	어떤 대상을 가리키는 관형사	예 이 의자, 그 사람, 저 자전거
수 관형사	수량이나 순서와 같은 수 개념을 나타내는 관형사	예 세 사람, 연필 다섯 자루, 일곱째 딸, 제삼(第三) 회 대회

수량을 나타내는 단어의 품사

해당 단어의 뒤에 조사가 붙으면 수사이고, 그렇지 않고 체언을 꾸며 주면 관형사(수 관형사)임.

예 오늘은 다섯이나 지각을 했다.: '다섯'은 수사(체언)임.
연필 다섯 자루: '다섯'은 체언 '자루'를 꾸며 주는 수 관형사(수식언)임.

(2) 부사

용언이나 관형사, 부사, 문장을 수식하는 것을 본래의 기능으로 하는 단어

① 부사의 특성

- 형태 변화를 하지 않음. (불변어)
- 격 조사와는 결합하지 않지만, 보조사는 취할 수 있음. 예 자꾸만, 아직도
- 문장에서 주로 부사어로 쓰임.
- 문장 내에서 그 위치가 비교적 자유로움.

② 부사의 종류

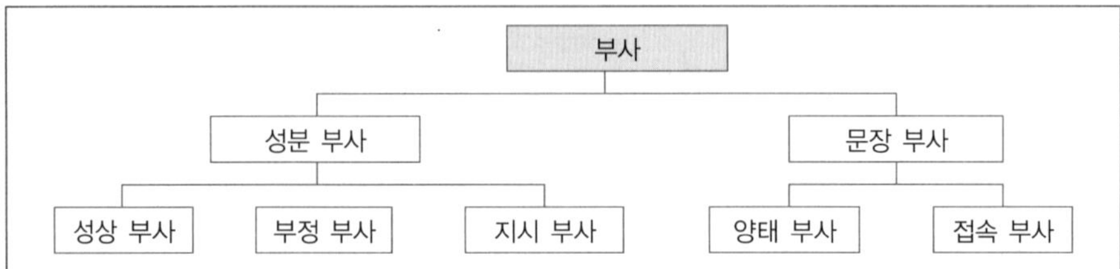

- 성분 부사: 문장의 어느 한 성분만을 수식하는 부사

성상 부사	'어떻게'라는 방식으로 용언을 꾸미는 부사로, 의성 부사(소리를 흉내 내는 부사)와 의태 부사(모양을 흉내 내는 부사)가 여기에 속함.	예 매우, 가장, 간절히, 깨끗이, 아삭아삭, 사뿐사뿐
지시 부사	특정 대상을 가리키는 부사	예 이리, 그리, 저리
부정 부사	부정의 뜻을 가진 부사	예 못, 아니/안

- 문장 부사: 문장 전체를 수식하는 부사

양태 부사	화자의 태도를 나타내는 부사	예 다행히, 과연, 설마
접속 부사	앞 문장과 뒤 문장을 이어 주는 부사	예 그러나, 그리고, 따라서

체언 수식 부사

'바로, 다만, 단지, 특히, 오직, 겨우, 아주' 등은 주로 용언을 수식하는 부사이지만, 명사를 수식하는 경우도 있음.

예 그 사람은 바로 떠났다.: 부사 '바로'가 용언 '떠났다'를 수식함.
내가 원하는 것이 바로 그것이다.: 부사 '바로'가 체언(대명사) '그것'을 수식함.

4. 독립언 – 감탄사

- 독립언: 문장 속의 다른 성분에 얽매이지 않고 독립성이 있는 단어. 감탄사가 해당됨.
- 감탄사: 부르는 말, 느낌을 나타내는 말, 대답하는 말로 쓰이면서 독립성이 있는 말

감탄사	여보, 얘	앗, 허허, 저런, 아이고, 흥	네, 응
쓰임	부르는 말	화자의 느낌을 나타내는 말	대답하는 말

예 여보 마누라, 볼기 내역 들어 보오.

✎ 부르는 말로만 쓰이는 단어가 감탄사임.
예 "학생!"이라고 부를 때, '학생'은 부르는 말로만 쓰이는 단어가 아니므로 감탄사가 아님.

01

5. 용언 – 동사, 형용사

(1) 용언의 개념

① 문장의 주어를 서술하는 기능을 가진 말로 동사와 형용사가 있다.

② 동사는 주어의 움직임이나 작용을 나타내는 단어이고, 형용사는 주어의 성질이나 상태를 나타내는 단어이다.

(2) 보조 용언

홀로 쓰이지 못하고 반드시 다른 용언의 뒤에 붙어서 의미를 더하여 주는 용언

보조 동사	원칙	
부정	-지 아니하다	온 누리 사람들이 남의 형편은 돌보지 아니한다.
	-지 못하다	날개 없이는 날지 못한다.
	-지 말다	새야 새야 파랑새야, 녹두밭에 앉지 마라.
사동	-게 하다	하루에 두 시간씩 공부하게 한다.
	-게 만들다	그이가 그 일을 잘 되게 만들었어요.
피동	-아/어 지다	이런 덫에도 범이 잡아지느냐?
	-게 되다	그 날부터 그 영악한 범도 자유를 잃게 되었다.
진행	-아/어 오다	그 사람이 여태껏 그 고생을 겪어 왔다.
	-아/어 가다	그 사람이 다 죽어 간다.
	-고 있다	아이가 나팔을 불고 있다.
종결	-아/어 내다	네가 그 고초를 견뎌 내겠니?
	-아/어 버리다	기차를 놓쳐 버렸다.
봉사	-아/어 주다	철수는 영수에게 공을 던져 주었다.
	-아/어 드리다	어버이의 방에 불을 때어 드린다.
시행	-아/어 보다	좀 먹어 보아라.
강세	-아/어 쌓다	아이들이 와 쌓는다.
	-아/어 대다	참 짬 없이 웃어 대네.
당위	-아/어야 하다	너도 이 약을 먹어야 한다.
시인	-기는 하다	내가 여행을 좋아하기는 한다.
완결 지속	-아/어 놓다	문을 열어 놓았다.
	-아/어 두다	자네도 이 말을 들어 두게.
	-아/어 가지다	나는 기계학을 배워 가지고 고국으로 돌아가겠다.

보조 형용사	원칙	
희망	-고 싶다	너는 장래에 무엇이 되고 싶으냐?
부정	-지 아니하다	동해에 떠오르는 달, 거룩하지 아니한가?
	-지 못하다	그 사람이 별로 넉넉하지 못하다.
시인	-기는 하다	그 집이 크기는 하다.

추측	-나 보다	꽃이 떨어지나 보다.
	-ㄴ가 보다	이것이 저것보다 무거운가 보다.
	-ㄹ까 보다	내가 그런 시시한 영화를 볼까 보냐?
	-나 싶다	밖에 비가 오나 싶다.
	-ㄴ가 싶다	열둘은 너무 많은가 싶다.
	-ㄹ까 싶다	어쩌면 될까 싶다.
상태	-아/어 있다	하루 종일 이곳에 앉아 있습니다.

관련 규정 **보조 용언의 띄어쓰기 [한글 맞춤법 규정]**

제3절 보조 용언

제47항 보조 용언은 띄어 씀을 원칙으로 하되, 경우에 따라 붙여 씀도 허용한다. (ㄱ을 원칙으로 하고, ㄴ을 허용함.)

ㄱ	ㄴ
불이 꺼져 간다.	불이 꺼져간다.
내 힘으로 막아 낸다.	내 힘으로 막아낸다.
어머니를 도와 드린다.	어머니를 도와드린다.
그릇을 깨뜨려 버렸다.	그릇을 깨뜨려버렸다.
비가 올 듯하다.	비가 올듯하다.
그 일은 할 만하다.	그 일은 할만하다.
일이 될 법하다.	일이 될법하다.
비가 올 성싶다.	비가 올성싶다.
잘 아는 척한다.	잘 아는척한다.

다만, 앞말에 조사가 붙거나 앞말이 합성 동사인 경우, 그리고 중간에 조사가 들어갈 적에는 그 뒤에 오는 보조 용언은 띄어 쓴다.

잘도 놀아만 나는구나! 책을 읽어도 보고…….
네가 덤벼들어 보아라. 강물에 떠내려가 버렸다.
그가 올 듯도 하다. 잘난 체를 한다.

[보충] '깨뜨려버리다'는 '깨뜨려 버리다'로 띄어쓰기 해야 한다. (2018년 12월 개정)

제3절 본용언과 보조 용언 띄어쓰기 (47항)

보조 용언은 띄어 씀을 원칙으로 하나, 경우에 따라 붙여 쓴다.

1. 띄어쓰기와 붙여쓰기를 모두 허용하는 다섯 가지
   (1) 본용언 + 아/어 + 보조 용언: (사과를) 먹어 보았다/먹어보았다
   (2) 관형사형 + 보조 용언(의존 명사 + -하다/싶다): 아는 체하다/아는체하다
   (3) 명사형 + 보조 용언(딱 1가 '직하다'): 먹었음 직하다/먹었음직하다
   (4) 2음절 본용언 + 보조 용언: 나가 버렸다/나가버렸다, 빛내 준다/빛내준다
   (5) 보조 용언이 거듭 나타나는 경우: 적어 둘 만하다/적어둘 만하다, 읽어 볼 만하다/읽어볼만하다

2. 무조건 붙여쓰는 한 가지
   '-아/-어 지다'와 '-아/-어 하다'가 붙는 경우: 낙서가 지워진다/아기를 예뻐한다

3. 무조건 띄어쓰는 네 가지
   (1) '-(으)ㄴ가, -나, -는가, -(으)ㄹ까, -지 등의 종결 어미가 있는 경우: 책상이 작은가 보다/ 그가 밥을 먹나 보다/집에 갈까 보다/ 아무래도 힘들겠지 싶었다
   (2) 구에 결합하는 '-아/-어 하다' 구성: 먹고 싶어 하다/마음에 들어 하다
   (3) 앞말에 조사 & 의존 명사 뒤 조사: 직접 먹어도 보았다/ 비가 올 듯도 하다
   (4) 앞 단어가 3음절 이상인 합성 용언: 쫓아내 버렸다/ 집어넣어 둔다

간 시리즈

1. 간에는 우르사(탈락)/대박(변화)
2. 접사 긴: 동안(이틀긴, 얼마긴, 당분긴), 장소(마구간, 외양간)
3. 의존 명사 간: 부부간, 모녀간, 형제간 - 가족 관계 3음절 합성어

(3) 용언의 활용

① 활용의 뜻: 한 어간에 여러 다른 어미가 붙어서 말의 형태가 바뀌는 것

② 어간과 어미

㉠ 어간: 활용할 때 변하지 않는 부분. 기본형에서 '-다'를 뺀 형태

예 읽다, 자다, 가다, 오르다, 먹이다, 입히다, 박히다

㉡ 어미: 활용할 때 바뀌는 부분. 어간을 제외한 부분

- 어말 어미: 단어의 끝에 오는 어미
- 종결 어미: 문장을 끝맺는 어미

문장 종류	의미	어미	예문
평서형	단순한 설명	-다, -네, -(으)ㅂ니다, …	책을 읽는다.
감탄형	감탄, 느낌	-구나, -구려, -도다, …	책을 읽는구나.
의문형	물음	-니, -는가, -(으)ㅂ니까, …	책을 읽니?
명령형	행동 촉구	-어라, -게, -(으)오, …	책을 읽어라
청유형	행동 권유	-자, -(으)ㅂ시다, -세, …	책을 읽자.

• 연결 어미: 문장이나 단어를 연결시키는 어미

종류	의미	어미	예문
대등적 연결 어미	앞뒤 문장을 대등하게 이어주는 어미	-고, (으)으며, -(으)나, -지만, -다만, …	• 산은 높고 물은 맑다. • 영수는 집에 갔지만, 승철이는 남아 있다.
종속적 연결 어미	앞뒤 문장을 종속적으로 이어 주는 어미	-어(서), -(으)니(까), -(으)려고, -게, -면, …	• 배가 고파서 식당에 갔다. • 봄이 오면 꽃이 핀다.
보조적 연결 어미	본용언과 보조 용언을 이어 주는 어미	-아/-어, -게, -지, -고	• 보나는 의자에 앉아 있다. • 나는 집에 머무르게 되었다.

• 전성 어미: 용언의 서술 기능을 다른 기능으로 바꾸어 주는 어미(품사는 바뀌지 않음.)

종류	의미	어미	예문
관형사형 전성 어미	관형사처럼 만들어 관형어로 쓰이게 하는 어미	-(으)ㄴ/-는, -던, -(으)ㄹ	• 나는 청소하시는 어머니를 도와 드렸다. • 내가 해야 할(-ㄹ) 일을 하지 못했다.
명사형 전성 어미	명사처럼 만들어 체언과 같은 성분으로 쓰이게 하는 어미	-(으)ㅁ, -기	• 사랑이 슬픈 것임(-ㅁ)을 알았다. • 밥을 먹기가 정말 싫었다.
부사형 전성 어미	부사처럼 만들어 부사어로 쓰이게 하는 어미	-게, -도록	• 꽃이 아름답게 피었다. • 눈이 부시도록 아름답다.

㉡ 선어말 어미: 어말 어미 앞에 오는 어미(용언의 어간과 어말 어미 사이에 오는 어미)

종류	의미	어미	예문
시제 선어말 어미	현재	-는-/-ㄴ-	수영이가 운(-ㄴ)다.
	과거	-았-/-었-	수영이가 울었다.
	과거 회상	-더-	수영이가 울더라.
	미래(추측)	-겠-	수영이가 울겠다.
높임 선어말 어미	주체 높임	-(으)시-	할아버지께서 가신(-시-)다.
공손선어말 어미	공손	-오-, -옵-	안녕히 가시옵소서.

(4) 불규칙 활용

① 불규칙 활용: 용언이 활용할 때 어간과 어미의 기본 형태가 달라지는 경우이다.

② 어간이 바뀌는 경우

종류	형태	예
'ㅅ' 불규칙	어간의 끝소리 'ㅅ'이 모음 앞에서 탈락	잇 + 어 → 이어
'ㅂ' 불규칙	어간의 끝소리 'ㅂ'이 모음 앞에서 '오/우'로 바뀜.	돕 + 아 → 도와 눕 + 으니 → 누우니
'ㄷ' 불규칙	어간의 끝소리 'ㄷ'이 모음 앞에서 'ㄹ'로 바뀜.	듣 + 어 → 들어
'르' 불규칙	어간의 끝소리 '르'가 탈락하면서 'ㄹㄹ'이 덧생김.	흐르 + 어 → 흘러 오르 + 아 → 올라
'우' 불규칙	어간의 끝소리 '우'가 모음 앞에서 탈락	푸 + 어 → 퍼

③ 어미가 바뀌는 경우

종류	형태	예
'여' 불규칙	어미의 첫소리 '-어'가 '-여'로 바뀜.	공부하 + 어 → 공부하여
'러' 불규칙	어미의 첫소리 '-어'가 '-러'로 바뀜.	이르 + 어 → 이르러
'오'불규칙	명령형 어미 '-아라/-어라'가 '오'로 바뀜	달 + 아라 → 다오
※ 규칙 활용이 됨. '너라' /거라	명령형 어미 '-아라/-어라'가 '-너라'/거라로 바뀜.	오 + 아라 → 오너라/오거라 와라

④ 어간과 어미가 바뀌는 경우

종류	형태	예
'ㅎ' 불규칙	어간의 'ㅎ'이 탈락하면서 어미도 모습이 바뀜.	파랗 + 아 → 파래 빨갛 + 아 → 빨개

기출동형 확인하기 - 명사

연습문제1 자립 명사와 의존 명사가 둘 다 되는 경우

1. 친구 다섯 사람과 함께 도서관에 갔다.
2. 앉은자리에서 밥 두 그릇을 다 먹었다.
3. 시장에서 수박 세 덩어리를 사 가지고 왔다.
4. 할아버지께서는 밥을 몇 숟가락 겨우 뜨셨다.
5. 나는 서 발자국 뒤로 물러서다가 냅다 도망쳤다.

연습문제1

1. 사람
2. 그릇
3. 덩어리
4. 숟가락
5. 발자국

연습문제2

1. 것
2. 지
3. 뿐
4. 채
5. 마리, 사람

연습문제3

1. ㄱ. 보조사 ㄴ. 의존 명사
2. ㄱ. 보조사 ㄴ. 의존 명사
3. ㄱ. 보조사 ㄴ. 의존 명사
4. ㄱ. 보조사 ㄴ. 의존 명사
5. ㄱ. 체언 + 조사 ㄴ. 보조사
(※ 창밖, 문밖 – 합성어)

연습문제2 의존 명사의 종류

1. **보편성 의존 명사**: 어떤 격에도 잘 어울림.
[예문] 영희는 반짝이는 것을 좋아한다.

2. **주어성 의존 명사**: 주격 조사와 통합되어 주로 쓰임. 예 수, 리
[예문] 친구가 죽은 지가 벌써 한 달이 지났다.

3. **서술성 의존 명사**: 서술격 조사 '이다'와 통합하여 서술어로 쓰임. 예 따름, 때문
[예문] 난 다만 열심히 할 뿐이다.

4. **부사성 의존 명사**: 부사어로 기능 예 만큼, 대로
[예문] 그는 옷을 입은 채로 물에 들어갔다.

5. **단위성 의존 명사**: 선행하는 명사의 수량을 단위의 이름으로 지시 예 개, 분, 척, 병
[예문] 새 한 마리가 날아간다. 한 사람이 잠들었다.

연습문제3 품사 통용, 의존 명사와 보조사가 둘 다 되는 경우

1. ㄱ. 영수만큼 착한 사람도 없다.
ㄴ. 할 만큼 했으니 결과를 기다려 보자.

2. ㄱ. 지침서대로 하면 초보자도 할 수 있다.
ㄴ. 네가 하는 대로 나도 하겠다.

3. ㄱ. 반찬이라고는 김치뿐이다.
ㄴ. 나는 시키는 대로 할 뿐입니다.

4. ㄱ. 내 동생은 인형만 가지고 논다.
ㄴ. 철수가 영희를 좋아할 만도 하다.

5. ㄱ. 지금 창문 밖에 비가 오나봐.
ㄴ. 그곳엔 하얀 눈밖에 없어.

기출동형 확인하기 - 대명사

연습문제1 인칭 대명사

초인종이 울린다. "계세요?" 외치는 소리가 들린다.
아들 : ㉠누가 왔는지 ㉡제가 나가 볼게요. (현관으로 나가며) ㉢누구세요? (문을 열어 상대방을 확인한다.)
우체부 : 택배 왔습니다.
아들 : (물건을 건네받아 확인하고) 할머니께서 ㉣당신이 손수 말리신 곶감을 보내셨네요. 아버지, 곶감 좀 맛보실래요?
아버지 : ㉤네가 먼저 먹으렴. 난 이따가 먹을란다.

㉠:

㉡:

㉢:

㉣:

㉤:

연습문제2 인칭대명사

1. 나는 누구와 함께 갈까?
2. 우리는 너에게 저분을 소개할 예정이다.
3. 누가 왔냐? 누구냐?
4. 철수는 자기 동생을 매우 귀여워한다.
5. 철수는 아직 어린애라서 저만 안다니까.
6. 애들이 어려서 저희밖에 몰라요.
7. 돌아가신 아버님은 소나무를 좋아하셨어. 저 소나무도 당신께서 심으셨습니다.

연습문제1
㉠: 미지칭 대명사
㉡: 일인칭 대명사
㉢: 미지칭 대명사
㉣: 재귀칭 대명사
㉤: 이인칭 대명사

연습문제2
1. 1인칭, 부정칭
2. 1인칭, 2인칭, 3인칭
3. 미지칭, 미지칭
4. 재귀칭
5. 재귀칭
6. 재귀칭
7. 재귀칭

기출동형 확인하기 - 수사와 관형사

연습문제1
1. 수관형사
2. 수관형사
3. 수관형사
4. 수사
5. 수사
6. 수사

연습문제1 수사와 수관형사의 구별

1. 이 일을 마치는 데에 칠 개월 걸렸다.
2. 명호는 바둑을 다섯 판이나 두었다.
3. 윤배가 고향을 떠난 지 팔 년이 지났다.
4. 은주는 시장에서 토마토를 하나 사 왔다.
5. 현수는 달리기 시합에서 셋째로 들어왔다.
6. 육에 일을 더하면 칠이다.

연습문제2
1. 수사
2. 수관형사
3. 수사, 수사
4. 명사, 명사

연습문제2 수사와 수관형사의 구별

1. 사과 하나 주세요.
2. 사과 한 개 주세요.
3. 첫째는 공부를 열심히 하는 것이고, 둘째는 운동을 열심히 하는 것이다.
4. 첫째는 공부를 열심히 하고, 둘째는 놀기를 열심히 한다.

참고 다음 경우엔 명사로 간주한다.
- 연, 월, 일, 요일, 시간을 지칭하는 단어 : 1980년, 하루, 이틀, 금요일, 9시
- 서수사 '첫째, 둘째' 등이 사람을 지칭하는 경우 : 첫째는 의사이고, 둘째는 사업가다.
  - 양수사의 부정수 : 한둘, 두셋, 서너, 너덧 …
  - 서수사의 부정수 : 한두째, 두세째, 서너째 …

기출동형 확인하기 - 동사와 형용사

연습문제1 동사와 형용사의 구별

1. 그녀의 속눈썹은 길다.
   긴 겨울방학이 끝났다.
2. 나이보다 얼굴이 젊다.
   젊은 나이에 성공을 했다.
3. 봄바람이 따뜻하다.
   따뜻한 마음씨를 가져야 한다.
4. 외출하기에는 시간이 너무 늦다.
   그는 늦은 나이에 대학에 진학했다.
5. 나는 너에 대한 기대가 크다.
   우리 아들은 키가 쑥쑥 큰다.

연습문제1
1. 형용사 / 형용사
2. 형용사 / 형용사
3. 형용사 / 형용사
4. 형용사 / 형용사
5. 형용사 / 동사

연습문제2 보조 용언(보조 동사)

1. 당위 : (-어야/-아야)________
2. 시행 : (-어/-아)________
3. 부정 : 동사 + (-지)________ / (-지)________ / (-지)________
4. 피동 : (-어/아)________ / (-게)________
5. 사동 : (-게)________
6. 강세, 반복 : (-어/-아)________
7. 보유 : (-어/-아)________ / (-어/-아)________
8. 진행 : (-어/아)________ / (-고)________
9. 종결 : (-어/-어)________ / (-어/-어)________
10. 상태 : (-어/-아)________
11. 희망 : (-고)________

연습문제2
1. 한다.
2. 보다.
3. 말다. / 아니하다. / 못하다.
4. 지다. / 되다.
5. 하다.
6. 대다.
7. 두다. / 놓다.
8. 가다. / 있다.
9. 내다. / 버리다.
10. 있다.
11. 싶다.

연습문제3 불완전 용언, 불구 동사

1. __________ → 가로되
2. __________ → 데리고, 데리러
3. __________ → (~에)대한, (~에) 대하여
4. __________ → 더불어

연습문제3
1. 가로다
2. 데리다
3. 대하다
4. 더불다

연습문제4

1. 어간 끝이 'ㄷ'인 용언은, 관형사형 어미 '-은'이 결합하면 'ㄷ'이 그대로 유지되거나, 'ㄷ'이 'ㄹ'로 교체됨.
2. 어간 끝이 'ㄹ'인 용언은, 관형사형 어미 '-ㄴ'이 결합하면 'ㄹ'이 탈락함.

연습문제5

'치르다'를 '바꾸다'와 같이 어간이 'ㅜ'로 끝나는 사례와 혼동하였기 때문이다. '치르-'는 어간이 'ㅡ'로 끝나는 용언이므로 모음으로 시작하는 어미와 결합할 때, 'ㅡ'가 탈락한다.

연습문제6

1. 낫다
2. 엿듣다
3. 흐르다

연습문제4 규칙 활용, 불규칙 활용

질문: "차에 실은 것이 뭐니?"는 '실은'이 맞는데, "시들은 꽃 한 송이가 있다."에서 '시들은'은 틀린 말이다. 그 이유는 뭘까?

불규칙 활용 (어간 끝이 'ㄷ'인 경우)	규칙 활용 (어간 끝이 'ㄹ'인 경우)
• 차에 실은(○) 것이 뭐니? – 실은 → 실-(어간) + -은(어미) – ______ 1 ______ ______	• 시들은(×)/시든(○) 꽃 한 송이가 있다. – 시든 → 시들-(어간) + -ㄴ(어미) – ______ 2 ______ ______

연습문제5 'ㅡ' 탈락

'자리를 바꿔(○) 앉았다.'와 '잔금을 치뤄(×) 두었다.'에서 '바꿔'와 달리 '치뤄'의 표기가 어문 규정에 어긋나는 이유는 무엇일까?

참고 ▶ 활용 시 'ㅡ' 탈락 현상이 나타나는 경우

예 그는 자물쇠로 책상 서랍을 잠가 놓았다.
그는 군대에 들어가서 호된 신고식을 치렀다고 한다.

연습문제6 어간 불규칙 활용

어간만 바뀌는 경우

[예시]	어간		어미의 기본 형태		
	걷-	+	-고	→	걷고
		+	-아/어	→	걸어
		+	-아라/어라	→	걸어라
			⋮		

1. '솟다'가 '솟아'로 활용하는 것과 달리, '______'는 '나아'로 활용한다.
2. '얻다'가 '얻어'로 활용하는 것과 달리, '______'는 '엿들어'로 활용한다.
3. '치르다'가 '치러'로 활용하는 것과 달리, '______'는 '흘러'로 활용한다.

연습문제7 어미 불규칙 활용

어미만 바뀌는 경우

[예시]	어간		어미의 기본 형태		
	이르(至)-	+	-고	→	이르고
		+	-아/어	→	이르러
		+	-아서/어서	→	이르러서
			⋮		

• '먹다'가 '먹어'로 활용하는 것과 달리, '______'는 '하여'로 활용한다.

연습문제8 어간어미 불규칙 활용

어간과 어미가 모두 바뀌는 경우 예 하늘이 파래서 기분이 좋다.

[예시]	어간		어미의 기본 형태		
	파랗-	+	-고	→	파랗고
		+	-아/어	→	파래
		+	-아서/어서	→	파래서
			⋮		

• '수놓다'가 '수놓아'로 활용하는 것과 달리, '______'는 '하얘'로 활용한다.

연습문제9 종결 어미

문장을 끝맺어 주는 기능을 하는 어미

1. 동생은 책을 읽었다.
2. 지금쯤 누나는 집에 도착했겠구나.
3. 할아버지께서는 어디 갔다 오시지?

연습문제10 연결 어미

두 문장을 연결해 주는 기능을 하는 어미

1. 이것은 장미꽃이고, 저것은 국화꽃이다.
2. 형은 밥을 먹었으나, 누나는 밥을 먹지 않았다.

연습문제7
하다

연습문제8
하얗다

연습문제9
1. -다
2. -구나
3. -지

연습문제10
1. -고
2. -으나

01

연습문제11
1. -기
2. -을
3. -는

연습문제11 전성 어미

용언을 명사, 관형사, 부사처럼 기능하게 하는 어미

1. 지금은 운동하기에 좋은 시간이다.

2. 내일 읽을 책을 미리 준비해라.

3. 이렇게 일찍 가는 이유가 뭐니?

연습문제12
1. 명사형 전성 어미
2. 명사 파생 접사
3. 명사 파생 접사
4. 명사형 전성 어미

연습문제12 명사형 전성 어미

• 아침에 하는 ㉠ 달리기는 건강에 매우 좋다.
• 나는 모임에 늦지 않으려고 더 빨리 ㉡ 달리기 시작했다.

㉠과 ㉡은 형태는 같으나 품사가 다르다. ㉠은 '달리-'에 접미사가 붙은 명사로서 관형어의 수식을 받고 있다. 이에 반해, ㉡은 '달리-'에 명사형 어미가 붙은 동사로서 부사어의 꾸밈을 받으며 서술하는 기능을 유지하고 있다.

1. 그는 멋쩍게 웃음으로써 답변을 회피했다.

2. 그 가수는 현란한 춤을 추며 노래를 불렀다.

3. 오늘따라 학생들의 걸음이 가벼워 보였다.

4. 자기 소개서에 "만화를 잘 그림."이라고 썼다.

기출동형 확인하기 - 관형사

연습문제
1. 형용사
2. 관형사
3. 관형사
4. 관형사
5. 형용사

연습문제

1. 정원에 아름다운 꽃이 피었다.

2. 웬 말이 그렇게 많은지 모르겠다.

3. 수리를 하고 나니 새 가구가 되었다.

4. 모여 있던 모든 사람들이 일제히 나를 쳐다봤다.

5. 그의 빠른 일처리가 사람들을 만족스럽게 하였다.

기출동형 확인하기 - 조사

연습문제1 격조사

1. 어느새 연못 속의 ⓐ올챙이가 개구리가 되었다. / ⓑ공원이 매우 넓고 깨끗하다.
2. 아무리 청소를 해도 방이 ⓒ깨끗하지가 않다.
3. 그 넓던 갈대밭이 모두 ⓓ뽕밭이 되었다.
4. 나는 ⓔ백두산이 제일 보고 싶다.

연습문제2 부사격조사

1. 그는 거기에 있다.
2. 그는 대전에서 왔다.
3. 그는 대전에서 산다.
4. 그것을 철수에게 주어라.
5. 우리는 냉장고를 고아원에 기증했다.
6. 수십 년이 지나니까 모두 흙으로 변해 버렸어.
7. 칼로(써) 배를 깎자.
8. 선생으로(서) 그럴 수가 있니?
9. 나와 함께 가겠니?
10. "저리 가거라."라고 말했다.
11. 저리 가라고 말했다.
12. 철수는 영희와 싸웠다.
13. 그것은 이것보다 크다.

연습문제3 보조사

1. 형(은/*는) 학교에 가고, 나(*은/는) 집에 갔다.
2. 민수(가/는) 운동(을/은) 싫어한다.
3. 어서요 읽어 보세요.
4. 빵만으로 살 수 없다. / 할아버지께서는 날마다 아침에 일찍 일어나신다.

연습문제1

1. ⓐ의 '가'와 ⓑ의 '이'는 앞 체언의 받침 유무에 따라 선택된 격 조사임을 알 수 있다.
2. ⓒ의 '가'는 '를'로 바꾸어 쓸 수 있는 걸 보아, 앞말을 지정하여 강조하는 뜻을 나타내는 보조사임을 알 수 있다.
3. ⓓ의 '이'는 조사 '으로'로 바꾸어 쓸 수 있는 걸 보아, '되다' 앞에 쓰여 바뀌게 되는 대상을 나타내는 격 조사임을 알 수 있다.
4. ⓔ의 '이'는 앞말을 지정하여 강조하는 뜻을 나타내는 보조사임을 알 수 있다.

연습문제2

1. 낙착점
2. 출발점
3. 낙착점
4. 상대
5. 상내
6. 변성
7. 도구
8. 자격
9. 공동
10. 직접 인용
11. 간접 인용
12. 공동
13. 비교

연습문제2

1. 앞에 오는 말의 받침 유무에 따라 보조사의 형태를 달리 선택하기도 한다.
2. 격 조사 자리에 보조사가 올 수도 있다.
3. 보조사는 체언뿐 아니라 부사 뒤에도 붙을 수 있다.
4. 보조사는 격 조사와 결합할 때 격 조사 앞에 붙기도 하고, 뒤에 붙을 수 있다.

The 콕!

성분 보조사

- 우리만 극장에 가서 미안하다. → 단독의 의미 – 주어에 결합
- 이곳에서는 수영을 하면 절대 안 된다. → 대조의 의미 – 부사어에 결합
- 나는 그 지갑이 마음에 들지도 않아요. → 역시의 의미 – 서술어에 결합

형태	의미	예문
은/는	대조	나는 농구는 좋아하지만 축구는 싫어한다.
도	역시, 포함	너도 울고 있었구나!
까지, 마저, 조차	한계, 극단	날도 추운데 차까지 고장났다. 너마저 그럴 줄은 몰랐다. 숨쉬기조차 힘이 든다.
만, 뿐	단독	나만 걸어서 왔다.
부터	먼저, 시작	너부터 시작해라.

종결 보조사

- 그가 갔다마는.
- 그가 갔네그려.
- 그가 갔구먼그래.

종결 보조사는 모두 문장 끝에 오며, 〈감탄〉의 의미를 가짐.

통용 보조사

- 내가요 지금요 집에를요 가야만요 하거든요.

통용 보조사는 모든 문장 성분과 결합하며, 문장 끝에도 올 수 있다.

02 형태소

뜻을 가진 가장 작은 말의 단위 예 감, 나무, 먹-, -다, 이, 가 등

형태소의 종류

분류 기준	종류	의미	예
자립성의 유무	자립 형태소	홀로 쓰일 수 있는 형태소	산, 매우, 하늘, 들
	의존 형태소	홀로 쓰일 수 없어 다른 말에 붙어 쓰이는 형태소	이, 에, 푸르-, 넓-, -았-, -겠-, -다
의미	실질 형태소	실질적인 뜻을 지니는 형태소	산, 매우, 하늘, 들, 푸르-, 넓-
	형식 형태소	실질 형태소에 붙어 문법적인 뜻을 지니는 형태소	이, -었-, -게, -고, -다

03 단어의 형성

(1) **단일어**: 하나의 어근만으로 이루어진 단어 예 산, 하늘, 맑다

(2) **복합어**: 어근에 접사가 붙거나 두 개 이상의 어근으로 이루어진 단어

① 파생어: 어근에 파생 접사가 붙어서 만들어진 단어

접두 파생어	어근의 앞에 접두사가 붙어서 만들어진 파생어(접두사는 어근에 일정한 의미를 더해 주는 기능을 함.)	• 군침(군- + 침) • 새파랗다(새- + 파랗다) • 치솟다(치- + 솟다)
접미 파생어	어근의 뒤에 접미사가 붙어서 만들어진 파생어(접미사는 어근의 의미를 제한하기도 하고, 문법적인 변화를 일으키기도 함.)	• 구경꾼(구경 + -꾼) • 가르침(가르치- + -ㅁ: 동사 → 명사) • 웃기다(웃- + -기- + 다: 주동사 → 사동사)

어근	단어의 구성 요소 가운데 실질적인 의미를 나타내는 중심 부분	• 군말: 군- (접두사) + 말 (어근)
접사	어근에 붙어 그 뜻을 제한하는 주변 부분. 어근 앞에 붙는 것을 '접두사', 어근 뒤에 붙는 것을 '접미사'라고 함.	• 지우개: 지우- (어근) + -개 (접미사)

접두사와 달리 접미사는 문법적인 변화를 일으키기도 한다. (접두사 '강/메, 엇/숫' 예외)
예 지우개: 어근 '지우(다)'의 품사는 동사인데, 접미사 '-개'가 붙으면 명사가 됨.
넓이: 어근 '넓(다)'의 품사는 형용사인데, 접미사 '-이'가 붙으면 명사가 됨.

접두사	의미	예
햇-	그 해에 난	햇나물, 햇과일, 햇곡식, 햇병아리
날-	말리거나 익히거나 가공하지 않은	날음식, 날고기
풋-	덜 익은, 서툰	풋사과, 풋고추, 풋과일, 풋김치,
덧-	거듭, 더함	덧니, 덧버선
맨-	아무것도 없는	맨발, 맨몸, 맨밥
맏-	첫째	맏이, 맏형, 맏아들
알-	겉을 덮어 싼 것이나 딸린 것을 다 제거한	알밤, 알몸, 알토란
엿-	몰래	엿보다, 엿듣다
드-	정도가 높음.	드높다, 드세다
치-	위로	치솟다, 치뜨다, 치밀다
짓-	함부로, 마구	짓밟다, 짓뭉개다

접미사	의미	예
-이	형용사나 동사의 어간에 붙어 그것을 명사로 만듦.	넓이, 깊이, 높이, 먹이
-개	간단한 기구	베개, 덮개, 지우개
-게	도구나 연장	집게, 지게
-님	존경의 뜻을 나타냄.	선생님, 달님, 별님
-질	노릇, 짓	바느질, 삽질
-하다	동작을 나타내는 동사를 만듦.	운동하다, 공부하다, 씨름하다
-꾼	어떤 일을 전문적으로 하는 사람	사냥꾼, 짐꾼, 씨름꾼
-보	사물의 모양, 정도와 관련된 행동을 하는 사람	먹보, 뚱뚱보, 울보, 꾀보
-꾸러기	버릇이 심한 사람	장난꾸러기, 잠꾸러기, 심술꾸러기
-롭-	성질이나 특성을 나타냄.	슬기롭다, 지혜롭다, 새롭다
-답-	성질이나 특성을 나타냄.	학생답다, 사람답다

• 어근 + 어휘적 접사: 품사 변동 없음.

예 멋쟁이, 잎사귀(명사) / 너희, 그들(대명사) / 셋째(수사) / 밀치다, 깨뜨리다(동사) / 거멓다, 높다랗다(형용사) / 더욱이, 다시금(부사)

• 어근 + 통사적 접사: 품사 변동 있음.(파생 접사)

예 물음(동 → 명), 넓이(형 → 명), 개구리(부 → 명)
공부하다(명 → 동), 좁히다(형 → 동), 철렁거리다(부 → 동)
가난하다(명 → 형), 미덥다(동 → 형), 반듯하다(부 → 형)
진실로(명 → 부), 마주(동 → 부), 멀리(형 → 부), 없이(형 → 부)

② 합성어: 파생 접사 없이 어근과 어근이 합쳐져서 만들어진 단어

유형	예
대등 합성어	손발, 한두, 오가다, 팔다리, 서넛, 대여섯, 여닫다
종속 합성어	손수건, 책가방, 늦가을, 손수레, 가죽신, 쇠사슬
융합 합성어	• 밤낮 → '늘(언제나)'의 의미 • 작은아버지 → '숙부'를 가리킴. • 춘추(春秋) → 어른의 나이에 대한 존칭

유형	예
통사적 합성어	• 밤낮(밤 + 낮: 명사 + 명사) • 새해(새 + 해: 관형어 + 명사) • 본받다(본 + 받다: 목적어 + 서술어) • 뛰어가다(뛰- + -어 + 가다: 용언의 어간 + 연결 어미 + 용언)
비통사적 합성어	• 늦잠(늦- + 잠: 용언의 어간 + 명사) • 높푸르다(높- + 푸르다: 용언의 어간 + 용언)

기출동형 확인하기 - 파생어

연습문제1 형태소 파악하기

> 북두칠성은 ㉠어느 계절에나 북쪽 밤하늘을 보면 쉽게 찾을 수 ㉡있다. 북두칠성을 흔히 국자 ㉢에 비유하는데, 그것이 국자라면 국을 쏟을 때 국이 흐를 마지막 두 별을 잇㉣는 직선상에 있는 별 중 가장 밝고, 두 별의 간격의 다섯 배쯤에 있는 별을 발견할 것이다. 그 ㉤자리에 보이는 것이 바로 우리가 알고 있는 밤 하늘의 북극성이다.

1. 자립 형태소:
2. 의존 형태소:
3. 실질 형태소:
4. 형식 형태소:

연습문제2 형태소 분석하기

1. 싸움꾼 → 싸우 + ㅁ + 꾼
2. 군것질 → 군 + 것 + 질
3. 놀이터 → 놀 + 이 + 터
4. 병마개 → 병 + 막 + 애
5. 미닫이 → 밀 + 닫 + 이
6. 뜨개질 → 뜨 + 개 + 질

연습문제3 파생어와 합성어 구별하기

어근, 접사가 여러 번 나올 경우는 직접 구성 요소를 분석해서 판단한다. 즉, 한 번만 잘랐을 때의 구성을 통해서 한쪽에 접사가 있다면 파생어이고, 양쪽에 어근이 모두 있으면 합성어이다.

1. 싸움 + 꾼:
2. 군것 + 질:
3. 놀이 + 터:
4. 병 + 막애:
5. 미닫 + 이:
6. 뜨개 + 질:
7. 글 + 짓기(짓 + 기):
8. 나들(나 + 들) + 이:
9. 달리 + 기:
10. 들 + 기름:
11. 웃음(웃 + 음) + 보:

연습문제1

1. ㉠, ㉤
2. ㉡, ㉢, ㉣
3. ㉠, ㉡, ㉤
4. ㉢, ㉣

연습문제2

1. 어근/접사/접사
2. 접사/어근/접사
3. 어근/접사/어근
4. 어근/어근/접사
5. 어근/어근/접사
6. 어근/접사/접사

연습문제3

1. 파생어
2. 파생어
3. 합성어
4. 합성어
5. 파생어
6. 파생어
7. 합성어
8. 파생어
9. 파생어
10. 파생어
11. 파생어

연습문제4
1. 파생어
2. 합성어
3. 파생어
4. 합성어
5. 합성어, 파생어
6. 합성어

연습문제4 파생어와 합성어 구별하기

1. '맨주먹'은 뜻을 더하는 접사가 어근에 결합한 _______이군.
2. '날짐승'은 실질적 의미를 지닌 어근끼리 결합한 _______이군.
3. '군소리'는 어근 앞에 접사가 결합한 단어이므로 _______이군.
4. '돌다리'와 '집안'은 어근끼리 결합하여 형성된 단어이므로 _______이군.
5. '감나무'는 어근끼리 결합한 _______이고, '나무꾼'은 어근과 접사가 결합한 _______ 이군.
6. '군밤'은 실질적 의미를 지닌 어근끼리 결합한 단어이므로 _______이군.

연습문제5
1. 선-
2. 군-
3. -보
4. -쟁이
5. 헛-
6. 되-

연습문제5 접사

1. 선무당 (____ : 서툰)
2. 군말, 군살 (____ : 쓸데없는)
3. 꾀보 (____ : 그것을 즐기거나 그 정도가 심한 사람)
4. 멋쟁이 (____ : 그것의 속성을 많이 가진 사람 또는 그것과 관련된 일을 하는 사람)
5. 헛살다 (____ : 잘못, 보람없이)
6. 되살리다 (____ : 다시)

연습문제6
1. 쟁이, 사귀
2. 희, 들
3. 째
4. 치, 뜨리
5. 멓, 다랗
6. 이, 금

연습문제6 접미사

1. 명사에 접미사가 있는 경우: 멋___, 잎___
2. 대명사에 접미사가 있는 경우: 너___, 그___
3. 수사에 접미사가 있는 경우: 셋___
4. 동사에 접미사가 있는 경우: 밀___다, 깨___다
5. 형용사에 접미사가 있는 경우: 거___다, 높___다
6. 부사에 접미사가 있는 경우: 더욱___, 다시___

연습문제7
1. -하다
2. -기
3. -보
4. -ㅁ
5. -리-
6. 음, 이, 리
7. 하, 히, 거리
8. 하, 덥, 하
9. 로, 주, 리, 이

연습문제7 지배적 접사

1. 사랑하다 (____ : 명사를 동사로 바꿈)
2. 달리기 (____ : 동사를 명사로 바꿈)
3. 먹보 (____ : 동사를 명사로 바꿈)
4. 삶 (____ : 동사를 명사로 바꿈)
5. 살리다 (____ : 사동의 의미를 갖게 해줌)

6. 물__(동 → 명), 넓__(형 → 명), 개구__(부 → 명)

7. 공부__다(명 → 동), 좁__다(형 → 동), 철렁__다(부 → 동)

8. 가난__다(명 → 형), 미__다(동 → 형), 반듯__다(부 → 형)

9. 진실__(명 → 부), 마__(동 → 부), 멀__(형 → 부), 없__(형 → 부)

참고 어근과 어간의 구분

용언	어간	어근	용언	어간	어근
솟다 (단일어)	솟-	솟-	줄이다	줄이-	줄-
치솟다 (파생어)	치솟-	솟-	힘들다	힘들-	힘-, 들-
샘솟다 (합성어)	샘솟-	샘, 솟-	오가다	오가-	오-, 가-

기출동형 확인하기 - 합성어

연습문제1 형태의 변화가 일어난 합성어

1. 소나무의 꽃은 5월에 핀다.
2. 사람의 안팎을 속속들이 알 수는 없다.
3. 우리 집은 오랫동안 마소를 길렀다.
4. 서너 명이 모여 모둠을 만들었다.

연습문제1
1. 종속 합성어
2. 융합 합성어
3. 대등 합성어
4. 대등 합성어

연습문제2 형태의 변화가 일어나지 않은 합성어

상황이 나빠진 게 어제오늘의 일이 아니다.

연습문제2
융합 합성어

연습문제3 통사적 합성어

1. 밤낮
2. 낯설다
3. 첫사랑
4. 뜬소문

연습문제3
1. 체언 + 체언
2. 체언 + 용언
3. 관형사 + 체언
4. 용언의 관형사형(전성 어미 포함) + 체언

연습문제4 비통사적 합성어

1. 보슬비
2. 덮밥
3. 오가다

연습문제4
1. 부사 + 체언
2. 용언의 어간 + 체언
3. 용언의 어간 + 용언의 어간

CHAPTER 04

통사론

01 문장 성분

1. 문장과 문법 단위

문장 성분: 문장 안에서 일정한 문법적 기능을 하는 각 부분들

주성분	문장을 이루는 데 골격이 되는 문장 성분 → 서술어, 주어, 목적어, 보어
부속 성분	주로 주성분의 내용을 수식하는 문장 성분 → 관형어, 부사어
독립 성분	다른 문장 성분과는 직접적인 관련이 없는 문장 성분 → 독립어

2. 주성분 – 서술어, 주어, 목적어, 보어

(1) 서술어

주어의 동작, 상태, 성질 따위를 풀이하는 기능을 하는 문장 성분. '무엇이 어찌한다.', '무엇이 어떠하다.', '무엇이 무엇이다.'의 '어찌한다', '어떠하다', '무엇이다'에 해당하는 문장 성분

① 서술어의 자릿수: 서술어가 그 성격에 따라서 필요로 하는 문장 성분들의 개수

- 한 자리 서술어: 주어 하나만 필수적으로 요구함.

예 그녀는 예뻤다.
빨간 장미꽃이 피었다.
기차가 달린다.

- 두 자리 서술어: 주어 이외에 목적어나 부사어, 또는 보어를 필수적으로 요구함.

예 그는 연극을 보았다.
우정은 보석과 같다.
물이 얼음이 되었다.
누나가 새 책을 샀다.
동수가 교가를 부른다.
희선이는 맛있는 빵을 먹었다.
철수가 도서관에서 책을 읽는다.
상우는 아버지와 닮았다.

- 세 자리 서술어: 주어, 목적어, 부사어의 세 가지 문장 성분을 필수적으로 요구함.

예 할아버지께서 우리들에게 세뱃돈을 주셨다.
민수가 편지 봉투에 우표를 붙였다.
철수는 어제 민규에게 책을 돌려주었다.
어머니가 영희에게 옷을 입혔다.
나는 너를 친구로 여긴다.

(2) 주어

문장에서 동작 또는 상태나 성질의 주체를 나타내는 문장 성분

① '무엇이 어찌한다.', '무엇이 어떠하다.', '무엇이 무엇이다.'에서 '무엇이'에 해당하는 성분으로, 체언이나 체언 구실을 하는 구나 절에 주격 조사 '이/가', '께서'가 붙어서 나타남.

예 철수가 도서관에 가고 없는데…….
할아버지께서 도서관에 가셨다.

② 주격 조사가 생략될 수도 있고 보조사가 붙을 수도 있음.

예 철수 도서관에 가고 없는데……. / 철수도 도서관에 가고 없는데…….

기출동형 확인하기

연습문제

ㄱ. 새가 날아간다.	ㄴ. 어디 갔니, 영희는
ㄷ. 우리 지금부터 조용히 하자.	ㄹ. 우리 반이 승리했음이 분명하다.
ㅁ. 어서 빨리 밥 먹고 학교에 가거라.	

1. ㄷ 분석:
2. ㄱ, ㄹ 분석:
3. ㅁ 분석:
4. ㄴ 분석:
5. ㄹ 분석:

연습문제

1. 'ㄷ'을 보면, 주격 조사는 생략될 수도 있다.
2. 'ㄱ'과 'ㄹ'을 보면, 주격 조사의 형태는 앞말과 관계가 있다.
3. 'ㅁ'을 보면, 상황에 따라 주어가 생략될 수도 있다.
4. 'ㄴ'을 보면, 주어의 위치는 이동할 수 있다.
5. 'ㄹ'을 보면, 주어는 절이 될 수도 있다.

(3) 목적어

서술어의 동작 대상이 되는 문장 성분. '무엇이 무엇을 어찌한다.'에서 '무엇을'에 해당하는 성분으로, 목적격 조사 '을/를'은 생략될 수도 있고, '을/를' 대신에 특정한 의미를 더하여 주는 보조사가 붙기도 함.

예 나는 (과일을 / 과일 / 과일도) 좋아해.

(4) 보어

서술어 '되다, 아니다'가 필수적으로 요구하는 문장 성분 가운데 주어가 아닌 것. 보격 조사 '이/가'는 생략될 수도 있고 보조사가 붙을 수도 있음.

예 그는 학생이 아니다. 어느덧 봄이 되었습니다.

3. 부속 성분 – 관형어, 부사어

(1) **관형어**: 체언을 수식하는 문장 성분

관형어의 형태

관형사	예 아기가 새 옷을 입었다.
체언 + 관형격 조사 '의'	예 소녀는 시골의 풍경을 좋아한다. 소녀는 시골 풍경을 좋아한다. ※ 체언 뒤에 붙는 관형격 조사 '의'는 생략될 수 있음.
용언의 관형사형	예 철수는 예쁜 꽃을 샀다. 이곳은 내가 다니던 학교이다.

기출동형 확인하기 - 관형어

연습문제

1. 그녀는 파란 옷을 입었다.
2. 이 우산은 새 것이다.
3. 시골 풍경은 마음을 편안하게 해.
4. 영희는 내가 읽은 책을 읽을 계획이다.
5. 나는 동전 다섯 개를 잃어버렸지만 그 사실을 알지 못했다.

연습문제

1. 관형어는 체언의 의미 범위를 축소하고 있음을 알 수 있다.
2. 관형어가 없으면 올바른 문장이 되지 않을 수도 있다.
3. 관형격 조사가 붙지 않은 체언은 관형어가 될 수 없다.
4. 관형사형 어미를 통해 시제를 표현할 수 있다. 하나의 문장이 다른 문장 안에서 관형어의 기능을 할 수 있다.
5. '다섯'은 의존 명사 '개'를 수식하는 수관형사이고, 동전은 명사구 '다섯 개'를 수식하는 관형어이다. '그'는 지시 관형사이다.

(2) **부사어**

주로 용언을 수식하는 문장 성분. 용언 외에 관형어나 다른 부사어, 문장을 수식하기도 하고, 문장이나 단어를 이어 주기도 함.

① 부사어의 종류

성분 부사어 (문장 성분을 수식함)	용언 수식	예 코스모스가 참 예쁘다. → 부사어 '참'이 용언(형용사) '예쁘다'를 수식함.
	관형어 수식	예 그는 아주 새 옷을 입었다. → 부사어 '아주'가 관형어 '새'를 수식함.
	부사어 수식	예 연이 매우 높이 난다. → 부사어 '매우'가 또 다른 부사어 '높이'를 수식함.
	체언 수식	예 우리나라에서는 특히 학생들이 부지런하다. → '특히'가 체언(명사) '학생들'을 수식함.
문장 부사어	문장 수식	예 과연 그 아이는 똑똑하구나. → '과연'이 문장인 '그 아이는 똑똑하구나'를 수식함.
접속 부사어	문장 접속	예 그러나 희망이 아주 사라진 것은 아니다.
	단어 접속	예 정치, 경제 및 문화가 발달하여야 선진국이다.

✎ 문장 부사어는 대개 '과연, 설마, 모름지기, 확실히, 제발, 부디'와 같이 말하는 사람의 심리적 태도를 나타내는 부사들이 주류를 이룸.

② **필수 부사어**: 부사어는 용언, 관형어, 다른 부사어 등을 수식하므로 일반적으로 문장에서 반드시 필요한 성분은 아니지만, 문장을 구성하는 데 꼭 필요한 부사어도 있음.

- '같다, 다르다, 비슷하다, 닮다' 등의 서술어: '체언 + 와/과'로 된 부사어를 필수적으로 요구함.
  예 군자는 소인과 다르다. 영수는 명희와 닮았다.
- '넣다, 두다, 주다, 드리다, 던지다, 다가서다' 등의 서술어: '체언 + 에/에게'로 된 부사어를 필수적으로 요구함.
  예 나는 철수에게 선물을 주었다. 아이는 연못에 돌을 던졌다.
- '되다, 삼다' 등의 서술어: '체언 + (으)로'로 된 부사어를 필수적으로 요구함.
  예 물이 얼음으로 되었다. 그는 고아를 양자로 삼았다.

기출동형 확인하기 - 부사어

연습문제1

1. 장미꽃이 정말 예쁘다.
2. 이상하게 오늘은 운이 좋다.
3. 그가 매우 높이 뛰어올랐다.
4. 내 차가 아주 새 차가 되었다.
5. 다행히 나는 학교에 늦지 않았다.

연습문제1

1. 용언을 수식하는 부사어
2. 문장 전체를 수식하는 부사어
3. 부사어를 수식하는 부사어
4. 관형어를 수식하는 부사어
5. 문장 전체를 수식하는 부사어

연습문제2 부사어의 쓰임

보름달은 ㉠ 정말 아름답다. 보름달은 친한 ㉡ 친구처럼 다정하다. ㉢ 대체 누가 보름달을 만들었을까. 밝은 보름달이 ㉣ 점점 다가온다. 보름달을 ㉤ 친구에게 ㉥ 꼭 보여 주고 싶다.

1. ㉠, ㉣ 비교:
2. ㉡, ㉤ 비교:
3. ㉢, ㉥ 비교:
4. ㉤, ㉥ 비교:

연습문제2

1. ㉠과 ㉣을 비교해 보니, 부사어는 형용사를 수식하기도 하고 동사를 수식하기도 한다.
2. ㉡과 ㉤을 비교해 보니, 부사어 중에는 생략될 수 있는 것도 있고, 없는 것도 있다. (㉡은 수의적 부사어 ㉤은 필수적 부사어)
3. ㉢과 ㉥을 비교해 보니, 부사어는 문장 전체를 수식하기도 하고 특정한 문장 성분을 수식하기도 한다. (㉢은 문장 부사어 ㉥은 성분 부사어)
4. ㉤과 ㉥을 보니, 문장 안에서 부사어가 연달아 쓰기도 한다.

연습문제3
1. 공원에서
2. 오후에
3. 몽둥이로
4. 삼촌과

연습문제4
1. 이것과
2. 궤도에서
3. 사위로
4. 벼농사에
5. 지혜에게
6. 친구에게

연습문제3 수의적 부사어

1. 우리는 공원에서 선생님을 만났습니다.
2. 나는 오후에 할머니 댁을 방문했습니다.
3. 그들은 몽둥이로 멧돼지를 잡았다.
4. 나는 삼촌과 영화를 보았다.

연습문제4 필수적 부사어

1. 어제 본 것은 이것과 꽤 비슷하다.
2. 인공위성이 궤도에서 이탈하였습니다.
3. 왕은 그 용감한 기사를 사위로 삼았다.
4. 이 지역의 기후는 벼농사에 적합하다.
5. 선생님께서 지혜에게 선행상을 주셨다.
6. 홍길동 씨는 친구에게 5만 원을 빌렸다.

4. 독립 성분 – 독립어

(1) 독립어

문장의 어느 성분과도 직접적인 관련이 없는 문장 성분

독립어의 형태

감탄사	예 아, 달이 밝다. 여보, 앞 좀 잘 보고 다니시오. 야, 드디어 우리들이 기다리던 소풍날이 왔다. 쯧쯧, 젊은이가 시간을 낭비하면 되는가?
체언 + 호격 조사	예 소년이여, 그 멋진 목소리로 세상에 소리쳐. 신이시여, 우리에게 은총을 내리소서.

02 문장의 짜임

1. 문장의 짜임새

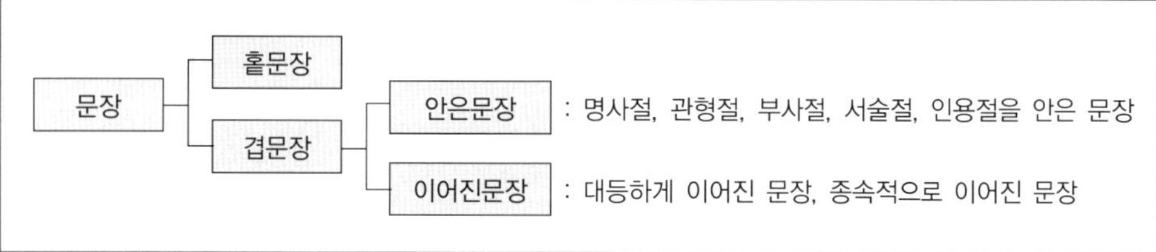

(1) 홑문장

주어와 서술어의 관계가 한 번만 나타나는 문장

예 꽃이 예쁘다. 우리 집 정원에 드디어 장미꽃이 피었어.

(2) 겹문장

주어와 서술어의 관계가 두 번 이상 나타나는 문장으로, 하나 이상의 절을 가짐.

안은문장	• 전체 문장이 홑문장을 안고 있는 겹문장 • 종류: 명사절/관형절/부사절/서술절/인용절을 안은 문장 예 그는 아직도 우리가 돌아왔다는 걸 모르고 있어. [주어] [주어 + 서술어] [서술어]
이어진문장	• 홑문장과 홑문장이 이어진 겹문장 • 종류: 대등하게 이어진 문장, 종속적으로 이어진 문장 예 이것은 장미꽃이고, 저것은 국화꽃이야. [주어 + 서술어] [주어 + 서술어]

기출동형 확인하기

연습문제1

1. 민수는 성격이 좋은 학생이다.
2. 우리 집 정원에 장미꽃이 피었다.
3. 다예가 교실에서 소설책을 읽었다.
4. 그는 갔으나 그의 예술은 살아 있다.
5. 바람이 세차게 불고, 비가 억수같이 내린다.
6. 우리 오빠는 대학생이 되었다.

연습문제1

1. 겹문장
2. 홑문장
3. 홑문장
4. 겹문장
5. 겹문장
6. 홑문장

연습문제2
1. 겹문장 – 이어진문장
2. 겹문장 – 안은문장
3. 홑문장
4. 겹문장 – 안은문장
5. 겹문장 – 이어진문장

연습문제2

1. 가을이 오면 곡식이 익는다.
2. 함박눈이 소리도 없이 내린다.
3. 우리는 어제 학교로 돌아왔다.
4. 그는 우리가 돌아온 사실을 모른다.
5. 사람은 책을 만들고 책은 사람을 만든다.

2. 명사절/관형절/부사절을 안은문장

(1) 명사절을 안은문장

명사형 어미 '-(으)ㅁ', '-기'가 붙어서 만들어진 절, 즉 명사절을 안고 있는 겹문장

• 명사절은 문장에서 주어, 목적어, 부사어 등의 기능을 함.

예 그 일을 하기가 쉽지 않다. → 명사절 '그 일을 하기'가 주어 기능을 함.
우리는 그가 정당했음을 깨달았다. → 명사절 '그가 정당했음'이 목적어 기능을 함.

(2) 관형절을 안은문장

관형사형 어미 '-(으)ㄴ', '-는', '-(으)ㄹ', '-던'이 붙어서 만들어진 절, 즉 관형절을 안고 있는 겹문장

① 관형절은 안은문장 안에서 관형어의 기능을 함.

② 관형사형 어미에 따라 관형절이 표현하는 시제가 다름.

-(으)ㄴ	과거 또는 현재	예 이것은 내가 읽은 책이다. (과거) / 몸에 좋은 약이 입에 쓰다. (현재)
-는	현재	예 이것은 내가 읽는 책이다.
-(으)ㄹ	미래	예 이것은 내가 읽을 책이다.
-던	과거	예 이것은 내가 읽던 책이다.

'-(으)ㄴ'은 앞말이 동사이면 과거 시제를, 앞말이 형용사이면 현재 시제를 나타냄.

(3) 부사절을 안은문장

'-이', '-게', '-도록' 등이 붙어서 만들어진 절, 즉 부사절을 안고 있는 겹문장

• 부사절은 절 전체가 부사어의 기능을 하여 서술어를 수식함.

예 그는 아는 것도 없이 잘난 척을 한다.
철수는 발에 땀이 나도록 뛰었다.

3. 서술절/인용절을 안은문장

(1) 서술절을 안은문장

절 전체가 서술어의 기능을 하는 서술절을 안고 있는 겹문장

① 문장의 앞에 나오는 주어를 제외한 나머지 부분이 서술절에 해당함.

② 서술절을 안은문장은 한 문장에 주어가 두 개 있는 것처럼 보임.

③ 서술절은 절 표지가 따로 없음.

예 토끼는 앞발이 짧다.
주어 주어 서술어
서술절

(2) 인용절을 안은문장

다른 사람의 말이나 글을 인용한 절, 즉 인용절을 안고 있는 겹문장

① 인용절은 주어진 문장에 인용격 조사가 붙어서 만들어짐.

② 직접 인용절에는 인용격 조사 '라고'가, 간접 인용절에는 인용격 조사 '고'가 붙음.

예 기환은 당황한 어조로 "이게 무슨 일이지?"라고 말했다.
철수는 자기가 직접 확인하겠다고 약속했다.

③ 서술격 조사 '이다'로 끝난 인용절이 간접 인용절에서는 '이라고'로 나타남. 안은문장과 안긴문장의 주어가 동일한 경우 안긴문장의 주어는 재귀 대명사 '자기'로 바꾸어 표현한다.

예 그 사람은 "나는 학생이다."라고 주장했다.
그 사람은 자기가 학생이라고 주장했다.

④ 의문형 어미 '-는가'로 끝난 인용절이 간접 인용절에서는 '-느냐'로 바뀌어 나타남.

예 선생님께서는 "지금 서울에는 비가 오는가?"라고 물으셨다.
선생님께서는 지금 서울에는 비가 오느냐고 물으셨다.

⑤ 명령형 어미 '-어라'로 끝난 인용절이 간접 인용절에서는 '-으라'로 바뀌어 나타남.

예 의사 선생님께서 "아침에는 죽을 먹어라."라고 말씀하셨다.
의사 선생님께서 아침에는 죽을 먹으라고 말씀하셨다.

4. 이어진문장

(1) 대등하게 이어진 문장

의미 관계가 대등한 두 홑문장이 이어진 문장

① 대등하게 이어진 문장에 쓰이는 연결 어미에는 '-고', '-(으)며', '-지만', '-든지' 등이 있음.

② 대등하게 이어진 문장에서 앞 절과 뒤 절은 나열, 대조, 선택 등의 의미 관계를 가짐.

예 낮말은 새가 듣고, 밤말은 쥐가 듣는다. (나열)
낮말은 새가 듣지만, 밤말은 쥐가 듣는다. (대조)
저 놈은 잘 생겼는데, 이 놈은 못생겼다. (대조)
결혼을 하든지 이혼을 하든지 내 마음이지. (선택)

(2) 종속적으로 이어진 문장

앞 절과 뒤 절의 의미가 독립적이지 못하고 종속적인 문장

① 앞 절과 뒤 절의 의미 관계에 따라 다양한 종속적 연결 어미가 사용됨.

② 앞 절과 뒤 절의 의미 관계에 따른 종속적 연결 어미

예 눈이 와서, 길이 미끄럽다. (원인)
기업이 없으면 근로자도 없다. (조건)
한라산 등반을 하려고, 우리는 아침 일찍 일어났다. (의도)
내가 집에 가는데, 저쪽에서 누군가 달려왔다. (상황)
비가 올지라도 우리는 계획대로 출발한다. (양보)
고기를 잡으러 바다로 갈까요? (목적)
나그네가 시골길을 구름에 달 가듯이 걸어간다. (비유)
날이 갈수록 세상은 각박해져 간다. (점층)
미국의 어느 대통령이 과자를 먹다가 목이 막혀 졸도했다. (전환)
농부들은 들일을 마치고(서) 점심을 먹었다. (앞순)
요즈음 학생들은 음악을 들으면서 공부한다. (동시)

기출동형 확인하기 - 안은문장

연습문제1

1. • 그 일을 하기가 쉽지 않다.
   • 우리는 그가 정당했음을 깨달았다.
   • 지금은 집에 가기에 이른 시간이다.

2. • 이것은 내가 (읽는 / 읽은 / 읽던 / 읽을) 책이다.
   • 몸에 좋은 약이 입에 쓰다.

3. • 그는 아는 것도 없이 잘난 척을 한다.
   • 그곳은 그림이 아름답게 장식되어 있다.
   • 철수는 발에 땀이 나도록 뛰었다.

4. • 토끼는 앞발이 짧다.
   • 철수는 용기가 부족하다.

5. • 기환은 당황한 어조로 "이게 무슨 일이지?"라고 말했다.
   • 철수는 자기가 직접 확인하겠다고 약속했다.
   • 그 사람은 자기가 학생이라고 주장했다.

연습문제1
1. 명사절
2. 관형절
3. 부사절
4. 서술절
5. 인용절

연습문제2

1. 영수는 키가 매우 크다.
2. 영수는 꽃이 핀 사실을 몰랐다.
3. 영수는 말도 없이 학교로 가 버렸다.
4. 영수는 공원을 산책하기를 좋아한다.
5. 영수는 영희에게 빨리 오라고 외쳤다.
6. 토끼는 앞발이 짧다.
7. 이 산은 나무가 많다.
8. 언니는 그 아이가 학생임을 알았다.
9. 책을 읽던 영수가 수지에게 다가왔다.
10. 코끼리는 코가 길다.
11. 친구가 소리도 없이 내 뒤로 다가왔다.
12. 지금은 학교에 가기에 늦은 시간이다.
13. 오늘 급식을 일찍 먹기는 힘들겠다.
14. 현태는 자기가 옳다고 주장했다.

참고 **관계 관형절**

① 형이 숙제를 하는 동생을 불렀다.
② 동생은 대학생이 된 형과 여행을 했다.
③ 영수가 버스에 탄 경희에게 말을 걸었다.
④ 그는 이 그림을 그린 화가의 전시회에 갔다.

동격 관형절

① 나는 정수가 은희와 결혼한 사실을 몰랐다.

연습문제2

1. 서술절
2. 관형절
3. 부사절
4. 명사절
5. 인용절
6. 서술절
7. 서술절
8. 명사절
9. 관형절
10. 서술절
11. 부사절
12. 명사절
13. 명사절
14. 인용절

연습문제
1. 대등하게 이어진 문장
2. 종속적으로 이어진 문장

기출동형 확인하기 - 이어진문장

연습문제

1. • 이것은 장미꽃이고, 저것은 국화꽃이야.
   • 낮말은 새가 듣고, 밤말은 쥐가 듣는다.
   • 낮말은 새가 듣지만, 밤말은 쥐가 듣는다.

2. • 눈이 와서, 길이 미끄럽다.
   • 봄이 오니, 꽃이 핀다.
   • 배가 고프면 라면을 먹어라.
   • 한라산 등반을 하려고, 우리는 아침 일찍 일어났다.
   • 내가 잠을 자는데 누가 깨울 수 있을까?
   • 비가 올지라도 우리는 계획대로 출발한다.

참고 **대등적으로 이어진문장**
동생은 과일은 좋아하지만, 야채는 싫어한다.
→ 동생은 야채는 싫어하지만, 과일은 좋아한다. (절의 순서를 바꿔도 같은 의미)

종속적으로 이어진문장
철수가 오면 그들은 출발할 것이다.
→ 그들이 출발하면 철수가 올 것이다. (절의 순서를 바꾸면 다른 의미가 된다.)

03 문법 요소

1. 종결 표현(종결 어미에 의해 실현)

평서문, 의문문, 명령문, 청유문, 감탄문

(1) 평서문

예 지금 비가 많이 온다.
철수가 책을 읽는다.

(2) 의문문

예 너는 지금 무엇을 먹고 있니?
철수는 어디 갔니?
넌 밥을 먹었니?
철수는 집에 갔니?
아무려면 철수한테 책 한 권 못 사 줄까?
똑바로 서지 못하겠니?
이 식물의 특성은 무엇이지요?
오늘 오후에 시간 있으세요?
그렇게만 되면 얼마나 좋을까?

(3) 명령문

예 학교에서 돌아오는 대로 밥을 먹어라.
얼른 밥을 먹어라.

(4) 청유문

예 우리 함께 노래를 부르자.
우리 극장으로 가자.

(5) 감탄문

예 경치가 정말 아름답구나.
꿈은 이루어지는구나.

기출동형 확인하기

연습문제

어미를 사용하여 추정, 감탄, 단정, 확인, 의지, 전달 등의 화자의 심리적 태도를 드러낼 수 있다.

> 영희: 너 오늘 산에 간다고 했잖아. 오늘 간 거 ㉠ 맞지?
> 철수: 아니, 못 갔어. 내일은 꼭 가고 ㉡ 말겠어.
> 영희: 그럼 너희 형은?
> 철수: 아마 ㉢ 갔을걸.
> 영희: 우와. 너희 형은 정말로 ㉣ 대단하구나.

연습문제
㉠: 확인
㉡: 의지
㉢: 추정
㉣: 감탄

2. 높임 표현

주체 높임법, 상대 높임법, 객체 높임법(선어말 어미, 종결 어미, 접미사, 보조사, 특수 어휘 등에 의해 실현)

(1) 상대 높임법

구분		평서법	의문법	명령법	청유법	감탄법
격식체	하십시오체	합니다	합니까?	하십시오	(하시지요)	-
	하오체	하오	하오?	하오, 하구려	합시다	하는구려
	하게체	하네, 함세	하는가?, 하나?	하게	하세	하는구먼
	해라체	한다	하냐?, 하니?	해라	하자	하는구나
비 격식체	해요체	해요, 하지요	해요?, 하지요?	해요, 하지요	해요, 하지요	해요, 하지요
	해체(반말)	해, 하지	해?, 하지?	해, 하지	해, 하지	해, 하지

(2) 주체 높임법

예 선생님께서 벌써 도착하셨어.
할아버지께서는 낮잠을 주무셔.

간접 주체 높임

예 선생님 말씀이 타당하십니다.
할머니께서는 아직 귀가 밝으십니다.

(3) 객체 높임법

예 나는 선생님께 과일을 드렸다.
나는 할머니께 연세를 여쭤 보았다.

기출동형 확인하기

연습문제1

1. 내일 우리 같이 밥 먹어요.
2. 제가 할머니를 모시고 왔습니다.
3. 이 손수건 좀 할아버지께 갖다 드려.
4. 요즘 여러 가지 일로 많이 바쁘시죠?
5. 어머니께서 아버지의 바지를 만드셨어.
6. 영희가 할머니를 모시고 공원에 갔어요.

연습문제1

1. 상대 높임
2. 객체 높임 / 상대 높임
3. 객체 높임 / 객체 높임
4. 주체 높임
5. 주체 높임 / 주체 높임
6. 객체 높임 / 상대 높임

연습문제2

어머니 : 진우야, 엄마 좀 도와줄래? (손에 든 짐을 보여 주며) 할머니 ㉠ 댁에 가져갈 건데 너무 무겁구나. 진우 : ㉡ 잠시만요. (한 손에 짐을 들고, 다른 팔로 어머니의 팔짱을 끼면서) 사모님, 같이 ㉢ 가실까요? 어머니 : (웃으며) 얘도 참. 어서 가자. ㉣ 할머니께서 기다리실 거야. 진우 : 할머니 댁까지 ㉤ 모시게 되어 영광입니다.

1. ___은 '할머니'와 관련된 대상을 높여 '할머니'를 높인 표현이다.
2. ___에서는 보조사 '요'를 붙여 대화 상대방을 높인 표현이다.
3. ___은 주체 높임 선어말 어미 '-시-'를 사용하여 '어머니'를 높인 표현이다.
4. ___은 주격 조사 '께서'를 사용하여 '할머니'를 높인 표현이다.
5. ___은 '모시다'라는 특수 어휘를 사용하여 '어머니'를 높인 표현이다.

연습문제2

1. ㉠
2. ㉡
3. ㉢
4. ㉣
5. ㉤

3. 시간 표현(시제와 상)

시제(과거, 현재, 미래), 동작상(완료상, 미래상)

예 그 해 겨울 밤은 정말 포근하게 느껴졌었지. (시간 부사구, 과거 시제 선어말 어미 '-었었-')
학생들이 지금 운동장에서 축구를 한다. (시간 부사어, 현재 시제 선어말 어미 '-ㄴ-')
오늘 오후 5시에 다시 전화하리다. (미래 시제 선어말 어미'-리-')
그 일을 제가 꼭 하겠습니다. (미래, 의지)
철수는 벌써 도착했겠습니다. (과거, 추측)

(1) 과거 시제

예 우리는 그 영화를 보았다. / 우리는 그 영화를 보았었다.
모임에는 몇 명이나 왔더냐?
그건 내가 먹은 사과야.
예뻤던 그녀가 이렇게 변하다니.
어제 나는 집에 있었다.

(2) 현재 시제

예 우리는 그 영화를 본다. 그는 밥을 먹는다.
운동장에서 공 차는 저 애들은 몇 학년이야?
그녀는 눈앞이 캄캄해지는 것을 느낀다.
이제 2학년인 녀석이 제법이군.
지금 나는 집에 있다.

(3) 미래 시제

예 저도 곧 가겠습니다.
영수는 떠날 사람이라는 걸 잊지 마라.
내일이면 물건을 받을 것입니다.
내일 아침까지는 일을 마무리하겠습니다.

기출동형 확인하기

연습문제 '-겠-'의 서법 기능

1. 구름이 낀 걸 보니 내일은 비가 오겠다.

2. 서울에는 지금쯤 눈이 내리겠다.
→ '-겠-'이 ____뿐만 아니라 말하는 사람의 ____을 나타낸다는 것을 알 수 있다.

3. 설악산에는 벌써 단풍이 들었겠다.
→ '-겠-'이 현재 또는 과거의 사실에 대해 말하는 사람의 ____을 나타낸다는 것을 알 수 있다.

4. 그 목표를 (제가/형이*) 꼭 이루겠습니다.
→ '-겠-'이 ____를 나타내는 문장에서는 말하는 사람과 주어가 일치해야 한다는 것을 알 수 있다.

5. 그 정도는 어린애도 (알겠다./할 수 있겠다.)
'-겠-'이 ______이나 ____을 나타낸다는 것을 알 수 있다.

6. 제가 잠시 들어가도 되겠습니까?
'-겠-'이 담화 상황에서 말하는 이의 _________를 나타내고 있다.

연습문제
1. 추측
2. 미래 / 추측
3. 추측
4. 의지
5. 가능성 / 능력
6. 완곡한 태도

(4) 진행상

예 이제야 밥을 먹고 있다.
빨래가 다 말라 간다.
그녀는 웃음을 지으면서 대답했다.

(5) 완료상

예 자장면을 다 먹어 버렸다.
지현이는 의자에 앉아 있다.
그는 나를 만나고서 학교를 떠났다.

기출동형 확인하기

연습문제

어머니 : 방 정리를 ㉠ 하고 있구나.
아들 : 네. 필요 없는 물건은 다 ㉡ 내놓을 거에요.
어머니 : 잘 했구나. 그런데 얼마 전에 ㉢ 산 책은 어디 있니?
아들 : 아, 그 책은 이미 다 읽어서 동생에게 ㉣ 줘 버렸어요.
어머니 : 그래 잘 했다. 아참, 오늘 네 친구가 오기로 했지.
아들 : 네. 조금 있다 저하고 같이 ㉤ 공부할 친구가 오기로 했어요.
어머니 : 그래. 깨끗한 방에서 친구랑 재미있게 놀면 되겠구나.

연습문제

㉠ 진행상: '-고 있구나'는 동작이 진행되고 있음을 나타내고 있다.
㉡ 미래 시제: '-았-'은 발화시가 사건시에 앞선다는 것을 나타내고 있다.
㉢ 과거 시제: '-ㄴ'은 사건시가 발화시에 앞선다는 것을 나타내고 있다.
㉣ 완료상: '-어 버렸어요'는 동작이 이미 완결되었음을 나타내고 있다.
㉤ 미래 시제: '-ㄹ'은 발화시가 사건시에 앞선다는 것을 나타내고 있다.

4. 피동 – 파생적 방법, 통사적 방법

예 고양이가 쥐를 물었다. (능동)
쥐가 고양이에게 물렸다. (파생적 피동)
이 펜은 글씨가 잘 써진다. (통사적 피동 '-어지다'의 형태)
곧 사실이 드러나게 된다. (통사적 피동 '-게 되다'의 형태)
벽에 걸려 있는 시계가 보였다.
도둑이 경찰에 붙잡혔다.
어디서 음악 소리가 들린다.
아이가 어머니 품에 안겼다.
안건이 만장일치로 가결되었다.
이 펜은 글씨가 잘 써진다.
곧 사실이 드러나게 된다.

5. 사동 – 파생적 방법, 통사적 방법

예 사람들이 길을 넓힌다. (파생적 사동, 사동 접미사 '–히–')
차를 정지시켰다. (파생적 사동, 사동 접미사 '–시키–')
아기를 재웠다. 깃발을 세웠다. (파생적 사동, 사동 접미사 '–이우–')
차를 정지하게 했다. (통사적 사동, 보조적 연결 어미 '–게' + 보조 용언 '하다')
누나가 동생에게 죽을 먹였다.
엄마가 아기에게 옷을 입혔다.
동생이 운동장에서 연을 날렸다.
피에로가 사람들을 웃겼다.
할머니가 손자를 재우셨다.
폭염이 아스팔트를 달궜다.
출발 시간을 9시에서 10시로 늦췄다.
공장의 폐수가 강물을 오염시켰다.
엄마가 아이에게 옷을 입게 했다.
사나운 개는 진정시키지 않으면 사람을 물 수도 있다.
큰 회사일수록 외부인 출입을 금지시키는 구역이 많다.
병원에 가지 않으려는 아내를 입원시키고 오는 길이야.
다투고 있는 저 두 사람을 화해시킬 묘안이 뭐 없을까?
그 선생님의 제자에 대한 사랑은 많은 사람을 감동시켰다.

기출동형 확인하기

연습문제1

1. 밧줄을 세게 당기다.
2. 동생의 머리를 감기다.
3. 아이에게 밥을 먹이다.
4. 후배가 선배를 놀리다.
5. 태풍에 건물이 흔들리다.

연습문제2

1. 동생에게 사탕을 빼앗기다.
2. 운동장에서 친구를 만나다.
3. 친구가 기쁜 소식을 전하다.
4. 교장 선생님께 고개를 숙이다.
5. 할머님께 공손하게 허리를 굽히다.

연습문제1

1. 피동도 사동도 아님.
2. 사동
3. 사동
4. 피동도 사동도 아님.
5. 피동

연습문제2

1. 피동
2. 피동도 사동도 아님.
3. 피동도 사동도 아님.
4. 사동
5. 사동

연습문제3

1. 피동 / 사동
2. 피동 / 사동
3. 피동 / 사동

연습문제3

1. 우는 아이가 엄마 등에 업혔다.
   누나가 이모에게 아기를 업혔다.

2. 나는 젖은 옷을 햇볕에 말렸다.
   동생은 집에 가겠다는 친구를 말렸다.

3. 아기 곰이 어미 품에 포근히 안겼다.
   형이 친구에게 꽃다발을 안겼다.

The 콕!

어휘적 피동

이번 만우절에도 거짓말에 당했다. 피동문이 아님.
이제는 계절이 봄이 되었다.

파생적 사동 – 간접 의미

- 선생님께서 윤호에게 책을 읽히셨다.
- 어머니께서 아기를 재우고 계신다.

통사적 사동 – 간접/직접 의미

- 영희가 태호에게 사과를 깎게 했다.
- 할머니께서 손자에게 색동옷을 스스로 입게 하셨다.

주동문을 사동문으로 바꾸는 경우

ㄱ. 개가 밥을 먹다. → (철수가) 개에게 밥을 먹이다.
ㄴ. 그가 집에 가다. → (영희가) 그를 집에 가게 하다.
ㄷ. 동생이 학교에 입학하다. → (어머니께서) 동생을 학교에 입학시키다.

① ㄱ ~ ㄷ 모두 주동문을 사동문으로 바꾸려면 새로운 주어가 필요하다.
② ㄱ ~ ㄷ에서 주동문의 주어는 사동문에서 목적어나 부사어가 된다.
③ ㄱ의 주동문은 ㄷ처럼 '-시키다'를 붙여 사동문으로 바꿀 수 없다.
④ ㄴ의 주동문은 사동 접사를 붙여서 사동문으로 바꿀 수는 없다.

6. 부정 표현

'안' 부정(단순 부정, 의도 부정), '못' 부정(능력 부정), '말다' 부정(명령형, 청유형) → 금지

(1) 짧은 부정문

예 나는 그를 안 만났다.
나는 그를 못 만났다.

01

(2) 긴 부정문

예 나는 그를 만나지 않았다.
나는 그를 만나지 못했다.
그를 만나지 마라.
그를 만나지 말자.
그를 만나지 마라./*못해라./*아니해라.
그를 만나지 말자./*못하자./*아니하자.

기출동형 확인하기

연습문제

1. 위험한 곳에는 가지 마라.
2. 민지는 공을 던지지 못했다.
3. ‘나는 밥을 못 먹었다.
4. 하늘이 어둡지 않다.
5. 꽃이 안 예쁘다.

연습문제

1. 긴 부정문, 명령문의 부정
2. 긴 부정문, 능력 부정
3. 짧은 부정문, 능력 부정
4. 긴 부정문, 상태 부정
5. 짧은 부정문, 상태 부정

04 바른 문장 쓰기

1. 정확한 문장 구성

(1) 문장 성분 갖추기

문장 성분은 문맥을 통해 그 의미를 정확하게 알 수 있는 범위 내에서만 생략해야 함.

종류	예문
주어의 부적절한 생략	언어는 그 자체가 문화의 산물이며, 언어를 통해 또 다른 문화를 창조한다. [바른 문장] 언어는 그 자체가 문화의 산물이며, 인간은 언어를 통해 또 다른 문화를 창조한다.
목적어의 부적절한 생략	인간은 자연에 복종하기도 하고, 지배하기도 하면서 살아간다. [바른 문장] 인간은 자연에 복종하기도 하고, 자연을 지배하기도 하면서 살아간다.
서술어의 부적절한 생략	그녀는 노래와 춤을 추고 있었다. [바른 문장] 그녀는 노래를 부르고 춤을 추고 있었다.

(2) 불필요한 성분 없애기

종류	예문
어휘의 중복	속담의 특징은 교훈적인 의미를 담고 있고, 비유를 사용한다는 점이 특징이다. → '특징'을 불필요하게 반복함. [바른 문장] 속담의 특징은 교훈적인 의미를 담고 있고, 비유를 사용한다는 점이다. 또는, 속담은 교훈적인 의미를 담고 있고, 비유를 사용한다는 점이 특징이다.
의미의 중복	사회악을 뿌리 뽑아 근절해야 한다. → '뿌리(를) 뽑다'와 '근절하다'는 의미가 중복됨. [바른 문장] 사회악을 뿌리 뽑아야 한다. 또는, 사회악을 근절해야 한다.

(3) 문장 성분의 호응 지키기

주어와 서술어, 수식어와 피수식어, 부사어와 서술어 등이 잘 호응해야 함.

종류	예문
주어와 서술어의 호응	내가 하고 싶은 말은 착하게 살길 바란다. [바른 문장] 내가 하고 싶은 말은 착하게 살길 바란다는 것이다.
수식어와 피수식어의 호응	한결같이 어려운 이웃을 돕는 사람들이 많습니다. → 부사어 '한결같이'가 수식하는 말이 '어려운'이 되면 내용이 어색해짐. [바른 문장] 어려운 이웃을 한결같이 돕는 사람들이 많습니다.
부사어와 서술어의 호응	너는 반드시 약속을 어겨서는 안 된다. [바른 문장] 너는 결코(절대) 약속을 어겨서는 안 된다.

2. 중의문

(1) 문장의 중의성 없애기

중의문은 한 문장이 둘 이상의 의미로 해석될 수 있는 문장으로, 다양한 의미로 해석되지 않고 하나의 의미만 나타나도록 해야 함.

종류	예문
단어의 중의성	나는 배를 보았다. → '배'가 '먹는 배', '사람의 배(복부)', '선박' 등의 의미로 해석됨. [바른 문장] 나는 떠 있는 배를 보았다. ('배'가 '선박'의 의미로 제한됨.)
수식의 중의성	귀여운 철수의 동생을 만났다. → '귀여운' 사람이 '철수'일 수도 있고 '철수의 동생'일 수도 있음. [바른 문장] 철수의 귀여운 동생을 만났다. (철수의 동생이 귀엽다는 의미로 제한됨.)
비교 구문의 중의성	영희는 나보다 컴퓨터 게임을 더 좋아한다. → 비교 대상이 '영희와 컴퓨터 게임'일 수도 있고 '나와 컴퓨터 게임'일 수도 있음. [바른 문장] 영희는 나를 좋아하는 것보다 더 컴퓨터 게임을 좋아한다.
접속 표현에 인한 중의성	나는 철수와 영희를 만났다. → 나와 철수가 함께 영희를 만났을 수도 있고, 내가 철수와 영희 둘을 만났을 수도 있음. [바른 문장] 나와 철수는 함께 영희를 만났다.
부정 표현에 의한 중의성	사람들이 다 오지 않았다. → 사람들이 아무도 오지 않은 것일 수도 있고, 일부만 온 것일 수도 있음. [바른 문장] 사람들이 다 오지는 않았다. (일부만 왔다는 뜻으로 제한됨.)

문장 고치기

1. 말 다듬기

(1) 너, 선생님이 빨리 오래. → 께서, 오라셔(오라고 하셔.)

높임법의 오류 – 이 문장에서 오는 사람은 '너'이고 오라고 말한 주체는 '선생님'이다. 따라서 청자인 '너'보다 어른인 '선생님'을 높여야 한다. 따라서 조사를 '-께서'로 고치고, 높임 선어말 어미 '시'를 붙여 '오라셔(오라고 하셔.)'로 고쳐야 한다.

높임의 종류

구분	주체 높임법	객체 높임법	상대 높임법
개념 표현	서술어의 주체(주어)를 높이는 표현	서술어의 객체(목적어, 부사어)를 높이는 표현	화자가 청자를 높이는 표현
방법	높임 선어말 어미'-시'를 사용, 주격 조사 '-께서' 사용	서술어를 높임표현으로 바꿈	종결 어미를 통해 표현
예문	어머니께서 진지를 드십니다.	나는 어머니를 모시고 병원에 다녀왔다.	어머니, 제 말씀 좀 들어보세요.

① **간접 높임**: 직접적인 높임의 대상이 아니더라도, 전체 문장의 주어가 높임의 대상이면 '-으시'를 붙여서 간접적으로 높임 예 할머니께서는 귀가 밝으시다.

② **압존법**: 상대 높임에서 문장의 주어가 화자보다 높은 사람이더라도 청자가 문장의 주어보다 높은 경우, 문장의 주어를 높이지 않음. (주로 군대/가족 내에서) 예 할아버지, 아버지가 옵니다.

(2) 리보솜과 리소좀을 서로 틀린 거야. → 다른

단어의 의미를 혼동하여 사용함 – '틀리다'는 어긋나거나 '맞지 않다'의 뜻을 가진 동사, '다르다'는 '같지 않다'의 뜻을 가진 형용사이다.

혼동하기 쉬운 단어

- 가리키다: 손가락으로 지적하다.
  가르치다: 알아듣도록 설명하다.
- 부시다: ① 빛깔이 강력하여 눈이 어리어리하다. ② 그릇 따위를 씻어 깨끗하게 하다
  부수다: 조각이 나게 두드려 깨뜨리다.
- 홀몸: 혼자의 몸, 독신
  홑몸: 아이를 배지 않은 몸
- 이르다: 시간이 늦지 않고 빠르다.
  빠르다: 어떤 동작을 하는데 걸리는 시간이 짧다.
- 늘리다: 넓이, 부피 따위가 본디보다 커지다,
  늘이다: 본디보다 더 길게 하다.
  예 고무줄을 늘이다. / 수출을 늘리다.
- 반드시: 꼭, 틀림없이
  반듯이: 흐트러짐 없이 반듯하게

• 지긋이 : 나이가 비교적 많이
지그시 : ① 슬그머니 누르거나 당기는 모양 ② 어려움을 견디는 모양
예 저 신사는 나이가 지긋이 들어 보인다.
손가락으로 지그시 누르다. 입술을 지그시 깨물다.

• 든지 : 무엇이나 가리지 않는
던지 : 지난 일을 돌이켜서 생각할 때

• 부치다 : 편지나 물건 따위를 일정한 수단이나 방법을 써서 상대에게로 보내다.
붙이다 : '붙다'의 사동사
예 풀을 붙이다. 벽보를 붙이다.
편지를 부치다. 부채를 부치다.

• 맞추다 : 어떤 것을 바른 것과 비교하여 살피다.
맞히다 : 문제에 대한 정답이 되게 하다.
예 시험 후 학생들은 서로 답을 맞추어 보았다.
그는 수수께끼의 답을 맞히지 못했다.

• 벌이다 : 일을 베풀어 놓다, 가게를 차리다.
벌리다 : 둘 사이를 넓히다.
예 시내에 음식점을 벌이다. / 줄 간격을 벌리다.

• 가름 : 함께 하던 일을 서로 가르기, 구별함
가늠 : 목표나 기준에 알맞게 헤아리는 일

• 바라다 : 생각대로 되기를 원하다
바래다 : 볕이나 습기를 받아 빛이 변하다.
예 조국의 통일을 바란다. / 옷감의 색이 바랬다.

• 두껍다 : 두께가 크다
두텁다 : 정의나 인정이 많다.

• 바치다 : 신이나 웃어른에게 드리다
받치다 : ~을 괴다 / 받히다 : 떠받음을 당하다.
예 나라를 위해 목숨을 바쳤다. / 우산을 받치고 간다.

• 부딪히다 : '부딪다'의 피동형. 부딪음을 당하다.
부딪치다 : 세게 부딪다.
예 차와 차가 마주 부딪쳤다. / 자전거가 화물차에 부딪혔다.

• 일절 : 아주, 도무지, 전혀, 결코
일체 : 모든 것, 온갖 사물
예 출입을 일절 금하다. / 규제를 일체 풀다.

• 넘어 : 수량이나 정도가 한계를 지나다. 지나가다.
너머 : 높이나 경계로 가로막은 사물의 저쪽. 또는 그 공간

• 햇볕 : 해가 내리쬐는 기운
햇빛 : 해의 빛
예 고추를 햇볕에 말렸다. / 햇빛에 눈이 부시다.

• 껍질 : 물체의 겉을 싸고 있는 단단하지 않은 물질
껍데기 : 달걀이나 조개 따위의 겉을 싸고 있는 단단한 물질
예 귤 껍질을 아무 데나 버리면 안 된다. / 계란 껍데기는 불에 잘 탄다.

• 조리다 : 바짝 끓여서 양념이 배어들게 하다.
졸이다 : 물을 증발시켜 분량을 적어지게 하다. '졸다'의 사동사
예 생선을 조린다. / 마음을 졸인다.

• 안치다 : 재료를 솥이나 냄비 따위에 넣고 불 위에 올리다.
앉히다 : '앉다'의 사동사
예 밥을 안치다. / 윗자리에 앉힌다.

- 지향 : 어떤 목표로 뜻이 쏠리어 향함.
  지양 : 어떠한 것을 하지 아니함.
  예 우리는 평화 통일을 지향한다. / 획일화된 교육은 지양해야 한다.
- 잊다 : 알았던 것을 기억하지 못하거나 기억해 내지 못하다.
  잃다 : 가졌던 물건이 없어져 그것을 갖지 아니하게 되다.
  예 약속을 잊다. / 길을 잃다.
- 다리다 : 옷이나 천 따위의 주름이나 구김을 펴기 위해 다리미로 문지르다.
  달이다 : 액체 따위를 끓여서 진하게 만들다.
  예 옷을 다리다. / 약을 달인다.
- 좇다 : 목표, 이상, 행복 따위를 추구하다.
  쫓다 : 어떤 대상을 잡거나 만나기 위하여 뒤를 급히 따르다.
  예 좇다.(추종하다) / 쫓다.(추적 추방)
- 개발 : 유용하게 만들고 발전하게 함.
  계발 : 슬기나 재능, 사상 따위를 일깨워 줌.
  예 개발(開發)(물질적) / 계발(啓發)(정신적)
- 여위다 : 몸의 살이 빠져 파리하게 되다.
  여의다 : 죽어서 이별하다.
  예 그는 앓고 난 후 여위었다. / 그는 어머니를 여의었다.

(3) 내가 친구 한 명 소개시켜 줄게. → 소개해

불필요한 사동 표현 – '소개하다'는 단순한 타동사이므로 불필요한 사동 표현을 사용하지 않는다.

✎ '소개하다', '교육하다', '가동하다'등은 '~하다'의 형태 자체가 타동사이므로 '~시키다'의 꼴로 쓰면 어법에 어긋나게 된다. 주어나 화자가 직접 행동하는 경우는 '~하다'만 쓰면 된다.

- 학교에서는 학생 복지 위원회를 설치시킬 예정입니다. (×) → 설치할 (○)
- 이번 회의에서는 기필코 빈민 구제 법안을 가결시켜야 한다. (×) → 가결해야 (○)
- 여름이 다가오니 에어컨을 가동시켜야겠다. (×) → 가동해야겠다. (○)
- 그를 이번 계획에서 제외시켜야겠다. (×) → 제외해야겠다. (○)
- 교사는 학생을 교육시키는 일에 최선을 다해야 한다. (×) → 교육하는 (○)

(4) 주례 선생님의 말씀이 계시겠습니다. → 있겠습니다(있으시겠습니다)

주체 높임(간접 높임)의 오류 – 이 문장은 '주례 선생님'을 직접 높이지 않고, '말씀'을 통해 간접적으로 높이는 것이므로, '계시다'를 '있으시다'로 바꿔야 한다.

- 고모님은 두 살 된 따님이 계시다. (×) → 있으시다. (○)
- 심사 위원의 심사평이 계시겠습니다. (×) → 있으시겠습니다. (○)
- 할머니께서는 치아가 매우 편찮으시다. (×) → 아프시다. (○)
- 그 분은 귀가 밝습니다. (×) → 밝으십니다. (○)
- 아버지께서는 손이 크다. (×) → 크시다. (○)
- 그 분의 머리가 하얗게 세었다. (×) → 세셨다. (○)

(5) 아버님, 올해도 건강하세요. → 건강하게 지내세요.(건강하게 지내시길 바랍니다)

잘못된 형용사 활용 – 형용사는 동사와 달리 명령형, 청유형, 현재형으로 사용할 수 없다.

사람이나 사물의 성질, 상태 등을 나타내는 품사인 형용사는 명령형 어미(–어라, –거라, –너라, –오 등)나 청유형 어미(–자)와 결합하여 쓸 수 없다.

- 하연아 행복해라. (×) → 행복하게 지내라. (○)
- 이번 시간에는 조용하자. (×) → 조용히 하자. (○)
- 성화여 영원하라! (×) → 영원하기를, 영원히 존재하라. (○)

(6) 보세요, 잘 날라가지 않습니까? → 날아가지

잘못된 동사의 활용 – '날아가다'는 '날다 + 가다'의 합성어이다. 기본형이 '날아가다'이므로 '날아가지'로 고쳐야 한다.

- 삼가해 주시기 바랍니다. (×) → 삼가 주시기 바랍니다.(○)
- 실력이 부쩍 늘은 것 (×) → 실력이 부쩍 는 것(○)
- 서슴치 말고(×) → 서슴지 말고(○)
- 낯설은(×) → 낯선(○)
- 거칠은(×) → 거친(○)
- 날으는(×) → 나는(○)
- 설레인(×) → 설렌(○)
- 푸르른(×) → 푸른(○)
- 개인(×) → 갠(○)
- 어질은(×) → 어진(○)

(7) 영화가 매우 재미있는 것 같습니다. → 재미있습니다.

불필요한 추측 표현

주관적인 심정, 확실한 판단이 가능한 경우에 '–ㄴ(는) 것 같다'라는 표현은 적절하지 않다. 이는 과거 사실을 보고하거나 객관적인 현상을 짐작하는 데 쓰인다.

전체 수정

(1) 높임 표현의 잘못

"너, 선생님의 빨리 오래."

→ 너, 선생님께서 빨리 오라고 하셔. (오라셔)

(2) 혼동하기 쉬운 단어

"리보솜과 리소좀은 서로 틀린 거야."

→ 리보솜과 리소좀은 서로 다른 거야.

(3) 불필요한 사동 표현

"내가 친구 한 명 소개시켜 줄께."

→ 내가 친구 한 명 소개해 줄게. (소개할게)

(4) 주체 높임의 오류
"주례 선생님의 말씀이 계시겠습니다."
→ 주례 선생님의 말씀이 있으시겠습니다. (원칙)
→ 주례 선생님의 말씀이 있겠습니다. (허용)

(5) 형용사의 잘못된 활용
"아버님, 올해도 건강하세요."
→ 아버님, 올해도 건강하게 지내세요.
→ 아버님, 올해도 건강하시길 바랍니다.

(6) 동사의 잘못된 활용
"보세요, 잘 날라가지 않습니까?"
→ 보세요, 잘 날아가지 않습니까?

(7) 추측표현의 잘못된 사용
"영화가 매우 재미있는 것 같습니다."
→ 영화가 매우 재미있습니다.

2. 문장 다듬기

인체 입체 공간 움직임……

여러 개의 선을 그어 몸을 ①나누어 보고 다시 잇대어 연장시키기도 하면서 적절한 인체의 형과 선을 찾으며 생각해 보는 단어들이다.

②우리 자신인 인체는 오랜 습관으로 하나의 살아 있는 유기체라기보다는 ③시각적 구조물로서 간주되어지고 있다.

큰 키, 작은 눈, 멋진 다리 등 ④어떤 무엇인가의 시대 정신에 따르는 미의 기준으로 인한 ⑤비교 평가는 자연의 창조물인 인체 위에 본능적으로 인고의 창조자인 사람은 때로는 ⑥지나친 과장으로, 때로는 가슴을 졸이게 하는 ⑦최소한의 덧붙임으로 아슬아슬한 멋을, 즐거움을 좇기도 한다.

나의 작업들은 ⑧이러한 의복을 통한 인간의 사고 속에 내재되어 있을 꿈, 희망, 즐거움, 이상 등을 나의 디자인으로 만들어 보기도 하며, 발빠른 현재의 패션 산업 속에서 때로는 멈춰서 ⑨과거의 복식을 통하여 발견, 표현해 보고 공유하려 하는 것이다.

① 주어의 부당한 생략 → 이것들은 우리가 여러 개의 선을 그어 몸을 나누어 보고

① '잇대어', '연장'의 의미 중복, 불필요한 사동 표현 – '연장시키기도'
→ 나누어 보고 연장하기도 하면서

② '우리'와 '자신'이 의미 중복. 수식어인 '오랜 습관으로'와 피수식어인 '간주되어지고 있다'의 거리가 멀어 '오랜 습관으로'의 의미가 명확하지 않다.
→ 습관적으로 우리의 인체는

③ '-되다'가 이미 피동임에도 '-어지다'를 덧붙여 불필요한 이중 피동이 되었다.
→ 시각적 구조물로 간주되고 있다.

④ '시대 정신'을 수식하는 '어떤'과 '무엇인가'의 관형화 구성이 중복되어 어색하다.
→ 무엇인가의(무언가의) 시대 정신에 따른

⑤ '비교 평가는'이 주어처럼 보여 문장 전체의 주어인 '인고의 창조자인 사람은'이 서술어와 호응을 이루는 데 방해가 된다.
→ 비교 평가에 따라

⑥ '지나친'과 '과장'의 의미 중복, '지나친'을 삭제함.
→ 과장으로

⑦ '~으로'는 방향을 나타내는 부사격 조사이므로 문맥상 어울리지 않음. '-으로서(자격, 신분)', '-으로써(도구, 방법)'
→ 최소한의 덧붙임으로써

⑧ '속에'와 '내재'의 의미 중복. '~을 통한', '~내재되어 있을'의 관형화 구성이 부자연스럽다.
→ 인간의 사고 속에 내재되어 있을 꿈, 희망, 즐거움, 이상 등을 이러한 의복을 통해 나의 디자인으로 만들어 보기도 하며

⑨ 서술어인 '발견, 표현해 보고'의 목적어가 없음.
→ 과거의 복식을 통하여 이러한 것을 발견, 표현해 보고

전체 수정

인체 입체 공간 움직임……

①이것들은 우리가 여러 개의 선을 그어 몸을 나누어 보고 다시 연장하기도 하면서 적절한 인체의 형과 선을 찾으며 생각해 보는 단어들이다.

②습관적으로 우리의 인체는 하나의 살아 있는 유기체라기보다는 ③시각적 구조물로 간주되고 있다.

큰 키, 작은 눈, 멋진 다리 등 ④무언가의 시대 정신에 따른 미의 기준으로 인한 ⑤비교 평가에 따라 자연의 창조물인 인체 위에 본능적으로 인고의 창조자인 사람은 때로는 ⑥과장으로, 때로는 가슴을 졸이게 하는 ⑦최소한의 덧붙임으로써 아슬아슬한 멋을, 즐거움을 좇기도 한다.

나의 작업들은 ⑧인간의 사고 속에 내재되어 있을 꿈, 희망, 즐거움, 이상 등을 이러한 의복을 통해 나의 디자인으로 만들어 보기도 하며, 발빠른 현재의 패션 산업 속에서 때로는 멈춰서 ⑨과거의 복식을 통하여 이러한 것을 발견, 표현해 보고 공유하려 하는 것이다.

(1) 문장 성분 갖추기

① **필요한 성분 갖추기와 성분 생략**: 우리말을 어법에 맞게 쓰기 위해서는 필요한 성분을 갖추어 써야 한다. 그러나 앞뒤 문맥을 통하여 의미를 정확하게 알 수 있는 범위 내에서는 생략할 수 있다.

- 문학은 다양한 삶의 체험을 보여 주는 예술의 장르로서 문학을 즐길 예술적 본능을 지닌다. (×) → '예술적 본능을 지닌다'의 주어가 필요함.
  [바른 문장] 문학은 다양한 삶의 체험을 보여 주는 예술의 장르로서 / 인간은 문학을 즐길 예술적 본능을 지닌다. (○)
- 인간은 환경을 지배하기도 하고, 때로는 순응하면서 산다. (×) → '순응하면서'에 대한 부사어가 필요함.
  [바른 문장] 인간은 환경을 지배하기도 하고, 때로는 환경에 순응하면서 산다. (○)
- 본격적인 공사가 언제 시작되고, 언제 개통될지 모른다. (×) → '개통될지 모른다'의 주어가 필요함.
  [바른 문장] 본격적인 공사가 언제 시작되고, 언제 도로가 언제 개통될지 모른다. (○)

② **불필요한 성분**: 중복된 표현은 문장의 간결성을 해친다.

- 그 선수의 장점은 경기 흐름을 잘 읽고, 다른 선수들에게 공을 잘 보내 준다는 것이 큰 장점이다. (×) → '장점'이라는 단어가 주어와 서술어에 반복됨.
  [바른 문장] 그 선수의 장점은 경기 흐름을 잘 읽고, 다른 선수들에게 공을 잘 보내 준다는 것이다. (○)
  [바른 문장] 그 선수는 경기 흐름을 잘 읽고, 다른 선수들에게 공을 잘 보내 준다는 것이 큰 장점이다. (○)
- 방학 기간 동안 축구를 실컷 했다. (×) → 시간적 사이를 나타내는 표현인 '기간'과 '동안'이 함께 쓰여 의미가 중복됨.
  [바른 문장] 방학 동안 / 방학 기간에 축구를 실컷 했다. (○)
- 요즘 같은 때에는 공기를 자주 환기해야 감기에 안 걸리는 거야. (×) → 같은 의미가 반복됨('공기를'을 삭제하거나 '환기해야'를 '바꾸어 주어야'로 고침).
  [바른 문장] 요즘 같은 때에는 공기를 자주 바꿔 주어야(바꿔야) 감기에 안 걸리는 거야. (○)
  [바른 문장] 요즘 같은 때에는 자주 환기해야 감기에 안 걸리는 거야. (○)

의미 중복의 예

역전 앞, 고목나무, 남은 여생, 동해 바다, 쓰이는 용도, 박수를 치다, 명백히 밝히다, 간단히 요약하다, 미리 예고, 일요일 날, 차가운 냉수, 뜨거운 열기, 크게 대승하다, 큰 대로길, 다시 되뇌이다, 뿌리뽑아 근절하다, 새로 들어온 신입생, 속에 내재된, 같은 동포, 새로운 신곡, 결론을 맺다, 처갓집, 겉표지, 무궁화꽃, 잃은 미아, 밖으로 표출, 겉보기에 인상, 열심히 열중하여, 머릿속에는 뇌리를, 과반수 이상의, 결실을 맺기를

③ 문장 성분의 호응

- 이 글을 읽는 여러분에게 먼저 당부하고 싶은 것은 만일 여러분이 주변 환경을 탓하고 있다면 그런 생각은 버리시길 바랍니다. (×) → 주어와 서술어의 호응이 부적절함.

  [바른 문장] 이 글을 읽는 여러분에게 먼저 당부하고 싶은 것은 만일 여러분이 주변 환경을 탓하고 있다면 그런 생각은 버리시라는 것(점)입니다. (○)
- 현재의 복지 정책은 앞으로 손질이 불가피할 전망입니다. (×) → 주어와 서술어가 호응이 되지 않고 있음.

  [바른 문장] 불가피할 것으로 전망되고 있습니다. / 불가피한 것으로 전문가들은 전망하고 있습니다. (○)
- 한번 오염된 환경이 다시 깨끗하려면, 많은 비용과 노력, 그리고 긴 시간이 소모된다. (×) → '환경이'와 '깨끗하려면'이 호응되지 않고, '많은 비용과 노력'과 '소모된다'의 호응이 되지 않음.

  [바른 문장] 한번 오염된 환경이 다시 깨끗해지려면, 많은 비용과 노력이 들고, 오랜 시간이 걸린다. (○)
- 동아리에 가입하기 위해서는 절대로 직접 손으로 쓴 작품을 제출해야 합니다. (×) → '절대로'와 '~해야 합니다'의 호응이 이루어지지 않음. 따라서 '절대로'를 삭제하거나 '반드시'로 수정

  [바른 문장] 동아리에 가입하기 위해서는 반드시 직접 손으로 쓴 작품을 제출해야 합니다. (○)

특정 부사어의 특정 서술어의 호응 관계는 고정적이다.

특정 부사어와 특정 서술어의 결합 예

부정어와 호응	구태여, 여간, 결단코, 절대로, 도무지, 좀처럼, 차마
긍정어와 호응	반드시, 조금, 제법, 응당, 마땅히, 당연히
가정, 추측하는 말과 호응	만일, 만약, 가령, 혹시, 자칫, 과연, 필시, 설마
의문을 나타내는 말과 호응	언제, 왜
당부, 부탁, 소원 등을 나타내는 말과 호응	제발, 바라건대, 원컨대, 부디, 꼭, 아무쪼록

- 한결같이 어려운 이웃을 돕는 사람들이 많습니다. (×) → 수식어와 피수식어의 거리는 가까울수록 좋다.

  [바른 문장] 어려운 이웃을 한결같이 돕는 사람들이 많습니다. (○)
- 이 지역은 무단 입산자에 대하여는 자연 공원법 제 60조에 의거 처벌을 받게 됩니다. (×) → '이 지역은'과 '처벌을 받게 됩니다'의 호응이 이루어지지 않음.(주술 호응의 문제)

  [바른 문장] 이 지역에 무단 입산하는 자는 자연 공원법 제 60조에 의거하여 처벌받게 됩니다. (○)

  [바른 문장] 이 지역은 자연 공원법 제 60조에 의거하여 무단 입산자를 처벌하는 곳입니다. (○)

(2) 관형화, 명사화 구성을 바르게

• 관형화 구성: 수식어를 중첩하여 사용하면 비문법적인 문장이 된다.
• 관형화 구성 방식
 – 관형사형 어미를 이용한 구성: –(으)ㄹ, –는'을 이용하여 다른 말을 꾸미도록 하는 구성
 – 관형격 조사 '의'를 이용한 구성

• 유구한 빛나는 전통 문화를 단절시킬 가능성이 큰 융통성 없는 문화 정책은 재고해야 한다. (×) → 잘못된 관형화 구성
[바른 문장] 유구하고 빛나는 전통 문화를 단절시킬 가능성이 큰, 융통성 없는 문화 정책은 재고되어야 한다. (○)
• 이 수술은 후유증이 없는 안전한 고도의 정밀한 수술로 비용도 저렴한 파격적인 저비용이다. (×) → 피수식어 '수술'에 대한 중복 수식, '저렴한'과 '저비용'의 의미 중복, 너무 길어진 관형화 구성
[바른 문장] 이 수술은 고도로 정밀하여 후유증이 없고 안전하며, 비용도 파격적으로 저렴하다. (○)

• 명사화 구성: 명사화 구성을 남용하는 것보다는 동사나 형용사로 풀어서 표현하는 것이 더 자연스럽다.
• 명사화 구성: '것', '–음', '–기', 명사 나열로 끝난 구성

• 그가 그 문제를 명쾌하게 해결할 것으로 예상되는 것이다. (×) → 의존 명사 '것'을 이용한 '해결할 것'과 '예상되는 것'의 명사화 구성의 중복.
[바른 문장] 그가 그 문제를 명쾌하게 해결할 것으로 예상된다. (○)
• 여름이 되면 수해 방지 대책 마련에 철저를 기해야 한다. (×) → 지나치게 명사화하여 문장이 어색해짐.
[바른 문장] 여름이 되면 수해를 방지할 대책을 마련하는 데 철저를 기해야 한다. (○)
[바른 문장] 여름이 되면 수해를 방지할 대책을 철저하게 마련해야 한다. (○)
• 은주는 권장 도서 목록 선정이 너무 주관적이라며 불만을 터뜨렸습니다. (×) → 명사를 지나치게 많이 나열한 명사화 구성으로 어색해짐.
[바른 문장] 은주는 권장 도서 목록을 선정한 것이 너무 주관적이라며 불만을 터뜨렸습니다. (○)

(3) 의미를 정확하게

• 용감한 그의 아버지는 적군을 향해 돌진했다. (×) → 수식의 모호성. '용감한'이 '그'를 수식하는지, '그의 아버지'를 수식하는지 명확하지 않다.
[바른 문장] 용감한, 그의 아버지는 적군을 향해 돌진했다. / 그의 용감한 아버지는 적군을 향해 돌진했다.
• 남편은 나보다 비디오를 더 좋아한다. (×) → 비교 구문의 모호성
[바른 문장] 나를 좋아하기보다는 비디오를 더 좋아한다. / 내가 비디오를 좋아하는 것보다 더 좋아한다.
• 어머니께서 사과와 귤 두 개를 주셨다. (×) → 병렬 구문의 모호성/ '-와', '-과'로 이어진 문장은 의미가 모호해지기 쉽다.
[바른 문장] 사과 한 개와 귤 한 개를 주셨다. / 사과 한 개와 귤 두 개를 주셨다.

- 그가 <u>걸음을 걷는 것이</u> 이상하다. (×) → 의존 명사 구문('~것')의 모호성. '-것'이 가리키는 바를 명확하게 밝혀야 한다.
  [바른 문장] 그의 걸음 걸이가 이상하다. / 그가 걸음을 걷는다는 사실이 이상하다.
- <u>우연치 않게</u> 준성이를 만났다. (×) → 부정문의 모호성
  [바른 문장] 우연히 준성이를 만났다.
- 커피 <u>한 잔은 되지만 한 잔 이상</u> 마시면 해롭습니다. (×) → '이상'이라는 의미상 모순
  [바른 문장] 두 잔 이상 마시면 해롭습니다.
- 그 판매원은 <u>웃으면서</u> 들어오는 손님에게 인사를 건넸다. (×) → '웃으면서'가 판매원을 서술하는 것인지, 손님을 수식하는 것인지 분명하지 않다.
  [바른 문장] 그 판매원은 <u>웃으면서, 들어오는</u> 손님에게 인사를 건넸다.
  [바른 문장] 그 판매원은, <u>웃으면서 들어오는</u> 손님에게 인사를 건넸다.

(4) 우리말 답지 않은 표현

- 그 사람은 선각자<u>에 다름아니다</u>.
  [바른 문장] 그 사람은 <u>선각자나 다름없다</u>. / 그 사람은 <u>선각자라 할 만하다</u>.
- 그의 작품은 이러한 <u>주목에 값한다</u>.
  [바른 문장] 그의 작품은 <u>주목할 만하다</u>.
- 우리 모두 내일 오전 10시에 <u>회의를 갖도록 하자</u>.
  [바른 문장] 우리 모두 내일 오전 10시에 <u>회의를 하도록 하자</u>.
- 불조심하는 것은 <u>아무리</u> 강조<u>해도 지나치지 않는다</u>.
  [바른 문장] 불조심은 늘 강조해야 한다. / 언제나 불조심해야 한다.
- <u>학생 회의에 있어</u> 진지하게 참여하는 것이 중요합니다.
  [바른 문장] <u>학생 회의에</u> 진지하게 참여하는 것이 중요합니다.
- 춘향호의 선장과 선원들은 <u>배 침몰과 함께</u> 사망했습니다.
  [바른 문장] <u>춘향호가 침몰하자 그 배의 선장과 선원들은</u> 사망했습니다.
- 나는 학생들<u>에 대하여</u> 많은 관심을 <u>기울이고 있다.</u>
  [바른 문장] 나는 학생들<u>에게 관심을 많이 두고 있다</u>. / <u>많은 관심을 두고 있다</u>.
- 박모씨의 선행은 한 <u>팬에 의해 알려졌습니다.</u>
  [바른 문장] 박모씨의 선행은 <u>한 팬이 알렸습니다</u>.

The 콕!

영어 번역투

- 가장 중요한 것 중의 하나는(one of the most~) → 가장 중요한 것은
- 이것을 고려에 넣는다면(take account of~) → 이것을 고려한다면
- ~할 필요가 있다(it is necessary to~), ~을 필요로 하다(be in need of~) → ~이 필요하다
- ~할 예정으로 있다(be going to~) → ~할 예정이다, ~할 것이다, ~할 참이다.
- ~에 위치하다(be located in ~) → ~에 있다.
- 납득이 가다(해 down with me) → 납득하다.
- 회의를 갖다(have a meeting) → 회의하다.
- 아무리 ~해도 지나치지 않다(it is not too much to~) → 늘 ~해야 한다, ~함이 당연하다.

문법 요소 정리편

1. 높임 표현의 개념과 종류

높임법	화자가 어떤 대상이나 상대의 높고 낮은 정도를 구별하여 표현하는 방법

높임의 대상

청자	서술의 주체	서술의 객체
상대 높임법	주체 높임법	객체 높임법

2. 주체 높임법

주체 높임법
• 서술의 주체를 높이는 방법 • 서술어를 직접 행한 대상 • 높임에서는 사람이라고 생각

▼

실현 방법	• 서술어의 어간에 주체 높임 선어말 어미 '-(으)시-' 사용 • 주격 조사 '이/가' 대신 '께서'를 사용 "주께서 말씀하시기를(객체 '께'와 헷갈리지 말 것)" • 특수 어휘 사용 잡수시다, 주무시다' 등... 객체 특수 어휘와 다르다.
직접 주체 높임	• 할아버지께서 땅을 사시다. • 어머니께서 식사를 하시다. • 할아버지께서 진지를 드시다(잡수시다). • 할머니께서 집에 계시다. • 아버지께서 주무시다. 계시다, 주무시다는 '주체 높임 선어말 어미' 아님.
간접 주체 높임	• 할머니는 귀가 밝으시다. • 선생님 일이 잘 되시죠? • 선생님 짐이 무거우시죠? 높이려는 대상의 일이나 신체, 물건 등을 높임으로써 간접으로 높임.
압존법	• 할아버지 아버지가 왔습니다. 자기가 말하는 대상이 듣는 대상보다 높아도 높이지 않는다.
잘못된 높임법	• 회장님의 인사말씀이 계시겠습니다. • 가격이 많이 내려오셨어요. • 옷이 참 잘 나오셨어요. • 영수야 선생님께서 오시래.
높임 중화	이순신은 영웅이었다.

3. 객체 높임법

객체 높임법
• 서술의 객체(목적어나 부사어가 지시하는 대상)를 높이는 방법 • 서술어 행위의 대상(당하는 입장)

▼

실현 방법	• 특수 어휘를 통해 실현됨. 모시다, 뵙다, 드리다, 여쭙다, 섬기다, 바치다 등 • 부사어의 경우 부사격 조사 '에게' 대신 '께'를 사용한다. • 아버지가 할아버지를 데리고 왔다. 모시고 • 아버지가 할아버지에게 사과를 주었다. 할아버지께 드렸다

4. 상대 높임법

상대 높임법
• 화자가 청자를 높이거나 낮추어 말하는 방법 • 상황이나 상하관계에서 실현됨.

▼

실현 방법	종결 표현을 통해 실현됨.			
격식	• 격식을 차려야 하는 상황이나 공적인 상황에서 주로 사용함. • 심리적 거리를 두는 느낌을 줌.			
비격식	• 격식을 덜 차리는 사적인 상황에서 주로 사용함. • 친근감을 줌.			
종류	격식체		비격식체	
높임	아주 높임	하십시오	두루높임	해요
	예사 높임	하오		
낮춤	예사 낮춤	하게	두루낮춤	해
	아주 낮춤	해라		

✎ 한 문장 안에서 주체 / 상대 / 객체 다 높일 수도 있다.

예 어제 선생님께서 할아버지를 모시고 오셨어요.

✎ 주체와 상대가 일치할 수도 있다.

예 아버지 문 좀 닫아주십시오.

5. 시간 표현

시간 표현 – 시제/동작상	
시제	과거 현재 미래
동작상	완료/진행
발화시	말을 한 시점
사건시	사건이 일어난 시점
시간부사	어제, 오늘, 내일, 지금, 아까 등 시간부사가 시제 정할 때 가장 먼저임.

시제		
과거 시제	현재 시제	미래 시제
사건시가 발화시보다 앞서있는 시제 사건시 > 발화시	사건시와 발화시가 일치하는 시제 사건시 = 발화시	사건시가 발화시보다 나중인 시제 사건시 < 발화시

시제는 종결형과 관형사형에서 실현				
	종결형(선어말 어미)		관형사형	
	동사	형용사	동사	형용사
과거	었, 았, 었었, 았었, ㅆ, ㅆ었		은/ㄴ	던
과거	먹었다 먹었었다 먹더라 샀다 샀었다 사더라	예뻤다 예뻤었다 예쁘더라 많았다 많았었다 많더라	먹은 빵 산 빵	예쁘던 빵 (예뻤던 빵) 사던 빵 (샀던 빵)
현재	동사	형용사	동사	형용사
현재	는/ㄴ	그대로	는	은/ㄴ
현재	먹는다 산다	예쁘다 많다	사는 빵 먹는 빵	예쁜 빵 많은 빵
미래	동사	형용사	동사	형용사
미래	겠, ㄹ것, (으)리		을/ㄹ	
미래	먹겠다 사겠다 먹으리 사리 먹을 것이다 살 것이다	예쁘겠다 사겠다 예쁘리 사리 예쁠 것이다 살 것이다	먹을 빵 살 빵	예쁠 빵 많을 빵

선어말 어미 '-는-/-ㄴ-'의 다양한 표현 효과	
진호가 지금 웃는다.	현재 시제를 표현함.
승주가 내일 떠난다. 나 다음 달에 군대간다.	가까운 미래를 표현함.
이순신은 명량 대첩에 나아갔고, 대승을 거둔다.	과거의 사건을 현장감 있게 표현함.

선어말 어미 '-았-/-었-'의 다양한 표현 효과	
어제 바람이 불었다.	과거 시제를 표현함.
꽃이 활짝 피었구나.	상태가 완료되어 발화시까지 지속되거나 영향을 미치고 있는 상황을 표현함.
이대로만 공부하면 틀림없이 시험에 붙었다. 너 이제 아버지께 혼났다.	발화시에서 볼 때 미래의 사건이나 일을 이미 정해진 사실인 것처럼 표현함.

선어말 어미 '-겠-'의 다양한 표현 효과	
나도 봉사하러 가겠어.	의지
그 일은 애들도 하겠다.	가능성
지금 쯤 피었겠다.	추측
내일은 바람이 불겠습니다.	단순 미래

동작상의 종류와 실현 방법

동작상: 시간의 흐름 속에서 동작의 양상을 표현하는 것	
진행상	완료상
동작의 진행을 나타냄.	동작의 완료를 나타냄.
-고 있다 -어(아) 가다 -중이다	-어(아)버리다 -어(아)있다 -어(아)놓다
먹고 있다 먹어 가고 있다 먹는 중이다	먹어 버렸다 밥을 다 해 놓았다 결석 했다

6. 능동/피동

능동 표현과 피동 표현	
능동	주어가 동작을 제힘으로 하는 것을 나타내는 표현
피동	주어가 다른 주체에 의해서 동작을 당하게 되는 것을 나타내는 표현
실현 방법	• 체언 + 되다 • 용언 + 이, 히, 리, 기(피동 접미사) 〈파생적 피동〉 • 용언 + 어지다/아지다 〈통사적 피동〉 • 게 되다 〈통사적 피동〉 • 당하다
능동을 피동으로	• 토끼가 포수를 먹었다. → 포수가 토끼에게 먹혔다(먹어졌다). • 민재는 서준이를 사육했다. → 서준이가 민재에게(에 의해) 사육되었다. • 복실이가 밥을 먹는다. → 복실이가 밥을 먹게 되었다.
이중 피동	• 먹혀졌다(×) • 되어졌다(×) • 읽혀지다(×) cf 밝혀지다(이중 피동 아님) → 이중 피동은 비문법적인 문장
능동 안됨	• 날씨가 풀리다. → 날씨를 풀다.(×) • 민재가 미스코리에 대회에서 도영에게 밀렸다. → 민재를 밀었다.(×) • 옷이 못에 걸렸다(찢겼다). → 옷을 걸었다.(×), 옷이 찢었다.(×)
과도한 피동	• 이 건물은 그에 의해 만들어졌습니다. • 칭찬이 철수의 귀에 들리었다. • 곤충은 머리 가슴 배로 나뉘어집니다
피동 사용 경우	• 행위를 당한 대상을 강조하고자 할 때 예 여름이면 개와 고양이를 사람들이 많이 버립니다. → 여름이면 개와 고양이가 많아 버려집니다. • 행위의 주체를 밝히고 싶지 않을 때 예 제가 화분을 깼어요. → 화분이 깨졌어요. • 행위의 주체가 중요하지 않거나 누구나 아는 대상이어서 말할 필요가 없을 때 • 행위의 주체가 누구인지 분명히 알 수 없을 때 ▼ 피동 표현을 적절히 사용하면 화자나 필자의 의도가 잘 반영된 담화를 구성할 수 있음.

7. 사동/주동

주동 표현과 사동 표현	
주동	주어가 스스로, 직접 행동 함.
사동	다른 대상에게 무엇을 하도록 시키는 것
실현 방법	• 시키다 • 이, 히, 리, 기, 우, 구, 추(사동 접미사) • 용언 + ~게 하다
주동을 사동으로	주동을 사동으로 고칠 경우 반드시 새로운 주어(시키는 주어)가 나와야 한다. • 아이가 간다. → (엄마가) 아이를 가게 한다. 목적어 없을 경우 주동문의 주어가 목적어로 가다는 '~게 하다'만 붙일 수 있다. (이, 히, 리, 기, 우, 구, 추 못 붙임.) • 아이가 밥을 먹는다. → (엄마가) 아이에게 밥을 먹인다. → 중의적 – 직접, 간접, 시키는 사람을 기준으로 생각 → 엄마가 아이에게 밥을 먹게한다. 목적어가 있을 경우 주동문의 주어가 부사어
잘못된 사동	• 하원아 남자 친구 좀 소개시켜줘. • 우리는 24시간 공장을 가동시킵니다.
주동 안됨	• 우리집에서는 소를 먹인다(사육하다). → 소가 먹는다.(×)

피동과 사동 접사 구분 : 이, 히, 리, 기 → 문맥으로 구분해야 함.

피동 : 이, 히, 리, 기
사동 : 이, 히, 리, 기, 우, 구, 추

8. 인용 표현

직접 인용/간접 인용	
직접 인용	• 다른 사람의 말을 직접 인용함. • 인용하는 문장에 큰따옴표를 붙이고 조사 '라고'를 사용함.
간접 인용	• 다른 사람의 말을 간접 인용함. • 조사 '고'를 사용함.

직접 인용을 간접 인용으로 고칠 때
• 시제, 인칭, 지시 대명사, 높임법 등 생각 • 말 하는 사람 기준으로 고침
• 윤서가 "선생님 내일은 교실(거기)에서 꼭 진지 잡수세요"라고 말했다. – 윤서가 '(나에게) 오늘은 꼭 여기에서 밥을 먹으라'고 했다. • 민서가 "저는 여왕이라서 아주 행복해요"라고 말했다. – 민서가 자기는 여왕이라서 아주 행복하다고 말했다. • 동생은 "나도 가겠어"라고 말했다. – 동생은 자기도 가겠다고 말했다.

9. 부정 표현

<table>
<tr><td>안 부정문</td><td>• 의지 부정 – 나 학교 안 가.
• 단순 부정 – 오늘은 비가 안 온다.</td><td rowspan="3">말다 부정문
(금지)</td><td rowspan="3">• 명령문 – 먹지 말아라
• 청유문 – 먹지 말자
모두 긴 부정문만 쓸 수 있다.</td></tr>
<tr><td>못 부정문</td><td>• 능력 부정 – 나 학교 못 가.</td></tr>
<tr><td>짧은부정
긴부정</td><td>• 안 먹었다. 못 먹었다.
• 먹지 않았다. 먹지 못했다.</td></tr>
</table>

<table>
<tr><th colspan="2">문법 요소의 오용 사례</th></tr>
<tr><td>높임</td><td>• 주문하신 음료 나오셨습니다.
→주문하신 음료 나왔습니다.
• ○○○은 프랑스 황후의 옷에서 영감을 받아 제작되신 작품입니다.
→○○○은 프랑스 황후의 옷에서 영감을 받아 제작된 작품입니다.</td></tr>
<tr><td>피동</td><td>• 텔레비전에 비쳐진 자신의 모습을 봤다.
→텔레비전에 비치는 자신의 모습을 봤다.
• 이 제품이 잘 입어지실 거예요.
→이 제품을 잘 입으실 거예요. → 능동으로 수정</td></tr>
<tr><td>시간</td><td>• 주말에 더위가 추춤할 것으로 예상됩니다.
→수발에 더위가 추춤할 것으로 예상합니다.
• 한번 말했는 내용은 기억하세요.
→한번 말한(말했던) 내용은 좀 기억하세요.</td></tr>
<tr><td>인용</td><td>• 주영이는 어제 자기 휴대폰에 메시지를 꼭 남겨라고 나에게 말했다. → 잘못된 간접 인용
→주영이는 어제 자기 휴대폰에 메시지를 꼭 남기라고 나에게 말했다.
간접 인용으로 고칠 때 '남겨'를 '남기'로
• 제주의 이 오름은 주민들 사이에서 "한번 들어가면 나올 수 없다"는 말이 있을 정도다.
→제주의 이 오름은 주민들 사이에서 "한번 들어가면 나올 수 없다"라고 하는 말이 있을 정도다. (직접)
→제주의 이 오름은 주민들 사이에서 한번 들어가면 나올 수 없다고 하는 (없다는) 말이 있을 정도다. (간접)</td></tr>
</table>

문제로 알아보기

01_ 제시된 문장은 '-ㄹ 것이다' 형태의 미래 시제이다. ③도 '-ㄹ 것이다' 형태의 미래 시제가 나타난다.
The콕) ①은 '-ㄴ'형태의 과거 시제, ②는 '-는-' 형태의 현재 시제, ④는 '-았-' 형태의 과거 시제이다.

01 다음 문장과 같은 시제가 나타난 것은?

나는 십 년 후에 야구 선수가 될 것이다.

① 이 빵을 먹은 사람이 누구니?
② 영민이가 교실 바닥을 열심히 닦는다.
③ 내일은 승윤이와 야구장에 갈 것이다.
④ 나는 승현이와 10년 전에 처음 만났다.

02_ '내일'은 미래 시제이다. ③은 '-ㄹ 것이다'형태의 미래 시제이다.
The콕) ①은 현재 시제, ②는 과거 시제, ④는 과거 완료상에 해당한다.

02 다음 빈칸에 들어갈 알맞은 시간 표현은?

어제 주문하신 상품은 내일 오후에 ( ).

① 도착입니다
② 도착했습니다
③ 도착할 것입니다
④ 도착해 버렸습니다

[03~04] 다음 시를 읽고, 물음에 답하시오.

> 뒤뜰 어둠 속에
> 나뭇짐을 부려 놓고
> 아버지가 ㉠ <u>돌아오셨을</u> 때
> 어머니는 무 한 쪽을 예쁘게 깎아 ㉡ <u>내셨다</u>.

03_ '돌아오셨을'에는 과거를 나타내는 선어말 어미 '-었-'이 사용되었다. ①은 '읽은'에서 '-ㄴ'이 과거를 나타내는 관형사형 어미이다.
The콕) ②는 현재 진행상, ③은 '-ㄹ 것이다' 형태의 미래 시제, ④는 '지금'이 들어있는 현재 시제이다.

03 ㉠에 드러난 시제와 같은 시제가 사용된 것은?

① 지금까지 읽은 책이 몇 권이니?
② 철수가 지금 학교에 오고 있습니다.
③ 나는 이제 곧 고등학생이 될 것이다.
④ 학생들이 지금 도서관에서 공부를 한다.

01 ③ 02 ③ 03 ①

04 ㉡에 사용된 높임 표현과 같은 표현이 사용된 것은?

① 할머니, 어서 드세요.
② 선생님은 기억력이 좋으시다.
③ 너는 부모님을 모시고 오너라.
④ 나는 그 책을 선생님께 드렸다.

04_ ㉡은 주체 높임 선어말 어미 '-시-'를 사용한 주체 높임법에 해당한다.
The콕 ①은 말을 듣는 상대에 따라 표현한 상대 높임법에 해당하고, ③과 ④는 문장의 목적어인 '부모님'과 부사어인 '선생님'을 높이는 것이기 때문에 객체 높임에 해당한다.

05 높임 표현의 유형이 나머지와 <u>다른</u> 것은?

① 나는 그것을 선생님께 여쭈었다.
② 나는 성적표를 아버지께 드렸다.
③ 아버지께서 매일 운동을 하신다.
④ 나는 할머니를 모시고 집에 왔다.

05_ ③은 운동을 하는 주체가 아버지이기 때문에 주체 높임에 해당하고 나머지는 객체 높임에 해당한다.
The콕 ①은 객체 높임을 나타내는 단어인 '여쭙다'를 사용했고, ②는 '드리다', ④는 '모시다'가 사용되었다.

06 각 문장에 사용된 높임 표현에 대한 설명으로 알맞지 <u>않은</u> 것은?

① 언제 귀국하셨습니까?: 듣는 상대를 아주 높인 상대 높임이 쓰였다.
② 부모님 연세가 어떻게 되시니?: '연세'라는 특수한 어휘를 사용했다.
③ 나는 할머니께 선물을 드렸다.: 대상인 '할머니'를 높인 객체 높임법이 쓰였다.
④ 우리 이제 책을 읽어요.: 종결 어미를 통해서 사람들에게 함께 하기를 청유하는 격식체의 상대 높임법에 해당한다.

06_ 상대 높임법에서 '해요'체는 비격식체의 두루 높임에 해당한다.

07 다음 두 단어의 관계가 나머지와 <u>다른</u> 것은?

① 업다 – 업히다　　② 밝다 – 밝히다
③ 박다 – 박히다　　④ 잡다 – 잡히다

07_ 사동 접사와 피동 접사 '-이-, -히-, -리-, -기-'는 같은 형태를 취하고 있다. ②는 의미상 사동사, 나머지는 피동사이다.

08 다음 높임 표현을 바르게 〈조건〉에 맞게 고쳐 쓰시오.

조건
1. 높임 대상을 선생님으로 할 것
2. 주체 높임법으로 표현할 것

영희야, 선생님께서 너 교무실로 잠깐 오시라고 했어.

08_ 주어에 높임의 주격 조사 '께서'를 붙이고, 서술어에 높임 선어말 어미 '-시-'를 붙인다.

04 ② 05 ③ 06 ④ 07 ②
08 영희야, 선생님께서 너 교무실로 잠깐 오라고 하셨어.

09_ ㉠은 주동 표현에 해당하고 ㉡과 ㉢은 사동 표현에 해당한다. ㉡과 ㉢은 같은 사동 표현이지만 만드는 방법에 따라 의미의 차이가 있다.

09 ㉠~㉢에 대한 설명으로 적절하지 않은 것은?

> ㉠ 동생이 옷을 입었다.
> ㉡ 어머니께서 동생에게 옷을 입히셨다.
> ㉢ 어머니께서 동생에게 옷을 입게 하셨다.

① ㉠은 동생이 스스로 옷을 입은 것이다.
② ㉠은 동생에게, ㉡과 ㉢은 어머니에게 초점을 맞추고 있다.
③ ㉡은 어머니가 동생에게 직접 옷을 입힌 것이다.
④ ㉡은 피동 표현에 해당하고, ㉢은 사동 표현에 해당한다.

10_ 주동문을 사동 표현으로 바꿀 때 서술어에 사동 접사가 붙거나 '-게 하다'가 붙어 서술어에 변화가 생긴다.

10 주동 표현을 사동 표현으로 바꿀 때 일어나는 현상으로 알맞지 않은 것은?

① 사동문에서는 주동문에 없던 주어가 새로 나타난다.
② 주동 용언이 타동사이면 주동문의 주어가 사동문의 부사어가 된다.
③ 주동 표현을 사동 표현으로 바꿀 때 서술어는 동일한 형태를 나타낸다.
④ 주동 용언이 형용사나 자동사이면 주어에 '을/를'을 붙여 목적어로 바꾼다.

11_ ④는 능동을 나타내는 동사에 '-어지다'를 붙여 피동 표현을 만든 것이다.

The콕 ①, ②, ③은 능동을 나타내는 동사에 피동 접사를 붙인 것이다. ①은 '업다'에 '-히-'를 붙인 것이고, ②은 '잡다'에 '-히-'를 붙인 것, ③은 '물다'에 '-리-'가 붙은 것이다.

11 피동 표현을 만든 방법이 다른 하나는?

① 동생이 언니에게 업혔다.
② 토끼가 사냥꾼에게 잡혔다.
③ 코끼리가 개미에게 물렸다.
④ 고무줄이 경수에 의해 끊어졌다.

12_ ③ '불리는'으로 고쳐야 한다. '부르다'의 피동사는 '불리다'이다.

12 밑줄 친 피동 표현이 알맞지 않은 것은?

① 이것은 환경의 변화라고 보인다.
② 그 문제는 어려워서 잘 풀리지 않는다.
③ 많은 사람에게 불리우는 노래를 부르자.
④ 그의 손에 들려 있는 물건이 보이지 않았다.

09 ④ 10 ③ 11 ④ 12 ③

13 **상황을 고려할 때, 빈칸에 들어갈 짧은 부정문으로 알맞은 것은?**

철수는 어제 조별 발표 준비를 했다.
→ (   )
상황: 발표 준비를 하러 가는 도중에 친구들을 만나 노는 것을 선택하여 늦게까지 놀았다.

① 철수는 어제 조별 발표 준비를 안 했다.
② 철수는 어제 조별 발표 준비를 못 했다.
③ 철수는 어제 조별 발표 준비를 하지 않았다.
④ 철수는 어제 조별 발표 준비를 하지 말아라.

13_ 상황으로 볼 때 철수는 자신이 할 수 있는데도 발표 준비를 하지 않은 것이기 때문에 '안' 부정문에 해당한다. 짧은 부정문의 형태로 나타내야 하기 때문에 '안 했다' 형식으로 나타내야 한다.

[14~15] 다음을 읽고, 물음에 답하시오

㉠ 유가가 오르고 있어
㉡ 투기 세력이 유가를 올리고 있어

14 **㉠과 ㉡에 대한 설명으로 적절하지 않은 것은?**

① ㉠은 유가가 오르고 있다는 것에 중점을 두고 있다.
② ㉠은 누군가가 유가를 올리고 있다는 의미를 드러낸다.
③ ㉡은 투기 세력에 중점을 두고 있다.
④ ㉡은 유가가 오르는 이유에 중점을 두고 있다.

14_ ㉠은 주동 표현이고, ㉡은 사동 표현이다. 주동 표현은 '오르고 있다'는 현상에 중점을 두게 되고, 사동 표현은 '누가 시키는가?'에 중점을 두게 된다.

15 **다음은 ㉠을 ㉡으로 바꾸었을 때 나타날 수 있는 의미상의 차이이다. 빈칸에 들어갈 알맞은 말을 쓰시오.**

㉠은 □□ 표현으로 유가가 오르고 있는 현상만 제시할 수 있지만 ㉡은 □□ 표현으로 □□ □□이 주어가 되어 투기 세력 때문에 유가가 오르고 있다는 것을 보여줄 수 있다.

15_ 사동 표현은 행위를 시키는 주체에 초점을 맞추어, 주체를 알리거나 강조할 때 주로 사용한다.

13 ① 14 ②
15 주동, 사동, 투기 세력

16_ ⓐ는 과거, ⓑ는 현재, ⓒ는 미래 시제이다. 미래 시제는 '-겠-/-(으)리-'나 '-(으)ㄹ 것'으로 나타낸다.

17_ 말하는 시점과 사건이 일어난 시점이 일치하는 것은 현재이다. 현재 시제는 어미 '-는/ㄴ-'이나 '-는'으로 나타낸다.

19_ ④는 '-았-/-었-'을 통해 과거를 나타내고 있고 나머지는 모두 현재를 나타내고 있다.

16 ④ 17 ④
18 ㉠: 산 ㉡: 할 ㉢: 읽는
19 ④

16 〈보기〉의 ⓐ~ⓒ에 대한 설명으로 적절한 것은?

보기
ⓐ 동훈이가 닦았다.
ⓑ 영민이가 닦는다.
ⓒ 내가 닦겠다.

① ⓐ는 말하는 시점이 사건이 일어난 시점보다 앞선다.
② ⓑ는 사건이 일어난 시점이 말하는 시점보다 앞선다.
③ ⓒ는 말하는 시점과 사건이 일어난 시점이 같다.
④ ⓒ는 '내가 닦을 것이다.'라고 표현해도 같은 시제를 나타낸다.

17 밑줄 친 부분이 말하는 시점과 사건이 일어난 시점이 일치하는 시제를 나타내는 것은?

① 나는 어렸을 때 책을 <u>읽었다</u>.
② 이 빵을 <u>먹은</u> 사람이 누구냐?
③ 이것이 앞으로 우리가 <u>읽을</u> 책이야.
④ 언니가 오늘 <u>바쁜</u> 것은 시험 때문이다.

18 시간을 나타내는 부사어를 고려하여 〈보기〉의 빈칸에 괄호 안의 말을 알맞게 고쳐 넣으시오.

보기
㉠ 이 옷은 내가 어제 ____ 옷이야. (사다)
㉡ 우리가 앞으로 ____ 일이 무엇인지 생각해 보자. (하다)
㉢ 지금 도서관에는 책을 ____ 학생들이 많다. (읽다)

19 시제의 종류가 나머지와 <u>다른</u> 하나는?

① 철수가 밥을 먹는다.
② 친구들이 노래를 부른다.
③ 나는 공부보다 야구가 더 좋다.
④ 오늘 오후에 야구 경기를 보러 갔다.

[20~21] 다음을 보고, 물음에 답하시오.

> 학생 A: 저기 신후가 선생님 ___㉠___, ___㉡___ 온다.
> 학생 B: 정말 선생님 ___㉢___ ___㉣___.
> 학생 A, B: 선생님, 어서 ___㉤___

20 ㉠~㉤에 들어갈 말로 알맞지 않은 것은?

① ㉠: 을　　② ㉡: 모시고
③ ㉢: 이　　④ ㉣: 오시네

21 다음 밑줄 친 말이 ㉣에 들어갈 말과 같은 대상을 높이고 있는 것은?

① 이쪽으로 오십시오.
② 오늘 선생님을 뵈었다.
③ 어머니께 과일을 드려라.
④ 할머니께서 진지를 잡수신다.

22 높임 표현이 바르게 사용된 문장은?

① 아버지, 나랑 농구해.
② 엄마, 생일 축하드려요.
③ 여기가 우리 큰아버지 집이야.
④ 철수야, 선생님께서 너 오라셔.

23 높임법을 고려하여 〈보기〉의 문장을 바르게 고쳐 쓰시오.

> 보기
> 할아버지가 책을 읽고 있었다. 그래서 할아버지에게 무슨 책을 읽고 있는지 물어 보았다.

24 주동을 나타내는 동사에 붙여 사동문을 만들 수 있는 표현이 아닌 것은?

① -이-　　② -구-
③ -추-　　④ -게 되다

20_ ㉢에는 서술의 주체인 선생님을 높이는 말인 '께서'가 들어가야 한다.

21_ ㉣에는 주체 높임법이 실현되어야 한다.

22_

The콕 ① 아버지, 저랑 농구해요. ② 엄마, 생신 축하드려요. ③ 여기가 우리 큰아버지 댁이야.

24_ 주동을 나타내는 동사에 '-이-, -히-, -리-, -기-, -우-, -구-, -추-'나 '-게 하다', '-시키다'를 붙여서 사동 표현을 만들 수 있다. '-게 되다'는 피동 표현을 만드는 말이다.

20 ③　21 ④　22 ④
23 할아버지께서 책을 읽고 계셨다. 그래서 할아버지께 무슨 책을 읽고 계신지 여쭈어 보았다.
24 ③

25_ ③은 피동형의 문장이다.

25 다른 사람이나 대상에게 동작을 시키는 문장에 해당하지 않는 것은?

① 아이들이 엄마를 웃긴다.
② 난롯불이 얼음을 녹인다.
③ 토끼가 사냥꾼에게 잡혔다.
④ 진영이가 아기를 울게 한다.

26_ 피동 표현은 능동을 나타내는 동사에 '-이-, -히-, -리-, -기-'나 '-어지다', '-되다', '-게 되다'를 붙여서 만들 수 있다.

26 다음 사동문을 피동문으로 고쳐 쓰시오.

(1) 언니가 동생을 업었다.
(2) 경수가 고무줄을 끊었다.

27 ⓐ와 ⓑ의 의미상 차이점이 무엇인지 쓰시오.

선생님: 진호야, 피곤해 보이는데, 무슨 일 있니? 진호: 어제 잠을 ⓐ못 잤어요. 친구: 못 잔 게 아니라 ⓑ안 잔 거래요!

28_ 명령문이나 청유문을 부정할 때에는 '말다'를 사용한다. ④는 '수영하지 말아라.'로 고쳐야 한다.

28 부정 표현의 사용이 바르지 않은 문장은?

① 내가 꽃병을 깨지 않았다.
② 오늘 하루 종일 공부 안 했지?
③ 늦게 일어나서 숙제를 못 했다.
④ 얘들아, 이곳에서 수영하지 않아라.

25 ③
26 (1) 동생이 언니에게 업혔다.
(2) (경수에 의해) 고무줄이 끊어졌다. / (경수에 의해) 고무줄이 끊겼다.
27 ⓐ는 주어의 의지가 아닌 다른 이유로 잠을 자지 못한 것을, ⓑ는 주어의 의지로 잠을 자지 않은 것을 나타냄.
28 ④

[29~30] 다음 글을 읽고, 물음에 답하시오.

> 앵커: ⓐ국제 유가가 또다시 사상 최고치를 경신했다는 소식입니다. ㉠최○○ 기자가 전해 드립니다.
> 최 기자: 네. ⓑ어제 국제 유가는 또다시 사상 최고치를 경신함으로써 ⓒ가파른 오름세를 계속 이어 나갔습니다. 석유 수요가 증가하는 시기인 데다 ⓓ투기 세력이 유가를 올리고 있어 ⓔ당분간 이런 오름세가 유지될 것으로 보입니다.

29 ⓐ~ⓔ 중, 사동 표현과 피동 표현이 사용된 문장을 바르게 연결한 것은?

	사동 표현	피동 표현
①	ⓐ	ⓑ
②	ⓑ	ⓒ
③	ⓒ	ⓓ
④	ⓓ	ⓔ

29_ '투기 세력이 유가를 올리고'에서 사동 표현을, '오름세가 유지될', '보입니다'에서 피동 표현을 찾아볼 수 있다.

30 ㉠의 '드리다'와 같이 높임의 의미를 나타내는 특수한 어휘에 해당하지 않는 것은?

① 인사 ② 성함
③ 계시다 ④ 모시다

30_ ① 인사: 마주 대하거나 헤어질 때에 예를 표하는 것이다. 또는 그런 말이나 행동을 말한다. 특수 어휘는 아니다.

31 밑줄 친 부분과 같은 표현에 대한 설명으로 알맞은 것은?

> 당분간 이런 오름세가 유지될 것으로 보입니다.

① 문장의 객체를 높이기 위해 사용한다.
② 주체의 행동을 강조하기 위해 사용한다.
③ 문장의 내용을 부정하려고 할 때 사용한다.
④ 주체가 불분명하거나 밝힐 필요가 없을 때 사용한다.

31_ 밑줄 친 부분은 피동 표현들로 이러한 표현을 활용하면 주체가 감추어지는 효과를 얻을 수 있다.

32 빈칸에 '못'을 넣어 부정문을 만들기에 알맞지 않은 것은?

① 내가 응원하는 팀이 이기지 ____했다.
② 주말에 일이 있어서 너랑 ____만난다.
③ 나는 다리를 다쳐서 야구 경기에 참여하지 ____했다.
④ 어머니는 내가 공부를 열심히 ____해서 성적이 오르지 않는다고 하신다.

32_ '안'은 주체의 의지에 의한 부정, '못'은 주체의 능력 부족으로 인한 부정을 나타낸다. ④는 주체인 '나'의 의지로 공부를 하지 않은 것이므로 '안'이 적절하다.

29 ④ 30 ① 31 ④ 32 ④

[33~38] 다음 글을 읽고, 물음에 답하시오.

가

(1) 성은: 혜란아, 구호 활동은 잘 다녀왔니? 이번에 다녀온 곳은 어디야?
혜란: 지진 피해 지역인 파키스탄에 다녀왔어.
성은: 구호 활동을 하게 된 계기는 뭐야?
혜란: 어릴 때부터 어려운 상황에 처한 사람들에게 희망을 주는 일을 하고 싶었어.

(2) 기자: 전 세계를 돌며 구호 활동을 하시는 김혜란 씨와 이야기를 나눠 보겠습니다. 이번에 ㉠다녀오신 곳은 ___ⓐ___?
김혜란: 지진 피해 지역인 파키스탄에 ___ⓑ___.
기자: 구호 활동을 하시게 된 계기는 ___ⓒ___?
김혜란: ___ⓓ___ 때부터 어려운 상황에 처한 사람들에게 희망을 주는 일을 하고 싶었습니다.

나

앵커: 국제 유가가 또다시 사상 최고치를 경신했다는 소식입니다. 최○○ 기자가 전해 드립니다.
최 기자: 네. 어제 국제 유가는 또다시 사상 최고치를 경신함으로써 가파른 오름세를 계속 이어 나갔습니다. 석유 수요가 증가하는 시기인 데다 ㉡투기 세력이 유가를 올리고 있어 ㉢당분간 이런 오름세가 유지될 것으로 보입니다.

다

20○○년 ○월 ○일
오늘 오후에 승윤이와 야구 경기를 보러 갔다. 며칠 전만 해도 표를 [ ] 구했는데 다행히 승윤이 아버지께서 지난주에 표를 사 놓으셔서 경기를 볼 수 있었다.
비록 내가 응원하는 팀이 이기지 [ ] 실망스러웠지만, 모처럼 목청껏 소리를 질렀더니 시험 때문에 우울했던 기분이 한결 좋아졌다.
하지만 집에 돌아오니 어머니의 표정이 좋지 [ ]. 어머니께서 책꽂이에 감춰 두었던 내 성적표를 보신 것이다. 어머니는 항상 내가 머리는 나쁘지 않은데 공부를 열심히 [ ]해서 성적이 오르지 않는다고 하신다. 하지만 나는 공부보다 야구가 더 좋다.
책상 앞에 앉아서 일기를 쓰고 있는 이 순간에도 나는 야구 선수가 되고 싶다. 그래서 나는 십 년 후에 야구 경기장에 서 있는 내 모습을 상상하곤 한다.

33 ㉠과 같은 높임법의 종류가 사용된 것은?

① 이쪽을 봐 주십시오.
② 이거 삼촌께 드려라.
③ 정말 선생님께서 오시네.
④ 주말에 여행을 다녀왔어요.

33_ ㉠에서는 '-시-'를 통해 주체인 '김혜란'을 높이고 있다.
The콕) ①, ④ 상대 높임, ②는 객체 높임이 사용된 문장이다.

33 ③

34 ㉡을 주동문으로 바꾸어 쓰시오.

34_ 주동문을 사동문으로 바꿀 때에는 주어를 목적어로, 주동을 나타내는 동사에 접사나 '-게 하다, -시키다'를 붙인다. 이 과정을 거꾸로 해 본다.

35 ㉢과 문장의 종류가 같은 것은?

① 난롯불이 얼음을 녹인다.
② 진영이가 아기를 울게 한다.
③ 영희가 미희에게 책을 읽힌다.
④ 경수에 의해 고무줄이 끊어졌다.

35_ ④ 피동
The콕 ①, ②, ③ 사동

36 ⓐ~ⓓ 중, (I)과 다른 표현을 사용하지 않아도 되는 것은?

① ⓐ ② ⓑ
③ ⓒ ④ ⓓ

36_ 혜란이 말하는 상대가 친구에서 기자로 바뀐 상황이므로 ⓓ를 제외한 나머지 말들을 높임 표현으로 해야 한다. ⓓ는 혜란이 자신에 대해 이야기하는 것으로 대화 상대가 바뀐다고 해도 높일 필요가 없는 말이다.

37 부정 표현을 만들기 위해 (다)의 빈칸에 들어갈 표현을 차례대로 바르게 쓴 것은?

① 못 – 못해서 – 못했다 – 못
② 못 – 못해서 – 않았다 – 안
③ 못 – 않아서 – 않았다 – 못
④ 안 – 못해서 – 못했다 – 안

37_ '못'은 능력 부족으로 인한 부정, '안'은 주체의 의지로 인한 부정을 나타낸다.

38 (다)의 밑줄 친 말 중, 나머지와 시제가 다른 하나는?

① 갔다 ② 구했는데
③ 있었다 ④ 좋다

38_ '좋다'에는 시제를 나타내는 표시가 없어 현재 시제를 나타내고, 나머지는 모두 '-았-/-었-'을 통해 과거 시제를 나타낸다.

34 (투기 세력 때문에) 유가가 오르고 있어. 35 ④ 36 ④ 37 ② 38 ④

국어사 – 고대 / 중세 / 근대

◪ 국어사 시대 구분

훈민정음 창제				
~9C	10C~	15C~	17C~	20C~
고대 국어	전기 중세	후기 중세	근대 국어	현대 국어

01 고대 국어

1. 표기: 한자를 빌려 우리말 표기

<table>
<tr><td>고유 명사 표기</td><td>한자의 음과 뜻을 이용하여 인명, 지명, 관명 등의 고유 명사 표기
예 赫居世 = 弗矩內
<table>
<tr><td>구분</td><td>赫</td><td>居</td><td>世</td><td>弗</td><td>矩</td><td>內</td></tr>
<tr><td>뜻</td><td>붉을</td><td>살</td><td>누리(세상)</td><td>아닐</td><td>곱자</td><td>안</td></tr>
<tr><td>음</td><td>혁</td><td>거</td><td>세</td><td>불</td><td>구</td><td>내</td></tr>
</table></td></tr>
<tr><td>서기체 표기</td><td>한문을 우리말 어순에 맞게 변형하여 표기
예 하늘 앞에 맹세한다 – 한문: 誓天前 / 이두: 天前</td></tr>
<tr><td>향찰</td><td>• 한자의 음과 뜻을 빌려 국어 문장 전체를 적은 표기법
• 조사, 어미 등 문법적 요소는 음을, 실질적 의미 나타내는 요소는 훈을 빌려 씀.
예 善花公主主隱 → 선화공주님은</td></tr>
<tr><td>이두</td><td>단어 배열을 국어 문장 구조에 맞게 표기하고, 여기에 조사와 어미도 표기함.
예 '以'는 조사 '(으)로', '旀'는 어미 '–며' 표기</td></tr>
<tr><td>구결</td><td>한문 구절에 붙인 문법적 요소(조사, 어미)
예 'ᄒᆞ니'를 '爲尼'로 표기</td></tr>
</table>

2. 음운

자음	된소리는 없었을 것으로 추정
모음	'ㆍ, ㅡ, ㅣ, ㅗ, ㅏ, ㅜ, ㅓ'가 있었을 것으로 추정

3. 문법

조사	• 주격 조사: 伊, 是 (이) • 목적격 조사: 乙 (을) • 보조사: 隱 (은)
어미	• 관형사형 어미: 尸 (–ㄹ), 隱(–ㄴ) • 연결 어미: 古 (–고), 旀 (–며) • 종결 어미: 如 (–다) • 주체 높임 선어말 어미: 賜 (–시–)

4. 어휘: 한자어 유입의 증가

02 중세 국어

1. 표기

<table>
<tr><td>종성 표기</td><td colspan="2">• 15C: 종성부용초성(원칙)
• 8종성법(15~16C): 종성에서 발음되는 8개의 자음(ㄱ, ㄴ, ㄷ, ㄹ, ㅁ, ㅂ, ㅅ, ㆁ)을 받침으로 표기</td></tr>
<tr><td>이어적기</td><td colspan="2">받침 있는 체언 + 모음으로 시작하는 조사, 받침 있는 용언 어간 + 모음으로 시작하는 어미
→ 받침의 종성을 다음 자의 초성으로 내려 씀.
예 놈 + 이 → 노미, 깊 + 어 → 기퍼</td></tr>
<tr><td>띄어쓰기</td><td colspan="2">띄어쓰기를 하지 않음.</td></tr>
<tr><td rowspan="5">방점</td><td colspan="2">방점을 찍어 성조(소리의 높낮이) 표시</td></tr>
<tr><td>평성</td><td>낮은 소리 (점 0개)</td></tr>
<tr><td>거성</td><td>높은 소리 (점 1개)</td></tr>
<tr><td>상성</td><td>낮았다 높아지는 소리 (점 2개)</td></tr>
<tr><td>입성</td><td>받침소리가 ‘ㄱ, ㄷ, ㅂ, ㅅ’의 안울림소리로 끝나는 소리 (점 개수와 상관 없음)</td></tr>
</table>

2. 음운

(1) 초성 17자 체계(전탁자 포함 안 함)

구분	전청(全淸)	차청(次淸)	불청불탁(不淸不濁)	전탁(全濁)
어금닛소리(牙音 아음)	ㄱ	ㅋ	ㆁ	ㄲ
혓소리(舌音 설음)	ㄷ	ㅌ	ㄴ	ㄸ
입술소리(脣音 순음)	ㅂ	ㅍ	ㅁ	ㅃ
잇소리 (齒音 치음)	ㅈ, ㅅ	ㅊ		ㅉ, ㅆ
목구멍소리(喉音 후음)	ㆆ	ㅎ	ㅇ	ㆅ
반혓소리(半舌音)			ㄹ	
반잇소리(半齒音)			ㅿ	

(2) 자음의 기본자와 기획자 및 이체자

이름	기본자	상형	기획자	이체자
아음	ㄱ	혀뿌리가 목구멍을 막는 모양(象舌根閉喉之形)	ㅋ	ㆁ
설음	ㄴ	혀끝이 윗잇몸에 붙는 모양(象舌附上月咢 之形)	ㄷ ㅌ	ㄹ(반설음)
순음	ㅁ	입의 모양(象口形)	ㅂ ㅍ	
치음	ㅅ	이의 모양(象齒形)	ㅈ ㅉ	ㅿ(반치음)
후음	ㅇ	목구멍 모양(象喉形)	ㆆ ㅎ	

(3) 모음의 기본자와 합성자

① 기본자: 하늘, 땅, 사람의 삼재(三才)를 본떠 만듦.

이름	상형	혀(舌)	소리(聲)
·	하늘(天)을 본뜸(象平天)	혀를 오므림(舌縮)	소리가 깊음(聲深)
ㅡ	땅(地)을 본뜸(象平地)	혀를 조금 오므림(舌小縮)	소리가 깊지도 얕지도 않음(聲不深不淺)
ㅣ	사람(人)을 본뜸(象平人)	혀를 안 오므림(舌不縮)	소리가 얕음(聲淺)

② 합성자: 초출자, 재출자, 합용자

이름	특징		보기
초출자(初出字)	'·'가 하나만 쓰임		ㅏ, ㅓ, ㅗ, ㅜ
재출자(再出字)	'·'가 두 개 쓰임		ㅑ, ㅕ, ㅛ, ㅠ
합용자	동출합용자(同出合用字)	초출자끼리, 제출자끼리 합한 것	ㅘ, ㅝ, ㆇ, ㆊ
	'ㅣ' 합용 일자 중성	중성자 하나가 'ㅣ'와 합한 것	ㆎ, ㅢ, ㅐ, ㅔ, ㅚ, ㅟ, ㅒ, ㅖ, ㆉ, ㆌ
	'ㅣ' 합용 이자 중성	중성자 둘이 'ㅣ'와 합한 것	ㅙ, ㅞ, ㆈ, ㆋ

(4) 부대 규정

① 이어쓰기(連書, 니서쓰기): 초성자 두 개를 밑으로 이어 쓰기

- 순경음(脣輕音: 입시울 가ᄇᆡ야ᄫᆞᆫ 소리)만드는 법: 순음(ㅁ, ㅂ, ㅍ, ㅃ)아래에 ㅇ를 이어씀.
- ㅸ은 고유어 표기에 쓰이고, 'ㅱ, ㆄ, ㅹ'은 동국정운식 한자음 표기에 쓰임.
- 세조 때부터 소멸(15세기 중엽)

② 나란히 쓰기(竝書, ᄀᆞᆯᄫᅡ쓰기)

- 각자 병서(各自竝書): 같은 초성(자음)을 (각각 스스로) 두 개 나란히 쓰는 법(전탁자임) ㄲ, ㄸ, ㅃ, ㅆ, ㅉ, ㆅ, ㆀ[예 괴ᅇᅧ(사랑을 받아)], ᄂᆞᆫ[예 다ᄂᆞ니라(닿느니라)]
  이들 전탁자는 고유어 표기에는 된소리를, 한자음 표기에는 유성음을 나타낸 것이다.
  훈민정음 초성자 17 + 6 = 동국정운 초성 23자

01

- 합용 병서(合用竝書): 서로 다른 초성(자음)을 (합쳐서) 두 개, 세 개 나란히 쓰는 법, 중성도 합용될 수 있음에 주의 (기본자 중성 11자 외에는 모두 합용자임)

유형	특징	보기
'ㅅ'계	ㅺ, ㅼ, ㅽ	ᄭᅮᆷ, ᄯᅩ, ᄲᅳ리다
'ㅂ'계	ㅳ, ㅄ, ㅶ, ㅷ	ᄠᅳ다, ᄡᆞᆯ, ᄧᆞᆨ, ᄩᅥ다
'ㅄ'계	ㅴ, ㅵ	ᄢᅳ(時), ᄣᅢ
특이한 예	ᄮ, ㄺ,	ᄮᅡ히, ᄒᆞᆰ(土), 낛(釣)

자음	• 된소리 계열의 등장 예 말ᄊᆞ미, ᄭᅮᆷ(꿈) • 파찰음 'ㅈ, ㅊ'이 치음이었음 (현대국어에서는 경구개음) • 어두 자음군이 존재 (ㅳ, ㅴ) • 현재 사용하지 않는 여러 가지 자모 사용 예 ㆁ(듀ᇰ귁), ㅿ(ᄀᆞᅀᆞᆯ), ㆆ(호ᇙ 배), ㅸ(수ᄫᅵ), ㆍ(ᄉᆞᄆᆞᆺ디)
모음	• 7단모음 체계 (ㆍ, ㅡ, ㅣ, ㅗ, ㅏ, ㅜ, ㅓ) • 모음 조화가 비교적 잘 지켜짐. 예 곶+ᄋᆞᆫ, 믈+은

3. 문법

체언 + 조사 결합

'ㅎ' 종성 체언	• 'ㅎ'을 말음ᄋᆞ로 갖는 체언 • 모음 조사 앞에서는 'ㅎ'을 이어적고, 'ㄱ, ㄷ, ㅂ' 앞에서는 'ㅋ, ㅌ, ㅍ'를 만듦. 예 나라히(나라ㅎ + 이), 뫼콰(뫼ㅎ + 과)
'ㄱ' 덧생김 체언	• 모음 조사와 결합할 때 끝모음이 떨어지고 'ㄱ'이 덧생기는 체언 • 구무(구멍), 나모(나무), 불무(풀무), 녀느(여느) 예 구무 + 이 → 굼기, 나모 + ᄋᆞᆫ → 남ᄀᆞᆫ

조사

- 주격 조사: 이, ㅣ, ∅

형태	음운 환경	예
이	자음으로 끝난 체언 뒤	사ᄅᆞᆷ이(사ᄅᆞᆷ + 이, 사람이)
ㅣ	'ㅣ'나 반모음 'ㅣ' 이외의 모음으로 끝난 체언 뒤	부톄(부텨 + ㅣ, 부처가)
∅	'ㅣ' 모음으로 끝난 체언 뒤	불휘(불휘 + ∅, 뿌리가)

- 목적격 조사: ᄋᆞᆯ/을, ᄅᆞᆯ/를

음운 환경	자음 뒤		모음 뒤	
	양성 모음	음성 모음	양성 모음	음성 모음
형태	ᄋᆞᆯ(사ᄅᆞᆷ + ᄋᆞᆯ)	을(法 + 을)	ᄅᆞᆯ(太子 + ᄅᆞᆯ)	를(너 + 를)

- 관형격 조사: ᄋᆡ/의, ㅅ

형태	음운 환경	예
ᄋᆡ/의	• 유정 명사 뒤 • 'ᄋᆡ'는 양성 모음 뒤, '의'는 음성 모음 뒤	죵ᄋᆡ(죵 + ᄋᆡ) 거부븨(거붑 + 의)
ㅅ	• 무정 명사 또는 높임의 유정 명사 뒤	나랏 말ᄊᆞ미(나라 + ㅅ), 부텻 모미(부텨 + ㅅ)

• 부사격 조사: 애/에/예

형태	음운 환경	예
애	양성 모음 뒤	ᄶᅡ해(ᄶᅡᇂ + 애)
에	음성 모음 뒤	굴허에(굴헝 + 에)
예	'ㅣ' 모음 뒤	ᄇᆡ예(ᄇᆡ + 예)

의문문

• 판정 의문문, 설명 의문문에 사용하는 종결 어미가 다름.

판정 의문문	• '-아/-어'형 종결 어미('-가, -녀') 또는 의문 보조사 '가' 예 이 ᄯᆞ리 너희 죵가 (이 딸이 너의 종인가?) 져므며 늘구미 잇ᄂᆞ녀 (젊으며 늙음이 있느냐?)
설명 의문문	• '-오'형 종결 어미('-고, -뇨') 또는 의문 보조사 '고' 예 이 엇던 사ᄅᆞᆷ고(이 어떤 사람인가?) 므슴 마ᄅᆞᆯ 니ᄅᆞᄂᆞ뇨(무슨 말을 이르느냐?)

• 주어가 2인칭인 경우, '-ㄴ다' 사용

예 네 겨집 그려 가던다 (네가 계집이 그리워 가느냐?)

높임 표현

• 주체 높임 선어말 어미 '-시/샤-' 사용

형태	음운 환경	예
-시-	자음 어미 앞	가시고, 가시니
-샤-	모음 어미 앞	가샤(가- + -샤- + -아)

• 객체 높임 선어말 어미 '-ᄉᆞᆸ/ᄌᆞᆸ/ᅀᆞᆸ-' 사용

형태	음운 환경	예
-ᄉᆞᆸ(ᄉᆞᄫ)-	어간 끝소리가 'ㄱ, ㅂ, ㅅ, ㅎ'일 때	벼슬 노ᄑᆞᆫ 臣下ㅣ 님그믈 돕ᄉᆞᄫᅡ
-ᄌᆞᆸ(ᄌᆞᄫ)-	어간 끝소리가 'ㅈ, ㅊ, ㄷ, ㅌ,' 일 때	世尊ㅅ 말ᄋᆞᆯ 듣ᄌᆞᆸ고, 세존의 안부 묻ᄌᆞᆸ고
-ᅀᆞᆸ(ᅀᆞᄫ)-	어간 끝소리가 유성음일 때	나도 이제 너희 스승니믈 보ᅀᆞᆸ고져 ᄒᆞ노니

• 상대 높임 선어말 어미 '-ᅌᅵ/ᅌᅵᆺ-' 사용

형태	음운 환경	예
-ᅌᅵ-	평서문에서	ᄒᆞ니ᅌᅵ다
-ᅌᅵᆺ-	의문문에서	ᄒᆞ니ᅌᅵᆺ가

4. 어휘

고유어	현대 국어에 비해 고유어가 많이 쓰임 예 뫼, ᄀᆞᄅᆞᆷ, 슈룹
한자어 및 외래어	• 한자어 지속적 증가 • 몽골어, 여진어의 차용 예 보라매, 가라말[黑馬], 수라[御飯]

01

03 근대 국어

1. 표기

종성 표기	• 7종성법: 'ㄱ, ㄴ, ㄹ, ㅁ, ㅂ, ㅅ, ㆁ'의 7개 자음으로 종성 표기 • 'ㄷ'과 'ㅅ'으로 구분되던 것이 'ㅅ'으로 통일됨.
거듭 적기	이어 적기에서 끊어 적기로 넘어가는 과도기적 표기법 예 니믈(이어 적기), 님믈(거듭 적기), 님을(끊어 적기)
띄어 쓰기	독립신문 이후부터 띄어쓰기 나타남.
방점 소멸	16세기 말부터 표기에서 사라짐.

2. 음운

<table>
<tr><td>자음</td><td>• 'ㅿ, ㆆ, ㆁ'이 소실
예 ᄆᆞᅀᆞᆯ 〉 마을, 바ᅌᅩᆯ 〉 방올(방울)
• 'ㅂ'계, 'ㅄ'계 어두 자음군이 사라지면서 된소리로 변함.
예 ᄢᅢ 〉 ᄣᅢ(때), ᄠᅳᆮ 〉 ᄯᅳᆮ(뜻)
• 'ㄷ, ㅌ'이 ㅈ, ㅊ의 구개음으로 변화 → 구개음화가 점진적으로 나타남.
예 티다 〉 치다</td></tr>
<tr><td>모음</td><td>• 'ㆍ'의 소실
<table><tr><td>16세기</td><td>둘째 음절 이하에서 주로 'ㅡ'로 변화</td><td rowspan="2">예 ᄀᆞᄅᆞ치다 〉 ᄀᆞ르치다 〉 가르치다</td></tr><tr><td>18세기</td><td>첫째 음절에서 주로 'ㅏ'로 변화</td></tr></table>• 이중 모음이던 'ㅐ[ai]'와 'ㅔ[əi]'가 각각 [ɛ], [e]로 단모음화 → 8단모음 체계
• 원순 모음화: 평순 모음 'ㅡ'가 양순음 뒤에서 'ㅜ'로 변화
예 믈 〉 물, 블 〉 불, 븕다 〉 붉다</td></tr>
</table>

3. 문법

주격 조사	• 주격 조사 '가'가 등장 예 ᄇᆡ가 올 거시니
객체 높임	• 객체 높임 선어말 어미 '-ᄉᆞᆸ/ᄌᆞᆸ/ᅀᆞᆸ-'이 쓰이지 않게 됨.
과거 시제	• 과거 시제 선어말 어미 '-앗/엇-'이 확립
불규칙 활용	• 'ㅿ'이 소실되면서 'ㅅ' 불규칙 활용으로 변함. 예 지ᅀᅥ 〉 지어

4. 어휘

중국을 통해 서구 문물이나 사상이 유입되면서 '자명종, 천주교' 등의 관련 어휘들 유입

세종 어제 훈민정음(世宗御製訓民正音)

<table>
<tr><td colspan="9">世·솅宗종御엉·製졩訓·훈民민正·졍音음</td><td rowspan="3">창제정신</td></tr>
<tr><td colspan="9">세종 사후에 기록되었음을 증명
동국정운식 표기</td></tr>
<tr><td colspan="9">세종 임금이 지으신, 백성을 가르치는 바른 소리</td></tr>
<tr><td>나·랏</td><td>:말쌋·미</td><td>中듕國·귁·에</td><td>달·아</td><td>文문字·쫑</td><td>·와·로</td><td>서르</td><td>ᄉᆞᄆᆞᆺ·디</td><td>아·니 ᄒᆞᆯ·씨</td><td rowspan="3">자주 정신
(언어와
문자의
불일치)</td></tr>
<tr><td>ㅅ: 의
(관형격
조사)</td><td>의미 축소
(일반적
의미
→
높임말)
이: 주격
조사
이어적기</td><td>동국정운식
표기
에: 과
(비교부사
격 조사)</td><td>ㄹㅇ
활용형
(다ᄅᆞ +
아
= 달아)</td><td>동국
정운식
표기</td><td>와로: 와
(공동
부사격
조사)</td><td>모음
조화</td><td>8 종성법
(ᄉᆞᄆᆞᆾ다 →
ᄉᆞᄆᆞᆺ다)
구개음화 ×
사어
(현대어
'통하지')</td><td>-ㄹ씨: 종속적
연결 어미
(이유)</td></tr>
<tr><td colspan="9">우리 나라 말이 중국과 달라 한자와는 서로 통하지 아니하여서</td></tr>
</table>

<table>
<tr><td>·이런</td><td>젼·ᄎᆞ·로</td><td>어·린</td><td>百·빅姓·셩·이</td><td>니르·고·져</td><td colspan="3">·홇·배 이·셔·도</td><td rowspan="6">애민 정신
(문자
생활에
어려움을
겪는
백성들)</td></tr>
<tr><td></td><td>사어(현대어
의 '까닭')</td><td>의미 이동
(어리석다 →
나이가 적다)</td><td>동국정운식표기
단모음화 ×
(빅셩 → 백성)</td><td>두음 법칙 ×
(니르다 →
이르다)
어미의 양성화
(고져 → 고자)
단모음화 ×</td><td colspan="3">ᄒᆞ(어간) + 오(선어말 어미) +
ㅭ(관형사형 전성 어미)
+ 바(의존 명사) + ㅣ(주격 조사)
ㆆ: 된소리 부호[홀빼]</td></tr>
<tr><td colspan="8">이런 까닭으로 어리석은 백성이 말하고자 하는 바가 있어도</td></tr>
<tr><td>ᄆᆞ·ᄎᆞᆷ:내</td><td>제</td><td>·ᄠᅳ·들</td><td>시·러</td><td>펴·디</td><td>:몯홇</td><td>·노·미</td><td>하·니·라</td></tr>
<tr><td>모음 조화
전설 모음화
×</td><td>ㅣ
: 관형격
조사</td><td>어두자음군
ㅄ계
합용 병서/을:
목적격 조사
이어적기
(ᄠᅳᆮ + 을
= ᄠᅳ들)</td><td>사어
(현대
어의
'능히')</td><td>구개음화
×
(펴디 →
펴지)</td><td>ㆆ: 절음
부호
[홀노미]</td><td>의미 축소
(보통사람 →
남자 비속어)
이: 주격 조사
이어적기</td><td>사어
(현대어의
'많으니라')
or
의미 이동
(많다 → 하다)</td></tr>
<tr><td colspan="8">마침내 제 뜻을 펴지 못하는 사람이 많다.</td></tr>
</table>

·내	·이·ᄅᆞᆯ	爲·윙·ᄒᆞ·야	:어엿·비	너·겨	·새·로	·스·믈여·듧 字·ᄍᆞᆼ·ᄅᆞᆯ	밍·ᄀᆞ노·니	
ㅣ: 주격 조사	ᄅᆞᆯ: 목적격 조사	동국정운식 표기	의미 이동 (가엾다→ 예쁘다)	두음 법칙 ×		원순 모음화 × (스믈 → 스물) 8종성 예외 ᄅᆞᆯ: 목적격 조사	밍ᄀᆞᆯ(어간) + ᄂᆞ + 오(현재형 어미) + 니 ㄹ 탈락 모음 조화	창조 정신 (문자 창제의 동기)
내가 이것을 가엾게 생각하여 새로 스물여덟 글자를 만드니								

:사ᄅᆞᆷ :마·다	:ᄒᆡ·ᅇᅧ	:수·ᄫᅵ	니·겨	·날·로	·ᄡᅳ·메	便뼌安한·킈 ᄒᆞ·고·져	ᄒᆞᇙ	ᄯᆞᄅᆞ·미니·라	
	각자 병서 ㅣ탈락 (ᄒᆡ이여 → ᄒᆡᅇᅧ)	숩(어간) + 이(부사 파생 접미사) ᄫ 사용	닉(어간) + 이 (사동 접미사) + 어 두음 법칙 × (니겨 → 익혀)		ᄡᅳ(어간) + 움(명사 형어미) + 에(처소 부사격 조사) 모음 조화 어두 자음군	동국정운식 표기 어미의 양성화 (고져 → 고자)	ᅙ: 절음 부호	ᄮ계 합용 병서 어두자음군 이어적기	실용 정신 (문자 창제의 목적)
모든 사람들로 하여금 쉽게 익혀서 날마다 쓰는 데 편하게 하고자 할 따름이다.									

「훈민정음(訓民正音)」, 세조(世祖) 5년(1459)

1. 훈민정음 표기상의 특징

(1) 'ᅙ, ᄫ, ᅀ, ᅌ, ·' 등이 모두 사용됨.

ᅙ	• 'ㅎ'보다 여린 소리로 추정. 세조 이후 소멸 • 동국정운식 한자음 초성에 쓰임(音, 한). • 된소리 부호(ᄒᆞᇙ배) • 절음 부호(몯ᄒᆞᇙ, ᄯᆞᄅᆞ·미니·라)
ᄫ	• 'ㅂ'의 울림소리 • 세조 이후 'ㅗ/ㅜ'로 변함.
ᅀ	• 'ㅅ'의 울림소리 • 임진왜란 이후 완전 소실
ᅌ	• 현대어 종성의 '(ㅇ)'소리 • 16C 말 소멸
·	• 'ㅏ'와 'ㅗ'이 중간음 • 17C 이후 음가 소멸 • 1933년 한글 맞춤법 통일안 제정시 공식적으로 문자 소멸

예 수ᄫᅵ 니겨, 나랏말ᄊᆞ미, ᄒᆞᇙ배이셔도

⑵ 방점 사용

① 음의 성조(소리의 높낮이)를 표시하기 위해 글자의 (왼쪽)에 점을 찍음.

② 사성점(四聲點), 좌가점(左加點)이라고도 함.

평성	낮은 소리(무점)
상성	낮다가 높아지는 소리(두 점) : 평성과 거성이 복합
거성	높은 소리(한 점)
입성	빨리 끝을 닫는 소리(무점, 한 점, 두 점) : ㄱ, ㄷ, ㅂ, ㅅ 받침으로 끝나는 말

예 나·랏 : 말ᄊᆞ·미(평성 – 입성 – 상성 – 평성 – 거성)

⑶ 동국정운식 한자 표기(이상적 발음)

한자음의 표준화를 위해 세종 30년에 간행한 『동국정운』에 규정된 이상적인 한자음의 표기 방법. 성종 때 폐지됨.

예 中듕國귁, 文문字ᄍᆞᆼ 등

① 중국어 원음에 가깝게 표기함. (현실음이 아닌, 이상적 한자음)

② 초성, 중성, 종성을 고루 갖추기 위해 형식 종성 '(ㅇ, ㅱ)'을 사용함

③ 이영보래(以影補來) : 'ㄹ'종성의 한자음에 'ㆆ'을 나란히 적어 그 발음이 (입)임을 표시함.

⑷ 8종성법

종성은 'ㄱ, ㄴ, ㄷ, ㄹ, ㅁ, ㅂ, ㅅ, ㆁ'의 8자로 표기함. 훈민정음 창제 당시는 '종성부용초성(終聲復用初聲)'이었음.

예 ᄉᆞᆺ디 (기본형 : ᄉᆞᆾ다)

⑸ 이어적기 위주로 표기(연철 중심)

표음적 표기의 원칙에 따라 소리나는 대로 이어적기를 함.

예 나랏 말ᄊᆞ미, 제 ᄠᅳ들, 몯 ᄒᆞᇙ 노미

⑹ 모음 조화가 잘 지켜짐.

양성 모음은 양성 모음끼리, 음성 모음은 음성 모음끼리 어울림.

예 ᄲᅮ메

⑺ 두음 법칙, 구개음화, 원순 모음화가 이루어지지 않음.

예 니르고져, 니겨 (두음 법칙×)
ᄉᆞᆺ디, 텨디 (구개음화×)
스믈 (원순모음화×)

주요 문법 개념 정리

문법 개념	의미	예
성조	중세 국어에서 비분절 음운으로 존재했던 소리의 높낮이로, 글자 왼쪽에 방점으로 표시. 성조는 임진왜란 이후 소멸되고, 상성은 긴소리를 포함했었으므로 이후 현대 국어에 긴소리(장음)으로 남게 됨.	:말ᄊᆞ·미
어두 자음군	초성에 자음이 연속으로 둘 이상 발음되는 무리(합용 병서)	ᄠᅳ들, ᄣᅢ메
모음 조화	• 양성은 양성 모음끼리, 음성은 음성 모음끼리 결합하여 사용함. (양성: ㆍ, ㅗ, ㅏ / 음성: ㅡ, ㅜ, ㅓ / 중성: ㅣ) • 16세기 말 'ㆍ'의 1차 소실에 따라 문란해지기 시작함.	서르
원순 모음화	평순 모음 'ㅡ'가 자음 'ㅁ, ㅂ, ㅍ'와 만났을 때 원순 모음 'ㅜ'로 바뀌는 현상. 18세기 영·정조 대에 대폭적으로 일어남.	믈 > 물, 플 > 풀, 므숨 > 무숨
전설 모음화	후설 모음 'ㅡ'가 자음 'ㅅ, ㅈ, ㅊ'와 만났을 때 전설 모음 'ㅣ'로 바뀌는 현상. 18세기 영·정조 대에 대폭적으로 일어남.	슳다 > 싫다, 거츨다 > 거칠다
단모음화	이중 모음 'ㅑ, ㅕ, ㅛ, ㅠ'가 자음 'ㅅ, ㅈ, ㅊ'를 만나 단모음 'ㅏ, ㅓ, ㅗ, ㅜ'로 바뀌는 현상.	샤공 > 사공, ᄇᆡᆨ셩 > 백성
구개음화	'ㄷ, ㅌ'이 모음 'ㅣ, ㅑ, ㅕ, ㅛ, ㅠ, ㅖ'와 만났을 때, 'ㅈ, ㅊ'으로 변하는 현상. 18세기에 나타나기 시작했으며, 근대 국어에서는 표기상으로도 나타내었음.	뎡딕 > 정직, ᄉᆞ맛디 > ᄉᆞ맛지, 뎌긔 > 져긔
용언의 'ㄹㅇ' 활용	'ᄅᆞ/르'로 끝나는 어간이 모음 어미 앞에서 'ᄋᆞ/으'가 탈락하며 'ㄹ'이 앞모음의 종성에 가서 끊어적기가 되는 용언의 활용	오ᄅᆞ(다) + 아 > 올아
용언의 'ㄹㄹ' 활용	'ᄅᆞ/르'로 끝나는 어간이 모음 어미 앞에서 'ᄋᆞ/으'가 탈락하고 'ㄹ'이 끊어적기가 되면서 'ㄹ'이 덧생기는 용언의 활용	오ᄅᆞ(다) + 아 > 올라
용언의 'ㄹㄴ' 활용	'ᄅᆞ/르'로 끝나는 어간이 모음 어미 앞에서 'ᄋᆞ/으'가 탈락하고 'ㄹ'이 끊어적기가 되면서 'ㄴ'이 덧생기는 용언의 활용	오ᄅᆞ(다) + 아 > 올나
두음 법칙	어두에서 'ㄹ, ㄴ'이 'ㅣ'나 반모음 'j'를 만났을 때, 'ㄴ, ㅇ'으로 바뀌는 현상	니르다 > 이르다, 력사 > 역사
재음소화	하나의 음소를 두 개의 음소로 쪼개어 표기함. 'ㅊ = ㅈ + ㅎ, ㅋ = ㄱ + ㅎ, ㅌ = ㄷ + ㅎ, ㅍ = ㅂ + ㅎ'로 2차 분석하는 것	높이 > 놉히, 깊은 > 깁흔
동국정운식 한자음 표기	세종 당시의 현실적인 우리 한자음을 중국의 한자 원음에 가깝게 고친 이상적 한자음으로, 반드시 '초성 – 중성 – 종성'의 3성 체계를 갖추어 쓰는 것. 현대 한자음에 받침이 없는 글자는 종성으로 'ㅇ, ㅸ'을 썼으며, 당시 한자음에서 'ㄹ' 종성을 교정하여 입성임을 표시하기 위해 'ㆆ'을 덧붙이기도 하였음.(이영보래)	世·솅, 御ᅌᅥᆼ, 月ᅌᅯᇙ, 八바ᇙ
이어적기(연철)	앞말의 종성을 뒷말의 초성에 내려 적는 표기법. 15~16세기 문헌에서 자주 나타남.	사ᄅᆞ미
거듭적기(중철, 혼철)	앞말의 종성을 뒷말의 초성에도 내려 적는 것으로, 17~19세기 문헌에만 종종 그 표기가 보이는 과도기적 표기 방식	사ᄅᆞᆷ미
끊어적기(분철)	받침이 있는 체언이나 용언의 어간에 모음으로 시작되는 조사나 어미가 붙을 때는 앞말의 종성을 적고, 뒷말의 초성에는 'ㅇ'을 적음. 현대 국어에서도 사용	사ᄅᆞᆷ이
8종성법	자음 17자를 종성(받침)에서 대표음 'ㄱ, ㄴ, ㄷ, ㄹ, ㅁ, ㅂ, ㅅ ㆁ'의 8자로 발음하고, 표기하는 방법 (중세 국어)	ᄉᆞᄆᆞᆺ디, 벋
7종성법	8종성에서 대표음 'ㄷ'이 'ㅅ'으로, 'ㆁ'이 'ㅇ'으로 정리되어 받침에 'ㄱ, ㄴ, ㄹ, ㅁ, ㅂ, ㅅ, ㅇ'의 7개 자음만 사용하여 표기하는 방법 (근대 국어)	믈밋출, ᄀᆞᆺ흔, 숫불빗

문법 · 어법 총정리

기본 문법 총정리

01 음운의 이해

1. 음성과 음운

음성(音聲)	음운(音韻)
사람의 입을 통하여 나오는 소리 가운데에서도 말할 때 사용되는 소리(말소리)	말의 뜻을 구별해 주는 소리의 가장 작은 단위

2. 음운의 종류

(1) 자음

소리를 낼 때, 공기의 흐름이 목 안 또는 입 안에서 장애를 받고 나오는 소리(1.　　개)

조음방법 \ 조음위치			입술소리	혀끝소리	센입천장소리	여린입천장소리	목청소리
안울림소리	파열음	예사소리	ㅂ	ㄷ		ㄱ	
		된소리	ㅃ	ㄸ		ㄲ	
		거센소리	ㅍ	ㅌ		ㅋ	
	파찰음	예사소리			ㅈ		
		된소리			ㅉ		
		거센소리			ㅊ		
	마찰음	예사소리		ㅅ			ㅎ
		된소리		ㅆ			
울림소리	비음		ㅁ	ㄴ		ㅇ	
	유음			ㄹ			

(2) 모음

소리를 낼 때 공기의 흐름이 장애를 받지 않고 나오는 소리

혀의 높이 \ 혀의 위치 / 입술 모양	앞(전설 모음)		뒤(후설 모음)	
	평순 모음	원순 모음	평순 모음	원순 모음
높음(고모음)	ㅣ	ㅟ	ㅡ	ㅜ
중간(중모음)	ㅔ	ㅚ	ㅓ	ㅗ
낮음(저모음)	ㅐ		ㅏ	

단모음: 발음할 때 입술이나 혀가 고정되어 움직이지 않는 모음 (위 표에 있는 모음 – 2.　　개)
이중모음: 발음할 때 입술이나 혀가 움직이는 모음(3.　　개)

Answer

1. 19개

2. 10개
3. 11개

3. 음운의 변동

(1) (4.)

우리말에서는 'ㄱ, ㄴ, ㄷ, ㄹ, ㅁ, ㅂ, ㅇ'의 7자음만이 음절의 끝소리(받침)로 발음되며 그 이외의 받침은 이 7자음 중의 하나로 바뀌어 발음됨.

예 잎[입], 밖[박], 몫[목], 낮[낟], 닭[닥], 값도[갑또], 옷 안[오단], 옷이[오시], 읽어[일거]

(2) (5.)

두 자음이 만났을 때, 발음하기 쉽도록 소리가 서로 비슷하게 변하거나 같아지는 현상

종류		뜻	예
방향에 따라	순행 동화	뒷소리가 앞소리를 닮아 변화	칼날[칼랄]
	역행 동화	앞소리가 뒷소리를 닮아 변화	신라[실라]
	상호 동화	앞뒤 소리가 모두 변화	백로[뱅노]
정도에 따라	완전 동화	두 자음이 서로 같은 음운으로 변화	밥물[밤물]
	불완전 동화	두 자음이 서로 비슷한 음운으로 변화	국물[궁물]

(3) (6.)

자음 받침 'ㄷ, ㅌ'이 조사와 접미사의 모음 'ㅣ'와 결합되는 경우, 'ㅈ, ㅊ'으로 바뀌어서 뒤 음절 첫소리로 옮겨 발음되는 현상

ㄷ	+	ㅣ	⇨	[ㅈ]	해돋이[해도지], 굳이[구지]
ㅌ		ㅣ		[ㅊ]	밭이[바치], 붙이다[부치다]

(4) (7.)

모음과 모음이 만날 때 한 모음이 다른 모음을 닮는 현상

예 아비 → [애비], 학교 → [핵교], 고기 → [괴기], 먹이다 → [멕이다]
[예외] 냄비, 서울내기, 시골내기, 신출내기, 풋내기, 소금쟁이, 멋쟁이 등

(5) (8.)

양성 모음은 양성 모음끼리 음성 모음은 음성 모음끼리 어울리려는 현상

예 깎아, 깎아서, 깎아도 / 먹어, 먹어서, 먹어도

4. 음절의 끝소리 규칙

5. 자음 동화

6. 구개음화

7. 'ㅣ' 모음 역행 동화

8. 모음 조화

(6) (9.   )

9. 축약

① 자음 축약: 자음 'ㄱ, ㄷ, ㅂ, ㅈ'이 자음 'ㅎ'과 결합하여 'ㅋ, ㅌ, ㅍ, ㅊ'의 음운으로 변하는 현상

ㄱ	+	ㅎ	→	ㅋ	축하[추카], 국화[구콰], 놓고[노코]
ㄷ				ㅌ	놓다[노타], 좋다[조타],
ㅂ				ㅍ	잡히다[자피다], 좁히다[조피다]
ㅈ				ㅊ	좋지[조치], 젖히다[저치다]

② 모음 축약

ㅡ	+	ㅣ	→	ㅢ	뜨+이다 → 띄다, 쓰이어 → 쓰여, 씌여
ㅗ		ㅣ, ㅏ		ㅚ, ㅘ	보+-아 → 봐
ㅜ		ㅣ, ㅓ		ㅟ, ㅝ	두+었다 → 뒀다
ㅚ		ㅓ		ㅙ	되+어 → 돼
ㅣ		ㅓ, ㅐ		ㅕ, ㅒ	가지+어 → 가져, 이+애 → 얘
ㅏ		ㅕ		ㅐ	하+여 → 해

(7) (10.   )

10. 탈락

두 음운이 만나면서 한 음운이 아예 사라져 소리나지 않는 현상

① 자음 탈락

동음 탈락	이어진 같은 소리가 탈락	간난 → 가난, 목과 → 모과
'ㄹ' 탈락	'ㄴ, ㅅ, ㅈ' 앞에서 'ㄹ' 탈락	아들님 → 아드님, 말소 → 마소 솔나무 → 소나무, 울+는 → 우는
'ㅅ' 탈락	준말에서 'ㅅ' 탈락	그것+이 → 그게, 긋+어 → 그어

② 모음 탈락

동음 탈락	이어진 같은 소리가 탈락	가아서 → 가서
'ㅡ' 탈락	어미 '어' 앞에서 어간 'ㅡ' 탈락	쓰어 → 써, 쓰어+라 → 써라

02 단어의 이해

1. 문장의 구성

단위	의미	특징
11.	한 번에 소리낼 수 있는 소리의 마디	소리나는 대로 적었을 때 한 글자가 하나의 음절임.
12.	문장에서 띄어 쓴 대로 나누어진 도막도막의 덩어리	띄어쓰기와 끊어 읽기의 단위로 하나 이상의 낱말로 이루어짐. 조사는 앞말에 붙어서 하나의 어절을 이룸.
13.	뜻을 가지고 홀로 쓰일 수 있는 말	보통 하나 이상의 형태소로 이루어짐.조사는 홀로 쓰일 수 없지만 낱말로 인정함.
14.	뜻을 가진 가장 작은 말의 단위	더 이상 나눌 수 없음. 형태소 단독이나 형태소들의 결합으로 낱말이 만들어짐.

11. 음절

12. 어절

13. 낱말

14. 형태소

2. 형태소의 종류

기준	종류	뜻	예(집이 좁다)
자립성 유무에 따라	15.	홀로 자립하여 쓸 수 있는 형테소	집
	16.	다른 말에 의존하여 쓰이는 형태소	이, 좁-, -다
실질적 의미 유무에 따라	17.	중심이 되는 의미를 표시하는 형태소(어근)	집, 좁-
	18.	문법적인 의미를 갖는 형태소(접사, 어미)	이, -다

15. 자립 형태소

16. 의존 형태소

17. 실질 형태소

18. 형식 형태소

3. 형성 방법에 따른 낱말의 종류

단일어	하나의 어근으로 이루어진 낱말 예) 밤, 나무		
복합어	19.	접두사+어근	풋+사과, 햇+과일
		어근+접미사	도둑+질, 먹(다)+음
	20.	대등	팔+다리, 손+발
		수식	손+수건, 돌+다리
		융합	바늘+방석→불안함, 춘+추→나이

19. 파생어

20. 합성어

4. 품사

(1) 뜻

단어를 성질이 공통된 것끼리 모아 놓은 갈래

(2) 품사 분류의 기준

① 형태: 단어의 형태가 변하는가, 변하지 않는가에 따라

② 기능: 문장 속에서 어떤 구실을 하는가에 따라

③ 의미: 단어들이 가지고 있는 공통적인 의미에 따라

<table>
<tr><th>형태</th><th>기능</th><th>의미</th><th>설 명</th></tr>
<tr><td rowspan="6">불변어</td><td rowspan="3">체언</td><td>21.</td><td>사람이나 사물의 이름을 나타내는 말</td></tr>
<tr><td>22.</td><td>명사를 대신하여 사람이나 사물, 장소를 가리키는 말
예 인칭 대명사 : 사람의 이름을 가리킴.
– 나, 너, 우리, 저, 그분 등
지시 대명사 : 사물이나 장소를 가리킴.
– 이것, 저것, 그것 등</td></tr>
<tr><td>23.</td><td>사물의 수량이나 순서를 가리키는 말
예 양수사 : 수량. 하나, 둘, 셋… / 일, 이, 삼…
서수사 : 첫째, 둘째, 셋째… / 제일, 제이, 제삼…</td></tr>
<tr><td>관계언</td><td>24.</td><td>• 주로 체언 뒤에 붙어 문법적 관계를 나타내거나 특별한 뜻을 더해 주는 기능을 함.
예 격조사 : 문법적 관계를 나타냄
이/가/께서(주격 조사),을/를(목적격 조사)
야(호격 조사), 이다(서술격 조사) 등
보조사 : 특별한 뜻을 더해 줌
너만 사랑해 / 너도 사랑해 / 너는 사랑해
• 부사 뒤에 조사가 붙는 경우도 있음.
예 너는 참 빨리도 달린다.
• 서술격 조사 '-이다'는 형태가 변함.
예 학생이다/학생이니?/학생이지?</td></tr>
<tr><td>수식언</td><td>25.</td><td>• 체언 앞에서 체언을 자세하게 꾸며 줌.
• 조사가 붙을 수 없고, 활용하지 않음.
• 관형사와 다른 품사와의 구별법
– 대명사와 구별 : 그는 학생이다(대명사–조사 붙음)
그 남자는 학생이다(관형사–조사 붙지 못함)
– 수사와 구별 : 사과 하나만 주세요(수사–조사 붙음)
사과 한 개만 주세요(관형사–조사 붙지 못함)
– 형용사(용언)와 구별 : 예쁜 신을 샀습니다
(형용사–활용 가능 : 예쁘다, 예쁘니)
새 신을 샀습니다
(관형사–활용 불가능)
– 부사와 구별 : 그 놈은 너무 멋있었다(관형사 : 체언 수식)
꽃이 아주 많다(부사 : 용언 수식)</td></tr>
<tr><td>수식언</td><td>26.</td><td>• 주로 용언을 자세히 꾸며 주는 역할
예 미형이는 일찍 일어났다. / 선영이가 오늘 왔다.
북극에 백곰이 안 보여. / 원고를 못 썼어.
• 다른 부사를 꾸미기도 함.
예 차가 아주 빨리 달린다(부사 '빨리'를 꾸밈)
• 관형사를 꾸미기도 함.
예 이 차는 매우 새 차다(관형사 '새'를 꾸밈)
• 문장 전체를 꾸미기도 함.
예 설마 외계인이 있을까?(문장 전체를 꾸밈)
• 접속어(그리고, 그러나, 그러므로…)는 부사임.
• 의성어나 의태어는 부사임.
• 형용사(용언)와 구별 : 너는 정말 예쁘다(부사–변하지 않음)
예 꽃이 예쁘게 피었다(형용사–활용한다)</td></tr>
</table>

21. 명사

22. 대명사

23. 수사

24. 조사

25. 관형사

26. 부사

	독립언	27.	• 놀람, 부름, 느낌, 대답을 나타냄. • 조사를 붙일 수 없음 / 활용하지 않음 / 위치가 자유로움. 예 어머나, 꽃이 피었네 아차! 내 생각이 짧았구나 자, 지금부터 시작해 봅시다. 정말! 엄마 말이 맞았구나. • 명사+(호격 조사)는 감탄사가 아니다. 예 철수야! 이리 오너라(명사+조사) 어머나, 예쁘다(명사+조사 아니다)	27. 감탄사
가변어	용언	28.	• 사람이나 사물의 움직임을 나타내는 말 예 영수가 밥을 먹는다. 주미는 열심히 달렸다. • 동사와 형용사의 구별 – 현재형 '-ㄴ다, 는다'를 붙여 말이 되면 동사, 안 되면 형용사 예 달리다 : 달린다(○) / 예쁘다 : 예쁜다(×) – 명령형과 청유형을 붙여 말이 되면 동사, 안 되면 형용사. 예 달리자, 달려라(○) / 예쁘자, 예뻐라(×)	28. 동사
		29.	• 사물의 성질이나, 상태, 색깔을 나타내는 말 예 오늘 본 영화는 너무 슬프다. 농구 선수들은 키가 크다.	29. 형용사

03 문장의 이해

1. 높임 표현

종류	설명	
30.	• 서술어의 주체(주어)를 높이는 방법 • 높임 선어말 어미 '-시', 주격 조사 '-께서' 예 선생님께서 오시었다. • 특수 어휘에 의한 높임 : 계시다, 주무시다 등 • 간접 높임 : 주체의 '신체, 소유물, 생각' 등과 관련된 말에 높임의 선어말 어미 '-시'를 결합시켜 주체를 간접적으로 높임 예 그 분은 귀가 밝으십니다. 선생님의 말씀이 있으시겠습니다.	30. 주체
31.	• 서술어의 객체(부사어나 목적어)를 높이는 방법 • 부사격 조사 '에게' 대신 '께'를 사용 예 이 책을 선생님께 드리겠습니다. • 특수 어휘에 의한 방법 : 드리다, 모시다, 여쭙다 등 예 할아버지를 모시고 경로당에 갔다.	31. 객체
32.	국어 높임법 중 가장 발달, 다양한 종결 어미에 의해 실현 예 격식체 : 공부해라, 공부하게, 공부하오, 공부하십시오 비격식체 : 공부해, 공부해요	32. 상대

2. 피동과 사동 표현

구분	설 명	예
33.	• 주어가 남에 의해 동작을 당하는 것을 나타내는 문장 • 파생적 피동: 능동사의 어간+피동 접미사(이, 히, 리, 기, 되) • 통사적 피동: -게 되다, 어지다)	나뭇가지가 바람에 꺾이었다. 범인이 경찰에게 잡히었다. 기적 소리가 들리었다. 오랫동안 소식이 끊기었다. 이것은 저것과 관련된다. 곧 사실이 드러나게 된다. 나뭇가지가 바람에 꺽어졌다.
34.	• 남에게 어떤 동작을 하도록 시키는 것을 나타내는 문장 • 파생적 사동: 동사·형용사 어근+사동 접미사(이, 히, 리, 기, 우, 구, 추) • 통사적 사동: -게 하다	속이다, 읽히다, 숨기다, 깨우다 보이다, 들리다, 맡기다, 떨리다 높이다, 넓히다, 낮추다, 맞추다 먹게 하다, 자게 하다

33. 피동

34. 사동

3. 문장 성분

구분	갈래	특징	예
주성분	35.	•서술어의 주체가 되는 말 •'무엇이', '누가'에 해당 •주로 '은, 는, 이, 가,에서, 께서' 등이 붙음.	들국화가 피었다. 나는 달린다. 할아버지께서 오신다. 학교에서 그 일을 추진한다.
	36.	•주어의 동작이나 상태를 설명 •어찌하다(동사), 어떠하다(형용사), 무엇이다(체언+서술격 조사)에 해당함.	나도 아프다. 너는 학생이다. 영수는 달린다.
	37.	•서술어의 동작, 행위의 대상 •'누구를, 무엇을'에 해당 •주로 '을/를'이 붙음.	밥을 먹고 싶다. 너를 사랑한다.
	38.	•'되다, 아니다'를 보충하는 말 •주로 '이/가'가 붙음.	나는 네 친구가 아니다. 그는 군인이 되었다.
부속성분	39.	•사람, 사물을 나타내는 말을 꾸며 주는 말 •'어떤, 무슨'에 해당함 •주로 'ㄴ, ㄹ'로 끝맺거나 '의'가 붙음.	아버지의 구두 찢어진 우산 이 가방
	40.	•주로 서술어를 꾸며 주는 말 •부사어, 관형어, 문장 전체를 꾸며 줌. •'어떻게'에 해당함.	빨리 달린다. 아주 예쁜 꽃이다. 과연 넌 대단해!
독립성분	41.	•다른 성분과 직접 관계를 맺지 않고 독립되어 있는 성분 •'감탄, 놀람, 부름, 응답'에 해당하는 말 •주로 '!'가 뒤에 붙음.	아! 놀래라. 예, 알겠습니다.

35. 주어

36. 서술어

37. 목적어

38. 보어

39. 관형어

40. 부사어

41. 독립어

4. 문장의 구조

<table>
<tr><td>홑문장</td><td colspan="3">한 문장 안에서 주어와 서술어의 관계가 한 번씩만 이루어진 문장</td></tr>
<tr><td rowspan="8">겹문장</td><td rowspan="5">안은 문장(안긴 문장)</td><td>42.</td><td>• 문장을 명사화하여 주어나 목적어 구실을 함.
• 명사형 어미 'ㅁ, 음, 기' 또는 의존 명사 '것'을 취하여 이루어짐.
예 영애는 철수가 돌아오기를 고대하였다.</td></tr>
<tr><td>43.</td><td>• 관형어의 구실을 함.
• 관형사형 어미 'ㄴ, 은, 는, ㄹ, 을, 를'을 취하여 이루어짐.
예 저 곳이 우리가 살 산채이다.</td></tr>
<tr><td>44.</td><td>• 부사어의 구실을 함.
• 접사 '이', 어미 '듯이, 게, 도록' 등을 취하여 이루어짐.
예 우리는 도움 없이 그 일을 해냈다.</td></tr>
<tr><td>45.</td><td>• 인용의 역할을 함.
• 인용된 문장에 조사 '고(간접 인용), 라고(직접 인용)'이 붙어 이루어짐.
예 영애는 미숙에게 아프냐고 말했다.</td></tr>
<tr><td>46.</td><td>• 한 문장의 서술어 구실을 하는 것
• 주어 + (주어 + 서술어)의 형태로 이루어짐.
예 영수는 다리가 짧다.</td></tr>
<tr><td rowspan="3">이어진 문장</td><td>47.</td><td>• 대등적 연결 어미 '고, 며, 나, 지만' 등에 의해 연결됨.
• 앞문장과 뒷문장이 나열, 선택, 대조의 의미를 지님.
예 하늘이 높고 산은 푸르다.</td></tr>
<tr><td>48.</td><td>• '면, 아서, 거든, 니' 등의 어미에 의해 연결됨.
예 봄이 오면 새싹이 튼다.</td></tr>
<tr><td>49.</td><td>• 주어가 접속 조사 '와/과'에 의해 이어져 있고, 서술어가 하나인 문장
예 영수와 철수는 미국으로 떠났다.</td></tr>
</table>

42. 명사절

43. 관형절

44. 부사절

45. 인용절

46. 서술절

47. 대등

48. 종속

49. 와/과

04 의미의 이해

1. 중심적 의미와 주변적 의미

50.	한 단어가 여러 개의 의미로 쓰일 때 그 가운데서 가장 기본적이고 핵심적인 의미 예 손을 물로 씻어라(손-신체의 일부)
51.	한 단어의 중심적 의미가 문맥에 따라 그 의미가 확장되어 다른 의미로 쓰인 것 예 손이 모자란다(손-노동력) / 너와 손을 끊겠다(손-관계)

50. 중심 의미

51. 주변 의미

2. 단어들의 의미 관계

52.	두 개 이상의 단어가 서로 소리는 다르나 의미가 같을 때 예 책방 : 서점 / 죽다 : 사망하다 / 속옷 : 내의
53.	두 개 이상의 단어가 소리는 같으나 의미가 다른 때 예 배가 아프다(배-복부) / 배를 먹는다(배-과일)
54.	두 개 이상의 단어가 서로 소리는 다르나 의미가 비슷할 때 예 소는 꼬리가 길다. / 새는 꽁지가 길다.
55.	한 쌍의 단어가 서로 반대되는 의미를 가지고 있을 때 예 남자 : 여자 / 총각 : 처녀 / 오다 : 가다
56.	하나의 단어가 중심 의미와 주변 의미를 가지고 있을 때 예 머리가 아프다 / 머리가 길다 / 머리가 나쁘다.

52. 동의 관계

53. 이의 관계

54. 유의 관계

55. 반의 관계

56. 다의 관계

자모 체계와 음운의 변동

1. 단모음 체계

혀의 높이 \ 입술의 모양 \ 혀의 앞뒤				
		╳		╳

Answer

혀의 높이 \ 입술의 모양 \ 혀의 앞뒤	전설 모음		후설 모음	
	평순	원순	평순	원순
고모음	ㅣ	ㅟ	ㅡ	ㅜ
중모음	ㅔ	ㅚ	ㅓ	ㅗ
저모음	ㅐ	╳	ㅏ	╳

2. 자음의 분류

조음 방법 \ 조음 위치							목구멍 소리
무성음 (안울림 소리)		예사소리					
		된소리					
		거센소리					
		예사소리					
		된소리					
		거센소리					
	마찰음	예사소리					
		된소리					
유성음 (울림소리)	비음						

조음 방법 \ 조음 위치			입술 소리	혀끝 소리	센 입천장 소리	여린 입천장 소리	목구멍 소리
무성음 (안울림 소리)	파열음	예사소리	ㅂ	ㄷ		ㄱ	
		된소리	ㅃ	ㄸ		ㄲ	
		거센소리	ㅍ	ㅌ		ㅋ	
	파찰음	예사소리			ㅈ		
		된소리			ㅉ		
		거센소리			ㅊ		
	마찰음	예사소리		ㅅ			ㅎ
		된소리		ㅆ			
유성음 (울림소리)	비음		ㅁ	ㄴ		ㅇ	
	유음			ㄹ			

겹받침의 발음: 둘 중 하나의 대표음으로 발음한다.

겹받침의 발음	예
‘ㄱㅅ, ㄴㅈ, ㄹㅅ, ㄹㅌ, ㅂㅅ’ →각각 첫째 자음인 ‘ㄱ, ㄴ, ㄹ, ㅂ’으로 발음	넋[ ], 앉다[ ], 외곬[ ], 핥다[ ], 값[ ]
‘ㄹㅁ, ㄹㅍ’ →각각 둘째 자음인 ‘ㅁ, ㅂ’으로 발음	삶[ ], 옮기다[ ], 읊다[ ]
‘ㄹㄱ, ㄹㅂ’→불규칙적으로 발음	닭[ ], 읽지[ ], 읽다[ ], 읽고[ ], 맑고[ ], 늙게[ ] 엷다[ ], 밟다[ ], 밟소[ ], 넓죽하다[ ], 넓둥글다[ ]
‘ㄴㅎ, ㄹㅎ’+‘ㄷ, ㅈ, ㄱ’ →뒤에 오는 ‘ㄷ, ㅈ, ㄱ’이 ‘ㅌ, ㅊ, ㅋ’으로 발음	않던[ ], 많고[ ], 닳다[ ]

겹받침의 발음	예
‘ㄱㅅ, ㄴㅈ, ㄹㅅ, ㄹㅌ, ㅂㅅ’ →각각 첫째 자음인 ‘ㄱ, ㄴ, ㄹ, ㅂ’으로 발음	넋[넉], 앉다[안따], 외곬[외골], 핥다[할따], 값[갑]
‘ㄹㅁ, ㄹㅍ’ →각각 둘째 자음인 ‘ㅁ, ㅂ’으로 발음	삶[삼], 옮기다[옴기다], 읊다[읖다→ 읍따]
‘ㄹㄱ, ㄹㅂ’→불규칙적으로 발음	닭[닥], 읽지[익찌], 읽다[익따], 읽고[일꼬], 맑고[말꼬], 늙게[늘께] 엷다[열따], 밟다[밥따], 밟소[밥쏘], 넓죽하다[넙쭈카다], 넓둥글다[넙뚱글다]
‘ㄴㅎ, ㄹㅎ’+‘ㄷ, ㅈ, ㄱ’ →뒤에 오는 ‘ㄷ, ㅈ, ㄱ’이 ‘ㅌ, ㅊ, ㅋ’으로 발음	않던[안턴], 많고[만코], 닳다[달타]

3. 훈민정음 자음과 모음 체계

(1) 훈민정음 자음

	기본자	가획자	병서자	이체자
어금닛소리(牙音)				
혓소리(舌音)				
입술소리(脣音)				
잇소리(齒音)				
목소리(喉音)				

	기본자	가획자	병서자	이체자
어금닛소리(牙音)	ㄱ	ㅋ	ㄲ	ㆁ
혓소리(舌音)	ㄴ	ㄷ, ㅌ	ㄸ	ㄹ
입술소리(脣音)	ㅁ	ㅂ, ㅍ	ㅃ	
잇소리(齒音)	ㅅ	ㅈ, ㅊ	ㅆ,ㅉ	ㅿ
목소리(喉音)	ㅇ	ㆆ, ㅎ	ㆅ	

(2) 훈민정음 모음

	① 기본자	② 초출자 (①+①)	③ 재출자 (②+ㅣ)
天(양성 모음)			
地(음성 모음)			
人(중성 모음)			

	① 기본자	② 초출자 (①+①)	③ 재출자 (②+ㅣ)
天(양성 모음)	ㆍ	ㅗ ㅏ	ㅛ ㅑ
地(음성 모음)	ㅡ	ㅜ ㅓ	ㅠ ㅕ
人(중성 모음)	ㅣ		

4. 다음 가로 안에 들어갈 알맞은 말을 쓰시오.

(1) 자음은 발음 기관의 모양을 본뜬 상형의 원리와, 상형한 기본자에 획을 하나씩 더해서 글자를 만든 (　　)의 원리에 의해 만들어졌다.

(2) ‘ㄹ, ㅿ, ㆁ’은 근거 없이 획을 더한 예외적인 글자로 (　　)라고 한다.

(3) 모음의 기본자 ‘ㆍ, ㅡ, ㅣ’는 상형의 원리에 따라 (　　　　　)의 모양을 본떠 만들었다.

(4) 모음 ‘ㅏ, ㅗ, ㅑ, ㅛ’는 (　　)의 원리에 따라 ‘ㆍ’와 ‘ㅡ’, ‘ㅣ’를 결합하여 만들었다.

(1) 가획

(2) 이체자

(3) 하늘, 땅, 사람

(4) 합성

5. 다음 단어의 발음과 어떤 음운 변동 규칙이 일어났는지 쓰시오.

단어	발음	일어난 변화
직행열차	지캥녈차	축약, ㄴ첨가
서울역		
먹은 엿		
툇마루		
배꽃 위		
무릎이야		
맑지		
밭일		
꽃 한송이		
낮 한때		
늑막염		
낱낱이		
밭이랑		
서른여덟		
물놀이		
곧이듣다		
밥솥을		
놓고		
낳아		
옳지		
솜이불		

단어	발음	일어난 변화
직행열차	지캥녈차	축약, ㄴ첨가
서울역	서울력	ㄴ 첨가, 유음화
먹은 엿	머근 녇	연음, ㄴ 첨가, 음절의 끝소리 규칙
툇마루	퇸마루	끝소리 규칙, 비음화
배꽃 위	배꼬 뒤	음절의 끝소리 규칙, 연음
무릎이야	무르피야	연음
맑지	막찌	자음군 단순화, 된소리 되기
밭일	반닐	ㄴ 첨가, 음절의 끝소리 규칙, 비음화
꽃 한송이	꼬 탄송이	음절의 끝소리 규칙, 축약
낮 한때	나탄때	음절의 끝소리 규칙, 축약
늑막염	능망념	ㄴ 첨가, 비음화
낱낱이	난나치	연음, 구개음화, 음절의 끝소리 규칙, 비음화
밭이랑	반니랑	ㄴ첨가, 음절의 끝소리 규칙, 비음화
서른여덟	서른녀덜	ㄴ첨가, 자음군 단순화
물놀이	물로리	유음화, 연음
곧이듣다	고지듣따	연음, 구개음화, 된소리 되기
밥솥을	밥소틀	연음
놓고	노코	축약
낳아	나아	ㅎ 탈락
옳지	올치	축약
솜이불	솜니불	ㄴ 첨가

넋만		
쌓는		
맏며느리		
값도		
앓는		
독립문		
대관령		
광한루		
할 것을		
많다		
맨입		
읽거나		
흙과		
부엌 안		
값지다		
따뜻하다		
몫을		
옷맵시		
옳지		
색연필		
물엿		
밟아		
부엌일		
권력		
않던		
밭으로		
할 수는		
담력		
콩엿		
할 바를		
팥이		
협력		
늙지		
밟는		
맷돌		
굳힌		
등불		

넋만	넝만	자음군 단순화, 비음화
쌓는	싼는	음절의 끝소리 규칙, 비음화
맏며느리	만며느리	비음화
값도	갑또	자음군 단순화, 된소리 되기
앓는	알른	자음군 단순화, 유음화
독립문	동닙문	비음화
대관령	대괄령	유음화
광한루	광할루	유음화
할 것을	할 꺼슬	된소리 되기, 연음
많다	만타	축약
맨입	맨닙	ㄴ 첨가
읽거나	일꺼나	자음군 단순화, 된소리 되기
흙과	흑꽈	자음군 단순화, 된소리 되기
부엌 안	부어 간	음절의 끝소리 규칙, 연음
값지다	갑찌다	자음군 단순화, 된소리 되기
따뜻하다	따뜨타다	음절의 끝소리 규칙, 축약
몫을	목쓸	연음, 된소리 되기
옷맵시	온맵씨	음절의 끝소리 규칙, 비음화, 된소리 되기
옳지	올치	축약
색연필	생년필	ㄴ첨가, 비음화
물엿	물렫	ㄴ첨가, 유음화, 음절의 끝소리 규칙
밟아	발바	연음
부엌일	부엉닐	ㄴ첨가, 음절의 끝소리 규칙, 비음화
권력	궐력	유음화
않던	안턴	축약
밭으로	바트로	연음
할 수는	할 쑤는	된소리 되기
담력	담녁	비음화
콩엿	콩녇	ㄴ첨가, 음절의 끝소리 규칙
할 바를	할 빠를	된소리 되기
팥이	파치	연음, 구개음화
협력	혐녁	비음화
늙지	늑찌	자음군 단순화, 된소리 되기
밟는	밤는	자음군 단순화, 비음화
맷돌	맫똘	음절의 끝소리 규칙, 된소리 되기
굳힌	구친	축약, 구개음화
등불	등뿔	사잇소리 현상(첨가)

6. 다음 단어의 발음을 쓰시오.

(1) 맑지 [ ]
(2) 굵지 [ ]
(3) 끝을 [ ]
(4) 솜이불 [ ]
(5) 담요 [ ]
(6) 집안일 [ ]
(7) 값어치 [ ]
(8) 막둥이 [ ]
(9) 헛웃음 [ ]
(10) 밟다 [ ]
(11) 식용유 [ ]

(1) 막찌
(2) 국찌
(3) 끄틀
(4) 솜니불
(5) 담뇨
(6) 지반닐
(7) 가버치
(8) 막뚱이
(9) 허두슴
(10) 밥따
(11) 시굥뉴

7. 음운의 변동 빈칸을 채우시오.

표기	발음/기본형	음운변동
좋은		
볕이		
쌓아		
솜이불		
불+삽		
남기+어		
독립		
밭이랑		
홑이불		
맏며느리		
특히		
눈요기		
닭이		
담그+아		
밟고		
히읗		
묵호		
급류		
왕십리		
색연필		
그리+어		
낱낱이		
한여름		

표기	발음/기본형	음운변동
좋은	조은	ㅎ 탈락
볕이	벼치	구개음화
쌓아	싸아	ㅎ 탈락
솜이불	솜니불	ㄴ 첨가
불+삽	부삽	ㄹ 탈락
남기+어	남겨	축약
독립	동닙	비음화 2번
밭이랑	반니랑	ㄴ 첨가, 음절의 끝소리 규칙, 비음화
홑이불	혼니불	ㄴ 첨가, 음절의 끝소리 규칙, 비음화
맏며느리	만며느리	비음화
특히	트키	축약
눈요기	눈뇨기	ㄴ 첨가
닭이	달기	연음
담그+아	담가	ㅡ 탈락
밟고	밥꼬	자음군 단순화
히읗	히읃	음절의 끝소리 규칙
묵호	무코	축약
급류	금뉴	비음화 2번(상호 동화)
왕십리	왕심니	비음화 2번(상호 동화)
색연필	생년필	ㄴ 첨가, 비음화
그리+어	그려	축약
낱낱이	난나치	구개음화, 음절의 끝소리 규칙, 비음화
한여름	한녀름	ㄴ 첨가

형태소 단어

01 형태소 분석

1. 다음 문장의 형태소 분석을 하시오.

(1) 고향에 돌아온 날 밤에

① 자립 형태소: ______________________

② 의존 형태소: ______________________

③ 실질 형태소: ______________________

④ 형식 형태소: ______________________

(2) 우리는 비로소 어른이 되었다

① 자립 형태소: ______________________

② 의존 형태소: ______________________

③ 실질 형태소: ______________________

④ 형식 형태소: ______________________

2. 다음 문장을 형태소로 구분하여 보자.

예 나는 밥을 먹는다. → 나/는/밥/을/먹/는/다

(1) 점심으로 주먹밥을 먹었다.

→ ______________________

(2) 영희가 밤나무를 심었다.

→ ______________________

(3) 영수는 책을 읽고, 순희는 책을 쓴다.

→ ______________________

(4) 나는 풋사과와 김밥을 먹었다.

→ ______________________

3. 다음 문장의 형태소를 구분하여 보자.

예 푸른 하늘이 좋다 → 푸르/ㄴ/하늘/이/좋/다

(1) 나무가 우거진 산에서 놀았다.

→ ______________________

(2) 새가 날아간다.

→ ______________________

Answer

1.
(1)
① 고향, 날, 밤
② -에, 돌-. 아-, 오-, -ㄴ-, -에
③ 고향, 날, 밤, 돌-, 오-
④ -에, -이-, -ㄴ-, -에

(2)
① 우리, 비로소, 어른
② -는, 이, 되-, -었, -다
③ 우리, 비로소, 어른, 되-
④ -는, 이, -었-. -다

2.
(1) 점심/으로/주먹/밥/을/먹-/-었-/-다
(2) 영희/가/밤/나무/를/심-/-었-/-다
(3) 영수/는/책/을/읽-/-고/순희/는/책/을/쓰-/-ㄴ-/-다
(4) 나/는/풋-/사과/와/김/밥/을/먹-/-었-/-다

3.
(1) 나무/가/우거지/ㄴ/산/에서/놀/았/다
(2) 새/가/날/아/가/ㄴ/다

(3) 미술관 옆에는 동물원이 있다.
→ ____________________

(4) 하늘은 스스로 돕는 자를 돕는다.
→ ____________________

(5) 나는 풋사과를 먹었다.
→ ____________________

(6) 나는 돌다리를 밟고 물을 건넜다.
→ ____________________

(7) 친구의 옷을 꾸며 줬다.
→ ____________________

(3) 미술/관/옆/에/는/동물/원/이/있/다

(4) 하늘/은/스스로/돕/는/자/를/돕/는/다

(5) 나/는/풋/사과/를/먹/었/다

(6) 나/는/돌/다리/를/밟/고/물/을/건너/었/다

(7) 친구/의/옷/을/꾸미/어/주/었/다

4. 기출 예문으로 정리해 보자.

(1) 선생님께서 우리들에게 숙제를 주신다
(2) 저 나뭇잎은 참 빨갛다
(3) 영희는 책을 집에 놓고 학교에 갔다
(4) 이 고기는 매우 기름지다
(5) 마당에서 눈사람을 만들고 있다
(6) 서울에 가셨겠지
(7) 우리들 눈에 보였다
(8) 마음에도 안 찼니
(9) 달님에게 물어봐
(10) 먹이를 나눠 줘라
(11) 단팥죽이라도 가져와야지
(12) 훔쳐 갔을 수도 있겠군요
(13) 너를 위해서 땀을 흘렸어
(14) 떡볶이를 팔 사람은 어서 가
(15) 아껴 쓰는 사람이 되자
(16) 잇따라 불러들였다
(17) 머리를 숙여 청하오니
(18) 그들은 촛불을 밝혀들었다

(1) 선생/님/께서 우리/들/에게 숙제/를 주신다(주시ㄴ다)
(2) 저/ 나뭇잎(나무/잎)은 참 빨갛다(빨갛/다)
(3) 영희/는 책을/ 집/에 놓/고 학교/에 갔다(가/았/다)
(4) 이 /고기/는 매우 /기름지다(기름/지/다)
(5) 마당/에서 눈/사람/을 만들고(만들/고) 있/다
(6) 서울/에 가셨겠지(가/시/었/겠/지)
(7) 우리/들 눈/에 보였다(보/이/었/다)
(8) 마음/에도(에/도) 안 찼니(차/았/니)
(9) 달/님/에게 물어봐(묻/어/보/아)
(10) 먹/이/를 나눠(나누/어) 줘라(주/어라)
(11) 단팥죽(달/ㄴ/팥/죽/이라도)이라도 가져와야지(가지/어/오/아야지)
(12) 훔쳐(훔치/어) 갔을(가/았/을) 수/도 있/겠/군/요
(13) 너/를 위해서(위/하/여서) 땀/을 흘렸어(흐르/이/었/어)
(14) 떡볶이(떡/볶/이)를 팔(팔/ㄹ) 사람/은 어서 가(가/아)
(15) 아껴(아끼/어) 쓰는 사람/이 되자(되/자)
(16) 잇따라(잇/따르/아) 불러들였다(부르/어/들/이/었/다)
(17) 머리/를 숙여(숙/이/어) 청하오니(청/하/오/니)
(18) 그/들/은 촛불(초/불)을 밝혀들었다(밝/히/어/들/었/다)

02 품사 분석

1. 다음 문장의 품사를 분석하시오.

예 꽃 / 이 / 예쁘다
명사 / 조사 / 형용사

(1) 다른 친구는 없다.

(2) 예쁜 꽃이 피었다.

(3) 그는 나를 제자로 삼았다.

(4) 네가 깜짝 놀랄 일이 생겼다.

(5) 사과 한 개를 주세요.

(1) 다른 / 친구 / 는 / 없다.
관형사 / 명사 / 조사 / 형용사

(2) 예쁜 / 꽃 / 이 / 피었다.
관형사 / 명사 / 조사 / 동사

(3) 그 / 는 / 나 / 를 / 제자 / 로 / 삼았다.
대명사 / 조사 / 대명사 / 조사 / 명사 / 조사 / 동사

(4) 네 / 가 / 깜짝 / 놀랄 / 일 / 이 / 생겼다.
대명사 / 조사 / 부사 / 형용사 / 명사 / 조사 / 형용사

(5) 사과 / 한 / 개 / 를 / 주세요.
명사 / 관형사 / 명사 / 조사 / 동사

2. 다음 문장의 밑줄 친 부분의 품사를 쓰시오.

예 사과 하나를 주세요. → 수사

(1) 나는 하루에 책 다섯 권을 읽는다. → ________

(2) 새로운 세금 제도가 아직 낯설다. → ________

(3) 옥수수는 가만 두어도 잘 큰다. → ________

(4) 그 연예인도 사람인지라 늙는구나. → ________

(5) 친구와 같이 영화관에 갔다. → ________

(6) 그는 헌 신문지를 버렸다. → ________

(7) 공부하는 만큼 성적이 나온다. → ________

(8) 결국 나는 시험에 합격했다. → ________

(9) 예쁜 꽃이 피었다. → ________

(10) 그녀는 웃을 뿐 말이 없었다. → ________

(11) 아름다운 집이 생겨서 좋다. → ________

(12) 새벽이 지나고 날이 밝는다. → ________

(13) 이 사람이 나의 동생이다. → ________

(14) 그는 아주 총명하다. → ________

(1) 관형사
(2) 형용사
(3) 동사
(4) 동사
(5) 부사
(6) 관형사
(7) 관형사
(8) 부사
(9) 형용사
(10) 명사
(11) 형용사
(12) 동사
(13) 관형사
(14) 대명사

⑮ 외딴 집에 가기가 무섭다. → ________

⑯ 나는 열심히 할 뿐이다. → ________

⑰ 나는 나대로 너는 너대로 하자. → ________

⑮ 관형사

⑯ 명사

⑰ 조사

3. 다음 밑줄 친 부분이 어떤 격조사인지 쓰시오.

예 우리 집에 사과를 보냈다. → 목적격 조사

(1) 내가 집에 일찍 갈게. → ________

(2) 정부에서 구호품을 지급한다. → ________

(3) 그녀는 선생님의 아니다. → ________

(4) 나는 사과를 좋아한다. → ________

(5) 영희의 책을 내가 가지고 있다. → ________

(6) 나는 집에서 공부를 한다. → ________

(1) 주격 조사

(2) 주격 조사

(3) 보격 조사

(4) 목적격 조사

(5) 관형격 조사

(6) 부사격 조사

4. 다음에 지시한 것들을 〈보기〉에서 찾아 쓰시오.

보기
빨리, 움직이다, 학교, 셋, 슬프다, 뛰다, 쿵쿵, 제주도, 예쁘다, 너희, 거기, 동생, 헌, 공부하다, 뜨겁다

(1) 체언과 용언, 그리고 수식언을 각각 찾아 쓰시오.
→ ________________________

(2) 명사와 대명사, 그리고 수사를 각각 찾아 쓰시오.
→ ________________________

(3) 동사와 형용사를 각각 찾아 쓰시오.
→ ________________________

(4) 관형사와 부사를 각각 찾아 쓰시오.
→ ________________________

(1) 체언 : 학교, 셋, 제주도, 너희, 거기, 동생 / 용언 : 움직이다, 슬프다, 뛰다, 예쁘다, 공부하다, 뜨겁다 / 수식언 : 빨리, 쿵쿵, 헌

(2) 명사 : 학교, 제주도, 동생 / 대명사 : 너희, 거기 / 수사 : 셋

(3) 동사 : 움직이다, 뛰다, 공부하다 / 형용사 : 슬프다, 예쁘다, 뜨겁다

(4) 관형사 : 헌 / 부사 : 빨리, 쿵쿵

5. 다음 밑줄 친 말의 품사를 쓰시오.

(1) 민호는 현석이보다 키가 크다. ( ) (1) 형용사

(2) 날이 밝으면 길을 떠나자. ( ) (2) 동사

(3) 그녀가 아름답게 춤을 추고 있다. ( ) (3) 형용사

(4) 할아버지께서 많이 늙으셨다. ( ) (4) 동사

(5) 그녀는 물을 석 잔을 마셨다. ( ) (5) 관형사

(6) 노란 은행잎을 주웠다. ( ) (6) 형용사

(7) 갑자기 쿵쿵 소리가 났다. ( ) (7) 부사

(8) 저 사람의 생각은 알 수가 없어. ( ) (8) 관형사

(9) 결국 회사에 입사하게 되었다. ( ) (9) 부사

6. 다음 문장에 밑줄 친 단어의 품사를 각각 쓰시오.

(1) 이 사람은 내 친구야. ( )
이는 잘못된 것이 명백합니다. ( )
(1) 관형사 / 대명사

(2) 노력한 만큼 성과를 거두었다. ( )
명주는 무명만큼 질기지 못하다. ( )
(2) 의존명사 / 조사

(3) 여덟에 둘을 더하면 열이 된다. ( )
열 길 물속은 알아도 한 길 사람 속은 모른다. ( )
(3) 수사 / 관형사

(4) 여기에 물건을 놓아라. ( )
물건을 여기 놓아라. ( )
(4) 대명사 / 부사

(5) 야구를 좋아하는 사람 다섯이 모였어요. ( )
야구를 좋아하는 다섯 사람이 모였어요. ( )
(5) 수사 / 수 관형사

(6) 아니, 벌써 갔어? ( )
오늘은 아니 온다더라. ( )
(6) 감탄사 / 부사

(7) 그는 평생을 바쳐 봉사했다. ( )
그는 평생 놀고 먹었다. ( )
(7) 명사 / 부사

(8) 선생님 말대로 하면 좋겠어요. ( )
그 때 본 대로 말하세요. ( )
(8) 조사 / 의존 명사

(9) 그는 우리와 생각이 다른 사람이다. ( )
그는 다른 곳에서 자라서 이 곳을 잘 모른다. ( )
(9) 형용사 / 관형사

(10) 보고서를 언제까지 제출해야 합니까? ( )
시간이 나면 언제 밥을 먹자. ( )
(10) 대명사 / 부사

7. 다음 문장의 밑줄 친 곳의 품사를 쓰시오.

(1) 웬 말이 그렇게 많은지 모르겠다. (   )
(2) 모여 있던 모든 사람들이 나를 쳐다봤다. (   )
(3) 그의 빠른 일처리가 만족스럽다. (   )
(4) 수리를 하고 나니 새 가구가 되었다. (   )
(5) 무엇을 잘못 먹었길래 배가 아프지? (   )
(6) 밥을 먹고 어디 갈 때가 있어. (   )

(1) 관형사
(2) 관형사
(3) 형용사
(4) 관형사
(5) 부사
(6) 대명사

03 단일어, 합성어, 파생어

1. 다음 단어를 합성어와 파생어로 분류하고, 합성어는 통사적 합성어인지 비통사적 합성어인지 쓰시오.

(1) 날음식 : ______________________
(2) 알밤 : ______________________
(3) 덮밥 : ______________________
(4) 햇과일 : ______________________
(5) 벗어나다 : ______________________
(6) 깊이 : ______________________
(7) 부슬비 : ______________________
(8) 돌아가다 : ______________________
(9) 오가다 : ______________________
(10) 치솟다 : ______________________
(11) 휘감다 : ______________________
(12) 여닫다 : ______________________
(13) 장난꾸러기 : ______________________

(1) 파생어
(2) 파생어
(3) 비통사적 합성어
(4) 파생어
(5) 통사적 합성어
(6) 파생어
(7) 비통사적 합성어
(8) 통사적 합성어
(9) 비통사적 합성어
(10) 파생어
(11) 파생어
(12) 비통사적 합성어
(13) 파생어

2. 다음 단어가 합성어인지 파생어인지 쓰시오. 파생어 라면 접사를 표시하시오.

(1) 들국화 : ______
(2) 참기름 : ______
(3) 덧신 : ______
(4) 첫사랑 : ______
(5) 날짐승 : ______
(6) 작은형 : ______
(7) 치밀다 : ______
(8) 풋사랑 : ______
(9) 새롭다 : ______
(10) 맏아들 : ______
(11) 시아버지: ______
(12) 군밤 : ______
(13) 날고기 : ______
(14) 새언니 : ______

(1) 들(접사), 파생어
(2) 참(접사), 파생어
(3) 덧(접사), 파생어
(4) 합성어
(5) 합성어
(6) 합성어
(7) 치(접사), 파생어
(8) 풋(접사), 파생어
(9) 롭다(접사), 파생어
(10) 맏(접사), 파생어
(11) 시(접사), 파생어
(12) 합성어
(13) 날(접사), 파생어
(14) 합성어

3. 다음 낱말들의 합성어 종류를 쓰시오. (대등 합성어 – 대등, 종속 합성어 – 종속, 융합적 합성어 – 융합)

(1) 앞뒤 : ______
(2) 손발 : ______
(3) 오가다 : ______
(4) 밤나무 : ______
(5) 춘추 : ______
(6) 밤낮 : ______
(7) 돌다리 : ______

(1) 대등
(2) 대등
(3) 대등
(4) 종속
(5) 융합
(6) 융합
(7) 종속

4. 다음 〈보기〉의 단어를 합성어는 합성어끼리, 파생어는 파생어끼리 분류하시오.

보기
첫사랑, 새해, 톱질, 잡히다, 접칼, 구경꾼, 돌보다, 소나무, 군불, 치솟다, 먹히다, 올벼, 높푸르다, 작은아버지, 헛고생, 어린이

(1) 합성어 : ______________________

(2) 파생어 : ______________________

(1) 첫사랑, 새해, 접칼, 돌보다, 소나무, 높푸르다, 작은아버지, 어린이

(2) 톱질, 잡히다, 구경꾼, 군불, 치솟다, 먹히다, 올벼, 헛고생

5. 다음 〈보기〉의 단어를 비통사적 합성어와 통사적 합성어로 나누시오.

보기
감발, 빛나다, 굶주리다, 힘쓰다, 늦더위, 가로지르다, 곶감, 척척박사, 새언니, 가져오다, 촐랑새

(1) 통사적 합성어 : ______________________

(2) 비통사적 합성어 : ______________________

(1) 빛나다, 힘쓰다, 가로지르다, 새언니, 가져오다

(2) 감발, 굶주리다, 늦더위, 곶감, 척척박사, 촐랑새

6. 기출 출제 단어로 정리해 보자.

단일어, 합성어, 파생어를 구분하시오.

- 가로지르다
- 가져오다
- 갈림길
- 강기침
- 강염기
- 강타자
- 강행군
- 건어물
- 검붉다
- 검푸르다
- 겁나다
- 겉늙다
- 게을러빠지다
- 고무신
- 고추장
- 고프다
- 공부하다
- 곶감
- 군불
- 군식구
- 군세다
- 굶주리다
- 그만두다
- 금지곡

단일어
- 고프다
- 도시락
- 막내
- 메아리
- 몹시
- 시나브로
- 크다

합성어
- 가로지르다
- 가져오다
- 갈림길
- 검붉다
- 검푸르다
- 겁나다
- 겉늙다(표준국어대사전에는 '겉-'을 여전히 접두사로 보고 있다)
- 게을러빠지다
- 고무신

• 기와집
• 까막까치
• 깔보다
• 나뭇잎
• 남다르다
• 노리개
• 놀이터
• 눈물
• 늙은이
• 늦잠
• 도시락
• 돌배
• 돌부처
• 돌아오다
• 딱딱새
• 막내
• 맨손
• 먹이
• 메아리
• 명명백백
• 밑바닥
• 밤하늘
• 병마개
• 복스럽다
• 부슬비
• 산들바람
• 살짝곰보
• 새언니
• 서릿발
• 선무당
• 손목
• 손짓
• 슬기롭다
• 시동생
• 시시각각
• 앞뒤
• 애호박

• 김치찌개
• 깍두기
• 끝내
• 날뛰다
• 낯설다
• 놀이
• 높푸르다
• 눈시울
• 늦더위
• 덮밥
• 돌다리
• 돌보다
• 돌아가시다
• 동화책
• 똑같다
• 맛나다
• 먹이
• 먹히다
• 면도칼
• 몹시
• 밤낮
• 배부르다
• 보살피다
• 본받다
• 빛나다
• 산비탈
• 새빨갛다
• 새해
• 섞어찌개
• 설익다
• 손쉽다
• 쉰둥이
• 시나브로
• 시름없다
• 암탉
• 앞서다
• 얄밉다

• 고추장
• 곶감
• 굳세다
• 굶주리다
• 그만두다
• 금지곡
• 기와집
• 김치찌개
• 까막까치
• 깔보다
• 나뭇잎
• 날뛰다
• 남다르다
• 낯설다
• 놀이터
• 높푸르다
• 눈물
• 눈시울
• 늙은이
• 늦더위(학교문법－합성어, 표준국어대사전－파생어)
• 늦잠(학교문법-합성어, 표준국어대사전-파생어)
• 덮밥
• 돌다리
• 돌보다
• 돌부처
• 돌아가시다
• 돌아오다
• 동화책
• 딱딱새
• 똑같다
• 맛나다(표준국어대사전에는 '-나다'를 여전히 접미사로 보고 있다)
• 면도칼
• 명명백백
• 밑바닥
• 밤낮
• 밤하늘
• 배부르다
• 병마개
• 보살피다
• 본받다
• 부슬비
• 빛나다
• 산들바람
• 산비탈
• 살짝곰보
• 새언니
• 새해
• 서릿발
• 섞어찌개
• 설익다(표준국어대사전에는 '설-'을 여전히 접두사로 보고 있다)
• 손목
• 손쉽다
• 손짓
• 슬기롭다
• 시름없다
• 시시각각
• 앞뒤
• 앞서다
• 얄밉다
• 어깨동무
• 어느덧
• 어린이
• 얼룩소
• 얽매다
• 여남은
• 오르내리다
• 온갖
• 작은아버지

- 어깨동무
- 어린이
- 얽매다
- 오르내리다
- 올벼
- 작은아버지
- 작은형
- 잡아먹다
- 장군감
- 접칼
- 정들다
- 짙푸르다
- 참깨
- 책가방
- 첫사랑
- 크다
- 톱질
- 하루하루
- 한자음
- 핫바지
- 핵폭발
- 휘두르다
- 흙내

- 어느덧
- 얼룩소
- 여남은
- 온갖
- 울보
- 작은집
- 잘나가다
- 잡히다
- 장난기
- 정답다
- 짓밟다
- 찌개
- 참답다
- 척척박사
- 치솟다
- 터럭
- 풋고추
- 한국인
- 할미꽃
- 해맑다
- 헛고생
- 흔들바위
- 힘들다

- 작은집
- 잘나가다
- 장군감
- 정들다
- 책가방
- 첫사랑
- 한자음
- 해맑다
- 흔들바위
- 힘들다

- 작은형
- 잡아먹다
- 접칼
- 짙푸르다
- 척척박사
- 하루하루
- 할미꽃
- 핵폭발
- 흙내

파생어

- 강기침
- 강타자
- 건어물
- 군불
- 깍두기
- 노리개
- 돌배
- 먹이
- 복스럽다
- 선무당
- 슬기롭다
- 암탉
- 올벼
- 잡히다
- 정답다
- 찌개
- 참답다
- 터럭
- 풋고추
- 핫바지
- 휘두르다

- 강염기
- 강행군
- 공부하다
- 군식구
- 끝내
- 놀이
- 맨손
- 먹히다
- 새빨갛다
- 쉰둥이
- 시동생
- 애호박
- 울보
- 장난기
- 짓밟다
- 참깨
- 치솟다
- 톱질
- 한국인
- 헛고생

문장

01 문장 성분

1. 다음 문장의 문장 성분(주어, 목적어, 보어, 서술어, 관형어, 부사어, 독립어)을 구분하시오.

예 학교 운동장이 매우 크다. → 관 주 부 서

(1) 그 아이는 자전거를 잘 탄다 →
(2) 시원한 바람이 솔솔 분다 →
(3) 어머니께서 나에게 선물을 주셨다 →
(4) 눈부시게 하얀 눈이 펑펑 내린다 →
(5) 노란 들국화가 매우 아름답게 피었다 →
(6) 작은 개미가 커다란 과자를 먹는다 →
(7) 수빈이의 까만 눈동자가 반짝반짝 빛난다 →
(8) 개구쟁이 철수가 벌써 중학생이 되었다.
(9) 아침이 되니, 해가 발갛게 떠오른다.
(10) 하얀 나비가 예쁜 꽃을 찾아 날아가고 있다.
(11) 쉿, 저기 누가 있는 것 같아.
(12) 설마 너까지 나를 의심하는 것은 아니겠지?
(13) 너 지금 병 주고 약 주는 거니?
(14) 그는 어느 날 갑자기 유명해졌다.
(15) 도배하는 데 풀이 모자라서 걱정이다.
(16) 눈이 시리게 푸른 하늘을 쳐다보았다.
(17) 아, 난 결코 그런 일을 할 수가 없어.
(18) 그 마을에는 아주 커다란 은행나무가 있다.
(19) 우리 옥희는 어떤 반찬을 제일 좋아하니?
(20) 두 사람은 그 날부터 엄청 큰 개미가 되었다.
(21) 나는 전 세계를 다니며 모험을 즐기는 탐험가가 되겠다.
(22) 그는 그런 말을 할 사람이 아니다.
(23) 플라타너스, 나는 너와 함께 신이 아니다.

Answer

(1) 관 주 목 부 서
(2) 관 주 부 서
(3) 주 부 목 서
(4) 부 관 주 부 서
(5) 관 주 부 부 서
(6) 관 주 관 목 서
(7) 관 관 주 부 서
(8) 관 주 부 보 서
(9) 주 서 주 부 서
(10) 관 주 관 목 서
(11) 독 부 주 관 서
(12) 부 주 목 관 보 서
(13) 주 부 목 서 목 관 서
(14) 주 관 부 부 서
(15) 관 부 주 서 서
(16) 부 관 목 서
(17) 독 주 부 관 목 관 주 서
(18) 관 부 부 관 주 서
(19) 관 주 관 목 부 서
(20) 관 주 관 부 부 관 보 서
(21) 주 관 목 서 목 관 보 서
(22) 주 관 목 관 보 서
(23) 독 주 부 부 보 서

2. 다음 문장의 서술어의 자릿수를 쓰고, 필수적 부사어 가 있는 경우 표시하시오.

예 나는 사람이다. (한 자리 서술어)

(1) 그는 똑똑한 철수를 딸의 사위로 삼았다.
(2) 아름다운 꽃이 도처에 활짝 피었다.
(3) 그녀는 나에게 매우 큰 선물을 몰래 주었다.
(4) 그는 훌륭한 선생님이 결국 되었다.
(5) 그녀는 그를 사위로 삼았다.
(6) 나는 예쁘게 차린 밥을 먹었다.
(7) 수빈이는 할머니께 직접 만든 가방을 드렸다.
(8) 그녀는 어리석은 학생이 아니다.

(1) 세 자리 서술어, '사위로'는 필수적 부사어
(2) 한 자리 서술어 (주어)
(3) 세 자리 서술어 (주어, 필수 부사어, 목적어)
(4) 두 자리 서술어 (주어, 보어)
(5) 세 자리 서술어 (주어, 목적어, 필수 부사어)
(6) 두 자리 서술어 (주어, 목적어)
(7) 세 자리 서술어 (주어, 필수 부사어, 목적어)
(8) 두 자리 서술어 (주어, 보어)

02 문장과 문법 요소

1. 다음 의문문의 종류를 쓰시오. (판정/설명/수사)

(1) 너 어제 공부했니?
(2) 오늘은 뭐할거야?
(3) 가난하다고 해서 사랑을 모르겠는가?
(4) 너에게 장난감 하나 못 사주겠니?

(1) 판정 의문문
(2) 설명 의문문
(3) 수사 의문문
(4) 수사 의문문

2. 다음 문장이 대등하게 이어진 문장이면 '대등', 종속 적으로 이어진 문장이면 '종속'이라고 쓰시오.

(1) 공부를 하면 기분이 좋아진다.
(2) 절약은 부자를 만들고 절제는 사람을 만든다.
(3) 사과는 과일이고, 토마토는 채소이다.
(4) 함박눈이 내리지만 날씨가 춥지는 않다.
(5) 함박눈이 내려서 날씨가 춥다.
(6) 서리가 내리면 나뭇잎이 빨갛게 물든다.

(1) 종속
(2) 대등
(3) 대등
(4) 종속
(5) 종속
(6) 종속

(7) 봄이 오면, 꽃이 핀다.

(8) 비가 와서, 길이 질다.

(9) 사람은 책을 만들고, 책은 사람을 만든다.

(10) 바람이 잘 통하게 문을 활짝 열어라.

3. 다음 문장이 어떤 절을 안고 있는지 쓰시오.

(1) 나는 그가 범인임을 알았다.

(2) 나는 입이 뾰족한 고양이를 보았다.

(3) 철수는 영수가 좋다고 말했다.

(4) 철수는 얼굴이 동그랗다.

(5) 비가 시간이 갈수록 많이 내린다.

4. 다음 문장이 어떤 절을 안고 있는지 쓰고, 절에 밑줄을 그으시오.

예 예쁜 꽃이 피었다. (관형절)

(1) 네가 깜짝 놀랄 일이 생겼다.

(2) 교사들은 학생들이 잘 되기를 바란다.

(3) 이 책은 그림이 너무 희미하다.

(4) 어제 산 바지가 마음에 든다.

(5) 나는 민지가 회장이 되어야 한다고 주장했다.

(6) 우리가 남의 도움 없이 그 일을 할 수 있을까.

(7) 나는 귀가 매우 큰 당나귀를 보았다.

(8) 승재는 땀이 나게 뛰었다.

(9) 이 책은 글씨가 너무 잘다.

(10) 철수는 키가 크다.

(11) 나는 철수의 말이 옳다고 말했다.

(12) 그 책은 내가 도서실에서 빌렸던 책이다.

(7) 종속

(8) 종속

(9) 대등

(10) 종속

(1) 명사절

(2) 관형절

(3) 인용절

(4) 서술절

(5) 부사절

(1) 네가 깜짝 놀랄 일이 생겼다. (관형절)

(2) 교사들은 학생들이 잘 되기를 바란다. (명사절)

(3) 이 책은 그림이 너무 희미하다. (서술절)

(4) 어제 산 바지가 마음에 든다. (관형절)

(5) 나는 민지가 회장이 되어야 한다고 주장했다. (인용절)

(6) 우리가 남의 도움 없이 그 일을 할 수 있을까. (부사절)

(7) 나는 귀가 매우 큰 당나귀를 보았다. (관형절)

(8) 승재는 땀이 나게 뛰었다. (부사절)

(9) 이 책은 글씨가 너무 잘다. (서술절)

(10) 철수는 키가 크다. (서술절)

(11) 나는 철수의 말이 옳다고 말했다. (인용절)

(12) 그 책은 내가 도서실에서 빌렸던 책이다. (관형절)

5. 다음 문장의 종류를 쓰시오. (홑문장 / 명사절, 부사절, 관형절, 인용절, 서술절이 안긴 문장 / 종속적, 대등적으로 이어진 문장)

(1) 향기가 좋은 꽃이 피었다.
(2) 봄이 오면 꽃이 핀다.
(3) 나는 그가 노력하고 있음을 잘 알고 있다.
(4) 형은 도서관에 자주 간다.
(5) 어제 대전에서 온 친구는 중학교 동창이다.
(6) 우리는 민우가 왔음을 알고 있다.
(7) 비가 와서 밖에 나가기가 싫다.
(8) 민우가 읽은 책은 시집이다.
(9) 아이들이 들어오는 소리를 들었다.
(10) 형은 어제 읽던 책을 오늘 마저 읽었다.
(11) 유서는 내일 할 일을 생각해 보았다.
(12) 그녀는 얼굴이 예쁘게 생겼다.
(13) 하늘이 눈이 시리도록 푸르다.

(1) 관형절이 안긴 문장
(2) 종속적으로 이어진 문장
(3) 명사절이 안긴 문장
(4) 홑문장
(5) 관형절이 안긴 문장
(6) 명사절이 안긴 문장
(7) 종속적으로 이어진 문장
(8) 관형절이 안긴 문장
(9) 관형절이 안긴 문장
(10) 관형절이 안긴 문장
(11) 관형절이 안긴 문장
(12) 부사절이 안긴 문장
(13) 부사절이 안긴 문장

6. 다음 문장에 안긴 절을 표시하고, 무슨 절이 안겼는지 쓰시오.

(1) 수박이 맛이 좋다.
(2) 의심이 눈 녹듯이 사라졌다.
(3) 동생은 형을 목이 쉬도록 불렀다.
(4) 나도 모처럼 배꼽이 빠지게 웃었다.
(5) 동생이 키가 많이 컸다.
(6) 내가 빌린 자전거는 내 친구의 것이다.
(7) 피아노를 잘 치는 영수는 손가락이 누구보다 길다. (절 2개)
(8) 파수꾼이 마을에 사는 사람들을 죽였음이 드러났다. (절 2개)
(9) 나는 창문을 바람이 들어오도록 활짝 열었다.

(1) 수박이 (맛이 좋다.) / 서술절
(2) 의심이 (눈 녹듯이) 사라졌다. / 부사절
(3) 동생은 형을 (목이 쉬도록) 불렀다. / 부사절
(4) 나도 모처럼 (배꼽이 빠지게) 웃었다. / 부사절
(5) 동생이 (키가 많이 컸다.) / 서술절
(6) (내가 빌린) 자전거는 내 친구의 것이다. / 관형절
(7) (피아노를 잘 치는) 영수는 (손가락이 누구보다 길다.) (절 2개) / 관형절, 서술절
(8) {파수꾼이 (마을에 사는) 사람들을 죽였음}이 드러났다. (절 2개) / 관형절, 명사절
(9) 나는 창문을 (바람이 들어오도록) 활짝 열었다. / 부사절

7. 다음 문장이 대등하게 이어진 문장이면 '대등', 종속적으로 이어진 문장이면 '종속'이라고 쓰시오.

(1) 점심을 길에서 먹으며 집으로 왔다.
(2) 수학 숙제는 했으나 국어 숙제는 못했다.
(3) 봄이 왔지만, 꽃이 피지 않았다.
(4) 급하더라도 교통 신호는 지켜야 한다.
(5) 책을 보다가 잠이 들어 버렸다.
(6) 약속한 시간이 되어서 더 있을 수 없었다.
(7) 주말에는 영화를 보거나 음악을 듣는다.
(8) 손님이 오시면 네가 맞이하도록 해라.
(9) 산에 오르려고 아침 일찍 일어났다.
(10) 모든 아버지는 위인이자 영웅이다.
(11) 바람이 들어오도록 나는 창문을 활짝 열었다.

(1) 종속(동시)
(2) 대등(대조)
(3) 대등(대조)
(4) 종속(양보)
(5) 종속
(6) 종속
(7) 대등(선택)
(8) 종속
(9) 종속
(10) 대등
(11) 종속

8. 다음 문장 중, 피동문일 경우 '피', 사동문일 경우 '사'라고 쓰시오.

예 형이 동생을 울렸다. (피)

(1) 아기가 엄마에게 안겼다.
(2) 발목을 다친 그녀는 그에게 업혔다.
(3) 은지가 옆 집 개에게 물렸다.
(4) 어머니께서 아이에게 우유를 먹이신다.
(5) 나는 동생에게 방을 청소하게 했다.
(6) 인부들이 그 담을 높였다.
(7) 형돈이가 준하에게 모자를 씌웠다.

(1) 피
(2) 피
(3) 피
(4) 사
(5) 사
(6) 사
(7) 사

9. 다음 문장에 어떤 높임법이 사용되고 있는지 쓰시오. (높임법이 2개가 사용된 경우, 2개 모두 쓰시오.)

예 영수야, 선생님께서 너 오라고 하셔. (주체 높임법, 께서, 시)

(1) 어머니, 선생님께서 오십니다.

(2) 영수야, 할아버지께 문안 인사 드려라.

(3) 할머니께서 지금 도착하셨다.

(1) 주체 높임법(께서) / 상대 높임법(ㅂ니다)

(2) 객체 높임법(드리다)

(3) 주체 높임법(께서, 시)

10. 다음 문장에 쓰인 높임법을 모두 찾아 쓰시오.

(1) 아버지께서는 할머니를 모시고 병원에 가셨어요.

(2) 영희야, 선생님께서 오라고 하셔.

(3) 제가 할머니께 선물을 드렸어요.

(4) 할머니, 아빠가 방금 들어왔어요.

(5) 할머니께서 잠귀가 매우 밝으신 편입니다.

(6) 할아버지께서는 아버지의 사업을 도우신다.

(1) 주체 높임법(께서), 객체 높임법(모시고), 상대 높임법(가셨어요)

(2) 주체 높임법(께서, 시)

(3) 객체 높임법(드리다), 상대 높임법(드렸어요)

(4) 상대 높임법(들어왔어요)

(5) 주체 높임법(께서, 밝으신의 '시'), 상대 높임법(편입니다)

(6) 주체 높임법(께서, 도우신다의 '시)

11. 다음 문장을 바르게 고치시오.

(1) 너 선생님이 빨리 오래.

(2) 리보솜과 리소좀은 서로 틀린 거야.

(3) 내가 친구 한 명 소개시켜 줄게.

(4) 주례 선생님의 말씀이 계시겠습니다.

(5) 아버님, 올해도 건강하세요.

(6) 보세요, 잘 날라가지 않습니까?

(7) 영화가 매우 재미있는 것 같습니다.

(8) 나쁜 버릇은 빨리 바꾸도록 해라.

(9) 저 선생님은 국어를 가르키신다.

(10) 고모님은 두 살 된 따님이 계시다.

(11) 아버지, 둘째 형이 오늘 공항에 도착하신대요.

(12) 학교에 가야겠다라고 생각했어요.

(1) 너 선생님<u>께서</u> 빨리 <u>오라셔</u>.

(2) 리보솜과 리소좀은 서로 <u>다른</u> 거야.

(3) 내가 친구 한 명 <u>소개해</u> 줄게.

(4) 주례 선생님의 말씀이 <u>있으시겠습니다</u>(있겠습니다).

(5) 아버님 올해도 <u>건강하게 지내세요</u>.

(6) 보세요, 잘 <u>날아가지</u> 않습니까?

(7) 영화가 매우 <u>재미있습니다</u>.

(8) 나쁜 버릇은 빨리 <u>고치도록</u> 해라.

(9) 저 선생님께서는 국어를 <u>가르치신다</u>.

(10) 고모님은 두 살 된 따님이 <u>있으시다</u>.

(11) 아버지, 둘째 형이 오늘 공항에 <u>도착한대요</u>.

(12) 학교에 <u>가야겠다고</u> 생각했어요.

(13) 우승했다라는 사실이 믿기지 않아요.

(14) 영희에게 교통사고가 났다라는 소문이 사실입니까?

(15) 난 어제 너한테 분명히 이렇게 말했어. "내일 학교에서 만나자"고

(16) 기계를 하루 종일 가동시키고 있다.

(17) 선생님은 영어를 교육시키는 분이다.

(18) 학교에서는 입시 위원회를 설치시켰다.

(19) 우리는 이상을 실현시키기 위해 공부해야 한다.

(20) 문학은 다양한 삶의 체험을 보여주는 예술의 장르로서 문학을 즐길 예술적 본능을 지닌다.

(21) 인간은 환경을 지배하기도 하고, 때로는 순응하면서 산다.

(22) 본격적인 공사가 언제 시작되고, 언제 개통될지 모른다.

(23) 날씨가 더워서 수영장에 가자.

(24) 동대문은 보물 1호가 되겠습니다.

(25) 그는 춤이나 노래를 부르면서 주말을 보낸다.

(26) 우리는 법을 지키기도 하고 구속을 받으며 살기도 한다.

(27) 그 문제는 해결이 쉽지 않을 것으로 보여 집니다.

(28) 이 번 대회에서 시민들은 한층 성숙되어진 모습을 보여주어야 한다.

(29) 그 선수의 정점은 경기 흐름을 잘 읽고, 다른 선수들에게 공을 잘 보내 준다는 것이 큰 장점이다.

(30) 방학 기간 동안 축구를 실컷 했다

(31) 요즘 같은 때에는 공기를 자주 환기해야 감기에 안 걸리는 거야.

(32) 그의 행동에는 감정이 밖으로 표출되어 있다.

(33) 다같이 열심히 공부에 열중하자.

(34) 10시에 역전 앞에서 만나자.

(35) 동해 바다를 일본인들은 일본해라고 부른다.

(13) <u>우승했다는</u> 사실이 믿기지 않아요.

(14) 영희에게 교통사고가 <u>났다는</u> 소문이 사실입니까?

(15) 난 어제 너한테 분명히 이렇게 말했어. "내일 학교에서 만나자"<u>라고</u>

(16) 기계를 하루 종일 <u>가동하고</u> 있다.

(17) 선생님은 영어를 <u>교육하는</u> 분이다.

(18) 학교에서는 입시 위원회를 <u>설치했다</u>.

(19) 우리는 이상을 <u>실현하기</u> 위해 공부해야 한다.

(20) 문학은 다양한 삶의 체험을 보여주는 예술의 장르로서 <u>인간은</u> 문학을 즐길 예술적 본능을 지닌다.

(21) 인간은 환경을 지배하기도 하고, 때로는 <u>환경에</u> 순응하면서 산다.

(22) 본격적인 공사가 언제 시작되고, <u>도로가</u> 언제 개통될지 모른다.

(23) 날씨가 <u>더우니</u> 수영장에 가자.

(24) 동대문은 보물 <u>1호입니다</u>.

(25) 그는 <u>춤을 추고 노래를 부르면서</u> 주말을 보낸다.

(26) 우리는 법을 지키기도 하고 <u>법의</u> 구속을 받으며 살기도 한다.

(27) 그 문제는 해결이 쉽지 않을 것으로 <u>보입니다</u>.

(28) 이 번 대회에서 시민들은 한층 <u>성숙된</u> 모습을 보여주어야 한다.

(29) 그 선수의 정점은 경기 흐름을 잘 읽고, 다른 선수들에게 공을 잘 보내 준다는 <u>것이다</u>.

(30) <u>방학 동안</u> 축구를 실컷 했다.

(31) 요즘 같은 때에는 <u>자주 환기해야</u> 감기에 안 걸리는 거야.

(32) 그의 행동에는 감정이 <u>표출되어</u> 있다.

(33) 다같이 공부에 <u>열중하자</u>.

(34) 10시에 <u>역전에서</u> 만나자.

(35) <u>동해를</u> 일본인들은 일본해라고 부른다.

(36) 이 글을 읽는 여러분에게 먼저 당부하고 싶은 것은 만일 여러분이 주변 환경을 탓하고 있다면 그런 생각은 버리시길 바랍니다.

(37) 현재의 복지 정책은 앞으로 손질이 불가피할 전망입니다.

(38) 한 번 오염된 환경이 다시 깨끗해지려면, 많은 비용과 노력, 그리고 긴 시간이 든다.

(39) 동아리에 가입하기 위해서는 절대로 직접 손으로 쓴 작품을 제출해야 합니다.

(40) 한결같이 어려운 이웃을 돕는 사람들이 많습니다.

(41) 이 지역은 무단 입산자에 대하여는 자연 공원법 제 60조에 의거 처벌을 받게 됩니다.

(42) 남은 여생을 보람 있게 보내십시오

(43) 이번에는 반드시 아름다운 결실을 맺기 바랍니다.

(44) 우리는 사회의 모든 악을 뿌리뽑아 근절해야 한다.

(45) 삶을 영위하는 데 있어서 무엇보다 중요한 것은 건강해야 한다.

(46) 현 시점에서 필요한 것은 국제 경쟁력을 갖추기 위해서 외국어를 구사할 수 있어야 한다.

(47) 이 글을 읽는 여러분에게 당부하고 싶은 것은 만일 여러분이 주변 환경을 탓하고 있다면 그런 생각은 버리시길 바랍니다.

(36) 이 글을 읽는 여러분에게 먼저 당부하고 싶은 것은 만일 여러분이 주변 환경을 탓하고 있다면 그런 생각은 버리시라는 것입니다.

(37) 현재의 복지 정책은 앞으로 손질이 불가피할 것으로 전문가들은 전망하고 있습니다.

(38) 한 번 오염된 환경이 다시 깨끗해지려면, 많은 비용과 노력이 들고, 오랜 시간이 걸린다.

(39) 동아리에 가입하기 위해서는 반드시 직접 손으로 쓴 작품을 제출해야 합니다.

(40) 어려운 이웃을 한결같이 돕는 사람들이 많습니다.

(41) 이 지역에 무단 입산하는 자는 자연 공원법 제 60조에 의거하여 처벌받게 됩니다.

(42) 여생을 보람 있게 보내십시오.

(43) 이번에는 반드시 아름다운 결실이 있기를 바랍니다.

(44) 우리는 사회의 모든 악을 뿌리뽑아야 한다.

(45) 삶을 영위하는 데 있어서 무엇보다 중요한 것은 건강해야 한다는 사실이다.

(46) 현 시점에서 필요한 것은 국제 경쟁력을 갖추기 위해서 외국어를 구사할 수 있어야 한다는 점입니다.

(47) 이 글을 읽는 여러분에게 당부하고 싶은 것은 만일 여러분이 주변 환경을 탓하고 있다면 그런 생각은 버리시라는 점입니다.

한글 맞춤법과 띄어쓰기

01 맞춤법

다음 밑줄 친 부분이 맞으면 ○, 틀리면 ×를 치고, 틀린 부분이 있다면 바르게 고치시오.

예 그렇게 하면 안 돼지. (×, 되지)

(1) 그는 모의고사 시험의 백분률을 확인했다.
(2) 그 일이 익숙지 않다.
(3) 책의 머릿말을 꼭 확인하세요.
(4) 가던지 오던지 하나만 선택해라.
(5) 그는 하나뿐인 자식을 큰 사람으로 만들기 위해 온갖 고생을 했다.
(6) 이것은 책이오, 저것은 가방이다.
(7) 생각컨대 우두머리가 존재하지 않는 사회는 한 번도 없었다.
(8) 언니는 제일 먼저 일어날 정도로 부지런타.
(9) 소문이 금새 퍼졌다.
(10) 학원의 학생 수를 늘리다.
(11) 동생의 고무줄을 늘리다.
(12) 지나는 길에 친구 집에 잠깐 들리다.
(13) 분해했던 부품들을 다시 맞추다.
(14) 나는 정답을 맞췄다.
(15) 마을 이장이 소에게 받쳐서 꼼짝을 못한다.
(16) 술을 밭쳤다.
(17) 마을 잔치를 벌리다.
(18) 줄 간격을 벌리다.
(19) 나는 학교 정문에서 그와 부딪쳤다.
(20) 지나가는 행인에게 부딪쳐 뒤로 넘어졌다.
(21) 동생에게 편지를 부치다.

Answer

(1) ×, 백분율
(2) ○
(3) ×, 머리말
(4) ×, 가든지 오든지
(5) ×, 큰사람
(6) ×, 책이요
(7) ×, 생각건대
(8) ○
(9) ×, 금세
(10) ○
(11) ×, 늘이다
(12) ×, 들르다
(13) ○
(14) ×. 맞혔다.
(15) ×, 받혀서
(16) ○
(17) ×. 벌이다.
(18) ○
(19) ○
(20) ×, 부딪혀
(21) ○

(22) 봉투에 우표를 붙이다.
(23) 아내는 웬지 달갑지 않은 표정이다.
(24) 웬일로 여기까지 다 왔니?
(25) 엄마는 생선을 졸인다.
(26) 나는 부모님의 의견을 쫓기로 했다.
(27) 어머니는 아들을 쫓아 방에 들어갔다.
(28) 남의 일에 함부로 알은체하지 마라.
(29) 사고로 아내를 잃고 홀몸이 되었다.
(30) 홀몸도 아닌데 조심해야지.
(31) 그는 친구로서는 좋으나, 남편감으로서는 부족하다.
(32) 말로서 천 냥 빚을 갚는다.
(33) 좋던지 싫던지 이 길로 가야지
(34) 이것은 원시인이 사용하였던 칼이다.
(35) 새로 이사한 집이 넓직해서 좋구나.
(36) 백분률 표기가 틀린 것 같아.
(37) 그녀의 얼굴에는 설레임이 보였다.
(38) 축사는 인사로 갈음합니다.

(22) ○
(23) ×, 왠지
(24) ○
(25) ×, 조린다
(26) ×, 좇기로
(27) ○
(28) ○
(29) ○
(30) ×, 홑몸
(31) ○
(32) ×, 말로써
(33) 좋던지 싫던지 이 길로 가야지 (×, 좋든지 싫든지)
(34) ○
(35) ×, 널찍해서
(36) ×, 백분율
(37) ×, 설렘
(38) ○

02 띄어쓰기

1. 다음 문장의 띄어쓰기를 하시오.

예 오늘은집에일찍간다. → 오늘은 집에 일찍 간다.

(1) 집에서처럼행동하면안된다.
(2) 일꾼이셋뿐이지만일들을잘할뿐더러성격도좋다.
(3) 그는허공만응시할뿐아무말이없었다.
(4) 그는모임에온지두시간만에돌아가버렸다.
(5) 사과열개를오천원에샀다.
(6) 선생님께칭찬을받기는커녕벌을받았다.

(1) 집에서처럼 행동하면 안 된다.
(2) 일꾼이 셋뿐이지만 일들을 잘할뿐더러 성격도 좋다.
(3) 그는 허공만 응시할 뿐 아무 말이 없었다.
(4) 그는 모임에 온 지 두 시간 만에 돌아가 버렸다.
(5) 사과 열 개를 오천 원에 샀다.
(6) 선생님께 칭찬을 받기는커녕 벌을 받았다.

(7) 우리는어릴망정어떤고난도참아냈다.

(8) 네가원하는대로일이진행되지는않을것이다.

(9) 그일이얼마나급하든간에일단중단해라.

(10) 그는아침일찍떠났는데아직소식이없다.

(11) 문제를푸는데어려움이많은만치쾌감도크다.

(12) 아기가걸음마를시작한지한달이넘었다.

(13) 우리는그일을마치는데꼬박이틀이걸렸다.

(14) 집을나서는데마침전화가걸려왔다.

(15) 그가길을떠난지도어느덧3년이지났다.

(16) 우리가그일을꼭해야할지생각해보자.

(17) 그는집밖에서한참을기다렸다.

(18) 집을대궐만큼크게짓다.

(19) 방안은숨소리가들릴만큼조용하였다.

(20) 이제남은것은그것밖에없다.

(21) 강아지가집을나간지사흘만에돌아왔다.

(22) 그들은그들대로해결방법을찾고있었다.

(23) 우리는생각나는대로말을주고받았다.

(24) 우리에게남은것은오직믿음뿐이다.

(25) 무엇부터해야할지생각하다시간만보냈어.

(26) 가지고있는돈이천원밖에없었다.

(27) 그는밥을먹을뿐아무런대꾸도하지않았다.

(28) 예상밖으로일이복잡해졌다.

(29) 먹을만큼실컷먹어보자

(30) 중기는집을나간지사흘만에돌아왔다.

(31) 원빈은그꿈을단념할수밖에없다.

(32) 아쉽지만그는떠난지가오래되었다.

(33) 큰아버지가위독하시다는소식을듣고아버지께서는곧장병원으로향하셨다.

(34) 집중호우로소중한물건들이강물에떠내려가버렸다.

(7) 우리는 어릴망정 어떤 고난도 참아냈다.

(8) 네가 원하는 대로 일이 진행되지는 않을 것이다.

(9) 그 일이 얼마나 급하든 간에 일단 중단해라.

(10) 그는 아침 일찍 떠났는데 아직 소식이 없다.

(11) 문제를 푸는 데 어려움이 많은 만치 쾌감도 크다.

(12) 아기가 걸음마를 시작한 지 한 달이 넘었다.

(13) 우리는 그 일을 마치는 데 꼬박 이틀이 걸렸다.

(14) 집을 나서는데 마침 전화가 걸려왔다.

(15) 그가 길을 떠난 지도 어느덧 3년이 지났다.

(16) 우리가 그 일을 꼭 해야 할지 생각해보자.

(17) 그는 집 밖에서 한참을 기다렸다.

(18) 집을 대궐만큼 크게 짓다.

(19) 방 안은 숨소리가 들릴 만큼 조용하였다.

(20) 이제 남은 것은 그것밖에 없다.

(21) 강아지가 집을 나간 지 사흘 만에 돌아왔다.

(22) 그들은 그들대로 해결 방법을 찾고 있었다.

(23) 우리는 생각나는 대로 말을 주고 받았다.

(24) 우리에게 남은 것은 오직 믿음뿐이다.

(25) 무엇부터 해야 할지 생각하다 시간만 보냈어.

(26) 가지고 있는 돈이 천 원밖에 없었다.

(27) 그는 밥을 먹을 뿐 아무런 대꾸도 하지 않았다.

(28) 예상 밖으로 일이 복잡해졌다.

(29) 먹을 만큼 실컷 먹어 보자

(30) 중기는 집을 나간 지 사흘 만에 돌아왔다.

(31) 원빈은 그 꿈을 단념할 수밖에 없다.

(32) 아쉽지만 그는 떠난 지가 오래되었다.

(33) 큰아버지가 위독하시다는 소식을 듣고 아버지께서는 곧장 병원으로 향하셨다.

(34) 집중 호우로 소중한 물건들이 강물에 떠내려가 버렸다.

(35) 이물건은이십삼만삼천원입니다.

(36) 그는잘모르는분야인데도자꾸만아는척한다.

(37) 상우,네가그럴수가있느냐?

(38) 우리는동생이오기전에빵을모두먹어버렸다.

(39) 음식은충분히마련해두었으니먹을만큼먹어라.

(40) 이번에필요한인원은열내지스물이다.

(41) 친구의돌잔치에금서돈을선물하였다.

(42) 그는아니라고하지만,사실그럴지도모른다.

(43) 어쨌든나는나대로할일을하겠다.

(44) 우리는그때그곳에서목격한상황을진술해야했다.

(45) 내가믿는것은오직너뿐이다.

(46) 승우는그때부터줄곧1등을놓치지않았다.

(47) 마을사람들은어느말을믿어야옳은지몰라서두사람의입만쳐다보고있었다.

(48) 듣고보니좋아할만한이야기이다.

(49) 도대체이게얼마만인가.

(50) 그냥모르는척살만도한데말이야.

(35) 이 물건은 이십삼만 삼천 원입니다.

(36) 그는 잘 모르는 분야인데도 자꾸만 아는 척한다(아는척한다).

(37) 상우, 네가 그럴 수가 있느냐?

(38) 우리는 동생이 오기 전에 빵을 모두 먹어 버렸다(먹어버렸다).

(39) 음식은 충분히 마련해 두었으니 먹을 만큼 먹어라.

(40) 이번에 필요한 인원은 열 내지 스물이다.

(41) 친구의 돌잔치에 금 서 돈을 선물하였다.

(42) 그는 아니라고 하지만, 사실 그럴지도 모른다.

(43) 어쨌든 나는 나대로 할 일을 하겠다.

(44) 우리는 그때 그곳에서 목격한 상황을 진술해야 했다.

(45) 내가 믿는 것은 오직 너뿐이다.

(46) 승우는 그 때부터 줄곧 1등을 놓치지 않았다.

(47) 마을 사람들은 어느 말을 믿어야 옳은지 몰라서 두 사람의 입만 쳐다보고 있었다.

(48) 듣고 보니 좋아할 만한 이야기이다.

(49) 도대체 이게 얼마 만인가.

(50) 그냥 모르는 척 살 만도 한데 말이야.

2. 다음 문장의 밑줄 친 부분의 띄어쓰기가 맞으면 ○, 틀리면 ×를 하고, 틀린 경우 바르게 고치시오.

예 그는 우리 시대의 스승이라기 보다는 자상한 어버이이다.
→ ×, 스승이라기보다는

(1) 그는 황소 같이 일을 했다.

(2) 하루 종일 밥은커녕 물 한 모금도 마시지 못했다.

(3) 이미 설명한바 그 자세한 내용은 생략하겠습니다.

(4) 그 캡슐이 머리 아픈데 먹는 약입니다.

(5) 그녀가 떠난 지 벌써 3년이 지났다.

(1) ×, 황소같이

(2) ○

(3) ○

(4) ×, 아픈 데

(5) ○

혼동하기 쉬운 어휘

번호	어휘	뜻과 예
001	가늠	어떤 목표에 맞고 안 맞음을 헤아림. 예 이번 성적을 가늠해 보아라.
	가름	둘로 나누다. 양분하다. 예 편을 가름은 좋지 않다.
	갈음	교체하다. 대체하다. 예 새 책상으로 갈음하였다.
002	가르치다	지식이나 기예를 알게 하여 주다. 예 글을 가르치다.
	가리키다	무엇이 있는 곳을 말이나 손짓 등으로 알려 주다. 예 방향을 가리키다.
003	가없다	끝이 안 보이게 넓다. 예 부모님의 사랑은 가없다.
	가엾다	딱하고 불쌍하다. 예 지하철 계단에 있는 거지가 가엾다.
004	갖은	고루 갖춘, 가지가지의 예 갖은 방법을 다 동원해 보았다.
	가진	가지고 있는 예 손에 가진 것이 국어 책입니까?
005	개발(開發)	개척하여 발전시킴. 예 경제 개발
	계발(啓發)	지능, 정신을 깨우쳐 열어줌. 예 능력 계발
006	갱신	다시 새롭게 함. 기간을 연장함. 예 주민등록증 갱신
	경신(更新)	이제까지 있던 것을 새롭게 함. 예 세계 기록 경신
007	거치다	경유하다. 무엇에 걸리어 스치다. 예 대전을 거쳐 서울에 도착했다.
	걷히다	'걷다'의 피동사. 예 안개가 걷힌다.
008	걷잡다	(잘못 치닫거나 기우는 형세 따위를) 붙들어 바로잡다. 예 번지는 불길을 걷잡지 못하다.
	겉잡다	대강 어림잡다. 예 겉잡아 두 말은 되겠다.
009	겨누다	목적물 있는 곳의 방향과 거리를 똑바로 잡다. 예 함부로 총을 겨누지 마라.
	겨루다	둘 이상의 사물의 우열을 따지다. 예 힘을 겨루는 씨름

번호	어휘	뜻과 예
010	그저	무조건, 아주 예 너를 보니 그저 반갑기만 하구나.
	거저	공짜로 예 연주회 관람권을 거저 얻었다.
011	금세	'금시에'의 준말 예 떡 한 접시를 금세 먹어 치웠다.
	금새	물가의 높낮이 정도 예 금새를 알아보다.
012	깃들다	아늑히 서려 있다. 예 건전한 신체에 건전한 정신이 깃든다.
	깃들이다	새나 짐승이 보금자리를 만들어 살다. 예 뒷산에는 산짐승들이 깃들여 있다.
013	깐보다	마음속으로 가늠해 보다. 예 일을 깐보아 가며 대처해야겠다.
	깔보다	남을 업신여겨 우습게 보다. 예 어린이라 깔보지 마라.
014	깨치다	깨달아 사물의 이치를 알게 되다. 예 우리 동생을 이제 구구단을 깨쳤어요.
	깨우치다	모르는 사리를 깨닫게 하여 주다. 예 진리를 깨우치다.
015	나가다	안에서 밖이나 앞쪽으로 가다. 예 내 방에서 나가!
	나아가다	앞으로 향하다. 일이 잘 되어가다. 병이 나아가다. 예 감기가 점점 나아간다.
016	너비	폭 예 이 상자의 너비 좀 재봐
	넓이	면적. 넓은 정도 예 운동장 넓이가 어느 정도 되니?
017	노느다	물건을 여러 몫으로 나누다. 예 집에 놀러온 아이들에게 연필 한자루씩 노나 주었다.
	나누다	둘 또는 그 이상으로 가르다. 예 사과 한 개를 세 쪽으로 나누다.
018	느리다	속도가 빠르지 못하다. 예 속도가 너무 느리다.
	늘이다	길게 하다. 아래로 길게 처지게 하다. → 길이 예 고무줄을 늘인다.
	늘리다	(세력이나 양 따위를) 많게 하다. 팽창시키다. 예 목표량을 더 늘렸다.
019	다리다	구겨진 것을 펴려고 문지르다. 예 옷을 다린다.
	달이다	끓여서 우러나도록 하다. 예 약을 달인다.

020	다치다	부딪쳐서 상하다. 예 깨진 병에 발을 다쳤다.
	닫히다	'닫다'의 피동사 예 창문이 바람에 닫혔다.
	닫치다	'닫다'의 강세어. (문이나 창 따위를) 힘주어 닫다. 예 문을 힘껏 닫쳤다.

021	단박	그 자리에서 예 그가 나를 단박 알아 보았다.
	대번	서슴지 않고 단숨에 예 산 정상까지 대번에 올라왔다.

022	담그다	액체 속에 넣어 두다 예 김치 한 항아리를 담갔다.
	담다	그릇 속에 물건을 넣다. 욕을 입에 올리다. 그림이나 그 따위에 나타내다. 예 주머니에 담아라.

023	돋구다	안경 따위의 도수를 더 높게 하다. 예 안경 도수를 돋구다.
	돋우다	기분 등을 자극하다. 입맛이 좋아지게 하다. 예 새우젓을 입맛을 돋우게 한다.

024	던(지)	과거 예 얼마나 좋던지.
	든(지)	선택 예 하든지 말든지.

025	띠다	지니다. 예 미소를 띠고 있던 그녀
	띄다	눈에 얼핏 보이다. 사이를 띄게 하다. 예 영수가 내 눈에 띄었다. 글을 쓸 때는 올바르게 띄어 써야 한다.

026	~러	목적 예 영화 보러 간다.
	~려	의도 예 사용하려 한다.

027	(으)로서	자격, 신분 예 학생으로서
	(으)로써	도구, 수단 예 말로써

028	마치다	마지막으로 끝내다. 마무리 짓다. 예 회의를 마치다.
	맞히다	목표에 맞게 하다. (눈이나 비 따위를) 맞게 하다. 예 여러 문제를 더 맞혔다.

029	막역(莫逆)	허물없이 친하게 지내다. 예 막역한 친구
	막연(漠然)	분명하지 못하고 어렴풋하다. 예 그 사실을 막연하게 알려져 있다.

번호	단어	뜻
030	목거리	목이 부어서 신열이 나는 아픈 병 예 목거리가 덧났다.
	목걸이	목에 거는 장식품 예 금 목걸이를 샀다.
031	몹쓸	몹시 악독하고 고약한 예 이런 몹쓸 놈
	못쓸(활용형임)	쓰지 못함. 좋지 않은 예 못쓸 물건을 버려라.
032	(으)므로	이유 예 그가 나를 믿으므로 나도 그를 믿는다.
	(ㅁ, 음) 으로(써)	도구 예 그는 믿음으로(써) 산 보람을 느꼈다.
033	바치다	드리다 예 출세를 위해 청춘을 바쳤다.
	받치다	밑을 다른 물건으로 괴다. (우산이나 양산 따위를) 펴서 들다. 예 책받침을 받친다.
034	받히다	'받다'의 피동사. 예 쇠뿔에 받혔다.
	밭치다	(술 따위를) 체로 거르다. 예 술을 체에 밭친다.
035	반드시	꼭
	반듯이	반듯하게
036	벌이다	일을 베풀어 놓다. 시설을 차리다. 물건을 늘어놓다. 예 일단 벌인 일은 끝내야 한다. 나도 가게를 벌였다.
	벌리다	떼어서 넓게 하다. 우그러진 것을 펴다. 예 의자와 의자 사이를 벌리어 놓아라.
037	보전(保全)	온전하도록 잘 지킴. 예 길이 보전하세.
	보존(保存)	잘 지니어 상하지 않게 함. 예 환경 보존
038	부딪치다	'부딪다'의 강세어 예 차와 차가 마주 부딪쳤다.
	부딪히다	'부딪다'의 피동사 예 마차가 화물차에 부딪혔다.
039	부치다	(편지나 물건 따위를) 보내다. 논밭을 다루어서 농사를 짓다. 예 힘이 부치는 일이다. 편지를 부친다. 논밭을 부친다. 빈대떡을 부친다. 식목일에 부치는 글. 회의에 부치는 안건. 인쇄에 부치는 원고. 삼촌 집에 숙식을 부친다.
	붙이다	두 물체를 밀착시키다. 예 우표를 붙인다. 벽보를 붙인다. 책상을 벽에 붙인다. 싸움은 말리고 흥정은 붙인다. 불을 붙인다. 마음을 붙이고 산다. 별명을 붙인다. 조건을 붙인다.

번호	어휘	뜻과 예
040	비추다	빛을 보내어 밝게 만들다. 예 손전등을 비춰 봐라.
	비치다	빛이 드러나다. 말을 약간 꺼내다. 잠깐 동안 참석하다. 예 햇빛이 수평선 위로 비치다.
041	시키다	하게 하다. 예 일을 시킨다.
	식히다	식게 하다. 예 끓인 물을 식힌다.
042	아름	두 팔을 벌려서 껴안은 둘레의 길이 예 세 아름 되는 둘레
	알음	아는 것 예 전부터 알음이 있는 사이
	앎	'알음'의 축약형 예 앎이 힘이다.
043	안	'아니'의 준말 예 안 하다.
	않	'아니하'의 준말 예 하지 않았다.
044	안치다	솥이나 냄비에 넣다. 예 밥을 안친다.
	앉히다	앉게 하다. 예 윗자리에 앉힌다.
045	애끊다	몹시 슬퍼서 창자가 끊어질 듯하다. 예 애끊는 피리 소리
	애끓다	너무 걱정이 되어 속이 끓는 듯하다. 예 자식 걱정에 애끓는 부모의 마음
046	~오	종결형 예 이것은 책이오.
	~요	연결형 예 이것은 책이요, 저것은 공책이다.
047	웃-	위아래 구분이 없을 때
	윗-	위아래로 구분할 때
048	웬	어찌, 무슨, 어떤 예 웬 일이니?
	왠	왜, why 예 왠지(왜인지) 궁금하다.
049	원만하다	너그럽다. 일의 진행이 순조롭다. 예 인품이 원만하다.
	웬만하다	어지간하다.예 웬만해야 눈감아 주지.
050	이따가	조금 뒤에 예 이따가 말해 줄게.
	있다가	존재하다가, 소지(소유)하다가 예 돈은 있다가도 없다.

번호	단어	뜻과 예
051	일절	모두, 전부(부사로만) 예 일절 없다.
	일체(一切)	전혀, 절대로 → 부사 예 그녀는 친구들과의 연락도 일체 끊고 공부에 열중하고 있다.
		모든 것 → 명사 예 일체를 갖추다.
052	잊다	기억하지 못하다. 예 나는 그의 이름을 잊었다.
	잃다	분실하다. 예 길에서 지갑을 잃어버렸다.
053	작다	크지 않다. → 크기. 규모 예 그는 키가 작다.
	적다	많지 않다. → 양 예 적은 돈으로 세상에서 살아가다.
054	잘못하다	실수하다.
	잘 못하다	잘하지 못하다.
055	-장이	기술자에게 붙임. 예 미장이
	-쟁이	성격, 버릇 따위에 붙임. 예 개구쟁이
056	장사	물건을 사고파는 상행위 예 그는 생선 장사를 하고 있다.
	장수	상인(商人) 예 그는 생선 장수이다.
057	저리다	살이나 뼈마디가 오래 눌리어 피가 잘 돌지 못해서 힘이 없고 감각이 둔하다. 예 다친 다리가 저린다.
	절이다	'절다'의 사동사. 염분을 먹여서 절게 하다. 예 김장 배추를 절인다.
058	조리다	어육(魚肉)이나 채소 따위를 양념하여 국물이 바특하게 바싹 끓이다. 예 생선을 조린다.
	졸이다	속을 태우다시피 마음을 초조하게 먹다. 예 마음을 졸인다.
059	좇다	그대로 따르다. 예 우리는 그의 의견을 좇았다.
	쫓다	못 오게 몰다. 예 그는 논둑에서 새를 쫓았다.
060	주검	시체 예 봄볕 포근한 무덤에 주검들이 누었네.
	죽음	죽는 일 예 그 젊은 죽음을 통곡하노라.
061	주리다	먹을 만큼 먹지 못하여 배곯다. 예 여러 날을 주렸다.
	줄이다	'줄다'의 사동사. 줄게 하다. 예 비용을 줄인다.

번호	어휘	뜻 및 예
062	지그시	눈을 슬그머니 감는 모양, 느리고도 힘있게 당기는 모양 예 윗부분을 지그시 눌러 주세요.
	지긋이	지긋하게 예 나이가 지긋이 든 노신사
063	지양(止揚)	더 높은 단계로 오르기 위하여 어떤 것을 하지 않음. 예 권위주의를 지양하다.
	지향(志向)	일정한 목적을 향하여 나아감. 예 우리는 정상을 지향했다.
064	추기다	선동하다. 예 달콤한 말로 추기다.
	축이다	물을 적셔서 축축하게 하다. 예 말에게 목을 축여라.
	추키다	위로 끌어 올리다. 예 그만 추켜 세워. 어지럽다.
065	한참	시간이 상당히 지나는 동안 예 그가 오기를 한참 기다렸다.
	한창	가장 활기가 있을 때 예 모내기가 한창이다.
066	해지다	닳아서 떨어지다. 예 이 양복은 벌써 해졌다.
	해(어)지다	흩어지다. 이별하다. 살갗이 갈라지다. 예 입안이 해졌다.
067	홀몸	딸린 사람이 없는 혼자의 몸 예 나도 처자식이 없는 홀몸이면 그 일에 당장 뛰어들겠다. 아이를 배지 아니한 몸 예 홀몸이 아니다
	홑몸	배우자나 형제가 없는 사람(독신) 예 사고로 아이를 잃고 홀몸이 되었다.
068	흔전만전	아주 흔하고 넉넉한 모양 예 그는 재산이 흔전만전하다.
	흥청망청	(물건, 돈을) 함부로 써 버리는 모양 예 흥청망청 돈을 쓰다.
069	껍데기	달걀이나 조개 따위의 겉을 싸고 있는 단단한 물질 예 달걀 껍데기, 조개껍데기
	껍질	물체의 겉을 싸고 있는 단단하지 않은 물질 예 귤 껍질, 사과 껍질
070	곤욕(困辱)	심한 모욕. 또는 참기 힘든 일
	곤혹(困惑)	곤란한 일을 당하여 어찌할 바를 모름.
071	건배(乾杯)	술좌석에서 서로 잔을 들어 축하하거나 건강 또는 행운을 비는 일
	축배(祝杯)	축하하는 뜻으로 마시는 술. 또는 그런 술잔

✦ 조개는 '조개껍데기/조개껍질' 두 개 모두 사용 가능하고, 한 단어로 인정함.

번호	어휘	뜻
072	갈취(喝取)	남의 것을 강제로 빼앗음.
	착취(搾取)	계급 사회에서 생산 수단을 소유한 사람이 생산 수단을 갖지 않은 직접 생산자로부터 그 노동의 성과를 무상으로 취득함. 또는 그런 일
073	결핍(缺乏)	있어야 할 것이 없어지거나 모자람. 예 사랑의 결핍, 영양 결핍
	결여(缺如)	마땅히 있어야 할 것이 빠져서 없거나 모자람. 예 객관성 결여, 정신력 결여
074	고명딸	아들 많은 집의 외딸
	외동딸	다른 자식 없이 단 하나뿐인 딸
075	꼬리	동물의 꽁무니나 몸뚱이의 뒤 끝에 붙어서 조금 나와 있는 부분 예 꼬리가 짧다. 생선 꼬리를 자르다
	꽁지	새의 꽁무니에 붙은 깃 예 공작이 꽁지를 폈다. 주로 기다란 물체나 몸통의 맨 끝부분 예 강아지가 어미 꽁지에만 붙어 다닌다.
076	국한(局限)	범위를 일정한 부분에 한정함.
	한정(限定)	수량이나 범위 따위를 제한하여 정함. 또는 그런 한도 예 한정 수량, 한정 인원
077	기재(記載)	문서 따위에 기록하여 올림. 예 기재 사항을 빠짐없이 적으시오.
	등재(登載)	일정한 사항을 장부나 대장에 올림.
	게재(揭載)	글이나 그림 따위를 신문이나 잡지 따위에 실음.
078	갑부(甲富)	첫째가는 큰 부자 예 장안의 갑부가 돈 한 푼을 아까워하다니.
	부자(富者)	재물이 많아 살림이 넉넉함. 예 동생은 사업에 성공하여 부자가 되었다. 일부 명사 뒤에 쓰여 그것이 많은 사람을 나타내는 말 예 땅 부자, 책 부자
079	값	① 사고파는 물건에 일정하게 매겨진 액수 예 값이 비싸다. ② 물건을 사고팔 때 주고받는 돈 예 값을 치르다.
	삯	① 일한 데 대한 품값으로 주는 돈이나 물건 예 삯을 받고 일하다. ② 어떤 물건이나 시설을 이용하고 주는 돈. 임료 예 쟁기와 소를 빌린 삯을 지불하다.
080	귀감(龜鑑)	거울로 삼아 본받을 만한 모범 = 본보기, 모범, 교훈 예 귀감이 되다.
	모범(模範)	본받아 배울 만한 대상 예 모범 답안지. 모범을 보이다.

번호	어휘	뜻
081	갑자기	미처 생각할 겨를도 없이 급히 예 그의 표정이 갑자기 굳어졌다.
	문득	생각이나 느낌 따위가 갑자기 떠오르는 모양 예 문득 깨닫다. 문득 떠오르다.
082	결재(決裁)	결정할 권한이 있는 상관이 부하가 제출한 안건을 검토하여 허가하거나 승인함. 예 결재 서류, 결재를 받다.
	결제(決濟)	일을 처리하여 끝냄. 증권 또는 대금을 주고 받아 매매 당사자 사이의 거래 관계를 끝맺는 일 예 결제 자금
083	개량(改良)	나쁜 점을 보완하여 더 좋게 고침. → 구체적인 물건 예 품종 개량
	개선(改善)	잘못된 것이나 부족한 것, 나쁜 것 따위를 고쳐 더 좋게 만듦. → 추상적인 것 예 입시 제도 개선, 유통 구조 개선
084	귀사(貴社)	주로 편지글에서, 상대편의 회사를 높여 이르는 말
	폐사(弊社, 敝社)	화자가 자기 회사를 낮추어 이르는 말
085	기함(氣陷)	갑작스레 몹시 놀라거나 아프거나 하여 소리를 지르면서 넋을 잃음.
	기염(氣焰)	불꽃처럼 대단한 기세 예 기염을 토하다.
086	낭보(朗報)	기쁜 기별이나 소식
	희소식(喜消息)	기쁜 소식
087	눈맵시	눈매, 눈이 생긴 모양새
	눈썰미	옷을 입을 때 매고 여미는 따위의 뒷단속
088	문안(問安)	웃어른께 안부를 여쭘, 또는 그런 인사 예 문안 편지, 문안을 올리다.
	안부(安否)	어떤 사람이 편안하게 잘 지내고 있는지 그렇지 아니한지에 대한 소식. 또는 인사로 그것을 전하거나 묻는 일 예 안부 전화
089	발전(發展)	더 낫고 좋은 상태나 더 높은 단계로 나아감. 예 과학의 발전에 기여하다.
	발달(發達)	신체, 정서, 지능 따위가 성장하거나 성숙함. 예 신체의 발달 학문, 기술, 문명, 사회 따위의 현상이 보다 높은 수준에 이름. 예 의학의 발달, 과학 기술의 발달

✦ 비보(悲報): 슬픈 기별이나 소식

번호	어휘	뜻
090	발견(發見)	미처 찾아내지 못하였거나 아직 알려지지 아니한 사물이나 현상, 사실 따위를 찾아냄. 예 새 항로의 발견
	발명(發明)	아직까지 없던 기술이나 물건을 새로 생각하여 만들어 냄. 예 증기 기관의 발명, 금속 활자의 발명
091	보상(補償)	남에게 끼친 손해를 갚음. 예 피해 보상
	배상(賠償)	남의 권리를 침해한 사람이 그 손해를 물어주는 일 예 배상 청구, 피해자 쪽에서 배상을 금전으로 요구해 왔다.
092	부득불(不得不)	하지 아니 할 수 없어, 또는 마음이 내키지 아니하나 마지못하여 예 나는 여러 번 청탁이 들어와서 부득불 원고를 쓰게 되었다.
	미상불(未嘗不)	아닌게 아니라 과연 예 미상불 호랑이나 화적보다 더 무서운 것은 사람이지요.
093	불가결(不可缺)	없어서는 아니 됨. 예 그 조건은 필수 불가결이다.
	불가피(不可避)	피할 수 없음. 예 정치의 개혁이 불가피하다.
094	변조(變造)	① 이미 이루어진 물체 따위를 다른 모양이나 다른 물건으로 바꾸어 만듦.. 예 환경 개선은 좋으나 문화재의 파괴나 변조로 이어져서는 안 된다. ② 권한 없이 기존물의 형상이나 내용에 변경을 가하는 일 예 고의적인 공문서 변조는 의심을 불러일으키기에 충분했다.
	위조(僞造)	어떤 물건을 속일 목적으로 꾸며 진짜처럼 만듦. 예 공문서 위조
095	사숙(私淑)	직접 가르침을 받지는 않았으나 마음속으로 그 사람을 본받아서 도나 학문을 닦음. 예 플라톤은 소크라테스를 사숙하였다.
	사사(師事)	스승으로 섬김, 또는 스승으로 삼고 가르침을 받음. 예 그는 어려서부터 할아버지께 사사를 받았다.
096	사용(使用)	일정한 목적이나 기능에 맞게 씀. 예 사용 기간, 사용 기술
	이용(利用)	대상을 필요에 따라 이롭게 씀. 예 폐품 이용, 자원의 효율적 이용
097	손상(損傷)	① 물체가 깨지거나 상함. 예 도자기에 손상이 가다. ② 품질이 변하거나 나빠짐. 예 품질 손상을 막다.
	손실(損失)	잃어버리거나 축가서 손해를 봄. 또는 그 손해 예 경제적 손실
098	유발(誘發)	어떤 것이 다른 일을 일어나게 함. 예 유발 요인, 동기 유발
	야기(惹起)	일이나 사건 따위를 끌어내어 일으킴. 예 이제 와서 그 문제를 다시 거론한다는 것은 곧 새로운 불화의 야기일 뿐이다.

[주의] 회의 중, 꽃 중의 꽃
한밤중, 은연중, 부재중 → 한 단어로 굳어진 말

번호	어휘	뜻
099	열사(烈士)	직접 행동은 안 했어도 죽음으로 정신적인 저항의 위대성을 보인 분들. 맨몸으로써 저항하여 자신의 지조를 나타내는 사람 예 유관순 열사
	의사(義士)	주로 무력으로 행동을 통해서 큰 공적을 세운 분들. 무력(武力)으로써 항거하여 의롭게 죽은 사람 예 의사 윤봉길, 안중근 의사
100	와중(渦中)	일이나 사건 따위가 시끄럽고 복잡하게 벌어지는 가운데 예 많은 사람이 전란의 와중에 가족을 잃었다.
	도중(途中)	일이 계속되고 있는 과정이나 일의 중간 예 강의 도중, 근무 도중
101	운명(殞命)	사람의 목숨이 끊어짐.
	유명(幽明)	어둠과 밝음을 아울러 이름. 이승과 저승을 아울러 이름. 유명을 달리하다→ '죽다'를 완곡하게 이르는 말
102	은닉(隱匿)	남의 물건이나 범죄인을 감춤. 예 수배자의 은닉을 도와준 사람은 처벌된다.
	은폐(隱蔽)	덮어 감주거나 가리어 숨김. 예 진상의 은폐는 파문을 확산시킬 뿐이다.
103	임대(賃貸)	돈을 받고 자기의 물건을 남에게 빌려줌.
	임차(賃借)	돈을 내고 남의 물건을 빌려 씀.
104	임용(任用)	직무를 맡기어 사람을 씀. 예 신규 임용, 교사 임용이 늘어나는 추세이다.
	임면(任免)	임명과 해임을 아울러 이르는 말 예 직원의 임면은 사장님께서 결정하신다.
105	인재(人才)	재주가 아주 뛰어난 사람
	재원(才媛)	재주가 뛰어난 젊은 여자
	재자(才子)	재주가 뛰어난 젊은 남자
106	정당(正當)	이치에 맞아 올바르고 마땅함.
	타당(妥當)	일의 이치로 보다 옳음.
107	자생지	식물이 저절로 나서 자라는 땅
	서식지	생물 따위가 일정한 곳에 자리를 잡고 사는 곳
108	체재(體裁)	생기거나 이루어진 형식 예 소설의 체재
	체제(體制)	사회의 양식이나 생물체의 형식
	체계(體系)	일정한 원리에 따라 낱낱의 부분이 짜임새 있게 조직되어 통일된 전체

번호	단어	뜻
109	추서(追敍)	죽은 뒤에 관등을 올리거나 훈장 따위를 줌.
	수여(授與)	증서, 상장, 훈장 따위를 줌. 예 상장 수여, 박사 학위 수여
110	축배(祝杯)	축하하는 뜻으로 마시는 술, 또는 그런 술잔
	축포(祝砲)	축하하는 뜻을 나타내기 위하여 쏘는 공포
111	타락(墮落)	올바른 길에서 벗어나 잘못된 길로 빠지는 일 예 타락의 길을 걷다.
	몰락(沒落)	멸망하여 모조리 없어짐. 예 로마 제국의 몰락
112	터울	한 어머니의 먼저 낳은 아이와 다음에 낳은 아이와의 나이 차이 예 형과 나는 두 살 터울이다.
	주기	같은 현상이나 특징이 한 번 나타나고부터 다음번 되풀이되기까지의 기간 예 주기가 단축되다.
113	폭발(爆發)	불이 일어나며 갑작스럽게 터짐.
	폭팔	'폭발'의 방언(강원, 경기, 경남)
114	피해(被害)	생명이나 신체, 재산, 명예 따위에 손해를 입음, 또는 그 손해
	폐해(弊害)	어떤 폐단으로 인하여 생기는 해로움. 예 국가적 사업을 가로막는 단체 행동의 폐해는 이루 말할 수 없다.
115	혼돈	구별이 불확실한 상태 예 가치관의 혼돈
	혼동	같은 것으로 오인 예 자유와 방종을 혼동하지 마.
116	흥행(興行)	공연 상영 따위가 상업적으로 큰 수입을 거둠. 예 흥행에 성공하다.
	성행(盛行)	매우 성하게 유행하다. 예 사실주의는 19세기에 성행하던 예술 양식이다.
117	한자(漢子)	중국에서 만들어 오늘날에도 쓰고 있는 문자
	한문(漢文)	한자만으로 쓰인 문장이나 문학
118	손주(孫－)	손자와 손녀를 아울러 이르는 말(2011년 인정)
	손자(孫子)	아들의 아들 또는 딸의 아들
119	방년(芳年)	이십 세 전후의 한창 젊은 꽃다운 나이 [유의어] 묘년/묘령/방령
	향년(享年)	한평생 살아 누린 나이. 죽을 때의 나이를 말할 때 [유의어] 몰년
120	벌(罰)	잘못하거나 죄를 지은 사람에게 주는 고통
	죄(罪)	양심이나 도리에 벗어난 행위. 잘못이나 허물로 인하여 벌을 받을 만한 일

언어(言語)/문자(文字)

① 언어: 생각, 느낌 따위를 나타내거나 전달하는 데에 쓰는 음성, 문자 따위의 수단
② 문자: 인간의 언어를 적는 데 사용하는 시각적인 기호 체계

어휘/단어

① 어휘: 어떤 일정한 범위 안에서 쓰이는 단어의 수효, 혹은 단어의 전체
② 단어: 하나의 낱말 예 하나의 낱말이 모여 어휘가 된다.

개정 복수 표준어

01 2011년부터 새로 인정한 복수 표준어와 별도의 표준어

[2011년]

현재 표준어와 같은 뜻으로 추가로 표준어로 인정한 것(11개)

추가된 표준어	현재 표준어
간지럽히다	간질이다
남사스럽다	남우세스럽다
등물	목물
맨날	만날
묫자리	묏자리
복숭아뼈	복사뼈
세간살이	세간
쌉싸름하다	쌉싸래하다
토란대	고운대
허접쓰레기	허섭스레기
흙담	토담

현재 표준어와 별도의 표준어로 추가로 인정한 것(25개)

추가된 표준어	현재 표준어	뜻 차이
~길래	~기에	~길래: '~기에'의 구어적 표현
개발새발	괴발개발	'괴발개발'은 '고양이의 발과 개의 발'이라는 뜻이고, '개발새발'은 '개의 발과 새의 발'이라는 뜻임.
나래	날개	'나래'는 '날개'의 문학적 표현
내음	냄새	'내음'은 향기롭거나 나쁘지 않은 냄새로 제한됨.
눈꼬리	눈초리	• 눈초리: 어떤 대상을 바라볼 때 눈에 나타나는 표정 예 매서운 눈초리 • 눈꼬리: 눈의 귀 쪽으로 째진 부분
떨구다	떨어뜨리다	'떨구다'에 '시선을 아래로 향하다'라는 뜻 있음.
뜨락	뜰	'뜨락'에는 추상적 공간을 비유하는 뜻이 있음.

먹거리	먹을거리	먹거리 : 사람이 살아가기 위하여 먹는 음식을 통틀어 이름.
메꾸다	메우다	'메꾸다'에 '무료한 시간을 적당히 또는 그럭저럭 흘러가게 하다.'라는 뜻이 있음.
손주	손자(孫子)	• 손자 : 아들의 아들. 또는 딸의 아들 • 손주 : 손자와 손녀를 아울러 이르는 말
어리숙하다	어수룩하다	'어수룩하다'는 '순박함/순진함'의 뜻이 강한 반면에, '어리숙하다'는 '어리석음'의 뜻이 강함.
연신	연방	'연신'이 반복성을 강조한다면, '연방'은 연속성을 강조
휭하니	힁허케	힁허케 : '휭하니'의 예스러운 표현
걸리적거리다	거치적거리다	자음 또는 모음의 차이로 인한 어감 및 뜻 차이 존재
끄적거리다	끼적거리다	〃
두리뭉실하다	두루뭉술하다	〃
맨숭맨숭/ 맹숭맹숭	맨송맨송	〃
바둥바둥	바동바동	〃
새초롬하다	새치름하다	〃
아웅다웅	아옹다옹	〃
야멸차다	야멸치다	〃
오손도손	오순도순	〃
찌뿌둥하다	찌뿌듯하다	〃
추근거리다	치근거리다	〃

◪ 두 가지 표기를 모두 표준어로 인정한 것(3개)

추가된 표준어	현재 표준어
택견	태껸
품새	품세
짜장면	자장면

[2014년]

현재 표준어와 같은 뜻을 가진 표준어로 인정한 것(5개)

추가된 표준어	현재 표준어
구안와사	구안괘사
굽신✦	굽실
눈두덩이	눈두덩
삐지다	삐치다
초장초	작장초

✦ '굽신'이 표준어로 인정됨에 따라, '굽신거리다, 굽신대다, 굽신하다, 굽신굽신, 굽신굽신하다' 등도 표준어로 함께 인정됨.

현재 표준어와 뜻이나 어감이 차이가 나는 별도의 표준어로 인정한 것(8개)

추가 표준어	현재 표준어	뜻 차이
개기다	개개다	• **개기다**: (속되게) 명령이나 지시를 따르지 않고 버티거나 반항하다. • **개개다**: 성가시게 달라붙어 손해를 끼치다.
꼬시다	꾀다	• **꼬시다**: '꾀다'를 속되게 이르는 말 • **꾀다**: 그럴듯한 말이나 행동으로 남을 속이거나 부추겨서 자기 생각대로 끌다.
놀잇감	장난감	• **놀잇감**: 놀이 또는 아동 교육 현장 따위에서 활용되는 물건이나 재료 • **장난감**: 아이들이 가지고 노는 여러 가지 물건
딴지	딴죽	• **딴지**: ((주로 '걸다, 놓다'와 함께 쓰여)) 일이 순순히 진행되지 못하도록 훼방을 놓거나 어기대는 것 • **딴죽**: 이미 동의하거나 약속한 일에 대하여 딴전을 부림을 비유적으로 이르는 말
사그라들다	사그라지다	• **사그라들다**: 삭아서 없어져 가다. • **사그라지다**: 삭아서 없어지다.
섬찟✦	섬뜩	• **섬찟**: 갑자기 소름이 끼치도록 무시무시하고 끔찍한 느낌이 드는 모양 • **섬뜩**: 갑자기 소름이 끼치도록 무섭고 끔찍한 느낌이 드는 모양
속앓이	속병	• **속앓이**: ① 속이 아픈 병. 또는 속에 병이 생겨 아파하는 일 ② 겉으로 드러내지 못하고 속으로 걱정하거나 괴로워하는 일 • **속병**: ① 몸속의 병을 통틀어 이르는 말 ② '위장병[01]'을 일상적으로 이르는 말 ③ 화가 나거나 속이 상하여 생긴 마음의 심한 아픔
허접하다	허접스럽다	• **허접하다**: 허름하고 잡스럽다. • **허접스럽다**: 허름하고 잡스러운 느낌이 있다.

✦ '섬찟'이 표준어로 인정됨에 따라, '섬찟하다, 섬찟섬찟, 섬찟섬찟하다' 등도 표준어로 함께 인정됨.

[2015년]

복수 표준어: 현재 표준어와 같은 뜻을 가진 표준어로 인정한 것(4개)

추가 표준어	현재 표준어	비고
마실	마을	• '이웃에 놀러 다니는 일'의 의미에 한하여 표준어로 인정함. '여러 집이 모여 사는 곳'의 의미로 쓰인 '마실'은 비표준어임. • '마실꾼, 마실방, 마실돌이, 밤마실'도 표준어로 인정함. 예 나는 아들의 방문을 열고 이모네 마실 갔다 오마고 말했다.
이쁘다	예쁘다	'이쁘장스럽다, 이쁘장스레, 이쁘장하다, 이쁘디이쁘다'도 표준어로 인정함. 예 어이구, 내 새끼 이쁘기도 하지.
찰지다	차지다	사전에서 '차지다'의 원말로 풀이함. 예 화단의 찰진 흙에 하얀 꽃잎이 화사하게 떨어져 날리곤 했다.
-고프다	-고 싶다	사전에서 '-고 싶다'가 줄어든 말로 풀이함. 예 그 아이는 엄마가 보고파 앙앙 울었다.

복수 표준형: 현재 표준적인 활용형과 용법이 같은 활용형으로 인정한 것(2개)

추가 표준형	현재 표준형	비고
말아 말아라 말아요	마 마라 마요	'말다'에 명령형 어미 '-아', '-아라', '-아요' 등이 결합할 때는 어간 끝의 'ㄹ'이 탈락하기도 하고 탈락하지 않기도 함. 예 내가 하는 말 농담으로 듣지 마/말아. 얘야, 아무리 바빠도 제사는 잊지 마라/말아라. 아유, 말도 마요/말아요.
노랗네 동그랗네 조그맣네 …	노라네 동그라네 조그마네 …	• ㅎ 불규칙 용언이 어미 '-네'와 결합할 때는 어간 끝의 'ㅎ'이 탈락하기도 하고 탈락하지 않기도 함. • '그렇다, 노랗다, 동그랗다, 뿌옇다, 어떻다, 조그맣다, 커다랗다' 등등 모든 ㅎ 불규칙 용언의 활용형에 적용됨. 예 생각보다 훨씬 노랗네/노라네. 이 빵은 동그랗네/동그라네. 건물이 아주 조그맣네/조그마네.

별도 표준어: 현재 표준어와 뜻이 다른 표준어로 인정한 것(5개)

추가 표준어	현재 표준어	뜻 차이
꼬리연	가오리연	• 꼬리연: 긴 꼬리를 단 연 • 가오리연: 가오리 모양으로 만들어 꼬리를 길게 단 연. 띄우면 오르면서 머리가 아래위로 흔들린다. 예 행사가 끝날 때까지 하늘을 수놓았던 대형 꼬리연도 비상을 꿈꾸듯 끊임없이 창공을 향해 날아올랐다.

의론	의논	• 의론(議論): 어떤 사안에 대하여 각자의 의견을 제기함. 또는 그런 의견 • 의논(議論): 어떤 일에 대하여 서로 의견을 주고 받음. • '의론되다, 의론하다'도 표준어로 인정함. 예 이러니저러니 의론이 분분하다.
이크	이키	• 이크: 당황하거나 놀랐을 때 내는 소리. '이키'보다 큰 느낌을 준다. • 이키: 당황하거나 놀랐을 때 내는 소리. '이끼'보다 거센 느낌을 준다. 예 이크, 이거 큰일 났구나 싶어 허겁지겁 뛰어갔다.
잎새	잎사귀	• 잎새: 나무의 잎사귀. 주로 문학적 표현에 쓰인다. • 잎사귀: 낱낱의 잎. 주로 넓적한 잎을 이른다. 예 잎새가 몇 개 남지 않은 나무들이 창문 위로 뻗어올라 있었다.
푸르르다✦	푸르다	• 푸르르다: '푸르다'를 강조할 때 이르는 말 • 푸르다: 맑은 가을 하늘이나 깊은 바다, 풀의 빛깔과 같이 밝고 선명하다. 예 겨우내 찌푸리고 있던 잿빛 하늘이 푸르르게 맑아 오고 어디선지도 모르게 흙냄새가 뭉클하니 풍겨 오는 듯한 순간 벌써 봄이 온 것을 느낀다.

✦ '푸르르다'는 '으 불규칙 용언'으로 분류함.

[2016년]

추가 표준어(4항목)

추가 표준어	현재 표준어	뜻 차이
걸판지다	거방지다	걸판지다 [형용사] ① 매우 푸지다. 예 술상이 걸판지다. / 마침 눈먼 돈이 생긴 것도 있으니 오늘 저녁은 내가 걸판지게 사지. ② 동작이나 모양이 크고 어수선하다. 예 싸움판은 자못 걸판져서 구경거리였다. / 소리판은 옛날이 걸판지고 소리할 맛이 났었지.
		거방지다 [형용사] ① 몸집이 크다. ② 하는 짓이 점잖고 무게가 있다. ③ = 걸판지다①.
겉울음	건울음	겉울음 [명사] ① 드러내 놓고 우는 울음 예 꾹꾹 참고만 있다 보면 간혹 속울음이 겉울음으로 터질 때가 있다. ② 마음에도 없이 겉으로만 우는 울음 예 눈물도 안 나면서 슬픈 척 겉울음 울지 마.
		건울음 [명사] = 강울음 강울음 [명사] 눈물 없이 우는 울음. 또는 억지로 우는 울음

까탈스럽다	까다롭다	까탈스럽다 [형용사] ① 조건, 규정 따위가 복잡하고 엄격하여 적응하거나 적용하기에 어려운 데가 있다. '가탈스럽다①'보다 센 느낌을 준다. 예 까탈스러운 공정을 거치다. / 규정을 까탈스럽게 정하다. / 가스레인지에 길들여진 현대인들에게 지루하고 까탈스러운 숯 굽기 작업은 쓸데없는 시간 낭비로 비칠 수도 있겠다. ② 성미나 취향 따위가 원만하지 않고 별스러워 맞춰 주기에 어려운 데가 있다. '가탈스럽다②'보다 센 느낌을 준다. 예 까탈스러운 입맛 / 성격이 까탈스럽다. / 딸아이는 사 준 옷이 맘에 안 든다고 까탈스럽게 굴었다.
		까다롭다 : [형용사] ① 조건 따위가 복잡하거나 엄격하여 다루기에 순탄하지 않다. ② 성미나 취향 따위가 원만하지 않고 별스럽게 까탈이 많다.
실뭉치	실몽당이	실뭉치 : [명사] 실을 한데 뭉치거나 감은 덩이 예 뒤엉킨 실뭉치 / 실뭉치를 풀다. / 그의 머릿속은 엉클어진 실뭉치같이 갈피를 못 잡고 있었다.
		실몽당이 : [명사] 실을 풀기 좋게 공 모양으로 감은 뭉치

✦ 같은 계열의 '가탈스럽다'도 표준어로 인정함.

◪ 추가 표준형(2항목)

추가 표준형	현재 표준형	비고
엘랑	에는	• 표준어 규정 제25항에서 '에는'의 비표준형으로 규정해 온 '엘랑'을 표준형으로 인정함. • '엘랑' 외에도 'ㄹ랑'에 조사 또는 어미가 결합한 '에설랑, 설랑, -고설랑, -어설랑, -질랑'도 표준형으로 인정함. • '엘랑, -고설랑' 등은 단순한 조사/어미 결합형이므로 사전 표제어로는 다루지 않음. 예 서울엘랑 가지를 마오. 교실에설랑 떠들지 마라. 나를 앞에 앉혀놓고설랑 자기 아들 자랑만 하더라.
주책이다	주책없다	• 표준어 규정 제25항에 따라 '주책없다'의 비표준형으로 규정해 온 '주책이다'를 표준형으로 인정함. • '주책이다'는 '일정한 줏대가 없이 되는 대로 하는 짓'을 뜻하는 '주책'에 서술격 조사 '이다'가 붙은 말로 봄. • '주책이다'는 단순한 '명사+조사' 결합형이므로 사전 표제어로는 다루지 않음. 예 이제 와서 오래 전에 헤어진 그녀를 떠올리는 나 자신을 보며 '나도 참 주책이군' 하는 생각이 들었다.

CHAPTER 07

문맥으로 보는 어휘(독해력까지 UP!)

공부하는 방법

① 어휘 공부 중심으로 이해: 문항에 바로 풀지 않고 빈 란을 활용하여 먼저 풀어 봅니다. (기본 실력 점검)

② 지문 분석 중심으로 이해: 네이버 카페(https://cafe.naver.com/visang09)에서 The콕 국어 하루 독해편 자료를 활용하여 공부합니다. → 꼼꼼 분석 정리 코드명 지도 활용

001 밑줄 친 한자어를 ㉠으로 바꾸어 쓸 때, 어색한 것은?

한자어가 들어오면서 국어의 어휘 체계는 비슷한 의미를 가지는 한자어와 고유어가 공존하는 체계가 형성되었다. 이때, 고유어 한 단어에 한자어가 여럿이 대응하는 양상을 보여 주는 경우가 대부분이다. 고유어 ㉠'생각'이라는 단어를 보면 이에 대응하는 한자어가 '사고(思考), 사유(思惟), 상상(想像), 회상(回想), 견해(見解), 발상(發想), 결심(決心), 기억(記憶), 의향(意向), 창안(創案)' 등 다양하게 세분된다. 이처럼 세분화된 한자어는 주로 학술어로 사용된다. 학문 활동이 과거에 한문 중심으로 되었기 때문에 한자어가 학술어로 쓰인 것은 어쩔 수 없었는데, 한자어가 가지는 이러한 특징으로 한자어가 더욱 학술어에 적합했을 것이다.

① 그거 참 좋은 발상이구나.
② 그가 결국 굳은 결심을 했다.
③ 그의 얼굴이 기억이 잘 안나요.
④ 도대체 그 사람의 의향을 모르겠다.

001_ '생각'은 '사고, 사유, 상상, 회상, 견해, 발상, 결심, 기억, 의향, 창안' 등 매우 많은 한자어와 대응한다. 그러나 ②는 문맥상 '생각'으로 대체할 경우 어색하다. 나머지 밑줄 친 한자어는 모두 '생각'으로 바꿀 수 있다.

002 ㉠과 관련 깊은 한자 성어는?

돌이나 모래 속에서 발견되는 찬란한 색깔의 천연 보석은 신비로운 자연의 상징이다. 그래서 원래 왕족이나 귀족들이 자신의 고귀함을 자랑하기 위한 장식품으로 보석을 사용하였고, 지금도 비싼 값에 거래된다. 자연 상태에서는 보잘것 없어 보이는 것도 보석의 자질을 가지고 있으면 ㉠가공 과정을 거쳐 사람들의 주목을 받는 빛나는 보석으로 탄생한다. 보석의 지위에 오르려면 무엇보다도 그 색깔이 아름다워야 하고 색이 변하거나 변질되거나 부식이 되어서도 안 된다.

① 절차탁마(切磋琢磨) ② 지록위마(指鹿爲馬)
③ 대기만성(大器晩成) ④ 오월동주(吳越同舟)

002_ 자연 상태의 보석을 빛나는 보석으로 만들기 위해서는 갈고 닦는 가공 과정을 거쳐야 한다.
① **절차탁마**: 옥이나 돌 따위를 갈고 닦아 빛을 냄. 또는 학문이나 덕행 등을 배우고 닦음을 이르는 말
The콕 ② **지록위마**: 모순된 것을 우겨서 다른 사람을 속이려는 짓 또는 윗사람을 농락하여 권세를 마음대로 휘두르는 짓을 이르는 말
③ **대기만성**: 남달리 뛰어난 큰 인물은 보통 사람보다 늦게 대성함을 이르는 말
④ **오월동주**: 서로 적의를 품은 사람끼리 한자리나 같은 처지에 있게 된 경우, 또는 서로 미워하면서도 공통의 어려움이나 이해에 대해서는 협력해야 하는 경우를 이르는 말

001 ② 002 ①

003 밑줄 친 어휘 중, ㉠과 문맥적 의미가 유사한 것은?

> 공리주의는 행위의 결과를 판단의 기준으로 하기 때문에 가언 명법(假言命法)으로 주어진다. 가언 명법은 조건부 명령인데, "만일 네가 이러이러한 결과를 얻고 싶다면 저러저러한 행동을 하라."는 형식을 취한다. 의무론은 이러한 가언 명법을 도덕적인 것으로 보지 않는다. 도덕은 가언 명법이 아니라 정언 명법(定言命法)으로 주어진다고 생각하기 때문이다. 정언 명법은 무조건적인 명령이다. '정직하라.'는 명령은 그 행위로 인해 발생하는 결과에 상관없이 무조건적으로 ㉠ 지켜야 할 정당성을 지닌 도덕 규범으로 제시된다. 과연 최대 다수의 최대 행복을 가져다 주는 결과라 해서 그것이 꼭 윤리적으로 옳은가 하는 점에서 공리주의는 비판받을 소지가 있다. 결국 우리가 궁극적으로 지향해야 할 윤리적 보편주의는 도덕의 본질적 내용을 이타성에 두며 결과에 상관없이 도덕적 의무로서의 행동을 해야 하는 의무론의 입장이라고 생각한다.

① 적군의 보급 통로를 지키고 있다.
② 조국을 지키는 용감한 군인들이다.
③ 그 아이는 침묵을 지키는 일에 익숙하다.
④ 그는 약속을 지키는 일에 익숙하지 않다.

003_ ㉠은 '규정, 약속, 법, 예의 따위를 어기지 아니하고 그대로 실행하다.'의 뜻으로 쓰였으므로, ④와 문맥적 의미가 유사하다.

The콕 ① 길목이나 통과 지점 따위를 주의를 기울여 살피다.
② 재산, 이익, 안전 따위를 잃거나 침해당하지 아니하도록 보호하거나 감시하여 막다.
③ 어떠한 상태나 태도 따위를 그대로 계속 유지하다.

004 〈보기〉를 참고할 때, ⓐ와 언어 표현의 성격이 다른 하나는?

> 윤리는 우리가 그것을 옳은 것으로 확신하고 있다는 점에서 예의와 구별된다. 우리와 달리 왼손으로 악수를 하는 부족도 있을 수 있다. 이런 사회에 가서 오른손으로 악수를 청하는 행동은 예의에 벗어난 행동으로 간주될 것이다. 그러나 그들은 우리의 행동에 ⓐ 눈살을 찌푸리기는 하겠지만 우리가 비도덕적이고 나쁜 인간이라고까지는 말하지 않을 것이다. 우리는 또한 "로마에 가서는 로마인들이 하는 대로 하라."는 격률을 가벼운 마음으로 따르면 된다.

보기

> '눈살을 찌푸리다'는 '못마땅하여 양미간을 찡그리다'라는 의미를 지닌 관용적 표현이다. 관용적 표현이란 두 단어 이상이 서로 결합하여 각 단어가 본래 가지고 있던 뜻을 더한 것과는 사뭇 달라지는 의미를 지니게 되는 어구를 가리킨다.

① 넌 왜 그리 오지랖이 넓으니? 안 끼는 데가 없어.
② 며칠 있으면 시험이라 눈코 뜰 새가 없다.
③ 여자 친구랑 있다고 안면을 바꿀 줄은 몰랐다.
④ 나는 발이 넓어서 신발 치수를 좀 크게 신는 편이다.

004_ '발이 넓다'는 표현은 '사교적이다'라는 의미의 관용적 표현이지만 ④에서는 지시적 의미 그대로 쓰이고 있다.

The콕 ① '오지랖이 넓다'는 주제넘게 남의 일에 참견하는 사람을 빗대어 이르는 말이고, ② '눈코 뜰 새가 없다'는 '몹시 바쁘다', ③ '안면을 바꾸다'는 '잘 아는 사람을 짐짓 모른 체하다.'라는 의미이다.

003 ④ 004 ④

005_ 본문의 ⓑ는 '앞장서서 이끌거나 안내함.'이라는 의미이고, ②는 '올바르고 좋은 길로 이끎.'이라는 의미를 지닌 '선도(善導)'이다.

The콕 ① **매몰(埋沒)**: 보이지 아니하게 파묻거나 파묻힘.
③ **직시(直視)**: 사물의 진실을 바로 봄.
④ **견지(堅持)**: 어떤 견해나 입장 따위를 굳게 지니거나 지킴.

005 ②

005 다음 중 ⓐ~ⓓ의 의미가 다음 글과 다른 것은?

현대 사회에 있어, 익명적 대중 속에 자아가 ⓐ 매몰(埋沒)되는 현상을 반성할 때 꼭 짚어 보아야 하는 것은 바로 매스 미디어의 힘이다. 오늘날 경제 활동에서든 문화 활동에서든 매스 미디어의 힘을 빌리지 않고 이루어지는 일은 거의 없거니와, 따라서 매스 미디어가 갖는 '대중성', '익명성', '확산성', '평준성' 등의 본성은 현대인의 사고와 행동의 방식에 결정적인 영향을 준다고 보아야 할 것이다.

대중문화야말로 매스 미디어의 출현과 더불어 등장하였다. 텔레비전 방송에서 되풀이하여 흘러나오는 음악, 영상 및 드라마가 대중문화를 ⓑ 선도(先導)한다고 보아야 할 텐데, 이들의 메시지를 통해 시청자는 자기도 모르는 사이에 어떤 관념이나 견해를 암암리에 수용하게 되는 경우가 많다. 젊은이라면 성, 폭력, 교우, 가족 등 개인 도덕의 문제에서 특히 더 그러하겠지만, 나아가 정치, 경제 분야의 사회 윤리적 이슈에 관해서도 마찬가지일 것이다. 내가 나의 의견이라고 믿고 있는 것도 실은 매스컴이 암암리에 나에게 주입한 익명적 다수의 '얼굴 없는' 의견이기가 쉽다. 나의 행동을 이끄는 것 역시 내 생각이 아닌 '주인 없는 사람들'의 생각이기가 쉽다는 말이다.

익명적 대중이 공동체적 삶의 주역 아닌 주역이 된 사회 경제적 환경을 ⓒ 직시(直視)해 볼 때, 이러한 여건 속에서 주체적 자아를 형성하고 ⓓ 견지(堅持)하여 삶의 주인 자리를 자신이 차지하고 지켜 앉아 있는 일은 쉽지 않다. 독일 철학자 하이데거는 이렇게 '잡담'과 '호기심'과 '애매성' 속에서 '나'를 잃고 '사람들' 속으로 '전락한' 삶의 모습을 "비본래적 현존재"란 말로 표현한다. 그러나 삶의 여건이 어떻게 변하든, 일차적으로 우리가 개체로서 생존하는 신체적 · 정신적 단독자인 이상, 주체적 자아 정립은 필수불가결한 일이다.

내가 나의 주인으로 사는 것, 나를 외부의 노예로 전락(轉落)시키지 않는 것, 나의 나됨을 온전히 확보하여 충실히 실현시키는 것, 이것이 나의 주체성이다. 그리고 이는 내가 나로서 존재한다는 나의 자기 동일성, 나아가 모든 존재하는 것은 다른 것이 아닌 바로 그것이라는 존재의 자기 동일성 원리를 기초로 한다. 주체성을 찾는 일은 이론적으로는 존재의 원리에 따르는 것이자, 실천적으로는 삶의 목표를 성취하는 일이다.

① ⓐ : 모교에 들어서는 순간, 나의 추억 속 깊숙이 매몰되어 있던 그 기억이 선명히 떠올랐다.
② ⓑ : 선생님은 학생을 무조건 처벌해서는 안 된다며 학교 당국에 선도를 요청했다.
③ ⓒ : 부디 오늘의 우리 조국의 처지를 직시하고 계속 몸 바쳐 일해 주십시오.
④ ⓓ : 그는 이번 안건에 대해 계속해서 반대 입장을 견지하고 있다.

006 ⓐ~ⓓ의 사전적 의미로 적절하지 않은 것은?

> 모든 원자가 양성자, 중성자, 전자의 세 가지 소립자들로 ⓐ구성됐다는 사실이 밝혀진 것은 비교적 최근의 일이다. 중성자가 발견된 것도 1932년이었다. 양성자, 중성자, 전자의 구성비에 따라서 원자의 종류가 결정되고, 그 원자들이 적당히 모여서 분자들을 생성하고, 이 분자들이 조합을 이뤄 지구상의 모든 물질을 만든다. 그러므로 현대 물리학과 현대 화학은 매우 복잡한 이 세상을 단 세 가지 소립자로 ⓑ환원시켜 놓은 셈이다.
>
> (중략)
>
> 닮은 사람이 서로에게 혐오감을 느끼듯이 부호가 같은 전하들 사이에는 척력이 작용한다. 그들이 만드는 세상은 은둔자나 염세가로 가득한 곳일 것이다. 아무튼 전자는 전자를 밀치고, 양성자는 양성자를 배척한다. 그렇다면 의문이 생긴다. 원자핵에 전하를 띤 입자라고는 양성자뿐인데, 핵이 ⓒ와해되지 않는 까닭은 무엇일까? 그것은 핵에는 또 다른 종류의 힘, 즉 핵력이 작용하기 때문이다. 핵력의 정체는 중력도, 전자기력도 아니다. 핵력은 아주 가까운 거리에서만 작용하므로 갈고리에 비유될 수 있다. 양성자와 중성자가 아주 가까이 있을 때 핵력이라는 이름의 갈고리가 서로 떨어지지 않도록 붙잡아 맨다. 둘 사이의 거리가 갈고리보다 멀면 갈고리는 제 역할을 하지 못한다. 이런 이유에서 핵력을 갈고리에 비유했던 것이다. 핵과 같이 좁은 영역에 중성자가 양성자와 함께 들어 있으므로, 핵에서는 핵력이 ⓓ발동하여 양성자들 사이의 척력을 무기력하게 만드는 것이다. 중성자는 전하를 갖고 있지 않으므로 전기력은 발휘할 수 없지만, 핵력을 발동하여 핵을 전체적으로 붙잡아 묶는 풀의 역할을 한다. 원래 떨어져 살기를 좋아하는 양성자가 핵력의 달변과 애교 덕분에 마음 안 맞는 이웃과도 오순도순 지내고 있는 셈이다.

① ⓐ : 몇 개의 요소나 부분을 얽어서 하나로 만듦.
② ⓑ : 본디의 상태로 되돌아가거나 되돌림.
③ ⓒ : 조직이나 기능 따위가 무너져 흩어짐.
④ ⓓ : 어떤 일의 성과를 거두기 위하여 애씀.

006_ ⓓ '발동(發動)'은 '움직이기 시작함', '일어남', '어떤 법적 권한 따위를 행사함'의 의미를 지닌 말이다. ④는 '활동(活動)'의 사전적 의미이다.

The콕 ⓐ **구성(構成)** : 몇 가지 부분이나 요소들을 모아서 일정한 전체를 짜 이룸. 또는 그 이룬 결과
ⓑ **환원(還元)** : 본디의 상태로 다시 돌아감. 또는 그렇게 되게 함.
ⓒ **와해(瓦解)** : 기와가 깨진다는 뜻으로, 조직이나 계획 따위가 산산이 무너지고 흩어짐. 또는 조직이나 계획 따위를 산산이 무너뜨리거나 흩어지게 함.

006 ④

007 ㉠에 들어갈 격언으로 가장 적절한 것은?

내일이 시험의 마지막 날이고 남아 있는 과목이 세 과목이라고 할 때, 어떻게 시간을 배분하는 것이 좋을까? 남아 있는 시간이 6시간이라고 한다면, 과목당 2시간씩 공부하기보다는 자신의 실력을 감안해 과목마다 공부 시간을 달리 조정하는 것이 더 효율적일 것이다.

주식 투자에서 등장하는 용어인 '포트폴리오(portfolio)'는 이런 시험 공부 전략과 크게 다르지 않다. 포트폴리오란 주식에 투자할 때 위험은 줄이는 대신 수익은 극대화하도록 여러 종목에 나눠서 투자하는 것을 말한다. 누구나 한 번씩은 들어봤을 [㉠]는 유명한 격언이 포트폴리오의 핵심이다. 앞에서 언급한 시험 전략에 따라 공부를 하는 학생은 주식 투자에는 문외한이지만 이미 포트폴리오의 기본 개념을 알고 있는 셈이다. 한 과목에 올인하는 위험을 피하고 자신의 상황에 맞게 과목별로 공부 시간을 적절히 나눠 효율성을 극대화했기 때문이다.

① "계란을 한 바구니에 담지 말라."
② "빨리 하려고 하면, 일이 되지 않는다."
③ "너무 고르는 자가 가장 나쁜 것을 갖는다."
④ "최초의 큰 웃음보다는 최후의 미소가 오히려 낫다."

007_ 포트폴리오의 핵심은 주식 투자를 할 때 위험은 최소화하고 수익은 극대화하기 위해 여러 종목에 나눠서 투자하는 것이다. 이러한 포트폴리오의 핵심을 잘 드러낼 수 있는 격언은 ①이다.
①은 계란을 한 바구니에 모두 담으면 그 바구니를 떨어뜨릴 경우 계란이 남김없이 모두 깨질 수 있지만, 여러 바구니에 나누어 담으면 적어도 떨어뜨리지 않은 바구니의 계란은 건질 수 있다는 의미이다.

008 ㉠과 가장 관련이 깊은 한자 성어는?

그럼에도 기자조선설은 몇 가지 점에서 사실성이 의심되어 왔다. 첫째, 황하 중류가 무대인 당시 중국에서, 평양과 같은 먼 지방에 왕을 봉할 수 있었을까? 이규경에 따르면 기자묘는 중국에만 세 군데나 소재하기 때문에, 평양의 기자묘를 의심하지 않을 수 없다. 실제 「고려사」에 의하면 1102년(숙종 7) 이전에는 기자묘에 대한 기록도 없을 뿐 아니라, 그것을 발굴한 결과 허구로 밝혀졌다. 둘째, 은나라에서 주나라로의 교체기인 B.C. 12세기 말경은 신석기 시대에 해당하므로, 국가의 성립을 운위할 수 없는 상황이다. 셋째, 고고학적인 관점에서 볼 때, 위만조선 이전 시기에 대동강 유역에 한족(漢族)이 세운 국가의 존재를 인정할 만한 근거가 없다. 기자가 왔다면, 고조선 문화의 주류는 중국적인 것이어야만 한다. 그러나 비파형 단검 문화로 대표되는 고조선 문화는 중국 청동기 문화와는 본질적으로 차이가 있다.

이 같은 기자조선 부정론은 학자들이 ㉠ <u>여러 각도에서 넓게 생각하지 못하고 기자조선의 소재지를 대동강 유역으로만 한정해서 생각</u>했기 때문에 나온 논리이다. 기자조선의 위치를 한반도 밖의 중국 대륙 어느 지역에서 찾는다면 부정만이 능사가 될 수 없다.

① 사면초가(四面楚歌)
② 좌정관천(坐井觀天)
③ 오월동주(吳越同舟)
④ 새옹지마(塞翁之馬)

008_ ㉠은 기자조선의 소재지가 다른 곳일 것이라는 생각은 못하고 한반도로만 한정지어 생각한 것으로 좁은 시야를 가진 생각이라고 볼 수 있다.
② '우물 속에 앉아 하늘을 본다'는 뜻으로 '견문(見聞)이 썩 좁음.'을 이르는 말
The콕 ① 사방이 모두 '적으로 둘러싸인 형국'이나 누구의 도움도 받을 수 없는 '고립된 상태'를 이르는 말
③ 서로 적의를 품은 사람끼리 한자리나 같은 처지에 있게 된 경우, 또는 서로 미워하면서도 공통의 어려움이나 이해에 대해서는 협력하는 경우를 비유하는 말
④ 인생의 길흉화복은 항상 바뀌어 미리 헤아릴 수가 없다는 말

007 ① 008 ②

009 ㉠과 문맥적 의미가 같은 것은?

> 개화 시 불꽃의 모양은 연화 자체의 형상과 구조에 ㉠ <u>달렸다</u>. 일반적으로 서양형 연화는 원기둥 모양의 틀로 만들어지며 개화 시에는 불꽃의 모양과 분포가 매우 불규칙하다. 그에 반해 동양형 연화는 구형 모양의 용기로 만들어지며 개화 시에도 불꽃이 균일하고 완전한 구형 모양을 형성한다.

① 발버둥 치던 돼지가 저울에 <u>달렸다</u>.
② 성공과 실패는 우리의 노력에 <u>달렸다</u>.
③ 초라한 방 안에는 달랑 전등 하나만 <u>달렸다</u>.
④ 그는 동기들에 비해 능력 면에서 제일 <u>달렸다</u>.

009_ ㉡의 '달리다'는 '어떤 관계에 좌우되다.'의 의미이다. ②의 '달리다'도 같은 의미로 쓰였다.
The콕 ① 저울 따위에 얹히다.
③ 가설되다
④ 재주가 미치지 못하다.

010 ㉠을 바꾸어 쓰기에 적절하지 않은 것은?

> 지난 몇 십 년 동안 우리 국민들은 잘살아 보자는 일념에서 하나로 똘똘 뭉쳐 열심히 일해 왔다. 바로 이 열정이 우리 경제의 효율성을 높일 수 있었던 ㉠ <u>노하우</u>임에 틀림없다. 그런 우리 경제가 언제부터인지 예전의 활기를 잃고 맥없이 흐느적거리는 모습을 보이고 있다. 이는 요즘 우리 사회에서 신바람이 나 있는 사람을 찾아보기가 힘들다는 것과 밀접한 관련을 갖고 있다. 그동안 우리 사회 곳곳에 뿌리 박고 있던 부조리, 경직성, 그리고 부패가 사람들의 신바람을 빼앗아간 주범이었을 것이다. 정직하게 일한 사람이 정당한 대우를 받는 사회가 되어야만 우리 사회의 x-효율성이 예전 수준으로 회복될 수 있을 것이다.

① 비결(秘訣)　　② 비방(秘方)
③ 비경(秘境)　　④ 비법(秘法)

010_ ①은 세상에 알려져 있지 않은 자기만의 뛰어난 방법, ②와 ④는 비밀한 방법의 의미로 바꾸어 쓸 수 있다. 하지만 ③은 신비스러운 경지나 경치가 빼어나게 아름다운 곳이란 뜻이기 때문에 문맥상 ㉠과 바꾸어 쓸 수 없다.

011 ⓐ와 바꾸어 쓰기에 알맞은 것은?

> 하지만 자연적인 강우를 인위적으로 ⓐ <u>일으키는</u> 것은 말처럼 쉽지 않다. 모든 구름이 비를 품고 있는 것은 아니다. 또한 구름 속에서는 상승 기류와 하강 기류가 심하게 움직이고 있으므로 적절한 시점을 포착하여 구름씨를 뿌려야 한다. 구름씨를 뿌리는 시점이 맞지 않거나 적당한 구름이 아니라면 오히려 자연 강우마저 방해할 수도 있다. 인공 강우 시도로 인해 구름에 생긴 커다란 구멍이 벼를 품은 구름을 파괴할 수 있기 때문이다.

① 발현(發現)하는　　② 생성(生成)하는
③ 시현(示現j하는　　④ 재생(再生)하는

011_ ⓐ는 '물리적이거나 자연적인 현상을 만들어 내다.'라는 의미로 사용되었으므로, '사물이 생겨남.또는 생겨 이루어지게 함.'을 의미하는 ②와 바꾸어 쓸 수 있다.
The콕 ①은 '속에 있는 것이 밖으로 나타남. 또는 그렇게 나타나게 함.'을, ③은 '나타내 보임.'을, ④는 '낡거나 못 쓰게 된 물건을 가공하여 다시 쓰게 함.'을 의미한다.

009 ② 010 ③ 011 ②

012 ㉠을 인용하여 학생들에게 훈화할 때 활용하기에 가장 적절한 한자 성어는?

> 오랫동안 파란색 LED를 개발하기 위해 전 세계적으로 경쟁이 매우 치열했다. 1972년 미국 RCA 사의 팬코프 박사는 질화칼륨을 이용해 파란색 LED를 개발했으나 질화칼륨을 만드는 것이 기술적으로 너무 어려워 파란색 빛이 나온다는 것까지는 발표했지만 파란색의 강도가 너무 낮아서 상용화에는 실패했다. 그 후 미국 크리사에서도 파란색 LED를 개발하여 상용화까지 시켰지만 역시 파란색 빛의 강도가 약해서 제한된 용도로밖에 사용할 수 없었다. ㉠ <u>20여 년의 시간이 흘러 모든 사람들이 질화칼륨이라는 재료를 잊고 지내는 동안 일본 나고야대의 아카사키 교수는 질화칼륨으로 꾸준히 연구 개발에 정진하여 고효율의 파란색 LRD를 만들어 낸다</u>. 그는 장인 정신이 투철한 집념의 연구자로 세상을 바꾸는 빛인 파란색 LED를 성공시킬 수 있었던 것이다.

① 금의환향(錦衣還鄕)　② 다다익선(多多益善)
③ 어부지리(漁父之利)　④ 초지일관(初志一貫)

012_ 질화칼륨으로 파란색 LED를 만들었던 다른 연구자들이 모두 이를 잊고 연구하지 않을 때 아카사키 교수는 끝까지 이를 연구 개발하여 훌륭한 결과를 이끌어 냈다. 이 경우에 활용하기 적절한 한자 성어는 '처음에 세운 뜻을 끝까지 밀고 나감.'이라는 뜻으로 쓰는 ④이다.

The콕 ① 출세를 하여 고향에 돌아가거나 돌아옴.
② 많으면 많을수록 더욱 좋음.
③ 두 사람이 싸우는 사이에 엉뚱한 사람이 애쓰지 않고 이익을 가로챔.

013 ㉠의 내용을 속담으로 표현한 것으로 가장 적절한 것은?

> 사람들은 대체로 당신을 속속들이 알기보다는 겉으로 나타난 외관만으로 당신을 판단하는 법이다. 눈으로 본다는 것은 누구에게나 가능하지만, 손으로 만진다는 것은 쉬운 일이 아니기 때문이다. ㉠ <u>모든 사람들이 겉으로만 당신을 볼 뿐 실제로 당신을 아는 사람은 극소수이다. 거기에다 이 소수의 사람들도 군주의 권력을 뒷받침하는 다수의 여론을 반대하지는 못한다. 더구나 재판소가 소화할 수 없는 사람들의 행위, 특히 군주의 행동에 관해서는 결과만이 중요할 뿐이다. 그래서 군주는 어쨌든 전쟁에 이기고 나라를 유지하는 것이 제일이다. 그러면 그의 수단은 누구로부터도 훌륭한 것으로 칭송받는 것이다</u>. 대중은 언제나 외관만으로, 그리고 결과만으로 평가하게 마련이며 이 세상은 이런 속된 대중으로 가득 차 있다. 소수는 다수가 판단을 어떻게 하여야 할지 모를 때에 한해서 설득력을 가질 뿐이다.

① 느릿느릿 걸어도 황소걸음
② 침 뱉은 우물 다시 먹는다.
③ 모로 가도 서울만 가면 된다.
④ 보기 좋은 떡이 먹기도 좋다.

013_ ㉠에서 글쓴이는 군주는 과정보다 결과가 중요함을 역설하고 있다. 그렇기 때문에 소수의 의견에 신경 쓰기보다는 다수의 의견인 여론을 중요시하면서 좋은 결과를 얻을 수 있어야 하는 게 군주의 의무라는 것이다. 이러한 의도를 가장 잘 살린 속담은 '무슨 방법으로라도 처음의 목적을 이루면 된다는 뜻으로 쓰이는 '모로 가도 서울만 가면 된다.'가 제격임을 알 수 있다.

The콕 ① **느릿느릿 걸어도 황소걸음**: 보기에는 느린 것 같지만 꾸준하고 믿음직스럽게 '하나를 해도 실속 있게 해야 함.'을 이르는 말
② **침 뱉은 우물 다시 먹는다**: 다시는 안 볼듯이 야박스럽게 행동해도 후에 다시 청할 일이 생긴다는 말
④ **보기 좋은 떡이 먹기도 좋다**: 같은 내용이면 겉모양이 좋은 것이 좋은 평가를 받는다는 말

012 ④　013 ③

014 ⓐ~ⓓ를 활용하여 짧은 글을 지은 것으로 의미상 적절하지 않은 것은?

한 민족의 철학적 특성을 정의하기란 쉬운 일이 아니다. 그것은 긴 역사와 복합적인 문화를 가진 한 민족의 사유 구조를 밝히는 것인 만큼 힘들고 어려운 일이다. 그 긴 세월 동안 존재했던 수많은 독창적 사상가들을 하나 또는 몇 개의 사유 방식의 범주로 제한하여 묶어 특성을 정의한다는 것이 쉬운 일은 아니기 때문이다. 한 민족의 철학적 특성을 밝힌다는 것이 어려운 일이긴 하지만 철학은 문화의 ⓐ산물이며 역사의 산물이기에 철학 안에는 철학하는 이의 기질과 당대의 삶이 ⓑ용해되어 있다. 따라서 우리 철학자들이 지녔던 공통의 기질과 특성을 찾아보는 것은 우리 민족의 삶을 이해하는 한 방법이 될 것이다.

조선 시대를 지배했던 철학 정신의 하나는 '넘치는 것은 모자람과 같다(過不及)'는 과불급의 정신이다. '지나치면 모자란다'는 세계관은 '꽉찬 것은 없는 것과 같다'는 말과 같은 뜻으로, 넘치는 것을 ⓒ경계하고 균형을 중시하는 세계관이다. 보통은 이런 생각을 중용지덕이라고 보아 유교적이며 중국의 영향이라고 여긴다. 실제로 성리학에서는 이를 대단히 중요시했고 그 영향을 받은 조선의 유학자들이 이러한 덕을 강조했던 것은 사실이다. 그러나 근본에서 본다면 지나치게 넘치는 것을 경계하고 균형을 중시한 중용은 우리 조상 모두가 중요시한 미덕이며 이 땅의 위대한 스님들 역시 그것을 가르쳤다.

한편 율곡 이이는 시중지도(時中之道)를 강조하였다. 즉 매사는 '때에 알맞아야 한다'는 것이다. 아무리 좋은 계획이라도 때를 놓치면 ⓓ소용이 없을 때가 많다. 그러니 때에 알맞은 것이야말로 진정한 중도를 얻은 것을 의미한다. 성현(聖賢)의 법도 시대가 달라지면 변해야 하고 제도와 문물도 때에 맞게 바꾸어야 한다는 경장(更張)의 논리도 이 시중지도에 근거한 것이다. 아무리 좋은 법이라도 때에 맞지 않으면 개혁해야 한다는 율곡의 경장지도(更張之道)는 때에 맞추어 제도와 문물을 바꾸어 백성들의 편안한 삶을 도모하기 위한 것으로 이는 중도 사상에 애민 사상(愛民忠想), 양민 사상(良民忠想)이 결합된 것으로 볼 수 있다.

① ⓐ: 성공은 노력의 산물이다.
② ⓑ: 지식이란 내면에 용해되어야 참 지식이라 할 수 있다.
③ ⓒ: 휴전선을 경계로 남한과 북한이 나뉜다.
④ ⓓ: 아무 소용이 없는 사람이란 있을 수 없다.

014_ ⓒ '경계(警戒)'는 잘못되는 일이 일어나지 않도록 미리 조심한다는 의미이고, ③의 '경계(境界)'는 사물을 나누는 기준을 의미하므로 적절하지 못하다.

The콕 ① **산물(産物)**: 어떤 일의 결과로서 생겨나거나 얻게 된 것
② **용해(溶解)**: 녹거나 녹이는 일
④ **소용(所用)**: 쓰임 또는 쓰이는 바

014 ③

015 ㉠의 상황을 비판하기 위해 인용할 속담으로 가장 적절한 것은?

> 노령 인구의 비율이 7%에서 20% 증가하는 데 걸린 시간이 프랑스가 156년, 미국이 86년인 것에 비해 우리나라는 26년에 불과한 실정으로 세계에서 가장 빠른 속도로 노령화가 진행되고 있다. ㉠ 그러나 70~80년에 걸쳐 노인들을 위한 복지 정책을 지속적으로 준비해 온 서구와 달리, 우리나라는 미처 그 대안을 마련하지 못하고 있는 실정이다. 우리나라는 서구와 달리 30여 년이라는 짧은 기간에 산업화와 핵가족화의 소용돌이를 한꺼번에 거쳤다. 그런 까닭에 노인 인구 증가에 따른 노인 문제에 대비할 겨를도 없었다. 그만큼 노인 문제로 받는 충격은 더 클 수밖에 없는 형편이고 미리 대비하지 못한 것으로 인해 더 큰 대가를 치러야 할 상황에 놓이게 될 수도 있을 것이다.

① 우물 안 개구리
② 솔밭에서 바늘 찾기
③ 아는 길도 물어 가라.
④ 닭 잡아 겪을 나그네 소 잡아 겪는다.

015_ ㉠의 상황은 노인 문제에 대하여 미리 대비하지 못하여 나중에 더 큰 비용을 치를 수 있다는 것이다. 즉 미리 대비했으면 적은 비용이 들 것을 대비하지 못했기에 더 큰 비용이 들게 된다는 것이다. ④는 닭(적은 비용)으로 해결할 수 있는 것을 대처하지 못하여 소(더 큰 비용)를 잡아 해결해야 하는 상황을 뜻한다.

016 ㉠의 문맥적 의미와 같은 것은?

> 최근 환경에 대한 관심이 높아지면서 하이브리드 엔진을 장착한 자동차가 속속 등장해 기존의 피스톤 엔진 차량을 위협하고 있다. 아직까지는 피스톤 엔진이 자동차 엔진을 꽉 ㉠ 잡고 있지만, 그 아성이 언제까지 이어질지는 아무도 모를 일이다. 시대의 변화와 발생한 문제 상황에 적절히 대응하지 못하면 피스톤 엔진 역시 언제든지 그 아성이 무너질 수 있기 때문이다.

① 이번에는 내가 그의 말꼬리를 잡았다.
② 그녀가 이 경기의 주도권을 잡을 수 있다.
③ 그가 왜 왔는지 도무지 감을 잡을 수 없다.
④ 아버지는 처음으로 내 손을 다정하게 잡아 주셨다.

016_ ㉠의 '잡고'는 '권한 따위를 차지하다.'의 의미로 쓰였다.
②의 '잡다'도 ㉠과 같은 의미로 쓰였다.
The콕 ①은 '말 따위를 문제로 삼다.'의 의미로 쓰였다.
③은 '실마리, 요점, 단점 따위를 찾아내거나 알아내다.'의 의미로 쓰였다.
④는 '손으로 움키고 놓지 않다.'의 의미로 쓰였다.

015 ④ 016 ②

01

017 ㉠을 비판하기 위해 인용할 수 있는 말로 가장 적절한 것은?

일단 당파에 소속되고 나면 어느 사이에 당파의 목소리만 있고 개인의 목소리는 사라져 버리는 경우가 발생하기도 한다. 당파의 견해와 자신의 견해가 항상 일치하는가? 답은 '아니다'이다. 아무리 큰 부분에 있어서 일치한다고 해도 구체적 사안이나, 전체 노선과 관련 없는 부분에까지 일치하기는 어렵다. 이럴 때 개인은 자신의 소신을 버리고 당파의 견해에 복종해야 하는가? 만일 그와 같은 강요가 이루어진다면 이는 개인의 양심의 자유를 침해하는 것은 아닌가? 스스로 견해를 바꾸지 않은 채 그냥 당파의 견해를 따라가야 한다면 개인은 인격체가 아니라 ㉠ 거수기와 같은 존재로 전락하고 마는 것이다.

① 똥 묻은 개가 겨 묻은 개 나무란다.
② 늦게 배운 도둑질에 날 새는 줄 모른다.
③ 남이 장에 간다고 하니 거름지고 나선다.
④ 지키는 사람 열이 도둑 하나를 못 당한다.

017_ ㉠ 바로 앞에 제시되어 있는 '스스로 견해를 바꾸지 않은 채 그냥 당파의 견해를 따라가야 한다면'이라는 내용으로 미루어 볼 때, ㉠은 자신의 소신을 포기한 채, 당파의 견해에 무조건 따라가는 경우를 비유적으로 표현한 것임을 알 수 있다. 따라서 ㉠을 비판하기 위해 인용할 수 있는 말로 가장 적절한 것은 '줏대 없이 남의 의견에 따라 움직임'을 뜻하는 ③이다.

The콕 ① 자기는 더 큰 흉이 있으면서 도리어 남의 작은 흉을 본다는 뜻이다.
② 뒤늦게 어떤 일의 재미를 알고 더욱 열중함을 이르는 말이다.
④ 아무리 예방하고 감시해도 남몰래 꾸미는 음모나 도둑을 막기 어렵다는 말이다.

018 ㉠과 같은 행위를 나타내기에 가장 적절한 것은?

터부는 인간 사회를 유지하고 통합하는 데 중요한 역할을 해 왔다. 터부가 비록 개인적인 영역에 작용한다 하더라도 터부가 깨지게 되면 그 결과는 집단 전체에 영향을 미친다. 그래서 종종 ㉠ 한 사람의 잘못이 전체에 끼칠 수 있는 위험을 차단하기 위해 금기를 위반함으로써 공동체의 질서를 파괴하는 행위에 대해서는 예외 없이 형벌이 가해졌다. 합리성과 다양성이 지배하는 근대 사회 이전까지 터부가 사회의 질서 유지와 사회 통합에 영향력을 행사해 온 것도 이러한 속성 때문이다.

① 일벌백계(一罰百戒)　② 적반하장(賊反荷杖)
③ 가렴주구(苛斂誅求)　④ 교각살우(蘭角殺牛)

018_ 전체의 질서를 위해 이를 어긴 일부를 처벌하는 상황이므로 '일벌백계(一罰百戒 : 한 사람을 벌주어 백 사람을 경계한다는 뜻으로, 다른 사람들에게 경각심을 불러일으키기 위하여 본보기로 한 사람에게 엄한 처벌을 하는 일을 이르는 말)'가 가장 잘 어울리는 말이다.

The콕 ② **적반하장(賊反荷杖)** : 도둑이 도리어 매를 든다는 뜻으로, 잘못한 사람이 아무 잘못도 없는 사람을 나무람을 이르는 말
③ **가렴주구(苛斂誅求)** : 세금을 가혹하게 거두어들이고, 무리하게 재물을 빼앗음.
④ **교각살우(矯角殺牛)** : 소의 뿔을 바로잡으려다가 소를 죽인다는 뜻으로, 잘못된 점을 고치려다가 그 방법이나 정도가 지나쳐 오히려 일을 그르침을 이르는 말

017 ③　018 ①

019_ 모근 세포는 사람이 섭취한 음식물과 복용한 '마약이나 중금속'을 끌어들여 머리카락을 만들기 때문에 ⓑ '머리카락' 속에는 머리카락의 주인이 먹은 ⓐ '마약 성분'이 섞여 있기 마련이다. 이와 가장 유사한 관계는 ④이다. 설탕은 과자의 원료가 되기 때문에 과자 속에는 설탕 성분이 섞여 있다.

019 다음 글에서 설명한 ⓐ'마약 성분'과 ⓑ'머리카락'의 관계와 가장 유사한 것은?

그리고 머리카락을 만드는 모근 세포는 매우 활발하게 성장하는 세포다. 체내에 들어온 모든 물질을 끌어들여 머리카락을 만드는 재료로 사용한다. 따라서 모발의 성분을 분석하면 머리카락의 주인이 먹은 마약이나 중금속도 여지없이 알아 낼 수 있다. 한때 마약 복용 사실을 부정했던 연예인이 모발 성분 분석 테스트를 통해 마약 복용 사실이 밝혀지기도 했다. 마약은 복용한 지 2주 정도 지나면 머리카락에 쌓이기 시작해 이론적으로는 ⓐ마약 성분이 섞인 ⓑ머리카락을 자르기 전까지는 계속 남아 있다. 이처럼 모발 성분 분석은 마약 복용 증거를 확보하거나 각종 중금속 중독 증상이나 사망 원인을 알아내는 데 많이 사용한다.

① 어머니와 딸　　② 신발과 구두
③ 남자와 여자　　④ 설탕과 과자

020_ ㉠은 보조 용언으로 쓰여 '버리다'라고 하는 단어 본래의 의미와 다르다.
③의 '버리는'만 본래의 의미로 쓰였고, 나머지는 보조 용언으로 쓰였다. 보조 용언이란 혼자서 쓰이지 못하고 반드시 다른 용언 뒤에 붙어서 의미를 더해 주는 기능을 하는 것을 일컫는다.

020 ㉠과 쓰임이 다른 하나는?

유명한 미술사가 에른스트 곰브리치에 따르면, 사물을 지각할 때 우리는 오로지 눈에만 의존하는 게 아니라고 한다. 개념적 사유를 하는 인간은 자신이 이미 알고 있는 '지(知)의 도식'을 적용하게 된다. 말하자면 시지각(視知覺) 자체가 벌써 개념적 사유라는 색안경을 통해 이루어지는 것이다. 어린이의 그림에서 벌써 우리는 시지각에 미치는 이런 개념적 사유의 영향력을 엿볼 수 있다. 어린이는 결코 눈에 '보이는 대로' 그리지 않는다. 그들은 자신이 이미 알고 있거나 중요하게 생각하는 부분은 크게 그리고 그렇지 않은 부분은 작게 그리거나 과감하게 빼 ㉠버린다. 그들은 '아는 대로' 그리는 셈이다.

① 그 일을 다 해 버리고 나니 속이 시원하다.
② 위선은 교육을 말려 버리는 독약 같은 것이다.
③ 아끼던 것도 작아지거나 낡아서 버리는 수가 있다.
④ 사랑에 미쳐 직분을 망각해 버리는 예를 우리는 많이 본다.

019 ④　020 ③

021 ㉠~㉣을 풀어 쓴 것으로 적절하지 않은 것은?

세상이 좁아지고 있다. 비행기가 점점 빨라지면서 세상이 차츰 좁아지는가 싶더니, 이젠 정보 통신 기술의 발달로 지구 전체가 아예 한 마을이 되었다. 그래서인지 언제부터인가 지구촌이라는 말이 그리 낯설지 않다. 그렇게 많은 이들이 우려하던 세계화가 바야흐로 우리 눈앞에서 ㉠ 적나라하게 펼쳐지고 있다. 세계는 진정 하나의 거대한 문화권으로 묶이고 말 것인가?

요사이 우리 사회는 ㉡ 터진 봇물처럼 마구 흘러드는 외래 문명에 정신을 차리지 못할 지경이다. 세계화가 미국이라는 한 나라의 주도 아래 이루어지고 있다. (중략)

도입종들이 모두 잘 적응하는 것은 결코 아니다. 사실, 절대 다수는 낯선 땅에 발도 제대로 붙여 보지 못하고 사라진다. 정말 아주 가끔 남의 땅에서 ㉢ 들풀에 붙은 불길처럼 무섭게 번져 나가는 것들이 있어 우리의 주목을 받을 뿐이다. 그렇게 남의 땅에서 의외의 성공을 거두는 종들은 대개 그 땅의 특정 서식지에 마땅히 버티고 있어야 할 종들이 쇠약해진 틈새를 비집고 들어온 것들이다. 토종이 제자리를 당당히 지키고 있는 곳에 쉽사리 뿌리내릴 수 있는 외래종은 거의 없다.

제아무리 ㉣ 대원군이 살아 돌아온다 하더라도 더 이상 타 문명의 유입을 막을 길은 없다. 어떤 문명들은 서로 만났을 때 충돌을 면치 못할 것이고, 어떤 것들은 비교적 평화롭게 공존하게 될 것이다. 결코 일반화할 수 있는 문제는 아니겠지만 스스로 아끼지 않은 문명은 외래 문명에 텃밭을 빼앗기고 말 것이라는 예측을 해도 큰 무리는 없을 듯싶다. 내가 당당해야 남을 수용할 수 있다.

① ㉠ – 놀라운 속도로
② ㉡ – 걷잡을 수 없을 만큼
③ ㉢ – 아주 거센 기세로
④ ㉣ – 외래 문명의 도입을 반대한다 해도

021_ '적나라(赤裸裸)하게'는 '있는 그대로 다 드러내어 숨김이 없게'라는 의미이므로, '숨김없이' 정도로 풀어 쓸 수 있다.

The킥 ④ 쇄국 정책을 폈던 것으로 유명한 흥선 대원군을 끌어들여 아무리 외래 문명의 도입을 반대한다고 해도 소용이 없음을 드러내고자 한 표현이다.

022 ㉠과 바꾸어 쓰기에 알맞은 말은?

그러므로 군주는 이 사회 지배 계층의 의견을 존중해야만 했다. 그리고 이를 위한 여러 가지 제도적 장치가 있었다. 고구려나 백제나 신라나 모두 귀족 회의 제도가 있어서 중요한 국책이 여기에서 결정되었다. 이 결정에 반하는 행위를 하는 왕은 그들에 의해서 ㉠ 쫓겨나곤 하였다. 고려에서도 도당 회의(都堂會議)가 있어서 비슷한 구실을 담당하였다. 인사 행정에서 왕이 특별히 아끼는 신하를 승진시키고 싶어도, 사찰 기관인 어사대(御史臺) 소속 관리들의 동의를 거치지 않으면 무효였다. 어사대의 관리들은 제정된 법 절차에 따라서 그들의 과거 경력이나 가문을 조사하여 적당한지 않은지를 심사했다. 그리고 조선 시대에는 사간원(司諫院)이라는 독립된 부서가 있어서, 여기에 소속된 간관(諫官)들이 왕의 과오를 시정하도록 간언을 하였다.

① 도태(淘汰)되곤
② 축출(逐出)되곤
③ 사장(死藏)되곤
④ 배치(背馳)되곤

022_ ②의 '축출되다'는 '쫓겨나거나 물러나게 되다.'라는 의미이므로 ㉠과 바꾸어 쓰기에 적절하다.

The킥 ① **도태**: 환경에 적응하지 못하는 개체군이 사라져 없어짐.
③ **사장**: 필요한 곳에 활용하지 않고 썩혀 둠.
④ **배치**: 서로 반대로 되어 어그러지거나 어긋남.

021 ① 022 ②

023_ ㉠은 '햇볕이나 습기를 받아 빛이 변하다. 오래되어 변색하다.'의 뜻인데, 이러한 의미로 쓰이는 단어는 ② '퇴색되다'이다.

The콕 ① **수렴**: (생각이나 주장 따위가) 한군데로 모아짐. 또는 모이게 함.
③ **전이**: 물질이 한 상태에서 다른 상태로 변화하는 현상
④ **왜곡**: 사실과 다르게 해석하거나 그릇되게 함.

023 문맥상 ㉠과 바꿔 쓸 수 있는 단어로 적절한 것은?

동・서양의 그림은 이 밖에도 많은 차이점을 가지고 발달해 왔지만, 현대 미술에서 동・서양 미술의 구분은 점점 의미가 ㉠ 바래 가고 있다. 오늘날 세계적인 비엔날레나 대형 전시를 보면, 그것이 어느 나라 작가의 작품인가보다는 누구의 작품인가가 부각된다. 이는 사회가 도시화되고 매스 미디어가 발달하게 됨에 따라 지역적 구분에 의한 특성이 약화되고, 같은 시대를 살아간다는 의식의 공유 부분이 커졌기 때문이다. 그러므로 오늘날의 미술 감상에서는 작가 개개인의 감수성과 생각의 차이를 읽어 내는 것이 중요하다고 할 수 있다.

① 수렴(收斂)되어
② 퇴색(退色)되어
③ 전이(轉移)되어
④ 왜곡(歪曲)되어

024_ ㉠은 세상의 모든 일에는 좋은 면과 나쁜 면이 동시에 다 있다는 말이다. 이를 가장 잘 나타낸 것은 ①이다.

The콕 ② 여러 가지를 욕심내다가는 한 가지도 이루지 못한다는 말
③ 멋도 모르고 줏대 없이 남이 하는 대로 따라한다는 말
④ 자기는 그르게 하면서 남에게는 바르게 하라고 요구함을 이르는 말

024 ㉠과 같은 상황을 나타내기에 적절한 속담은?

그렇다고 세계화를 무비판적으로 추종하자는 말은 결코 아니다. ㉠ 세상사가 다 그렇듯이 부작용은 나타나게 마련이다. 자동차가 환경 오염과 교통 사고라는 부작용을 부른 것과 마찬가지이다. 세계화의 대표적인 부작용으로는 인류 문화의 다양성 소멸을 꼽을 수 있다. 사실, 진화의 전제 조건은 종의 다양성이다. 그런데 세계화가 진행되면 될수록 인류 문화의 다양성은 파괴될 수밖에 없다. 이런 부작용을 예방하는 데에도 세심한 관심을 기울일 필요가 있다.

① 양지가 있으면, 음지가 있게 마련이다.
② 토끼 둘을 잡으려다가 하나도 못 잡는다.
③ 남이 장에 간다고 하니 거름 지고 나선다.
④ 나는 바담 풍(風) 해도 너는 바람 풍 해라.

023 ② 024 ①

025 ⓐ~ⓓ 중 문맥적 의미가 나머지 셋과 다른 하나는?

동물들도 정도의 차이는 있지만 손실 부위를 ⓐ복원할 수 있다. 불가사리의 경우, 팔 하나가 떨어져 나가면 금세 새로운 팔이 재생되기 시작한다. 새로 생긴 팔은 원래의 팔과 같은 크기 및 기능을 하게 될 때까지 계속 커 나간다. 불가사리에서 떨어져 나간 바로 그 팔 하나가 몸 중심판의 일부를 가지고 있기만 하면, 다른 팔들을 만들어 내어 새로운 불가사리 개체가 된다는 사실은 더욱 놀랍다. 불가사리의 이러한 놀라운 특성이 알려지지 않은 몇 해 전까지만 해도 굴 양식업자들은 굴 양식장에서 발견한 불가사리의 팔을 하나하나 떼어 내서 물 속에 던져 버리곤 했다. 그들은 그렇게 함으로써 불가사리를 죽여 없애 버리려는 생각이었지만, 실상은 오히려 불가사리의 개체를 ⓑ확산시키고 있었던 것이다.

그리고 어떤 척추동물들도 놀랄 만한 재생 능력을 가지고 있다. 도롱뇽은 다리를 잃으면 새 다리를 만들어 내는데, 더욱 놀라운 일은 도롱뇽이 절단된 다리를 거의 완벽하게 ⓒ복제해 낸다는 점이다. 뼈, 근육, 신경 및 혈관들이 다시 만들어져 몸체에 적절히 붙게 되면 새 다리가 완전히 기능할 수 있게 된다. 이러한 재생의 경우 생물 고유의 발생에 관한 생물학적 과정들, 즉 세포 분열, 성장 및 분화가 어떻게 일어나는지 의문이다.

동물들이 새로운 팔다리를 만들어 내면 그 부분은 기존의 구조나 기능과 상호 연관을 맺게 된다. 그래서 구조나 기능이 복잡할수록 발생의 문제가 훨씬 더 복잡해진다. 대부분의 척추동물 집단은 진화상의 선조에 비해 재생 능력이 떨어지며, 일반적으로 고등동물일수록 재생 능력이 떨어진다. 하지만 몇몇 가깝게 연관된 집단 간이라도 재생 능력의 차이는 상당하다. 도롱뇽과 개구리는 둘 다 양서류이지만 다리를 재생해 내는 능력은 상당히 다르다. 개구리는 다리가 절단되면 상처는 치유해 내지만, 도롱뇽과 달리, 정상적인 새 다리로 ⓓ발육시키지는 못한다.

재생에 관하여 아직 연구해야 할 점이 많지만, 손실 부위의 재생에는 생물 발생과 동일한 과정이 포함되어 있다는 것이 확실해 보인다. 그리고 어떤 세포들은 다양한 유형의 세포로 분화해 나갈 수 있는 능력을 보유하고 있는 듯하다. 어떤 조건하에서 생물체의 일부가 손실되면 그 부위의 세포들은 다시 배세포로서 기능하기 시작하여 그 손실 부위를 대체해 내는 것이다.

① ⓐ
② ⓑ
③ ⓒ
④ ⓓ

025_ ⓐ 복원(復元/復原), ⓒ 복제(複製), ⓓ 발육(發育)은 모두 '재생'이라는 의미와 문맥적으로 상통한다. 그러나 ⓑ '확산(擴散)'은 개체의 수가 늘어난다는 의미이므로 나머지 답지들과는 구별된다.

025 ②

026_ '(물이나 공기 등이 어느 곳에) 흘러 드는 것 / 물자·문물·사상 등이 어느 곳에) 외부로부터 밀려드는 것'을 뜻하는 단어는 '유입(流入)'이고, '(물품을 어느 곳의 안으로) 운반하여 들여오는 것'은 '반입(搬入)'이며, '(돈이나 물건을) 꾸어 들이는 것'은 '차입(借入)'이고, '외국의 물품을 사들이는 것 / 외국의 사상·문화 등을 배워 들여오는 것'은 '수입(輸入)'이다.

026 ㉠과 관련하여 어휘력 확장 수업을 진행하였다. ㉮~㉱에 들어갈 낱말을 순서대로 바르게 나열한 것은?

> 로봇이 우리 사회에 ㉠ 도입됨으로써 얻어지는 것은 직접적이고 분명하며 그 효과 역시 빠르게 나타난다. 그러나 이들 때문에 잃어버릴 수 있는 것들은 간접적이며 눈에 보이지 않게 서서히 일어날 수 있다. 이런 로봇의 양면성에 지혜롭게 대처해야 할 것이다. 더 이상 로봇은 공상 소설 속에서의 허구(虛構) 개념이 아니다. 이미 스무 살이 넘은 청년 로봇으로서, 지금은 주로 '산업용'이라는 별명으로 간단한 공장 노동을 하고 있지만 이들은 장차 지능을 얻어 보다 영리해지고 훌륭한 체격을 갖춘 로봇이 될 것이다.

보기

(1) 어휘력 확장 I단계 – 해당 단어 분석하기

예 도입 : 이끌 '도(導)'+들 '입(入)'→ (기술·방법·물자 등을 외부에서 내부로) 끌어들이는 것

(2) 어휘력 확장 II단계 – 관련 단어 함께 익히기

→ '입(入)'자로 끝나는 다른 낱말을 함께 익혀 보자.

- (㉮) : (물이나 공기 등이 어느 곳에) 흘러 드는 것. (물자·문물·사상 등이 어느 곳에) 외부로부터 밀려드는 것
- (㉯) : (물품을 어느 곳의 안으로) 운반하여 들여오는 것
- (㉰) : (돈이나 물건을) 꾸어 들이는 것
- (㉱) : 외국의 물품을 사들이는 것. 외국의 사상·문화 등을 배워 들여오는 것

	㉮	㉯	㉰	㉱
①	유입(流入)	차입(借入)	반입(搬入)	수입(輸入)
②	유입(流入)	반입(搬入)	차입(借入)	수입(輸入)
③	차입(借入)	수입(輸入)	유입(流入)	반입(搬入)
④	차입(借入)	반입(搬入)	유입(流入)	수입(輸入)

026 ②

027 ㉠을 활용하여 다음과 같이 어휘력 확장 학습을 하였다. (　　) 안에 들어갈 단어를 순서대로 바르게 나열한 것은?

> 사람의 달팽이관은 속도며 미세한 진동, 소리의 높낮이, 음색까지 구분할 정도로 정교하다. 달팽이관의 미세한 섬모가 움직이며 그런 것들을 감지해 내는 것이다. 최근 인공 달팽이관이 개발되어 청각 장애인들에게 이식이 되고 있다지만, 타고난 달팽이관에 비하면 그 수준과 성능이 턱없이 떨어진다. 인조 달팽이관은 겨우 음성 정도만을 알아듣게 한다. 신이 만든 '자연산'과 인간이 만든 '인공품'의 차이가 그만큼 큰 것이다. 인간이 만든 그 어떤 가속도계나 진동계도 사람의 달팽이관이 가진 성능을 따라오지 못한다. 세계 ㉠ 유수의 연구 기관에서는 인간의 달팽이관을 비롯한 상어 비늘, 도마뱀붙이와 파리의 발바닥, 연잎 등의 성능을 인공으로 재연하는 연구가 한창이다. 이들 각각의 극히 일부를 모방한 상품이 이미 나와 있기도 하다. 자연이야말로 가장 훌륭한 스승인 셈이다.

보기

- 어휘력 확장의 원리: 유의어를 함께 익힌다.
- 어휘력 확장의 실제
  예 유수(有數): 손꼽을 만큼 두드러지거나 훌륭함.

[유의어 학습]

(1) (　　): 수많은 가운데서 손가락을 꼽아 셀 만큼 아주 뛰어남.
  예 국내 ~의 재벌 회사

(2) (　　): 여럿 가운데에서 특별히 뛰어남. 예 ~의 실력을 발휘하다.

(3) (　　): 흰 눈썹이라는 뜻으로, 여럿 가운데에서 가장 뛰어난 사람이나 훌륭한 물건을 비유적으로 이르는 말 예 「춘향전」은 한국 고전 문학의 ~이다.

(1) (2) (3)

① 굴지(屈指) – 백미(白眉) – 발군(拔群)
② 굴지(屈指) – 발군(拔群) – 백미(白眉)
③ 발군(拔群) – 굴지(屈指) – 백미(白眉)
④ 발군(拔群) – 백미(白眉) – 굴지(屈指)

027_ 각각에 해당하는 단어의 의미와 예문에 주목한다면, (1)에는 '굴지(屈指)', (2)에는 '발군(拔群)'이 들어가야 적절함을 알 수 있으며, (3)에는 '흰 눈썹이라는 뜻'에 주목할 때 '백미(白眉)'가 들어가야 함을 알 수 있다.

027 ②

028_ ⓐ의 '좋다'는 '어떤 행동이나 일 따위가 문제될 것이 없다.'라는 ③의 의미로 쓰였다.

028 다음은 '좋다'의 사전적 의미를 정리한 것이다. 다음 중 ⓐ의 의미로 볼 수 있는 것은?

이처럼 구성 요소가 구성을 이룰 때에는 층위가 나타나는 것이 일반적이다. 이 때문에, 어떤 구성의 구조를 바로 파악하려면 이 층위를 바로 밝혀 그 묶임의 순서를 바로 알아야 한다. 이때 도입되는 개념이 직접 구성 요소(immediate constituent, 줄여서 IC)이다. 직접 구성 요소란 어떤 구성을 일단 둘로 쪼갰을 때의 그 각각을 말한다. '푸른 가을 하늘'의 직접 구성 요소는 '푸른'과 '가을 하늘'이다. 다시 '가을 하늘'의 직접 구성 요소는 '가을'과 '하늘'이다. 직접 구성 요소 분석(IC 분석)은 앞의(1b)처럼 하여도 좋고 다음의 어느 한 가지 방법으로 해도 ⓐ 좋다.

보기

좋다

1. 어떤 일이나 대상이 마음에 들다. 예 나는 지금 하고 있는 일이 좋다. ······ ①
2. 감정 따위가 기쁘고 만족스럽다. 예 나는 지금 기분이 최고로 좋다. ······ ②
3. 어떤 행동이나 일 따위가 문제될 것이 없다.
   예 약혼식이야 해도 좋고 안 해도 좋다. ······ ③
4. 어떤 일을 하기가 쉽거나 편하다. 예 이곳은 우리가 살기에는 더없이 좋다. ······ ④

028 ③

029 ㉠의 상황을 한자 성어를 들어 해석했을 때, 가장 적절한 것은?

> 현대 사회의 비인간화를 가져온 요인은 여러 가지가 있다. 우선 과학 기술의 발달을 주요한 요인으로 들 수 있다. 20세기 후반기 이래로 과학 기술의 발전은 미지의 세계를 밝히기 위한 인간의 능력을 무한한 것으로 만들었었다. 그러나 오히려 그것으로 말미암아 생기는 사회 변혁은 사회를 더욱 예측할 수 없는 것으로 만들어 가고 있다. ㉠ 인간이 다른 동물과 구별되는 몇몇 기능 중 하나가 기계를 제작하고 조정하는 것이었지만, 오늘날 인간은 스스로 만든 과학 기술에 의해 공포와 불안을 느껴야 하고, 스스로 만든 과학 기술에 의해 배제되는 결과를 만들어 놓고 말았다. 기계가 대신하는 노동에 의해 인간은 노동의 고통으로부터 해방을 누리고 있을지 모르지만, 인간이 노동을 통하여 무엇인가를 생산해 낸다는 창조의 기쁨은 분명 잃어 가고 있는지 모른다.

① 결국 인간의 이기적인 태도가 빚어낸 것이니까 '아전인수(我田引水)'가 어울려.
② 인간이 기계 문명에 맞서는 상황이니까 '당랑거철(螳螂拒轍)'이라고 할 수 있겠어.
③ 애초에 우려했던 대로 되어 버린 결과니까 '사필귀정(事必歸正)'을 의미하는 거야.
④ 인간 자신이 만든 과학 기술에 의해 초래된 상황이니까 '자승자박(自繩自縛)'이라고 해야겠지.

029_ ㉠은 인간이, 자신들이 만들어 낸 과학 기술 문명에 종속되어 버린 결과를 지적하는 내용이므로, 여기에 어울리는 말은 '자승자박'이다. 이는 '자기의 줄로 자기를 묶는다'는 뜻으로 자기의 언행 때문에 자기 자신이 꼼짝못하게 되는 경우를 가리킬 때 사용한다.

The콕) ① **아전인수**: 자기 논에 물 댄다는 뜻으로 무슨 일을 자기에게 이로운 데로만 함을 이르는 말
② **당랑거철**: 사마귀가 수레를 막는다는 뜻으로 자기 분수도 모르고 무모하게 덤빔을 이르는 말
③ **사필귀정**: 모든 일은 반드시 바른 데로 돌아감을 이르는 말

029 ④

030 ㉠의 대답을 〈보기〉와 같이 정리할 때, 문맥상 (　　)에 들어갈 말로 가장 적절한 것은?

㉠ 그렇다면 왜 웜 문화가 유행하고 있는 것일까. 무엇보다도 쿨 문화가 우리의 한국적인 환경과는 안 맞는 정서라는 것이다. 쿨함이 처음에는 신선하게 느껴졌지만 심플하고 명쾌하게 감정 절제를 해야 한다는 강박에 시달리면서 겉으로는 쿨한 척하면서 내면은 그렇지 못하는 경우가 생겨남에 따라 이에 대한 반작용으로 솔직하면서도 인간적인 따뜻한 감성을 찾게 되는 것이다. 타인과의 관계 속에서 삶의 의미를 찾는 한국인의 정서에는 쿨 문화가 처음부터 안 맞는지도 모른다.

"사람 안에 사람이 있고 기술 안에 사람이 있어 사람을 향한다."는 어떤 기업의 광고 문구처럼 우리네 삶은 사람과 사람 사이에 얽혀 있는 감정으로 살게 마련인 것이다. 그렇기에 정(情)이 생기고 한(恨)도 생기는 것이다. 이것이 바로 우리 한국인을 만든 정서이기에 쿨함보다는 가슴 따뜻한 웜 코드가 우리의 마음으로 스며드는 것은 당연한 것이 아닐까.

보기

겉으로는 쿨한 척하면서도 내면은 그것을 따라가지 못하는 것과 같은 감정의 (　　　　　)(이)가 생기게 됨에 따라 기존의 것을 거부함과 동시에 그와 반대 성향인 따뜻한 감성을 찾게 되는 것이다.

① 통합(統合)　　② 모순(矛盾)
③ 순화(純化)　　④ 잔류(殘留)

030_ (　　)에는 의미상 '말이나 행동의 앞뒤가 서로 맞지 않음'을 뜻하는 '모순'이 들어가야 알맞다.

The콕 ① **통합**: 모두 합쳐 하나로 만듦.
③ **순화**: 잡스러운 것을 순수하게 함.
④ **잔류**: 남아서 처져 있음.

031 다음 글의 내용으로 볼 때, ⓐ에 들어갈 말로 가장 적절한 것은?

조선 시대의 모든 선비들이 이와 같은 삶의 태도를 지니고 있었다고 장담하기는 어렵지만, 조선 시대를 대표하는 이황과 이이 같은 큰 선비들은 위에서 말한 이러한 삶의 태도를 지니고 있었다고 해도 크게 어긋나지 않을 것이다. 아울러 조선 시대에 '선비'라 불린 사람들은 이러한 삶의 태도를 지녔을 것으로 짐작이 간다. 이러한 선비들의 깨끗하고 꼿꼿한 태도와 여유로운 정신이 조선을 지탱한 [ⓐ] 구실을 했다고 말할 수 있을 것이다.

① 디딤돌　　② 버팀목
③ 노둣돌　　④ 서까래

031_ 이 글에서는 조선 시대에 선비라고 불린 사람들이 깨끗하고 꼿꼿한 태도, 여유로운 태도로 조선의 사회를 이끌고 쓰러지지 않게 지탱한 존재라고 했다. 그러므로 ⓐ에 들어갈 말로는 '버팀목'이 가장 적절하다. '버팀목'이란 '어떤 물건이 쓰러지지 않게 받치어 세우는 나무'를 가리킨다.

The콕 ① 디디고 다닐 수 있게 드문드문 놓은 평평한 돌
③ 말에 오르거나 내릴 때 발돋움하기 위하여 대문 앞에 놓은 큰 돌
④ 마룻대에서 도리 혹은 보에 걸쳐 지른 나무

030 ② 031 ②

032 ⓐ~ⓓ를 한자어로 바꿔 쓸 때, 문맥상 적절하지 않은 것은?

조선 왕조의 몰락은 붕당 정치에서 비롯되었다고 하면서, 붕당 정치 자체를 비판하는 사람들이 있다. 붕당 정치가 당파 싸움을 낳은 것은 사실이지만, 그렇다고 해서 붕당 정치가 처음부터 해악을 끼친 것은 아니다. 오히려 붕당 정치는 서양에서 민주 정치를 활성화하는 데 기여한 정당 정치의 맹아(萌芽)라고 보아도 크게 틀리지 않다. 다만 그것이 서양처럼 의회 제도로 발전하지 못하고 파당 차원에 머무르게 되면서 여러 가지 문제가 ⓐ 일어나게 된 것이다.

원래 조선에서의 붕당 정치란 지방별 이해관계, 학문 계통에 따른 견해 차, 연령 직위의 고하에 따른 시국관의 차이 등에서 서로 입장을 같이하는 인물끼리 집단을 ⓑ 이루어 정치하는 것을 말한다. 붕당은 처음에는 학문과 이념의 차이에서 출발하였으므로 그 폐단이 크지 않았다. 오히려 붕당은 상대방과 공존하며 정치적 견해를 나누어 정치를 활성화하고 정치 참여의 폭을 넓히는 데 기여하였다. 17세기에 서인과 남인이 공존하면서 정책 대립을 펼친 것이 그 대표적인 예이다. 그러나 권력의 독점적 추구와 외척 세력의 개입으로 붕당 정치는 변질되어 갔고, 경신환국 이후에는 붕당 정치의 기본 원리가 무너지면서 일당 전제화 추세가 나타나기 시작하였다. 이에 정권은 몇몇 벌열 가문에 의해 독점되었고 지배층 사이에서는 개인이나 가문의 이익을 우선시하는 경향이 ⓒ 뚜렷하게 나타나기 시작했다.

왜 이런 일이 벌어지게 된 것일까? 사림파 정권이 들어서면서 농촌 사회에 머물러 있던 사림들이 너나 할 것 없이 중앙 정계로 ⓓ 나아가고 싶어 하는 바람에 관직 수요가 엄청나게 늘어났다. 이것은 긍정적인 현상이었다. 극소수 명문 자제에게만 주어졌던 관직 진출의 기회가 그만큼 많은 사대부들에게 주어지게 되었기 때문이다. 그런데 붕당들은 타당한 관행과 규칙으로 관리를 선발하는 제도를 정착시키지 못했다. 그러다 보니 이들은 관리 선발을 자기 붕당의 세를 불리는 것으로만 사고하게 되었다.

더욱이 이들은 몇 차례의 개혁 시도가 사화로 실패하면서 점차로 훈구파와 별로 다를 바 없는 정치 이념을 갖게 되었다. 그렇기 때문에 이들이 주장하던 개혁 논리는 집권과 더불어 금세 빛바래 버렸다. 결국 개혁성을 잃어버린 이들은 파당의 이해만을 위해 다투는 존재로 변질되고 말았고, 국정을 운영하는 데에도 상대방을 견제하기 위해 각기 서로 다른 의견만을 제시하기에 이르렀던 것이다.

① ⓐ – 발동(發動)하게
② ⓑ – 형성(形成)하여
③ ⓒ – 현저(顯著)하게
④ ⓓ – 진출(進出)하고

032_ ⓐ의 경우 '발동(發動)'은 '(기능이) 활동을 일으킴, 어떤 법적 권한 따위를 행사함, 동력을 일으킴.' 등을 의미하므로 문맥상 적절하지 않다. '어떤 일이나 사물이 생겨남.'의 뜻을 지닌 '발생(發生)'이 문맥상 적절하다.

032 ①

033_ 이 글에서는 체내의 지방 흡수를 차단하는 것은 인체에 치명적인 악영향을 끼칠 수 있음을 밝히고 있다. 비만 치료제는 유해한 지방과 유익한 지방을 구별하지 못하고 지방이라면 모조리 차단해 버리기 때문이다. 특히, 비만 치료제는 시력 보호나 노화 방지 등에 이로운 지용성 비타민을 걸러낸다. 따라서 비만을 막겠다고 복용한 치료제가 심각한 건강 악화를 불러올 수 있다. 즉 '빈대(비만) 잡으려다 초가삼간(건강) 태우는' 꼴이 될 수도 있는 것이다.

The콕 ① 성미가 너무 급하여 참고 기다리지 못함을 이르는 말
② 한 번의 노력으로 두 가지 소득을 본다는 말
③ 자기가 한 일은 감추고 딴전을 피워 모면하려 드는 것을 이르는 말

033 ④

033 다음 글의 논지에 따라 ㉠을 평가한 말로 적절한 것은?

흔히 지방은 비만의 주범으로 지목된다. 대부분의 영양학자들은 지방이 단백질이나 탄수화물보다 단위 질량당 더 많은 칼로리를 내기 때문에 과체중을 유발하는 것으로 보았다. 지방의 칼로리(1g당 9kcal)가 단백질이나 탄수화물(1g당 4kcal)에 비해 높기 때문에 똑같이 섭취해도 몸에 축적(지방)되기 쉽다는 것이었다. 그래서 저지방 식단이 비만을 막는 요술의 주문처럼 여겨지기도 했다. 하지만 효과는 오래 가지 않는 것으로 밝혀졌다. 초기 한두 달 동안 체중이 조금 줄어들지만 이내 원래 상태로 돌아갔다. 최근의 연구에 따르면 비만을 피하는 최선의 방법은 지방이 내는 열량이 아니라 섭취하는 총열량을 제한하는 것이다.

일반적으로 지방 하면 인체에 해롭다는 생각을 떠올리는 것은 단지 비만 때문만이 아니었다. 전이지방이 지방을 대표하는 것으로 여겨지면서 심장 질환을 비롯한 여러 질병의 원인으로 지목됐다. 하지만 단일 불포화지방과 다중 불포화지방의 섭취는 질병의 위험을 감소시키며, 포화지방의 섭취로 인한 부작용도 미미한 것으로 밝혀졌다. 대규모 역학 조사에서도 동물성 지방 섭취로 인해 전립선암의 발병 위험이 높아질 가능성은 제기됐지만 유방암이나 대장암 등의 발병 위험을 높인다는 증거는 발견되지 않았다. 지방 섭취 비율이 상대적으로 높은 서구 사회에서 유방암이나 대장암 등의 발병률이 높은 까닭은 지방에 있었던 게 아니었다. 미국의 지방 섭취 비율이 50%에서 35%로 떨어졌지만 비만 인구는 더욱 증가하기도 했다.

체내의 지방 흡수를 인위적으로 차단하는 ㉠ <u>비만 치료제의 사용</u>은 인체 시스템에 치명적인 악영향을 끼치기도 한다. 만일 비만 치료제가 몸에 좋은 지방과 그렇지 않은 지방을 구별하는 눈을 가졌다면 권장할 만하다. 하지만 비만 치료제는 지방의 모든 유형을 싹쓸이 대상으로 삼는다. 체내의 지방 세포가 장수에 도움을 준다는 사실엔 아예 관심을 기울이지 않는다. 지방 세포 조직의 인슐린·인슐린-유사 성장인자는 생명 연장에 관련된 것으로 알려졌다. 지방 조직에서 발견된 세포들이 새로운 혈관 형성을 촉진해 혈액 흐름을 원활하게 한다는 사실이 밝혀지기도 했다. 게다가 비만 치료제는 지방질과 함께 소화 흡수되는, 시력 보호나 노화 방지 등에 이로운 지용성 비타민을 걸러내게 마련이다.

지방이 인체에 유해하다는 '누명'을 쓰는 상황에서 탄수화물이 대안의 식단에 단골 메뉴로 등장했다. 우리나라 사람들은 평균 65%의 열량을 탄수화물로부터 얻고 있다. 문제는 백미나 밀가루처럼 정제된 탄수화물이 주요 에너지원인 포도당으로 빨리 분해되는 데 있다. 혈당지수가 급격히 올라가면 혈액 내 포도당을 근육과 간으로 이동시키는 인슐린을 과량으로 분비시켜 중성지방 수치를 높여 복부 비만을 유발한다. 또한 혈당지수가 높은 탄수화물 섭취가 늘어나면 당뇨병이나 관상동맥 질환 등의 대사증후군을 일으킬 수 있다.

그렇다면 지방의 누명을 어떻게 벗겨 줄 것인가. 무엇보다 중요한 것은 지방이라고 해서 모두 같은 지방은 아니라는 사실을 받아들이는 것이다. 주요 단백질 공급원인 소고기나 돼지고기 같은 붉은 육류를 과량 섭취하면 관상동맥 질환에 걸릴 수 있다. 포화지방과 콜레스테롤 함량이 높기 때문이다. 특히 요리 과정에서 생긴 발암 물질로 인해 대장암에 걸릴 가능성도 높아진다. 이와 달리 가금류와 생선은 상대적으로

불포화지방이 많아 인슐린이 혈당량 조절 기능을 원활히 하는 데 도움을 준다. 그 동안 지방이 많다는 이유로 멀리하던 땅콩이나 호두, 잣 같은 견과류도 불포화지방으로 혈중 콜레스테롤 비율을 개선하며 심장 질환과 당뇨의 위험을 낮춘다. 견과류는 포만감을 줌으로써 과식을 막아 비만을 예방한다. 이런 사실을 바탕으로 구별된 지방을 중심으로 과다한 열량 섭취를 피하는 식단을 만들 수 있다.

① 우물에 가 숭늉 찾겠다는 것이군.
② 도랑 치고 가재 잡겠다는 심산이군.
③ 닭 잡아먹고 오리발 내미는 격이군.
④ 빈대 잡으려다 초가삼간 태우는 꼴이군.

034 ㉠의 한자어 중에서 〈보기〉의 '말'에 대응하는 것을 차례대로 나열한 것은?

우리가 자주 사용하는 '말'이라는 고유어 하나가 그 용법에 따라 ㉠'언어, 음성, 발언, 발화, 설명, 해명, 대화, 회화, 소문, 구설……' 등과 같은 여러 개의 한자어들과 대응하고 있는 것을 쉽게 알 수 있다.

보기

㉠ 새 기획안에 대한 말을 끝내자 질문이 쏟아졌다.
㉡ 항간에 머잖아 물가가 폭등할 것이라는 말이 있다.
㉢ 그 문제에 대해 나에게도 말할 기회를 주었으면 좋겠다.

	㉠	㉡	㉢
①	해명	소문	회화
②	설명	소문	발언
③	언어	설명	해명
④	발언	언어	설명

034_ ㉠의 '말'은 '어떤 일이나 대상의 내용을 상대편이 잘 알 수 있도록 밝혀 말함.'의 뜻이므로 '설명'이 적절하며, ㉡은 '사람들 입에 오르내려 전하여 들리는 말'이란 뜻이므로 '소문'이, 그리고 ㉢은 '말을 꺼내어 의견을 나타냄.'의 뜻이므로 '발언'이 적절하다.

034 ②

035 ㉠과 문맥적 의미가 같은 것은?

흔히 순수 예술과 대립되는 의미로 이해되는 대중 예술은 말 그대로 대중적으로 인정받는 통속적이고 상업적인 예술을 가리키는 말이다. 대중 예술이라는 용어는 영화가 탄생한 시기인 19세기 후반부터 본격적으로 사용되기 시작했다. 대중 예술의 성장은 중산층의 대두, 인쇄술의 발달, 20세기 대중 매체의 급속한 발전 등과 연관성이 크다. 인쇄술의 발달로 소설은 더 이상 소수 사람들의 전유물이 아니었고, 미술 작품 역시 오리지널 작품이 전시되어 있는 곳을 가지 않고도 책을 통해 감상할 수 있게 되었다. 또 비싼 돈을 주고 공연장을 ㉠ 찾지 않더라도 음반을 통해 음악을 접할 수 있게 되는 등, 그동안 예술로부터 소외되었던 대다수의 사람들이 대중 매체를 통해 수용자로서, 또한 소비자로서 예술을 향유하게 되었다.

① 은행에서 저금했던 돈을 찾으러 갔다.
② 주말에 산이나 바다를 찾는 사람이 많다.
③ 떨어뜨린 반지를 어둠 속에서 찾고 있었다.
④ 잃어버린 명예를 다시 찾는 것은 쉽지 않다.

035_ ㉠은 '어떤 사람을 만나거나 어떤 곳을 보러 그와 관련된 장소로 옮겨 가다.'의 뜻으로 쓰였다. ②도 같은 뜻으로 쓰였다.

The콕 ① 무엇을 잃거나 빼앗기거나 맡기거나 빌려 주었던 것을 돌려받아 가지게 되다.
③ 현재 주변에 없는 것을 얻거나 사람을 만나려고 여기저기를 뒤지거나 살피다.
④ 자신감, 명예, 긍지 따위를 회복하다.

036 ㉠과 바꿔 쓰기에 가장 적절한 것은?

낭만주의는 19세기에 형성된 하나의 음악적 흐름을 ㉠ 가리키는 용어이다. 음악의 시대적 분류에 낭만이라는 용어를 적용시킨 것은 19세기의 음악이 문학과 깊은 관련이 있기 때문이다. 베토벤으로부터 출발한 낭만주의 음악은 빈 고전파와 현대의 중간에 있었던 음악으로, 그 초기는 고전파의 말기와 겹치며 말기는 근대 음악의 발단과 겹친다.

① 지칭(指稱)하는　② 지향(指向)하는
③ 지적(指摘)하는　④ 지도(指導)하는

036_ ㉠의 '가리키는'과 바꿔 쓰기에 적절한 말은 '지칭하는'이다. '지칭하다'는 '가리켜 이르다.'는 뜻이다.

The콕 ② '지향하다'는 '일정한 목표를 정하여 나아가다.' ③ '지적하다'는 '허물 따위를 꼭 집어서 보여주다.' ④ '지도하다'는 '어떤 목적이나 방향에 따라 가르치어 이끌다.'의 뜻이다.

035 ② 036 ①

037 **다음 글을 읽고 다음과 같은 반응을 보였을 때, 문맥상 〈보기〉의 빈칸에 들어갈 말로 가장 적절한 것은?**

미국의 식품 위생법에는 다소 이색적인 법률 조항이 하나 들어 있다. 이른바 '데라니 조항'이다. 1950년대 후반에 제임스 데라니 의원이 주도하여 제정한 법률이라고 해서 그런 이름이 붙었다. 이 법률은 식품 첨가물이 발암 물질로 확인되면 첨가물 리스트에서 즉각 추방한다는 내용을 골자로 하고 있다. 발암 물질은 아예 신규 첨가물로 검토도 할 수 없음은 물론이다. 이 법은 자연계에도 발암 물질이 존재한다는 업계 측의 주장에 의해 한때 논란이 일기도 했지만, 첨가물에 대한 경각심을 높이는 데에 새로운 지평을 열었다는 점에서 큰 의의를 갖는다.

데라니 조항은 발암 물질로부터 소비자를 보호하기 위한 것이 목적이다. 그러나 한편으로는 이 법률이 식품 첨가물 행정의 모순을 스스로 드러내고 있다고도 볼 수 있다. 많은 첨가물들이 이 조항에 의해 리스트에서 쫓겨났다는 사실은 무엇을 의미할까? 현재 사용되고 있는 첨가물 가운데 다수의 품목이 유해성 논란에 휩싸여 있는 점을 주목할 필요가 있다. 소비자가 마치 발암 물질의 생체 실험 대상으로 취급돼 온 느낌이다.

무릇 신규 소재를 식품으로 채택할 때는 무엇보다 안전성이 완벽히 검증되어야 하는 법이다. 하물며 그것이 합성 물질인 경우에는 더 말할 나위가 없다. 그러나 오늘날의 식품 행정은 어떤가? 안전성 검증에 큰 허점이 있음을 인정하지 않을 수 없다. 우선 허가를 하고 나서 사용하는 과정에 문제가 빌견되면 그때 빼낸다는 식이다. 이러한 정책은 가끔 전문가들에 의해 혹독한 비판을 받는다. 벤 페인골드 박사는 식품 첨가물로 지정되어 있다고 해서 또는 '정부가 보증한다'는 마크가 붙어 있다고 해서 국가가 안전성을 책임진다고 생각하면 오산이라고 말한다. 일본의 식품 저널리스트이자 컨설턴트인 이소베 쇼사쿠도 유사한 의견이다. 그는 저서에서 "허가 받았다고 하여 안전한 물질이라고 생각하면 순진한 사람"이라고 말한다. 그는 10년 또는 20년도 넘게 사용돼 오던 첨가물들이 하루아침에 사용 금지되는가 하면 나라에 따라 허가 품목에 차이가 있는 점 등은 상식적으로 납득할 수 없는 처사라고 비난한다.

20세기 들어 가공 식품 산업의 발달에 편승하여 식품 첨가물 산업도 눈부신 발전을 이룩했다. 그러나 그것은 대국적으로 볼 때 퇴보라고 정의하는 게 옳다. 또 소비자 건강 측면에서 차라리 그것은 재앙이다. 오늘날 첨가물이라는 화학 물질에 모든 것을 의존하고 있는 가공 식품 산업은 애당초 첫 단추를 잘못 끼웠다.

요컨대 화학 물질 범벅인 식품들이 더 이상 발 붙이도록 내버려 둬서는 안 된다. 그런 식품 아닌 식품들이 계속 장바구니에 들어가는 한, 소비자 건강의 미래는 없다. 당장은 다소 불편할지 모른다. 하지만 그것은 숭고한 일이다. 나와 내 가족을 위하는 일이고 이웃을 위하는 일이다. 그것은 우리 모두를 위하는 일이고 나아가 후손을 위하는 일이기도 하다. 소비자가 하고자 하는 마음만 있으면 얼마든지 할 수 있다.

보기

화학 물질이 첨가된 식품이 계속 생산되어 팔리는 것을 더 이상 [　　　] 해서는 안 되겠군.

① 방생(放生)　　② 방어(防禦)
③ 방조(傍助)　　④ 방치(放置)

037_ 화학 물질이 첨가된 식품이 계속 팔리고 생산되는 것을 이제는 더 이상 그냥 지나칠 수 없다는 각오를 드러내고 있다. 그러므로 어떤 현상을 보면서도 그것을 그냥 지나쳐 버리는 것은 방치(放置)라고 할 수 있다.

The콕 ① **방생(放生)**: 사람에게 잡힌 생물을 놓아 줌.
② **방어(防禦)**: 상대편의 공격을 막음.
③ **방조(傍助)**: 남의 범죄 수행에 편의를 주는 모든 도구나 행위

037 ④

038 다음 밑줄 친 '사람' 중 [사람]과 의미가 가장 유사한 것은?

> 사람이 이 세상을 살아가면서 학문을 닦지 아니하면 [사람]이 될 수 없으니, 이른바 학문이라고 하는 것은 또한 기이하거나 별다른 물건이나 일이 아니다. 다만 이것은 부모가 되어서는 마땅히 인자하여야 하며, 자식이 되어서는 마땅히 효도하여야 하며, 신하가 되어서는 마땅히 충성하여야 하며, 부부가 되어서는 마땅히 구별이 있어야 하며, 형제가 되어서는 마땅히 우애하여야 하며, 젊은 사람이 되어서는 마땅히 웃어른을 공경하여야 하며, 벗이 되어서는 마땅히 신의가 있어야 함이니, 모두 일상생활 속에서 행동할 때 일을 따라 각기 그 마땅함을 얻을 뿐이요, 현묘(玄妙)한 곳에 마음을 써서 기이한 효과를 넘겨다볼 것이 아니다. 다만 배우지 않은 사람은 마음이 막히고 식견이 흐릿하기 때문에, 반드시 모름지기 책을 읽고 이치를 궁구(窮究)하여 마땅히 행할 길을 밝힌 뒤라야 학문의 나아갈 길이 바름을 얻고, 일을 실천하는 것이 중도(中道)를 얻게 될 것이다. 요즈음 사람들은 학문이 일상생활 속에 있음을 알지 못하고, 학문을 높고 멀어 행하기 어려운 것이라 생각하고서 그것을 특별한 사람에게 주어 버리고 자신은 안이하게 포기하니 어찌 애석하지 않은가?
>
> — 이이, 〈격몽요결(擊蒙要訣)〉

① 그 일은 사람이 많이 필요하다.
② 무슨 일을 하든 먼저 사람이 되라.
③ 돈 좀 있다고 사람 무시하지 마라.
④ 이곳은 사람이 많이 난 고장이다.

038_ 이 글의 '사람'은 '일정한 자격이나 품격 등을 갖춘 이'를 의미한다. 이와 의미가 가장 유사한 것은 ②이다.

The콕) ① 어떤 일을 시키거나 심부름을 할 일꾼이나 인원
③ 상대편에게 자기 자신을 엄연한 인격체로서 가리키는 말
④ 뛰어난 인재나 인물

039 다음 밑줄 친 말 중 ㉠과 문맥적 의미가 가장 유사한 것은?

> 스티커 사진은 현대 자본주의 사회의 특성인 자본의 이미지화 현상을 잘 보여 주고 있다. 코카콜라와 나이키처럼 이미지화되는 만큼 자본이 축적되는 세계에서 스포츠, 연예, 지식계의 스타들 역시 이미지화되는 만큼 자본이 된다. 스티커 사진을 찍는 사람들도, 스티커 사진기를 발명해 사업하는 사람들도 그것을 알고 있다. 그러므로 그들은 일종의 공모 관계에 있다. 그들은 오늘의 세계에서 한 개인이라는 미미한 존재는 이미지화되는 만큼만 존재한다는 것을 ㉠ 날카롭게 파악하고 있다.

① 그는 사태를 파악하는 능력이 날카로웠다.
② 사람들의 날카로운 시선이 나를 괴롭혔다.
③ 독수리의 발톱은 날카로워서 먹이를 잡기에 좋다.
④ 어디선가 갑자기 날카로운 비명 소리가 들려왔다.

039_ ㉠의 '날카롭다'는 '생각하는 힘이 빠르고 정확하다.'의 의미로 쓰였다. 이와 유사한 의미로 쓰인 것은 ①이다.

The콕) ② 모양이나 형세가 매섭다.
③ 끝이 뾰족하거나 날이 서 있다.
④ 소리나 냄새 따위가 감각에 거슬릴 만큼 강하다.

038 ② 039 ①

040 [A]의 상황을 나타내기에 가장 적절한 속담은?

> 방송을 디지털로 전환하겠다는 것은 세계 각국이 추진하고 있는 과제이다. 방송을 디지털로 전환하면서 파생되는 경제적 파급 효과가 크기 때문에 디지털 텔레비전 산업에서 먼저 주도권을 잡기 위해 노력하고 있는 것이다. 그러나 그 전환 과정에서 여러 가지 난항을 겪고 있다.
>
> [A] 미국은 2006년 말, 아날로그 방송을 중단하고 디지털로 완전 전환한다는 목표를 세웠다. 하지만 현실적으로 불가능한 부분이 많아서 2009년 상반기까지 디지털 방송으로의 전환을 마무리하는 것으로 초기 계획을 수정했다. 일본도 2005년까지 전환한다는 계획을 2011년으로 연기했다. 영국은 디지털 전환에서 가장 앞장서는 나라이지만, 완전히 디지털로 전환하는 시기는 2007년으로 수정하고, 2012년에 아날로그 방송을 중단할 계획이다. 이렇게 여러 나라가 디지털 전환에 어려움을 겪고 있는 것은, 값비싼 디지털 텔레비전 수상기의 보급률이 생각보다 낮은 데에 원인이 있다. 디지털 방송을 해도 시청자들이 볼 준비가 되어 있지 않은 상황에서는 소용이 없기 때문이다. 정부가 주도는 하되, 소비자들이 따라올 수 있도록 정책을 펼쳐야 현실성이 있다.

① 개 머루 먹듯
② 동무 따라 강남 간다.
③ 떡 본 김에 제사 지낸다.
④ 떡 줄 사람은 꿈도 안 꾸는데 김칫국부터 마신다.

040_ [A]에서는 디지털 방송 전환 과정의 문제점을 밝히고 있다. 수용자, 즉 시청자는 텔레비전 수상기조차 구비하지 못하여 방송을 볼 준비도 되어 있지 않은데, 정부에서는 소비자의 상황은 아랑곳하지 않고 디지털 방송에 대한 청사진을 만들고 있다는 것이다. 이것은 떡 줄 사람, 즉 '수용자'는 생각도 하지 않는데, '정부'에서 김칫국부터 마신다고 표현할 수 있다.

The콕 ① 뜻도 모르면서 아는 체함을 이르는 말
② 자기는 하고 싶지 아니하나 남에게 끌려서 덩달아 하게 됨을 이르는 말
③ 우연히 운 좋은 기회에, 하려던 일을 해치운다는 말

041 다음 밑줄 친 말 중 ㉠의 의미와 가장 가까운 것은?

> 우리말에 '혀짤배기'라는 말이 있다는데, 혀가 짧아서 'ㄹ' 소리를 잘 내지 못하는 사람을 가리키는 말이다. 이러한 혀짧은 소리는 말을 배우는 어린아이들에게서 흔히 나타나는 현상이다. 아직 말을 완전히 터득하지 못한 어린아이가 혀 짧은 소리로 조잘거리는 모습은 듣는 사람의 귀를 행복하게 하지만, 말을 충분히 ㉠<u>떼고</u> 남을 만한 연령의 사람이 알아듣지 못할 소리로 말을 하는 것은 듣는 사람을 안타깝고 답답하게 한다.

① 우리 애가 동화책을 <u>뗀</u> 지는 꽤 오래 되었다.
② 떠난다고 해서 정마저 억지로 <u>뗄</u> 필요는 없다.
③ 그녀는 돌아서며 차마 떨어지지 않는 발걸음을 <u>뗐다</u>.
④ 그 사람이 마침내 사건의 전말에 대하여 입을 <u>떼기</u> 시작했다.

041_ ㉠의 '떼다'는 '배우던 것을 끝내다.'의 의미로 이와 동일한 의미로 사용된 것은 ①이다.

The콕 ② 어떤 것에서 마음이 돌아서다.
③ 걸음을 옮기어 놓다.
④ 말문을 열다.

040 ④ 041 ①

042 ㉠에 들어갈 말로 가장 적절한 것은?

'새빨간 거짓말'과 '새까만 후배'의 '새빨간'과 '새까만'은 대략 '[㉠]' 상태를 나타내는 것으로 중심 의미와는 무관하다. 이는 새롭게 생성된 개념들을 나타내기 위해 이미 존재하는 말을 활용하여 중심 의미와 관련성을 맺는 새로운 의미를 형성한 것으로, 전이 의미라고 한다. 전이 의미는 중심 의미를 대상으로 하는 문법 규칙에 해당되지 않는 경우가 많다.

① 걷잡을 수 없이 계속되는
② 값어치가 없고 함부로 된
③ 다른 것은 섞이지 않고 순수한
④ 보통의 수준보다 정도가 더 심한

042_ '새빨간,' '새까만'의 접두사 '새-'는 그 빛깔이 매우 산뜻하고 짙음을 뜻하는 말이나 '새빨간 거짓말'의 '새빨간'이나 '새까만 후배'의 '새까만'은 이러한 중심 의미에서 멀어져 '보통보다 정도가 심하다'는 의미로 사용되고 있다.

043 ㉠의 문맥적 의미로 가장 적절한 것은?

그러나 '원칙적인 면'에서의 종교와 사회의 관계가 항상 지켜지는 것은 아니다. 물론 사회 속에서 살아가는 종교인의 삶의 입장과 종교를 신봉하는 사회인의 입장 사이에는 차이가 있다. 우선 모든 사회인이 종교인은 아니다. 그러나 종교를 신봉하는 사회인은 그가 동시에 사회인이며 종교인이란 사실을 망각해서는 안 된다. 물론 ㉠ '<u>일요일의 종교인과 월요일의 사회인</u>'이라는 인간으로 살 수도 있다. 그러나 이것은 어디까지나 자기 정체를 상실한 삶의 모습이다. 진정한 삶을 살기 위해서는 사회적인 활동과 종교적인 활동을 전개하는 사람이 두 사람이 아닌 한 사람이라는 것을 잊지 말아야 한다.

① 사회적인 활동에만 매진하는 사람
② 맹목적으로 종교에만 매달리는 사람
③ 다양한 분야에서 활발한 활동을 하는 사람
④ 종교적 원칙과 사회적 원칙을 별개로 생각하는 사람

043_ ㉠의 뒤를 보면 ㉠과 같은 사람을 두고 '자기 정체를 상실한 삶'이라고 하였으며, 아울러 '진정한 삶은 사회적인 활동과 종교적인 활동을 전개하는 사람이 두 사람이 아닌 한 사람이라는 것을 잊지 않는 일'이라고 하였다. ㉠은 동일한 사람이 일요일에는 종교인으로 지내고, 월요일에는 종교인과는 무관하게 사회인으로 생활하는 것을 의미한다고 볼 수 있다. 즉, 이는 종교적 원칙과 사회적 원칙을 별개로 생각하는 사람을 뜻한다.

042 ④ 043 ④

044 ㉠에 제시된 단어들의 쓰임으로 적절하지 않은 것은?

어휘 능력이 어느 정도 향상되면 여기서 한 단계 나아가 다음과 같은 추상적 개념들까지도 그 의미를 정확하게 변별해 내게 된다.

'그가 그런 행동을 하는 [까닭, ㉠ 원인, 연유, 유래, 연원, 동인, 동기, ……]은/는 무엇인가?'

이 단어들은 고도의 추상적 의미를 지닌 단어들로서 의미가 비슷비슷하지만 서로 미묘하게 차이가 있다. 이러한 단어들 가운데서 주어진 문맥 상황에 가장 적절한 단어를 선택하는 능력은 자동차의 종류를 구별하는 일보다 훨씬 수준 높은 언어 능력이다. 이 경우 단어를 정확하게 선택할 수 있기 위해서는 단어의 의미뿐 아니라, 그 단어가 적용되어야 할 대상이나 상황에 대해서까지도 정확하게 인식할 수 있어야만 한다. 이러한 능력은 하루아침에 갖추어지는 것이 아니며, 오랜 기간 동안의 수준 높은 읽기와 쓰기 훈련을 거쳐서 비로소 획득된다. 구체적 사물을 가리키는 말, 고도로 추상적인 개념을 나타내는 말을 막론하고, 단어들의 섬세한 의미 차이를 정확하게 구별하고 사용할 줄 안다는 것은 곧 온갖 사상에 대한 정밀한 분석 능력, 즉 기본 사고 활동이 정확하게 발동되고 있다는 것을 의미한다.

① 그는 원인 모를 병으로 한 달 만에 세상을 떠났다.
② 그는 김 과장이 사표를 내게 된 연유를 잘 알고 있었다.
③ 전설 중에는 특정 풍속의 유래를 설명해 주는 것이 많다.
④ 때로 인간은 실패를 도약의 연원으로 만들어 성장하기도 한다.

044_ '연원(淵源)'은 사물의 근원을 뜻하는 말이므로, ④의 문맥에 어울리지 않는다.
④의 문맥에 어울리는 말은 '계기(契機)'인데, 이 말은 '어떤 일이 일어나거나 변화하도록 만드는 결정적인 원인이나 기회'를 뜻한다.

The콕 ① **원인(原因)**: 어떤 사물이나 상태를 변화시키거나 일으키게 하는 근본이 된 일이나 사건
② **연유(緣由)**: 일의 까닭
③ **유래(由來)**: 사물이나 일이 생겨남. 또는 그 사물이나 일이 생겨난 바

045 밑줄 친 말의 관계가 ㉠:㉡과 유사한 것은?

자신의 역사적 배경을 포기하기를 강요받는 자연 과학적 태도가 사회에 만연하게 된다면, 점점 더 인간은 개성 있는 인격체에서 '교체될 수 있는 단순한 구성원'으로 전락하게 된다. 만약 전통적 세계가 객관적이고 합리적인 지식으로 대체되는 것을 현대화라고 한다면, 현대화는 필연적으로 획일화와 표준화의 방향으로 진행될 수밖에 없다. 자본주의는 그 무엇보다 ㉠ 효율성을 중시하는 ㉡ '경제인(homo economicus)'을 만들어 내며, 기술 문명이 만들 수 없는 것은 아무것도 없다고 맹신하는 '제작인(homo faber)'을 산출하지 않는가? 그렇지만 그것만이 전부는 아니다. 여기서 인문학의 필요성이 제기된다. 인문학이 필요한 까닭은 효율성, 생산성만으로는 삶의 의미가 충족되지 않기 때문이다. 자연 과학으로 인해 훼손된 삶은 보상을 요구하며, 이러한 보상의 문화적 제도가 바로 인문학이다.

① 지구는 수성, 금성, 화성 등과 함께 태양계의 한 행성이다.
② 키 크기에 좋은 운동은 달리기, 테니스, 농구, 줄넘기 등이다.
③ 철수는 집에서는 착한 아들이지만 학교에서는 문제 학생이다.
④ 판매 실적을 높이기 위해 영업 사원들은 항상 최선을 다한다.

045_ 앞뒤 문맥을 따져 보면, '경제인'(㉡)은 '효율성'(㉠)을 중시하고 있음을 알 수 있다. 그러므로 ㉠:㉡의 관계는 '주체와 주체가 중시하는 것'의 관계이다.
④에서도 '영업 사원들'은 '판매 실적'을 중시하고 있으므로 주체와 주체가 중시하는 것의 관계로 볼 수 있다.

044 ④ 045 ④

[046~047] 다음 글을 읽고 물음에 답하시오.

왼쪽 그림 세 개를 보고 그중 두 개를 하나로 묶는다면 무엇을 묶을지를 생각해 보라. 이를 미국과 중국 어린이들에게 보여 주고 하나로 묶으라고 하면 중국 어린이들은 소와 풀을 하나로 묶는 데 반해 미국 어린이들은 소와 닭을 하나로 묶는다고 한다. 이를 바탕으로 한 학자는 동양인은 사물들 간의 [㉠]에, 서양인은 사물들 간의 [㉡]의 동질성에 영향을 많이 받는다고 결론을 내린다.

멜라네시아 피지 섬의 친족 용어를 연구한 서양학자들은 그들의 호칭어가 서양인의 친족 관계에서는 이해하기 어려움을 깨달았다. 피지 사람들은 아버지는 '타마', 어머니는 '티니'라고 한다. 그런데 '타마'는 아버지만 뜻하는 것이 아니라 숙부와 오촌 당숙도 의미했고, 티나는 어머니만 뜻하는 것이 아니라 이모, 종이모도 의미했다. 예컨대 타마는 좁은 의미에서는 아버지고, 넓은 의미로는 아버지의 형제들이나 그와 유사한 친척이 된다. 피지 아이들은 아버지의 형제들을 '타마'라고 부름으로써 그들을 아버지처럼 여기도록 사회화되고, 그들에게 아들처럼 행동하게 된다. 이러한 멜라네시아의 친척 개념은 오히려 우리와 비슷한 점이 있다. 우리는 아버지를 중심으로 작은아버지, 큰아버지라는 관계가 있고, 여자들 쪽에는 작은어머니, 큰어머니가 있다. 할아버지나 할머니도 사실은 '크다'는 뜻의 접두사 ㉢'한-'에 아버지와 어머니가 결합한 말이니 아버지와 어머니라는 말이 지칭하는 대상은 매우 넓다.

046 ㉠과 ㉡에 들어갈 말로 가장 적절한 것은?

	㉠	㉡		㉠	㉡
①	특정	체계	②	현상	자질
③	본성	성분	④	관계	속성

046_ 이 문제를 풀기 위해서는 ㉠, ㉡ 앞의 설명, 즉 '중국 어린이들은 소와 풀을 하나로 묶는 데 반해 미국 어린이들은 소와 닭을 하나로 묶는다고 한다'는 내용을 참고로 하여 추리하면 된다. 다시 말하면 중국 어린이들은 소가 풀을 먹는다는 둘 사이의 관계'를 중요시하여 소와 풀을 하나로 묶는 반면 미국 어린이들은 동물과 식물이라는 분류 체계를 기준으로 하여 같은 분류 체계에 속하는 소와 닭을 하나로 묶는다는 것이므로 동양인은 사물들의 '관계'에 주목하고, 서양인은 사물들 간의 '속성'의 동질성에 주목한다고 보면 된다.

046 ④

047 **〈보기〉는 ⓒ과 관련하여 과제물로 제출하기 위해 사전에서 조사한 것이라고 했을 때, 수정한 내용으로 적절하지 않은 것은?**

> 보기
>
> 접두사 '한-'은 일부 명사 앞에 붙어
> (ㄱ) '크다[大]'의 뜻을 더한다.
> 때가 한겨울이라 바다를 찾는 관광객이 많지 않다. ······ ⓐ
> (ㄴ) '정확한' 또는 '한창인'의 의미를 더한다.
> 그 배우는 지금 무대 한가운데에 서서 공연하고 있었다. ······ ⓑ
> 그가 돌아왔으니 한시름 덜은 것 같다. ······ ⓒ
> (ㄷ) '같은'의 뜻을 더한다.
> 모두가 한패가 되어 나를 공격하였다. ······ ⓓ
> 한데 앉아서 음지 걱정한다.
> (ㄹ) '바깥' 또는 '끼니때 밖'의 의미를 더한다.
> 한밥 먹기가 눈치가 보인다.

① ⓐ의 '한겨울'은 '아주 추운 겨울'이라는 뜻이므로 (ㄱ) 항목 그대로 둔다.
② ⓑ의 '한가운데'는 '공간의 바로 가운데'라는 뜻이므로 (ㄴ) 항목에 그대로 둔다.
③ ⓒ의 '한시름'은 '시름이 크다'는 뜻이므로 (ㄱ) 항목으로 옮긴다.
④ ⓓ의 '한패'는 '같은 패'의 의미를 지니고 있으므로 (ㄷ) 항목 그대로 둔다.

047_ '한겨울'에서 접두사 '한-'은 (ㄱ)의 '크다'의 뜻을 더한다기보다는 (ㄴ)의 '한창인'의 뜻을 더하는 것으로 봐야 한다.

048 **다음 글의 내용으로 미루어 볼 때, 밑줄 친 단어들의 관계가 ⓐ와 ⓑ의 관계와 가장 유사한 것은?**

> ⓐ 정제되고 품위 있는 이미지가 좋은 취향의 디자인에 필수적인 것과 마찬가지로, ⓑ 키치 이미지의 전략적 요소들 또한 디자인을 살아 있게 만들어 주는 타고난 속성들이라고 할 수 있다. 키치 이미지는 산업 사회를 살아가는 대중들의 취향과 태도를 반영하고 있다. 이러한 의미에서 키치 이미지는 디자인이 반영해야 하는 대중문화의 중요한 자원인 것이다. 또한 키치 이미지는 표현의 측면에서 미적 범주를 확장시킬 수 있는 가능성을 제공한다.

① 이상은 실현 가능성을 수반하는 사고 작용이라는 점에서 허탄한 가공의 환상을 가리키는 일이 많은 꿈과는 다르다고 할 수 있다.
② 시에서 표현 기교가 시인의 생각을 효과적으로 드러내기 위한 장치라면 주제는 시인이 전달하고자 하는 핵심적인 생각을 말한다.
③ 제재는 작품의 주제와 밀접한 관련이 있는 가장 중심적인 대상이라는 점에서 문학 작품의 바탕이 되는 모든 재료를 가리키는 소재와 구분된다.
④ 소리의 아름다움을 중시하였던 고전주의 음악이 협화음을 택하였다면, 불규칙한 추상적인 정신 세계를 표현하고자 한 현대 음악가들은 불협화음을 택하였다.

048_ 이 글의 내용으로 미루어 볼 때, ⓐ와 ⓑ는 서로 대비되는 개념이면서 동시에 상호 보완적인 관계에 있음을 알 수 있다.
④의 '협화음'과 '불협화음'의 경우도 그 의미가 대비되면서 서로 상호 보완적이라는 측면에서 단어들의 관계가 유사하다고 할 수 있다.
The콕 ① '이상'과 '꿈'은 그 의미가 서로 비슷하면서도 세밀한 부분에서 차이가 있는 단어이다.

047 ① 048 ④

049_ 무쇠솥과 이것을 가열함으로써 나타나는 맛있는 밥짓기의 원리를 현대적으로 적용하여 새로운 상품을 만든 것이 바로 '통가열식 전기 압력 밥솥'이다. 이렇게 기술적 원리에 착안하여 현대적 상품으로 재창조한 사례로 삼을 수 있는 것은 '땅 속에 묻은 항아리'와 '김치 냉장고'라고 할 수 있다.

049 밑줄 친 단어들 중 ㉠과 ㉡의 관계와 가장 유사한 것은?

> 붙이 직접 닿는 바닥면의 두께도 밥맛에 영향을 미친다. ㉠ 무쇠솥을 세로로 절단하여 보면 그 바닥은 두껍고 가장자리로 가면서 얇아진다는 사실을 알 수 있다. 바닥이 가장자리 부분보다 2배 가량 두꺼운데 이것은 열전도와 관련된다. 불에 먼저 닿는 부분을 두껍게 하고 먼 부분을 얇게 만들었기 때문에 고르게 열이 솥 안에 전달된 것이다. 또 무쇠솥에 붙이 닿는 밑바닥의 면적이 솥 입구의 면적보다 더 넓게 만들어진 것도 솥의 내부에 고르게 열을 전달하게 해 줌으로써 솥 안에 지어진 밥이 균일하게 지어질 수 있도록 해 준다.
>
> 이러한 원리들을 응용한 것이 요즘 유행하는 통가열식 ㉡ 전기 압력 밥솥이다. 압력밥솥은 솥 안의 압력을 높여 밥을 짓는다. 이렇게 하면 밥알이 찰지고 윤기 있게 된다. 여기에 더해 전기 코일을 솥 주위에 감아놓은 것이 바로 통가열식 전기 압력 밥솥으로 압력만 가하는 것이 아니라 전기 코일에서 발생하는 열까지도 솥 전체에 고르게 전달되는 효과가 나타난다. 그래서 밥 전체가 균일하게 지어질 수 있는 것이다.

① 음식에 인체에 해로운 물질이 있는지 검사하는 데 은을 사용했던 것처럼 요즘도 은수저를 만들어 음식을 먹기 전에 음식에 닿게 하여 음식의 안전성을 판단하는 경우가 있다.

② 과거 백성들이 집의 내부를 황토로 발라 습도를 조절했던 것을 현대적으로 이용하여 황토 벽돌을 만들어 집을 지음으로써 습도 조절은 물론 원적외선 방출 효과로 인해 건강에도 도움을 받게 되었다.

③ 우리 조상들이 땅 속에 묻은 항아리에 김치를 보관함으로써 김치가 시어지는 것을 방지한 것에 착안하여 현대인들은 온도를 일정하게 유지하게 해 주는 기능을 가진 김치 냉장고를 만듦으로써 식생활의 질을 높였다.

④ 전통의 맛을 중시하는 요리사들은 우리의 전통 맷돌이 서양에서 수입된 전동 분쇄기와 비교하여 효율성 측면에서 상대가 되지 않지만 이를 사용하여 재료를 갈아 음식을 만들 때 가장 전통적인 맛을 낼 수 있다고 주장한다.

050_ 문맥으로 보아 여기서 '알고 있다'는 '잘못 알고 있다'의 의미로 쓰였음을 알 수 있다.

050 ㉠의 문맥적 의미에 가장 가까운 것은?

> 위의 두 사례는 사회 구조가 질병 발생에 영향을 준 경우인데 그 반대의 경우도 있다. 우리는 흔히 인디언들이 미국으로 이주한 유럽인들에 의해 변방으로 내몰려 죽거나 흩어져 버린 것으로 ㉠ 알고 있다. 그러나 사실은 유럽인들의 이주와 함께 전파된 각종 전염병으로 인디언들이 대량으로 사망한 것이다. 즉 대부분의 인디언들은 유럽에서 전파된 전염병으로 인하여 사망한 것이며 전쟁으로 인한 사망은 상대적으로 소수에 불과하였다. 전염병은 인디언 사회의 해체에 절대적으로 중요한 요인이 되었던 것이다.

① 가정(假定)　② 동조(同調)
③ 오인(誤認)　④ 추측(推測)

049 ③　050 ③

051 ㉠의 문맥적 의미와 가장 유사한 것은?

〈아드리엔 콜레르트, '최후의 심판'〉

'금의 무게를 다는 여인'과 '최후의 심판'. 그런데 이 두 그림은 서로 어떤 관계가 있을까? 여기서 우리는 자연스럽게 도상학의 세 번째 단계, 즉 '도상학의 해석 단계'로 넘어가게 된다. 이 마지막 단계의 과제는 그림에 숨겨진 의미를 ㉠ 밝혀 내는 것이다. 다시 말하면 작가가 궁극적으로 이 작품을 통해 말하려고 했던 바가 무엇인지, 그가 이 작품으로 도대체 우리에게 무슨 말을 하려고 했는지를 마지막으로 확정하는 것이다. 이를 위해서는 특정 시대에 어떤 행동이나 대상 혹은 어떤 상황이 가질 수 있는 이차적이거나 상징적인 의미에 대한 확실한 지식이 필요하다.

① 백열등이 방안을 밝히고 있었다.
② 나와 친구는 밤을 밝히며 그 일을 해냈다.
③ 숨 죽인 가운데 신경을 밝혀 그 소리를 들었다.
④ 이 일에 얽힌 음모를 자세히 밝힐 테니 들어 보십시오.

051_ ㉠에 쓰인 '밝혀'는 숨겨진 의미를 밝힌다는 경우에 사용하였다. 이는 '드러나지 않거나 알려지지 않은 사실, 내용, 생각 따위를 드러내 알리다.'라는 의미를 지니고 있는 경우이다. 그러므로 음모를 자세히 밝히려는 ④가 가장 유사한 의미를 지니고 있다고 할 수 있다.

The콕 ① '밝다'의 사동사이다.
② '밤'을 목적어로 하여 '자지 않고 지내다.'의 의미이다.
③ '눈, 신경, 두뇌 따위의 작용을 날카롭게 하다.'의 의미이다.

052 다음 중 '말'의 쓰임이 ㉠의 예로 가장 적절한 것은?

훔볼트는 "인간은 언어를 창조하는 행위를 통하여 그 자신을 언어 속에 가둔다."라고 했다. 이 말은 결국 인간은 언어가 인간에게 보여 주는 대로만 현실을 인식한다는 것이다. 말하자면 ㉠ 객관적인 세계를 직접 인식하는 것이 아니고, 언어의 통로를 통해서만 인식한다는 것이다.

① 사돈 남의 말 한다.
② 말 한 마디에 천 냥 빚도 갚는다.
③ 음식은 갈수록 줄고 말은 갈수록 는다.
④ 고기는 씹어야 맛이요, 말은 해야 맛이라.

052_ ㉠에서는 말이 무엇을 이루어 내는 힘을 가지고 있음을 강조하고 있다. 말의 이러한 측면과 관련이 깊은 것은 ②이다.

The콕 ① 제 일은 젖혀 놓고 남의 일에만 참견한다는 뜻
② 말만 잘 하면 어떤 어려움도 해결할 수 있다는 말
③ 먹을 것은 먹을수록 주나 말은 할수록 보태져, 걷잡을 수 없게 되는 것이니 말을 삼가라는 말
④ 말도 할 말이면 시원히 해버려야 좋다는 말

051 ④ 052 ②

053 ⓐ~ⓒ의 문맥적 의미를 바르게 묶은 것은?

학문하는 길에는 방법이 따로 없다. 모르는 것이 있으면 길가는 사람이라도 붙잡고 묻는 것이 옳다. 비록 하인이라 할지라도 나보다 글자 하나라도 많이 알면 우선은 그에게 배워야 한다. 자신이 남과 같지 못한 것을 부끄러워하여 자기보다 나은 사람에게 묻지 않는다면, 이는 죽을 때까지 편협하고 무식한 곳에 자신을 가두어 두는 것이 된다.

순임금은 밭 갈고 질그릇 굽고 물고기 잡는 데서부터 제왕이 되기까지 다른 사람의 좋은 점은 반드시 취했다. 공자는 "나는 젊었을 때 천하게 지내서 ⓐ 더러운 일에도 상당히 능하다."고 하였다. 그 더러운 일이란 밭 갈고 질그릇 굽고 물고기 잡는 일 따위이다. 이렇듯 순임금과 공자도 날 때부터 성스럽고 재능이 있었지만, 사물에 접한 다음, 솜씨를 익히기 시작했고 일에 닥쳐서 필요한 기구를 만들었던 것이다. 또한 날마다 힘을 다해도 부족한 점이 있었을 것이며, 지혜를 다해도 역시 막히는 데가 있었을 것이다. 그런 까닭에 순임금과 공자가 성인이 된 것은 평소 남에게 묻기를 좋아하고 그로부터 잘 배웠기 때문이다.

동방에 사는 우리나라의 선비들은 한편으로 치우치는 기질을 갖고 있다. 한번도 중국 땅을 밟아 보지 못했고, 중국 사람을 본 적이 없다. 나서 늙고 병들어 죽을 때까지 이 나라 강토를 떠나 본 적도 없다. 학의 다리가 길고 까마귀 날개가 검은 것처럼 각각 타고난 천성을 지키기만 하고, 마치 우물 안 개구리나 나뭇가지 하나에만 깃들이는 뱁새처럼 홀로 이 땅만을 지켜 왔다. "예(禮)는 차라리 질박해야 한다."고 말하고, ⓑ 더러운 것을 검소한 것으로 안다. 이른바 사농공상(士農工商)의 사민(士民)이라는 것은 겨우 명목만 남았고, 쓰임을 이롭게 하고 삶을 풍족하게 하는 기구는 날로 부족해지기만 한다. 이는 다름 아니라 학문하는 도(道)를 모르기 때문이다.

장차 학문을 하려고 한다면, 중국을 배우지 않고서 어떻게 할 것인가? 그러나 우리나라 선비들은 "지금 중국을 지배하는 자들은 오랑캐다. 그 학문을 배우기가 부끄럽다."라고 말한다. 그러면서 중국의 옛 제도까지도 ⓒ 더럽게 여긴다.

중국 사람들이 비록 오랑캐처럼 머리를 밀고 옷깃을 왼쪽으로 여미고 있지만, 그들이 살고 있는 땅은 하(夏)·은(殷)·주(周) 삼대(三代) 이래로 한(漢)·당(唐)·송(宋)·명(明)을 거친 중화(中華)가 아니겠는가? 또한 그 땅에서 태어난 자 역시 삼대 이래로 한·당·송·명의 백성들의 후손이 아니겠는가? 법이 좋고 제도가 아름다우면 아무리 오랑캐라 할지라도 스승으로 삼아야 한다. 하물며 그 광대한 규모와 정밀하고 치밀한 마음, 크고 원대한 제작물과 빛나는 문장이 아직도 삼대 이후 한·당·송·명의 고유한 옛 법으로 그대로 남아 있으니 말해 무엇하겠는가?

우리가 그들에 비해 나은 점은 정말 하나도 없다. 그런데 홀로 한 줌의 상투머리로 스스로 세상에서 가장 현자(賢者)인 체 하며, "지금의 중국은 옛날의 중국이 아니다."라고 한다. 중국의 산천을 더럽고 노린내가 난다며 탓하고, 그 백성들을 개나 양 같다고 욕하며, 그 언어를 오랑캐의 언어라고 모함한다. 그러면서 중국 고유의 좋은 법과 아름다운 제도마저도 배척해 버린다. 그렇다면 장차 어느 나라를 본받아서 실천해 나갈 것인가?

053_ ⓐ의 공자가 경험한 '더러운 일'은 '밭 갈고 질그릇 굽고 물고기 잡는 일'이다. 이런 일은 육체적 노동을 의미하며, 선비가 종사하는 일이 아니다.
ⓑ는 가난함을 미덕으로 여긴 우리나라 선비들은 '안빈낙도'를 노래하면서, 가난을 부끄러운 것으로 생각하지 않고 그저 검소한 것으로 생각하는 경향이 있는데, 글쓴이는 삶을 풍족하게 하는 기구가 날로 부족해져 백성들이 가난을 면치 못하는 원인으로 생각하고 있는 것이다.
ⓒ는 중국의 학문을 배우기가 부끄럽다고 생각하는 사람들이 중국의 옛 제도까지 깎아내리고 있음을 말하고 있다.

053 ②

	ⓐ	ⓑ	ⓒ
①	불결한 일	굴욕적인 삶	부끄러워 한다
②	선비가 하지 않는 일	물질적인 궁핍	폄하한다
③	실용적인 일	불결한 환경	부끄러워 한다.
④	미천한 일	실용적 태도	불결하게 생각한다

054 ‘ⓐ 보험 : ⓑ 복권’의 관계와 가장 가까운 것은?

> 두어 가지 ⓐ 보험을 들어 둔 사람이 퇴근길 지하철역에서 ⓑ 복권을 사 만족스러운 미소를 지으면서 안주머니에 조심스레 집어넣는 광경을 쉽게 떠올릴 수 있다. 그러나 경제학적으로 볼 때 이 사람의 행동은 납득하기 힘든 점이 있다. 경제학에서는 모든 경제 주체가 합리적이라는 것을 기본 가정으로 삼는데, 이는 모든 사람이 일관성 있는 행동을 한다는 것을 전제로 한다. 그런데 언제는 위험 부담을 싫어해 보험에 가입한 사람이 이번에는 복권을 사서 위험을 자청해 부담한다면, 여기에는 분명히 일관성이 결여되어 있다.

① 수절(守節) : 훼절(毁節)
② 침공(侵攻) : 정벌(征伐)
③ 노력(勞力) : 성공(成功)
④ 간예(干預) : 참견(參見)

054_ 보험에 가입하는 것은 위험 부담을 싫어하는 행위이지만, 복권을 사는 것은 위험을 자청해 부담하려는 행위라고 하였다. 따라서 ‘ⓐ 보험’과 ‘ⓑ 복권’은 반대 관계에 해당한다. 한편, ①의 ‘수절(守節)’은 ‘절의를 지킴.’을 의미하고, ‘훼절(毁節)’은 ‘절의를 깨뜨림.’을 의미한다. 따라서 ‘수절(守節)’과 ‘훼절(毁節)’ 역시 반대 관계에 해당한다.

The국 ② ‘침공(侵攻)’은 공격을 당한 쪽의 입장을 반영한 어휘이고, ‘정벌(征伐)’은 공격을 하는 쪽의 입장을 반영한 어휘이다. 따라서 ‘침공(侵攻)’과 ‘정벌(征伐)’은 똑같은 현상이더라도 입장의 차이에 따라 어휘의 차이가 발생할 수 있음을 보여 주는 관계에 해당한다.
③ ‘노력(勞力)’과 ‘성공(成功)’은 원인(조건)과 결과의 관계라고 할 수 있다.
④ ‘간예(干預)’는 ‘관계하여 참견함.’을 의미하고, ‘참견(參見)’은 ‘자기와 별로 관계없는 일이나 말 따위에 끼어들어 쓸데없이 아는 체하거나 간섭함.’을 의미한다. ‘간예(干預)’와 ‘참견(參見)’은 두 개념이 유사하기 때문에 유의 관계에 해당한다.

054 ①

055_ ㉠ '통합(統合)'은 '결합(結合)'으로 바꿔 써야 한다. '결합'은 '맺어서 합함.', 즉 '둘 이상이 서로 관계를 맺고 합쳐서 하나가 됨.'이라는 의미를 가지며, '통합'은 '모두 합쳐 하나로 모음.'이라는 의미를 갖는다.

The콕 ㉡ **접목(椄木)**: 둘 이상의 다른 현상 따위를 알맞게 조화하게 함을 비유적으로 이르는 말
㉢ **확산(擴散)**: 흩어져 널리 퍼짐.
㉣ **내장(內藏)**: 밖으로 드러나지 않게 안에 간직함.

055 ①

055 ㉠~㉣의 용례로 바르지 않은 것은?

유비쿼터스 기술에서 설명하는 '제3공간'은 물리 공간과 전자 공간을 유기적으로 연계, ㉠ 통합하는 공간으로서의 성격을 지닌다. 유비쿼터스 시스템에서는 우리가 생활하는 공간에 있는 모든 사물에 칩이 들어가기 때문에 이러한 일이 가능해진다. 현재 우리가 생활하는 공간은 물리 공간이고, 거기에 칩이 들어간다는 것은 전자 공간이 ㉡ 접목되는 것이다. '제3공간'을 구현하기 위한 유비쿼터스 정보 기술은 크게 두 가지 관점에서 이해될 수 있다. 첫째는 전자 공간을 물질화시키는 측면이며, 둘째는 물리 공간을 전자화시키는 측면이다.

물리 공간을 전자화시키기 위해 가장 필요한 기술이 바로 센싱 기술이다. 센싱 기술은 물리 공간에 존재하는 상품과 사물, 그리고 사람의 존재와 그 정보를 인식하고 이를 전자 공간에 전달하는 역할을 한다. 센싱 기술과 위치 추적 기술은 물리 공간의 좌표에 존재하는 사물을 전자 공간의 데이터베이스에 연결시키는 역할을 수행한다. 그래서 사물에 들어가는 칩이 기본적으로 센싱 기능을 갖추게 되는 것이다.

예를 들어 소파에 내가 앉아 있다고 할 때, 소파는 나의 혈압, 체온, 맥박, 체형 등을 감지해서 누가 앉아 있는지를 알고, 또 집안에 설치된 위치 추적 시스템은 내가 소파에 앉아 있다는 것을 한 번 더 확인해 주는 식이다. 이러한 칩은 여러 가지 기술이 가미되면서 엄청나게 발전한다. 센서, 칩, 통신 기능이 통합된 유비쿼터스 칩이라고 할 수 있다. 물리적인 공간을 전자화시키는 주역인 칩 내지 센서가 ㉢ 확산되어가는 단계는 다음과 같이 나누어진다.

첫 번째 단계는 센서가 생활 공간에 확산되는 단계이다. 정보 가전을 비롯해 소파와 침대, 그리고 도로 곳곳에도 작고 저렴하며 소비 전력이 낮은 센서들이 ㉣ 내장된다. 이들은 독립된 센서로서 고유의 기능을 수행한다. 지금도 센서 그 자체이고, 센서가 들어간 가전 제품은 시중에서 많이 찾을 수 있다.

두 번째 단계는 이들 센서가 연결되는 단계이다. 기존의 전력선과 전화선, 무선을 활용한 네트워크가 형성되면 센서들은 단일 네트워크로 통합된다. 네트워크 속에 편입된 센서들은 각자의 정보를 주고받는다.

마지막 발전 단계는 각종 센서들의 정보가 종합화되는 단계이다. 센서들이 제공하는 개별적인 정보를 종합하여 판단할 수 있는 단계에 해당한다. 예를 들어 교량에 부착된 수많은 센서들이 개별 정보를 전송하고, 그것은 하나의 화면으로 나타나서 교량의 전체적인 상태를 보여 줄 수 있게 되면, 교량의 어느 곳에 문제가 있는지를 구체적으로 진단할 수 있게 된다.

① ㉠ 통합: 한글에서 자음은 모음과 통합하여 글자를 만들어 낸다.
② ㉡ 접목: 우리는 전통 문화를 현대적 감각과 접목하여 새로운 전통을 탄생시켜야 한다.
③ ㉢ 확산: 가뭄 피해가 전국적으로 급속히 확산되고 있다.
④ ㉣ 내장: 이 자동차에는 첨단 기기들이 내장되어 있다.

01

056 ㉠에 들어갈 어휘로 가장 적절한 것은?

정리해 보면, 동쪽으로 낸 문만은 풍수지리설에 따라 글자수를 넉 자로 했지만, 동서남북 사방의 대문이 각각 흥인, 돈의, 숭례, 홍지라는 숭고한 의미가 담긴 말들로 써 그 이름을 삼고 있다. 이것을 다시 들여다보면 유교 사상의 핵심 개념인 인의예지(仁義禮智)와 정확히 대응을 이루고 있음을 알 수 있다. 즉, 인간의 참다운 본성(本性), 그 최고의 가치들을 사방의 각 대문이 하나씩 (㉠)하고 있는 것이다.

① 고양(高揚) ② 억양(抑揚)
③ 현양(顯揚) ④ 찬양(讚揚)

056_ 문맥적 의미를 고려하여 가장 적절한 어휘를 찾는 문제이다. 문맥으로 보아 ㉠에는 '이름 · 지위 따위를 세상에 높이 드러냄.'의 의미를 가진 ③ '현양(顯揚)'이 적절하다.

The콕 ① **고양** : 높이 선양함.
② **억양** : 누르기도 하고 칭찬하기도 함.
④ **찬양** : 아름다움을 기리고 착함을 드러냄.

057 ㉠과 ㉡의 짝이 바르게 묶인 것은?

상하 관계의 됨됨이는 동일하지 않다. 이 점을 다음 두 가지 측면에서 살펴보기로 한다. 먼저, '황인종－사람', '의사－사람'과 같은 ㉠ 엄밀 상하 관계와 '개－애완동물', '칼－무기'와 같은 ㉡ 유사 상하 관계에서 나타나는 차이점이다. 이 둘의 차이는 이행성(移行性)을 검토함으로써 드러나는데, 엄밀 상하 관계에서는 이행성이 항상 성립되는 반면, 유사 상하 관계에서는 이행성의 성립이 상황에 따라 다르다.

	㉠	㉡
①	할미꽃 － 꽃	사과 － 과일
②	반찬 － 부식	술 － 약주
③	포유류 － 동물	가위 － 학용품
④	트럼펫 － 관악기	잉어 － 민물고기

057_ 포유류는 언제나 동물에 속하기 때문에 엄밀 상하 관계에 속하지만 가위는 학용품에 속할 수도 있고 그렇지 않을 수도 있다. 즉, 가위를 어떤 상황에서, 어떤 용도를 목적으로 사용하느냐에 따라 상위어가 달라질 수 있다. 따라서 가위는 유사 상하 관계에 속하는 것이다.

058 ㉠과 가장 관계 깊은 말은?

물론 18세기 이후의 사상계의 흐름이 주자학 일변도만은 아니었다. 정권에서 소외된 몇몇 소론(少論) 가문을 중심으로 양명학이 연구되기도 하였다. 그러나 그 역할은 미미한 것이었다. 이보다는 당시 사회 개혁 사상으로 널리 알려진 실학(實學)을 들 수 있다. 실학자들은 대체로 ㉠ 성리학에 학문적 연원을 두고 있으면서도 성리학에서 벗어나 새로운 모습을 보이려 노력하였다. 그들은 역사적 모순을 직시하고 이를 바로잡기 위한 개혁안의 이론적 바탕을 유학 본연의 정신에서 찾고자 하였다. 이러한 과정에서 일부는 근대적 사상 체계에 근접하는 성과를 내기도 하였다. 실학사상은 유학이라는 뿌리를 같이했기 때문에 주자학과 공존할 수 있었으나 현실 정치 속에서 그 개혁 정신을 관철할 가망은 없었다.

① 환골탈태(換骨奪胎) ② 일취월장(日就月將)
③ 유만부동(類萬不同) ④ 자수성가(自手成家)

058_ ① '환골'은 옛사람의 시문을 본따서 어구를 만드는 것이고, '탈태'는 고시의 뜻을 본따서 원시와 다소 뜻을 다르게 짓는 것으로, 옛사람이나 타인의 글의 형식이나 내용을 따르되 자기의 방식으로 바꾸어 먼저 것과 다르게 함을 이르는 말이다. 따라서, 실학이 성리학에 근원을 두고 있으면서도 성리학과는 다른 새로운 모습을 보이려 했다는 ㉠의 경우와 관계가 깊다.

The콕 ② **일취월장(日就月將)** : 나날이 다르게 발전해 나감.
③ **유만부동(類萬不同)** : 많은 것이 서로 같지 않고 다름.
④ **자수성가(自手成家)** : 물려받은 재산이 없이 자기 혼자의 힘으로 집안을 일으키고 재산을 모음.

056 ③ 057 ③ 058 ①

059 리보솜 - 단백질 과 유사한 관계가 성립하는 것은?

과학자들은 먼저 이 기계의 모델을 우리 몸속에서 찾으려고 한다. 생물체 안에는 분자 간 결합을 촉진시키거나 분자 간 결합을 끊는 분자 기계가 이미 존재하고 있다. 수십억 년 동안의 진화를 거친 생체 분자는 우리가 아직까지 확실하게 모르는 작동 방법으로 그 역할을 훌륭하게 수행하고 있다. 대표적인 분자 기계로는 단백질을 만드는 세포 내 소기관인 리보솜을 들 수 있다. 리보솜 은 3~4개의 RNA를 중심으로 이루어진 분자 복합체로, DNA의 정보를 담고 있는 전령 RNA의 메시지를 읽어 들여 아미노산을 재료로 수많은 단백질 을 만들어 낸다. 수십 개의 생체 분자들이 모여 어떻게 이런 복잡하고 정교한 작업을 할 수 있는지 그저 놀라울 뿐이다. 리보솜 외에도 생물체에는 수백 종의 분자 기계가 존재하고 있다. 대표적인 예로는 직선형 모터인 키네신과 미오신, 그리고 박테리아 편모 모터를 들 수 있다.

① 꽃 - 열매　　② 나무 - 가지
③ 방직기 - 옷감　　④ 자동차 - 휘발유

059_ 리보솜은 생체 분자 기계의 하나로 아미노산을 원료로 단백질을 만든다. 이렇게 보면 '리보솜'은 단백질을 만드는 '기계'에 해당하고 '단백질'은 그 기계가 만든 '생산물'이 될 수 있다. ③ '방직기'와 '옷감'도 '기계'와 '생산물'의 관계이다.
The콕 ① '꽃'이 '열매'를 만드는 기계는 아니다.

060 〈보기〉에 있는 언어 자료를 ㉠과 ㉡에 맞게 배치한 것은?

'반의어'는 '길다/짧다', ㉠ 등과 같이 정도나 등급을 나타내는 대립어이며, '상보어'는 '참/거짓', ㉡ 등과 같이 개념적 영역을 상호 배타적인 두 구역으로 양분하는 대립어이다. 반의어와 상보어를 구분하는 기준은 중립 지역(M)의 유무인데, (1)에서 보듯이 반의어에는 중립 지역이 있는 반면 상보어에는 중립 지역이 없다. 그 결과 (2)와 같이 관련된 두 항목을 동시에 부정할 경우, 반의어 '(2)-가'와 달리 상보어 '(2)-나'에서는 모순이 일어난다.

(1) 반의어와 상보어

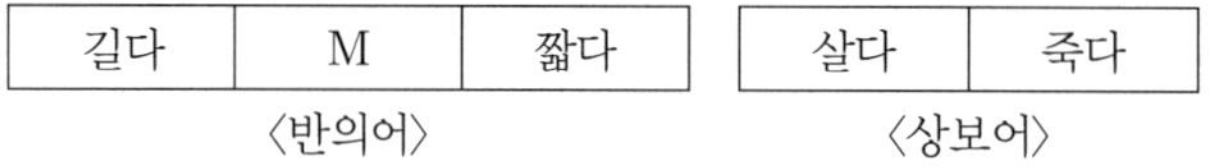

〈반의어〉　〈상보어〉

(2) 가. 연필이 길지도 짧지도 않다.
나. 그는 죽지도 살지도 않았다.? (?는 의미상의 어색함을 표시)

보기

가. 있다/없다　　나. 덥다/춥다
다. 남성/여성　　라. 쉽다/어렵다

	㉠	㉡
①	가, 나	다, 라
②	가, 다	나, 라
③	나, 다	가, 라
④	나, 라	가, 다

060_ '있다/없다', '남성/여성'에는 중립 지역이 존재하지 않고, '덥다/춥다', '쉽다/어렵다'에는 중립 지역이 존재한다. 따라서 '있다/없다', '남성/여성'은 상보어이고, '덥다/춥다', '쉽다/어렵다'는 반의어이다.

059 ③　060 ④

061 문맥으로 보아, ㉠과 바꾸어 쓰기에 적절한 것은?

가족을 둘러싼 최근의 급격한 변화는 단순히 개인적인 삶의 선택의 문제를 넘어 우리 사회 전체의 미래를 심각하게 위협하는 수준이다. 게다가 그 변화는 한국 사회의 준비 정도와 관계없이 진행되고 있어 문제의 심각성을 더하고 있다. 여성부가 발표한 '2003 전국 가족 조사'의 결과 미혼 남녀 절반이 결혼할 계획이 없으며, 20 · 30대의 40%가량이 경제 문제나 부부간의 갈등을 해결하지 못하면 이혼하는 편이 낫다고 답하였다. 이에 앞서 세계 최저 수준인 지금의 출생률이 계속될 경우 2100년엔 한국의 인구가 현재의 3분의 1인 1621만 명 수준으로 떨어질 것이라는 보건사회연구원의 전망이 나오기도 했다.

그러나 이런 암울한 전망에 대한 우리 사회의 대응은 어떠한가? 출생률의 급격한 저하가 국가의 존망을 위협하고 있다고 ㉠ 야단스럽게 말하고 있지만, 정작 출생률 제고를 위한 정책적 대응은 뒷북치기로 일관하고 있는 실정이다.

① 능청을 피우고　　② 변죽을 울리고
③ 헛다리를 짚고　　④ 호들갑을 떨고

062 〈보기〉를 참고하여 ㉠의 의미를 바르게 추리한 것은?

이집트인들은 사물을 눈에 '보이는 대로' 그리는 데에 별로 관심이 없었나 보다. 그들은 사물을 묘사할 때, 그들이 이미 여러 각도에서 보았던 시각적 정보를 분석하여 그 사물의 본질적 특징이 가장 잘 드러나도록 하나의 그림 안에 시각적 종합을 제시했다. 우연적이며 일시적인 인물의 동작이나 자세는 그들에겐 별 의미가 없었다. 중요한 건 본질적이고 변하지 않는 인물의 모습을 제시하는 거였다. 그런 의미에서 그들의 예술은 하나의 시각적 추상인 셈이다.

하지만 추상은 ㉠ 차갑다. 가령 우리 집 뽀삐는 귀엽게 짖지만, 개라는 '개념'은 결코 짖지 않는다. 시각적 추상도 마찬가지다. 거기서도 인물은 개념만큼이나 차갑게 나타난다. 또 모든 추상은 일반적이다. 가령 개의 '개념'은 우리집 뽀삐와 악명 높은 쌀집 도사견을 구별하지 않는다. 둘 다 '개'다. 마찬가지로 시각적 추상도 일반적 특징을 보존하기 위해 사물의 개별적이며 개성적인 측면을 제거한다. 때문에 거기서 인물은 구체적인 어떤 인간이 아니라 인간 일반으로 나타난다. 가령 하트셉수트 여왕의 탄생을 그린 이집트의 벽화는 갓 태어난 여왕을 사내 아이로 묘사하고 있다. 성별 따위는 제왕의 본질이 아니니까.

보기

차갑다[--따] 차가워, 차가우니 (형)
(1) 촉감이 서늘하고 썩 찬 느낌이 있다. 예 차갑게 식은 커피 / 날씨가 차갑다.
(2) 인정이 없이 매정하거나 쌀쌀하다. 예 차가운 눈초리 / 그 여자는 성격이 차갑고 콧대가 세다. / 그녀는 그의 부탁을 차갑게 거절하였다.

① 인간적인 정이 없다.　　② 일반인이 이해하기 어렵다.
③ 사람들의 인정을 못 받는다.　　④ 실제적인 촉감이나 느낌이 없다.

061_ ㉠은 출생률의 급격한 저하가 야기할 심각한 문제에 대해 언급하는 내용이므로 '호들갑스러운 짓을 하다.'는 뜻을 지닌 '호들갑을 떨고'가 적절하다. '호들갑'이란 '경망스럽게 야단을 피우는 말이나 행동'을 의미한다.

The콕 ① '행동에 아주 능청스러움을 나타내다.'라는 의미이다. '능청'은 '속으로는 엉큼한 마음을 숨기고 겉으로는 천연스럽게 행동하는 태도'를 뜻한다.
② '곧바로 직접 말을 하지 않고 둘러서 말을 하여 짐작하게 하다.'라는 의미이다.
③ '대상을 잘못 파악하여 일을 그르치다.'는 의미이다.

062_ ㉠에서 '차갑다'는 '추상'이라는 개념이 실제하는 대상의 구체적 모습을 보여 주지 않고 있다는 점을 드러내기 위해서 글쓴이가 의도적으로 사용한 어휘이다. 따라서 여기에서 '차갑다'는 '추상'의 의미와 관련지어 볼 때, '실제적인 느낌을 주지 않는다'는 비유적 의미를 지니고 있음을 알 수 있다.

061 ④　062 ④

[063～064] 다음 글을 읽고 물음에 답하시오.

생명 공학의 가장 강력한 도구는 1973년 발견된 DNA 재조합 기술이다. DNA 재조합 기술이란 유전적으로 관계가 없는 두 개의 생물로부터 각자의 DNA를 분리한 뒤에 그것을 접합시키는 유전적인 외과 수술을 말한다. 이러한 DNA 재조합 기술로 어떤 다른 두 종류의 생물 사이에서도 유전 물질을 끄집어내서 이어붙이는 일이 가능해짐에 따라 생명 공학은 놀라운 발전을 거듭한다. 그동안 생명 공학은 각종 산업에 필요한 미생물을 만들어 내었을 뿐만 아니라, 추운 지방에서도 잘 자라는 토마토, 염분이 많은 해안 습지대에서도 경작이 가능한 벼, 보통 돼지보다 빨리 성장하는 슈퍼 돼지 등 농업과 축산업의 거의 모든 분야에서 눈부신 발전을 거듭하고 있다.

그러나 지금까지의 모든 새로운 과학 기술 혁명은 [㉠]의 성격을 지녀 왔다. 인류에게 이익을 줌과 동시에 손실을 입혀 왔다는 뜻이다. 원자력과 석유화학의 혁명에서 인류가 경험했던 것처럼 강력한 기술일수록 인류 사회와 생태계를 유지하기 위해 우리가 지불하지 않으면 안 되는 비용의 규모도 그만큼 커질 수밖에 없다. 생명 공학 역시 예외가 아닐 것으로 많은 사람들은 보고 있다. 여느 신기술처럼 ㉡ <u>생명 공학 또한 인류가 단기적 이익을 위해 근시안적으로 자연을 훼손하도록 부추길 것이므로, 생물의 서식지를 파괴하고 생태계를 교란하며 종의 다양성을 감소시키는 등, 더 큰 피해를 야기할 가능성이 높다는 것이다</u>. 이러한 새로운 형태의 환경 오염은 유전자 오염(genetic pollution)이라 불린다. 과학자들은 생명 공학이 심각한 환경 문제를 일으킬 소지가 없다고 주장하지만, 유전자 오염이 이미 시작되었다는 비판의 목소리도 높아져 가고 있는 상황이다.

063 문맥상 ㉠에 들어갈 비유적 표현으로 가장 적절한 것은?

① 동전의 양면　　② 뜨거운 감자

③ 아킬레스의 건　　④ 야누스의 얼굴

064 ㉡과 가장 관련이 깊은 것은?

① 여리박빙(如履薄氷)　　② 진퇴양난(進退兩難)

③ 자가당착(自家撞着)　　④ 소탐대실(小貪大失)

063_ ㉠의 뒷문장의 '이익을 줌과 동시에 손실을 입혀 왔다'는 내용으로 보아, ㉠에는 과학 기술의 양면성을 비유적으로 표현한 말이 들어가야 된다. '야누스의 얼굴'은 상반된 성격이나 사물을 이르는 말이므로 적절하다.

The콕 ① **동전의 양면**: 불가분의 관계를 이르는 말
② **뜨거운 감자**: (삼킬 수도 뱉을 수도 없다는 뜻에서) 처치 곤란한 선택의 상황을 일컫는 말
③ **아킬레스의 건**: 치명적인 약점을 뜻하는 말

064_ 생명 공학은 단기적 이익을 위해 자연을 훼손하지만, 그로 인해 더 큰 피해를 입게 될 것이라는 내용이므로, '작은 것을 탐하다가 오히려 큰 것을 잃는다.'는 뜻의 '소탐대실'이 적절하다.

The콕 ① **여리박빙(如履薄氷)**: 살얼음을 밟는 것과 같다는 뜻으로, 아슬아슬하고 위험한 일을 비유적으로 이르는 말
② **진퇴양난(進退兩難)**: 이러지도 저러지도 못하는 어려운 처지
③ **자가당착(自家撞着)**: 같은 사람의 말이나 행동이 앞뒤가 서로 맞지 아니하고 모순됨.

063 ④　064 ④

065 **㉠과 같은 사례로 볼 수 없는 것은?**

(1) a. 이 다리를 건너면 천안시가 시작된다.
　　b. 선생님은 나에게 세상에 나갈 수 있게 ㉠ 다리를 놓아 주셨다.

(2) a. 크리스탈은 결정의 모습이 아주 예쁘다.
　　b. 이 논문은 그의 오랜 연구 생활의 결정이다.

위의 예에서 '다리, 결정'은 물리적인 의미(a)와 추상적인 의미(b)로 쓰였다. 기본 의미인 a에서 전이되어 b로도 사용될 수가 있는데, 이 과정에 은유적인 사고가 개입한다. 국어사전에서 (1)－b에 대해서는 확장 의미로 기술하고 있지 않고, (2)－b에 대해서는 '고심하거나 노력하여서 얻어진 보람 있는 결과'라는 의미로 기술하고 있다. 은유적 사고에 의하여 언어의 쓰임이 확장되는 것은 사전 의미로 포함되는 경우도 있고, 그렇지 않을 수도 있다. 역으로 추상체를 물리체로 인식하기도 하는데, 이 역시 은유적 사고에 의한 것이다.

① 무슨 낯으로 그를 대할지 걱정이 된다.
② 우리 모두 회사를 살릴 길을 찾아봅시다.
③ 그녀의 간절한 바람이 이루어지기를 기원했다.
④ 이 회사는 직원들의 피와 땀으로 다시 살아났다.

065_ ㉠은 '물리체'를 '추상체'로 인식한 '은유적 사고'에 해당한다. ③의 '바람'은 '바라다'는 말에서 나온 말로 '바라는 바', '소망' 등의 의미를 지닌 단어이다. '공기의 움직임'을 뜻하는 물리체에서 '소망'의 추상체로 전이된 어휘가 아니다.

066 **다음 글에서 언급한 철근과 콘크리트의 관계를 〈보기〉와 같이 정리할 때, 〈보기〉의 (　　　) 안에 들어갈 말로 적절한 것은?**

콘크리트가 유연성을 얻으려면 충분한 양의 철근이 필요하다. 그러면 기둥 등에 들어가는 철근의 양은 많으면 많을수록 좋을까? 그렇지 않다. 가느다란 기둥에 철근을 지나치게 많이 넣으면 콘크리트가 철근을 보호하지 못해 철근이 기둥 밖으로 나와 구부러지고 콘크리트는 너덜너덜해져 매우 위험하다.

그리고 기둥의 내진 강도는 단순히 철근의 양만으로 정해지는 것이 아니다. 철근은 녹에 약하다는 약점이 있다. 그러나 알칼리성인 콘크리트에 포함된 철근은 녹슬지 않는다. 실제의 건축 현장에서는 건축 도중에 철근이 녹스는 경우가 흔하지만, 콘크리트에 감싸이면 녹이 없어진다. 녹을 방지하기 위해서는 철근의 바깥 테두리로부터 콘크리트 표면까지의 두께(피복 두께)가 3센티미터 이상 필요하다.

보기

철근 콘크리트 구조물 속에서 철근과 콘크리트는 (　　　　　　　) 관계이다.

① 교차적(交叉的)　　② 독립적(獨立的)
③ 배타적(排他的)　　④ 상보적(相補的)

066_ 이 글에 의하면, 철근 콘크리트에서 철근은 콘크리트의 유연성을 높여 주고, 콘크리트는 철근이 녹스는 것을 막아 준다. 즉, 서로 모자라는 점을 보충해 준다. 이러한 관계를 상보적(相補的) 관계라고 한다.

The콕) ① **교차적(交叉的)** : 서로 엇갈리거나 마주치는
② **독립적(獨立的)** : 남에게 의존하거나 예속되지 아니하는
③ **배타적(排他的)** : 남을 배척하는

065 ③　066 ④

067 '메탄가스'에 대한 글쓴이의 생각을 〈보기〉처럼 정리하였을 때 ______에 들어갈 말로 가장 적절한 것은?

메탄은 탄소 하나와 수소 네 개로 이루어진 아주 단순한 물질이다. 멜 깁슨이 주연했던 영화 '매드맥스 3편'의 배경이 바로 메탄을 주요 에너지원으로 사용하는 가상의 미래 세계다. 이 세계에서는 실내의 전구들은 물론 불을 뿜으며 달리는 멋진 자동차도 모두 메탄을 에너지원으로 사용한다. 영화에서나 재미로 다루던 이 단순한 기체가 최근 들어 과학자들의 주목을 받고 있다. 하나는 새로운 에너지원이라는 밝은 얼굴이며 다른 쪽은 지구 온난화를 유발하는 어두운 모습이다.

우선 메탄은 바닷속 깊은 곳에서 새로운 에너지원으로 발견되고 있다. 바로 메탄하이드레이트라고 부르는 광물질이다. 메탄하이드레이트는 간단히 말하자면 메탄 기체가 얼음 사이에 붙잡혀 있는 형태다. 얼음처럼 보이는 물질이지만 불을 붙이면 속에 함유된 메탄에서 연소가 일어나서 '불타는 얼음'으로 더 잘 알려져 있는 물질이다. 주로 원유가 저장된 지역 주변 지층 깊숙이 매장되어 있는데 독도를 포함한 동해에도 상당량이 매장돼 있는 것으로 추정되고 있다. 최근 일본이 독도 부근 바닷속을 탐사하려는 것도 이 같은 해저 자원 때문이라는 말도 나오고 있다.

그런데 이 메탄이 공기 중에 나오면 얼굴을 바꾼다. 같은 양을 놓고 비교했을 때 메탄의 온난화 효과가 이산화탄소보다 25배 가량 강력하다. 이 메탄의 대기 중 농도가 지난 100여 년 간 매년 1%의 비율로 증가하고 있다. 이산화탄소에만 신경 쓰고 있던 사이에 메탄이 슬그머니 지구의 온도를 높이고 있었던 것이다. 흥미롭게도 자동차나 공장 굴뚝에서 나오는 이산화탄소와 달리, 메탄은 도시와 거리가 먼 목가적인 풍경 속에 숨어 있다. 영화 '매드맥스'에서 메탄을 만들어 내는 원천은 돼지들이 싸 놓은 똥과 오줌이다. 멜 깁슨과 당대 최고 가수였던 티나 터너가 이 돼지 똥 무더기를 배경으로 액션을 펼친 것이다. 누가 생각했는지 몰라도 정말 과학적인 설정이다.

메탄은 대부분 산소가 전혀 없는 환경에서 사는 특이한 미생물에 의해 만들어진다. 이 미생물은 쓰레기 매립장이나 논과 같은 습지도 좋아하지만 가축이 놀고 있는 농장의 똥 무더기도 마다하지 않는다. 또 메탄 생성 미생물은 되새김질을 하는 동물의 몸속에도 살고 있다. 소의 트림이 지구 온난화를 불러온다는 말도 여기서 나왔다. 덕분에 엄청난 수의 가축을 기르고 있는 호주가 지구 온난화의 새로운 주역으로 지목받고 있다. 만일 이렇게 발생한 메탄 기체가 대기에 차곡차곡 쌓인다면 지구의 온도는 걷잡을 수 없게 높아질 것이다.

그렇다면 메탄을 막기 위해 목장을 다 없애야 할까. 다행히 자연은 인간이 이 문제를 해결할 수 있도록 대책을 마련해 두었다. 자연에는 밥 대신 메탄을 먹고 에너지를 얻는 메탄산화 세균이 있다. 이 세균은 맨땅보다는 성숙한 숲 바닥에서 왕성하게 활동한다. 따라서 산림을 가꾸면 식물의 광합성을 통하여 이산화탄소를 제거하고, 땅속에 숨은 미생물을 통해 메탄을 제거하는 일거양득의 효과를 얻을 수 있다. 메탄은 더 이상 공상 과학 영화의 이야깃거리가 아니다. 메탄은 이미 이산화탄소로 대변되는 온난화 기체나 석유로 표현되는 에너지원을 추격하는 다크호스가 된 지 오래다. 그 메탄이 사람을 다치게 하는 야생마로 남을지, 세상을 태우고 달리는 명마가 될지는 우리의 연구와 투자에 달려 있다고 하겠다.

067_ 글쓴이는 메탄이 주요 에너지원으로 인류에게 복이 될 수도 있지만 지구 온난화를 가져오는 재앙이 될 수도 있다고 하였다. 이처럼 이익과 피해를 동시에 가져다 줄 수 있는 것을 ② '양날의 칼'이라고 한다.

The콕 ① '그림의 떡'은 실제 소용에는 도움이 되지 않는 것을 이를 때 쓰는 말이며, ③ '뜨거운 감자'는 다루기 힘든 문제를 의미하는 말로 쓰는 말이다. ④ '판도라의 상자'는 건드리면 온갖 부정적인 것들이나 숨겨진 비밀이 쏟아져 나올 수 있어 섣불리 손을 댈 수 없는 것을 의미하는 말이다.

067 ②

보기

메탄은 우리에게 [　　　　](이)라고 할 수 있다.

① 그림의 떡　　② 양날의 칼
③ 뜨거운 감자　　④ 판도라의 상자

068 **문맥의 흐름을 고려할 때, ㉠에 들어갈 단어로 가장 적절한 것은?**

영국과 프랑스가 콩코드 운항을 지속한 이유는 뭘까. 결코 경제적 이윤을 얻기 위한 것은 아니었다. 100여 명의 승객들에게 8000달러 이상 운임을 받는 등의 방법으로 비행에 드는 비용을 [　㉠　]하려고 했지만 경제적 손실은 여전히 컸다. 그럼에도 영국과 프랑스가 콩코드 운항을 강행한 것은 영국, 특히 프랑스의 국가적 자존심 때문이었다. 툴루즈에서 콩코드의 첫 시험 비행이 있었던 1969년은 드골 정부 아래 프랑스가 한창 번영하던 시기였고, 콩코드의 성공은 프랑스가 새로운 과학 기술 시대로 접어들고 있음을 상징하는 것이었다. 이것이 바로 몇 명의 특권층만이 이용하며 여객기 본연의 의미를 상실했으면서도 콩코드가 운항을 지속할 수 있었던 이유였다.

① 무마(撫摩)　　② 보완(補完)
③ 충당(充當)　　④ 절감(節減)

068_ 비행에 드는 비용을 승객들에게 받은 8000달러의 운임으로 감당하고자 했다는 것이다. 그러므로 빈칸에 들어갈 단어는 '모자라는 것을 채워 메움.'의 뜻을 지닌 '충당(充當)'이 적절하다.

The콕 ① **무마(撫摩)**: 분쟁이나 사건 따위를 어물어물 덮어 버림.
② **보완(補完)**: 모자라거나 부족한 것을 보충하여 완전하게 함.
④ **절감(節減)**: 아끼어 줄임.

069 **㉠의 예로 가장 적절한 것은?**

그런데 관용어 중에는 글자 그대로의 일반 표현과 공존하는 관용어와 달리 그렇지 않은 관용어도 있다. '쪽박을 차다'라는 말은 본래 일반 표현으로서 매우 구체적인 의미를 지니고 있었다. 여기서 '쪽박'은 작은 바가지를 일컫는 말인데, 예전에는 걸인들이 허리에 쪽박을 차고 다니다가 음식을 얻게 되면 그것을 쪽박에다 받았었다. 한편, 쪽박을 차는 것과 유사한 상황에서 비유적으로 사용됨으로써 의미 전이가 시작되었으며, 시대가 변하면서 쪽박을 차고 음식을 구걸하는 걸인들이 사라지게 되자 언중들이 본래의 의미를 모르는 상태에서 관용어의 의미만 살아남게 되었다. 그 결과 요즘에는 '쪽박을 차다'가 '거지 신세가 되다'라는 관용적 의미로만 실현된다. 이처럼 ㉠ <u>현재 관용어로만 사용될 경우에는 그 의미 해석이 한결 어렵게 마련인 것이다.</u>

① 이번 시험은 <u>죽을 쑤었으니</u> 암담하기만 하다.
② 민수는 <u>깨가 쏟아지는</u> 신혼살림에 푹 빠져 지낸다.
③ 그가 끝까지 <u>시치미를 떼면</u> 어쩔 도리가 없을 것이다.
④ 손님이 뜸해지기 시작하더니 지금은 <u>파리를 날리고</u> 있다.

069_ ③ '시치미를 떼다'에서 '시치미'는 매의 주인이 자신의 주소를 적어 매의 꽁지털 속에다 매어 둔 네모꼴의 뿔을 지칭하는 것이었는데, 다른 사람이 매를 훔치기 위해 그 시치미를 뗌으로써 이러한 표현이 생기게 되었다.
한편, 시치미를 떼는 것과 유사한 상황에서 비유적으로 사용함으로써 의미 전이가 시작되었으며, 매사냥 풍습이 사라지게 되자 언중들이 본래의 의미를 모르는 상태에서 관용어의 의미만 살아남게 되었다. 그 결과 오늘날에는 '시치미를 떼다'가 '알고도 짐짓 모르는 체하는 말이나 짓'이라는 관용적 의미로만 실현된다.

The콕 ① **죽을 쑤다**: 어떤 일을 망치거나 실패하다.
② **깨가 쏟아지다**: 오붓하거나 몹시 아기자기하여 재미가 나다.
④ **파리 날리다**: 영업이나 사업 따위가 잘 안되어 한가하다.

068 ③　069 ③

[070～071] 다음 글을 읽고 물음에 답하시오.

태양은 평상시에는 조용히 끓지만 특정한 시기가 되면 미친 듯이 폭발하면서 강한 에너지를 외부로 방출한다. 이것이 바로 '태양 플레어'이다. 태양 플레어는 태양 흑점 주위에서 빈번하게 발생하기 때문에 일반적으로 '태양 흑점 폭발'로 불리기도 하지만, 엄밀히 말하면 흑점이 폭발하는 것이 아니므로 '태양 흑점 폭발'은 옳은 표현이 아니다. 플레어가 발생하면 수소탄 1백만 개에 해당하는 엄청난 에너지가 방출된다. 플레어가 폭발하는 순간 방출되는 물질은 1천만℃까지 가열되는데, 이처럼 높은 온도에서는 엄청나게 많은 X선과 자외선이 방출된다.

태양 플레어 현상이 새삼 중요하게 떠오르는 것은 바로 이 X선과 자외선 같은 고에너지선이 지구에 엄청난 영향을 미치기 때문이다. 이들 고에너지 입자는 우주 공간에 떠 있는 인공위성의 태양 전지판이나 핵심 부품을 그대로 통과해 아예 못 쓰게 만들어 버린다. 문제는 여기서 그치지 않는다. 플레어 현상은 코로나 질량 방출(CME : Corona Mass Ejection)을 동반하고, 이는 커다란 자석인 지구에 일대 혼란을 일으킨다. 플레어는 고에너지 입자를 방출하는 데 반해 CME는 전자나 양성자 같은 비교적 가벼운 대전 입자를 대량 ㉠ 방출한다.

태양이 ㉡ 뱉어 놓은 입자들은 지구의 자력선을 따라 극지방을 통해 지구 대기권 상층부로 유입된다. 오로라 현상은 이 입자들이 지구 대기권 내의 분자나 원자와 부딪히면서 빛을 발해서 생기는 것에 불과하다. 오로라 현상이 주로 극지방에서 관찰되는 것도 자력이 강한 극지방을 통해 이들 입자가 지구로 들어오기 때문이다. 그렇다면 이렇게 자력선을 따라 지구 내부로 들어온 전자는 어떤 역할을 할까? 거대한 자석인 지구의 대기권으로 유입된 막대한 양의 전자는 자력선을 따라 지구 내부에까지 침투한다. 그리고 지구의 자력을 더욱 강하게 한다. 이 때문에 지구 자기장은 ㉢ 평상심을 잃고 들쑥날쑥하게 변한다. 이른바 지구 자기장 왜곡 현상이다.

[A] 이로 인한 혼란은 심각하다. 가장 쉽게 생각할 수 있는 것이 나침반의 왜곡이다. 막대자석에 철가루를 뿌리면 그 철가루의 궤적이 자석을 중심으로 원을 그리는 것을 볼 수 있다. 물론 N극과 S극에 많은 철가루가 몰려 있지만 양극의 경계면에도 둥글게 작은 원이 생긴다. 지구도 마찬가지다. 자력선은 북극과 남극으로만 이어져 있는 것이 아니다. 저위도에도 지구 내부를 향하는 자력선이 존재한다. 이를 통해 태양으로부터 온 전자가 유입되면서 자력이 강해지는 것이다. 따라서 지구 내부를 향하는 자력선이 통과하는 지점에서는 나침반의 바늘이 북이 아닌 엉뚱한 방향을 가리키는 웃지 못할 사태가 발생한다.

이 밖에도 태양 플레어 현상은 지구에 다양한 영향을 미친다. 플레어가 진행되는 동안 방출된 파장 복사는 지구 상층 대기를 가열시킨다. 1981년 우주 왕복선 컬럼비아 호에 탑승했던 우주인은 지구를 선회하는 중에 260km 상공 대기의 온도가 정상치를 훨씬 벗어난 사실을 관측했다. 당시 측정 온도는 2,200K(K는 절대 온도)로 평상시의 1,200K를 훨씬 웃돌았다. 이렇게 상층 대기가 가열되면 팽창하기 때문에 지구 대기는 우주 밖으로 더 확장된다. 따라서 우주선과 대기의 마찰이 증가하고, 덕분에 인공위성을 낮은 고도로 끌어내리는 결과도 초래한다. 1989년에 미 위성 추적소가 1만 개가 넘는 위성의 궤도를 추적하지 못했던 것도 바로 이런 현상으로 위성들이 계산된 궤도에서 벗어났기 때문이다.

[어휘 풀이] 대전 입자(帶電粒子) : 전기를 띠고 있는 미세한 물체

070 [A]를 〈보기〉와 같이 비유적으로 표현하였다. 밑줄 친 각 부분의 원관념으로 적절하지 않은 것은?

보기
> 중앙 집권 체제이던 국가에서 지방의 권력이 강화되면 당연히 토착 주민은 중앙 정부보다 지방 권력의 영향을 받을 수밖에 없는 것이다.

① 중앙 집권 체제 – 남극과 북극을 중심으로 형성되는 자력선
② 국가 – 지구 자기장
③ 토착 주민 – 태양에서 오는 전자
④ 중앙 정부 – 남극과 북극의 자력

071 ㉡은 ㉠을 의인화하여 표현한 것이다. 〈보기〉와 같이 '㉠ → ㉡'의 관계에 맞추어 ㉢과 짝을 이룰 단어를 찾고자 할 때, 적절한 것은?

보기
> • ㉠ 방출(放出)하다 → (의인화) → ㉡ 뱉다
> • (   ) → (의인화) → ㉢ 평상심(平常心)

① 개연성(蓋然性)   ② 균일성(均一性)
③ 보편성(普遍性)   ④ 항상성(恒常性)

072 ㉠의 '–기'와 성격이 다른 것은?

> 풍경화의 원근법은 투시 원근법과 색채 원근법으로 나눌 수 있다. 투시 원근법은 앞의 대상은 크게, 중간 대상은 중간 크기로, 먼 것은 작게 표현하여 형태가 지평선이나 수평선상에 모이는 원근법이다. 색채 원근법은 색채의 진함과 연함으로 멀고 가까움을 나타내는 원근법인데, 공기 원근법이라고도 한다. 맑은 날 멀리 있는 산을 바라보면 푸르고 연하게 보이고 가까이 있는 산은 뚜렷하고 분명하게 보이는데 이는 공기 중에 항상 수증기가 떠 있기 때문에 나타나는 현상이다. 멀리 있는 대상은 수증기 때문에 연하게 보이고, 상대적으로 가까이 있는 대상은 수증기의 밀도가 ㉠ 낮기 때문에 명확하게 보인다. 이것을 색채에 적용한 것이 색채 원근법이다.

① 보기 좋은 과일이 먹기도 좋다.
② 그는 내 얼굴을 보자 크게 웃기 시작했다.
③ 오늘 온다는 직원이 다른 사람이기를 바랐다.
④ 가지고 있는 책들의 크기가 달라 정리할 수가 없었다.

070_ 〈보기〉는 지구 내부로 유입되는 대전 입자의 영향 때문에 저위도의 자력선(지방 권력)이 남극과 북극 중심의 자력선(중앙 집권 체제)보다 강화되어, 나침반(토착 주민)이 남극과 북극을 가리키지 않게 된(지방 권력의 영향을 받게 된) 현상을 비유적으로 표현하고 있다.

071_ '뱉다'는 '모아 두었던 것을 내어놓다.'라는 의미의 '방출하다'를 의인화한 것이다. '평상심'은 '일상적인 마음'인데, 남극과 북극 중심으로 형성되어 계속 유지되어 오던 지구 자기장의 상태를 의인화한 것이다. 이처럼 '늘 같은 상태를 유지하는 성질'을 뜻하는 본래의 단어는 '항상성'이다.
④ **항상성(恒常性)**: 상황에 따라 알맞게 대처하는 성질
The콕 ① **개연성(蓋然性)**: 절대적으로 확실하지 않으나 아마 그럴 것이라고 생각되는 성질
② **균일성(均一性)**: (여럿 사이에) 한결같이 고른 성질이나 상태
③ **보편성(普遍性)**: 모든 것에 두루 미치거나 통하는 성질

072_ ㉠과 ①~③의 '–기'는 용언의 어간에 붙어 명사형의 역할을 하게 해 주는 전성 어미이다. 그러나 ④는 용언의 어간에 붙어 명사로 만들어 주는 접미사이므로 ㉠과는 성격이 다르다.

070 ③ 071 ④ 072 ④

073_ 백혈구와 혈소판이 차지하는 부피가 매우 작다는 뜻이므로 '정교'는 적절하지 않다. ㉠에는 '보잘것없이 아주 작음.'을 뜻하는 '미미(微微)' 정도의 단어가 적절하다.
정교(精巧)하다 : (형용사) 솜씨나 기술 따위가 정밀하고 교묘하다 / (형용사) 내용이나 구성 따위가 정확하고 치밀하다.

073 ①

073 ㉠~㉣에 들어갈 말로 적절하지 않은 것은?

혈액에 응고 방지제를 넣은 후 시험관에 담아 원심 침강시키거나 저온(약 0℃)에 방치해 두면 혈액은 2개의 층으로 나누어진다. 시험관 아래층에 있는 것은 유형 성분(有形成分)인데, 아래로부터 적혈구, 백혈구, 혈소판 등의 혈액 세포들이 있다. 그중 백혈구와 혈소판은 그 부피가 1% 미만으로 매우 [㉠]하다.

적혈구는 직경이 약 7마이크로미터 정도 되고 핵이 없고 가운데가 움푹 파인 원반 모양을 하고 있기 때문에 중앙 부분이 하얗게 보인다. 건강한 어른은 피 1마이크로리터에 400~500만 개의 적혈구가 들어 있고 피 한 방울에는 약 3억 개의 적혈구가 들어 있다. '붉은 피톨'이라고 부르는 적혈구 속에는 붉은 빛을 띠는 헤모글로빈(혈색소)이 잔뜩 들어 있다. 헤모글로빈은 철을 품는 포르피린 고리와 단백질의 일종인 글로빈으로 구성되어 있다. 철(Fe)은 산소와 가역적으로 결합하는 능력이 있어, 생체 내에서는 산소를 운반하는 일을 한다.

피 1마이크로리터 속에는 4천~1만 개의 백혈구가 들어 있다. '흰 피톨'인 백혈구는 무색으로 핵을 가지고 있다. 핵을 가졌다는 것은 1개의 세포로서의 [㉡]을 충분히 갖추었다는 것을 의미한다. 한 개체로서의 적혈구는 모양이나 크기가 다소 다르더라도 본질적으로는 한 종류인데, 백혈구는 세포의 크기나 핵의 모양, 원형질 내의 과립(顆粒)의 유무나 성질에 따라서 여러 가지 종류로 나뉜다. 이들은 그 알갱이들 속에 적을 공격할 수 있는 무기를 숨겨 두고 있다. 백혈구는 외부에서 세균, 바이러스 등 침입자가 쳐들어와 우리 몸을 공격하면 이에 대항하여 백혈구 수를 늘리고 침입자들을 무찌르는 전쟁을 한다. 단구 또는 큰 포식 세포는 과립구와 마찬가지로 침입자들을 잡아먹는데, 잡아먹힌 침입자들을 세포 안에서 처리한 후 림프구들에게 그 정보를 제공하여 다시 침입을 받았을 때 그 침입자들을 빨리 죽이고 제거할 수 있도록 하는 면역 반응을 일으킨다.

혈소판은 혈액 세포 중에서 크기가 가장 작은데, 무색으로 피 1마이크로리터 속에 15만~40만 개가 들어 있다. 혈소판은 비록 덩치는 작지만 다쳤을 때 피를 멈추게 하는 중요한 일을 한다. 상처에서 피가 나면 혈소판들이 손상된 혈관 벽에 재빨리 달라붙고 첩첩으로 서로 엉겨 붙어 일단 피를 멎게 해 준다. 동시에 혈소판들은 혈장 속에 [㉢]하는 많은 혈액 응고 인자들을 끌어 모아 혈액 응고 덩어리를 만들어 확실하고 단단하게 지혈해 준다.

시험관 위층의 담황색의 액체는 혈장으로 그 비중은 1.03이다. 혈장의 조성은 물이 약 90%, 혈장 단백질이 7~8%이고, 그 밖에 지질 · 당류 · 무기염류와 비단백질성 질소 화합물로서 요소 · 아미노산 · 요산 등이 [㉣]되어 있다. 혈장 단백질은 주로 알부민과 글로불린이지만, 그 밖에 혈액 응고에 관계하는 피브리노겐도 함유되어 있다. 지질은 콜레스테롤 · 레시틴 등이다. 무기염류는 나트륨 · 염소 · 칼륨 · 칼슘 · 마그네슘 등이며, 그 조성은 해수와 비슷하고 체내의 삼투압을 정상으로 유지하는 중요한 역할을 한다. 또 혈장의 총량과 조성은 질병에 따라 현저하게 변화하므로, 병의 유무나 진행 과정을 진단하는 데 이용된다.

혈액의 유형 성분과 혈장을 합쳐 전혈(全血)이라 한다. 전혈에 대한 유형 성분의 백분율을 헤마토크릿(hematocrit)이라 하는데, 헤마토크릿은 남자 45%, 여자 42% 정도이다. 이 차이는 적혈구 차이에 의해 나타난다. 혈액량은 거의 일정해서 액체를 섭취했을 때나 적은 양의 출혈이 있을 때도 혈관 속의 순환 혈액량은 자율적으로 조절되어 전체 혈액량은 변하지 않는다. 한편, 대량의 물을 마셨을 때 수분은 곧 혈액에서 조직으로 나가거나 신장으로부터 배설된다. 혈액의 점조도(粘稠度)는 물의 약 5배이고, 주로 혈구수에 따라 변한다. 적혈구가 감소하면 점조도가 낮아져서 혈액이 혈관 내를 흐를 때 저항이 감소되므로 혈압이 떨어진다.

① ㉠에는 '가늘고 아주 작음.'을 의미하는 '정교(精巧)'를 넣는다.
② ㉡에는 '일정한 신분이나 지위'를 의미하는 '자격(資格)'을 넣는다.
③ ㉢에는 '현실에 실재로 있음. 또는 그런 대상'을 의미하는 '존재(存在)'를 넣는다.
④ ㉣에는 '물질이 어떤 성분을 포함하고 있음.'을 의미하는 '함유(含有)'를 넣는다.

074 **문맥으로 보아, [㉠]에 들어갈 말로 적절한 것은?**

정부는 투표율을 높일 수 있는 근본 방안으로 투표 용지를 복권화하거나 도서·문화상품권을 주는 방안을 검토하기로 하였다. 갈수록 낮아지는 투표율에 대한 대책을 모색하는 것은 일단 칭찬할 만한 일이다. 그러나 문제의 본질을 잘못 파악하고 있기에 유감스럽다. 유권자의 신성한 한 표를 복권이나 도서·문화상품권과 등치시킨다는 발상은 윤리적으로나 사회적으로 문제가 많다. 복권이나 상품권으로 투표 행위에 사행심을 조장하고 참정권을 희화화하는 데 정부가 앞장 서는 것은 바람직하지 않다. 대신 정부는 투표가 민주 시민으로서의 책임과 의무요, 기권은 민주주의의 발전을 저해할 수 있음을 전파하는 데 나서야 할 것이다.

무엇보다도 투표 용지를 복권화하고 투표 때 도서·문화상품권을 제공하는 것은 [㉠]격이다. 현재 투표를 안 하는 원인 가운데 가장 큰 것은 투표일에도 출근을 요구하는 기업 관행, 정치에 대한 유권자의 무관심과 불신 및 냉소주의 등이라고 할 수 있다. 이러한 상황에서 단순히 투표 용지를 복권화하고 상품권을 준다고 출근을 않고 투표를 할 것이며, 정치에 대한 유권자의 관심과 믿음이 회복될 것인가?

① 도랑 치고 가재 잡는
② 배 아픈 데 두통약 주는
③ 까마귀 날자 배 떨어지는
④ 개구리 올챙이 적 생각 못하는

074_ 전후 문맥으로 보아 투표를 안 하는 이유는 따로 있는데, 해결책을 다른 방식으로 제시했다는 의미이므로 '② 배 아픈 데 두통약 주는'이 적절하다.

The콕 ① **도랑 치고 가재 잡는다.** : 한 가지로 두 가지 이익을 볼 때 쓰는 말
③ **까마귀 날자 배 떨어진다.** : 어떤 일이 공교롭게 오해를 살 만하게 진행될 때 쓰는 말
④ **개구리 올챙이 적 생각 못한다.** : 옛날의 자신의 처지를 망각하고 행동하는 경우에 쓰는 말

074 ②

075 〈보기〉의 ㉠~㉥의 밑줄 친 단어 중 ⓐ, ⓑ와 의미가 비슷한 것을 바르게 파악한 것은?

> 사람은 아무 데서나 일을 할 수 있는 것이 아니다. 일판만 벌여 놓으면 원료가 하늘에서 그냥 ⓐ 떨어지는 것도 아니고 물건을 만들어 놓기만 하면 저절로 팔리는 게 아니다. 일하는 장소, 원료를 구하는 장소, 상품을 판매할 장소, 그리고 이 장소 사이의 길을 잘 알아야 한다. 일을 하는 데에만 장소에 대한 지리적 지식이 필요한 것이 아니다. 놀이를 하는 데도 장소에 대한 지리적 지식이 필요하다. 아무 데서나 하게되면 그 질이 ⓑ 떨어질 수밖에 없다. 그리고 삶의 질은 생활 영역의 범위와 밀접한 관계를 가진다. 개인적 차원에서는 나이에 따라 활동 공간의 범위가 확대되고 사회적 차원에서는 역사적 발전에 따라 그 범위가 확대된다.

보기

㉠ 굵은 빗방울이 머리에 한두 방울씩 떨어지기 시작했다.
㉡ 그 일에 정이 떨어진 지 이미 꽤 되었다.
㉢ 드디어 우리에게도 출동 명령이 떨어졌다.
㉣ 그는 인물이 비교적 남에게 떨어진다.
㉤ 어떤 일이 있어도 우리 둘은 떨어져서 살 수 없습니다.
㉥ 우리 부서에 떨어진 과제는 너무 무리라는 생각이 든다.

	ⓐ	ⓑ		ⓐ	ⓑ
①	㉠	㉣	②	㉠	㉥
③	㉡	㉣	④	㉡	㉤

075_ ⓐ는 '위에서 아래로 내려지다.'의 뜻이고, ⓑ는 '다른 것보다 수준이 처지거나 못하다.'의 뜻이다. 따라서 〈보기〉의 ㉠은 ⓐ와 같은 뜻으로 쓰였고, ㉣은 ⓑ의 뜻으로 쓰였다.

The콕 ㉡ '정이 없어지거나 멀어지다.'의 뜻
㉢ '명령이나 허락 따위가 내려지다.'의 뜻
㉤ '관계가 끊어지거나 헤어지다.'의 뜻
㉥ '급한 일이나 임무가 맡겨지다.'의 뜻

076 ㉠과 같은 경우에 해당하는 것은?

> 그뿐만 아니라 사람들은 ㉠ 언어적 메시지와 비언어적 메시지가 상충될 때 비언어적 메시지를 더욱 신뢰하는 경향이 있음은 이미 여러 연구 결과에 의해 입증된 바 있다. 실제로 아무리 거짓말에 능한 사람이라도 온몸으로 거짓말을 하기는 어렵다. 비언어적 메시지는 무의식의 언어이기 때문이다. 바로 이러한 이유로 사람들은 언어적 메시지보다 비언어적 메시지를 신뢰하는 것인지도 모른다.

① 병주고 약 준다.
② 목마른 놈이 우물 판다.
③ 봇짐 내어 주며 앉아라 한다.
④ 나는 바담 풍 해도 너는 바람 풍해라.

076_ 인물의 말(언어적 메시지)과 행동(비언어적 메시지)이 서로 어긋나는 경우를 찾으면 된다.
③은 속으로 가기를 원하면서 겉으로는 만류하는 체한다는 뜻의 속담으로 ㉠에 해당한다.

The콕 ① **병주고 약 준다.** : 남을 해치고 나서 약을 주며 그를 구원하는 체한다.
② **목마른 놈이 우물 판다.** : 제일 급하고 일이 필요한 사람이 그 일을 하게 되어 있다.
④ **나는 바담 풍 해도 너는 바람 풍해라.** : 자기는 잘못하면서도 남에게는 잘하라고 권한다.

075 ① 076 ③

077 ⓐ~ⓒ를 문맥에 맞게 다른 어휘로 대체한다고 했을 때, 가장 적절하게 짝지어진 것은?

> 영화에서 '장르'란 특정한 유형의 영회들을 분류해 주는 수단으로, 그 일차적인 기준은 무엇이 어떠한 형태로 반복되느냐 하는 것이다. 예컨대, 서부 영화는 서부 영화라 할 특정한 무엇을 반복해서 보여 주며 공포 영화나 공상 과학 영화의 경우도 각각의 장르에 고유한 반복 요소를 지니고 있다. 이러한 반복은 제작의 효율을 높이는데 도움을 주고 성공했던 영화를 이용한다는 점에서 흥행의 위험 부담을 최소화하는 안전장치의 역할을 한다. 그리고 특정 요소의 반복은 감독과 관객 간에 암묵적인 ⓐ 약호를 형성하는데, 그리하여 관객에게는 자신들이 지금 보는 영화가 어떠한 유형의 영화인지를 빠르게 파악하게 하는 일종의 기대 지평의 역할을 하며 감독에게는 활용할 수 있는 좋은 미학적 수단을 제공해 준다. 장르는 이처럼 반복 과정을 통해 제작자(감독), 영화 텍스트, 관객 사이를 순환한다.
>
> 〈중략〉
>
> 하지만 장르가 변화하는 것에는 거꾸로 사회의 변화 역시 한몫한다. 50, 60년대 공상 과학 영화가 외계인과의 싸움을 다루었다면 70년대 이후는 환경이나 과학 기술의 위협 등을 다루었고, 오늘날은 인간 정체성의 문제를 보다 철학적인 관점에서 다룬다. 이러한 변화는 현대인의 관심사가 변화해 왔음을 말해 준다. 심지어는 특정한 장르가 유행하다가 아예 사라지는 경우도 있다. 가령 서부 영화나 갱스터 영화는 50년대까지는 미국 할리우드 장르 영화를 대표하는 중요한 장르로 비평가들의 주목을 끌었다. 이에 반해 공상 과학 영화는 싸구려 영화로 ⓑ 평가되어 비평적 관심을 거의 받지 못했다. 하지만 이제 서부 영화는 더 이상 만들어지지 않고 공상 과학 영화는 할리우드 블록버스터 영화를 대표하는 장르가 되었다. 이러한 변화의 원인은 서부 영화가 변화된 미국 사회의 정서나 관심사를 제대로 다루지 못하는 장르가 되었기 때문이고, 반대로 공상 과학 영화는 재현 테크놀로지의 변화와 더불어 보다 현실적 감각에 부합하기 때문일 것이다.
>
> 이처럼 장르는 반복과 차이의 논리를 통해서 사회적인 것과 끊임없이 상호 작용하면서 대중의 사회 역사적 상상력과 관계를 맺는다. 따라서 장르 영화를 ⓒ 본다는 것은 영화와 사회, 역사적 상상력과 관계를 맺는 것이며, 또 영화의 형식과 규범에 대한 이해는 물론이고 영화의 산업적 속성, 테크놀로지의 문제 그리고 영화를 둘러싼 여러 사회적 쟁점을 고찰하는 것이라 할 것이다.

	ⓐ	ⓑ	ⓒ
①	법칙(法則)	단정(斷定)되어	감안(勘案)한다는
②	구도(構圖)	분별(分別되어	예상(豫想)한다는
③	규범(規範)	거부(拒否)되어	고려(考慮)한다는
④	규칙(規則)	치부(置簿)되어	감상(鑑賞)한다는

077_ 이 글에서 ⓐ의 '약호(略號)'란 문맥상 감독과 관객 간에 이미 형성되어 있는 영화 '규칙'이나 '규범'을 의미하며, ⓑ의 앞에 있는 '싸구려 영화로'라는 말을 참고한다고 했을 때, '그러려니 하고 대수롭지 않게 생각한다는 뜻으로 쓰이는 '치부되다'가 적절하다. 의미상 ⓒ 다음에 이어지는 내용으로 보아서는 '주로 예술 작품을 이해하여 즐기고 평가한다는 뜻을 지니고 있으므로 '감상(鑑賞)하다'가 적절하다.

The콕 ① '감안(勘案)하다'는 '참고하여 생각하다.'라는 뜻으로 주로 '사정을 하다. /고령임을 생각해서 관대히 보아 넘기다.'라는 용례로 많이 쓰인다.
② '구도(構圖)'란 '미적 효과를 얻기 위하여 전체적으로 조화되게 배치하는 도면 구성의 요령'과 같은 것이므로 문맥상 ⓐ를 대체할 수 없다.
③ '거부(拒否)'란 '요구나 제의 따위를 받아들이지 않고 물리침.'이란 뜻이므로 ⓑ를 대체할 수는 없으며, '고려(考慮)하다'도 '생각하고 헤아려 보다.'라는 뜻으로 주로 '개인차를 −하여 평가하다. / 생활 환경을 −해서 집을 사다.'라는 문맥 상황에서 쓰이므로 ⓒ의 의미로 대체하기에는 적절하지 않다.

077 ④

078 ㉠의 '-로'와 그 쓰임이 같은 것은?

식물체 백신은 치명적인 질병을 다스릴 수 있는 유용한 수단임에 틀림없다. 하지만 사람들이 경구용 백신을 복용하기 위해서는 이론적인 수준에서 나오는 가설을 현실화하는 문제와 별도로 우선 백신의 적정 주입량을 밝혀 내 면역 유도 반응을 획기적으로 높여야 한다. 약물이나 주사약의 경우 체중별로 계량화되어 있지만 식물체 백신은 아직 계량화되어 있지 않기 때문이다. 또한 백신을 함유한 유전자 조작 작물의 안전성이 철저하게 검증되어야 한다. 예를 들어 이미 개발된 병원성 대장균 백신과 노워크 바이러스 백신의 경우 아직까지도 ㉠ 안전성 문제로 임상 시험조차 연기되고 있음을 상기할 필요가 있다.

① 갑작스러운 폭우로 농작물이 떠내려갔다.
② 우리는 그를 대표로 뽑았다.
③ 모든 길은 로마로 통한다고 했다.
④ 이 안경은 유리로 만들어서 무겁다.

078_ ㉠은 '안전성 문제 때문에' 임상 시험조차 연기되고 있다는 의미이다.
① 어떤 일의 원인이나 이유를 나타내는 격 조사로써, '말미암아, 인하여, 하여' 등이 뒤따를 때가 있다.
The콕 ② 지위나 신분 또는 자격을 나타내는 격 조사
③ 움직임의 방향을 나타내는 격 조사
④ 어떤 물건의 재료나 원료를 나타내는 격 조사

079 다음 글의 내용으로 보아 ㉠에 해당하는 속담으로 가장 적절한 것은?

식물이 값싸고 다루기 편하다는 이유로 인간이 함부로 할 개발 대상만은 아닌 듯하다. 식물에 대한 유전자 조작이 무차별적인 생태계 교란으로 이어진다면, 자연 생태계의 파괴가 인간 생태계의 파괴로 이어질 것은 너무나 당연하다. ㉠ 식물을 먹는 백신으로 만들어 인류의 공생에 기여하겠다는 인간의 의지가 오히려 인간에게 독(毒)이 될 지도 모른다. 어쩌면 자연을 조작하기보다 자연 그대로의 효능을 활용하는 방법이 더 안전하며 효과적일지도 모른다. 식물들이 가진 우수한 효능과 독성들은 그 자체가 세균과 맞서 싸우는 '백신'의 효과가 있을 것이다.

① 소 잃고 외양간 고치려 한다.
② 가랑비에 옷 젖는 줄 모른다.
③ 빈대 잡으려다 초가삼간 태운다.
④ 호미로 막을 것을 가래로 막는다.

079_ 전후 문맥을 고려해 보면, 식물을 먹는 백신으로 만들어 전염병('빈대') 예방에 기여하려는 인간의 노력은 자칫 무차별적인 유전자 조작으로 생태계('초가삼간')의 파괴를 가져올 수도 있다. 그러므로 '빈대 잡으려다 초가삼간 태운다.'가 가장 적절하다.
③ **빈대 잡으려다 초가삼간 태운다.**: 작은 일을 해소하려다 오히려 큰 일을 만들어 낭패를 본다.
The콕 ① **소 잃고 외양간 고치려 한다.**: 이미 일을 그르친 뒤에 뉘우쳐도 소용없음.
② **가랑비에 옷 젖는 줄 모른다.**: 조금씩 젖는 줄도 모르게 가랑비에 젖듯이, 재산이 없어지는 줄 모르게 조금씩 줄어든다는 말
④ **호미로 막을 것을 가래로 막는다.**: 적은 힘으로 될 일을 기회를 놓쳐 큰 힘을 들이게 됨.

078 ① 079 ③

080 〈보기〉의 내용으로 볼 때 ㉠, ㉡을 바르게 고친 것은?

그러나 반대로 경제 주체들 간의 게임 상황이 반복해서 일어나고 그들 경제 주체들이 미래 지향적인 성향을 갖는다면 사정은 달라진다. 이제는 상생과 협력이 가능해진다. 상호 협조 체제를 유지함으로써 얻게 될 두 해 동안의 이익 6억 원은 배신의 결과 경쟁 체제로 돌입하는 경우 얻게 되는 5억 원보다 ㉠ 크므로 장기적으로 볼 때 협조하는 것이 더 이익이다. 상대방은 협조 전략을 택하여 무장 해제를 하고 있는데 내가 그를 이용한다거나 배신한다고 가정해 보자. 나는 우선 당장은 얼마간의 이득을 얻을 수는 있으나 문제는 그 다음이다. 상대방이 나를 응징하여 이미 얻은 이익이 상쇄돼 버린다면 차라리 처음부터 협조 체제를 깨지 않는 것이 더 훌륭한 선택이 되는 것이다.

상생과 협력이 장기적인 관점에서 개인에게도 이익이라는 사실은 예금 인출 사태를 통해서도 확인할 수 있다. 1930년대 세계 대공황을 비롯하여 대부분의 공황은 예금자들의 예금 인출 사태와 그로 인한 금융 시장의 붕괴를 수반했다. 우리나라에서도 1997년 말 시작된 외환 위기로 인해 금융 기관의 부도가 현실로 나타날 가능성이 ㉡ 커지자 예금자들이 몰려가 예금 인출을 요구하는 사태가 벌어졌다. 다른 사람들이 예금을 인출할 것이라는 기대가 팽배하면 나도 은행으로 달려가서 예금을 찾는 것이 최선이다. 왜냐하면 많은 사람들이 예금을 인출하면 은행 적립금이 고갈되고 뒤늦게 인출 대열에 낀 투자자는 원금도 못 건질 것이기 때문이다. 반대로 다른 예금자들 중 돈이 당장 필요한 극소수를 제외하고는 대다수가 예금을 인출하지 않을 것이라고 믿으면 나도 예금을 유지함으로써 이자 소득을 벌어들이는 것이 최선이다.

보기

'크다'는 '작다'의 반대말로 '많다(적다)', '높다(낮다)' 등과 잘 구별해서 사용해야 한다. 또 꾸미는 말 '크게'도 '매우', '훨씬' 등과 잘 구별해서 써야 정확한 우리말 사용이 된다. 다음 예를 보자.

예 이번 연휴에는 교통 사고가 크게 줄었다.(×) → 이번 연휴에는 교통 사고가 많이 줄었다.(○)
* 단비 소식에 농부들은 크게 기뻐했다.(×) → 단비 소식에 농부들은 매우 기뻐했다.(○)
* 물가상승률이 커지자 예금이 줄었다.(×) →물가 상승률이 높아지자 예금이 줄었다. (○)

	㉠	㉡
①	많으므로	많아지자
②	많으므로	높아지자
③	높으므로	많아지자
④	높으므로	높아지자

080_ ㉠은 돈의 액수를 나타내는 말이므로 '많으므로'로 바꾸어 써야 하고, ㉡은 정도나 비율을 나타내는 말이므로 '높아지자'로 바꾸어 써야 한다.

080 ②

081_ 일정한 사항을 장부나 대장에 올릴 때, 서적이나 잡지 따위에 실을 때 '등재(登載)'라는 어휘를 쓴다. 국립국어원에서는 이 단어를 '기록하여 올림'으로 순화하여 사용할 것을 권장하고 있다.

The콕 ② **등록(登錄)**: 문서에 올림. ③ **기록(記錄)**: 주로 후일에 남길 목적으로 어떤 사실을 적음. 또는 그런 글 / 운동 경기 따위에서 세운 성적이나 결과를 수치로 나타냄. ④ **기술(記述)**: 대상이나 과정의 내용과 특징을 있는 그대로 열거하거나 기록하여 서술함. 또는 그런 기록

081 〈보기〉와 ⓐ에 공통으로 들어갈 어휘로 적절한 것은?

이 평범한 라틴어 문구들이 철학적 개념으로 [ⓐ]된 데는 칸트의 노력이 크다. 칸트가 등장하기까지의 유럽의 철학적 전통은 합리론과 경험론으로 양분되어 있었다. 둘의 차이는 주로 인식론에서 두드러졌다. 근대 철학의 선구자로서 합리론에 속하는 데카르트는 인간이 원래 본유 관념을 가지고 있어 인식 활동이 가능하다고 보았으며, 경험론의 극한까지 밀고 나간 흄은 단순한 경험의 반복 이외에 체계적인 인식이란 없다고 보았다.

보기

남해안 일대 공룡 화석지를 유네스코 세계 자연 유산에 (　　)하기 위한 국제 심포지엄이 문화재청 주관으로 열렸다.

① 등재(登載)　　② 등록(登錄)

③ 기록(記錄)　　④ 기술(記述)

082_ '이를 주장한'이라는 구절을 참고하면 문맥상 ⓐ의 의미는 사전에서 '2. 일정한 상황에서 어떤 역할을 하는 사람'이라는 의미에 가까울 것이다. 그러므로 ③의 의미가 가장 가깝다고 할 수 있다.

The콕 ①과 ②는 '생김새나 됨됨이로 본 사람'의 뜻을 지니고, ④는 '뛰어난 사람'을 뜻한다.

082 〈보기〉를 참고했을 때, ⓐ와 문맥적 의미가 유사한 것은?

한편, 예술은 사회 내부의 선(善)을 실천하는 데에 목적을 두느냐, 아니면 즐거움에 목적을 두느냐에 따라 구별될 수도 있다. 교훈설은 예술의 존재 이유는 바른 행동과 덕성을 표현하고 장려하는 데 있으며, 예술이 가진 선(善)이 사람에게 교훈과 모범이 되고 우리를 고상하게 해 준다고 주장하는 견해이다. 선과 미는 서로 연관된 것이며 서로 영향을 준다는 것으로 플라톤이 이를 주장한 대표적 ⓐ <u>인물</u>이다. 반면에 쾌락설은 예술의 목적은 즐거움을 추구일 뿐 도덕적 선과는 무관하다는 주장이다. 도덕적 기준으로 예술을 판단하는 것은 모두 노력은 근본적으로 잘못이며, 오히려 해를 끼친다는 주장이다. 따라서 그들은 도덕적 동기를 가진 작품들은 참된 예술로 보지 않고, 예술 작품을 오직 구성의 성격이나 그 감각적 성질들로만 평가하게 된다.

보기

인물: 1. 생김새나 됨됨이로 본 사람
2. 일정한 상황에서 어떤 역할을 하는 사람
3. 뛰어난 사람
4. 사람과 물건을 아울러 이르는 말

① 너는 어째 <u>인물</u>이 그 모양이니?

② 보통 주인공들은 <u>인물</u>이 반반하다.

③ 그는 우리 회사에 적합한 <u>인물</u>이다.

④ 그녀는 우리 고장이 배출한 <u>인물</u>이다.

081 ①　082 ③

083 ㉠을 고려하여 글쓴이의 의도가 잘 드러나도록 ㉡의 의미를 파악하려고 한다. 가장 적절한 것은?

> 이제 예술이 최소한의 진정성을 얻기 위해서는 미학의 두꺼운 방호벽을 스스로 무너뜨리고 도시 사회의 삶과 대면해야 한다. 예술의 의미는 삶과 무관한 곳에 저 혼자 존재하지 않는다. 삶으로 나와야 한다. 예술이 체제 긍정적인 역할에서 벗어나 세상을 지향해야 하는 이유는 아름다움으로 세상을 구원하기 위해서이다. 그것이 너무 ㉠거창하고 힘들다면, 최소한 세상살이를 위로하고 말벗이라도 될 수 있는 ㉡그런 예술이어야 한다.

① 소박한 ② 생경한
③ 다정한 ④ 신선한

083_ 마지막 문장에서 글쓴이는 아름다움으로 세상을 구원하는 것이 너무 거창하고 힘들다고 한다면, 예술은 최소한 삶을 위로하는 것이 되어야 한다고 말한다. 이를 통해 볼 때, ㉡의 '그런'은 '거창하고'와 상반되는 표현이다. 따라서 ①의 '소박한'이 ㉡의 의미로 적절하다.

084 ⓐ~ⓓ 중 다른 말로 대체한 것으로, 적절하지 않은 것은?

> 별의 진화론을 태양에 적용해 보자. 태양의 나이는 이제 46억 살로 청년기를 맞고 있으며 앞으로 50억 년쯤 지나 적색거성으로 커진다. 그런데 이 적색거성의 반경은 지구 – 태양 궤도보다 크므로 그때 가면 지구는 ⓐ진정한 종말을 맞는다. 그러나 영국의 과학 전문지 <네이처> 최근호는 ⓑ널리 알려진 이런 생각이 잘못 됐음을 밝히고 있다. 천문학자들의 연구에 따르면 적색거성이 지구를 삼켜버리는 일은 결코 일어나지 않는다는 것이다. 그렇다고 지구의 평안이 유지되는 것은 아니다, 지구가 거대해진 태양의 불길에 그을리기는 마찬가지다. 최근의 연구 결과를 바탕으로 태양 운명의 시나리오를 알아보자.
>
> 태양의 중심 온도는 1,543만 도에 이른다. 이 열을 내는 것은 수소 폭탄과 같은 원리인 수소의 핵융합이다. 태양의 연료인 수소의 ⓒ재고는 절반쯤 남았다. 이 수소가 고갈되기까지 앞으로 약 64억 년이 걸릴 것으로 추정되고 있다. 그러면 그때까지는 지구에 별 영향을 미치지 않을 것인가? 영향을 미친다. 그것도 ⓓ뜨겁게.
>
> 앞으로 30억 년 동안 태양의 온도는 그다지 많이 높아지지 않겠지만 직경은 13% 커지고 무엇보다 밝기가 33% 늘어날 것이다. 태양의 밝기가 10%만 늘어나도 지구의 강물은 모두 말라버릴 것으로 과학자들은 내다보고 있다. 앞으로 6억 년 뒤의 일이다. 태양의 밝기가 40% 늘어나는 35억 년 뒤에는 지구의 바닷물이 모두 증발해 사라져 버릴 것이다. 물이 없는 지구에서 생물체가 자취를 감춘 뒤에도 태양의 진화는 계속 진행된다. 앞으로 65억 년 뒤에는 태양의 중심부에서 수소에 이어 헬륨이 핵융합을 일으킨다. 온도는 1억 도로 높아진다. 열에 들뜬 태양의 반지름도 7억 년 사이에 현재의 10배 크기로 붙어난다. 적색거성 단계에 이른 태양은 지금의 금성 궤도에 이를 만큼 커지지만 금성을 삼키지는 못한다. 태양이 적색거성으로 되면서 질량의 28%를 잃게 되고 중력의 감소가 인력(引力)을 줄이기 때문이다. 다시 말해 태양이 점점 다가오면서 동시에 금성도 차츰 바깥으로 도망가게 된다는 것이다.

① ⓐ: 확실한 ② ⓑ: 가설(假說)
③ ⓒ: 양(量) ④ ⓓ: 매우 크게

084_ ⓑ는 '통념'이나 '상식'을 의미한다.
가설(假說): 어떤 사실을 설명하거나 어떤 이론 체계를 연역하기 위하여 설정한 가정 / 사회 조사와 연구에서, 주어진 연구 문제에 대한 예측적 해답

The目 ⓐ, ⓒ, ⓓ의 문맥적 의미를 정리해 보면, ⓐ는 태양에 의해 지구가 확실하게 최후를 맞는다는 의미이다.
ⓒ는 남아 있는 수소의 '양'으로 풀이할 수 있다.
ⓓ는 태양이 지구에 미치는 영향에 관한 어휘이므로 뜨겁게는 '매우 크게' 정도로 풀이할 수 있다.

083 ① 084 ②

085 다음 글을 참조하여 〈보기〉와 같은 글을 썼다고 할 때, ㉮와 ㉯에 들어갈 말을 바르게 짝지은 것은?

저공(狙公)이라는 선비와 원숭이에 대한 고사, '조삼모사(朝三暮四)'를 알고 있을 것이다. 어느 해 극심한 가뭄이 들어 도토리를 조금밖에 수확하지 못하였다. 그래서 저공은 뒤뜰에 있는 원숭이 우리로 가서 이렇게 말한다. "올해는 흉년이 들어 도토리를 아껴서 먹어야 한다. 이제부터 도토리를 제한적으로 주는데, 아침에는 세 개를 주고 저녁에 네 개를 주도록 하겠다." 그러자 원숭이들이 반대를 했고, 저공은 다시 원숭이들에게 물었다. 그러면 도토리를 아침에 네 개, 저녁에 세 개를 주는 조사모삼(朝四暮三)의 방식은 어떠냐고. 그러자 원숭이들이 박수를 치며 좋아했다. 이 고사에서 원숭이는 어리석은 자로 묘사되고 있다. 여러분들도 아마 이에 대해 별다른 이의를 제기하지 않을 것이다. '조삼모사나 조사모삼이나 결국 같은 게 아닌가?'하고 말이다.

그러나 경제학적 측면에서 보면 사정이 전혀 다르다. 이 원숭이들은 매우 현명한 선택을 하고 있는 것이다. 왜냐 하면 아침에 세 개, 저녁에 네 개를 주는 조삼모사와 아침에 네 개, 저녁에 세 개를 주는 조사모삼은 똑같은 것이 아니라는 사실을 원숭이들은 알고 있었기 때문이다. 즉, 원숭이들이 조삼모사 대신 조사모삼을 선택한 것은 그들이 불확실한 미래의 시간 개념을 이해하고 있었기 때문이다. 경제학의 원리에 따라 시간의 개념을 도입할 때, 이자를 붙여 주지 않은 한 미래의 소비(저축)보다 현재의 소비가 더 매력적인 것이다. 또한 미래가 불확실하고 사회가 불안정할수록 현재의 소비보다 미래의 소비를 낮게 평가한다. 그러니 불안정한 상황에서 원숭이들은 기다려서 미래에 소비하는 것보다 현재 자신들의 욕구를 충족하고자 하였던 것이다.

우리 인간들도 마찬가지다. 맛있는 음식을 놓고 현재의 소비와 미래의 소비를 비교해 보면 쉽게 이해가 될 것이다. 흉년으로 식량이 떨어져 한창 굶주릴 때 맛있는 음식을 지금 먹을 것인지 아니면 나중에 먹을 것인지를 결정하라면, 대부분의 사람들은 지금 먹으려 할 것이다. 날씨가 더워 음식이 부패될 가능성이 높을수록 음식을 빨리 먹어치우는 것이 좋은 것처럼, 사회가 불안정하고 불황으로 경제가 침체 국면에 있을수록 사람들은 저축 대신에 현재의 소비를 늘린다.

이처럼 경제학적 원리에 따르면 시간 개념은 소비 행동에 많은 영향을 미친다. 사람들은 자신의 소득을 현재에 소비하거나, 혹은 저축했다가 미래에 소비할 수도 있다. 저축을 한다는 것은 현재의 소비를 포기하고 미래에 소비하겠다는 결정이지만, 저축을 하더라도 이자가 붙지 않거나 이율이 매우 낮다면 사람들은 저축 대신 현재 소비를 증가시킨다.

한편 미래가 불확실하고 사회가 불안정할수록 사람들은 현재의 소비보다 저축의 가치를 낮게 평가한다. 그렇기 때문에 미래가 불확실한 사람일수록 저축 대신 소비를 하는 경향을 보인다. 또한 인플레이션 기대 심리가 높을수록 저축의 가치가 떨어지기 때문에 사람들은 저축 대신 현재의 소비를 늘린다. 물가가 빠르게 뛰면 뛸수록 사람들 마음속의 예상 물가 상승률은 높아진다. 예상 물가가 높으면 높을수록 저축으로부터 발생하는 실질적인 수익과 실질 이자율은 떨어지는 것이다. 그러므로 인플레이션 기대 심리가 높고 사회가 불안정할수록 사람들은 저축보다는 소비에 치중한다.

085_ 이 글의 글쓴이는 '조삼모사' 이야기를 경제학적 관점에서 재해석하여, 알려진 바와 달리 원숭이는 어리석은 자가 아니라 오히려 현명한 자라고 하였다. 그렇다면 속임수로 원숭이를 설득하는 데 성공한 저공은 '하나만 알고 둘은 모르는' 사람이 될 것이다. 그는 경제학적 측면에서 소비를 알지 못했기 때문이다. 그런데 〈보기〉에서 소개한 『열자』의 내용에 따르면, 저공은 자신의 지혜로 어리석은 자인 원숭이를 농락한 것이 된다. '혹세무민'에 가까운 행위를 한 게 되는 것이다.

The콕 ① **곡학아세(曲學阿世)**: 바른 길에서 벗어난 학문으로 세상 사람에게 아첨함.

② **도랑 치고 가재 잡는다**: 일의 순서가 바뀌었기 때문에 애쓴 보람이 나타나지 않음을 비유적으로 이르는 말 / 한 가지 일로 두 가지 이익을 봄을 비유적으로 이르는 말

• **암중모색(暗中摸索)**: 물건 따위를 어둠 속에서 더듬어 찾음. / 어림으로 무엇을 알아내거나 찾아내려 함. / 은밀한 가운데 일의 실마리나 해결책을 찾아내려 함.

③ **아랫돌 빼서 윗돌 괴기**: 일이 몹시 급하여 임시변통으로 이리 저리 둘러맞추어 일함을 비유적으로 이르는 말

• **침소봉대(針小棒大)**: 작은 일을 크게 불리어 떠벌림.

④ **하나만 알고 둘은 모른다**: 사물의 한 측면만 보고 두루 보지 못한다는 뜻으로, 생각이 밝지 못하여 도무지 융통성이 없고 미련하다는 말

• **혹세무민(惑世誣民)**: 세상을 어지럽히고 백성을 미혹하게 하여 속임.

085 ④

보기

이 글의 글쓴이는 '조삼모사'를 경제학적 측면에서 해석하여 원숭이를 현명한 자로 보았다. 글쓴이에 따르면 저공은 [㉮] 사람인 것이다. 그러나 『열자』의 '황제편'에서는 이 우화를 소개한 후 '지혜가 있는 사람[智者]이 어리석은 사람[愚者]을 농락하고, 성인이 뭇사람을 농락하는 것도 저공이 지(智)로써 원숭이를 농락하는 것과 같다.'라고 하였다. 이 해석에 따르자면, 저공은 [㉯] 사람이라 할 수 있는 것이다.

	㉮	㉯
①	억지로 절 받으려는	곡학아세(曲學阿世)하는
②	도랑 치고 가재 잡는	암중모색(暗中摸索)하는
③	아랫돌 빼서 윗돌 괴는	침소봉대(針小棒大)하는
④	하나만 알고 둘은 모르는	혹세무민(惑世誣民)하는

086 ⓐ와 유사한 의미로 사용된 것은?

하지만 이런 소피스트들의 주관성에 대한 옹호는 심각한 회의론을 야기할 수 있다. 소피스트들의 주장에 따르면 진리란 결국 관점에 불과한 것으로 더 이상 절대적 진리의 기준이 없고 변화하는 진리들만 있어서 진리 자체가 존폐의 위험에 놓이게 될 것이다. 이러한 주관적 진리의 한계 때문에 우리는 주관성을 ⓐ 넘어서는 객관성과 보편성을 지향한다. 소크라테스는 인간이 만물의 척도이고 주관성 자체가 진리라면 돼지나 원숭이들도 척도로 삼아야 하지 않겠느냐고 말했다. 소크라테스는 소피스트들의 상대주의를 극복하고자 했으며 그들에 반대하여 보편적·절대적 진리의 존재를 신임할 것을 권고했다.

① 벌써 자정을 넘어섰다.
② 산을 넘어서면 마을이 나온다.
③ 그는 생사의 기로에서 여러 번 고비를 넘어섰다.
④ 그녀를 향한 그의 사랑은 보통 사람의 사랑을 넘어서는 것이었다.

086_ ⓐ에서 '넘어서다'는 '주관성을 뛰어 넘어 한 차원 높은 객관성과 보편성을 지향한다'는 의미이다. ④도 '보통 사람의 사랑을 뛰어넘는 한 차원 높은 사랑이었다'는 의미이므로 유사하게 쓰였다.

The콕 ①은 '일정한 시기나 범위를 넘어서 지나다.'의 의미로, ②는 '어떤 물건이나 공중을 넘어서 지나다.'의 의미로, ③은 '어려운 상황을 넘어서 지나다.'의 의미로 사용되었다.

086 ④

[087~088] 다음 글을 읽고 물음에 답하시오.

의성어와 의태어는 매우 비슷한 기능을 하는 어휘 부류이지만 한편으로는 꽤 다르다. '의성어'와 짝이 되는 '의태어'라는 이름에서 엿볼 수 있듯이, 의성어와 의태어는 그 차이보다는 공통점이 더 주목을 받아 왔으며, 그 개념에 대한 정확한 이해 없이 막연하게 하나의 부류로 묶여서 다루어져 왔다. 그러나 의성어와 의태어는 공통점 못지 않게 다른 점도 가지고 있어서, 하나의 부류로 뭉뚱그릴 대상은 아니다.

의성어는 자연적 또는 인공적인 소리를 지칭하거나 묘사하기 위해 되도록 그 소리에 가까우면서 해당 언어의 음운과 음절 구조에 맞도록 만든 말을 가리킨다. 지칭이란 "창 밖에서 '짹짹'하고 들리는 소리가 무슨 소리지?"라고 인용 형식으로 말하는 경우를 가리키고, 묘사한 '참새가 짹짹 노래한다'와 같이 부사어로 사용되어 서술어의 내용을 구체적으로 꾸며 주는 경우를 가리킨다. 이에 비해 의태어는 비청각적인 감각을 청각 인상인 말로 바꾼 것이다. 곧 시각, 촉각, 미각, 통각(痛覺) 등을 통해 감지되는 상황을 묘사하는 말로서, 소리를 묘사하는 '의성어(擬聲語)'에 대응되는 개념으로 형태를 묘사한다 하여 '의태어(擬態語)'라 부른다.

의성어와 의태어를 구별 지어 주는 가장 중요한 차이는, 의성어는 ⓐ <u>소리</u>를 소리로 표현하는 데 반해 의태어는 소리 아닌 것을 ⓑ <u>소리</u>로 표현한다는 점이다. 의태어의 지시 대상은 ⓒ <u>소리</u>가 아니므로 어떻게 해도 지시 대상과 일치시킬 수는 없는 데 반해, 의성어는 해당 언어 사회의 화자들에게 지시 대상인 ⓓ <u>소리</u>와 같거나 매우 가까운 소리로 인식된다. 의성어도 기본적으로는 자의적 기호로서 사회적 약속의 산물이지만, 적어도 지시 대상이 언어 형식과 같은 '소리'로 이루어졌으므로 지시 대상과 언어 형식과의 연합의 필연성은 일반어와 비교할 수 없이 크다. '종소리'를 말하기 위해 그 소리를 인간의 소리로 바꾸어 들려 주는 것이 의성어이므로, 여러 언어 간에 의성어가 비슷해질 가능성도 있다. 반면에 의태어는 비청각적인 감각을 소리로 바꾼 것이기 때문에 대상과 언어 형식의 관계가 전적으로 자의적(arbitrary)이다. 움직임이나 상태를 청각화해서 소리로 나타낸다는 것은 어떻게 해도 간접적일 수밖에 없으며, 지시 대상과 언어 형식 사이에 필연성이 없으므로 서로 다른 언어 사이에 의태어가 비슷해질 가능성은 전혀 없다고 할 수 있다. 만일 어떤 두 언어에서 같은 의미의 의태어가 비슷한 음성 형식으로 나타나는 일이 있다고 가정한다면, 그것은 우연의 일치이거나 차용, 계통적 유사성 중의 하나일 것이다.

예컨대, 의태어인 '흔들흔들'이 동사 '흔들다'로부터 만들어졌다는 점에서 필연성이 있다고 생각할 수도 있다. 그러나 '흔들다'라는 동사가 특정한 의미를 나타내게 된 것은 발생 동기상 우연의 산물이며, 따라서 '흔들흔들'이라는 말이 가리키는 의미가 꼭 그러한 음성 형식으로 표현되어야 할 필연성도 없다. '흔들흔들'은 동사 '흔들다'와 형태적 유연성(有緣性)은 있지만 그 음성 형식과 의미 사이에는 필연성이 전혀 없어서, 지시의 필연성이라는 기준에서 보면 의태어는 '나무'나 '사람'과 같은 일반 어휘와 다름없다.

087 윗글의 내용에 근거하여 〈보기〉에 대해 탐구해 보았다. 적절하지 않은 의견은?

보기
㉠ 바람에 문이 덜컥 소리를 내며 닫혔다.
㉡ 문 닫히는 소리에 가슴이 덜컥 내려앉았다.

① ㉠의 '덜컥'은 소리를 묘사하기 위해 만들어진 의성어이다.
② ㉡의 '덜컥'은 비청각적인 감각을 청각화하여 나타낸 의태어이다.
③ ㉡의 '덜컥'은 동사 '덜컥거리다'와 형태적 유연성이 있다고 할 수 있다.
④ ㉠과 ㉡의 '덜컥'은 지시 대상과 언어 형식 사이의 필연성이 일반어에 비해 크다.

087_ 이 글에 의하면, 의성어는 지시 대상이 언어 형식과 같은 '소리'로 이루어졌으므로 지시 대상과 언어 형식과의 연합의 필연성은 일반어와 비교할 수 없이 크다. 이에 비해 의태어는 비청각적인 감각을 소리로 바꾼 것이기 때문에 지시 대상과 언어 형식의 관계가 전적으로 자의적이다. 따라서 ④의 의견은 적절하지 않다.

The콕) ① **㉠의 '덜컥'**: 크고 단단한 물건이 맞부딪치는 소리(의성어). '덜커덕'의 준말로, '덜커덕'은 '덜거덕' 보다 조금 거센 느낌을 준다.
② **㉡의 '덜컥'**: 갑자기 놀라거나 겁에 질려 가슴이 내려앉는 모양(의태어)
③ 이 글의 마지막 문단에서는 의태어 '흔들흔들'이 동사 '흔들다'와 형태적 유연성이 있음을 설명하고 있다. 이와 마찬가지로 '덜컥' 역시 '덜컥거리다'와 형태적 유연성이 있다는 것을 짐작할 수 있다.

088 ⓐ~ⓓ 중 지시하는 바가 다른 하나는?

① ⓐ ② ⓑ
③ ⓒ ④ ⓓ

088_ 이 글의 맥락에서 ⓑ는 '인간의 말' 또는 '언어 형식'에 해당하며, 이를 제외한 나머지는 '지시 대상'에 해당한다.

089 ㉠과 바꾸어 쓸 수 있는 말로 가장 적절한 것은?

서양 미술사에서도 서민이 주인공으로 등장하는 것은 17세기 프랑스 혁명 ㉠ 언저리부터였다. 그 이전의 회화에는 귀족과 귀부인 또는 성경과 신화 속의 인물이 주류였다. 르낭의 <농부> 같은 그림이 나타날 때는 시민 사회로의 길이 보이는 사회 변동과 시민 의식의 성숙이 조성된 이후였다. 그 점에서 공재의 <나물 캐기>와 <짚신 삼기>는 조선 사회에서 서민의 위치가 전과 다르게 주목되었고, 또 그러한 시대 조류를 당연한 현실로 받아들인 진보적 지성의 존재를 말해 주는 역사적 증언이다. 이 점이 바로 공재의 가장 두드러진 선구적 면모이다.

① 직전(直前) ② 직후(直後)
③ 전후(前後) ④ 초기(初期)

089_ '언저리'는 '1. 둘레의 가 부분(예 장터 주막 언저리) 2. 어떤 나이나 시간의 전후(예 서른 언저리) 3. 어떤 수준이나 정도의 위아래(예 꼴찌 언저리)'를 가리킨다. ㉠은 문맥으로 볼 때 시간의 '전후(前後)'를 가리킨다.

087 ④ 088 ② 089 ③

090 ㉠과 바꾸어 쓰기에 가장 적절한 것은?

> 신문고를 치기 어려운 점은 까다로운 절차 때문만이 아니었다. 당시 신분제 사회에서 신문고를 치는 데에는 여러 가지 제한 규정이 있었다. 「경국대전」형전에 따르면, 국가 안위에 관련된 사건과 불법 살인 사건을 빼고는, 중앙 관청의 하급 관리나 노비들이 그의 주인을 고발하는 경우와 지방의 양반 향리 백성들이 관찰사나 수령을 고발하는 경우는 오히려 벌을 받는다고 규정하였다. 뿐만 아니라, 노비의 경우는 아예 북을 치기가 쉽지 않았다. 세종 때 양반 집의 노비가 신문고를 치려고 하였는데, 담당 관리가 그것을 아예 허용하지 않았기 때문에 엉뚱하게 광화문에 걸려 있던 종을 쳐서 문제가 된 적이 있었다고 한다. 원통하거나 억울한 일이 있으면 왕에게 직접 호소하라고 만들어 놓은 신문고는 힘없는 백성들에게는 ㉠ 무용지물(無用之物)에 지나지 않았던 것이다. 설령 신문고를 쳤다고 하더라도, 그것이 왕에게 보고되는 경우는 극히 드물었다.

① 그림의 떡 ② 악어의 눈물
③ 양날의 칼 ④ 빙산의 일각

090_ '무용지물(無用之物)'은 아무짝에도 쓸모가 없는 물건이나 사람을 뜻하는 말이다. 문맥적 상황을 고려하여 파악할 때 ㉠은 마음에 들어도 차지할 수 없는 것을 뜻하는 말로 쓰였다. 이와 가장 유사한 의미로 쓰이는 말은 ① '그림의 떡'이다.

The콕 ② 거짓 눈물 또는 위선적인 행위를 이르는 말
③ 긍정과 부정의 이중적 면이 존재함.
④ 대부분이 숨겨져 있고 외부로 나타나 있는 것은 극히 일부분에 지나지 아니함.

091 '테오 콜본'의 생각을 바탕으로 할 때, ⓐ에 들어갈 말로 가장 적절한 것은?

> 일찍이 레이첼 카슨은 농약을 포함한 여러 종류의 합성 화학 물질이 생태계에 문제를 초래하여 인류를 위협하게 될 것이라고 경고하면서 환경 호르몬에 대한 문제를 처음으로 지적하였다. 그 후 1996년에 테오 콜본은 「도둑 맞은 미래」라는 책을 쓰면서, 일부 농약과 합성 화학 물질이 우리도 모르는 사이에 서서히 생태계와 인간의 내분비계에 작용하여 우리 세대는 물론 후손들의 운명에도 치명적인 영향을 미칠 수 있다는 위험성을 지적하였다. 이때부터 환경 호르몬이 새로운 환경 오염원으로서 세계적인 주목을 받기 시작하였다. 콜본은 우리가 무심코 사용해 왔던 각종 산업용 화학 물질, 농약류, 유기 중금속, 의약품으로 사용되는 합성 에스트로겐류 및 식품 첨가물 등이 정상 호르몬의 작용을 교란시킴으로써 동물의 생식기 기형, 생식 능력의 감퇴, 번식 행동의 이상 등을 초래하며, 인간에게도 생식 장애, 발암, 면역 억제, 신경 기능 장애 등의 무서운 질병이 [ⓐ] 나타날 수 있다고 하였다.

① 시나브로 ② 다소곳이
③ 고분고분 ④ 애오라지

091_ '테오 콜본'은 「도둑 맞은 미래」라는 책을 통해 환경 호르몬이 우리도 모르는 사이에 서서히 생태계와 인간의 내분비계에 작용하여 우리 세대뿐만 아니라 후손들에게까지 악영향을 미친다고 보고, 그 위험성을 지적했다고 하였다. 따라서 '모르는 사이에 조금씩 조금씩'이라는 뜻을 지닌 부사인 '시나브로'가 ⓐ에 들어갈 어휘로 적절하다.

The콕 ② **다소곳이**: 고개를 조금 숙이고 온순한 태도
③ **고분고분**: 말이나 행동이 공손하고 부드러운 모양
④ **애오라지**: '겨우'를 강조하여 이르는 말 / '오로지'를 강조하여 이르는 말

090 ① 091 ①

092 ㉠과 바꿔 쓸 수 있는 가장 적절한 어휘는?

이성적 사고에서 기본이 되는 연역 논리적 추리는 일반화된 명제(언어적 표상)를 전제로 한다. 그리고 이성은 일반화된 것을 다시 더 높은 차원으로 일반화할 수 있게 하는 능력을 가지고 있다. 이것은 추상화의 차원을 높여 주는 능력이라고 할 수도 있다. 인간만이 종교와 예술과 과학과 철학을 발전시켜 올 수 있었던 것은 이러한 추상화 또는 일반화를 가능하게 하는 언어 능력의 힘이라고 생각된다. 또한 이러한 일반화나 추상화는 모두 진리의 문제를 수반하기 때문에 그것이 거짓 믿음, 거짓 이론, 즉 잘못된 일반화일 가능성이 ㉠ 내포되어 있다. 아마 거짓을 진실로 믿을 수 있는 존재도 인간밖에 없을 것이다. 이것은 인간의 언어적 표상이 일반화 또는 추상화를 가능하게 하기 때문이며, 그러한 언어적 표상이 주관적 관념의 세계 안에서 별 문제 없이 받아들여질 수도 있기 때문일 것이다. 말하자면 동굴에 비유될 수 있는 주관적 관념의 세계가 가능하기 때문일 것이다.

① 함축(含蓄) ② 잠재(潛在) ③ 은폐(隱蔽) ④ 차단(遮斷)

092_ ㉠의 '내포'는 문맥상 '그럴 수도 있다'는 개연성과 잠재 가능성을 의미한다.
② **잠재(潛在)**: 겉으로 드러나지 않고 속에 잠겨 있거나 숨어 있음.
The콕 ① **함축(含蓄)**: 겉으로 드러내지 아니하고 속에 간직함. / 말이나 글이 많은 뜻을 담고 있음. / 표현의 의미를 한 가지로 나타내지 아니하고 문맥을 통하여 여러 가지 뜻을 암시하거나 내포하는 일
③ **은폐(隱蔽)**: 덮어 감추거나 숨김.
④ **차단(遮斷)**: 다른 것과의 관계나 접촉을 막거나 끊음.

093 문맥상 ⓐ와 ⓑ에 들어갈 어휘끼리 묶인 것은?

현재 이루어지는 화분증 치료법은 약물로 히스타민 등의 자극 물질을 만들지 못하게 하건, 스테로이드 호르몬으로 코 등의 염증을 억제하거나 하는 대증요법(對症療法)이 주를 이루고 있다. 화분증의 증상을 근본적으로 치료하는 요법이 아직 없는 상황에서 일본 삼나무의 화분증 치료와 관련하여 우리의 관심을 끄는 몇 가지 치료법이 있다. 우선 최초로 실시된 치료법은 '항체 소멸 요법'이다. '항체 소멸 요법'의 핵심은 삼나무 화분증의 항원을 환자에게 조금씩 [ⓐ]하여 몸에 스며들게 하는 것이다. 즉 면역 세포를 속여, 대기하는 항체를 감소시킨다는 전력이다. 그러나 치료가 장기적으로 지속되어야 하거나 부작용으로 알레르기 쇼크를 일으킬 염려가 있으므로 그다지 널리 이용되지 않고 있다.

안전성과 치료 효과를 더욱 높은 제2세대의 백신으로 '펩티드 백신'이 연구되고 있다. 펩티드 백신은 '항체 소멸 요법'의 부작용을 줄여 더욱 안전하고 효과가 있도록 하기 위하여 단백질을 구성하는 아미노산 여려 개가 연결된 '펩티드'를 사용한 치료법이다. 항체 소멸 요법에서 사용하는 삼나무 화분의 항원 대신, 항원을 형성하는 단백질의 일부에 인공적으로 만든 합성 펩티드를 투여하여 모조 학원을 놀린다. 펩티드 백신은 알레르기를 일으키는 B세포 펩티드를 함유하지 않기 때문에 부작용이 없다. 그래서 대량의 펩티드를 한 번에 [ⓑ]할 수 있으므로 단기간에 효과를 기대할 수 있다.

	ⓐ	ⓑ
①	삽입(揷入)	흡입(吸入)
②	주입(注入)	투여(投與)
③	투여(投與)	삽입(揷入)
④	수여(授與)	투여(投與)

093_ ⓐ는 뒤에 '스며들게 한다'는 표현과 연결되기 때문에 주입(注入)이 적절하다. '주입(注入)'은 '흘러 들어가도록 부어 넣음.'이란 뜻을 가지고 있다.
ⓑ는 '효과를 낸다'는 구절과 연관되기 때문에 '약 따위를 줌.'이라는 의미의 투여(投與)가 적절하다.
The콕 **삽입(揷入)**: 틈이나 구멍 사이에 다른 물체를 끼워 넣음.
흡입(吸入): 기체나 액체 따위를 빨아들임. / 생각·감정 따위에 빠짐.
수여(授與): 증서, 상장, 훈장 따위를 줌.

092 ② 093 ②

094 ㉠을 한자어로 바꿔 쓸 때 가장 적절한 것은?

인류는 1960대 이후 인공위성을 발사해 해양의 넓은 영역을 관측하기 시작했다. 계류 장비의 한계를 극복할 수 있게 된 것이다. 인공위성 덕분에 소용돌이, 한류와 난류를 비롯해 다양한 바다의 표정을 볼 수 있을 뿐 아니라 과거에는 상상도 못했던 극지방 해빙의 분포도 이제 실시간으로 모니터링할 수 있다. 그런데 인공위성 정보는 모두 해수 표면에 관한 것이지, 정작 중요한 바다 속 변화에 대한 것은 아니다. 결국 해양 기상에 영향을 받지 않고 광범위한 지역에서 수년간 관측할 수 있는 아르고 플로트가 ㉠ 가장 적당한 관측기라 할 수 있겠다. 바다는 표층뿐 아니라 수천 미터의 심층에도 활발한 흐름이 있다. 따라서 표층과 더불어 바다 속 깊이까지의 변화를 알아야 기후 변화에 제대로 대응할 수 있다. 이런 요구가 바로 아르고 프로젝트를 탄생시킨 것이다.

① 최선(最善) ② 최고(最高)
③ 최후(最後) ④ 최적(最適)

094_ '가장 적당한'은 '최적(最適)'이다.

The콕 ① **최선(最善)**: 가장 좋고 훌륭함.
② **최고(最高)**: 가장 높음.
③ **최후(最後)**: 맨 끝, 맨 마지막

095 <보기>를 바탕으로 할 때, ㉠의 관용구로 가장 적절한 것은?

서양의 전통 철학자들은 의식과 의식의 내용은 영원불변하며, '의식 아닌 것'들은 덧없이 변화하고 결국에는 소멸한다고 믿었다. 그리고 의식의 눈은 보편적일 뿐 아니라 초관점적이라고 생각했다. 그러나 프로이트는 이런 전통적인 입장과 매우 다른 생각을 하였다. 그에 따르면, 의식은 외부 세계의 자극을 선별하여 수용하는 지각 활동과 내부로부터 발생하는 쾌(快)와 불쾌(不快)의 감정으로 구성된다. 의식은 낯설고 혼란스러운 외부 세계에 적응하기 위해 후천적으로 발달한 2차 정신 작용이며, 의식의 내용은 '현재' 정신이 지각하는 것만을 지칭한다. 의식은 지금 이 순간 당장 필요한 표상과 정서만을 내용으로 보존한다. '의식한다는 것'은 곧 '주의를 기울이는 것'을 뜻한다. 그런데 우리는 다른 필요나 목적이 생기면 현재의 관심에서 얼마든지 [㉠] 수 있다. 그리고 그 순간, 기존의 의식 대상은 생생한 지각 영역에서 사라져 '흔적'으로만 남고 만다.

보기

관용어는 구, 절이나 문장으로 되어 있는데, 그 의미가 개개 단어의 의미의 결합이 아닌 제3의 의미로 굳어진 말들이다. 이 관용구는 인체와 연관된 어휘들을 중심으로 구성되는 경우가 많은데, ㉠에는 문맥상 '외면하다'의 뜻을 지닌 관용구가 적절하다.

① 입을 뗄 ② 손을 뻗칠
③ 머리를 굴릴 ④ 고개를 돌릴

095_ <보기>에 따르면 '외면하다'를 표현할 때 인체 부위를 이용하여 표현한 관용구를 선택해야 한다. ④는 '보지 않으려고 하다.'의 뜻으로 ㉠과 의미가 통한다.

The콕 ①은 '말을 하기 시작하다.', ②는 '활동 범위를 넓히다.', ③은 '머리를 써서 생각하다.'의 의미가 있다.

094 ④ 095 ④

01

096 ⓐ에 관련된 대상들을 평가하는 말로 가장 적절한 것은?

그런데 올해 들어 사정이 달라졌다. 론스타가 현재 보유 중인 A은행 지분을 모두 팔아 처분하려고 하는데 그 차익이 천문학적 수준이다. 당초 1조 원을 조금 웃도는 가격으로 A은행 지분을 인수했지만 그동안 A은행의 주식이 꾸준히 상승하였기 때문에 매각할 때는 4조 원 이상을 받게 돼서 이익이 3조 원 가까이가 된다. 이 지분을 인수할 것으로 알려진 B은행이 국내 기업인 점을 감안하면 우리 국민의 돈 3조 원 가량이 론스타라는 외국 펀드에 지불되는 것이다. 이는 우리나라의 부가 외국으로 유출되는 전형적인 국부 유출의 사례에 해당한다. 설상가상으로 우리 국민들의 감정을 건드린 것은 론스타가 단기간에 엄청난 이익을 벌어들이고도 세금은 한 푼도 내지 않는다는 점이다. 이는 론스타가 국내에 진출하기 전에 이미 이른바 '조세 회피 지역'에 회사를 설립하는 선진 금융 기법을 적용했기 때문이다. 해외 자본의 무서움을 적나라하게 드러냈던 ⓐ 사건이었다.

① 결국 론스타는 우리에게는 그림의 떡이었어.
② 론스타라는 믿었던 도끼에 발등을 찍힌 거야.
③ 우리나라는 가랑비에 옷 젖는 줄 몰랐던 거야.
④ 론스타는 닭 쫓던 개 지붕 쳐다보는 꼴이 되었어.

096_ 론스타라는 회사가 우리나라에 처음 들어올 때, 우리나라 국민들은 이 회사에 대해 매우 호의적이었다. 이는 쓰러져 가는 우리나라의 중요 은행의 지분을 인수함으로써 A은행의 부도를 막을 수 있었기 때문이다. 당연히 론스타에 대한 국민적 기대가 생겨났을 것이다. 그러나 론스타의 실체와 본질적 의도를 살펴보면, 론스타를 믿었던 우리가 너무 일면만을 보고 더 큰 손해가 다가오고 있다는 것을 몰랐음을 깨닫게 된다. 그러므로 론스타에 대해 우리는 믿었던 도끼에 발등 찍히는 꼴이 되는 것이다.

097 ⓐ의 [ ] 안에 들어갈 말로 적절한 것은?

'다른 방식으로 만들기', 이것은 미적 형식의 변화를 일컫는다. 미적 형식의 변화를 통해 인간의 현실적 기억은 예술적으로 전이되고, 그것은 다시 새로운 현실과 만난다. 여기서 하나의 예를 들어 보자. 안티고네(Antigone)는 그리스 신화에 등장하는 인물로, 영웅 오이디푸스와 그의 아내 이오카스테의 딸이다. 그녀의 생애가 너무나 애절해서 그랬겠지만, 고대 그리스 시절 소포클레스는 이를 소재로 비극 「안티고네」를 창작하여 비극의 신기원(新紀元)을 [ⓐ]. 1944년에는 프랑스의 극작가 장 아누이가 「앙티곤」에서 소포클레스의 소재를 그대로 다루었다. 독일군 점령하에 공연된 연극 중 걸작으로 꼽히는 이 작품은 당시 관객들에게 저항 정신과 비판 정신을 심어 주었는데, 이 작품에는 사르트르가 이론화한 '상황의 연극'의 특질이 분명히 나타나 있다. 신화 속의 안티고네 이야기가 소포클레스에 의해 예술적 가치를 지니게 되고, 훗날 다시 장 아누이에 의해 새로운 사회적·정치적 의미를 창출하게 된 것이다. 이렇게 소재를 새롭게 다루는 과정 속에서 예술가들은 미적 형식의 변혁을 꾀하게 된다. 이러한 변혁의 역사야말로 예술이 단순히 반복되는 것이 아니라 생명력을 가지고 끊임없이 새로움을 추구하는 것임을 입증하는 증거라고 볼 수 있다.

① 그었다 ② 열었다
③ 치렀다 ④ 풀었다

097_ '신기원을 이루다/창조하다/열다'는 관용적으로 쓰이는 어구들이다. 이때의 '신기원(新紀元)'은 '새로운 기원, 또는 그것으로 시작된 새로운 시대'를 뜻한다.

096 ② 097 ②

098_ 'will'이라는 '미래'가 없다는 사실과 '순간'이라는 개념에 대한 인식이 없다는 것에서 추론할 수 있는 것으로는 '시제'가 적절하다.

098 ㉠에 들어갈 말로 적절한 것은?

> 사피어와 워프는 문화의 상이성은 언어의 상이성에서 비롯된다고 가정했다. 즉 이 세상의 여러 나라나 민족들이 서로 다른 문화를 가지고 있는 것은 그들이 각각 서로 다른 철학이나 세계관을 가지고 있기 때문인데, 이러한 철학이나 세계관의 다양성은 결국 언어의 다양함에서 비롯된다는 것이었다. 이렇게 상정한 후, 자신의 연구 결과를 서구의 그것들과 비교할 목적으로, 워프(Whorf)는 먼저 애리조나 주에 살고 있는 호피(Hopi)족의 언어와 문화를 깊이 연구하였다. 그가 발견한 것은 영어와 같은 서구어에서는 너무나 당연한 것으로 받아들여지고 있는 [㉠]의 개념이 호피어에는 전혀 없다는 사실이었다. 예컨대 호피어에는 영어의 'will'과 같이 미래를 나타낼 수 있는 낱말이 전혀 없다는 것이었다. 그뿐만 아니라 호피어에서는 '번개가 친다, 파도가 친다, 불꽃이 붙는다'와 같은 동사형이 아닌 '번개, 파도, 불꽃'과 같은 명사로만 표현이 가능한 것으로 미루어 보아, 호피인들에게는 순간이라는 [㉠]의 개념도 없는 것으로 짐작이 되었다. 즉 서구인들은 그런 것들을 잘게 나눌 수 있는 대상으로 보고 있는 데 반하여, 호피인들은 그것들을 하나의 덩치나 흐름으로 파악하고 있었던 것이다.

① 문장　　② 논리
③ 존재　　④ 시제

099_ 마이크로파가 금속을 통과하지 못한다는 내용에 쓰였기 때문에 '광선이 물질의 내부를 통과함.'이라는 의미를 지닌 '투과(透過)'가 적절하다.

The콕 ② **투시(透視)**: 막힌 물체를 환히 꿰뚫어 봄. 또는 대상의 내포된 의미까지 봄.
③ **투여(投與)**: 약 따위를 남에게 줌.
④ **투영(投影)**: 상이 비치게 슬라이드 따위에 빛을 비춤.

099 ㉠을 〈보기〉와 같이 바꾸어 쓴다고 할 때, 빈칸에 들어갈 말로 가장 알맞은 것은?

> 전자레인지는 불을 이용하지 않을 뿐 아니라 음식이 속부터 겉까지 골고루 익는다는 점에서 직접 가열하는 방식과 큰 차이가 있다. 음식이 타거나 영양분이 빠져나가는 것을 방지할 수 있다. 또한 조리 시간이 줄어든다. 그러나 전자레인지는 전자파를 사용하므로 위험하다. 전자파는 암을 유발할 수도 있고 건강에 좋지 못한 영향을 끼치므로 전자레인지에서 마이크로파가 새어 나오지 못하도록 주의해야 한다. 또한 ㉠ <u>마이크로파는 공기, 유리, 종이 등으로 이루어진 물질은 잘 통과하여 제 역할을 수행하지만 금속과 마주쳤을 때에는 반사되므로 그릇 사용에 주의를 하여야 한다.</u>

보기

> 마이크로파는 금속을 (　　　　　　)하지 못하기 때문에 전자레인지에는 금속이 아닌 다른 재료로 만든 그릇들만을 사용해야 한다.

① 투과(透過)　　② 투시(透視)
③ 투여(投與)　　④ 투영(投影)

098 ④　099 ①

100 〈보기〉를 참조할 때 ⓐ, ⓑ에 대해 바르게 설명한 것은?

새로운 매체는 전통적인 장르에도 변화를 강요했다. 아리스토텔레스의 <시학>에 입각한 전통극은 무대 위에 '가상'을 만들어 놓고 그리고 관객들을 몰입시킨다. 이때 대중의 비판 의식은 마비된다. 브레히트(B. Brecht)는 여기에 반기를 들고 반(反)아리스토텔레스적 연극을 추구했다. 그는 대중의 몰입을 막으려고 귀찮을 정도로 극중 현실이 한갓 가상에 불과함을 폭로한다. 관객으로 하여금 거기에 비판적 거리를 취하게 만들려는 것이다. 가령 <서 푼짜리 오페라>에서는 ⓐ 막이 끝나고 ⓑ 막(幕)을 내리지 않는다. 방금 나왔던 등장인물들이 벌건 조명 아래 이리저리 움직이며 소품을 옮기는 모습을 그대로 관객에게 노출한다. 마지막 장면에서 주인공은 교수대 위에 선다. 형이 집행되기 직전 여왕의 사자가 등장하여 그를 사면하라는 칙령을 내린다. 극이 해피엔드로 끝나려는 순간, 사자는 관객을 향해 돌아서서 말한다. "여러분, 현실에서 이런 일은 절대로 일어날 수 없습니다."

보기

막(幕)[1]
「1」 겨우 비바람을 막을 정도로 임시로 지은 집
「2」 칸을 막거나 어떤 곳을 가리기도 하는, 천으로 된 물건. 주로 무대 앞을 가리는 데 쓰인다.

막(幕)[2]
연극의 단락을 세는 단위. 한 막은 무대의 막이 올랐다가 다시 내릴 때까지로 하위 단위인 장(場)으로 구성된다.

[관용구]
막을 내리다 : 무대의 공연이나 어떤 행사를 마치다.
막이 오르다 : 무대의 공연이나 어떤 행사가 시작되다.

① ⓐ, ⓑ는 모두 막[2]의 뜻으로 쓰였다.
② ⓐ, ⓑ는 모두 막[1]-「2」의 뜻으로 쓰였다.
③ ⓐ는 막[1]-「1」의 뜻으로, ⓑ는 막[2]의 뜻으로 쓰였다.
④ ⓐ는 막[2]의 뜻으로, ⓑ는 막[1]-「2」의 뜻으로 쓰였다.

100_ ⓐ는 연극의 단락을 세는 단위이고, ⓑ는 무대를 가리는 천을 뜻한다.

100 ④

101_ 〈보기〉에 제시된 〈국제 음성 기호와 한글 대조표〉를 보면 'k'는 'ㅋ', 'ʌ'은 '어', 'm'은 'ㅁ', 'p'는 'ㅍ', 'ə'는 '어', 's'는 '스'로 발음해야 함을 알 수 있다. 따라서 'compass'는 '컴퍼스'로 표기해야 옳다.

101 ㉠을 다음의 외래어 표기법 규정에 따라 우리말로 표기하여 에 넣으려고 한다. [ⓐ]에 들어갈 표기가 바르게 된 것은?

> 외래어 중에 새로운 의미가 덧붙은 말로는 [ⓐ]를 들 수 있다. ㉠'compass [kʌmpəs]'에서 온 이 말은 애초 제도용 기구를 가리키는 의미로 사용되었다. 그런데 그 기구의 모양이 사람의 다리 모양과 비슷한 데 착안하여 '보폭'의 의미가 덧붙어 "그는 [ⓐ]가 길다."와 같이 쓰인다. 외래어에 새로운 의미가 붙을 때, 때로는 조정 과정을 거치기도 한다. '보이'가 우리 문헌에 나타난 초기에는 소년의 의미로도 사용되었다. 그런데 기존 단어에 밀려 '보이'는 정착하지 못했다. 다만, 음식점 등에서 시중을 드는 젊은 남자의 의미로만 사용되었다. 이제는 '보이'라는 말 자체가 거의 사라져 가고 있다.
>
> 왜 외래어를 쓰게 되었는가를 따지는 것은 여기서의 논의와는 별개로 접근할 사안이다. 여기서 살피고자 한 것은 처음 쓰게 된 이유야 어떻든 우리말로 받아들인 외래어는 제공 언어에서의 의미와는 다르게 쓰인다는 것이다. 때로 이러한 의미 변화를 오용이라고 하면서 무식을 탓하는 것을 보기도 한다. 그런데 이것은 '다름'이지 '무식'이라고는 할 수 없다. 제공 언어에 없는 의미로 사용될 수 있는 것은 그것이 외국어가 아니고 외래어이기 때문이다.

보기

외래어 표기법의 〈국제 음성 기호와 한글 대조표〉

국제 음성 기호	한글		국제 음성 기호	한글
	모음 앞	자음 앞 또는 어말		
p	ㅍ	ㅂ, 프	i	이
d	ㄷ	드	ə	어
k	ㅋ	ㄱ, 크	ɔ	오
m	ㅁ	ㅁ	e	에
s	ㅅ	스	æ	애
t	ㅌ	ㅅ, 트	ʌ	어

① 컴파스　　② 컴퍼스
③ 콤포스　　④ 콤파스

101 ②

102 ㉠의 상황을 비판하기에 가장 적절한 것은?

우리 주위는 수많은 합성 화학 물질로 가득 차 있다. 가구에서부터 아기 젖병, 실내 벽지, 침대 매트리스, 전기 장판, 화장대, 전기 모기향 등 집안은 조감도를 그려야 할 정도로 빈틈없이 환경 호르몬에 둘러싸여 있다. ㉠좀 더 위생적인 삶을 위해 선택한 강력 살충제, 세제 등에 있는 환경 호르몬이 우리의 체내에 쌓이고 있다. 게다가 매년 천여 가지의 새로운 화학 물질이 만들어지고 있으나 대부분 엄밀한 검사나 실험을 거치지 않은 채 사용되고 있다. 우리가 생활 속에서 이렇게 가까이 접촉하고 있는 환경 호르몬이 우리 자신과 다음 세대에 어떠한 영향을 미칠지, 이에 대해 경계하고 적절한 대책을 세워야 한다.

① 오비이락(烏飛梨落)이라더니 참 우연의 일치로군.
② 감탄고토(甘呑苦吐)라더니 인간의 태도는 참 알 수가 없군.
③ 사필귀정(事必歸正)이라고 모든 일은 옳은 길로 가게 되어 있어.
④ 해를 입어도 할 수 없지. 인간이 시작한 일이니 자업자득(自業自得)인 셈이야.

102_ ㉠의 경우 인간이 위생적인 삶을 위해 선택한 것들이 인간에게 해를 주고 있으므로 인간에게는 '자업자득(自業自得)'인 셈이다.

The콕 ① **오비이락(烏飛梨落)**: 까마귀 날자 배 떨어진다.
② **감탄고토(甘呑苦吐)**: 달면 삼키고 쓰면 뱉는다.
③ **사필귀정(事必歸正)**: 모든 일은 반드시 바른 길로 돌아간다.

103 '들다'의 문맥적 의미가 ⓐ와 유사한 것은?

확률의 적용에 가장 익숙한 사례는 동전 던지기이다. 동전을 던졌을 때 앞면이 나올 확률은 얼마나 될까? 그리고 뒷면이 나올 확률은 얼마나 될까? 물론 그 대답은 어린아이들도 모두 알만큼 쉽다. 각각 50%인 것이다. 수학자들이 어떤 사건의 발생 가능성을 파악하는 방식 역시 우리들이 동전의 앞면이나 뒷면이 나올 확률을 파악하는 방식과 비슷하다. 만일 우리들이 동전을 100번 던져서 앞면과 뒷면이 각각 몇 번 나왔는지를 기록한다면 각각의 경우가 대체적으로 50번 정도 나올 테지만, 반드시 그런 것은 아니다. 시행 횟수가 많을수록 결과는 더 믿을 만하게 나온다. 통계학자들의 작업 중 하나는 믿을 만한 결과를 얻기 위해 실험 횟수나 표본의 크기를 어느 정도로 정해야 하는가를 판단하는 것이다. 보험 회사처럼 통계에 의존하는 회사에서 표본 조사를 할 때 표본 집단을 적당히 크게 하면 비용과 시간이 많이 ⓐ들기는 하지만 신뢰성이 높고, 반대로 표본을 작게 하면 신뢰성이 낮은 결과가 나올 수 있다.

① 이 방에는 볕이 잘 든다.
② 잔치 음식에는 품이 많이 든다.
③ 집을 장만하기 위해 주택 적금에 들었다.
④ 올해 들어 해외 여행자 수가 부쩍 늘었다.

103_ ⓐ는 '들다'가 '어떤 일에 돈, 시간, 노력, 물자 따위가 쓰이다.'의 의미로 쓰인 것이다.
②의 '들다'가 이와 유사한 의미로 사용되었다.

The콕 ①~④는 들다[1]의 다의어들이다.
들다[2] – 비나 눈이 그치고 날이 좋아지다, 흐르던 땀이 그치다.
들다[3] – 날이 날카로워 물건이 잘 베어지다.
들다[4] – 손에 가지다, 설명하거나 증명하기 위하여 사실을 가져와 내다.
① 빛, 볕, 물 따위가 안으로 들어오다.
③ 적금이나 보험 따위의 거래를 시작하다.
④ 어떠한 시기가 되다.

102 ④ 103 ②

104_ ③은 일차적인 의미의 조합으로 표현되었다.

The콕 ① '돌아오는 몫이나 이득이 아무것도 없다.'는 뜻의 관용어구이다.
② '신임을 잃고 미움을 받게 되다.'는 뜻의 관용어구이다.
④ '노여움이나 부끄러움을 타지 아니하다.'는 뜻의 관용어구이다.

104 〈보기〉를 참조할 때, ㉠과 그 용법이 다른 하나는?

이러한 온정주의는 너그럽고 따뜻한 인간 정신의 표현이며 동양적 미풍양속의 바탕이라고 보아도 좋을 것이다. 그러나 오늘과 같은 복잡한 사회생활 속에서 만사를 온정주의로써 처리한다면, 도리어 질서를 어지럽힐 염려가 크다. 우리나라에는 지금도 온정주의적 사고 내지 행동의 경향이 강하게 남아 있다. '㉠ 봐 달라.' 또는 '봐 준다.'는 말이 일상생활 속에서 쓰이는 빈도가 높다는 사실은 이 점을 상징적으로 밝혀준다. 예사로운 심정으로 이 말을 끄집어내거나 들을 수 있다는 사실은, 우리들의 사고방식이 가족주의적 유습(遺習)에 젖어 있는 증거라고 보아도 좋을 것이다. 우리나라는 법치 국가(法治國家)를 자인(自認)한 지 이미 오래지만, 아직도 법에 호소하거나 법을 따지는 행동은 대체로 비난의 대상이 되기 쉽다.

보기

'봐 달라'는 '보다'와 '달라'의 일차적인 의미의 단순한 조합으로 그 의미가 나타나는 것이 아니라, '불법적인 행동을 문제 삼지 말고 덮어 달라'는 제3의 의미를 나타내는 관용구이다.

① 앞장서서 일을 성사시켰는데 국물도 없었다.
② 그는 약속을 지키지 않아 동료들의 눈 밖에 났다.
③ 미역국을 먹어서 그런지 아주 중요한 수행 평가를 망쳤다.
④ 동생은 반죽이 좋아서 처음 만난 사람과도 쉽게 친해진다.

105_ ④ **맞붙다**: 서로 마주 닿다 / 싸움이나 내기 따위에서 서로 상대하여 겨루다.

The콕 접두사 맞-
1. 일부 명사 앞: 마주 대하여 서로 엇비슷한 예 맞고함, 맞대결, 맞바둑, 맞적수
2. 일부 동사 앞: 마주, 엇비슷하게 예 맞들다, 맞물다, 맞바꿔, 맞부딪치다, 맞서다
① **맞바꾸다**: 더 보태거나 빼지 아니하고 어떤 것을 주고 다른 것을 받다.
② **맞먹다**: 거리, 시간, 분량, 키 따위가 엇비슷한 상태에 이르다. / 힘, 지위, 수준 등에서 상대방과 대등한 상태에 이르다.
③ **맞바둑**: 바둑 급수가 같은 사람끼리 두는 바둑

105 ㉠의 '맞'과 의미가 가장 가까운 것은?

흔히 재즈는 어렵다고들 한다. 대중 가요나 팝송처럼 몇 번 들어도 쉽게 다가오지 않고, 왠지 고급스럽고 귀족적인 냄새가 난다는 것이다. 하지만 재즈도 초기 입문이 어렵지 그 훈련 단계만 벗어나면 한껏 맛있게 즐길 수 있는 음악이다. 멜로디가 생명인 대중 음악에 비해 재즈의 가장 큰 특성은 '즉흥 연주'를 기본으로 한다는 점이다. 일정한 연주 패턴을 거부하고 각각의 악기 연주자들이 상황에 따라 정해진 틀을 이탈하는 자유 연주 방식이다. 흑인 연주 음악이라고 할 재즈의 이데올로기는 바로 이 '자유'에 있다. 때문에 재즈의 발전은 흑인 인권 신장이나 미국 민주주의 역사와 ㉠ 맞닿아 있다.

① 지우개와 삼각자를 맞바꾸었다.
② 이제는 네 키가 나와 맞먹는구나.
③ 아빠와 나는 맞바둑을 둘 정도이다.
④ 미국에서 가슴이 맞붙은 아이가 태어났다.

104 ③ 105 ④

106 ⓐ를 통해 알 수 있는 것은?

> 그렇지만 15세기에는 '어리다'가 '幼'의 뜻을 지니지 못했다. 왜냐 하면 이 시기에는 '幼'의 의미를 오늘날의 '젊다'에 해당하는 '졈다'가 담당하고 있었기 때문이다. 이 당시에 '나이가 어리다'를 '나이가 졈다'로 표현하였던 것이 그 증거다. 이때의 '졈다'는 오늘날의 '나이가 어리다'와 '나이가 젊다'를 모두 포괄하는 개념으로 쓰였다. 그래서 ⓐ<u>'졈다'와 '어리다'는 한 문장에서 함께 배열되기도 하였다</u>.

① '졈다'는 '어리다'의 상위 개념이었다.
② '졈다'와 '어리다'는 그 의미가 같았다.
③ '졈다' 대신에 '어리다'란 단어를 쓸 수 있었다.
④ '졈다'와 '어리다'는 서로 다른 뜻을 지닌 단어였다.

106_ '졈다'와 '어리다'가 한 문장에 함께 배열된 것은 두 단어가 서로 다른 뜻을 나타내는 말이었기 때문이다. 즉, 15세기에 '어리다'는 '어리석다'의 뜻을, '졈다'는 '나이가 어리다 + 나이가 젊다'의 뜻을 가진 말이었다. 이렇게 두 단어의 의미가 다르기 때문에 한 문장 안에 함께 쓰일 수 있었던 것이다.

107 '띠다'의 쓰임이 ⓐ와 가장 유사한 것은?

> 지난 수백 년 동안 의사들은 심장에 관한 연구를 수행해 왔지만, 심장의 역학적인 운동에 대해 정확히 이해하지 못하고 있었다. 때문에 심장의 역학적인 운동에 이상이 생긴 심장 발작에 대해 속수무책일 수밖에 없었다. 다행히도 이 분야에 새롭게 뛰어든 물리학자들이 심장의 역학적인 운동 원리들을 하나씩 밝혀내고 있어, 이 분야는 최근 다시금 활기를 ⓐ <u>띠고</u> 있다.

① 그는 중대한 임무를 <u>띠고</u> 미국으로 떠났다.
② 시간이 갈수록 대화는 열기를 <u>띠기</u> 시작했다.
③ 나는 역사적 사명을 <u>띠고</u> 이 땅에 태어났다.
④ 바지가 내려오지 않게 끈을 허리에 <u>띠었다</u>.

107_ ⓐ의 '띠다'는 ②와 마찬가지로 '어떤 기운을 나타내다.'의 의미로 쓰였다.
The콕 ①, ③ 용무나 직책, 사명 따위를 지니다.
④ 띠나 끈 따위를 두르다.

108 다음 글을 이해한 독자가 ㉠에 대해 보일 수 있는 반응으로 적절한 것은?

> 이를 '페르마의 마지막 정리'라고 하는데, 1994년 와일즈가 해결하기 전까지 350여 년 동안 수많은 수학자들이 이 정리의 증명을 위해 인생을 바쳤다. ㉠ <u>페르마의 마지막 정리에 몰두했던 수학자들은 이 정리를 위해서라면 파우스트처럼 자신의 영혼까지도 기꺼이 악마에게 내줄 수 있었을 것이다</u>.

① 기는 놈 위에 나는 놈 있어.
② 개구리도 움츠려야 뛰는 법이야.
③ 낮말은 새가 듣고 밤 말은 쥐가 듣곤 하지.
④ 산이 아무리 높아도 오르는 자가 있고 강이 아무리 깊어도 건너는 자가 있어.

108_ 문제 해결을 위해 자신의 목숨까지 아끼지 않는 수학자들의 그 도전 정신을 말하고 있다. 문맥 상 ④번이 알맞다.
The콕 ① 제 아무리 재주 있다고 잘난 체하여도 그보다 더 뛰어난 사람이 있다는 뜻
② 매사에 아무리 급할지라도 준비할 시간이 있어야 한다는 말
③ 언제나 말조심을 하라는 말

106 ④ 107 ② 108 ④

109_ ⓓ는 언어와 사회 문화적 환경의 밀접한 관계를 설명할 때 이용할 수 있는 자료로서, 언어의 추상화와는 직접적으로 연관이 없다.

109 〈보기〉는 '물고기'라는 단어를 대상으로 ㉠을 설명한 것이다. 적절하지 않은 것은?

이런 식으로 생각해 나간다면, 사실 하위어인 '무궁화'라는 단어 자체도 또한 추상화된 개념에 해당한다. 무궁화의 종류도 많을 뿐만 아니라, 하나하나의 모양도 제각기 다르기 때문이다. 우리는 이미 말을 배울 때부터 이러한 추상화 과정에 너무나 익숙해 있기 때문에, 스스로도 잘 인식하지 못하고 있는 것이 보통이다. 그러나 실제로 고유 명사 같은 특별한 말들을 제외하고는 우리가 사용하는 단어들의 대부분은 이같이 고도로 ㉠ <u>추상화</u>된 개념을 실어 나르고 있다.

보기

ⓐ '물고기'라고 불리는 실제의 생선은 존재하지 않는다.
ⓑ '물고기'는 실제로는 참치, 꽁치, 조기, 갈치 등의 다양한 모습으로 존재한다.
ⓒ '물고기'라는 단어는 수많은 종류의 생선으로부터 공통 속성을 뽑아내어 형성된 총칭어이다.
ⓓ '참치'를 전혀 접해 보지 못한 어떤 아프리카 부족의 언어에는 참치를 가리키는 단어가 없다고 한다.

① ⓐ ② ⓑ ③ ⓒ ④ ⓓ

110_ 이 글의 문장 구조를 살펴보면 '큰 위력을 발휘한'이 '거북선'을 수식하고 있다는 점에서 '관형절로 안긴 문장'임을 확인할 수 있고, '거북선이 … 실전에서 한 번도 사용되지 못했다고 하니 …'에서 '인용절로 안긴 문장'임을 확인할 수 있다.

110 〈보기〉를 참고로 하여 다음 글에 해당되는 사항을 바르게 묶은 것은?

예문

임진왜란에서 큰 위력을 발휘한 거북선이 그 후 기술적 전승을 이루지 못하고 실전에서 한 번도 사용되지 못했다고 하니 이는 사림파 정권의 허위의식을 그대로 보여 준 것이다.

보기

안긴문장에는 다음과 같은 다섯 가지 종류가 있는데 예문에는 두 가지 종류가 포함되어 있다.

㉮ 명사절로 안김 : 명사형 어미 '-(으)ㅁ, -기'가 붙어서 만들어진다.
예 우리는 그가 정당했음을 깨달았다.
㉯ 서술절로 안김: 절 전체가 서술어의 기능을 한다.
예 정아가 얼굴이 예쁘다.
㉰ 관형절로 안김: 관형사형 어미 '-(으)ㄴ, -는, -(으)ㄹ, -던'이 붙어서 만들어진다.
예 도서관은 공부를 하는 학생들로 가득했다.
㉱ 부사절로 안김: 절 전체가 부사어의 기능을 하면서 서술어를 수식한다.
예 그들은 우리가 입은 것과 똑같이 입고 있다.
㉲ 인용절로 안김: 주어진 문장에 인용격 조사 '-라고, -고'가 붙어서 이루어진다.
예 우리는 인간이 누구나 존귀하다고 믿는다.

① ㉮, ㉰ ② ㉯, ㉰ ③ ㉰, ㉱ ④ ㉰, ㉲

109 ④ 110 ④

111 〈보기〉를 참고할 때, 다음 중 ⓐ와 같은 성격의 문장은?

야수주의 화가들이 전통으로부터 이탈하여 급진적인 회화 방식을 실험하도록 용기를 북돋운 것은 1901~1906년 사이에 열린 고흐, 고갱, 세잔 등 후기 인상주의 화가의 회고전 영향 때문이었다. 고흐는 강렬한 색과 붓 끝으로 내적 생명을 표출하였고, 고갱은 원색(原色)을 종합적으로 사용하여 원시성과 신비감을 상징적 색채로 나타냈다는 평가를 받았는데, 블라맹크는 그중에서 고흐의 회고전을 관람하고 난 뒤의 감상을 이렇게 술회했다. "너무나 큰 감명을 받은 나는 기쁨과 절망감 때문에 울 뻔했다. 그날부터 ⓐ 나는 반 고흐를 나의 아버지보다 더 사랑하게 되었다." 그리고 이미 색채 변형을 실험하고 있었던 마티스는 블라맹크와 드랭의 합동 화실을 방문하여 대담한 형태의 왜곡과 충돌하는 듯한 색채의 실험을 접하게 되었다. 다음날 마티스의 일기를 보면 "지난 밤, 나는 한잠도 잘 수 없었다."고 적혀 있다. 그들은 이 실험을 결코 어떤 '운동'이라고 부른 적이 없었다. 다만 그 실험자들이 같이 작업했고 공동의 목표를 가지고 있었으며 마티스가 그들의 대변인 역할을 맡았던 것뿐이었다.

보기

ⓐ는 문맥적 의미를 떠나 독자적으로 볼 때, 비교 대상을 정확히 알 수 없는 모호한 문장이다. 문장의 구조상 두 가지 뜻을 나타내므로 일종의 구조적 중의성을 띤 문장이라 하겠다.

① 커피 한 잔은 되지만 한 잔 이상 마시면 해롭습니다.
② 그 판매원은 웃으면서 들어오는 손님에게 인사를 건넸다.
③ 유람선의 선장과 선원들은 배 침몰과 함께 사망했습니다.
④ 명심해야 할 것은, 돈이 인생의 전부는 아니다.

111_ ⓐ는 내가 아버지를 사랑하는 것보다 반 고흐를 더 사랑하게 되었다는 뜻도 되고, 아버지가 반 고흐를 사랑하는 것보다 내가 반 고흐를 더 사랑하게 되었다는 뜻도 된다.
②도 두 가지의 뜻으로 해석될 수 있다. 판매원이 웃었다는 뜻도 되고, 손님이 웃었다는 뜻도 된다.
The콕 ①의 '한 잔 이상'은 '한 잔'을 포함하는 것이기 때문에 제시된 문장은 논리적으로 모순이 된다.
③의 '~과 함께'는 영어의 'with'를 직역한 어투이다.
④는 주술 호응이 어색하므로 '명심해야 할 것은, 돈이 인생의 전부는 아니라는 사실이다.'로 고치는 것이 좋다.

112 ㉠의 '반'과 쓰임이 다른 것은?

그에 따르면 이 '호혜성'이야말로 자연적 질서를 초월하고 인간다운 문화를 확립하는 수단이다. 원래 성욕이란 그것이 다른 사람과의 관계를 지향한다는 점에서 보면 인간의 여러 본능 중에서 가장 사회적·문화적인 성격을 지닌 것이지만, 그것이 자연 상태에서는 난혼이나 근친상간으로 드러난다는 점에서 문화 이전의 영역에 속한 것이다. 그러므로 그것을 자연적인 상태로 드러내는 것은 ㉠ 반문화적인 행동이다. 그러나 결혼을 통하여 집단 간에 규칙적으로 여자를 교환하는 것은 난혼이나 근친상간을 막아서 인간을 자연과 구별되게 만들어 준다. 이것은 여자에게 자연적 욕구의 충족이라는 기능과 문화적 기능이라는 이중적 가치를 부여함으로써, 사회 집단을 서로 구별하고 또 결합하는 중요한 수단인 호혜성을 가능하게 한다. 즉, 인간 사회 내에서는 '우리들과 그들'이라는 기본적 구별이 호혜성의 원칙과 연관되어 근친금혼에 의해 확립되는 것이다.

① 그의 행동은 반민주적 발상에서 비롯되었다.
② 그는 반강제로 나를 자기 집으로 데리고 갔다.
③ 그의 소설은 반봉건 사상이 중심을 이루고 있다.
④ 사회주의는 자유를 억압하는 반인간적인 제도이다.

112_ '반문화적'이란 '문화를 거부하거나 문화를 반대한다.'는 의미를 가지고 있다. 여기서 '반(反)'은 일부 명사 앞에 붙어서 '반대되는'의 뜻을 더하는 접두사이다.
그러나 '반강제'의 '반(半)'은 일부 명사 앞에 붙어 '절반 정도'나 '거의 비슷한'의 뜻을 나타내는 말이다.

111 ② 112 ②

113_ '가늠'은 목표나 기준에 맞고 안 맞음을 헤아려 본다는 뜻이다. ㉠의 '가름'은 문맥상 틀린 표현이다. '가늠'으로 교체해야 한다. ③에서도 양이 맞는지 안 맞는지를 헤아린다는 뜻이므로 '가늠'이 적절하다.

The콕 ① 사물이나 상황을 구별하거나 분별하는 일의 뜻이므로, '가름'을 써야 한다.
② 목표나 기준에 맞고 안 맞음을 헤아려 본다는 뜻인 '가늠'을 써야 한다.
④ 다른 것으로 바꾸어 대신한다는 뜻의 '갈음'을 써야 한다.

113 〈보기〉는 ㉠과 관련하여 혼동하기 쉬운 어휘들의 의미를 조사한 것이다. 다음 중 이들을 구별하여 바르게 사용한 것은?

판소리라 하면 노래를 하는 창자와 북을 치는 고수만을 일반적으로 떠올리겠지만, 이와 함께 빠질 수 없는 판소리 3대 요소 중 하나는 바로 청중이다. 청중이 없는 판소리는 있을 수 없다. 소리꾼이 이끌어 주는 상상의 판소리 세계로 빠져 들어 눈물도 흘리고, 큰 웃음소리도 내는 청중의 후원은 판소리에 극적 효과를 더해 주며 소리꾼을 북돋아 주어 더욱 살아 있는 판소리 공연으로 만들어 준다. 또한 고수나 청중들의 입에서 나오는 감탄사인 추임새는 판소리에서 빠질 수 없는 백미이다. '얼씨구', '좋구나' 하는 등의 추임새는 청중과 공연자를 하나로 묶고 소리꾼에게 장시간의 공연에도 지치지 않는 주술적 힘이 된다. 예로부터 '일고수 이명창'이라 하여 판소리에서 소리꾼에 버금가게 고수의 역할이 중요함을 강조하는 말이 있다. 하지만 최근에는 어느 판소리 공연장에서나 쉽게 찾을 수 있는 뻣뻣하고 무반응인 청중 분위기 때문인지 '일청중 이고수 삼명창'이라 하여 판소리 공연에서 청중과 공연자의 상호 작용이, 좋은 판소리 공연의 성패를 ㉠ <u>가름</u>하는 중요한 요소임을 강조하고 있다.

보기

- 가늠 : 목표나 기준에 맞고 안 맞음을 헤아리는 일
- 가름 : 따로따로 갈라놓는 일. 서로 다름.
- 갈음 : (본디 것 대신에) 다른 것으로 바꾸어 대신함. 대체

① 이기고 지는 것은 대개 외발 싸움에서 <u>갈음</u>이 났다.
② 떡 반죽도 <u>가름</u>을 알맞게 해야 송편을 빚기가 좋다.
③ 잔치 음식을 준비할 때는 양을 잘 <u>가늠</u>해야 낭비가 없다.
④ 교가를 함께 부르는 것으로 환송의 말씀을 <u>가름</u>하겠습니다.

114_ ㉠의 '달다'는 말이나 글에 토·주석·제목 따위를 덧붙인다는 의미이다. ②의 '달다' 역시 그러한 의미이다.

The콕 ① (장부에) 셈을 기록하여 올리다.
③ 남에게 무엇을 주기를 청하다.
④ 저울로 무게를 헤아리다.

114 ㉠의 문맥적 의미와 가장 유사한 것은?

유럽 문명의 미래에 대해서는 사실 누구도 속단할 수 없다. 반성과 성찰에도 불구하고 유럽 문명은 여전히 위선, 당착, 모순의 순간들을 끊임없이 연출하고 있다. 그러나 진보의 증거들이 없는 것은 아니다. 인권 신장을 문명의 원칙으로 삼는다는 데 대한 유럽 국가들의 폭넓은 합의는 그런 증거의 하나이다. 이를테면, 슬라보예 지젝의 말처럼 지금 유럽의 어느 나라, 어느 국민도 성적 억압을 옹호하거나 "성적 억압은 잘못된 것"이라는 데 이견을 ㉠ <u>달고</u> 나오지 않는다. 이는 유럽 문명이 적어도 그 정도의 인권 존중 원칙에 합의할 만큼의 도덕적 수준에는 올라 있는 증거라고 평론가 지젝은 말한다.

① 장부에 외상값을 <u>달아라</u>.
② 내 말에 토를 <u>달지</u> 말아라.
③ 자유가 아니면 죽음을 <u>달라</u>.
④ 몸무게를 <u>달아</u>보니 비만이다.

113 ③ 114 ②

115 ㉠~㉣의 뜻풀이로 적절하지 않은 것은?

> 고슴도치도 제 자식은 ㉠ 함함하다고 하며, 호랑이도 자식 난 골에는 두남을 둔다던가. 이것은 짐승의 세상에서만 그러한 것이 아니다. 인간 사회에서도 항상 당하고 보는 일이다. 아무리 호박굴퉁이같이 못생긴 것이라도 제 자식은 예뻐서 물고 빨고 하면서, 남의 자식 잘난 것을 볼 때에는 그저 그럴싸하게 여기는 것이 또한 사람의 일이다. 제것이면 돋우보고 남의 것은 깔보려 하는 것이 인간의 숙명적인 성격인가 보다.
>
> 그런데 우리나라 사람들은 참 이상도 하다. 이 인간의 저열한 본능을 초탈하여서인지 남의 것은 이쑤시개 하나라도 그저 좋다고 날뛰면서, 우리 것은 아무리 좋은 물건이라도 덮어놓고 대수롭지 않게 생각한다. 여름 옷감으로는 아마 한산 모시에 위 덮을 것이 없으련마는 그물처럼 구멍이 숭숭 뚫린 벨벳이라야 쓰고, 구두끈 하나도 미국 병정의 것이면 ㉡ 사족(四足)을 못 쓰니 대체 이것이 무슨 병일까. 심지어 부모의 핏줄을 타고난 까만 머리털까지 노랗게 물들여 가면서 ㉢ 효빈(效顰)을 일삼는 판이니, 아마 눈동자를 파랗게 물들이는 방법을 발명하여 내는 사람이 있다면, 단박에 우리나라 갑부가 될 것은 장담하고 보증할 수 있을 것이다. 거부(巨富) 될 생각 있는 사람은 한번 연구해 보지 않으려는가. 이 배외 사상(拜外思想)이 자기를 낮추고 남을 높이는 겸양의 덕에서 나온 일이라면 우리나라에는 대각통도(大覺通道)한 성자(聖者)가 기제두량(車載斗量)으로 이루 셀 수 없을 것이다. 참으로 경시스러운 일이다.
>
> 말에, 글에 있어서도 제 나라 것은 다들 훌륭하고 좋다고 떠들어 댄다. 그런데 이 방면에서도 우리나라 사람들은 겸양의 덕이 도저하다. 오늘날까지 우리네 형제들의 입에서 일본말이 술술 흘러나온다. 이것은 다년 일제 압박 밑에서 굴욕의 생활을 하던 ㉣ 타력(惰力)이라 할까. 그러나 타력이란 것은 자주적 제동력이 없는 물체에서만 나타나는 현상이다. 우리는 어느 때까지나 타력에 휘둘리기만 하여야 할 것인가. 자주적으로 움직이어야 하지 않는가. 그것도 그러려니와, 요새 와서는 혀도 잘 돌아가지 않는 꼬부랑 말이 왜 그리 유행하는지. 우리네 일상 회화에서 장년, 청년, 중학생들의 어느 계급을 물론하고 몇 마디씩 영어 부스러기를 씨부렁거리는 것은 항다반의 일이다. 그뿐이랴. 갓 시집간 새색시까지도 시어머니의 말 끝에 "오케이.", "땡큐 베리 머취."하고 응수를 한다니, 겸양의 덕도 이만하면 과식의 정도를 지나 위궤양의 중태에 빠진 것이 아닐까. 언어도단도 분수가 있지, 참으로 한심한 일이라 아니할 수 없다.

① ㉠ : 보드랍고 반지르르하다.
② ㉡ : 두 팔과 두 다리의 속된 말
③ ㉢ : 덩달아 남의 흉내를 내는 일
④ ㉣ : 다른 사람에 의해 생긴 힘

115_ '타력(惰力)'은 '버릇이나 습관에서 비롯된 힘'을 뜻한다. '남의 힘'을 뜻하는 '타력(他力)'과는 한자가 다르다.

115 ④

116_ '견인차(牽引車)'는 짐을 실은 차량을 끄는 기관차를 의미하며, 흔히 '앞장서서 이끌어가는 대상'을 비유적으로 이르는 말로, ㉠의 '선도적 역할'을 표현하기에 적합하다.

The콕) ① 거리를 적어 세운 푯말이나 표석(標石)을 가리키는 것으로, 어떤 일이나 목적의 기준, 발전의 일정한 단계를 보여 주는 표식을 의미함.
② '사건을 일으키게 하는 원인이나 계기'를 비유하여 이르는 말
④ 자침(磁針)으로 방위를 알 수 있도록 만든 기구로, '방향을 알려주는 것'의 비유로 적합함.

116 ㉠의 비유적 표현으로 가장 적절한 것은?

> 이렇게 볼 때 정부와 한국은행은 앞으로 2년 동안 고액권 발행의 부작용을 줄이는 데 노력을 기울일 필요가 있다. 정부는 탈세와 불법 거래를 줄일 수 있도록 인터넷 결제나 신용카드 결제를 지금보다 더 활성화시켜 현금 거래 비중을 낮추도록 해야 한다. 그리고 현금 거래에서는 반드시 현금 등록기를 통해 영수증을 주고받도록 제도적 보완을 강화할 필요도 있다. 아울러 한국은행은 지금보다 인플레이션을 좀더 낮추고 돈의 가치를 지킬 수 있도록 정책의 신뢰도를 높여야 한다. 이러한 조치가 선행될 경우 한국은행의 고액권 발행은 탈세와 불법 거래를 줄이는 동시에 거래를 활성화시켜 우리 경제를 한 단계 도약시키는 데 ㉠ 선도적 역할을 하게 될 것이다.

① 이정표(里程標) ② 도화선(導火線)
③ 견인차(牽引車) ④ 나침반(羅針盤)

117_ (가)는 백성을 수탈하는 관리들의 횡포를 고발하고 있으므로 '가렴주구(苛斂誅求)'가 어울린다.
(나)는 부귀공명보다는 자연과 함께 소박하게 살아가는 생활을 하겠다는 다짐을 노래하고 있으므로 '안빈낙도(安貧樂道)'가 어울린다.
(다)는 돌아가시면 늦으니 살아 계실 때 부모에게 효도하라는 교훈을 주고 있으므로 '풍수지탄(風樹之嘆)'이 어울린다.

117 (가)~(다)에 나타난 상황을 한자 성어로 나타낼 때 가장 적절한 것은?

보기

(가) 새로 짜낸 무명이 눈결같이 고왔는데
이방(吏房) 줄 돈이라고 황두가 뺏어가네.
누전(漏田) 세금 독촉이 성화같이 급하구나.
삼월 중순 세곡선(稅穀船)이 서울로 떠난다고.

— 정약용, 「탐진촌요(耽津村謠)」

(나) 공명(公明)도 날 씌우고 부귀(富貴)도 날 씌우니, 청풍명월(淸風明月) 외(外)예 엇던 벗이 잇ᄉᆞ올고. 단표누항(簞瓢陋巷)에 흣튼 혜음 아니ᄒᆞᄂᆡ. 아모타 백년행락(百年行樂)이 이만ᄒᆞᆫᄃᆞᆯ 엇지ᄒᆞ리.

— 정극인, 「상춘곡(賞春曲)」

(다) 어버이 사라신 제 섬길 일란 다ᄒᆞ여라.
디나간 후(後)ㅣ면 애ᄃᆞᆲ다 엇디ᄒᆞ리.
평ᄉᆡᆼ애 고텨 못ᄒᆞᆯ 이리 이ᄲᅮᆫ인가 ᄒᆞ노라.

— 정철, 「훈민가(訓民歌)」

	(가)	(나)	(다)
①	가렴주구(苛斂誅求)	안빈낙도(安貧樂道)	풍수지탄(風樹之嘆)
②	명재경각(命在頃刻)	혼정신성(昏定晨省)	맥수지탄(麥秀之嘆)
③	하로동선(夏爐冬扇)	물심일여(物心一如)	망양지탄(亡羊之歎)
④	금상첨화(錦上添花)	고립무원(孤立無援)	만시지탄(晩時之歎)

116 ③ 117 ①

118 다음 글의 내용으로 보아, ㉠과 가장 가까운 것은?

> 군중 속에는 조직화된 지도력이나 개인의 행동에 대한 책임성은 존재하지 않는다. 따라서 군중 속에서 행동하는 사람들은 대부분 자기 행동의 결과에 대해 차분히 생각할 틈 없이 그때그때 나타나는 상황이나 분위기에 따라 즉흥적으로 행동한다. 연예인의 공연에서 무대 위로 뛰어 올라가려던 학생들은 '내 행동 때문에 공연이 중단될지도 몰라.' 하고 생각할 겨를이 없이 분위기에 휩쓸려 버린다.
> ㉠ 사회적 전염이란 군중이 흥분되면서 감정적 반응이 한 사람에게로 옮아가는 상태를 기리킨다. 즉 타인의 감정으로 인해 자신에게도 타인과 같은 감정의 상태가 나타나고, 이것은 다시 다른 사람의 감정을 격화시키게 된다. 강의 시간에 쥐를 보고 한 학생이 비명을 지르면 그 옆의 다른 학생은 실제 쥐를 본 것도 아닌데도 그냥 덩달아서 비명을 지르게 된다.
>
> — 민경배, 「신세대를 위한 사회학 나들이」

① 유유상종(類類相從)　② 부화뇌동(附和雷同)
③ 타산지석(他山之石)　④ 아전인수(我田引水)

118_ 이 글은 군중 심리에 대한 내용으로, ㉠은 군중 심리 중 '심리의 전이(轉移) 현상'에 대해서 설명하고 있는 부분이다. 따라서 '줏대 없이 남의 의견에 따라 움직임.'을 뜻하는 '부화뇌동(附和雷同)'이 가장 가깝다.

119 ㉠~㉣을 바꿔 쓴 말로 적절하지 않은 것은?

> '맞벌이는 필수, 아이는 선택.' 예전 세대에선 맞벌이는 선택, 아이는 필수였다. 그러나 2030(20~30대의 사람들)에게 맞벌이는 필수고 아이는 선택으로 바뀌고 있다. 맞벌이를 원하지 않는 신혼부부는 거의 찾아볼 수 없을 정도이고, 결혼하고 바로 아이를 가지는 부부도 ㉠ 찾아보기 힘들다. 이들은 대개 2~5년 이상의 유예 기간을 두고 출산을 ㉡ 생각하고 있거나 심지어 2세에 대한 계획이 아예 없는 경우도 있다.
> 최저의 출산율을 기록하는 영국이나 일본, 프랑스의 이야기가 아니라 바로 우리가 사는 이 땅의 이야기다. 우리나라 출산율은 2002년 기준으로 1.17명 수준이다. 미국(2.13명), 프랑스(1.89명)에 비해서도 낮은 수준이고, 저출산율이 심각한 사회 문제로 대두되는 영국(1.64명), 일본(1.33명)보다도 낮다. 누구나 결혼을 하고 아이를 낳아야 한다고 생각했던 사회적 가치관이 급격하게 변하고 있는 과도기인 점을 감안할 때, 몇 년 후가 되면 아이를 낳지 않겠다는 사람이 훨씬 많아질 것으로 예상된다. 2030에게 맞벌이는 필수지만, 아이는 선택이란 생각이 크게 ㉢ 퍼지고 있고, 딩크(DINK)는 부부 트렌드의 주류로 ㉣ 떠오르고 있다. 2030을 표현하는 대표적 키워드가 바로 맞벌이라고 해도 과언이 아닌 셈이다. 결혼 상대자의 조건에서 맞벌이가 가능한 사람이어야 한다는 것은 이미 2030 사이에선 보편적인 조건이 되어 버렸다.

① ㉠ : 모색(摸索)하기　② ㉡ : 계획(計劃)하고
③ ㉢ : 확산(擴散)되고　④ ㉣ : 부상(浮上)하고

119_ '모색(摸索)하다'는 '일이나 사건 따위를 해결할 수 있는 방법이나 실마리를 더듬어 찾다.'의 의미이므로 이 글의 상황에 바꾸어 쓰기에는 적절하지 않다. 문맥상 '발견(發見)하기'로 고치는 것이 적절하다.

The콕 ② **계획(計劃)** : 앞으로 할 일의 절차, 방법, 규모 따위를 미리 헤아려 작정함. 또는 그 내용
③ **확산(擴散)** : 흩어져 널리 퍼짐. / 서로 농도가 다른 물질이 혼합할 때 시간이 지나면서 차츰 같은 농도가 되는 현상
④ **부상(浮上)** : 물 위로 떠오름. / 어떤 현상이 관심의 대상이 되거나 어떤 사람이 훨씬 좋은 위치로 올라섬.

118 ②　119 ①

천지현 The콕 국어

생각의 기술

합격까지 박문각

PART

02

언어와 논리

숲을 보는 독해

01 1단계 – 숲을 보는 독해

1. 화제를 찾으면 ___핵심내용___이 보인다!

글에서 다루고자 하는 내용이나 대상을 화제라고 하는데, 화제는 대개 한 편의 글에서 반복적으로 언급된다. 글이 전개됨에 따라 화제에 대한 글쓴이의 생각이나 주장이 심화·발전되어 핵심 내용으로 제시되므로, 화제를 찾는 것은 핵심 내용을 이해하는 가장 빠른 방법이다.

TIP 화제를 찾는 방법
- 글 속에 반복적으로 나타나는 어휘가 무엇인지 확인한다.
- 글을 읽어 가며 글쓴이가 '무엇'에 대해 말하고 있는지 확인한다.

다양한 종류의 화제가 나올 때는 마지막 것이 핵심 화제인 경우가 많다. 특히 마지막 화제가 앞에서 나온 화제에 대한 상위어(추상어)일 때는 반드시 그렇다. 예를 들어, 먼저 '마고자', 둘째 '짚신', 셋째로 '송편'을 화제로 올리고 마지막에 가서 '전통'이란 추상어가 나오면 앞의 것은 마지막 화제를 끌어내기 위한 전제나 예시였던 것이다.

2. ___주제 찾기___ 훈련을 하라!

한 문단엔 하나의 생각(중심문장)이 들어 있다. 그 중심문장의 위치를 빠르게 찾아 간략히 메모하는 훈련을 한다. 문단 요약은 요지(핵심어에 대한 추상적 진술: 속성-서술어)를 기록하는 것이다.

(예 ①문단 : '핵심어'의 정의 ②문단 '핵심어'의 기능 ③문단 '핵심어'의 가치 등)

문단 요약 속도가 빨라지고 문단 요약 정확도가 높아지는 것이 바로 비문학을 잡는 지름길이다. 빨라지고 정확해지도록 훈련에 훈련을 거듭해야 한다. 처음엔 문단 요약을 하는 것이 시간이 더 걸리는 것 같으나 차츰 이로 인해 시간이 단축되고 정확도가 높아진다. 언어영역이 직감에서 자신감과 실력으로 바뀔 수 있다.

중심 문장, 요지(문단의 소주제), 주제(글 전체의 주제) 등은 모두 '핵심어에 대한 추상적 진술'(속성 : 서술어)의 형태를 지닌다. 핵심어에 네모(□)를 쳐두고 그 문단에서는 그 핵심어에 대해 어떤 추상적 진술(서술어)을 하는지를 파악하여 밑줄을 긋도록 한다. 일반적으로,

인과 관계가 반복될 때는 마지막 '그러나' 뒤가,
주장과 근거에선 주장이,
예시와 주장에선 주장이,
전제와 결론에선 결론이,
문제제기와 해결방안에선 해결방안이,

질문보다는 그 질문에 대한 답변이,
원리와 현실 적용에선 원리가,
추상(일반)과 구체에선 추상이,
비유와 사실에선 사실이,
사실적 말투(-이다)보다는 단정적인 말투(-해야 한다)가,
사실보다는 가치(판단)가, 가치보다는 당위(주장)가,
전체와 부분에선 전체가,
객관과 주관에선 주관적 어조가,
다양한 화제에선 맨 뒤의 화제가, 중심내용이 된다.
'정의, 예시, 대조, 비교, 분류, 분석, 유추, 등 다양한 표현 방법(설명 방법, 전개 방법)이 사용되는 문장들은 다 뒷받침 내용이며 그 앞에 중심 내용이 있다. 이럴 때 그 중심 내용부터 정확히 파악한 후 그 중심 내용과 뒷받침 내용과의 관계를 파악하면 <중심 내용>도 <뒷받침 내용>도 <내용 전개 방법>도 보다 쉽고 분명하게 파악할 수 있다.

3. 접속사 를 파악하라!

앞에서 문단 요약이 정확해질수록 '문단 간의 관계 파악'도 분명하고 쉬워진다. '문단 간의 관계'는 두 번째 문단부터 각 문단이 시작하는 부분에 있는 접속사나 지시어를 유의해 보면 쉽게 파악할 수 있다. 예를 들어 두 번째 문단 시작 부분에 '그러나'가 있으면 앞 문단과 '반론과 주장', '부정(긍정)과 긍정(부정)', 대립 등의 관계이고, '그러므로'가 있으면 '전제와 결론(주장)', '예시와 결론', '열거와 종합' 등의 관계임을 알 수 있다. 두 번째 문단, 세 번째 문단 등 문단이 시작하는 위치에 접속사나 지시어가 없으면 그것이 생략된 것이다. 그 생략된 접속사나 지시어를 추리해서 채워 넣으면 '문단 간의 관계'를 훨씬 분명하게 파악할 수 있다.

◪ 문단의 종류

중심 문단	뒷받침 문단
주지 문단 : 주제 및 논제가 드러난 문단	도입 문단 : 글을 쓰는 동기나 목적, 문제 제기 등을 통해 독자의 흥미를 유발하는 문단
	전제 문단 : 결론의 바탕이 되는 내용을 먼저 내세우는 문단
	상술 문단 : 앞부분의 내용을 자세하게 설명하는 문단
결론 문단 : 앞부분의 내용을 요약 · 정리하는 문단	예시 문단 : 구체적 사례를 예로 들어 설명하는 문단
	부연 문단 : 앞부분의 내용에서 부족한 부분을 보충하는 문단
	첨가 문단 : 앞부분의 내용에 덧붙이거나 보태는 문단

접속어의 종류

순접	그리고	앞의 내용을 이어받아 연결하는 것
역접	그러나, 하지만, 그렇지만	앞의 내용과 상반되는 내용을 이어 주는 것
인과	그래서, 따라서, 그러므로, 왜냐하면	앞뒤의 문장을 원인과 결과로 이어 주는 것
전환	그런데, 한편, 다음으로	앞의 내용과 다른 화제로 바꾸어 이어 주는 것
대등, 병렬	또한, 혹은, 및	앞뒤의 내용을 같은 자격으로 나열하면서 이어 주는 것
첨가, 보충	더구나, 게다가, 그뿐 아니라	앞의 내용에 새로운 내용을 덧붙이거나 보충하는 것
환언, 요약	요컨대, 결국, 즉	앞의 내용을 바꾸어 말하거나 간추려 요약하는 것
예시	예컨대, 이를테면, 예를들면, 가령	앞의 내용에 대해 구체적인 예를 들어 설명하는 것

※ 다음 접속사들은 뒤의 내용에 주목하도록 한다.
'그러나, 그런데, 이와 같이, 따라서, 그러므로, 이처럼, 그래서, 이것은, 요컨대, 결국' 등이 오면 그 앞이 뒷받침내용(근거)이고 그 뒤가 〈중심내용〉이므로 접속사 뒤를 밑줄을 쳐서 시각화하도록 한다. 특히 마지막 문단의 '그러므로' 뒤엔 글 전체의 주제가 나온다.

※ 다음 접속사들은 앞의 내용에 주목하도록 한다.
'즉', '다시 말하면', '왜냐하면', '가령', '예를 들면' 등이 나오면 그 앞 문장이 중심문장이므로 밑줄을 치고 시각화하라.

4. 지문 유형을 이해하자. – 논지 전개 방식

[지문 유형 1] 개념을 정의한 후 속성이나 특징을 분석하는 글

글쓴이가 중심 화제에 대한 개념을 정의한 후 중심화제가 지닌 속성이나 특징을 분석하는 방식으로 전개하는 글이다. 이러한 진술 방식은 주로 설명문에 사용된다. 대체로 글의 처음 부분에서 중심 화제를 정의하는 문장을 제시하고, 중간 부분에서 중심 화제의 속성이나 특징을 분석하며, 끝 부분에서 내용을 마무리하는 모습을 보인다. 내용을 마무리하는 부분이 생략되기도 한다.

'분청사기'란 분장회청사기의 준말로, 거칠어진 고려청자에 분으로 한 번 화장을 시킨 다음 다시 구워 낸 자기를 말한다. 고려 왕조가 멸망의 길을 걷고 있던 말엽에 고려청자도 함께 몰락의 길을 걸었다. 도공들의 마음이 해이해져서 솜씨가 거칠어지고 거친 모래가 섞이는가 하면 문양도 정교를 벗어나 제멋대로 되어 갔다. 그래서 거칠어진 청자에 백토 화장을 해서 구워 낸 것이 분청사기이다.

일본인은 분청사기를 '미시마데'라 불렀다. 일본에 있는 삼도신사에서는 일본의 히라가나 문자로 책력을 발행하고 있었는데, 이 책자의 문양과 분청사기의 문양이 비슷하다 해서 이렇게 불렀다.

쇠퇴한 고려청자를 치장한 분청사기의 기술은 한편으로 새로운 예술의 건설에 활력소가 되었다. 거칠어진 솜씨가 오히려 신선한 맛을 더해 가고 대담해진 모양들이 오히려 근대성을 띠게 되어 새로운 미를 탄생시켜 조선조 문화의 새로운 건설에 이바지했다.

고려청자에 바탕을 둔 분청사기의 기법은 한층 대범해지고 민중적이었으며 서민적이었다. 고려청자가 귀족적이었다면 분청사기는 매우 서민적이었다. 분청사기의 기술이 왕성하던 세종조에 이르러서는 전국에 3백 수십 군데의 관요가 있었다고 전하는데 수요와 공급이 그만큼 늘어났을 뿐만 아니라 이것을 쓰는 가문도 그만큼 광범위하게 확대되어 갔다.

분청사기의 평판은 세계적이지만 일인들이 특히 좋아해서 15,6세기 우리의 분청사기의 기술을 따라가려 안간힘을 썼으나 거기에는 미치지 못했다. 어느 한국의 도예가가 일본에 가서 도자기를 만드는데, 만들다 버린 쓰레기까지 뒤져서 그것을 검토하더라는 것이다.

그러면 분청사기는 어떤 점이 좋은가.

첫째, 거친 살결에 분을 바르는 화장술은 새 맛으로 승화되어 장식 의장 이상의 장식 효과를 내고 있다는 점이다. 작위적이거나 인위적인 데가 없이 자연스러운 신선미를 자아내어 마치 한산 모시나 안동포 같은 자연스러움을 자랑한다.

둘째는 '대담한 과장', '대담한 생략'이 그 특징으로 이것은 근대 미술의 세계와도 상통하고 있다.

셋째는 전체의 생김새로서 '예쁘게 생긴 아름다움보다 잘생긴 아름다움'을 추구한 것이 분청사기의 세계이다. 좌우 대칭이나 둥근 맛을 무시하고 되는 대로 빚어낸 것들이라서 억지 아름다움은 찾아볼 수 없이 자연스럽다. 다시 말하면 '못생긴 것이 오히려 잘생긴' 세계가 분청사기의 세계이다.

넷째는 상상의 날개가 자유스럽게 활개 친 '치기'의 아름다움은 곧 분청사기의 아름다움이다.

[지문 유형 2] 중심 화제를 제시한 후 세부 사항을 분석하는 글

글쓴이가 중심 화제를 제시한 후 중심 화제의 세부 항목들을 나열하고, 각각의 세부 항목을 구체적으로 분석하여 전개하는 방식의 글이다. 이러한 글은 글의 처음 부분에 중심 화제가 소개되고 중간 부분에서 내용이 확장되며, 끝 부분에서 다시 종합되는 모습을 보인다. 내용을 종합하지 않고, 중심 화제를 소개하고 세부 내용을 확장하는 데에서 끝내는 경우도 있다.

[가] 우리 한국 사람들은 우리 강토에서 먼 조상 때부터 내내 조국의 흙이 되어 가면서 순박하게 살아 왔다. 한국의 미술, 이것은 한국 강산의 마음씨에서 그리고 이 강산의 몸짓 속에서 벗어날 수는 없다. 쌓이고 쌓인 조산들의 긴 옛 이야기와도 같은 것, 그리고 우리의 한숨과 웃음이 뒤섞인 한반도의 표정 같은 것, 마치 묵은 솔밭에서 송이버섯들이 예사로 돋아나듯이 이 땅 위에 예사로 돋아난 초가 지붕들 같은 것, 한국의 미술은 이처럼 한국의 마음씨와 몸짓을 너무나 잘 닮아 있다.

한국의 미술은 언제나 담담하다. 그리고 욕심이 없다. 없으면 없는 대로의 재료, 있으면 있는 대로의 솜씨가 별로 꾸밈없이 드러난 것, 다채롭지도 수다스럽지도 않은 그다지 슬픈 것도 즐거운 것도 없는 덤덤한 매무새가 한국 미술의 마음씨다.

[나] 대궐이나 절간, 그리고 성문이나 문묘 같은 큰 건축물에도 물론 한국 미술의 아름다움이 스며 있다. 그러나 우리가 먹고 쉬고 하는 살림집처럼 우리 미술의 고유한 체취를 강하게 발산하는 곳은 없다. 이 요람 속에서 한국의 멋과 미가 오랫동안 자라 온 것이다. 기와집은 기와집대로 초가집은 초가집대로, 크면 큰 대로, 작으면 작은 대로 정말 분수에 맞은 한국의 정서가 스며 있다. 한국의 주택은 일본의 주택처럼 아기자기한 그리고 신경질적인 짜임새나 구조적 기교미를 자랑하지 않는다. 인위적인 쩨쩨한 조산이나 이발한 정원수로 뜰을 가꾸지 않는다. 그리고 중국의 집처럼 호들갑스럽지도 않다. 한국의 주택은 조촐하고 의젓하며 한국의 자연 풍광과 그 크기가 알맞다.

[다] 우리의 미술 중에 무엇이 제일 한국적이냐 할 때 우선 우리는 도자기를 들 수 있다. 말이 없지만 우리는 우리의 상간과 여기에 서린 조상들의 입김과 메아리치는 아련한 민요와 오랜 역사가 얼버무려진, 말하면 민족 교향시 같은 애틋한 소리를 우리는 우리네의 도자 공예에서 듣고 있다.

길고 가냘픈, 그리고 때로는 도도스럽기도 하고 슬프기도 한, 따스하기도 하고 부드럽기도 한 곡선의 조화, 그 위에 적당히 호사스러운 무늬를 안고 푸르고 맑고 총명한 푸른 빛너울을 쓴 아가씨, 이것이 고려의 청자다.

의젓하기도 하고 어리숭하기도 하면서 있는 대로의 양심을 털어놓은 것, 선의와 소박한 천성의 아름다움, 그리고 못생기게 둥글고 솔직하고 정다운, 또 따뜻하고도 희기만 한 한 빛, 여기에는 흰 옷 입은 한국 백성들의 핏줄이 면면히 이어져 있다. 말하자면 향기가 순한 진국 약주 맛일 수도 있고 텁텁한 막걸리 맛일 수도 있는 것, 이것이 조선 시대 자기의 세계이며, 조선 백자 항아리의 예술이다.

[라] 이러한 고려 가지나 조선 자기를 싣기 위해서 한국 사람들은 참으로 멋진 목공 가구들을 많이 남겼다. 찬장과 사방탁자·문갑과 서안 등 조선 시대 목공 가구류의 단순미, 소박미들은 한국의 주택미와 직접 연결되는 아름다움이다. 있는 대로의 재료, 즉 잡목은 잡목대로 오동이면 오동대로 그 재료들의 아름다운 생명들이 착실한 공작 과정을 거쳐 제작된 조선 목공예가 공예 미술의 올바른 궤도 위에 서 있음을 보여 주고 있는 것은 얼마나 다행한 일이냐. 양실에도 한실에도 다같이 조화되는 조선 가구, 이것은 아직도 새롭고 또 앞으로도 새로울 수 있는 새 시대 한국 공예의 갈 길을 훤히 비춰주는 하나의 지표이다.

[지문 유형 3] 상반된 관점을 소개하고 글쓴이의 견해를 제시하는 글

연극과 관객의 관계를 파악하기 위한 이론으로는 배우와 관개의 감정 이입을 바탕으로 한 환상 작용이론과, 배우와 관객의 감정이입을 배제하는 소외 효과 이론이 있다.

배우와 등장인물 사이에 혹은 등장인물과 관객 사이에 감정이 이입되어, 배우는 자신이 등장인물과 같은 성격을 가지고 있다고 생각하며 연기를 하고 관객도 자신이 등장인물과 같은 처지에 놓여 있다고 생각한다. 본래의 자기를 버리고 남의 성격에 빠져 들어 등장인물에 대해 공포와 연민의 감정을 갖고 마침내는 공감에 이른다는 것이 환상작용 이론이다. 이럴 때에 배우에게는 정말 그럴 듯하게 보이는, 자연스러운 연기가 요구된다.

연극을 시작하기 전에 극장 안의 모든 조명을 껐다가 무대만을 밝히고 공연을 시작하는 것은 이러한 환상 작용을 일으키는 제에 상당한 도움을 준다. 꺼졌던 불이 들어오는 순간 관객들은 어떤 관습에 사로잡히게 되는데, 이는 무대에서 사건이 벌어지는 사건 속에 자신들이 들어 있다고 착각하기 때문에 일어나는 현상이다. 얼마 전까지만 해도 우리나라의 연극이나 텔레비전 연속극에서 악한 역을 맡으면 거리에 나가서 사람 만나기가 어려웠다는 말은 관객이나 시청자들이 그만큼 인물에 대한 관습에 젖어 있다는 방증이 된다. 반대로 배우 개인이 완벽한 인간이 아닌 것이 분명한데도 연속극에서 인자한 아버지 역할을 맡았다고 해서 실제의 그를 바람직하 아버지상으로 생각하는 착각을 하고 있는 것 역시 인물에 대한 관습에서 벗어나지 못하고 있는 예이다. 이러한 연극은 매우가 의도하는 대로 관객들이 끌려갈 수밖에 없다.

배우와 관객의 감정 이입을 거부하는 이론도 있다. 이른바 소외 효과를 바탕으로 한 서사극적 기법이 그것이다. 배우는 배역과 일정한 거리를 두어 자신이 등장인물과 동일인임을 인정하지 않으며, 관객은 등장인물에게 자신들의 감정을 이입하지 않음으로써 관객임을 잊지 않아야 한다는 시법으로, 이들 사이에 존재하는 거리가 중요한 요소가 된다.

이런 효과를 불러일으키는 방법으로는 무대를 비추는 조명 기구를 관객들의 시선이 닿는 곳에 배치하여 연극 중에도 매우들이 빛을 받고 있는 모습을 보여 줌으로써 인물에 대한 관습을 버리게 하거나 처음부터 조명을 켜 둔 상태로 연극을 시작하는 것이 있다. 극단 '자유'가 공연한 <햄릿>은 소외 효과 기법을 잘 지키고 있다. 이 공연에서는 배우들이 평상복을 입은 채로 무대에 등장하여 무대 위에 있는 배역의 옷을 갈아입는 장면과, 공연이 끝난 후 다시 평상복으로 갈아입는 장면을 관객들에게 노출시켰다. 이는 배우와 등장인물 사이에, 등장인물과 관객 사이에 거리가 생기도록 유도한 방식이었다.

등장인물과 관객 사이에 거리가 생겨서 소외 효과를 일으키도록 하는 기법으로 널리 쓰이는 방법은 해설자를 등장시키는 것이다. 이는 극중에 등장하는 인물 중에서 방백을 하는 배역을 설정하여 관객이 작중의 사건 속으로 빨려 들어가는 현상을 방지하고자 하는 것이다.

글쓴이가 어떤 현상이나 사건에 대한 다른 사람의 상반된 관점(견해)을 소개한 후 글쓴이의 견해를 선명하게 드러내는 방식으로 전개하는 글이다. 상반된 관점을 소재만 하는 경우도 있다. 글쓴이가 자신의 주장을 전개하는 방법 중 가장 보편적으로 사용하는 진술 방식이며, 전문가의 견해를 인용하여 객관성과 전문성을 확보하기도 한다. 글쓴이의 견해가 제시된 문단이 나타난 경우 그 문단이 중심 문단이다.

[지문 유형 4] 기존 견해(통념)를 비판한 후 글쓴이의 관점을 제시하는 글

통념은 일반적으로 널리 통하는 개념이지만 이와 같은 진술 방식의 유형에 제시되는 기존 견해로서의 통념은 잘못된 편견이나 고정관념, 선입견인 경우가 많다. 글쓴이는 논리적 근거를 들어 잘못된 통념을 반박하며 자신의 견해를 제시하게 된다. 이때 글쓴이는 자신의 주장이나 견해에 대한 근거를 덧붙여 강조하기도 한다.

한국사 연구에서 임진왜란만큼 성과가 축적되어 있는 연구 주제는 많지 않다. 하지만 그 주제를 바라보는 시각은 지나치게 편향적이었다. 즉, 온 민족이 일치단결하여 '국난을 극복'한 대표적인 사례로만 제시되면서, 그 이면의 다양한 실상이 제대로 밝혀지지 않았다. 특히 의병의 봉기 원인은 새롭게 조명해 볼 필요가 있다.

종래에는 의병이 봉기한 이유를 주로 유교 이념에서 비롯된 '임금에 대한 충성'의 측면에서 해석해 왔다. 실제로 의병들을 모으기 위해 의병장이 띄운 격문(檄文)의 내용을 보면 이러한 해석이 일면 타당하다. 의병장은 거의가 전직 관료나 유생 등 유교 이념을 깊이 체득한 인물들이었다. 그러나 이러한 해석은 의병장이 의병을 일으킨 동기를 설명하는 데에는 어느 정도 적합할지 모르지만, 일반 백성들이 의병에 가담한 동기를 설명하는 데에는 충분치 못하다.

미리 대비하지 못하고 느닷없이 임진왜란을 당했던 데다가, 전쟁 중에 보였던 조정의 무책임한 행태로 인해 당시 조선 왕조에 대한 민심은 상당히 부정적이었다. 이러한 상황에서 백성들이 오로지 임금에 충성하기 위해서 의병에 가담했다고 보기는 어렵다. 임금에게 충성해야 한다는 논리로 가득한 한자투성이 격문의 내용을 백성들이 얼마나 읽고 이해할 수 있었는지도 의문이다. 따라서 의병의 주축을 이룬 백성들의 참여 동기는 다른 데서 찾아야 한다.

의병들은 서로가 혈연 혹은 지연에 의해 연결된 사이였다. 따라서 그들은 지켜야 할 공동의 대상을 가지고 있었으며 그래서 결속력도 높았다. 그 대상은 멀리 있는 임금이 아니라 가까이 있는 가족이었으며, 추상적인 이념이 아니라 그들이 살고 있던 마을이었다. 백성들이 관군에 들어가는 것을 기피하고 의병에 참여했던 까닭도, 조정의 명령에 따라 이미저리 이동해야 하는 관군과는 달리 의병은 비교적 지역 방위에만 충실하였던 사실에서 찾을 수 있다. 일부 의병을 제외하고는 의병의 활동 범위가 고을 단위를 넘어서지 않았음, 의병들 사이의 연합 작전도 거의 이루어지지 않았다.

의병장의 참여 동기도 단순히 '임금에 대한 충성'이라는 명분적인 측면에서만 찾을 수는 없다. 의병장들은 대체로 각 지역에서 사회·경제적 기반을 확고히 갖춘 인물들이었다. 그러나 전쟁으로 그러한 기반을 송두리째 잃어버릴 위기에 처하게 되었다. 이런 상황에서 의병장들이 지역적 기반을 계속 유지하려는 현실적인 이해관계가 유교적 명분론과 결합하면서 의병을 일으키는 동기로 작용하게 된 것이다. 한편, 관군의 잇단 패배로 의병의 힘을 빌리지 않을 수 없게 된 조정에서는 의병장에게 관직을 부여함으로써 의병의 적극적인 봉기를 유도하기도 한다. 기본적으로 관료가 되어야 양반으로서의 지위를 유지할 수 있었단 당시의 상황에서 관직 임명은 의병장들에게 큰 매력이 되었다.

[지문 유형 5] 중심 화제의 문제점을 제시한 후 해결책을 제시하는 글

사회 현상의 문제점이나 특정 대산의 전반적인 문제점을 제시한 후 문제의 해결책을 제시하는 방식으로 전개하는 글이다. 해결책 없이 중심 화제의 문제점만 제시하는 경우도 있다. 이와 같은 성격의 글에는 논설문이 많으며 글쓴이의 주장은 대체로 끝 부분에 제시된다.

내 주변에는 나처럼 생기고 나와 비슷하게 행동하는 수많은 사람들이 있다. 나는 그들과 경험을 공유하며 살아간다. 그렇다면 그도 나와 같은 느낌을 가지고 있을까? 가령, 나는 손가락을 베이면 아프다는 것을 다른 무엇으로부터 추리하지 않고 직접 느낀다. 하지만 다른 사람의 경우에는 "아야!"라는 말과 움츠리는 행동을 통해 그가 아픔을 느꼈으리라고 추측할 수밖에 없다. 이때 그가 느낀 아픔은 내가 느낀 아픔과 같은 것일까?

물론 이 물음은 다른 사람이 실제로는 아프지 않은데 거짓으로 아픈 척했다거나, 그가 아픔을 느꼈을 것이라는 나의 추측이 잘못되었다는 것과는 관계가 없다. "아프냐? 나도 아프다."라는 말에서처럼, 나는 다른 사람이 아픔을 느낀다는 것을 그의 말이나 행동으로 알고, 그 아픔을 함께 나눌 수도 있다. 하지만 그의 아픔이 정말로 나의아픔과 같은 것인지 묻는 것은 다른 문제다.

이 문제에 대한 고전적인 해결책은 유추의 방법을 사용하는 것이다. 나는 손가락을 베었을 때 느끼는 아픔을 "아야!"라는 말이나 움츠리는 행동을 통해 나타낸다. 그래서 다른 사람도 그러하리라 전제하고는, 다른 사람이 나와 같은 말이나 행동을 하면 '저 친구도 나와 같은 아픔을 느꼈겠군.'하고 추론한다. 말이나 행동의 동일성이 느낌의 동일성을 보장한다는 것이다.

[지문 유형 6] 두 대상을 비교와 대조의 방법으로 설명하는 글

두 대상의 특징이나 속성을 견주어 상호 간의 유사점, 차이점 등을 비교와 대조의 방법으로 진술하는 글이다. 글쓴이가 중요시하는 대상에 다른 대상을 비교하거나 대조하는 경우도 있고, 중립적인 입장에서 두 대상을 비교하거나 대조하기도 한다.

최근 환경에 대한 관심이 높아지면서 하이드리브 엔진을 장착한 자동차가 속속 등장하여 기존의 피스톤 엔진 차량과 경쟁하고 있다. 아직까지는 대부분의 자통차가 피스톤 엔진을 장착하고 있지만 이 양상이 언제까지 이어질지는 모를 일이다. 한때 맞수가 나타나 피스톤 엔진의 아성을 무너뜨릴 뻔한 사건이 있었기 때문이다. 그 사건의 주인공은 1960년 자동차 생산에 뛰어든 독일의 NSU모터가 개발한 로터리 엔진이었다.

로터리 엔진은 피스톤의 왕복 운동으로 힘을 얻는 피스톤 엔진과 달리, 로터의 회전 운동에 의해 흡입, 압축, 폭발, 배기의 4행정을 수행한다. 즉, 흡기구를 통해 들어온 연료가 로터의 회전에 의해 압축되고, 이것이 점화 플러그에 의해 폭발한 후, 연소된 가스를 배기구로 내보내는 4행정을 모두 로터가 돌면서 수행하는 것이다. 왕복 운동을 회전 운동으로 바꿔 주어야 했던 과정이 생략되었으므로 로터리 엔진은 피스톤 엔진에 비해 소음이 적고 움직임도 원활했다. 또, 구조도 더 간단하게 만들 수 있어 무게가 가벼워졌으며, 복잡한 부품 생선 비용도 줄일 수 있었다.

[지문 유형 7] 중심 화제를 통시적으로 제시하는 글

1894년, 화성에 고도로 진화한 지적 생명체가 존재한다는 주장이 언론의 주목을 받았다. 이러한 주장은 당시 화성의 지도들에 나타난, '운하'라고 불리던 복잡하게 얽힌 선들에 근거를 두고 있었다. 화성의 '운하'는 1878년에 처음 보고된 뒤 거의 30년간 여러 화성 지도에 계속해서 나타났다. 존재하지도 않는 화성의 '운하'들이 어떻게 그렇게 오랫동안 천문학자들에게 받아들여질 수 있었을까?

19세기 후반에 망원경 관측을 바탕으로 한 화성의 지도가 많이 제작되었다. 특히 1877년 9월은 지구가 화성과 태양에 동시에 가까워지는 시기여서 화성의 표면이 그 어느 때보다도 밝게 보였다. 영국의 아마추어 천문학자 그린은 대기가 청명한 포르투갈의 마데이라섬으로 가서 13인치 반사 망원경을 사용해서 화성을 보이는 대로 직접 스케치했다. 그린은 화성 관측 경험이 많았으므로 이전부터 이루어진 자신의 관측 결과를 참고하고, 다른 천문학자들의 관측 결과까지 반영하여 당시로서는 가장 정교한 화성 지도를 제작하였다.

그런데 이듬해 이탈리아의 천문학자인 스키아파렐리의 화성 지도가 나오면서 이 지도의 정확성이 도전받았다. 그린과 같은 시기에 수행한 관측을 토대로 제작한 스키아파렐리의 지도에는, 그린의 지도에서 흐릿하게 표현된 지역에 평행한 선들이 그물 모양으로 교차하는 지형이 나타나 있었기 때문이었다. 스키아파렐리는 이것을 '카날리'라고 불렀는데, 이것은 '해협'이나 '운하'로 번역될 수 있는 용어였다.

중심 화제의 역사적 변천이나 사건을 시간의 흐름에 따라 서술하는 방식의 글이다. 이와 같이 진술 방식으로는 서사와 과정이 사용된다. 시간의 흐름을 거시적으로 제시할 수도 있고, 각 시기별로 세분화하여 제시할 수도 있다.

7. 글의 설명 방식(서술상의 특징)

(1) 동태적 전개 방법

① 서사: 사건의 전개나 사물의 변화, 인물의 행동을 시간의 흐름에 따라 서술하는 전개 방식

예문

다음 날도 찬호는 학교 담을 따라 돌았다. 선생님은 여전히 교문에 서 계셨다. 그러나 다행히도 선생님은 이때 먼눈을 팔고 계셨다. 찬호는 이 기회를 놓치지 않았다. 고무신을 벗어 한 손에 한 짝씩을 쥐고는 고양이 걸음으로 보초의 뒤를 빠져 팽이처럼 교문 안으로 뛰어들었다.

② **과정**: 어떤 특정한 결말이나 결과를 가져오게 한 행동의 변화, 기능, 단계, 작용 등에 초점을 두고 내용을 전개하는 방법

예문

가열되는 비커의 밑면에 접해 있는 물은 온도가 올라가면 그 부피가 팽창하고, 따라서 밀도가 낮아진다. 이렇게 더워져서 밀도가 낮아진 물은 위로 올라가고, 위에 있던 찬물은 밑으로 흘러든다.

③ **인과**: 어떤 결과를 가져오게 한 원인과 그에 의해 초래된 현상에 관계되는 것을 밝혀 내용을 전개하는 방법

예문

온실 효과로 인해 지구의 기온이 상승할 때, 가장 심각한 영향은 해수면의 상승이다. 해수면의 상승은 남극과 북극의 빙하가 녹게 되어 생기는 현상이다. 이러한 현상은 바다와 육지의 비율을 변화시켜 엄청난 기후 변화를 초래하며, 게다가 섬나라나 저지대는 온통 물에 잠기게 된다. 일단 물이 차오르면 해안의 자연 생태계가 파괴되어 어패류 양식 등 수산 양식업에 뜻밖의 큰 해를 가져올 수 있음은 물론이다.

(2) 정태적 방법

① **정의**: 어떤 대상 또는 생각의 범위를 규정짓거나 본질을 진술하는 전개 방식

예문

엉터리 약사, 의사 등을 흔히 돌팔이라고 말한다. 어떤 일이든 돈을 받고도 일을 제대로 하지 못하면 돌팔이라고 말들을 한다. 돌팔이란 돌아다니면서 팔아먹는 사람이라는 뜻이다.

② **묘사**: 대상의 형태, 색채, 감촉, 향기, 소리 등을 있는 그대로 그려내는 것이다. 묘사는 그림을 그리는 것과 같으며, 그 특징은 구체성 또는 감각성이라 할 수 있다.

예문

귀뚜라미의 오른쪽 날개는 왼쪽 날개 위에 포개져 거의 몸 전체를 뒤덮고 있다. 이 두 날개는 그 모양이 똑같이 생겼다. 오른쪽 날개는 등 위에서 거의 똑바르게 나 있으며, 옆구리 위에서 거의 직각으로 꺾이고, 얇게 되어 몸통을 덮고 있다. 등 부분에는 새까맣고 억센 줄기가 뻗어서 복잡한 무늬를 이루고 있다.

③ **예시**: 일반적인 원리나 법칙 등을 구체적인 예를 들어 내용을 전개하는 방법

예문

나이에 따라 즐겨 읽고 즐겨 낭송하는 시도 달라진다. 젊었을 때는 서정주의 「화사」, 「귀촉도」, 박인환의 「목마와 숙녀」 등을 술만 마시면 낭송했다. 나이 좀 들어서는 정지용의 「향수」, 신경림의 「목계 장터」 등을 늘 읊조렸다.

④ **비교·대조**: 둘 또는 그 이상의 대상들을 견주어 그 공통점이나 차이점을 드러내어 내용을 전개하는 방법

예문

시나리오는 장면 전환이 자유스러워 과거와 미래, 미래와 과거를 짧은 시간 내에 제시할 수 있기에 아무리 먼 거리의 장면이라도 동시에 표현할 수 있는 특징을 지니고 있다. 이에 비해 희곡은 일정한 무대 위에서 상연되는 것을 전제로 이루어지는 것이므로 공간적인 제약이 있다.

⑤ **분류**: 어떤 대상을 비슷한 특성에 근거하여 기준을 정해 대상들을 나누거나 묶어서 내용을 전개하는 방법

예문

지붕은 어떤 자재를 써서 그것을 구성하느냐에 따라 새 지붕, 너새 지붕, 너와 지붕, 굴피 지붕, 초가 지붕, 기와 지붕으로 나뉜다. 형태에 따라서는 맞배 지붕, 팔작 지붕, 우진각 지붕, 육모 지붕, 갖은모 지붕, 정자 지붕, 십자 지붕, 고패 지붕, ㄷ자 지붕, ㅁ자 지붕, 솟을 지붕, 까치 구멍 지붕 등으로 나뉜다.

⑥ **분석**: 어떤 복잡한 것을 단순한 요소나 부분들로 나누어 내용을 전개하는 방법

예문

컴퓨터의 구조는 크게 본체와 주변 장치로 나누어 볼 수 있다. 컴퓨터의 본체는 중앙 처리 장치와 기억 장치로 이루어져 있다. 중앙 처리 장치는 컴퓨터의 두뇌에 해당하며, 연산과 제어 등의 작용을 담당한다. 컴퓨터의 본체에는 중앙 처리 장치와 함께 기억 장치가 있기 때문에 여러 가지 정보를 저장할 수 있다. 한편 컴퓨터는 주변 장치가 함께 붙어 있어야만 제대로 정보를 처리하게 된다.

⑦ **유추**: 어렵고 복잡한 개념을 설명하고자 할 경우, 친숙하고 단순한 개념과 비교해 나감으로써 좀더 쉽게 이해할 수 있도록 하는 일종의 확장된 비교에 속하는 전개 방법

예문

이 사회의 경제는 모두가 제로섬 요소로 구성되어 있다. 제로섬(Zero-Sum)이란 어떤 수를 합해서 제로가 된다는 뜻이다. 어떤 운동 경기를 한다고 할 때, 이기는 사람이 있으면 반드시 지는 사람이 있게 마련이다. 어느 한쪽 팀이 점수를 얻게 되면 다른 팀은 점수를 잃는다. 이 승리자와 패배자의 점수를 합치면 전체로서의 제로가 된다.

⑧ **논증**: 전제나 근거를 바탕으로 주장을 논리적으로 끌어내는 전개 방식이다.

예문

독도는 분명히 우리 땅이다. 이는 역사적 기록이 증명하며, 무엇보다 일인(日人)들 스스로가 만든 옛 지도가 이를 뒷받침한다. 즉 『세종실록』, 『동국여지승람』 등에 우리 영토로 기록되어 있을 뿐만 아니라, 18세기 일본 지도에도 독도를 분명히 우리 영토로 그려 놓고 있는 것이다.

02 지문 구조와 독해 유형 1

1. 개념과 이론의 소개

[글의 성격]
'개념이나 이론'을 다양한 각도(제기 배경, 의미, 내용, 개념 간의 관계, 의의와 한계, 전망)에서 소개하는 경우가 많다. 핵심 정보는 분석이나 예시 등의 방법을 통해 깊게 설명한다.

[독해 전략]
① 소개하려는 '개념이나 이론'(화제)이 무엇인지를 분명히 정리하라.
② 이론(개념)의 '어떤 측면'(구체적 화제)들을 소개하는지를 글의 흐름에 따라 정리하며, 관련된 핵심 정보를 정리하라.
③ 소개하는 이론(개념)에 대한 글쓴이의 입장을 정리하라.

[문제 유형]
① 핵심 정보 : 소개하려는 이론을 전체적으로 묻는 문제 / [일치 여부] – 전체
② 핵심 정보(주제) : 핵심 개념의 적용
③ 핵심 의도가 반영된 핵심 중 핵심인 정보 : 적용 – 부분
④ 어휘 문제

The콕 핵심정리

① 화제: 비트겐슈타인의 철학 이론
② 글의 흐름: 비트겐슈타인의 철학 이론 소개
③ 글의 핵심

첫 단락	㉮ 의의: 논리실증주의와 20세기 철학에 많은 영향을 줌. ㉯ 주된 내용 개관: 언어의 분석과 비판을 통한 명료화를 철학적 과제로 삼음.
둘째 단락	[대응] ㉰ 그림이론: 언어 – 세계 (논리적 구조가 동일) ㉱ 명제 – 사태(구성) ㉲ 언어는 세계를 그림처럼 기술함으로써 의미를 가짐
셋째 단락	㉳ '사태'는 '사실'이 아니라 사실일 수 있는 '논리적 가능성'의 세계이다. ㉴ '의미 있는 명제'는 실재하는 세계나 사태에 대한 진술이어야 한다.
넷째 단락	㉵ 기존 철학자들의 형이상학적 문제에 대한 논의에 비판적 태도를 지님.

④ 주제: 언어를 애매하게 사용하여 발생하는 기존 철학을 비판했던 비트겐슈타인의 철학 이론

[01~04] 다음 글을 읽고 물음에 답하시오.

비트겐슈타인이 1918년에 쓴 『논리 철학 논고』는 '빈학파'의 논리실증주의를 비롯하여 20세기 현대 철학에 큰 영향을 주었다. 그는 많은 철학적 논란들이 언어를 애매하게 사용하여 발생한다고 보았기 때문에 언어를 분석하고 비판하여 명료화하는 것을 철학의 과제로 삼았다.

그는 이 책에서 언어가 세계에 대한 그림이라는 '그림 이론'을 주장한다. 이 이론을 세우는 데 그에게 영감을 주었던 것은, 교통사고를 다루는 재판에서 장난감 자동차와 인형 등을 이용한 ㉠ 모형을 통해 ㉡ 사건을 설명했다는 기사였다. 그런데 모형을 가지고 사건을 설명할 수 있는 이유는 무엇일까? 그것은 모형이 실제의 자동차와 사람 등에 대응하기 때문이다. 그는 언어도 이와 같다고 보았다. 언어가 의미를 갖는 것은 언어가 세계와 대응하기 때문이다. 다시 말해 언어가 세계에 존재하는 것들을 가리키고 있기 때문이다. 언어는 명제들로 구성되어 있으며, 세계는 사태들로 구성되어 있다. 그리고 명제들과 사태들은 각각 서로 대응하고 있다. 이처럼 언어와 세계의 논리적 구조는 동일하며, 언어는 세계를 그림처럼 기술함으로써 의미를 가진다.

'그림 이론'에서 명제에 대응하는 '사태'는 '사실'이 아니라 사실이 될 수 있는 논리적 가능성을 의미한다. 따라서 언어를 구성하는 명제들은 사실적 그림이 아니라 논리적 그림이다. 사태가 실제로 일어나서 사실이 되면 그것을 기술하는 명제는 참이 되지만, 사태가 실제로 일어나지 않는다면 그 명제는 거짓이 된다. 어떤 명제가 '의미 있는 명제'가 되기 위해서는 그 명제가 실재하는 대상이나 사태에 대해 언급해야 하며, 그것에 대해서는 참, 거짓을 따질 수 있다. 만약 어떤 명제가 실재하지 않는 대상이나 사태가 아닌 것에 대해 언급하면 그것은 '의미 없는 명제'가 되며, 그것에 대해 참, 거짓을 따질 수 없다. 따라서 경험적 세계에 대해 언급하는 명제만이 의미 있는 것이 된다.

이러한 관점에서 비트겐슈타인은 기존의 철학자들이 다루었던 신, 영혼, 형이상학적 주체, 윤리적 가치 등과 관련된 논의가 의미 없는 말들에 불과하다고 보았다. 왜냐하면 그 말들이 가리키는 대상이 세계 속에 존재하지 않는, 즉 경험 가능하지 않은 대상이기 때문이다. 이와 같은 형이상학적 문제와 관련된 명제나 질문들은 의미가 없는 말들이다. 그러한 문제는 우리의 삶을 통해 끊임없이 드러나는 신비한 것들이지만 이에 대해 말로 답변하거나 설명할 수는 없다. 그래서 비트겐슈타인은 "말할 수 없는 것에 대해서는 침묵해야 한다."라고 말했다.

01_ [핵심 정보의 확인 – 일치 여부 문제]

선택지	관련 핵심 정보	정오 여부
①	㉯	[○]
②	㉮	[○]
③	㉳	[○]
④	㉴	㉴의 내용 왜곡 [×] / 의미 있다 ≠사실
⑤	㉵	[○]

01 비트겐슈타인의 이론에 대한 이해로 적절하지 않은 것은?

① 언어의 문제를 철학의 중요한 과제로 보았다.
② '그림 이론'으로 논리실증주의에 큰 영향을 주었다.
③ '사태'와 '사실'의 개념을 구별하였다.
④ 경험적 대상을 언급하는 명제는 참이라고 보았다.
⑤ 형이상학적 문제를 다룬 기존 철학을 비판하였다.

01 ④

02 윗글의 '의미 없는 명제'에 해당하는 것은?

① 곰팡이는 생물의 일종이다.
② 물은 1기압에서 90℃에 끓는다.
③ 피카소는 1881년 스페인에서 태어났다.
④ 우리 반 학생의 절반 이상이 헌혈을 했다.
⑤ 선생님은 한평생 바람직한 삶을 살아왔다.

03 ㉠ : ㉡의 관계에 해당하는 것만을 〈보기〉에서 있는 대로 고른 것은?

보기

ㄱ. 언어 : 세계
ㄴ. 명제 : 사태
ㄷ. 논리적 그림 : 의미 있는 명제
ㄹ. 형이상학적 주체 : 경험적 세계

① ㄱ, ㄴ
② ㄱ, ㄷ
③ ㄴ, ㄹ
④ ㄱ, ㄴ, ㄷ
⑤ ㄴ, ㄷ, ㄹ

04 윗글로 미루어 볼 때, 비트겐슈타인이 〈보기〉와 같이 말한 이유로 가장 적절한 것은?

보기

사다리를 딛고 올라간 후에 그 사다리를 던져 버리듯이, 『논리 철학 논고』를 이해한 사람은 거기에 나오는 내용을 버려야 한다. ㉮ 이 책의 내용은 의미 있는 언어의 한계를 넘어선 것이기 때문에 엄밀하게 보면 '말할 수 있는 것'의 범주에 속하지 않는다.

① ㉮는 자신이 내세웠던 철학의 과제를 넘어서는 주제들을 다루고 있기 때문이다.
② ㉮는 객관적 세계에 존재하는 대상을 과학적으로 분석하여 서술하고 있기 때문이다.
③ ㉮는 실재하는 대상이 아니라 논리적으로 가능한 사태에 대해 기술하고 있기 때문이다.
④ ㉮는 경험적 세계가 아니라 언어와 세계의 논리적 관계에 대해 언급하고 있기 때문이다.
⑤ ㉮는 기존의 철학자들이 다루었던 형이상학적 물음에 대해 관념적으로 답하고 있기 때문이다.

02_ [핵심 중의 핵심 정보 – 부분: 적용]

핵심 정보	㉳ '의미 있는 명제'는 실재하는 세계나 사태에 대한 진술이어야 한다. ↔ 의미 없는 명제: 실재하지 않는 세계나 사태에 대한 진술 혹은 형이상학적 문제에 대한 진술
관련 선택지	⑤

03_ [핵심 중의 핵심 정보 – 부분]

핵심 정보	㉰ 언어 ---- 세계 ㉱ 명제 ---- 사태 = 논리적 가능성 (의미 있는) 명제 -- 실재하는 세계나 사태
관련 선택지	①

04_ [주제 – 적용]

〈보기〉 분석	[논리 철학 논고]는 의미 있는 언어의 한계를 넘어섰다. → 실재의 세계, 경험적 세계를 다루는 것이 아니다. → 형이상학적 진술이 나타나 있다. 그러므로 내용을 이해했으면 거기에 나오는 내용을 버려야 한다.
제시문 관련 부분	첫 단락 + 넷째 단락
관련 선택지	④ 이 책은 언어를 분석, 비판, 명료화할 것을 주장한다. 그림이론은 언어와 세계의 논리적 관계를 설명하는 것이다. / 논리적 관계를 설명하는 이론 그 자체는 형이상학적 문제에 해당한다.
오답 정리 [확실히 틀린 부분 찾기]	① 이 책은 자신이 철학적 과제들을 설명하는 책이다. ③ 논리적으로 가능한 사태 = 참이 될 수도 있고, 거짓이 될 수도 있는 경험 가능한 세계이다. ⑤ 이 책은 형이상학적 물음에 대해 답하고 있는 책이 아니라 언어를 분석, 비판, 명료화할 것을 그림이론을 통해 설명하는 글이다.

02 ⑤ 03 ① 04 ④

The콕 핵심정리

① 화제: '외부성' 개념의 의미와 부정적 효과 – 해결책과 그 한계
② 글의 흐름: '외부성' 개념의 의미를 정의와 예시를 통해 설명 → 부정적 효과를 예를 들어 설명 → 해결책과 그 한계를 제시
③ 글의 핵심

첫 단락	㉮ 외부성의 의미: 어떤 경제 주체의 행위가 자신과 거래하지 않는 제3자에게 의도하지 않게 이익이나 손해를 주는 것
둘째 단락	㉯ 부정적 효과: 외부성은 사회 전체로 보면 이익이 극대화되지 않는 비효율성을 초래할 수 있다.
셋째 단락	㉰ 둘째 단락의 논지에 관한 사례
넷째 단락	㉱ 전통적 해결책: 보조금, 벌금과 같은 정부의 개입
다섯째 단락	㉲ 전통적 경제학의 해결책이 갖는 한계와 또 다른 해결책: 모든 시장 거래와 정부 개입에 비용이 든다는 점을 간과 → 협상을 쉽게 하는 법과 제도의 마련

④ 주제: 외부성 효과의 의미, 부정적 효과, 해결책과 한계

[05~06] 다음 글을 읽고 물음에 답하시오.

어떤 경제 주체의 행위가 자신과 거래하지 않는 제3자에게 의도하지 않게 이익이나 손해를 주는 것을 '외부성'이라 한다. 과수원의 과일 생산이 인접한 양봉업자에게 벌꿀 생산과 관련한 이익을 준다든지, ㉠ <u>공장의 제품 생산이 강물을 오염시켜 주민들에게 피해를 주는 것</u> 등이 대표적인 사례이다.

외부성은 사회 전체로 보면 이익이 극대화되지 않는 비효율성을 초래할 수 있다. 개별 경제 주체가 제3자의 이익이나 손해까지 고려하여 행동하지는 않을 것이기 때문이다. 예를 들어,

[A] 과수원의 이윤을 극대화하는 생산량이 Qa라고 할 때, 생산량을 Qa보다 늘리면 과수원의 이윤은 줄어든다. 하지만 이로 인한 과수원의 이윤 감소보다 양봉업자의 이윤 증가가 더 크다면, 생산량을 Qa보다 늘리는 것이 사회적으로 바람직하다. 하지만 과수원이 자발적으로 양봉업자의 이익까지 고려하여 생산량을 Qa보다 늘릴 이유는 없다.

전통적인 경제학은 이러한 비효율성의 해결책이 보조금이나 벌금과 같은 정부의 개입이라고 생각한다. 보조금을 받거나 벌금을 내게 되면 제3자에게 주는 이익이나 손해가 더 이상 자신의 이익과 무관하지 않게 되므로, 자신의 이익에 충실한 선택이 사회적으로 바람직한 결과로 이어진다는 것이다.

그러나 전통적인 경제학은 모든 시장 거래와 정부 개입에 시간과 노력, 즉 비용이 든다는 점을 간과하고 있다. 외부성은 이익이나 손해에 관한 협상이 너무 어려워 거래가 일어나지 못하는 경우이므로, 보조금이나 벌금뿐만 아니라 협상을 쉽게 해 주는 법과 규제도 해결책이 될 수 있다. 어떤 방식이든, 정부 개입은 비효율성을 줄이는 측면도 있지만 개입에 드는 비용으로 인해 비효율성을 늘리는 측면도 있다.

02

05 윗글의 내용에 대한 이해로 적절하지 않은 것은?

① 개별 경제 주체는 사회 전체가 아니라 자신의 이익을 기준으로 행동한다.
② 제3자에게 이익을 주는 외부성은 사회 전체적으로 비효율성을 초래하지 않는다.
③ 전통적인 경제학은 보조금을 지급하거나 벌금을 부과하는 데 따르는 비용을 고려하지 않는다.
④ 사회 전체적으로 보아 이익을 더 늘릴 여지가 있다면 그 사회는 사회적 효율성이 충족된 것이 아니다.
⑤ 이익이나 손해를 주고받는 당사자들 사이에 그 손익에 관한 거래가 이루어지는 경우는 외부성에 해당되지 않는다.

05_ [핵심 정보의 확인 – 일치 여부 문제]

선택지	관련 핵심 정보	정오 여부
①	㉯	직접 제시 × / ㉯로부터 추리 가능 [△→ ○]
②	㉮, ㉯	㉯로부터 외부성은 사회 전체적으로 비효율을 초래할 수 있음을 알 수 있다. [×]
③	㉴	[○]
④	㉰	직접 제시 × / 전체로부터 추리 [△ → ○]
⑤	㉮	[○]

06 ㉠의 사례를 [A]처럼 설명할 때, 〈보기〉의 ㉮~㉰에 들어갈 말로 옳은 것은?

보기

공장의 이윤을 극대화하는 생산량이 Qb라고 할 때, 생산량을 Qb보다 (㉮) 공장의 이윤은 줄어든다. 하지만 이로 인한 공장의 이윤 감소보다 주민들의 피해 감소가 더 (㉯), 생산량을 Qb보다 (㉰) 것이 사회적으로 바람직하다.

	㉮	㉯	㉰
①	줄이면	크다면	줄이는
②	줄이면	크다면	늘리는
③	줄이면	작다면	줄이는
④	늘리면	작다면	줄이는
⑤	늘리면	작다면	늘리는

06_ [핵심 중의 핵심 정보 – 부분]

㉠	이익을 위한 생산이 타인에게 손해를 끼치는 경우
[A]	생산량 증가 → 개인에겐 손해, 타인(사회)에겐 이익 → 생산 늘리지 않음.
고려점	㉠과 [A]가 반대의 경우임 / 사회적 이익을 고려한다는 관점에서 접근함.
〈보기〉	㉠과 유사한 경우임: [A]를 반대로 적용해야 함.
관련 선택지	(줄이면), → 나에겐 손해, 타인에겐 (이익– 피해 감소가 더 크다) → (줄여야) 함.

05 ② 06 ①

[07~10] 다음 글을 읽고 물음에 답하시오.

(가) 제2차 세계 대전 중, 태평양의 한 전투에서 일본군은 미군 흑인 병사들에게 자신들은 유색인과 전쟁할 의도가 없으니 투항하라고 선전하였다. 이 선전물을 본 백인 장교들은 그것이 흑인 병사들에게 미칠 영향을 우려하여 급하게 부대를 철수시켰다. 사회학자인 데이비슨은 이 사례에서 아이디어를 ㉠ 얻어서 대중 매체가 수용자에게 미치는 영향과 관련한 '제3자 효과(third-person effect)' 이론을 발표하였다.

(나) 이 이론의 핵심은 사람들이 대중 매체의 영향력을 차별적으로 인식한다는 데에 있다. 곧 사람들은 수용자의 의견과 행동에 미치는 대중 매체의 영향력이 자신보다 다른 사람들에게서 더 크게 나타나리라고 믿는 경향이 있다는 것이다. 예를 들어 선거 때 어떤 후보에게 탈세 의혹이 있다는 신문 보도를 보았다고 하자. 그때 사람들은 후보를 선택하는 데에 자신보다 다른 독자들이 더 크게 영향을 받을 것이라고 여긴다. 이러한 현상을 데이비슨은 '제3자 효과'라고 하였다.

(다) 제3자 효과는 대중 매체가 전달하는 내용에 따라 다르게 나타난다. 예컨대 대중 매체가 건강 캠페인과 같이 사회적으로 바람직한 내용을 전달할 때보다 폭력물이나 음란물처럼 유해한 내용을 전달할 때, 사람들은 자신보다 다른 사람들에게 미치는 영향력을 더욱 크게 인식한다는 것이다. 이러한 인식은 수용자의 구체적인 행동에도 영향을 미쳐, 제3자 효과가 크게 나타나는 사람일수록 내용물의 심의, 검열, 규제와 같은 법적·제도적 조치에 찬성하는 성향을 보인다.

(라) 전통적으로 대중 매체 연구는 매체에 노출된 수용자의 반응, 즉 그들이 보이는 태도나 행위의 변화를 조사하였다. 이에 비해 제3자 효과 이론은 매체의 영향 자체가 아니라 그것에 대한 사람들의 차별적 인식 및 그에 따른 행동 성향을 조사했다는 점에서 가치가 있다. 특히 사회적으로 유해한 내용의 영향력에 대한 우려가 실제보다 과장되었을 수 있음을 보여 준다. 또한 ㉡ 검열과 규제 정책을 지지하는 사람들의 사고가 어떠한 것인지도 짐작하게 해 준다.

(마) 제3자 효과 이론은 사람들이 다수의 의견처럼 보이는 것에 영향받을 수 있다는 이론과 연결되면서, 여론의 형성 과정을 설명하는 데에도 이용되었다. 이 설명에 따르면, 사람들은 자신은 대중 매체의 전달 내용에 쉽게 영향받지 않는다고 생각하면서도 다른 사람들이 영향받을 것을 고려하여 자신의 태도와 행위를 결정한다. 즉 다른 사람들에게서 소외되어 고립되는 것을 염려한 나머지, 자신의 의견을 포기하고 다수의 의견이라고 생각하는 것을 따라가게 된다는 것이다.

07 (가)~(마)의 중심 화제로 적절하지 않은 것은?

① (가): 제3자 효과 이론의 등장 배경
② (나): 제3자 효과의 개념
③ (다): 제3자 효과 이론의 유형
④ (라): 제3자 효과 이론의 의의
⑤ (마): 제3자 효과 이론의 응용

The콕 핵심정리

① 화제: 제3자 효과 이론
② 글의 흐름: '제3자 효과 이론'을 예시를 통해 설명 → 제3자 효과 이론의 가치
③ 글의 핵심

첫 단락(가)	㉮ '제3자 효과 이론'의 등장 배경
둘째 단락(나)	㉯ 이론의 내용: 대중 매체의 영향력을 '차별적'으로 인식한다.(나–적게 / 타인–많이)
셋째 단락(다)	㉰ 이론의 내용: 대중 매체가 전달하는 내용에 따라 다르게 나타난다. (선정성 높은 것이 타인에게 영향 ↑) ⇨ (법적·제도적 조치에 찬성 ↑)
넷째 단락(라)	㉱ 이론의 가치: 매체의 영향 자체가 아니라 그것에 대한 사람들의 차별적 인식 및 그에 따른 '행동 성향'을 조사했다는 점에서 가치
다섯째 단락(마)	㉲ 이론의 응용: 여론의 형성 과정을 설명하는 데에도 이용 – 자신의 의견을 포기하고 다수의 의견이라고 생각하는 것을 따라가게 됨을 규명

④ 주제: 제3자 효과 이론의 내용과 가치

07_ [핵심 정보의 확인 – 단락의 화제 파악]

선택지	관련 핵심 정보	정오 여부
①	㉮	[○]
②	㉯	[○]
③	㉰	[×] ※ 유형: 공통되는 성질이나 특징을 가진 것들을 묶은 하나의 틀
④	㉱	[○]
⑤	㉲	[○]

07 ③

02

08 자신과 타인에게 미치는 대중 매체의 영향력에 대한 인식을 표시한 것 중, 제3자 효과가 나타난 것은?

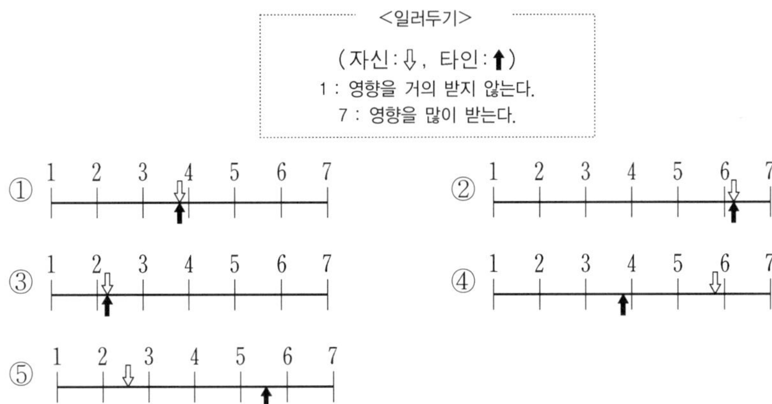

08_ [핵심 중의 핵심 정보 – 부분]	
요구 사항	'자신과 타인에게 미치는 대중 매체의 영향력에 대한 인식'
관련 정보	(나) 단락: 대중 매체의 영향력을 '차별적'으로 인식한다.(나-적게 / 타인-많이)
관련 선택지	⑤

09 ㉠의 문맥적 의미와 가장 유사한 것은?

① 돈을 얻을 곳이 또 어디 없을까?
② 책에서 <u>얻은</u> 지혜로 성공할 수 있었다.
③ 여행 중에 <u>얻은</u> 병이 아직도 낫지 않았다.
④ 발언권을 먼저 <u>얻고</u> 나서 말씀해 주십시오.
⑤ 늘그막에 자식을 <u>얻더니</u> 웃음이 끊이지 않는다.

09_ [어휘의 문맥적 의미 – 부분]	
㉠	'아이디어'를 얻어서 ⇨ '새로운 '생각'을 떠올리다'의 의미임.
관련 선택지	② 지혜를 얻음.

10 ㉡의 입장을 뒷받침하는 진술로 보기 어려운 것은?

① 사회적으로 유해한 내용의 영향력이 실제보다 과장되어 있다.
② 대중 매체의 유해한 영향으로부터 사람들을 보호해야 한다.
③ 유해한 내용일수록 사람들에게 더 큰 영향을 미칠 것이다.
④ 검열과 규제가 사람들을 보호하는 수단이 될 수 있다.
⑤ 대중 매체에 쉽게 영향 받는 사람들이 있다.

10_ [핵심 중의 핵심 정보 – 부분]	
㉡의 의미	자신보다 타인이, 선정성이 있는 정보가 더 많은 영향을 받는다는 생각을 가짐.
뒷받침하는 것(○) vs 뒷받침하지 않는 것(×)	① ㉡의 생각이 아니라 글쓴이의 판단임. ② △ ③ ○ ④ △ ⇨ ○ ⑤ ○ ※ ②, ④는 그 '의미'와 '의도'가 유사한 내용임.

08 ⑤ 09 ② 10 ①

03 지문 구조와 독해 유형 2

[글의 성격]
비교와 대조는 예시와 함께 가장 많이 쓰이는 글의 진술 방법이다. 비교의 대상이 되는 화제는 '개념'이나 '원리', '이론', '입장', '관점', '방법', '구조' 등으로 매우 다양하다. 비교와 예시, 분석적 진술이 결합되어 나타나는 경우가 많다.

[독해 전략]
① 화제를 분명히 정리하라. 구체적 화제들의 변화 과정에 따라 핵심 정보를 정리하며 읽어라.
② 비교의 기준을 생각하고, 이에 따라 핵심 정보를 정리하라.
③ 비교되는 개념들의 관계를 정리하라.
④ 비교의 목적과 의도를 고려하여 핵심 중의 핵심을 잡아라.

[문제 유형]
① **핵심 정보**: 핵심 개념의 '내용 비교' 문제 [일치 여부] – 전체
② **핵심 정보(주제)**: 핵심 개념의 적용 – 부분
③ **핵심 의도가 반영된 핵심 중 핵심인 정보**: 적용 – 부분
④ 어휘 문제

(I) 개념 · 원리의 비교 1

[01~04] 다음 글을 읽고 물음에 답하시오.

논증은 크게 연역과 귀납으로 나뉜다. 전제가 참이면 결론이 확실히 참인 연역 논증은 결론에서 지식이 확장되는 것처럼 보이지만, 실제로는 전제에 이미 포함된 결론을 다른 방식으로 확인하는 것일 뿐이다. 반면 귀납 논증은 전제들이 모두 참이라고 해도 결론이 확실히 참이 되는 것은 아니지만 우리의 지식을 확장해 준다는 장점이 있다. 여러 귀납 논증 중에서 가장 널리 ⓐ 쓰이는 것은 수많은 사례들을 관찰한 다음에 그것을 일반화하는 것이다. ㉠ 우리는 수많은 까마귀를 관찰한 후에 우리가 관찰하지 않은 까마귀까지 포함하는 '모든 까마귀는 검다.'라는 새로운 지식을 얻게 되는 것이다.

철학자들은 과학자들이 귀납을 이용하기 때문에 과학적 지식에 신뢰를 보낼 수 있다고 생각했다. 그러나 모든 귀납에는 논리적인 문제가 있다. 수많은 까마귀를 관찰한 사례에 근거해서 '모든 까마귀는 검다.'라는 지식을 정당화하는 것은 합리적으로 보이지만, 아무리 치밀하게 관찰하여도 아직 관찰되지 않은 까마귀 중에서 검지 않은 까마귀가 ⓑ 있을 수 있기 때문이다.

포퍼는 귀납의 논리적 문제는 도저히 해결할 수 없지만, 귀납이 아닌 연역만으로 과학을 할 수 있는 방법이 있으므로 과학적 지식은 정당화될 수 있다고 주장한다. 어떤 지식이 반증 사례 때문에 거짓이 된다고 추론하는 것은 순전히 연역적인데, 과학은 이 반증에 의해 발전하기 때문이다. 다음 논증을 보자.

(ㄱ) 모든 까마귀가 검다면 어떤 까마귀는 검어야 한다.
(ㄴ) 어떤 까마귀는 검지 않다.

(ㄷ) 따라서 모든 까마귀가 다 검은 것은 아니다.

'모든 까마귀는 검다.'라는 지식은 귀납에 의해서 참임을 ⓒ 보여 줄 수는 없지만, 이 논증에서처럼 전제 (ㄴ)이 참임이 밝혀진다면 확실히 거짓임을 보여 줄 수 있다. 그러나 아직 (ㄴ)이 참임이 밝혀지지 않았다면 그 지식을 거짓이라고 말할 수 없다. 포퍼에 따르면, 지금 우리가 받아들이는 과학적 지식들은 이런 반증의 시도로부터 잘 ⓓ 견뎌 온 것들이다. 참신하고 대담한 가설을 제시하고 그것이 거짓이라는 증거를 제시하려는 노력을 진행해서, 실제로 반증이 되면 실패한 과학적 지식이 되지만 수많은 반증의 시도로부터 끝까지 살아남으면 성공적인 과학적 지식이 되는 것이다. 그런데 포퍼는 반증 가능성이 ⓔ 없는 지식, 곧 아무리 반증을 해 보려 해도 경험적인 반증이 아예 불가능한 지식은 과학적 지식이 될 수 없다고 비판한다. 가령 '관찰할 수 없고 찾아낼 수 없는 힘이 항상 존재한다.'처럼 경험적으로 반박할 수 있는 사례를 생각할 수 없는 주장이 그것이다.

The콕 핵심정리

① 화제: 다른 논증의 방법 소개 ⇨ (한계) ⇨ '포퍼의 반증론'의 내용과 (포퍼의) 주장 소개
② 글의 흐름: 논증의 두 가지 방법[연역, 귀납]을 소개한 다음, 이 방법들이 갖는 약점을 지적하는 제3의 방법[반증]을 소개함.
③ 개념의 비교

연역	㉮ 전제가 참이면 결론이 반드시 참 ㉯ 전제 〉 소결론 ㉰ 지식 확장 × ㉱ (관찰의 결과가 아님 ⇨ 과학적 지식이 아님) ㉲ (논리적으로는 완전함)
귀납	㉮ 전제가 참이어도 결론의 참이 보장 × ㉯ 전제 〈 결론[대표적 방법 ⇨ 사례의 일반화] ㉰ 지식 확장 ㉱ '관찰'의 결과를 일반화 ⇨ 과학적 지식이 신뢰 받는 이유 ㉲ 결과에는 미 관찰 정보도 내포됨 ⇨ 논리적 문제 발생
반증	㉮ 전제가 참이면 결론이 반드시 참: 어떤 지식은 반증 사례 때문에 거짓이 됨 ⇨ 연역적 ㉯ (대전제 〉 [소전제] 반증 사례 〈결론〉 ㉰ 지식 확장 × [결론은 대전제의 반대일 뿐임] ㉱ 소전제의 반증 사례가 발견되지 않으면 대전제는 여전히 유효한 것으로 볼 수 있음 ㉲ 경험적으로 반박할 수 없는 지식은 과학적 지식이 아니다.

④ 주제[포퍼의 주장]: 대담하게 가설을 세우고 반증하려고 노력하라 (반증으로부터 살아남으면 성공한 과학적 지식이다).

01_ [핵심 정보의 확인 – 일치 여부 문제]

선택지	개념	관련 핵심 정보	정오 여부
①	귀납	㉮	[○]
②	연역	㉰	지식 확장 × [×]
③	귀납	㉮	결론의 참이 보장 × [×]
④	귀납	㉮	결론의 참이 보장 × [×]
⑤	연역	㉰	지식 확장 × [×]

01 윗글을 통해 알 수 있는 것은?

① 전제에 없는 새로운 지식이 귀납의 논리적인 문제를 낳는다.
② 과학적 지식은 새로운 지식이라는 점에서 연역의 결과이다.
③ 치밀하게 관찰한 후 도출된 귀납의 결론은 확실히 참이다.
④ 귀납 논증은 전제가 참이면 결론은 항상 참이다.
⑤ 연역 논증은 결론에서 지식의 확장이 일어난다.

02_ [주제 – 화제와 관련된 글쓴이의 입장]

주제	대담하게 가설을 세우고 반증하려고 노력하라. 반증으로부터 살아남으면 성공한 과학적 지식이다.
관련 선택지	반증 – ㉯

02 윗글로 미루어 볼 때, 포퍼의 견해를 표현한 것으로 가장 적절한 것은?

① 충분한 관찰에 근거한 지식은 반증 없이 정당화할 수 있음을 인정하라.
② 과감하게 가설을 세우고 그것이 거짓임을 증명하려고 시도하라.
③ 실패한 지식이 곧 성공적인 지식임을 명심하라.
④ 수많은 반증의 시도에 일일이 대응하지 말라.
⑤ 과학적 지식을 귀납 논증으로 정당화하라.

01 ① 02 ②

03 윗글의 (ㄱ)~(ㄷ)과 〈보기〉에 대한 설명으로 적절하지 않은 것은?

보기

㉠은 다음과 같은 논증으로 표현할 수 있다.

(가)
내가 오늘 관찰한 까마귀는 모두 검다.
내가 어제 관찰한 까마귀는 모두 검다.
내가 그저께 관찰한 까마귀는 모두 검다.

(나) 따라서 모든 까마귀는 검다.

① (가)가 확실히 참이어도 검지 않은 까마귀가 내일 관찰된다면 (나)는 거짓이 된다.
② (ㄴ)과 (가)가 참임을 밝히는 작업은 모두 경험적이다.
③ '모든 까마귀는 검다.'는 (ㄴ)만으로 거짓임이 밝혀지지만 (가)만으로는 참임을 밝힐 수 없다.
④ (ㄱ), (ㄴ)에서 (ㄷ)이 도출되는 것이나 (가)에서 (나)가 도출되는 것은 모두 지식이 확장되는 것이다.
⑤ 포퍼에 따르면 ㉠의 '모든 까마귀가 검다.'가 과학적 지식임은 (가)~(나)의 논증이 아니라 (ㄱ)~(ㄷ)의 논증을 통해 증명된다.

04 문맥상 ⓐ~ⓔ를 바꿔 쓰기에 적절하지 않은 것은?

① ⓐ: 사용(使用)되는
② ⓑ: 실재(實在)할
③ ⓒ: 입증(立證)할
④ ⓓ: 인내(忍耐)해
⑤ ⓔ: 전무(全無)한

03_ [핵심 의도가 반영된 핵심 중 핵심인 정보 : 적용 유형]
[포퍼의 반증론]

선택지	개념	관련 핵심 정보	정오 여부
①	귀납	㉮	[○]
②	반증, 귀납	㉱, ㉣	[○], [△]
③	반증, 귀납	㉮, ㉮	[○], [○]
④	반증, 귀납	㉰, ㉰	[×], [○]
⑤	귀납, 반증	반증의 ㉮	⇨ 지식의 증명은 반증을 통해 이루어진다. [○]

04_ [어휘 – 문맥적 의미]

선택지	출제 어휘	문맥적 의미	정오 여부
①	널리 쓰이는	사용되는, 이용되는	[○]
②	까마귀가 있을 수 있다.	실제로 존재할 수 있다.	[○]
③	참임을 보여 줄 수	증명할, 입증할	[○]
④	잘 견뎌 온	반증 시도를 이겨낸	[×]
⑤	반증 가능성이 없는	전혀 없다 = 전무하다	[○]

03 ④ 04 ④

(2) 개념 · 원리의 비교 2

[05~08] 다음 글을 읽고 물음에 답하시오.

양자 역학의 불확정성 원리는 우리가 물체를 '본다'는 것의 의미를 재고하게 한다. 책을 보기 위해서는 책에서 반사된 빛이 우리 눈에 도달해야 한다. 다시 말해 무엇을 본다는 것은 대상에서 방출되거나 튕겨 나오는 광양자를 지각하는 것이다.

광양자는 대상에 부딪쳐 튕겨 나올 때 대상에 충격을 주게 되는데, 우리는 왜 글을 읽고 있는 동안 책이 움직이는 것을 볼 수 없을까? 그것은 빛이 가하는 충격이 책에 의미 있는 운동을 일으키기에는 턱없이 작기 때문이다. 날아가는 야구공에 플래시를 터뜨려도 야구공의 운동에 아무 변화가 없어 보이는 것도 마찬 가지이다. 책이나 야구공에 광양자가 충돌할 때에도 교란이 생기지만 그 효과는 무시할 만하다.

어떤 대상의 물리량을 측정하려면 되도록 그 대상을 교란하지 않아야 한다. 측정 오차를 줄이기 위해 과학자들은 주의 깊게 실험을 설계하고 더 나은 기술을 사용함으로써 이러한 교란을 줄여 나갔다. 그들은 원칙적으로 ㉮ 측정의 정밀도를 높이는 데 한계가 없다고 생각했다. 그러나 물리학자들은 소립자의 세계를 다루면서 이러한 생각이 잘못임을 깨달았다.

㉠ '전자를 보는 것'은 ㉡ '책을 보는 것'과 큰 차이가 있다. 우리가 어떤 입자의 운동 상태를 알려면 운동량과 위치를 알아야 한다. 여기에서 운동량은 물체의 질량과 속도의 곱으로 정의되는 양이다. 특정한 시점에서 특정한 전자의 운동량과 위치를 알려면, 되도록 전자에 교란을 적게 일으키면서 동시에 두 가지 물리량을 측정해야 한다.

이상적 상황에서 전자를 '보기' 위해 빛을 쏘아 전자와 충돌시킨 후 튕겨 나오는 광양자를 관측한다고 해 보자. 운동량이 작은 광양자를 충돌시키면 전자의 운동량을 적게 교란시켜 운동량을 상당히 정확하게 측정할 수 있다. 그러나 운동량이 작은 광양자로 이루어진 빛은 파장이 길기 때문에, 관측 순간의 전자의 위치, 즉 광양자와 전자의 충돌 위치의 측정은 부정확해진다. 전자의 위치를 더 정확하게 측정하기 위해서는 파장이 짧은 빛을 써야 한다. 그런데 파장이 짧은 빛, 곧 광양자의 운동량이 큰 빛을 쓰면 광양자와 충돌한 전자의 속도가 큰 폭으로 변하게 되어 운동량 측정의 부정확성이 오히려 커지게 된다. 이처럼 관측자가 알아낼 수 있는 전자의 운동량의 불확실성과 위치의 불확실성은 반비례 관계에 있으므로, 이 둘을 동시에 줄일 수 없음이 드러난다. 이것이 불확정성 원리이다.

05 윗글을 통해 알 수 있는 내용으로 적절하지 않은 것은?

① 광양자가 전자와 충돌하면 전자의 운동량이 변한다.
② 물리학자들은 측정의 정밀도를 높이는 데 관심이 많다.
③ 질량이 변하지 않으면 전자의 운동량은 속도에 비례한다.
④ 플래시를 터뜨리는 것은 촬영 대상에 광양자를 쏘는 것이다.
⑤ 전자의 운동량을 측정하려면 전자보다 광양자의 운동량이 커야 한다.

The콕 핵심정리

① 화제: 불확정성의 원리 소개
② 글의 흐름: 일상과 소립자의 세계에서 물리량, 입자의 운동 상태 측정에서 나타나는 차이
③ 핵심 정보

첫 단락	화제: 불확정성의 원리에서 본다는 것의 의미 ㉮ '본다'의 의미: 대상에서 방출되거나 튕겨 나오는 광양자를 지각하는 것
둘째 단락	㉯ 광양자가 대상에 미치는 영향: 책이나 야구공에 광양자가 충돌할 때에도 교란이 생기지만 그 효과는 무시할 만하다.
셋째 단락	㉰ 소립자[전자]의 세계에서 물리량의 측정 시 제시되는 문제: 소립자의 세계에서는 주의 깊게 실험을 설계해도 교란이 발생할 가능성이 커서 측정의 정밀도를 높이는 데 한계가 발생한다.
넷째 단락	㉱ 입자의 운동 상태(운동량과 위치의 동시) 측정에서 소립자의 세계와 일상 세계에서 나타나는 차이
다섯째 단락	㉲ 소립자의 세계에서는 운동량과 빛의 파장이 반비례 관계임 → 둘을 동시에 정확히 측정하는 것이 불가능

④ 주제: 소립자의 세계에서는 측정의 정밀도를 높이는 데 한계가 있다.

05_ [핵심 정보의 확인 – 일치 여부 문제]

선택지	관련 핵심 정보	정오 여부
①	㉰	[○]
②	셋째 단락	[○]
③	넷째 단락	[△] → 키워드 [질량, 운동량, 속도] → 운동량은 물체의 질량과 속도의 곱으로 정의되는 양이다. →[○]
④	둘째 단락	[○]
⑤	넷째 단락	[△] → 이런 내용을 확인할 길이 없음 → [×]

05 ⑤

06 윗글에서 ㉡과 구별되는 ㉠의 특성으로 가장 적절한 것은?

① 대상을 교란하는 효과를 무시할 수 없다.
② 대상을 매개물 없이 직접 지각할 수 있다.
③ 대상이 너무 작아 감지하기가 불가능하다.
④ 대상이 전달하는 의미를 해석할 필요가 없다.
⑤ 대상에서 반사되는 빛을 감지하여 이루어진다.

06_ [핵심 중의 핵심 정보 – 부분]

㉡	'책을 보는 것'
㉠	'전자를 보는 것'
차이점	책을 보는 것과 달리 전자를 보는 것은 광양자의 충돌 시 교란이 크게 발생하며, 운동량과 위치를 동시에 파악할 수 없다. (운동량과 빛의 파장을 동시에 정확히 측정하는 것이 불가능하다.)
관련 선택지	①

07 윗글을 바탕으로 〈보기〉에 대해 탐구한 내용으로 옳지 않은 것은?

보기

일정한 전압에 의해 가속된 전자 빔이 x축 방향으로 진행할 때, 전자 빔에 일정한 파장의 빛을 쏘아서 측정한 전자의 운동량은 ⓐ 1.87×10^{-24} kg·m/s였다. 그 측정 오차 범위는 ⓑ 9.35×10^{-27} kg·m/s보다 줄일 수 없었는데, 불확정성 원리에 따라 계산해 보니 이때 전자의 x 축 방향의 위치는 ⓒ 5.64×10^{-9} m의 측정 오차 범위보다 정밀하게 확정할 수 없었다.

① 빛이 교란을 일으킨 전자의 운동량이 ⓐ이겠군.
② 전자의 질량을 알면 ⓐ로부터 전자의 속도를 구할 수 있겠군.
③ 같은 파장의 빛을 사용하더라도 실험의 정밀도에 따라 전자 운동량의 측정 오차는 ⓑ보다 커질 수 있겠군.
④ 광양자의 운동량이 더 큰 빛을 사용하면 전자 운동량의 측정 오차 범위는 ⓑ보다 커지겠군.
⑤ 더 긴 파장의 빛을 사용하면 전자 위치의 측정 오차 범위를 ⓒ보다 줄일 수 있겠군.

07_ [핵심 중의 핵심 정보 – 부분 [셋째–다섯째 단락]]

윗글의 핵심 내용	전자를 보는 것은 광양자의 충돌 시 교란이 크게 발생하며, 운동량과 위치를 동시에 파악할 수 없다.(운동량과 빛의 파장을 동시에 정확히 측정하는 것이 불가능하다.)	
〈보기〉	소립자의 세계에서 측정 오차 범위를 일정한 수준 이상으로 줄일 수 없다.	
고려점	윗글의 핵심 정보와 〈보기〉의 논지가 같다.	
	관련 핵심 정보	정오 여부
관련 선택지	다섯째 단락	[○]
	넷째 단락 : 운동량은 물체의 질량과 속도의 곱으로 정의되는 양	[○]
	셋째 단락 → 추리 가능	[○]
	다섯째 단락 : 운동량과 빛의 파장–반비례 관계	[○]
	다섯째 단락 : 운동량과 빛의 파장–반비례 관계	[×]

08 ㉮의 의미를 포함하고 있는 말로 볼 수 없는 것은?

① 단위를 10개로 잡을 때 200개는 20단위이다.
② 수확량을 대중해 보니 작년보다 많겠다.
③ 바지 길이를 대충 재어 보고 샀다.
④ 운동장의 넓이를 가늠할 수 없다.
⑤ 건물의 높이를 어림하여 보았다.

08_ [어휘 – 문맥적 의미]

㉮의 의미	1) 어떤 계기나 장치를 사용하여 재다. 2) 길이나 무게 따위를 재어서 정함.
관련 선택지	'재서 정하다'의 의미를 갖지 않는 것은 ①이다.

06 ① 07 ⑤ 08 ①

The콕 핵심정리

① 화제: 영화의 재현과 만화의 재현의 차이

② 글의 흐름: 움직임, 공간의 유연함, 이미지의 성격, 이런 이미지의 성격으로 인해 현실과 맺는 관계 등에서 영화와 어떤 차이가 있는지를 분석적으로 설명하여 만화의 특성을 드러냄

③ 개념의 비교

영화	㉮ 사물의 운동(움직임), 시간을 재현한 예술 ㉯ ㉰ 영사 속도 일정 → 감상 속도가 강제됨. ㉱ 사진적 원리에 따라 촬영된 이미지 ㉲ 현실과 맺는 관계: 디지털 특수 효과의 도움을 받아 실재하지 않는 대상도 만들어 내지만 본질적으로 사물에 대한 사실의 기록
만화	㉮ 움직임 없음, 의도된 순서에 따라 공간에 정지된 그림 나열 ㉯ 영화에 비해 상상을 부추김(정지된 이미지에 대한 상상, 효과선 등) ㉰ 칸이라는 '공간'의 유연함이 있다.(크기와 모양 다양, 말풍선 등) → 다양한 (언어적·비언어적) 정보 담음 → 읽기 시간에 변화 [→ 능동적 감상 가능] ㉱ 수작업 이미지 → 세계에 대한 작가의 개인적인 해석(이것은 그림의 스타일과 터치 등): 서명된 이미지 ㉲ 현실과 맺는 관계: 현실과 직접적으로 대면하지 않음, 작가의 상상력에 의해 창조되는 만화적 현실

④ 주제: 영화적 재현과 만화적 재현의 다양한 차이 분석

(3) 개념의 비교 '분석' 1

[09~11] 다음 글을 읽고 물음에 답하시오.

전통적 의미에서 영화적 재현과 만화적 재현의 큰 차이점 중 하나는 움직임의 유무일 것이다. 영화는 사진에 결여되었던 사물의 운동, 즉 시간을 재현한 예술 장르이다. 반면 만화는 공간이라는 차원만을 알고 있다. 정지된 그림이 의도된 순서에 따라 공간적으로 나열된 것이 만화이기 때문이다. 만일 만화에도 시간이 존재한다면 그것은 읽기의 과정에서 독자에 의해 사후에 생성된 것이다. 독자는 정지된 이미지에서 상상을 통해 움직임을 끌어낸다. 그리고 인물이나 물체의 주변에 그어져 속도감을 암시하는 효과선은 독자의 상상을 더욱 부추긴다.

만화는 물리적 시간의 부재를 공간의 유연함으로 극복한다. 영화 화면의 테두리인 프레임과 달리, 만화의 칸은 그 크기와 모양이 다양하다. 또한 만화에는 한 칸 내부에 그림뿐 아니라, ⓐ 말풍선과 인물의 심리나 작중 상황을 드러내는 언어적·비언어적 정보를 모두 담을 수 있는 자유로움이 있다. 그리고 그것이 독자의 읽기 시간에 변화를 주게 된다. 하지만 영화에서는 이미지를 영사하는 속도가 일정하여 감상의 속도가 강제된다.

영화와 만화는 그 이미지의 성격에서도 대조적이다. 영화가 촬영된 이미지라면 만화는 수작업으로 만들어진 이미지이다. 빛이 렌즈를 통과하여 필름에 착상되는 사진적 원리에 따른 영화의 이미지 생산 과정은 기술적으로 자동화되어 있다. 그렇기에 영화 이미지 내에서 감독의 체취를 발견하기란 쉽지 않다. 그에 비해 만화는 수작업의 과정에서 자연스럽게 세계에 대한 작가의 개인적인 해석을 드러내게 된다. 이것은 그림의 스타일과 터치 등으로 나타난다. 그래서 만화 이미지는 '서명된 이미지'이다.

촬영된 이미지와 수작업에 따른 이미지는 영화와 만화가 현실과 맺는 관계를 다르게 규정한다. 영화는 실제 대상과 이미지가 인과 관계로 맺어져 있어 본질적으로 사물에 대한 사실적인 기록이 된다. 이 기록의 과정에는 촬영장의 상황이나 촬영 여건과 같은 제약이 따른다. 그러나 최근에는 촬영된 이미지들을 컴퓨터상에서 합성하거나 그래픽 이미지를 활용하는 ㉠ 디지털 특수 효과의 도움을 받는 사례가 늘고 있는데, 이를 통해 만화에서와 마찬가지로 실재하지 않는 대상이나 장소도 만들어 낼 수 있게 되었다.

만화의 경우는 구상을 실행으로 옮기는 단계가 현실을 매개로 하지 않는다. 따라서 만화 이미지는 그 제작 단계가 작가의 통제에 포섭되어 있는 이미지이다. 이 점은 만화적 상상력의 동력으로 작용한다. 현실과 직접적으로 대면하지 않기에 작가의 상상력에 이끌려 만화적 현실로 향할 수 있는 것이다.

09 윗글의 내용과 일치하는 것은?

① 영화는 사물의 움직임을 재현한 예술이다.
② 만화는 물리적 시간 재현이 영화보다 충실하다.
③ 영화에서 이미지를 영사하는 속도는 일정하지 않다.
④ 만화 이미지는 사진적 원리에 따라 만들어진다.
⑤ 만화는 사물을 영화보다 더 사실적으로 기록한다.

09_ [핵심 정보의 확인 – 일치 여부 문제]

선택지	개념	관련 핵심 정보	정오 여부
①	영화	㉮	[○]
②	영화vs 만화	㉮, ㉮	영화가 더 충실 [×]
③	영화	㉰	[×]
④	만화	영화 ㉱에 해당	[×]
⑤	영화vs 만화	영화 ㉲ 참조	[×]

10 ㉠에 대한 반응으로 적절한 것은?

① 영화에 만화적 상상력을 도입하기가 더 힘들어지겠군.
② 실제 대상과 영화 이미지 간의 인과 관계가 약해지겠군.
③ 촬영된 이미지에만 의존하는 제작 방식의 비중이 늘겠군.
④ 영화 촬영장의 물리적 환경이 미치는 영향이 더 커지겠군.
⑤ 제작 주체가 이미지를 의도대로 만들기가 더 어려워지겠군.

10_ [핵심 정보 – 적용 : 부분]

㉠	㉠ 디지털 특수 효과의 도움을 받으면, 만화에서와 마찬가지로 실재하지 않는 대상이나 장소도 만들어 낼 수 있게 됨.
반응	만화의 장점이 영화적으로 수용되는 면이 있다.
관련 선택지	아닌 것부터 지워 나가기 / ②

11 <보기>를 바탕으로 할 때, 윗글의 ⓐ와 같은 방식으로 이루어진 것은?

> 보기
> ⓐ는 '만화에서 주고받는 대사를 써넣은 풍선 모양의 그림'을 뜻한다. 원래 '풍선'에는 공기만이 담길 수 있을 뿐, '말'은 담길 수 없다. 따라서 ⓐ는 서로 담고 담길 수 없는 것들이 한데 묶인 단어이다.

① 물병
② 기름통
③ 국그릇
④ 쌀가마니
⑤ 쥐주머니

11_ [어휘 – <보기>의 조건에 따른 합성법]

ⓐ	서로 담길 수 없는 것들이 한데 묶인 단어
관련 선택지	⑤

09 ① 10 ② 11 ⑤

The콕 핵심정리

① 화제: 공공사업의 타당성을 진단하기 위한 사회적 할인율의 바람직한 적용 방향
② 글의 흐름: 할인율의 개념 – 사회적 할인율의 적용에 대한 견해들 소개 ①, ② – 한계 지적 – 바람직한 적용의 방향
③ 개념의 비교

〈1〉 할인율과 이자율의 비교	할인율	이자율을 '역'으로 적용
	이자율과 가치	(현재의 돈+이자율)*이자율
〈2〉 사회적 할인율의 적용에 대한 견해 비교	시장 이자율 적용 주장	저축과 대출을 통한 자본의 공급과 수용에 의해 결정되는 값
	민간 자본 수익률 적용 주장	공적 자금이 민간부분에 적용될 수 있으므로 민간 자본 수익률을 할인율로 적용하자.
	한계 지적	① 민간 투자가 가능한 부문에 굳이 정부가 투자할 필요가 있는가? ② 공공사업은 일반적으로 그 이익이 장기간에 걸쳐 서서히 나타난다.
	바람직한 적용 방향	사회적 할인율은 미래 세대를 배려하는 공익적 차원에서 결정되는 것이 바람직하다.

④ 주제: 사회적 할인율은 공익적 차원에서 결정되는 것이 바람직함.

(4) 개념의 비교 '분석' 2

[12~14] 다음 글을 읽고 물음에 답하시오.

정부나 기업이 사업에 투자할 때에는 현재에 투입될 비용과 미래에 발생할 이익을 비교하여 사업의 타당성을 진단한다. 이 경우 물가 상승, 투자 기회, 불확실성을 포함하는 할인의 요인을 고려하여 미래의 가치를 현재의 가치로 환산한 후, 비용과 이익을 공정하게 비교해야 한다. 이러한 환산을 가능케 해 주는 개념이 할인율이다. 할인율은 이자율과 유사하지만 역으로 적용되는 개념이라고 생각하면 된다. 현재의 이자율이 연 10%라면 올해의 10억 원은 내년에는 (1+0.1)을 곱한 11억 원이 되듯이, 할인율이 연 10%라면 내년의 11억 원의 현재 가치는 (1+0.1)로 나눈 10억 원이 된다.

공공사업의 타당성을 진단할 때에는 대개 미래 세대까지 고려하는 공적 차원의 할인율을 적용하는데, 이를 사회적 할인율이라고 한다. 사회적 할인율은 사회 구성원이 느끼는 할인의 요인을 정확하게 파악하여 결정하는 것이 바람직하나, 이것은 현실적으로 매우 어렵다. 그래서 시장 이자율이나 민간 자본의 수익률을 사회적 할인율로 적용하자는 주장이 제기된다.

시장 이자율은 저축과 대출을 통한 자본의 공급과 수요에 의해 결정되는 값이다. 저축을 하는 사람들은 원금을 시장 이자율에 의해 미래에 더 큰 금액으로 불릴 수 있고, 대출을 받는 사람들은 시장 이자율만큼 대출금에 대한 비용을 지불한다. 이때의 시장 이자율은 미래의 금액을 현재 가치로 환산할 때의 할인율로도 적용할 수 있으므로, 이를 사회적 할인율로 간주하자는 주장이 제기되는 것이다. 한편 민간 자본의 수익률을 사회적 할인율로 적용하자는 주장은, 사회 전체적인 차원에서 공공사업에 투입될 자본이 민간 부문에서 이용될 수도 있으므로, 공공사업에 대해서도 민간 부문에서만큼 높은 수익률을 요구해야 한다는 것이다.

그러나 시장 이자율이나 민간 자본의 수익률을 사회적 할인율로 적용하자는 주장은 수용하기 어려운 점이 있다. 우선 ㉠ <u>공공 부문의 수익률이 민간 부문만큼 높다면, 민간 투자가 가능한 부문에 굳이 정부가 투자할 필요가 있는가 하는 문제가 제기될 수 있다.</u> 더욱 중요한 것은 시장 이자율이나 민간 자본의 수익률이, 비교적 단기적으로 실현되는 사적 이익을 추구하는 자본 시장에서 결정된다는 점이다. 반면에 사회적 할인율이 적용되는 공공사업은 일반적으로 그 이익이 장기간에 걸쳐 서서히 나타난다. 이러한 점에서 공공사업은 미래 세대를 배려하는 지속 가능한 발전의 이념을 반영한다. 만일 사회적 할인율이 시장 이자율이나 민간 자본의 수익률처럼 높게 적용된다면, 미래 세대의 이익이 저평가되는 셈이다. 그러므로 사회적 할인율은 미래 세대를 배려하는 공익적 차원에서 결정되는 것이 바람직하다.

12 윗글의 글쓴이가 상정하고 있는 핵심적인 질문으로 가장 적절한 것은?

① 시장 이자율과 사회적 할인율은 어떻게 관련되는가?
② 자본 시장에서 미래 세대의 몫을 어떻게 고려해야 하는가?
③ 사회적 할인율이 민간 자본의 수익률에 어떤 영향을 미치는가?
④ 공공사업에 적용되는 사회적 할인율은 어떤 수준에서 결정되어야 하는가?
⑤ 공공 부문이 수익률을 높이기 위해서는 민간 부문과 어떻게 경쟁해야 하는가?

13 ㉠이 전제하고 있는 것은?

① 민간 투자도 공익성을 고려해서 이루어져야 한다.
② 정부는 공공 부문에서 민간 투자를 선도하는 역할을 해야 한다.
③ 공공 투자와 민간 투자는 동등한 투자 기회를 갖는 것이 바람직하다.
④ 정부는 공공 부문에서 민간 자본의 수익률을 제한하는 것이 바람직하다.
⑤ 정부는 민간 기업이 낮은 수익률로 인해 투자하기 어려운 공공 부문을 보완해야 한다.

14 윗글로 보아 〈보기〉의 ⓐ에 대한 판단으로 타당한 것은?

보기

한 개발 업체가 어느 지역의 자연 환경을 개발하여 놀이동산을 건설하려고 한다. 해당 지역 주민들은 자연 환경의 가치를 중시하여 놀이동산의 건설에 반대하는 사람들과 지역 경제 활성화를 중시하여 찬성하는 사람들로 갈리어 있다. 그래서 개발 업체와 지역 주민들은 ⓐ 놀이동산으로부터 장기간 파급될 지역 경제 활성화의 이익을 추정하고, 이를 현재 가치로 환산한 값을 계산해 보기로 하였다.

① 사업의 전망이 불확실하다고 판단하는 주민들은 낮은 할인율을 적용할 것이다.
② 후손을 위한 환경의 가치를 중시하는 주민들은 높은 할인율을 적용할 것이다.
③ 개발 업체는 놀이동산 개발의 당위성을 확보하기 위해 높은 할인율을 적용할 것이다.
④ 놀이동산이 소득 증진의 좋은 기회라고 생각하는 주민들은 높은 할인율을 적용할 것이다.
⑤ 지역 경제 활성화의 효과가 나타나는 데 걸리는 시간이 길다고 판단되면 낮은 할인율을 적용할 것이다.

12_ [화제, 주제 – 전체]

화제	공공사업의 타당성을 진단하기 위한 사회적 할인율의 바람직한 적용 방향
관련 질문	화제를 질문의 형태로 바꿈 → 사회적 할인율을 어떻게 적용해야 할까?

13_ [핵심 정보 – 적용 : 부분]

㉠의 의미	공공부문의 투자는 수익률이 낮아 민간에서는 투자하기를 꺼리지만, 사회적으로 필요한 분야에 집중된다.

14_ [핵심 정보 – 적용 : 부분]

ⓐ	〈보기〉: ⓐ '할인율을 적용'하여 / 놀이동산 개발 사업의 타당성을 판단해 봄으로써 / 개발 찬성자와 반대자들의 대립을 해결하려는 것임
고려점 (★)	개발 찬성자 : → 할인율을 낮게 적용할 것 개발 반대자 : → 할인율을 높게 적용할 것
선택지 분석	① 사업의 전망이 불확실하다고 판단하는 주민들(→ 개발 반대자) → 할인율을 높게 적용할 것이다. → 낮게 적용 (×) ② 후손을 위한 환경의 가치를 중시하는 주민들 (→개발 반대자) → 할인율을 높게 적용할 것이다. → 높은 할인율을 적용 (○) ③ 개발 업체(→ 개발 찬성자) → 할인율을 낮게 적용할 것이다.→ 높은 할인율을 적용 (×) ④ 놀이동산이 소득 증진의 좋은 기회라고 생각하는 주민(→ 개발 찬성자) → 할인율을 낮게 적용할 것이다.→ 높은 할인율을 적용 (×) ⑤ 지역 경제 활성화의 효과가 나타나는 데 걸리는 시간이 길다고 판단하는 사람(→ 개발 반대자) → 할인율을 높게 적용할 것이다. → 낮게 적용 (×)

12 ④ 13 ⑤ 14 ②

⑸ 개념의 비교 '분석' 3

[15~18] 다음 글을 읽고 물음에 답하시오.

지식의 본성을 다루는 학문인 인식론은 흔히 지식의 유형을 나누는 데에서 이야기를 시작한다. 지식의 유형은 '안다'는 말의 다양한 용례들이 보여 주는 의미 차이를 통해서 ⓐ 드러나기도 한다. 예컨대 '그는 자전거를 탈 줄 안다'와 '그는 이 사과가 둥글다는 것을 안다'에서 '안다'가 바로 그런 경우이다. 전자의 '안다'는 능력의 소유를 의미하는 것으로 '절차적 지식'이라고 부르고, 후자의 '안다'는 정보의 소유를 의미하는 것으로 '표상적 지식'이라고 부른다.

어떤 사람이 자전거에 대해서 많은 정보를 갖고 있다고 해서 자전거를 탈 수 있게 되는 것은 아니며, 자전거를 탈 줄 알기 위해서 반드시 자전거에 대해서 많은 정보를 갖고 있어야 하는 것도 아니다. 아무 정보 없이 그저 넘어지거나 다치거나 하는 과정을 거쳐 자전거를 탈 줄 알게 될 수도 있다. '자전거가 왼쪽으로 기울면 핸들을 왼쪽으로 틀어라'와 같은 정보를 이용해서 자전거 타는 법을 ⓑ 배운 사람이라도 자전거를 익숙하게 타게 된 후에는 그러한 정보를 전혀 의식하지 않고서도 자전거를 잘 탈 수 있다. 자전거 타기 같은 절차적 지식을 갖기 위해서는 훈련을 통하여 몸과 마음을 특정한 방식으로 조직화해야 한다. 그러나 특정한 정보를 마음에 떠올릴 필요는 없다.

반면, '이 사과는 둥글다'는 것을 알기 위해서는 둥근 사과의 이미지가 되었건 '이 사과는 둥글다'는 명제가 되었건 어떤 정보를 마음속에 떠올려야 한다. '마음속에 떠올린 정보'를 표상이라고 할 수 있으므로, 이러한 지식을 표상적 지식이라고 부른다. 그런데 어떤 표상적 지식을 새로 얻게 됨으로써 이전에 할 수 없었던 어떤 것을 하게 될지는 분명하지 않다. 이런 점에서 표상적 지식은 절차적 지식과 달리 특정한 일을 수행하는 능력과 직접 연결되어 있지 않다.

표상적 지식은 다시 여러 가지 기준에 ⓒ 따라 나눌 수 있는데, 그중에서도 '경험적 지식'과 '선험적 지식'으로 나누는 방법이 대표적이다. 경험적 지식이란 감각 경험에서 얻은 증거에 의존하는 지식으로, '그는 이 사과가 둥글다는 것을 안다'가 그 예이다. 물리적 사물들의 특정한 상태, 즉 사과의 둥근 상태가 감각 경험을 통해서 우리에게 입력되고, 인지 과정을 거쳐 하나의 표상적 지식이 ⓓ 이루어진 것이다. ㉠ 우리는 감각 경험을 통해 직접 만나는 개별적인 대상들로부터 귀납추리를 통해 일반 법칙에 도달할 수 있다. ㉡ 따라서 자연 세계의 일반 법칙에 대한 지식도 경험적 지식이다.

한편, 같은 표상적 지식이라 할지라도 '2 + 3 = 5'를 아는 것은 '이 사과가 둥글다'를 아는 것과는 다르다. '2 + 3 = 5'라는 명제는 감각 경험의 사례들에 의해서 반박될 수 없는 진리이다. 예컨대 물 2리터에 알코올 3리터를 합한 용액이 5리터가 안 되는 것을 발견했다고 해서 이 명제가 거짓이 되지는 않는다. 이렇게 감각 경험의 증거에 의존하지 않는 지식이 선험적 지식이다. 그래서 어떤 철학자들은 인간에게 경험 이외에 지식을 산출하는 ⓔ 다른 인식 능력이 있다고 생각하며, 수학적 지식이 그것을 보여 주는 좋은 예가 된다고 믿는다.

The콕 핵심정리

① 화제: '안다'는 말의 의미 차이에서 나타나는 지식의 유형 - '절차적 지식'과 '표상적 지식'

② 글의 흐름: 화제 제시 - 두 개념의 정의 - 절차적 지식의 습득 과정 - 표상적 지식의 성격 - 표상적 지식의 종류: ㉠ 경험적 지식 ㉡ 선험적 지식 - 선험적 지식의 존재를 통해 파악할 수 있는 것에 대한 철학자들의 견해

③ 개념의 비교

구분	
⟨1⟩ 절차적 지식과 표상적 지식	절차적 지식
	표상적 지식
⟨2⟩ 표상적 지식의 두 종류	경험적 지식
	선험적 지식
	선험적 지식의 의의

④ 주제: 인식론에서 본 지식의 유형

이 글은 철학의 하위 분야인 인식론을 다룬다. 글쓴이는 인식론에서 다루는 지식의 유형을 절차적 지식과 표상적 지식의 두 가지로 구분하고, 이 중에서 표상적 지식을 다시 경험적 지식과 선험적 지식으로 구분해서 설명한다. '안다'는 능력의 소유를 의미하는 것이 절차적 지식이고, '안다'는 정보의 소유를 의미하는 것이 표상적 지식이다. 예를 들어 자전거 타기 같은 것이 절차적 지식이고, 사과가 둥글다는 것을 아는 것을 표상적 지식이다. 표상적 지식 중에서 감각적 경험에서 얻은 증거에 의존하는 것은 경험적 지식이고, 감각 경험의 증거에 의존하지 않는 것은 선험적 지식이다. 선험적 지식이 존재한다는 것은 인간에게 경험 이외에 지식을 산출하는 다른 인식 능력이 있다는 것을 의미하며 수학적 지식이 그 좋은 예가 된다. 첫째 문단과 둘째 문단에 보면, 지식은 크게 절차적 지식과 표상적 지식으로 나뉘고, 이 중에서 절차적 지식은 자전거 타기처럼 '안다'는 능력의 소유를 의미하는 것인데, 이것이 '안다'는 정보의 소유를 의미하는 표상적 지식의 기반이 되는 것은 아님을 알 수 있다.

15 **윗글의 내용과 일치하지 않는 것은?**

① '앎[知]'이란 어떤 능력이나 정보의 소유를 의미한다.
② 절차적 지식은 다른 지식 유형의 기반이 된다.
③ 표상적 지식은 특정한 수행 능력으로 바로 이어지지는 않는다.
④ 경험적 지식은 표상적 지식의 일종이다.
⑤ 감각 경험의 사례를 근거로 선험적 지식을 무너뜨릴 수는 없다.

15_ ① 1문단의 예시 부분에서 확인할 수 있다.
③ 3문단의 끝 문장에서 확인할 수 있다.
④ 4문단의 첫째 문장에서 확인할 수 있다.
⑤ 5문단의 둘째 문장에서 확인할 수 있다.

16 **밑줄 친 말이 의미하는 바가 표상적 지식에 해당하지 않는 것은?**

① 나는 그 노래를 부른 가수의 이름을 <u>알아</u>.
② 나는 세종대왕을 <u>알아</u>. 그분은 한글을 창제한 분이시지.
③ 우리 아저씨만큼 개를 잘 다룰 줄 <u>아는</u> 사람은 아직 못 봤어.
④ 내 동생은 2를 네 번 더하면 8인 줄은 <u>아는데</u>, '2×4＝8'은 모른단다.
⑤ 퀴즈의 답이 '피아노'인 줄 <u>알고</u> 있었는데, 너무 긴장해서 아무 말도 못했어.

16_ 가수의 이름을 아는 ①과, 한글을 창제한 세종대왕을 아는 ②와, 퀴즈의 답이 '피아노'인 것을 아는 ⑤는 모두 감각 경험에 의존하는 경험적 지식이고, 2를 네 번 더하면 8인 줄 아는 ④는 선험적 지식인데, 이 네 가지는 모두 정보의 소유를 의미하는 표상적 지식에 해당한다. 반면 ③에서 '개를 잘 다룰 줄 아는 것'은 정보가 아니라 일종의 능력이다. 이 글에서는 이처럼 능력의 소유를 의미하는 것을 절차적 지식으로 분류했다.

15 ②　16 ③

17_ 논리적 분석력을 평가하고자 하는 심도 있는 문제이다. ㉠은 '개별적 대상들에 대한 감각적 경험 → 귀납추리 → 일반 법칙'으로 정리할 수 있고, ㉡은 '일반 법칙에 대한 지식 = 경험적 지식'으로 정리할 수 있다. 여기서 ㉡이 논리적으로 성립되려면 ㉠의 과정에서 '귀납추리가 지식의 경험적 성격을 바꾸지 않는다'는 전제가 필요하다. 만일 귀납추리가 지식의 경험적 성격을 바꾸게 된다면 일반 법칙에 대한 지식은 감각적 경험과 무관한 지식이 될 수도 있기 때문이다.
① 귀납추리는 일반 법칙에 기초해 있는 것이 아니라 감각적 경험에 기초해 있다.
② ㉠에 의하면 귀납추리는 자연에 대한 감각적 경험을 일반 법칙에 대한 지식에 도달하도록 해 주는 수단일 뿐이므로, 자연에 대한 지식을 확장해 주는 것은 아니다.
④ ㉠에서 개별적 대상에 대한 감각적 경험이 귀납추리를 통해 일반 법칙에 도달한다고 했는데, 만일 귀납추리를 통해 지식이 경험의 세계를 넘어서게 된다면 ㉡처럼 일반 법칙에 대한 지식이 곧 경험적 지식이라고 하는 것은 논리적 모순이 된다.
⑤는 귀납추리의 속성과 관련된 옳은 진술이지만 ㉠, ㉡과는 무관한 내용이다.

17 ㉠으로부터 ㉡을 도출하는 과정에서 생략된 전제로 가장 적절한 것은?

① 귀납추리는 일반 법칙에 기초해 있다.
② 귀납추리는 자연에 대한 지식을 확장해 준다.
③ 귀납추리는 지식의 경험적 성격을 바꾸지 않는다.
④ 귀납추리는 지식이 경험 세계를 넘어서도록 한다.
⑤ 귀납추리의 결론은 전제로부터 필연적으로 도출되지 않는다.

18_ ⓐ의 기본형인 '드러나다'는 '겉으로 나타나다'는 뜻으로 굳이 한자어로 바꾼다면 '노출(露出)되다'나 '노정(露呈)하다' 정도가 된다. 따라서 ⓐ를 '천명되기도'라고 바꿔 쓴 것은 적절하지 않다. '천명되다'는 '드러내서 밝히다'는 의미를 지닌 '천명하다'의 피동형이다.
ⓑ 습득하다 : 배워서 자기 것으로 하다.
ⓒ 의거하다 : 어떤 사실이나 원리에 근거하다.
ⓓ 형성되다 : 어떠한 모양이 이루어지다.
ⓔ 별개의 : 서로 다른, 서로 관련성이 없는.

18 ⓐ~ⓔ를 바꿔 쓴 말로 적절하지 않은 것은?

① ⓐ: 천명(闡明)되기도
② ⓑ: 습득(習得)한
③ ⓒ: 의거(依據)하여
④ ⓓ: 형성(形成)된
⑤ ⓔ: 별개(別個)의

17 ③ 18 ①

04 지문 구조와 독해 유형 3

(I) 이론 · 입장 · 관점의 비교 1

[01~04] 다음 글을 읽고 물음에 답하시오.

㉠ 전통적인 철학적 미학은 세계관, 인간관, 정치적 이념과 같은 심오한 정신적 내용의 미적 형상화를 예술의 소명으로 본다. 반면 현대의 ㉡ 체계 이론 미학은 내용적 구속성에서 벗어난 예술을 진정한 예술로 여긴다. 이는 예술이 미적 유희를 통제하는 모든 외적 연관에서 벗어나 하나의 자기 연관적 체계로 확립되어 온 과정을 관찰하고 분석함으로써 얻은 결론이다. 이 이론은 자율성을 참된 예술의 조건으로 보는 이들이 선호할 만하다. 그렇다면 현대의 새로운 예술 장르인 뮤지컬은 어떻게 진술될 수 있을까?

뮤지컬은 여러 가지 형식적 요소로 구성되는데, 이것들은 내용, 즉 작품의 줄거리나 주제를 실질적으로 구현하는 역할을 한다. 전통적인 철학적 미학에 따르면 참된 예술은 훌륭한 내용과 훌륭한 형식이 유기적으로 조화될 때 달성된다. 이러한 고전적 기준을 수용할 때, 훌륭한 뮤지컬 작품은 어느 한 요소라도 ⓐ 소홀히 한다면 만들어지기 어렵다. 뮤지컬은 기본적으로 극적 서사를 지니기에 훌륭한 극본이 요구되고, 그 내용이 노래와 춤으로 표현되기에 음악과 무용도 핵심이 되며, 이것들의 효과는 무대 장치, 의상과 소품 등을 통해 배가되기 때문이다.

그런데 찬사를 받는 뮤지컬 중에는 전통적 기준의 충족과는 거리가 먼 사례가 적지 않다. 가령 A. L. 웨버는 대표작 <캐츠>의 일차적 목표를 다양한 형식의 볼거리와 들을 거리로 관객을 즐겁게 하는 데 두었다. <캐츠>는 고양이들을 주인공으로 한 T. S. 엘리엇의 우화집에서 소재를 빌렸지만, 이 작품의 핵심은 내용의 충실한 전달에 있는 것이 아니라 어떤 기발한 무대에서 얼마나 다채롭고 완성도 있는 춤과 노래가 펼쳐지는가에 있다. 뮤지컬을 '레뷰(revue)', 즉 버라이어티 쇼로 바라보는 최근의 관점은 바로 이 점에 근거한다.

체계 이론 미학의 기준을 끌어들일 때, 레뷰로서의 뮤지컬은 예술로서의 예술의 한 범례로 꼽힐 수 있다. 물론 이러한 유형의 미학이 완전히 주류로 확립된 것은 아니다. 전통적인 철학적 미학도 여전히 지지를 얻는 예술관의 하나이기 때문이다. 이 입장에 준거할 때 체계 이론 미학의 예술관은 예술을 명예롭게 하는 숭고한 가치 지향성을 아예 포기하는 형식 지상주의적 예술관으로 해석될 수 있다.

01 ㉠과 ㉡에 대한 이해로 적절한 것은?

① ㉠은 내용적 요소와 형식적 요소를 모두 중시한다.
② ㉡은 자율적 예술의 탄생을 주도적으로 이끈 이론이다.
③ ㉠과 ㉡이 적용되는 예술 장르는 서로 다르다.
④ ㉡은 ㉠을 대체할 수 있는 새로운 주류 이론이다.
⑤ ㉡은 ㉠에 비해 더 진지한 정신적 가치를 지향한다.

The콕 핵심정리

① 화제: 전통적인 철학적 미학과 체계 이론 미학의 입장에서 진술한 뮤지컬
② 글의 흐름: 두 미학적 관점의 내용과 의의 ⇨ 뮤지컬의 특성(구성요소) ⇨ 두 관점으로 해석한 뮤지컬의 의미
③ 이론의 비교

구분	내용
전통적인 철학적 미학	㉮ 심오한 정신적 내용의 미술적 형상화를 추구 ⇨ (내용 + 형식) 추구 ㉯ 외적 연관과 관련지어 설명 ㉰ 훌륭한 내용과 훌륭한 형식이 유기적으로 결합된 뮤지컬 추구
체계 이론 미학	㉮ 내용적 구속성에서 벗어난 예술 추구 ⇨ 형식 중시, 미적 유희 추구 ㉯ 자기 연관적 체계로 확립되어 온 과정 중시 ㉰ 자율성을 참된 예술 조건으로 보는 이들이 선호 ㉱ 다양한 볼거리와 들을거리 제공을 중시, 뮤지컬을 레뷰로 보는 최근의 관점과도 연관
관계	두 관점은 어느 것이 우위에 있다고 판단하기 어렵다.

④ 주제: 레뷰로서의 뮤지컬은 전통적 철학의 관점에서는 숭고한 가치 지향성을 포기한 형식 지상주의로 평가될 수 있으며, 체계 이론 미학의 관점에서는 예술의 한 범주로 평가할 수 있다.
⑤ 내용을 깊게 이해하려면 '개념들의 논리적 연결 흐름'을 잘 살펴야 한다. 예 ㉮ 심오한 정신적 내용의 미술적 형상화를 추구 = 내용 + 형식의 유기적 연결 = 외적 연관과 관련지어 설명

01_ [핵심 정보의 확인 – 일치 여부 문제]

선택지	이론	관련 핵심 정보	정오 여부
①	고전	㉮, ㉱	[○]
②	체계	㉰	㉰의 정보 왜곡 [×]
③	고전, 체계	화제	두 관점 모두 뮤지컬에 적용 [×]
④	고전, 체계	관계 설명	어느 것이 우위에 있다고 하기 힘들다 [×]
⑤	고전, 체계	㉮	정보 왜곡 [×]

01 ①

02 〈캐츠〉에 대한 감상 중 최근의 관점에 가장 가까운 것은?

① 멋진 춤과 노래가 어우러진 공연이 충분한 볼거리를 제공했기 때문에, 원작과 관계없이 만족했어요.
② 감독이 고양이들의 등장 장면에 채택한 연출 방식이 작품의 주제 구현을 오히려 방해해서 실망했어요.
③ 늙은 암고양이의 회한이 담긴 노래의 가사는 들을 때마다 소외된 사람들에 대한 연민을 불러일으켜요.
④ 기발한 조명과 의상이 사용된 것을 보고, 원작의 심오한 주제에 걸맞은 연출 방식이구나 하며 감탄했어요.
⑤ 의인화된 고양이들의 삶과 내면이 노래들 속에 녹아들어 있어서, 인간을 진지하게 성찰하는 기회가 되었어요.

02_ [핵심 의도가 반영된 <u>핵심 중 핵심인 정보</u>: 적용 유형]

최근의 관점 = 체계미학 이론	㉮ 내용적 구속성에서 벗어난 예술 추구함 ⇨ 형식 중시, 미적 유희 추구 ㉱ <u>다양한 볼거리와 들을 거리 제공을 중시</u>, 뮤지컬을 레뷰로 봄.
관련 선택지	①: <u>충분한 볼거리를 제공했기</u> 때문에, 원작과 관계없이 만족했어요.

03 윗글을 바탕으로 〈보기〉의 ㉮와 ㉯를 이해한 것으로 적절한 것은?

> 보기
>
> 종합 예술의 기원인 ㉮ <u>그리스 비극</u>은 형식적 측면에서 높은 수준에 이르렀을 뿐만 아니라, 세계와 삶에 대한 당대인들의 인식을 이끌었다. 반면 ㉯ <u>근대의 오페라</u>는 그 발전 과정에서 점차 아리아 위주로 편성됨으로써, 심오한 지적, 도덕적 관심이 아니라 음악 내적 요소에 지배되는 경향을 띠었다.

① ㉮는 즐거움의 제공을, ㉯는 교훈의 제공을 목표로 삼고 있군.
② ㉮는 자기 연관적이지만, ㉯는 외적 연관에 의해 지배되는군.
③ ㉮는 정신적 내용의 미적 형상화를, ㉯는 미적 유희를 추구하는군.
④ ㉮와 ㉯는 모두 고전적 기준에 따라 높이 평가될 수 있군.
⑤ ㉮와 ㉯는 모두 각각의 시대에 걸맞은 '레뷰'라고 볼 수 있군.

03_ [주제 – 화제와 관련된 글쓴이의 입장]

주제	전통적 철학적 관점은 훌륭한 내용과 훌륭한 형식이 유기적으로 결합된 뮤지컬 추구하는 반면, 체계미학 이론의 관점은 다양한 볼거리와 들을 거리 제공을 중시한다.
보기	전통적인 철학적 미학: ㉮를 높이 평가 체계 이론 미학: ㉯를 높이 평가
관련 선택지	③

04 문맥상 ⓐ와 바꾸어 쓰기에 가장 적절한 것은?

① 멸시(蔑視)한다면
② 천시(賤視)한다면
③ 등한시(等閑視)한다면
④ 문제시(問題視)한다면
⑤ 이단시(異端視)한다면

04_ [어휘 – 사전적 의미]

ⓐ	예사롭게 여겨 정성이나 조심하는 마음이 부족하게
관련 선택지	① 멸시하다: 1) 다른 사람이나 사물을 교만하게 깔보거나 하찮게 여김. 2) 업신여겨 무시하다. ② 천시하다: 신분이나 품위 따위를 낮게 보거나 천하게 여김. ③ 등한시하다: 무관심하거나 소홀하게 보아 넘기다. ④ 문제시하다: 논의하고 해결해야 할 대상으로 삼다. ⑤ 이단시하다: 이단이라고 보다.

02 ① 03 ③ 04 ③

(2) 이론 · 입장 · 관점의 비교 2

[05~08] 다음 글을 읽고 물음에 답하시오.

연금 제도의 목적은 나이가 많아 경제 활동을 못하게 되었을 때 일정 소득을 보장하여 경제적 안정을 ⓐ 도모하는 것이다. 이를 위해서는 보험 회사의 사적 연금이나 국가가 세금으로 운영하는 공공 부조*를 활용할 수 있다. 그럼에도 국가가 이 제도들과 함께 공적 연금 제도를 실시하는 까닭은 무엇일까?

그것은 사적 연금이나 공공 부조가 낳는 부작용 때문이다. 사적 연금에는 역선택 현상이 발생한다. 안정된 노후 생활을 기대하기 어려운 사람들이 주로 가입하고 그렇지 않은 사람들은 피하므로, 납입되는 보험료 총액에 비해 지급해야 할 연금 총액이 자꾸 커지는 것이다. 이렇게 되면 보험 회사는 계속 보험료를 인상하지 않는 한 사적 연금을 유지할 수 없다. 한편 공공 부조는 도덕적 해이를 ⓑ 야기할 수 있다. 무상으로 부조가 이루어지므로, 젊은 시절에는 소득을 모두 써 버리고 노년에는 공공 부조에 의존하려는 ⓒ 경향이 생길 수 있기 때문이다. 이와 같은 부작용에 대응하기 위해 공적 연금 제도는 소득이 있는 국민들을 강제 가입시켜 보험료를 징수한 뒤, 적립된 연금 기금을 국가의 책임으로 운용하다가, 가입자가 은퇴한 후 연금으로 지급하는 방식을 취하고 있다.

우리나라에서 공적 연금 제도를 운영하는 과정에는 ㉠ 사회적 연대를 중시하는 입장과 ㉡ 경제적 성과를 중시하는 입장이 부딪치고 있다. 구체적으로 전자는 이 제도를 계층 간, 세대 간 소득 재분배의 수단으로 이용해야 한다고 주장한다. 소득이 적어 보험료를 적게 낸 사람에게 보험료를 많이 낸 사람과 비슷한 연금을 지급하고, 자녀 세대의 보험료로 부모 세대의 연금을 충당하는 것은 그러한 관점에서 이해될 수 있다. 하지만 후자는 이처럼 사회 구성원 일부에게 희생을 강요하는 소득 재분배는 물가 상승을 반영하여 연금의 실질 가치를 보장할 수 있을 때만 허용되어야 한다고 비판한다. 사회 내의 소득 격차가 커질수록, 자녀 세대의 보험료 부담이 커질수록, 이 비판은 더욱 강해질 수밖에 없다.

이 두 입장은 요사이 연금 기금의 투자 방향에 관해서도 대립하고 있다. 이에 대해서는 원래 후자의 입장에서 연금 기금을 가입자들이 노후의 소득 보장을 위해 맡긴 신탁 기금으로 보고, 안정된 금융 시장을 통해 대기업에 투자함으로써 수익률을 극대화하려는 태도가 지배적이었다. 그러나 최근에는 전자의 입장에서 연금 기금을 국민 전체가 사회 발전을 위해 ⓓ 조성한 투자 자금으로 보고, 이를 일자리 창출에 연계된 사회 경제적 분야에 투자해야 한다는 주장이 힘을 얻고 있다. 이는 지금까지 연금 기금을 일종의 신탁 기금으로 규정해 온 관련 법률을 개정하여, 보험료를 낼 소득자 집단을 ⓔ 확충하는 데 이 막대한 돈을 직접 활용하자는 주장이기도 하다.

* 공공 부조 : 생활 능력이 없는 국민에게 사회적 최저 수준의 생활이 가능하도록 국가가 현금 또는 물품을 지원하거나 무료 혜택을 주는 제도.

The콕 핵심정리

① 화제 : 공적 연금 제도의 실시 목적과 운영 방식의 쟁점
② 글의 흐름 : 이 글은 국가가 공적 연금 제도를 실시하는 이유와 그 운영 방식과 관련된 상반된 두 입장을 소개하고 있다.

공적 연금 제도는 사적 연금에서 발생할 수 있는 역선택과 공공 부조에서 발생할 수 있는 도덕적 해이의 부작용에 대응하기 위해서 시행하는 것으로, 공적 연금 제도를 운영하는 과정에서 '사회적 연대를 중시하는 입장'과 '경제적 성과를 중시하는 입장'이 부딪치고 있다. '사회적 연대를 중시하는 입장'은 연금 제도를 소득 재분배의 수단으로 인정하고, 국민 전체가 사회 발전을 위해 조성한 투자 기금으로 보는 입장인 반면 '경제적 성과를 중시하는 입장'은 연금 제도의 소득 재분배는 조건부로 허용할 수 있는 것이고, 기금을 가입자의 노후 소득 보장을 위한 신탁 기금으로 보는 입장이다.

02

05_ [추론적 사고 – 미루어 알기]
1문단에서 사적 연금이나 공공 부조 제도와 함께 공적 연금 제도를 실시하고 있다고 했으므로, 공적 연금 제도를 시행한 뒤에 공공 부조를 폐지해야 하는 것은 아니다.
① 1문단에서 연금 제도의 목적을 달성하는 수단으로 사적 연금, 공공 부조, 공적 연금 제도 등을 언급하고 있다. ② 1문단에서 공적 연금 제도와 사적 연금은 병행될 수 있음을 언급하고 있다. ④ 2문단에서 공공 부조가 야기하는 도덕적 해이가 납세 부담을 가중시킬 수 있음을 언급하고 있다. ⑤ 3문단에서 공적 연금 제도가 소득 재분배 효과가 있음을 언급하고 있다.

05 윗글을 통해 알 수 있는 내용으로 적절하지 않은 것은?

① 연금 제도의 목적을 달성하는 수단은 다양하다.
② 공적 연금 제도가 시행된다고 하여 사적 연금이 금지되는 것은 아니다.
③ 공적 연금 제도를 시행한 뒤에는 공공 부조를 폐지해야 한다.
④ 공공 부조가 낳는 도덕적 해이는 국민들의 납세 부담을 증가시킨다.
⑤ 공적 연금 제도는 소득 재분배의 수단이 될 수 있다.

06_ [추론적 사고 – 입장의 비교 평가]
4문단에서 '사회적 연대를 중시하는 입장'은 연금 기금을 국민 전체가 사회 발전을 위해 조성한 투자 자금으로 보고 있음을 언급하고 있다.
② 안정된 금융 시장을 통해 수익률이 높은 대기업에 투자하는 것을 선호하는 것은 '경제적 성과를 중시하는 입장'이다. ③ '사회적 연대를 중시하는 입장'은연금 기금을 신탁 기금으로 규정한 법률을 바꾸는 데 찬성한다. ④ '경제적 성과를 중시하는 입장'은 일부에게 희생을 강요하는 소득 재분배를 비판적으로 본다. ⑤ 보험료를 낼 소득자 집단을 확충하는 방향으로 기금을 운용해야 한다는 것은 '사회적 연대를 중시하는 입장'이다.

06 ㉠과 ㉡에 대한 이해로 적절한 것은?

① ㉠에서는 연금 기금을 국민 전체가 사회 발전을 위해 조성한 투자 자금으로 본다.
② ㉠에서는 연금 기금을 안정된 금융 시장을 통해 수익률이 높은 대기업에 투자하려고 한다.
③ ㉠에서는 관련 법률을 개정하여 연금 기금의 법적 성격을 바꾸는 데 반대한다.
④ ㉡에서는 사회 내의 소득 격차가 커질수록 공적 연금 제도를 통한 소득 재분배를 더욱 강하게 요구한다.
⑤ ㉡에서는 보험료를 낼 소득자 집단을 확충하는 데 연금 기금을 직접 활용하자고 주장한다.

05 ③ 06 ①

07 윗글을 바탕으로 <보기>에 대해 분석한 내용으로 적절하지 않은 것은?

보기

(가) 공적 연금 보험료를 체납하는 사람들이 날로 늘어나는 가운데, 그중 상당수가 고용이 불안정한 30~40대인 것으로 밝혀졌다.

(나) 공적 연금 보험료를 체납한 고소득자도 상당히 많아 누적 체납액이 2,000억 원을 넘어섰다.

① (가)를 보니, 공적 연금 기금을 일자리 창출에 연계된 사회 경제적 분야에 투자해야 한다는 주장이 제기될 수 있겠군.

② (나)를 보니, 공적 연금 제도에서는 국가가 보험료를 징수하는 업무를 철저히 집행해야 하겠군.

③ (나)를 보니, 고의 체납으로 인해 공적 연금 제도에도 역선택과 유사한 현상이 발생할 수 있겠군.

④ (가)와 (나)를 보니, 적립될 공적 연금 기금이 고갈되는 경우에 대비할 필요가 있겠군.

⑤ (가)와 (나)를 보니, 소득이 있는 국민들을 공적 연금에 강제 가입시키는 제도를 완화해야 하겠군.

07_ [추론적 사고 - 자료 해석의 적절성]

<보기>의 (가)와 (나)는 공적 연금 보험료가 체납되는 상황을 제시하고 있다. (가)는 불가피하게 연금 보험료를 내지 못하는 경우이고, (나)는 고의로 보험료를 미납하는 경우이다. 공적 연금 제도에서 소득이 있는 국민들을 강제 가입시키는 것은 사적 연금에서와 같은 역선택의 부작용에 대응하기 위해서이다. 따라서 공적 연금을 강제로 가입시키는 제도를 완화하게 되면 (나)와 같이 고소득자들이 연금 보험료 납부를 기피하는 역선택의 부작용이 심화될 수 있으므로 적절하지 않다.
① (가)는 고용이 불안정한 사람들이 늘어나서 생기는 현상이므로 '사회적 연대를 중시하는 입장'에서 주장한 바와 같이 공적 연금을 일자리 창출에 연계된 사회 경제 분야에 투자하게 되면 고용 불안으로 인해 연금 보험료가 체납되는 현상을 줄일 수 있다. ② (나)는 고소득자들이 고의로 연금 보험료를 미납하는 경우이므로 강력한 법 집행으로 이를 예방할 수 있다. ③ (나)는 고소득자가 연금 보험료 납부를 고의로 기피하는 것이므로 공적 연금에서도 사적 연금에서와 마찬가지로 역선택이 발생할 수 있음을 보여 주는 것이라고 할 수 있다. ④ (가), (나)와 같은 현상이 심화되면 납입되는 보험료 총액에 비해 지급해야 할 연금 총액이 커질 수 있어 공적 연금 제도의 원활한 운영이 어렵게 되므로 이에 대한 대비책을 강구할 필요가 있다고 할 수 있다.

08 ⓐ~ⓔ의 사전적 뜻풀이로 바르지 않은 것은?

① ⓐ: 어떤 시기나 기회가 닥쳐 옴.

② ⓑ: 일이나 사건 따위를 끌어 일으킴.

③ ⓒ: 현상이나 사상, 행동 따위가 어떤 방향으로 기울어짐.

④ ⓓ: 무엇을 만들어서 이룸.

⑤ ⓔ: 늘리고 넓혀 충실하게 함.

08_ [어휘 - 사전적 의미]

'도모'는 '어떤 일을 이루기 위하여 대책과 방법을 세움'의 의미이다. '어떤 시기나 기회가 닥쳐 옴'은 '도래(到來)'의 사전적 의미이다.

07 ⑤ 08 ①

CHAPTER 02

나무를 보는 독해

The콕 00 논설문과 설명문

구분	논설문	설명문
특징	• 주장(의견)에 중점 • 주관성이 강함.	• 설명에 중점 • 객관성이 강함.
목적	독자의 동의를 구함.	독자를 이해시킴.

The콕 01 화제

- 이야깃거리, 원래는 말이나 대화의 소재, 글의 소재를 화제라고도 한다.
- '이 글은(말은) 무엇에 대한 글인가?'라는 질문에 답을 구하면 그것이(답이) 화제가 된다.
- 설명문에서 '화제'라고 부르는 개념을 논설문에서는 '논제'라고 부르기도 한다.
- 설득적, 논증적 성격의 글의 화제는 '논제'라고(논의할 문제, 과제) 불러 구별하기도 한다.

The콕 02 중심 화제

중심 화제는 글에서(말이나) 다룬 여러 화제 가운데 주제와 직접 관련이 있는 화제를 말한다. = 핵심 화제

예문

세시풍속이라 함은, 대체로 해마다 일정한 시기에 관습적으로 반복되는 특수한 생활 행위, 곧 주기전승의 의례적 생활 행위를 말한다. 그런데 고래로 이를 세시, 세사, 또는 월령, 시령이라 해 온 것처럼, 이는 시계성(時系性)이 강조된 개념이다.

→ 화제는 '세시풍속' / 중심 화제는 '세시풍속의 개념'

예제 **다음 대화의 '중심 화제'와 '쟁점'을 각각 정리하여 쓰시오.**

남자 : 남자와 여자는 태어날 때부터 서로 다르게 태어납니다.
남자들은 대개 여자보다 힘도 세고 논리적인 사고력도 우수한 반면, 여자는 남자보다 정서적으로 섬세하고 차분하게 안정되어 있습니다. 아이들에게 여러 가지 장난감을 주고 관찰해 보십시오.
남자 아이들은 총이나 칼 같은 것을 가지고 공격적인 행동을 하면서 노는가 하면 여자 아이들은 인형을 재운다든가 소꿉장난을 하면서 놉니다.

여자 : 저는 그렇게 생각하지 않습니다. 아이들이 웬만큼 말귀를 알아들을 나이가 되면 부모들은 무의식중에 남녀의 역할을 차별화하는 의식을 아이들에게 주입시킵니다.
부모들은 아들에게는 '우리 장한 아들, 우리 씩씩한 아들'이라고 부르지만 딸들은 '우리 귀여운 딸'이라고 부릅니다. 이런 것을 보고 들으면서 아이들은 은연중에 자신들이 어떻게 행동하는 것이 바람직한 것일까를 생각하게 되는 것입니다. 남자와 여자의 역할의 차이는 후천적으로 부과되는 것이라는 거지요.

→ 중심 화제 : 남녀의 성 역할의 차이
→ 쟁점 : 남녀의 성 역할의 차이는 선천적인 것인가, 후천적인 것인가

The콕 03 요지

• 글 또는 말에서 핵심이 되는 화제를 말한다.
• 설득적, 논증적 성격의 글의 화제는 '논지'라고 불러 구별하기도 한다.

The콕 04 주제

• 글 또는 말에서 글쓴이가 드러내고자 하는 중심 생각을 말한다.
• 문장으로 나타내면 '주제문', 명사구로 나타나면 '주제'라고 구별한다.
• '중심 내용'이라는 표현이 주제를 뜻하기도 한다.

예문

↱ 주제문

세상이 좁아지고 있다. 비행기가 점점 빨라지면서 세상이 차츰 좁아지는가 싶더니, 이젠 정보 통신 기술의 발달로 지구 전체가 아예 한 마을이 되었다. 그래서인지 언제부터인가 지구촌이라는 말이 그리 낯설지 않다. 그렇게 많은 이들이 우려하던 세계화가 바야흐로 우리 눈앞에서 적나라하게 펼쳐지고 있다. 세계는 진정 하나의 거대한 문화권으로 묶이고 말 것인가?

요사이 우리 사회는 터진 봇물처럼 마구 흘러드는 외래 문명에 정신을 차리지 못할 지경이다. 세계화가 미국이라는 한 나라의 주도하에 이루어지고 있다. 일본은 얼마 전 영어를 아예 공용어로 채택하는 안을 검토하고 있다. 문화 인류학자들은 이번 세기가 끝나기 전에 대부분의 언어들이 이 지구상에서 자취를 감출 것이라고 예측한다.

언어를 잃는다는 것은 곧 그 언어로 세운 문화도 사라진다는 것을 의미한다.

우리가 그토록 긍지를 갖고 있는 우리말의 운명은 과연 어떻게 될 것인가. ‣ 문제 제기

The콕 05 제목

- 작품이나 글 따위에서 그것의 내용을 보이기 위해 붙이는 이름이다.
- 문학 작품에서는 주제를 상징적으로 암시하는 제목을 붙이는 경우도 있고, 설명문, 논설문 등에서는 핵심 내용을 잘 드러낼 수 있도록 제목을 정하게 된다.
- 신문이나 잡지 등에서는 표제와 부제라는 용어도 사용한다.
- 기사 내용을 대표하는 제목이 표제이며, 부제는 표제를 더욱 구체화시키고 표제만으로 전달하기 어려운 내용들을 보충해 주는 구실을 담당한다.
- ‘주제’는 ‘중심 화제’와 관련된 핵심 내용을 문장 또는 명사구 형태로 표현한다.

  문장 예 ‘긍정적인 태도로 삶을 살아야 한다.’

  명사구 형태 예 ‘소외 계층 지원 개선 방안’

The콕 06 표제 & 07 부제

예문

김치는 살아 있다. → 표제

젖산균이 지배하는 신비한 미생물의 세계 → 부제

예문

공룡 발자국 화석 연구와 그 의미 → 표제

- 한반도 공룡 발자국 화석을 중심으로 → 부제

쟁점

- 서로의 의견 대립을 불러일으키는 화제(내용)이다. = 논점
- 말을 하거나 글을 쓰다 보면 어떤 현상이나 정책 등에 대해 서로 견해(의견)가 달라 대립하게 되는 경우가 생긴다. 이렇게 글이나 대화에서 서로의 의견 대립을 불러일으키는 내용을 쟁점이라고 한다. 설득적, 논증적 성격의 글에서는 '논점'이라 하기도 한다.

예문

↱ 쟁점

그러면 개인과 사회의 관계는 어떠한가? ↱ 견해-1

어떤 사람들은 둘 사이의 관계를 원자와 물질의 역학적 관계와 같이 생각하는 것 같다. 원자가 없는 물질은 존재하지 않으며, 물질이 없다면 원자의 존재는 문제가 되지 않는다. 그 존재성만을 중심으로 본다면, 개인과 사회의 관계도 이와 비슷할 것이다. 그러나 그것으로 개인과 사회의 관계가 다 설명될 수는 없다. 다른 어떤 사람은 개인과 사회의 관계를 세포와 유기체의 관계와 같이 생각한다. ↳ 견해-2

생명적 존재를 위한 생성의 원리가 내포되어 있기 때문이다. 찰스 다윈의 영향을 받은 스펜서도 이와 비슷한 생각을 가지고 있었다. 그러나 진정한 의미의 개인과 사회의 관계는 존재나 생성의 과정에 그치지 않는 보다 높은 차원에 속하는 것이다. 그것은 존재하면서 생성하며, 생성하면서 문화 역사를 창조해 가는 관계인 것이다. 그러므로 그 관계는 발전과 비약을 가능하게 하는 변증법적 관계로 보는 편이 타당할 것이다.

↳ 견해-3

→ 윗글은 '개인과 사회의 관계는 어떠한가?'를 둘러싸고 서로 입장이나 견해가 달라 대립한다.(= 쟁점) 글쓴이의 생각은 견해-3이다.

예문

영어만 잘 하면 성공한다는 믿음에 온 나라가 야단법석이다.

배워서 나쁠 것 없고, 영어는 국제 경쟁력을 키우는 차원에서 반드시 배워야 한다. › 견해-1

하지만 영어보다 더 중요한 것은 우리 한글이다. › 견해-2

한술 더 떠 일본을 따라 영어를 공용어로 하자는 주장이 심심찮게 들리고 있다. › 견해-3

그러나 우리말을 제대로 세우지 않고 영어를 들여오는 일은 우리 개구리들을 돌보지 않은 채 황소개구리를 들여온 우를 또다시 범하는 것이다.

영어를 자유롭게 구사하는 일은 새 시대를 살아가는 필수 조건이다. 하지만 우리 한글을 바로 세우는 일에도 소홀해서는 절대 안 된다. 황소개구리의 황소울음 같은 소리에 익숙해져 청개구리의 소리를 잊어서는 안 되는 것처럼.

The콕 09 논제

- 논증적, 설득적 성격의 글에서 화제(문제), 곧 논의 주제나 제목을 가리키는 개념이다.
- '논의 대상'이라고 표현하기도 하며 논술문의 과제로 제시되기도 한다.

예문

논제: 대학 도서관을 지역 주민에게 개방해야 하는가?

<찬성>	<반대>
• 개방해야 한다.	• 개방해서는 안 된다.
– 지역 사회의 도서관 수가 절대적으로 부족하다.	– 면학 분위기를 해친다.
– 대학은 지역 사회에 기여해야 한다.	– 장서 관리가 힘들어진다.
↘	↙

(절충안)

The콕 10 논지의 도출

- 논지를 도출한다는 것은 논지를 이끌어 내는 것을 말한다.
- 다시 말해 여러 가지 사례나 사실들을 바탕으로 글쓴이 자신의 핵심 주장을 이끌어 내는 것이다.

예문

① 가까운 시일 안에 핵에너지를 대체할 수 있을 만큼 효율적인 에너지의 발견을 기대하기는 어려울 것이다.
② 그리고 이삼백 년 내에 닥칠 에너지의 위기도 극복해야만 한다.
③ 따라서 핵에너지의 부정적인 점으로 꼽히는 핵폐기물 처리에 대한 연구를 장려해서라도 미래를 준비해야 한다.
④ 이를 위해서는 핵폐기물 처리에 있어서 중요한 과제인 폐기물 처리에 있어서 중요한 과제인 폐기물의 양을 줄이는 것, 방사능 반감기를 줄이는 것 등의 연구에 물리학과 같은 기초 과학이 주도적인 역할을 수행해야 한다.

→ ① 전제-1, ② 전제-2, ③ 일차적인 논지, ④ 핵심 논지

The콕 11 논지의 강화 & 12 논지의 뒷받침 & 13 논지의 보강 & 14 논지에 부합

- 논지를 강화한다는 것은 자신의 주장을 뒷받침해 주는 근거들을 제시한다는 뜻이다.
- '논지를 보강하다', '논지에 부합하다'라는 표현도 같은 의미로 사용된다.
- 문단에서는 논지에 해당하는 부분이 → 소주제문, 논지를 강화하는 부분이 → 뒷받침 문장에 해당한다.

예문

지식 중에는 체험으로써 배우기에는 너무 위험한 것도 많다. 가령, ① 콜레라균은 사람을 죽일 수 있는 무서운 독성을 지닌 미생물인데, 이것을 어떠한 개인이 먹어 보아서 그 성능을 증명하려 하면, 그 사람은 그 지식을 얻기 전에 벌써 죽어 버리고 말게 될 것이다.

그러므로 ② 체험으로써 모든 지식을 얻으려는 것은 매우 졸렬한 방법일 뿐 아니라, 거의 불가능한 일이라 하겠다.

→ ① – 뒷받침 문장 / ② – 논지

The콕 15 논지의 전환

전개되던 논지의 내용이나 방향이 이제까지와는 다른 방향으로 바뀌는 것을 말한다.

예문

① 노장사상은 인위적인 것을 배격하고 천에 합일할 것을 주장하거니와, 그러한 천인합일의 경지가 곧 유교의 성(聖)의 경지가 아닐 수 없다. 그리하여 동양에서는 학문의 목적을 주로 윤리적인 수양에 두었던 것이라고 하겠다. 그리스의 소크라테스가 지덕일치를 주장하며, 완전히 알면서도 행하지 않을 수 없는 법이라고 생각하였음은 널리 알려져 있는 일이거니와, 그에게 있어서도 학문은 윤리적인 실천과 뗄 수 없는 연관성을 가지는 것이었다. ② 그러나 학문의 목적이 이러한 윤리적인 데에 그치는 것인가? ③ 더구나 현대 과학의 목적을 윤리적인 면에서만 찾기는 곤란할 것이다. 우리는 과학이라고 하면 현대의 기계 문명을 연상하리만큼, 우리의 일상생활을 보다 편리하고 효과적이게 하는 힘을 가진 것으로 생각한다. 과학의 응용으로 여러 가지 기술이 급속도로 발달한 덕택이라 하겠다. "아는 것은 힘이다."라고 한 프랜시스 베이컨의 말은, 오늘의 과학이 스스로 증명하고도 남음이 있다.

→ ① 논지-1 / ② 전환 / ③ 논지-2

The콕 16 논지의 약화

- 논지를 약하게 한다는 의미이다.
- 상대방의 주장을 반박할 수 있는 근거로 제시하여 상대의 허점을 공격하는 것으로 사용된다. (왜냐하면 글쓴이가 자신의 논지를 약하게 할 리는 없으므로)

예문

한글 창제의 주체가 누군가라는 문제에 대해 '용재총화'의 기록처럼 세종이 신숙주 등에게 명하여 만들었다는 '명제설', 주시경의 주장처럼 신하들의 협력으로 만들었다는 '협찬설'이 지배적이었다.

이런 견해는 결국 세종이 '비(非) 친제설'을 가리키는데 이는 세종 당시 기록들 어디에도 근거하지 않은 막연하고도 잘못된 주장들이다. 세종 당시의 다음 기록들은 분명히 세종의 친제를 한결같이 보여 주고 있음을 분명히 해야 할 것이다.

ㄱ. '……이 달에 임금께서 친히 언문 28자를 만드셨다(是月上親制諺文二十八字)……(세종실록 25년 12월 끝 기사)'라고 친제를(親制) 명시하고 있다.

ㄴ. 해례본의 정인지 서문에도 '우리 전하는 하늘이 낸 성인으로 제도를 베풂이 백왕을 초월하고 정음을 지으심도 선인의 가르침을 받은 것 없이 자연에서 이루신 것이라'라고 하여 세종의 공로임을 강조하고 있다.

ㄷ. '세종어제훈민정음'의 서문에도 '내 이를 위해 불쌍히 여겨 새로 28자를 만드노니……' 라고 세종 자신이 주어로 등장하고 있다.

→ '명제설'과 '협찬설'은 논지 약화이고 / '친제설'은 논지 강화이다.

The콕 17 논지의 구체화

논지가 의미하는 바를 더욱 쉽게 이해할 수 있도록 자세하게 풀이해 주는 것을 말한다.
= 논지의 상세화

예문

① 정보 사회를 축복으로 맞이하기 위해서는 우선 단순 정신노동에서 해방된 자유를 좀 더 인간적이고 생산적인 일에 써야 한다. ② 사람들은 컴퓨터가 할 수 없는 일을 찾아 나서야한다. 컴퓨터가 흉내 낼 수 없는 발산적 사고를 이용한 예술적 창작과 감상, 지적인 창의와 모험, 도덕적인 재지향과 통찰의 길을 가야 한다. 폭발적으로 증가하는 정보의 홍수 속에서 지식을 찾아 나가야 하며, 인간관이나 세계관을 새로운 상황과 정보에 적합하게 계속적으로 다시 만들어 나가야 한다.

→ ① 논지 / ② 논지 상세화

The콕 18 가설과 검증

- 가설은 어떤 현상을 밝히기 위한 출발점으로서 설정된 명제를 말한다. = 임시로 세운 이론
- 가설은 어떤 명제에 의하여 검증(검사하여 증명함)되면, 가설의 위치를 벗어나 일정한 한계 안에서 타당한 진리가 된다.

예문

가설: '두꺼비의 이상 행동을 통해 지진을 예측할 수 있다'

예-① 2009년 4월 6일 300여 명의 희생자를 낸 이탈리아 라퀼라 지진(리히터 규모6.3) 발생 5일 전에 수컷 두꺼비의 96%가 사라졌으며 지진 발생 후 일부 되돌아 왔으나 강력한 여진이 발생하기 전 또 다시 개체수가 급감하는 현상이 나타났다.

예-② 2008년 5월 홍콩의 한 신문에 두꺼비 수십만 마리가 도로 한 쪽을 가득 메운 채 차도를 건너 이동하는 희귀한 사진이 실렸다. 3일 뒤 중국 쓰촨성에 리히터 규모 8.0의 강진이 발생했다.

예-③ 2008년 5월 산둥성에선 두꺼비 떼가 이동했으나 지진이 일어나지 않았다.

→ 예-①과 예-②는 가설의 타당성을 강화시키는 사례 / 예-③은 가설의 타당성을 약화시키는 사례

The콕 19 사례

- 실제로 일어난 예(보기)를 말한다.
- ① 사례를 제시하는 것은 진술의 내용과 일치하는 보기(예)를 들어줌으로써 내용을 쉽게 이해하도록 돕거나(설명문), ② 또는 자신의 주장을 뒷받침하는 경우에 사용된다(논설문).

① 세시 풍속이라고 하는 이 연중행사는 농업 생산 활동과 깊은 관련을 가지면서 동시에 주술적인 성격을 띠기도 했다. 이는 아마 농업 기술을 유치하여, 소기의 풍작을 어떤 절대자에게 의존하려는 데에 기인한 것인 듯하다.
② 부여의 영고, 예의 무천, 고구려의 동맹, 삼한의 농경의례 등이 다 그러한 것으로 보인다.

→ ①은 일반적 진술, ②는 사례이다.

The콕 20 구체적 사례

사례라는 것 자체가 구체적인 성격을 띠는 것을 말한다.

The콕 21 사례의 열거

열거란 여러 가지 예나 사실을 낱낱이 늘어놓는 것을 뜻한다.

예문

우리는 대체로 머리끝에서 발끝까지를 서양식(西洋式)으로 꾸미고 있다. "목은 잘라도 머리털은 못 자른다."고 하던 구한말(舊韓末)의 비분강개(悲憤慷慨)를 잊은 지 오래다. 외양(外樣)뿐 아니라, 우리가 신봉(信奉)하는 종교(宗敎), 우리가 따르는 사상(思想), 우리가 즐기는 예술(藝術), 이 모든 것이 대체로 서양적(西洋的)인 것이다. 우리가 연구하는 학문(學問) 또한 예외가 아니다. 피와 뼈와 살을 조상(祖上)에게서 물려받았을 뿐, 문화(文化)라고 일컬을 수 있는 거의 모든 것이 서양(西洋)에서 받아들인 것들인 듯싶다.

→ : 열거되고 있는 대상들

The콕 22 사례의 적용

- 어떤 사례를 알맞게 이용하거나 맞추어 쓰는 것을 말한다.
- 대개 어떤 원리나 개념을 유사한 상황에 알맞게 이용하는 경우에 쓰인다.

예문

주어진 소득과 자원의 범위 내에서 우리 인간들은 선택의 자유를 향유한다. 빨간 옷을 사 입을 수도 있고, 파란 옷을 사 입을 수도 있다. 라면으로 점심을 때울 수도 있고, 불고기로 점심을 배불리 먹을 선택의 자유를 가지는 것이다. 그런데 선택의 자유와 함께 고려하여야 할 문제는 비용의 문제인 것이다. 어떤 사람이 학교의 수업 시간에 수업을 받지 않고 영화 구경을 갔다면 영화 구경의 기회비용은 바로 학교의 수업인 것이다, 그 사람은 영화 구경을 갔기 때문에 학교 수업을 포기하여야 한다. 학교 수업을 받으면 그만큼 성적이 향상될 것이다, 따라서 영화 구경의 기회비용은 학교 수업인 것이다.

→ '기회비용'이라는 개념은 경제 용어로서 다소 복잡한 개념인데, '학교 수업을 받지 않고 영화 구경을 가는 경우'에 적용하여 알기 쉽게 설명하고 있다.

The콕 23 사례의 일반화

- 개별적이거나 특수한 사례들에서 일반적 원리를 이끌어 내는 것을 말한다.
- 사례를 일반화하기 위해서는 가능한 많은 사례들이나 경험들을 수집하여 공통적인 요소를 추출해야 하는데, 이때 그 사례들이 보편적이고 일반화된 사례인가를 확인하는 과정이 필요하다.
- 소수의 몇 가지 사례만을 가지고 일반화하는 경우 '성급한 일반화의 오류'를 범하게 된다.

예문

화초로 잘 꾸며진 정원 길에서 삶의 재미를 느끼며, 시골 샘터로 가는 들꽃 무리 진 길에서 소박하나 알뜰하고 따뜻함을 감각한다. 산과 들을 일직선으로 뚫은 고속도로에서 인간의 승리를 느낀다면, 들로 산골짜기로 꼬부라진 철로에서 삶의 끈기를 맛본다. 봄꽃 필 무렵, 산을 넘는 길은 마치 미소와도 같다. 이처럼 길들이 삶의 긍정적인 밝은 면을 채색한 화폭일 수도 있지만, 거기에는 또 고통과 슬픔이란 삶의 그늘이 져 있다. 한여름 뙤약볕에 소를 몰고 읍내로 가는 길은 너무나도 멀고, 일손을 마치고 무거운 지게를 지고 집으로 돌아오는 농부에게는 그가 가야 하는 험한 산골짜기 저녁 길은 너무나도 고달픈 언덕길이다. 고향을 떠나 서울로 일을 찾아가는 젊은이들에게는 그가 밟고 가야 할 신작로가 너무도 거칠고 불안하다. 그리하여 ① 가지가지 길들은 그것대로 삶의 희로애락, 희망과 좌절, 활기와 실의의 각양각색의 삶의 자국을 남긴다.

→ ① 구체적 사례의 일반화

The콕 24 주장을 뒷받침하는 사례

글쓴이가 내세운 주장이 타당하다는 것을 입증하기 위해서 제시한 근거.

예문

한 국가 안에서는 한 가지 종류의 국어가 사용되는 것이 원칙이지마는, 반드시 그런 것도 아니다.

단일 민족으로 성립된 국가는 그렇지 않다 하더라도, 그 국가의 판도 안에 여러 민족이 함께 거주할 경우에는 몇 가지의 언어가 병행하는 일이 많다. 이 경우에, 그 나라의 국어도 대개 두 가지 현상으로 나눌 수 있으니, ① 첫째는 아무리 여러 민족으로 성립된 국가라 할지라도, 그 중에 가장 세력이 있는 민족이 정치적, 문화적으로 영도자가 되어서, 저희가 사용하는 언어로 그 나라의 국어를 삼는 일이 있다. ② 그리고 둘째로는 한 국가 판도 안에 병립하여 거주하는 두 민족 혹은 그 이상 수 종의 민족이 사용하는 언어를 동등으로 인정하여, 몇 가지의 국어를 사용하는 일도 있다. ③ 전자의 실례로는 패전 일본은 그 판도 안에서 여러 종류의 언어가 쓰이고 있었으나, 저들의 언어, 즉 대화족의 언어로써 그 국어를 삼았던 것을 들 수 있고, ④ 후자의 예로는 벨기에가 한 나라 안에 두 종류의 국어를 가져서, 플레밍 말과 왈룬 말이 동등의 세력으로 사용되며, 스위스에서는 프랑스 말 독일 말, 이탈리어 말의 세 가지의 국어를 사용하고 있는 것을 들 수 있다.

→ ① 주장-1, ② 주장-2, ③ 사례-1, ④ 사례-2

The콕 25 논지를 약화시키는 사례/반대 사례

논지와 반대되는 주장을 뒷받침하는 사례 = 결국 글쓴이 자신의 견해와 반대되는 주장을 반박하기 위해 제시하는 사례

예문

① 백성들이 글을 몰라서 불편하고 치자층(治者層)과 백성들 사이에 의사소통이 잘 되지 않았기 때문에 한글을 창제하였다는 견해에 대해서 생각해 보자. ② 역사 시대로 접어든 후 최소한 천 년 이상이 지난 15세기까지 거의 대부분의 백성들이 글을 모르고 살아왔지만, 15세기의 극소수의 지배층을 제외하고는 치자층이 글을 모르는 백성들의 고통을 생각해 주지는 않았다. 뿐만 아니라 ③ 백성들이 글을 모르고 치자층과 백성들 사이에 문자를 통한 의사소통이 없었어도 삼국 시대, 고려 시대를 통하여 지배층은 백성을 다스리는 데 불편을 느끼지 않았고 따라서 백성의 글을 만들지 않았다. 그런데 왜 15세기에 와서는 갑자기 글 모르는 백성들의 처지를 치자층이 동정하게 되었으며, 또 왜 지금까지 없었던 백성들과의 의사소통 문제를 생각하지 않을 수 없었던가 하는 점에 의문이 남는다.

→ ① 주장(논지), ② 논지 약화 사례-1, ③ 논지 약화 사례-2

예제 다음 중 〈보기〉의 '논지를 약화'시키는 사례로 가장 적절한 것은?

보기

'그끄저께, 그저께, 어제'는 고유어이다. 그러나 내일(來日)은 한자어이다.
고유어로는 '내일'이라는 말이 없다. 우리는 여기서 우리의 민족성을 발견한다. 우리 민족은 과거와 현재만이 있을 뿐 미래가 없는 민족이다.

① 언어와 민족성은 결코 필연적인 관계에 놓여 있지 않다.
② 어느 민족의 언어이든 간에 고유어만으로 이루어져 있지는 않다.
③ '-겠-' '-ㄹ 것이다'와 같은 미래 시제의 표현이 가능하다.
④ '내일'을 뜻하는 고유어는 없지만, '모레'나 '글피' 등이 있다.

✓ 정답 ④

The콕 26 절충안

대립되거나 상반되는 주장을 어느 한 편으로 치우치지 않도록 조절하는 것을 말한다.

예문

논제: ○○산에 도시 고속화 도로를 만들어야 하는가?

<찬성>	<반대>
• 만들어야 한다. - 도로가 절대적으로 부족하다. - 더 이상 평지에 도로를 만들 수가 없다. - 자연은 인간의 편리를 위한 도구다.	• 만들어서는 안 된다. - 생태계를 파괴하게 된다. - 기존의 도로를 효율적으로 이용하면 된다. - 자연도 인간과 대등한 존재이다.

↘ ↙

\- 절충안 -

(터널을 뚫는 방법을 강구한다)

The콕 27 원인과 결과

예문

우리들의 행동 경향 가운데서 동양의 전통과 깊은 관련을 가진 것으로 지적할 만한 것이 하나는 내용과 실질에 앞서서 ① 형식 내지 외관을 중시하는 기풍이다. 유교의 영향을 받은 동양의 여러 나라들은 대체로 ② 예절을 숭상하는 전통이 서 있거니와, '동방 예의의 나라'라고 일컬어진 우리 한국도 고래로 예절을 도의의 근본으로서 소중히 여겨 왔다. 그리고 예절이란 본래 ③ 행동의 양식과 절차를 심히 다지는 규범인 까닭에, 예절의 숭상은 생활 전반에 걸쳐서 외관과 형식을 존중하는 기풍으로 발전하였다.

→ ①은 현상, ②와 ③은 원인

The콕 28 문제점과 해결 방안

논지 전개방식에서 흔히 볼 수 있는 유형이다.

예문

① 오늘날 우리 사회에는 깊고 끈질긴 사색과 역사적 통찰의 산물인 심오한 지성 또는 사상의 소유자가 희귀하다.

오늘날의 이른바 지성인은 기껏해야 얄팍한 사상의 해설자에 지나지 않는 경우가 많다. 과학적이고 객관적인 가치 판단에 의해 지적 전통의 내용을 사회 발전에 맞게끔 취사선택하고 수정, 보안하여 새로운 지적 전통을 수립하는 지성인을 찾기가 어렵다. <중략>

지성인은 지적 생산에 능동적, 적극적으로 활동할 책임을 가지고 있다. ② 지성인은 지성의 편에 서서 현실 사태의 모순을 지적하고, 사회 발전을 저해하는 모든 장애와 박해에 항거하고, 끝까지 진리를 주장하는 용기를 가져야 한다. 말하자면 참다운 지성인은 자신의 신념을 일반인에게 전달하려는 노력을 기울여야 한다.

→ ①은 문제점, ②는 해결 방안

The콕 29 대안 제시

- 어떤 생각(방안, 안건)을 대신할 수 있는 생각(방안, 안건)을 가리킨다.
- 따라서 대안은 기존의 주장이 지닌 한계나 논리적 허점을 지적하고 그 주장을 대신할 수 있는 방안이다.

예문

하나의 완전한 구조는 필요한 내부 요소들을 다 구비하고 있고, 또 그 요소들은 서로 유기적으로 긴밀히 연결되어 있다. 뿐만 아니라, 불필요한 요소는 하나도 첨가되어 있지 않다. 문학의 구조가 이처럼 완전무결하기는 어려울지 모르나, 어떻든 좋은 구조가 되려면 이렇게 되어야 할 것이다. ① 발달된 생물체의 구조가 이와 같다고 해서 문학을 유기체에 비유하기도 한다. ② 그러나 문학이 유기체처럼 스스로 생성, 발전, 쇠퇴, 소멸하는 것은 아니므로, 문학을 유기체에 비유하는 것을 지나치게 따를 필요는 없다. ③ 그러기보다는 문학을 동적 구조로 파악하는 것이 문학을 더 바르게 이해하는 길일 것이다. 다만, 문학의 구조를 이루는 요소들이 '유기적'으로 결합되어 있다는 생각은 잊지 말아야 할 것이다.

→ ①은 기존의 견해 / ②는 기존 견해의 허점 지적 / ③ 대안 제시

The콕 30 예상되는 반론의 반박

- 자신의 주장에 대해 다른 사람들이 제기하게 될 반론을 예상하여 그 반론을 반박함으로써 독자들을 설득하는 방법이다.
- 이렇게 다른 사람들이 제기하게 될 가능성이 높은 반론을 '예상되는 반론'이라고 표현한다.

예문

① 학문의 목적은 진리 탐구 그것에 있다. 이렇게 말하면 또 ② 진리의 탐구는 해서 무엇하나 할지 모르나, ③ 학문의 목적은 그로써 족한 것이다. ④ 진리 탐구로서의 학문의 목적이 현실 생활과 너무 동떨어져 우원(迂遠)함을 탓함직도 하다. 그러나 ⑤ 오히려 학문은 현실 생활로부터 유리(遊離)된 것처럼 보일 때 가끔 그의 가장 풍부한 축복을 현실 생활 위에 내리는 수가 많다.

세상에서는 ⑥ 흔히 학문밖에 모르는 상아탑 속의 연구 생활을 현실을 도피한 짓이라고 비난하기가 일쑤지만, ⑦ 상아탑의 덕택이 큰 것임을 알아야 한다. 모든 점에서 편리해진 생활을 향락하고 있는 현대인이 있기 전에 그런 것이 가능하기 위해서도 오히려 그런 향락과는 담을 쌓고 진리 탐구에 몰두한 학자들의 상아탑 속에서의 노고가 앞에 있었던 것이다. 그렇다고 남의 향락을 위하여 스스로는 고난의 길을 일부러 걷는 것이 학자는 아니다.

⑧ 학자는 그저 진리를 탐구하기 위하여 학문을 하는 것뿐이다.

→ ① 글쓴이 주장 /
② 예상되는 반론-1 / ③ 반론에 대한 반박-1 /
④ 예상되는 반론-2 / ⑤ 반론에 대한 반박-2 /
⑥ 예상되는 반론-3 / ⑦ 반론에 대한 반박-3 /
⑧ 글쓴이 주장의 재확인

The콕 31 통념

사회에서 일반적으로 널리 통하는 생각(사고방식, 개념)을 말한다.

예문

제철 산물은 싸고 좋다는 통념이 깨지고 있다.
왜 그럴까. 전문가들은 농산물과 수산물이라는 특성의 차이에서 비롯된 현상으로 보고 있다.
농산물은 노지 지배 작물이 출하되는 제철일 때 가장 가격이 싸고 품질이 좋다. 반면, 수산물은 제철 품목이 더 비싸다. 제철이 아니면 살이 물러 가공성과 저장성이 좋지 않기 때문에 가공용과 저장용, 일반 판매용 등 모든 수요가 제철에 몰리고 결국 가격이 오르게 된다. 결국 제철 수산물은 가장 맛있지만 가장 싸지는 않다.

→ 제철 산물은 싸고 좋다는 통념에 대해, 그렇지 않다는 사실을 제철 수산물을 예로 들어 설명하고 있다.

The콕 32 통념에 대한 문제 제기

'통념에 대한 문제 제기'란 어떤 현상이나 개념에 대한 생각이 그릇된 것임을 지적하여 논의 대상으로 발전시키는 것을 말한다.

예문

근대의 자연관은 기술지향주의를 낳고, 이는 환경에도 적용되어 기술 지향적 환경론을 낳게 되었다.
① 이것은 환경오염에 대한 세심한 관리가 행해질 수 있다면 인간은 자신의 목적에 따라 자연을 적절히 조절하는 것이 가능하다고 봄으로써 인간의 자연에 대한 지배 행위를 정당화한다. 인간이 자연을 정복하려는 노력과 가능성은 무한한 것 같고 따라서 인간은 환경의 변혁을 멈춘다는 것은 인간의 진보를 중단한다는 것과 동일한 것으로 생각한다. ② 그러나 우리가 공해와 핵으로부터 지구를 진정으로 보호하고자 하는 사람이라면 이러한 통념을 언제나 경계해야 한다. 왜냐하면 오늘날 기술 지향 주의를 낳은 근대 자연과학의 자연관은 인간 역사 전체를 살펴볼 때, 하나의 자연관일 따름이지 언제나 옳은 자연관은 아니기 때문이다.

→ ① 통념 / ② 통념에 대한 문제 제기

The콕 33 비유

어떤 현상이나 사물을 직접 설명하지 아니하고 다른 비슷한 현상이나 사물에 빗대어 설명하는 것이다.

예문

콩트는 인새의 한 단면을 다룬다. 콩트는 인생의 여러 장면을 이어 찍은 비디오 필름이 아니라, 어느 한 순간을 포착하여 찍은 사진이라고 할 수 있다.

The콕 34 일반적 & 구체적

일반적이란 '일부에 한정되지 아니하고 전체에 걸치는, 또는 그런 것', 구체적이란 '실제적이고 세밀한 부분까지 담고 있는, 또는 그런 것'이다.

예문

사람-일반적, 추상적 개념 / 이순신-구체적, 특수적 개념
산-일반적, 추상적 개념 / 백두산-구체적, 특수적 개념
주제문-일반적, 추상적 진술 / 뒷받침 문장-구체적, 특수적 진술

The콕 35 객관적 & 주관적

객관적이란 '자기와의 관계에서 벗어나 제삼자의 입장에서 사물을 보거나 생각하는, 또는 그런 것', 주관적이란 '자기의 견해나 관점을 기초로 하는, 또는 그런 것'이다.

예문

예 '1 + 1 = 2' → 객관적
예 '우리 어머니는 음식 솜씨가 매우 훌륭하다' → 주관적

The콕 36 명시적 & 암시적

명시적이란 '내용이나 뜻을 분명하게 드러내 보이는, 또는 그런 것', 암시적이란 '넌지시 알림, 또는 그 내용'을 말한다.

예문

명시적

근래 우리 동포 중에는 우리나라를 어느 이웃나라의 연방(聯邦)에 편입(編入)하기를 소원하는 자가 있다 하니, 나는 그 말을 차마 믿으려 아니하거니와 만일 진실로 그러한 자가 있다 하면, 그는 제정신을 잃은 미친놈이라고밖에 볼 길이 없다.

→ 글쓴이는 연방편입론자에 대한 반감을 명시적으로 드러내고 있다.

암시적

화강석 위에 이루어진, 종이보다도 엷고 부드러운 천의에 가리어, 입상의 보살들이 영겁의 명상에 잠긴 석가여래를 둘러선다. 이때마다 뻐꾹새가 운다. 그저 그것뿐이다. 참배인들을 보고 어서 오라는 듯이 야단법석하는 나마의 불도 아니고, 해골 같은 형상을 하고 사람을 멀리하는 인도의 고행상의 불도 아니다. 그저 본존은 앉고, 보살은 서고, 뒤에는 제자가 있고, 문에는 인왕이 지키고, 앞에는 감로수가 흐르는 조용한 산암의 석불이다. 이것이 바로 석굴암의 미의 세계다.

→ 글쓴이는 '석굴암의 미의 세계'에 대해 예찬하고 있지만, 이 부분에서는 그것이 뚜렷이 드러나지 않는다.

The콕 37 주장 = 논지

글쓴이나 화자가 굳게 내세우는 의견이나 주의를 말한다.

The콕 38 주장의 개진 / 주장의 제기

자기주장을 펴거나 내세우는 것을 말한다.

예문

┌ 예상되는 반론의 근거

만일, **말을 단순히 사회적 소산이나 자연 발생적인 것으로만 보는 데** 그친다면, **말에 결코 인위적인 손길이나 창조적인 힘을 더할 수 없다**는 이론이 성립될 것이다.

└ 예상되는 반론의 주장

그리하여 당연한 것처럼 생각하고 있는 국어 순화의 문제도 이러한 쪽에서 보면 그리 단순한 것만은 아니다. 독일이나 프랑스에서 말의 순화 운동 초기 단계에 순화 반대론자가 있었던 것도 이러한 언어관에 근거를 둔 것이었다. 그러나 우리는 **우리말의 순화를 해야 한다**고 주장한다.

└ 글쓴이의 주장 개진

→ 예상되는 반론의 주장과 근거를 소개한 다음 그럼에도 불구하고 필자의 주장을 개진(제기)

The콕 39 주장의 강화 / 주장의 뒷받침

자신의 주장을 뒷받침하는 근거를 제시하여 자신의 주장이 타당하다는 것을 입증하는 것을 뜻한다. = '주장을 뒷받침한다' = '주장을 강화한다'

예문

① 수백 번의 논의를 하고, 수백 가지의 방책을 세우는 것보다 한 사람의 문학가가 그 언어를 더 훌륭하게 만드는 것이다. ② 괴테의 경우는 그 좋은 예이다. 그의 문학의 힘이 독일어를 통일하고 보다 훌륭한 것으로 만드는 데 결정적인 역할을 했다는 것은 주지의 사실이다.

→ ① 주장 / ② 주장의 강화

The콕 40 기존의 주장

- 이미 전부터 있어온 주장을 뜻한다.
- 대체로 기존의 주장을 소개한다거나 기존의 주장을 반박하는 방식으로 글을 전개할 때 사용한다.

예문

┌ 기존의 주장

지금까지는 호기성 미생물과 혐기성 미생물이 공존하는 것은 불가능하다는 것이 정설로 여겨져 왔다.

그러나 최근의 실험 결과를 통해 그러한 상식을 뒤집고 있는데, 그 실험 결과들에 따르면 ① 혐기성 미생물이 방출하는 산소를 호기성 미생물이 대사 작용에 활용하고, 반대로 호기성 미생물이 방출하는 탄산가스 등을 혐기성 미생물이 활용한다는 것이다. 이 과정에서 자연스럽게 토양 속에 양분은 식물이 흡수하기 좋은 상태가 되니 식물은 토양 속에서 미생물이라는 원군을 만난 셈이 된다.

The콕 41 상반된 주장 / 대립되는 주장

주장하는 바가 서로 반대되는 것, 주장하는 바가 서로 맞서고 있는 것을 뜻한다.

예문

예 -① 군복무 가산점 제도를 부활시켜야 한다. 남들은 취업 준비에 전념하고 있을 시기에 2년에 가까운 기간을 나라를 위해 일했으니 이 사회가 그에 대한 보상을 해주는 것은 당연하다. 군복무를 하지 않은 사람들을 그 기간 동안 자기 발전에 투자할 수 있었으므로 가산점 없이 똑같이 경쟁한다는 것은 공정하지 못하다.

예 -② 군복무 가산점 제도를 부활시켜서는 안 된다. 군대를 가고 싶어도 갈 수 없는 사람도 있고 대체복무제도도 마련되지 않은 상황이다. 채용이나 승진은 무엇보다도 공정성이 생명인데 군복무를 했다고 해서 가산점을 부여하는 것은 공정성에 위배된다.

상반
→ 부활 찬성 ⇔ 부활 반대
대립

The콕 42 합의점 도출

- 서로의 의견이 일치하는 점을 이끌어 내는 것을 말한다. 예 가게에서 물건을 살 때
- 서로 대립되는 주장이나 의견(견해)을 서로 동의할 수 있는 수준의 내용으로 조정해 내는 것
  '절충안을 제시' = '타협점을 제시'

예문

자유 민주주의는 개인주의적 인간관에 입각하고 있으므로, 미래의 한국을 통하여 우리가 달성하고자 하는 목적은 **집단적 국가 목표**에 초점을 두기보다는 **개인들의 삶의 목표**에 초점을 두고 생각하는 편이 사리에 맞을 것이다.

└ 대립되는 주장 ┘

국가 전체의 목표와 국가를 형성하는 개인들의 삶의 목표를 지나치게 구별해서 생각하는 데에는 무리가 따르는 염려가 있으나, 청사진을 그리는 순서로서는 **개인들의 삶의 목표에 일차적 중점을 두는 편**이 우리들의 경우에 적합할 것으로 보인다. 국가나 사회 그 자체에는 목적의식이 없으므로, 국가나 사회 전체의 목적이 먼저 정해지고, 개인은 전체의 목적 실현을 위해서 봉사해야 한다는 논리는 받아들이기 어렵다. **그러나 국가나 사회를 개인들의 사생활을 돕기 위한 단순한 수단으로 보는 것도 우리의 견해가 아니다.** 자아의 실현이 개인의 삶의 설계 안에서 귀중한 목적의 자리를 차지할 수 있듯이, **참으로 민주적이며 공정한 사회의 건설도 개인들의 삶의 설계 안에서 그 자체가 귀중한 목적의 자리를 차지할 수 있다.**

→ "집단적 국가 목표와 개인들의 삶의 목표 중 어느 것에 초점을 맞출 것인가?"라는 문제에 대해 '우선 개인들의 삶의 목표를 중시하되 집단적 국가 목표도 고려해야 한다.'는 합의점을 도출시킴.

The콕 43 근거 / 증거

- 자신의 주장이나 판단이 타당하다는 것을 입증하기 위한 근거, 즉 증거이다.
- 적절한 근거에 의해 뒷받침된 주장이나 판단이라야 독자를 설득할 수 있다.

예문

① '김치'가 '침채(沈菜)'에서 왔다고 하면 곧이듣지 않는 사람이 있을지 모르나, 이것은 어김없는 사실이다.

이 단어는 ② **'훈몽자회'에 '딤치'**라 보이는데, 이 '딤치'가 '짐치'를 거쳐 '김치'가 된 것이다**(어두의 'ㅈ'이 'ㄱ'이 된 예로는 '짗>깃[羽], 질삼>길쌈' 등 참고)**. 여기에 '딤치'보다 더 오랜 고유어로 '디히'가 있었음을 덧붙여 둔다. ③ **'두시 언해 권 3'에 원문의 '冬조'를 '겨 디히'라 번역한** 데서 이 소중한 단어가 확인된다. ④ **전라 지방에서는 지금도 김치를 '지'라 하며, 서울말에도 '오이지, 짠지' 등에 '지'가 있는데, 알고 보면 이 '지'는 '디히'가 변한 것이다.** 이 '디히'의 존재는 김치의 역사가 자못 오램을 말해 주는 듯하다. 그러나 유감스럽게도 그 어원은 아직 알 수가 없다.

→ ① 주장(김치의 어원이 한자어 침채(沈菜)라는 주장) / ②③④ – 근거(주장의 타당성을 입증함)

The콕 44 논거 / 사실 논거 / 소견 논거 : 근거 = 논거

- 사실 논거는 자신의 체험, 역사적 사실, 실험 결과, 통계 수치 등 객관적 사실에 바탕을 둔 논거(근거)이다. ⟶ 독자의 이성에 호소하는 논거
- 소견 논거는 권위 있는 사람, 전문가의 의견 등에 바탕을 둔 논거(근거)이다. ⟶ 독자의 감성에 호소하는 논거

예문 1

사실 논거

일반적으로 신학자는 자연 과학을 두려워하고 방어적인 태도를 가진다. 일단 공부를 해야 하기 때문이다. 또 다른 어처구니없는 일이 있다. 많은 사람들이 과학을 공부하면 자기의 신앙을 잃어버릴 것이라는 두려움 때문에 과학을 기피하는 면도 있을 것이다. ① 미국에서 활동하고 있는 과학자의 40% 정도가 강한 종교적인 신앙을 가지고 있다고 한다. 이 숫자는 1916년이나 1991년대에나 별로 달라지지 않았다. ② 그렇다면 뜻있는 종교인들도 과학을 두려워하는 대신 객관적인 증거와 합리성을 생명으로 하는 과학을 끌어안는 것이 오히려 종교의 시야와 영역을 넓히는 길이 아닌가 생각해 보아야 할 것이다. 과학과 종교는 진리의 추구를 본질로 하는 인간 활동이라는 점에서 진정한 형제자매이기 때문이다.

⟶ ① 사실 논거 / ② 주장

예문 2

소견 논거

① 역사가는 역사 속에 나오는 인물들이 어떤 목적과 계획에서 그런 행동을 했는가를 묻고 이를 설명하려고 한다.

가령, 프랑스 혁명의 역사를 쓴다고 할 때, 역사가는 당시의 시민 계층들이 어떤 목적에서 혁명을 일으켰고, 나폴레옹은 어떤 계획으로 러시아 원정을 떠났는가 하는 것을 알아내어야 역사의 줄거리를 세울 수 있다.

② 그래서 콜링우드는, 역사가의 임무란 역사적 행위자들의 숨은 의도를 알아내는 것이라고까지 했다.

⟶ ① 주장 / ② 소견 논거

예제 다음 중 사실 논거에 해당하지 않는 것은?

① 전문가의 견해
② 역사적 사실
③ 자신의 체험
④ 실험 결과

✓ 정답 ①

The콕 45 반론 / 반박 / 논박

상대방 주장과 반대 입장에 서서 상대방의 논리적 허점을 지적하고 밝히는 것(주장)이다.
반론 = 반박 = 논박

예문

근래에 어떤 학자는 ① 동물에게도 말이 있으니, 어떤 종류의 원숭이는 60 몇 개의 단어를 가졌으니 하여 ② 언어는 인류에게만 한하여 있는 것이 아니라고 주장한 바가 있다. 그러나 ③ 그와 같은 동물들이 어떤 동작이나 표정으로 제 하소연하고자 하는 바를 표출한 것이라든지, 원숭이가 어떤 종류의 소리를 질러서, 저의 생각한 바를 상대방에게 전달하는 것과 같은 것은 정당한 의미의 언어라고 일컬을 수는 없다. 우리가 말하는 협의의 언어 혹은 정상의 언어는 음성으로써 그 생각하는 바를 표출하는 데 한하여 쓰이는 말이며, 또 음성의 계열은 일정한 음운 조직과 문법 체계를 갖추어 가지고 있어야 한다. 이러한 의미에서 ④ 언어는 사람만이 가지고 있는 것이며, 인류와 동물을 구별하는 요건 중에 언어의 유무도 한몫 끼이게 된다고 한다.

→ ① 상대방의 논거 / ② 상대방의 주장 / ③ 글쓴이의 논거 / ④ 글쓴이의 주장

The콕 46 비판

사물의 옳고 그름을 가리어 판다하거나 밝히는 것. 대상을 비판할 때는 기준이 필요하며 그 기준으로는 적절성, 타당성, 신뢰성, 효용성, 공정성 등의 요소를 활용하게 된다.

- 적절성 → 내용을 표현한 어휘 및 구조와 문제에 접근하는 시각 및 전제 등을 판단
- 타당성 → 사례 또는 논거가 타당하며 거기서 판단이나 결론 또는 주장을 이끌어 내는 과정을 판단
- 신뢰성 → 내용이 담고 있는 사실이나 전제들이 일반적 진리에 비추어 옳은가를 판단
- 효용성 → 글이 쓰여 지고 읽히는 사회, 시대적 상황에 비추어 의미가 있는가를 판단
- 공정성 → 글이 담고 있는 생각이 여러 사람에게 두루 보편적이며 타당한가를 판단
- 비판과 비난은 다르다. → 비난은 명확한 근거 없이 비방하거나 나쁘게 말하는 것이고, 비판은 명확한 근거를 가지고 사물의 옳고 그름을 가리어 판단하거나 밝히는 행동이다. 비난은 근거 없는 부정적 반응이라면, 비판은 근거 있는 긍정 혹은 부정의 반응인 것이다.

예문

예로부터 지금까지 시대가 멀고 오래이며 세상이 넓기는 하더라도, ① 서얼 출신이어서 어진 인재를 버려두고, 어머니가 개가했으니 그 자식의 재능을 쓰지 않는다는 것은 듣지 못했다. 그런데 ② 우리나라는 그렇지 않으니, 어머니가 천하거나 개가했으면 그 자손은 모두 벼슬길의 차례에 끼지 못한다. ③ 변변찮은 나라에서 두 오랑캐 나라에 끼어 있으니, 모든 인재들이 나의 쓰임으로 되지 못할까 오히려 염려하더라도 나라 일이 구제될 수 있을지 예측할 수 없다. ④ 그런데 반대로 자신이 그러한 길을 막고는 자탄하기를, '인재가 없군. 인재가 없군.' 하니 월나라로 가면서 수레를 북쪽으로 돌리는 것과 무엇이 다르랴! 이웃 나라에 알리지 못할 일이다.

→ ② 비판의 대상 / ①,③은 비판의 기준 / ④ 비판

The콕 47 관점

- 사물이나 현상을 관찰할 때, 자신의 생각하는 태도나 방향, 처지를 말한다.
- 똑같은 사물이나 현상이라도 관점에 따라서 얼마든지 달리 보일 수 있는 것이며, 그 관점에 따라 견해나 주장이 달라질 수 있으므로 글쓴이의 관점을 정확히 파악하는 것이 중요하다.

예문

예 사랑은 가장 달고 가장 쓴 것이다. – 에우리피데스

예 사랑은 땅덩어리를 동이는 끈이다. – J. H. 페스탈로치

예 높은 벼랑에서 떨어지는 것보다 사랑에 빠지는 쪽이 더 위험하다. – T. M. 플라우투스

예 정열적인 사랑을 해보지 못한 인간은 인생의 반분(半分), 그것도 아름다운 편의 반분이 가리어져 있는 것이다. – 스탕달

예 사랑에 빠져 있다는 것은 감각적인 마취 상태에 있는 것이다. 평범한 남자를 그리스의 신이나 되는 것처럼 오해하고 있거나, 평범한 여자를 여신으로 오해하고 있는 것이다. – H. L. 멩켄

The콕 48 상반된 관점 / 대조되는 관점 / 대비되는 관점

어떤 현상을 바라보는 관점이 서로 반대되는 경우. 대조되는 관점 = 대비되는 관점

예문

가난의 원인 – 개인의 탓이다.

가난이 사회나 제도의 탓이라는 주장은 옳지 않다. 가난의 원인은 식량은 산술급수적으로 증가하는 데 비하여 인구는 기하급수적으로 증가하는 데 있다. 가난의 책임은 빈민 자신에게 있으므로, 노동조합을 결성하여 임금을 더 달라고 요구하는 노동자의 태도는 옳지 못하다. 그리고 부유한 자들에게 세금을 걸어 빈민을 구제하려는 태도는 옳지 못하다.

– 맬서스(Malthus .T. R)

예문

가난의 원인 – 제도의 탓이다.

노동자들이 가난한 것은 소수의 사람들이 풍요롭게 살고 있기 때문이다. 그것은 사회 전체로 보면 해악이다. 국가는 노동자들을 교육시키고, 그들이 단체를 결성할 수 있는 권리를 인정해야 하며, 더 나은 조건에서 일할 수 있도록 도와주어야 한다. 또 일할 능력이 없거나 일자리가 없는 사람들을 위하여 최소한의 생계를 지원해야 한다. – 밀(J. S. Mill)

The콕 49 절충적 관점

대립되거나 상반되는 관점의 어느 한 편으로 치우치지 않고 그 둘이 서로 어울리도록 조절한 관점이다.

예문

자유와 평등이 양립 불가능하다는 주장은 둘 중 어느 하나를 과도하게 강조할 경우 나타난다. 이에 해당하는 것은 초기 자유주의자들과 사회주의자들의 입장이 그 대표적인 경우다. 자유주의자들은 개인이 자유로운 활동을 통해 자신의 이익을 마음껏 추구하는 것을 최고의 미덕으로 간주한다. 따라서 비록 사회적 불평등이 있다 하더라도 이것이 법적으로 보장된 개인의 자유로운 경쟁의 결과라면 결코 정의롭지 못한 것이 아니다. 이런 까닭에 평등의 인위적 추구는 자유와 대립하는 것이다. 한편 사회주의자들은 자유라는 이름하에 조장되고 있는 개인의 무제한적 이익 추구가 결과적으로 사회경제적 불평등을 초래, 도리어 '없는 자'에게는 기회의 불균등, 법 앞에서의 불평등 을 야기한다고 주장한다. 이는 자유주의자들이 말하는 자유가 '있는 자'에게만 자유일 뿐 가난한 자에게는 자유가 아니라는 것이다. 따라서 여기서는 강제적 수단을 써서라도 개인의 이익추구 활동을 제한 사회경제적 가치의 평등 분배를 실현하는 사회가 정의로운 사회로 등장한다. 자유와 평등을 조화시키려는 노력은 자유주의와 사회주의를 상호 보완하려는 제3의 이념에서 나타나고 있다. 오늘날 복지국가의 이념이 되고 있는 수정자본주의 또는 평등주의적 자유주의가 그것이다. 이 입장이 채택하고 있는 보안 방식은 개인의 자유로운 정치. 경제 활동을 최우선 보장하되 여기에다 사회 경제적 가치의 인위적인 평등 분배를 가미하는 것이다. 다시 말해 '있는 자'의 몫을 그이 자유 실현의 결과로 인정하는 한편 '없는 자'를 위해 그 몫의 일정 부분을 강제 환수하는 것이다.

→ ① 관점-1 : 자유주의 / ② 관점-2 : 사회주의 → ③ 절충적 관점 : 수정자본주의

The콕 50 역사적 관점

역사의 흐름 속에서 대상의 이미나 변화 과정을 생각해 보는 것을 말한다.

예문

우리말의 기원을 어디에서 찾느냐 하는 것은 어렵지만, 지금까지의 연구 결과에 의하면, 우리말은 알타이 어족에 속할 것이라고 한다. 즉, 중앙아시아에서 동쪽으로 온 우리 민족의 일부는 만주에 정착하였는데, 그 언어를 부여어라고 하고, 또 일부는 남쪽으로 내려와 정착하였는데, 그 언어를 한어라고 부른다. 북쪽에 자리 잡고 있던 부여어는 점차 남하하기 시작하였으니, 우리는 이를 고구려어라고 부르게 되었다. 그리고 삼한 중 진한에서 출발한 신라가 고구려와 백제를 치고 이 나라를 통일한 점으로 미루어, 신라의 언어가 중심이 되어 우리말을 이루어 오늘에 이르렀다고 생각된다.

→ 알타이어족 – 우리말 ─ ┌ 부여어 ─ 고구려어
└ 한어 ─ 신라어

The콕 51 견해 / 의견

어떤 사물이나 현상에 대한 자기의 의견이나 생각이다.

예문

일찍이 키에르케고르나 니체 같은 사람들은, 개인의 존엄성과 가치를 강하게 호소한 바 있다. 오늘날까지도 사회와 개인에 대한 대립된 견해는 여전히 지속되고 있다. 그렇다고 해서 ① 사회가 전부이며 개인은 의미가 없다든지, ② 개인의 절대성을 주장한 나머지 사회의 역할을 약화시키는 것도 정당한 견해가 되지 못한다. 오히려 오늘날 우리는 ③ 개인 속에서 그가 소속되어 있는 사회를 발견하며, 그 사회 속에서 개인을 발견한다. 사회와 개인은 서로 깊은 상호작용을 일으키고 있다. 개인이 없는 사회는 존재할 수 없으며, 사회에 속하지 않는 개인을 생각한다는 일 자체가 불가능하다.

→ 견해 ①, 견해 ②, 견해 ③

The콕 52 전문가의 견해

자기 주장의 타당성을 뒷받침하기 위해 제시한 전문가의 견해를 말한다.

예문

사람은 큰 체구를 가진 고등 동물이지만, 강한 뿔이나 날카로운 이빨이나 발톱 같은 무기가 없고, 추위를 막는 털이나 질긴 가죽도 없으며, 레이더 같은 감각기도 없고, 비둘기처럼 밝은 눈이나 개처럼 예민한 코도 가지지 못한 불완전한 동물이다. 그러나 인간이 동물로서의 이처럼 불리한 조건을 극복하고 고등 동물이 된 것은 그 까닭이 어디에 있는가? ① 생물학자 린네는, 그의 '자연의 체계'라는 저서에서, 인간에게 호모 사피엔스(homo sapiens)라는 학명을 붙였다. 이는 '생각하는 사람'이란 뜻의 라틴어로, 피부색에 관계없이 모든 인간을 지칭하는 용어이다. ② '생각한다'는 것은, 그만큼 인간을 생각하는 데 빼놓을 수 없는 것이다.

→ ① 전문가의 견해 = 소견 논거 / ② 글쓴이의 주장

The콕 53 입장

- 처해 있는 상황, 처지. 입장은 다 다르다.
  예 자식과 부모의 입장 / 교사와 학생의 입장 / 유권자와 후보자의 입장
- 따라서 글의 내용을 정확히 이해하기 위해서는 글쓴이의 입장을 정확히 파악해야 한다.

예문

옛날 소식은 경적을 고려에 하사하지 말고 아울러 구입해 가는 것도 금지하도록 주청하면서 "'이적(夷狄)'이 글을 읽으면 그 지식이 진보될 것이다." 했으니 어찌 그리 마음이 좁고 인정이 적었던가.(소식에 대한 글쓴이의 평가)

그러나 이런 논의가 때로는 중국에 통하기도 하였다. 이처럼 경적도 서로 보여 주려고 하지 않았는데, 하물며 기능을 배우게 하여 그 나라가 부강해지는 일이겠는가. <중략>

마침 지금은 중국의 규칙이 탁 트여서 좁지 않은데, 이런 기회를 놓쳐 버리고 도모하지 않았다가 만일 하루아침에 소식과 같은 자가 나와서 "중화와 이적의 한계를 엄격히 하여 금지하는 명령을 내리도록" 건의한다면, 비록 예물을 가지고 폐백을 받들어 그 기술의 찌꺼기나마 배우려 하더라도 어찌 뜻을 이룰 수 있겠는가.

→ 소식의 입장 : 당시 문화적 선진국의 정치인.
소식의 견해 : 나라의 지적 재산을 외국에 유출해서는 안 된다.
글쓴이의 입장 : 중국의 문물을 받아들이려는 조선의 지식인.
글쓴이의 견해 : 중국의 앞선 문물을 받아들여야 한다.

The콕 54 입장을 표명

- 입장을 분명하게 밝힌다. 글쓴이가 자신의 입장을 분명히 드러내는 것은 '입장을 표명하다'라고 표현한다.
- 논리적인 글에서 글쓴이가 취하고 있는 입장을 알게 되면 글의 전개 방향도 어느 정도 예측할 수 있다.

예문

내일을 위한 청사진의 윤곽을 그리고자 할 때, 우리는 두 가지 방법을 생각할 수 있을 것이다.

하나는 장차 실현하고자 하는 궁극적 목적을 정립하는 것을 일차적 목표로 삼는 방법이요. 다른 하나는 확립하고자 하는 제도의 구조를 밝히는 일에 초점을 맞추는 방법이다. 첫째 방법은 궁극적 목적이 정립되면 그 목적 달성에 적합한 제도의 문제는 제반 여건에 따라서 해답을 얻을 수 있다는 전제에서 출발하는 것이며, 둘째 방법은 우리가 실현해야 할 궁극적인 목적은 이미 정해져 있는 것으로 전제하고, 그 실현을 위해서는 적절한 제도를 확립하는 일이 근본적이라는 견해에 입각한 것이다. 궁극적 목적을 정립하는 일과 제도를 확립하는 일 가운데에서 어느 편을 더 중요하게 보느냐 하는 관점의 차이는 중요한 분기점으로서 의의를 가진다고 생각된다. 필자는 첫째 방법을 따라서, 내일의 한국이 달성하고자 하는 목적의 윤곽을 밝히는 일에 우선 주력할 생각이다.

→ 글쓴이는 궁극적 목적의 윤곽을 밝히는 일에 우선 주력하겠다는 자신의 입장을 분명히 드러내고 있다. 따라서 독자들은 이런 내용을 바탕으로 글의 전개 방향을 예측해 볼 수 있다.

The콕 55 입장을 옹호

- 글쓴이가 어떤 입장을 두둔하고 편들어 지키는 것을 말한다.
- 자신과 같은 입장을 두둔하고 지지하는 것을 '입장을 옹호하다'라고 표현한다.
- 물론 자신과 같은 입장을 취하고 있는 사람을 옹호하는 경우에 사용한다.

예문

'군자불기를 자처한 지난날의 선비는 한 분야의 전문가인 장인(匠人)이 아니었다. 선비는 이(利)가 아닌 의(義)를 따라 살아야 했다. 초야에 묻혀 있으면서도 천하만사의 근본 이치를 밝히고, 세상을 바르게 인도해야 할 책임이 있다고 여겼다. 그 점에서 서양의 학자와 다를 분만 아니라, 중국이나 일본의 학자와도 달랐다.

그런 전통을 되살릴 수 있는가? 중국에서는 과거를 보아 급제해야 신사(紳士)라는 이름의 지배층 지식인일 수 있었지만, 우리 선비는 과거 보는 것을 대단치 않게 여기고 정치의 잘못을 비판하는 학문에 힘썼다.

일본의 학자는 막부에 고용된 하급 관리에 지나지 않아 전문 지식의 유용성을 입증하는데 급급한 것과 다르게, 우리는 천하 만물의 근본 이치를 탐구하는 것이 학문하는 사람의 임무라고 여겨 왔다. 그런 전통은 오늘날의 학자에게 큰 부담을 주면서, 고민 해결을 제공한다. 전통적인 학문관과의 잠재적인 연관을 명확하게 인식해야 우리 학문이 당당하게 나설 수 있다.

→ 글쓴이는 '지난날의 선비'의 입장이나 관점을 옹호하면서, 현재 우리 학문이 안고 있는 고민을 해결하기 위해서는 전통적인 학문관을 본받아야 한다고 주장을 펼치고 있다.

The콕 56 태도

어떤 사물이나 상황을 대하는 자세이다.

예문

백주에 재물을 강제로 빼앗는 것을 강도라 한다. 맹자가 이른바, "사람을 성문 밖에서 밟고 재물을 빼앗는다."는 것이 이것이다. 지금 백성을 다스리는 자는 공공연하게 백성의 재물을 약탈함이 강도보다도 심함이 있는 데도, 강도를 보면 "반드시 잡아 죽여야 한다." 고 하면서 관리가 나쁜 짓을 하여 재물을 긁어모으는 것을 예사로 보아 넘기고 괴이히 여기지 않음은 무엇 때문인가? 필부가 재물이 없으면 반드시 팔을 걷어붙이고 남의 재물을 빼앗을 것이다. 그러나 그와 같은 해를 당하는 자는 몇몇 사람에 불과하다. 탐학한 관리가 수령으로 되면 해독이 한 고을에 퍼지고, 방백으로 되면 해독이 한 방면에 퍼진다. 이러므로 주자가 그 노여움을 얼굴에 나타내면서 말하기를 "큰 글자를 얼굴에다가 새겨서 귀양 보내야 한다."라고 하였다. 심지어는 경상(卿相)으로 된 자가 재물을 탐내어서 다함이 없으면 나라를 좀먹는 것이 또 어떠하겠는가?

→ 글쓴이의 태도: 탐관오리에 대해 비판적 태도를 보이고 있다.
글쓴이의 의도: 탐관오리들을 강력하게 처벌해야 한다는 의도

The콕 57 의도

- '무엇을 하고자 하는 생각, 계획.
- 궁극적인 의도 = 최종적인, 핵심적인 의도

The콕 58 화법과 작문 이론

01 작문

1. 작문이론

(1) 작문의 성격

문제 해결 과정	일상생활이나 전문 분야의 문제를 해결, 목표 지향적 사고 과정
의사소통 행위	• 글쓴이가 독자와 교감하는 적극적 의사소통 행위 • 개인 · 집단 · 계층 · 세대 · 시대 간의 소통 가능
사회 · 문화적 실천 행위	• 사회 공동체, 문화 공동체와의 대화 과정 • 자신이 속한 사회 · 문화적 상황을 고려하고 독자의 요구를 반영하는 의미 협상 과정

(2) 작문의 과정

계획하기	수사적 상황(글쓴이, 독자, 목적 – 정보전달, 설득, 사회적 상호 작용, 정서표현, 주제)에 대한 개략적인 구도 작성
내용 생성하기	• 제목, 중심내용을 바탕으로 창의적(브레인스토밍, 자유 연상, 자유롭게 쓰기)이며 체계적인 사고 활동(개요 작성, 내용 구조도 활용) 전개 + 내용 선정, 자료 수집
내용 조직하기	• 글의 유형, 구조에 맞게 내용들을 배열, 전개 • 작문 맥락(상황, 목적, 필요성, 예상 독자의 수준) 고려 • 통일성, 응집성 고려 • 내용 전개 일반원리(시간, 공간, 논리적), 조직 · 전개 방법(처음 – 중간 – 끝, 주제 제시 – 예시, 문제 제기 – 해결방안, 인과, 비교, 대조, 과정, 분류, 분석 선경후정, 유추, 비유, 대조, 사실 나열 – 의견 덧붙임)
내용 표현하기	• 비유법(은유, 직유, 의인, 대유), 변화법(반어, 역설, 도치, 대구, 설의), 강조법(과장, 반복, 점층, 열거, 대조) • 한자어(무거운 인상), 순우리말(친근한 인상) • 구어체, 문어체 • 긴 문장(글이 어렵게 느껴짐), 짧은 문장(느낌이 가볍고 밝아질 수 있음) • 그림, 도표 활용

고쳐쓰기	• 상황 맥락(독자, 주제, 목적)을 고려해서 내용과 조직을 고치기 • 통일성(단일 주제, 중심내용과 뒷받침내용), 응집성(지시, 접속, 대용, 생략, 반복, 유의어 / 반의어, 표지어) 고려하여 고쳐 쓰기

작문 과정에서 일어나는 사고 과정은 상호 보완적이고 목표 지향적이며 회귀적 과정(작문의 전 과정에서 여러 단계를 넘나들며 회귀적으로 사고함)이다.

① 고등 사고 과정으로서의 작문

② **회귀적 과정으로서의 작문**

작문 행위를 고정된 단계로 보지 않고, 필자가 작문의 과정에서 조정하고 통제해야 하는 몇 가지 하위 과정(계획하기 – 작성하기 – 재고하기 – 조정하기)들의 집합으로 본다. 이 중 조정하기 과정은 그때그때의 상황에 따라 계획하기, 작성하기, 재고하기 등 필요한 과정을 수행하도록 한다. 즉, 계획하기 – 작성하기 – 재고하기가 선조적으로 일어나는 것이 아니라 거의 동시적이며 상호작용(相互作用)적으로 이루어진다. 즉, 계획하기에서 작성하기로 나아가기도 하고, 작성하면서 계획하기도 하며, 작성하면서 재고하며 다시 계획하기로 넘어가기도 한다. 이와 같이 작문의 과정은 선조적이 아니라 회귀적인 과정이다.

③ **사회적 상호 작용 과정으로서의 작문**

작문은 필자 혼자서 마음대로 쓰는 것이 아니라 예상되는 독자와 상호 작용하는 과정이다. 우리는 글을 쓸 때, '내가 이 글을 왜 쓰는가?, 누가 이 글을 읽을까?, 그는 나에게 무엇을 기대하고 있는가?, 내가 이런 내용의 글을 쓰면 그가 어떻게 생각할까?, 내가 쓴 글을 그가 이해할 수 있을까?, 내 생각이 다른 사람들의 생각과 다른 점은 무엇인가?' 등 항상 독자를 염두에 두고 쓰게 된다.

④ **의미 창조 과정으로서의 작문**

글쓰기의 과정은 새로운 의미를 창조하는 과정이다. 여기서 말하는 창조란 문학 작품의 창작만을 말하는 것은 아니다. 일상생활에서 할 수 있는 글쓰기도 다른 사람의 글을 그대로 베끼는 것이 아닌 이상 창조 행위이다. 즉, 글쓰기란 자신의 생각과 감정을 자신의 방식대로 표현하는 과정이라는 점에서 창조 행위의 성격을 띤다. 하나의 주제 또는 소재로 쓴 학급 학생들의 글쓰기 내용이 모두 다르다는 것이 이를 말하여 준다. 이런 의미에서 글쓰기는 새로운 의미를 창조하는 언어 사용 행위이다.

(3) 작문의 상황 맥락

예상 독자, 글의 주제, 글쓰기의 목적

(4) 작문의 사회, 문화적 맥락

역사적 · 사회적 상황, 이데올로기, 공동체의 가치와 신념

2. 글쓰기

(1) 유형별 글쓰기

정보 전달을 위한 글쓰기	• 정보를 쉽고 정확하게 전달하는 데에 중점 • 함축적 의미보다는 사전적·지시적 의미를 나타내는 언어를 사용 • 객관적인 입장을 나타내는 것이 필요 • 글 구조를 명확히 하기 • 제목, 소제목 적절히 활용	설명문, 기사문(표제, 부제, 전문, 본문, 해설), 안내문
설득을 위한 글쓰기	• 주장하고자 하는 의견이나 관점을 명료히 세우기 • 타당한 논거 제시하기 • 설득력 있는 표현 전략 사용(이중 부정, 설의법, 비유)	논설문, 건의문, 광고문(창의성, 신뢰성, 간결성), 비평문(예술 작품에 대한 가치 평가), 칼럼(신문이나 잡지에 기고하는 짧은 평론, 개인적 / 사설: 언론사의 공적 의견)
사회적 상호 작용을 위한 글쓰기	• 목적에 맞는 내용과 형식 선정 • 독자를 고려하여 격식 갖춘 글쓰기 • 진솔한 마음이 잘 드러나도록 글쓰기	식사문, 서간문, 자기 소개서
자기 성찰을 위한 글쓰기	• 일상을 섬세하게 관찰하여 의미 발견하기 • 감정, 느낌을 과장하고 화려하게 수식하기보다는 경험에서 얻은 의미를 구체화하면서 진솔하게 표현하는 것이 좋다. • 생활 체험을 즐겨 쓰는 습관을 기른다.	일기, 감상문(일정한 형식 ×), 수필, 회고문(자신의 삶 중 중요한 사회 활동에 대한 기록과 평가/자서전: 자신의 인생 전반에 대해 돌아보는 글)
학습을 위한 글쓰기	• 주제를 기존 지식, 경험과 관련지어 정교화하기 • 관련된 글 찾아 읽고 자신의 관점을 정리하기	논술문(자기 나름의 주장, 논리적 근거 들어 뒷받침하는 짧은 글), 요약문(삭제, 중심 문장 찾기, 재구성하기), 보고서(결과 왜곡 ×, 출처 밝히기, 베끼지 않기), 논문

(2) 매체를 통한 글 쓰기

① 전통적 매체: 신문, 텔레비전 – 일방적으로 전달, 생산자와 수용자 사이의 상호 작용이 제한적, 생산자들은 주로 전문가들이기에 일반인들의 의견이 받아들여지기 어렵다.

② 새로운 매체: 인터넷 – 생산자와 수용자들의 즉각적 상호 작용이 활발, 생산자와 수용자의 구분이 모호해진다. 누구나 생산자가 될 수 있다.

인쇄 매체	책, 신문, 잡지: 문자 언어로 전달 + 그림, 도표, 사진의 보조적 역할
방송 매체	텔레비전, 라디오: 구어체로 작성, 인쇄 매체에 비해 쉽고 간결
인터넷 매체	인터넷: 인쇄매체와 방송 매체의 성격 모두 포함.

02 화법

1.화법이론

(1) 화법의 성격

구두 언어적 성격	• 화자와 청자의 상호작용이 많고, 비언어적 요소가 큰 영향을 미친다. • 내용은 구체적이며 구조 면에서는 보다 개방적이고 정보의 양도 비교적 적은 편이다.
상호 교섭적 성격	• 화자와 청자는 고정된 메시지를 주고받는 것이 아니라 의사소통 과정에서 새로운 의미를 창조해 나간다. • 참여자들은 협력적으로 의미를 재구성해 나간다. • 대화의 흐름을 파악하고 적극적으로 상대의 반응을 예측해야 한다.
대인 관계적 성격	정보전달 기능(언어적 목표)이외에 서로 교감하고 소통하면서 관계를 형성하고 관계를 유지·발전시켜 나가는 기능(관계적 목표)을 한다.
사회·문화적 성격	언어 공동체의 의사소통 방식은 특정한 의사소통 문화를 형성한다. 언어 공통체의 사회·문화적 배경을 이해하고, 적합한 소통 자세를 갖추려는 노력이 필요하다.

(2) 화법의 요소

화자와 청자	청자는 수동적으로 정보를 수용하는 것이 아니라, 자신의 경험과 지식을 바탕으로 정보의 의미를 재구성하여 수용한다.
전언(메시지)	• 언어적 의사소통, 비언어적 의사소통, 반언어적 의사소통 외 • 언어적 메시지(내용 정보) / 관계적 메시지(대인 관계에 영향을 미치는 정보, 자아 정체성 관련, 사회·문화적 내용)
상황(시·공간) 및 사회·문화적 맥락	• 사회·문화적 맥락: 역사적·사회적 상황, 공동체의 가치와 신념 등이 포함된 맥락과 다양한 사회·문화적 차이를 받아들이고, 상대를 배려하는 태도가 요구된다.

비언어적/반언어적 의사소통은 언어적으로 표현되는 의미를 보완, 강화한다. 또한 언어적 표현과 상충될 때는 비언어적 표현이 전달력이 더 크다. 공간언어와 침묵 등을 담화의 상황, 유형, 목적에 따라 어떻게 사용하는 것이 의미 표현에 효과적이며, 어떻게 이해하는 것이 적절한가를 잘 파악해야 한다.

① 반(半)언어적 표현 – 부수적 표현

㉠ 언어적 요소에 덧붙여 의미를 전달하는 것으로 음조, 강세, 말의 빠르기, 목소리 크기, 억양 등이 있다.

㉡ 사람의 감정, 건강, 교양, 사회적 계층 등의 상태가 반영되어 있다.

㉢ 준언어의 의미는 담화의 맥락에 따라 다양하게 이해되며 일반적으로는 다음과 같은 느낌을 준다.

- **음조**: 높은 음조는 기쁨, 두려움, 분노 등의, 낮은 음조는 우울함, 피곤함, 침착함 등의 상태를 표현한다.

- 강세: 음절, 단어, 어절 등에 얹히는 고저에 의해 실현되며, 주로 강조나 대조를 표현한다.
- 말의 빠르기: 빠른 말은 흥분을 느린 말은 여유, 둔함, 열의가 없음 등의 인상을 준다. 빠른 말은 듣는 사람을 긴장하게 하고 불안하게 만들며 반면 느린 말은 편안함, 경우에 따라서는 지루함을 느끼게 한다.
- 목소리 크기: 큰 목소리는 자신감, 열정, 화남, 공격성 등을 표현하고, 작은 목소리는 열등감, 온화함, 무기력함, 나약함 등을 표현한다.
- 억양: 단조로운 억양은 무미건조함, 문성의함을 변화가 심한 억양은 흥분, 과정의 느낌을 준다.

② 비(非)언어적 표현 – 언어 외적 표현

㉠ 몸의 일부 혹은 전체의 움직임을 사용하여 자신이 전달하고자 하는 의미를 표현하는 방법

㉡ 눈빛, 얼굴 표정, 동작, 자세, 신체 접촉 등을 통하여 의미를 표현한다.

㉢ 보편적으로 나타나는 것과 문화에 따라 같은 동작도 달리 해석되는 것이 있다.

③ 공간언어

㉠ 참여자가 어떤 위치에서 어느 정도 떨어져 있는가도 의미에 영향을 미친다.

㉡ 탁자에서 마주보고 앉았을 때 경쟁 관계로 지각하고 긴장감을 느끼며, 직각 형태로 앉았을 때 협력 관계로 지각하고 심리적으로 편안함을 느낀나.

㉢ 개인적 간격(46cm~1.2m), 사회적 간격(1.2~3.6m), 공공적 간격(3.6m~) → 문화마다 다르게 인식

④ 침묵: 침묵도 의미를 표현하고 이해하는 데 영향을 미친다(동의, 무시, 부정 등의 의미).

⑶ 화법의 유형

<table>
<tr><td rowspan="2">참여자 구성</td><td>관계의 공식성</td><td>사적/공적</td></tr>
<tr><td>관계의 규모</td><td>일대일 – 대화 화법 – 일상대화, 방송 대담, 면접 등
일대다 – 대중 화법 – 강연, 연설, 구두 보고 등
집단적 – 집단화법 – 토의, 토론, 다자간 협상 등
(참여자 관계 규모는 언제든지 변할 수 있기 때문에 고정적이지 않음.)</td></tr>
</table>

(4) 의사소통의 목적에 따른 유형(공존할 수 있음)

관계 유지 및 친교적 화법	정보 전달적 화법	설득적 화법	오락적 화법

① 설득적 화법

㉠ 개념: 화자가 듣는 사람의 생각이나 느낌, 행동 등을 의식적인 의도를 가지고 변화시키려고 하는 언어 행동 → 구체적인 목적에 따라 설득 방법이 달라진다(신념 변화, 태도 변화, 행동 변화).

㉡ 설득 방법(아리스토텔레스)

- 인성적 설득: 화자의 지식과 경험, 생활 태도 등에 대하여 청자가 신뢰할 때 화자의 말에 설득된다.
- 감성적 설득: 사람들의 정서에 호소하여 감정적으로 공감을 얻는다.
- 논리적 설득: 논리적 사고를 통해 상대방을 설득하는 것으로 논증의 방법을 사용한다.

② 정보 전달적 화법

㉠ 개념: 상대방이 잘 모르는 것을 이해하기 쉽게 표현하는 방식

㉡ 설명 방법: 예시, 비교와 대조, 분류, 정의, 분석 등

③ 관계 유지 및 친교적 화법

㉠ 개념: 타인과 친밀한 관계를 형성하고 유지, 발전시키려는 목적

㉡ 질책과 칭찬

- 질책: 상대방이 잘못을 했을 때 이를 꾸짖어 바로잡기 위해 하는 말하기 → 자신의 잘못을 깨달아 같은 잘못을 되풀이하지 않게 하는 데 목적이 있다.
  - 질책 방법(인간관계가 나빠지지 않도록 주의): 체면 존중하며 말하기 / 잘못한 문제에 대해서만 질책하기 / 개선방법 제시하기 / 질책 후 위로와 격려하기
- 칭찬과 격려: 칭찬은 무슨 일을 잘했을 때 주어지는 결과에 대한 보상이고 격려는 비록 결과는 좋지 않더라도 과정에 대한 내용이다.
  - 칭찬 방법: 구체적으로 칭찬하기 / 성격이나 인성을 판단하거나 평가하지 말고 행동에 대해 칭찬하기
  - 격려 방법: 성취의 요구보다는 노력과 향상을 인정

④ 오락적 화법

개념: 즐거움을 얻고 긴장감을 해소하기 위해 오락적 목적으로 듣는 것

⑸ 의사소통 전략

듣기 전략	• 공감적 듣기: 상대의 생각, 감정을 깊이 이해하며 듣기 • 추론적 듣기: 참여자들의 소통 방식, 의도, 상황 추리하며 듣기 • 평가적 듣기: 신뢰성, 타당성, 공정성 평가하며 듣기
말하기 전략	• 의사소통 규칙 따르기: 언어 공동체의 문화적 특성(예 어른들의 대화에 끼어들지 말기) • 공감 이끌어 내기: 청자와 눈높이를 맞추어 진심을 담아 말한다. • 우리말 문화의 전통 활용하기: 신중한 말하기
의사소통 장애 극복 전략	• 장애 요인 파악하기: 신체적(청각 이상), 심리적(말하기 불안 증세), 언어적(어휘, 문장 표현력 제약), 인지적(정보 수집, 기억, 처리의 어려움), 사회·문화적 장애(대인 관계 형성, 유지, 문화 차이) • 가치관이나 문화 차이로 빚어지는 장애나 갈등은 열린 마음과 배려, 공동체 의식을 가짐으로써 극복할 수 있음.

⑹ 주도와 협력

① **토의(협력적 상호작용)에서의 사회자 역할**: 계획과 준비, 토의의 실제적 진행, 내용 정리 및 보고

② **토론(경쟁적 상호작용)에서의 사회자 역할**: 토론의 규칙 미리 알려주기, 논제를 벗어나지 않도록 하며 공정한 입장에서 쟁점을 정리하거나 질문과 요약을 통해 토론의 진행을 도움.

2. 화법의 유형

⑴ **대화**: 두 사람 이상이 모여 말로써 서로의 생각과 느낌을 표현하고 이해하는 상호 교섭적 활동

① 유형: 사적/공적

② 원리

협력의 원리(리치)	
양의 격률	대화의 목적에 필요한 만큼의 정보를 제공하라.
질의 격률	타당한 근거를 들어 진실을 말하라.
관련성의 격률	대화의 목적이나 주제와 관련된 것을 말하라.
태도의 격률	모호성이나 중의성이 있는 표현을 피하고, 간결하고 조리 있게 말하되 언어 예절을 지켜라.

공손성의 원리(그라이스)	
요령의 격률	상대방에게 부담이 되는 표현은 최소화하고 이익을 극대화하는 표현을 최대화하라
관용의 격률	화자 자신에게 혜택을 주는 표현은 최소화하고 부담을 주는 표현을 최대화하라
칭찬(찬동)의 격률	다른 사람에 대한 비방은 최소화하고 칭찬을 극대화하라
겸양의 격률	자신에 대한 칭찬은 최소화하고 비방을 극대화하라
동의의 격률	자신의 의견과 다른 사람의 의견 사이의 다른 점은 최소화하고 일치점을 극대화하라

(2) **토의**: 여러 사람이 모여서 공동의 문제를 해결하기 위해 협의하는 화법.

① 목적: 최선의 해결 방안 찾기

② 절차: 문제 확인 → 문제 분석 → 대안 탐색 → 대안 도출 → 대안 평가

③ 문제: 시의성(당시 사회의 사정에 알맞은 현실적 문제), 가치 있는 것. 가능하면 의문문 형태로 진술

④ 사회자, 토론자

사회자	계획, 준비 / 실제적 진행(문제 규정, 토의 사항 순서대로 제시, 토의 내용 요약, 분위기 조성- 발언기회 공평히 배분, 갈등과 의견 충돌 조정 및 해결), 내용 정리
토의자	• 토의 문제에 대해 사전 지식 갖추고 해결 방안 미리 생각 • 토의 절차 숙지, 사회자의 지시에 따라 질서 지키기 • 다른 사람의 말 경청, 예의 바른 태도, 발언 기회 독점 × • 어법에 맞게 분명하고 조리 있게 예의 바르게 표현 • 불필요한 말, 확실한 증거가 없는 말, 남의 감정 상하게 하는 말 하면 안 됨.

⑤ 유형

심포지엄	여러 분야의 권위자나 전문가가 주제별로 의견 발표, 발표자 간 상호토의 ×. 청중은 주제에 대해 전문적 의견 들을 수 있음.
패널 토의	3~6명 전문가 청중 앞에서 의견 주고받음. 주제에 대한 깊이 있는 논의가 가능
포럼	전문가가 문제에 대한 해결방안 발표 후 청중과 질의 응답. 청중과 상호작용이 많음. 토의 문제와 관련된 청중이 참석하는 경우가 많음.
회의	'개회 선언 – 개회사 – 경과 보고 – 안건 처리 – 결정 사항 낭독 – 폐회'의 엄격한 절차
원탁 토의	자유롭게 자신의 의견을 말하는 형태
세미나	연구자가 학술 논문을 발표한 후 참석자와 질의응답으로 자유롭게 의견을 나눔.
콜로퀴엄	세미나와 비슷, 권위 있는 전문가 초빙. 다른 사람의 그릇된 의견 바로잡아줌.

(3) 토론

어떤 논제에 대해 찬성 측 토론자와 반대 측 토론자가 각각 논거를 들어 자신의 주장이 옳음을 내세우고, 상대방의 주장이나 논거가 부당하다는 것을 명백히 밝히는 화법

① 목적: 치열한 논박을 통해 최선의 결론을 도출

② 논제: 찬반 대립 가능한 것, 하나의 주장일 것, 분명한 용어 사용, 중립적인 표현 사용, 평서문으로 진술.

사실 논제	증거를 통한 논리적 사실 입증이 필요한 논제 예 범행 재연 방송은 동일한 수법의 범행을 부추긴다.
가치 논제	옳고 그른지, 좋고 나쁜지 가치 판단을 전제로 하는 논제, 정책 논제 예 환경 보존이 개발보다 바람직하다.
정책 논제	구체적인 사안에 대해 문제점과 해결 방안을 찾아야 하는 논제 예 사형 제도는 폐지되어야 한다.

③ 검증

질 검증	사실임을 입증할 수 있는가? 일관성이 있는가? 정확한가? 최신 자료인가?
양 검증	자료가 충분한가? 완벽한가?

④ 사회자, 토론자, 청중의 역할

구분	역할
사회자	• 토론이 원만히 이루어지도록 공정하게 토론을 진행한다. • 토론의 논제를 소개하고 규칙을 미리 알려 준다. • 토론이 혼란해지면 쟁점을 정리해서 토론자들에게 숙지시킨다. • 적절한 시기에 질문, 요약을 하여 진행을 돕는다.
토론자	• 상대방의 주장을 논리적으로 반박하며 자신의 주장을 조리 있고 분명하게 말한다. • 토론 규칙을 지키며, 논리적 오류를 범하지 않고, 윤리에 어긋나는 언동을 삼간다.
청중	• 객관적인 입장에서 찬성자와 반대자의 발언을 듣는다. • 논거의 정확성, 타당성, 신뢰성을 평가한다. • 주장의 일관성, 토론 규칙의 준수 여부를 살펴 토론자를 평가한다.

⑤ 유형

표준 토론 (고전적 토론)	• 찬성 측, 반대 측으로 나누어 입론, 반론 평결순으로 진행한다. • 토론 참여자는 번갈아 가며 입론과 반론을 한다. • 평결은 배심원이나 청중이 거수나 투표로 한다.
반대 신문식 토론	• 찬성 측과 반대 측이 질문을 통해 상대방의 논지를 반박함으로써 토론의 승부를 가리는 방식 • 입론, 반대 신문(교차 조사), 반박의 순서에 따라 발언할 기회를 갖는다.
칼 포퍼 토론	• 찬성 측과 반대 측을 구성하여 각 팀이 한 번의 입론과 두 번의 반론을 하는 토론 • 마지막 반론을 제외하고는 발언마다 질문을 하는 방식으로 진행된다.

(4) **발표**: 여러 사람 앞에서 자신의 생각이나 의견 또는 어떤 사실에 대해서 진술하는 화법

① 목적: 정보전달 / 설득

② 방법

㉠ 정해진 시간에 맞게 발표

㉡ 다양한 자료, 매체 효과적으로 활용

㉢ 반언어적, 비언어적 표현을 효과적으로 활용

③ 청중과의 상호 작용

발표자	청중의 지적 수준, 관심, 태도 고려해서 준비. 사전 연습, 청중의 이해 정도나 반응에 따라 계획했던 발표 내용, 분량, 방법, 순서 등을 조정
청중	• 발표 목적, 의도, 핵심 내용, 흐름에 집중 • 내용의 정확성, 신뢰성, 타당성 따지며 문제점을 메모 • 듣고 난 후 질의응답

(5) **면접**: 일정한 목적을 위해 질문과 응답의 방식으로 정보를 수집하거나 대상을 평가하기 위한 공적 대화

① 방식: 단독/집단, 공개/비공개

② 면접자의 질문 종류

폐쇄형 질문	확인하고자 하는 특정 사항에 대해 구체적으로 제시하는 질문 예 훈민정음 창제의 배경은 무엇입니까?
개방형 질문	광범위하게 생각하고 진술하도록 하는 질문 예 만약 당신이 이 회사 사장이라면 회사를 어떻게 운영하고 싶습니까?
보충 질문	답변을 회피하거나 모호하게 할 경우, 또는 좀 더 구체적인 정보를 원할 경우 추가하는 질문 예 책을 읽고 진로를 결정했다고 했는데, 어떤 책을 읽고 어떤 감동을 받았는지 말씀해 주시겠습니까?

(6) **협상**: 이익과 관련된 갈등을 인식한 둘 이상의 주체들이 이를 해결할 의사를 가지고 모여 합의에 이르고자 대안을 조정하고 구성하는 공동 의사결정 과정

① 목적: 갈등의 조정과 합의, 양보와 설득을 통해 실현 가능한 구체적인 타협안을 찾는 것

② 협상 성립 요소: 참여자(경쟁적인 협력자 관계), 상황(갈등상황), 행위(이익을 추구하며 합의 결과를 이행할 의무)

③ 협상의 유형: 양자/다자, 단일(주제)/복합(주제)

④ 방법: 입장차 상호 반박, 서로의 이익 탐색, 질문을 통해 제안, 평가. 설득전략, 합의 유도 전략 사용

⑤ **절차**

시작	문제상황 공유, 협상의 목표 설정, 상대방의 목표 확인
조정	참여자들이 입장을 밝힘. 구체적인 제안이나 대안 제시 서로 검토
해결	상대방의 대안을 비판하고 수용. 적절한 대안을 마련

⑥ **전략**: 협상 목표를 설정하고 구체적인 타협안을 마련한다. 결론 도출을 위해 협력한다. 쟁점을 분석한다. – 협상 쟁점은 협상 전에 결정되기도 하지만, 협상을 진행하는 과정에서 변경 혹은 재구성되기도 한다.

(7) **연설**: 한 사람의 연사가 다수의 청중을 대상으로 하여 특정한 목적을 가지고 말하는 공적인 말하기

① **유형, 목적**: 정보전달 연설, 설득 연설, 환담(정답고 즐겁게 서로 이야기함) 연설. 즉석 연설/준비된 연설

② **준비 절차**: 유형, 목적, 주제 결정 및 상황 청중 분석 → 자료 수집, 선정 → 자료의 조직, 개요작성 → 연습

③ **표현**: 언어, 반언어, 비언어적 표현 사용. 표현의 변화 → 단조로움 극복

④ **듣기**: 신뢰성, 타당성, 공정성을 따지며 듣는다.

03 언어와 매체

언어의 특성(언어와 사고, 언어와 사회, 언어와 문화), 국어의 특성과 위상(세계어로서의 한국어), 매체의 유형과 특성(뉴미디어), 매체 언어의 특성(복합 양식성)에 관한 내용을 담고 있다.

언어의 특성을 인간의 삶과 관련하여 이해할 수 있어야 하고, 국어의 특성에 대해서 알고 세계 속에서의 국어의 위상을 파악할 수 있어야 한다. 특히 어떤 의사나 사실을 전달하는 도구인 '의사소통의 매개체'로서 매체의 유형과 특성에 대해 '현대 사회의 소통 현상'과 관련하여 이해할 수 있어야 한다.

(1) **매체 언어**: 매체에서 의미 작용을 하는 모든 언어와 기호를 포괄하는 것이다.

(2) **매체 언어의 종류**

면 대 면 의사소통	매체	매체 언어를 통한 의사소통
같은 시·공간에 존재, 음성, 몸짓, 표정을 통해 의미 주고받는다.	정보와 지식, 상상과 정서를 전달하고 공유하는 수단	• 시·공간 제약 뛰어넘을 수 있고, 전화, 우편, 메신저, 문자, 블로그 등 다양한 소통 방식이 가능하다. • 매체의 특성에 따라 음성과 문자만이 아니라 소리나 그림, 동영상과 같은 또 다른 차원의 기호들을 결합하여 의미를 생성한다.

① 대량 전달 매체

종류: 책, 신문, 잡지, 라디오, 텔레비전 등

장점	단점
여러 정보를 빠른 속도로 많은 사람에게 보급할 수 있다.	• 정보를 생산하고 제공하기 위해서는 많은 자본과 전문적 기술이 필요하다. • 일반인들이 생산자로 참여하기 힘들다. • 수용자에게 일방적으로 전달된다.

② 새 매체 (new media, 뉴 미디어)

종류: 컴퓨터, 인터넷, 이동 통신 기기 등

장점	효과	단점
• 매체 자료의 생산과 수용이 쌍방향적이다. • 누구나 쉽게 원하는 지식과 정보를 얻거나 나눌 수 있다. 받은 정보에 대한 반응을 전달하고 공유할 수 있게 된다. • 쌍방향적 의사소통의 시간적이고 공간적인 제약이 거의 없다. • 별개의 영역으로 존재하던 매체를 통합할 수 있다(인터넷으로 신문 보기).	• SNS(소셜 네트워크 서비스) 등의 활발한 보급으로 인간관계에도 영향을 주게 되었다. • 인터넷을 기반으로 한 새로운 매체의 등장으로 정보나 지식의 전달뿐 아니라 감정과 정서의 공유까지 활발해졌다.	• 수많은 정보를 동시에 제공하고 무차별적으로 제공하여 정보 공해를 유발한다. • 정보의 증가에 적응하지 못하는 사람들은 소외되거나 전체주의화에 휩쓸릴 수 있다. • 시스템의 안전성과 보안성이 문제된다(개인의 프라이버시 문제 포함). • 국제관계에 있어서도 정보 집중과 독점화 현상이 있을 수 있다.

(3) 매체 언어 활용

① **전달 경로로 매체를 활용**: 직접 말을 하기 어려운 경우 예 인터넷, 전화, UCC

② **보조 자료로 매체를 활용**: 내용 분명히, 흥미 관심 유발, 주의 집중, 기억에 도움

04 독서

1. 읽기의 의미 구성(이해)

(1) 개념

① 명시적 의미(기본적 의미, 드러난 뜻) 구성

㉠ 글에 언어로서 명시되어 있는 단어나 문장의 의미를 파악하고 연결 관계나 지시 관계 등을 파악하여 그것을 의미망으로 연결하여 글 전체의 의미망을 구성하는 것이다.

㉡ 객관적인 의미의 측면이 있지만 엄밀히 말해 독자가 스스로 글에서 만들어내야(구성) 한다는 점에서 주관적이고 독자마다 다를 수 있다.

② 추론을 통한 의미 구성

㉠ 숨은 뜻 추론: 명시되지 않은 글의 주제, 필자의 숨은 의도, 함축적 의미 등을 추론을 통해 의미를 구성하는 것 → 필자가 의도한 것일 수도 있고, 의도한 것이 아니더라도 독자마다 설정하는 맥락에 따라 다양하게 구성된다.

예 '춘향전'에 대한 주제는 독자마다, 시대마다 달라질 수 있음.

㉡ 잠재된 뜻 추론: 글의 배경을 이루거나 전제되어 있는 것을 발견하는 것(글의 배경을 이루는 사회, 문화적 맥락과 필자의 관점이나 가치, 이데올로기 등 당연한 듯 글 속에 전제되어 있는 내용) → 비판적 독해와 관련

2. 읽기의 과정

(1) 상향식 모형

① 개념: 문자의 세부 특징과 같은 작은 요소에서 시작하여 단어와 구, 절, 문장과 같은 큰 단위로 이행하는 방식으로 읽기의 과정을 설명하는 읽기 과정 모형이다.

② 읽기 교육

㉠ '문자, 단어, 구, 문장, 단문, 장문'의 단위로 구분하여 훈련하는 프로그램을 만들어 지도하는 방식이다.

㉡ 독자의 역할은 수동적이며, 글의 의미는 문자에서 생겨나고 따라서 글에는 정확한 한 가지의 의미가 있다는 것이다.

(2) 하향식 모형

① 개념: 배경지식이 글 이해에 주도적으로 작용하는 방식으로 이해 과정을 설명하는 모형이다. 즉 글의 의미가 기호에서 연역되는 것이 아니라(상향식), 독자와 맥락에 의해 구성된다고 보는 모형이다.

② 특징

㉠ 능숙한 읽기는 모든 종류의 단서를 효율적이며 효과적으로 사용하는 과정, 전략의 적용 과정, 의미의 창조 과정 등이 어떻게 잘 통합되는지에 의해 구별된다고 보았다.

㉡ 읽기 전에 배경지식을 보충하거나 관련 지식을 떠올리는 것이나 글의 내용을 대략 미리 훑어보고 예측하거나 질문을 만들어본다. 의미 이해에서 독자의 능동적인 참여를 고려하고자 했다는 점에서 의의가 있다. 너무 단순하고 세밀하지 못하여 독자의 사고 과정을 자세히 보여주지 못한다.

③ 스키마 이론

㉠ 개념: 대상과 사건의 규칙성을 포착하는 지식의 구조 → 읽을 때 독자 머릿속에 있는 스키마의 항목에 맞추며 글의 의미를 파악한다고 설명한다.

㉡ **읽기 지도에 미친 영향**: 글의 의미가 글 속에 담겨 있는 것이 아니라 독자가 구성해야 하는 것임을 분명히 하였다. 그리고 정확한 의미를 추구하던 읽기 지도의 방향을 돌려 놓았다. 사전 읽기 활동을 강조하거나 글의 형식에 대한 지식을 갖추도록 권장하고, 독해의 과정에 선행 지식이나 경험을 최대한 활용하게 하는 지도법 개발하고 강조한다.

(3) 상호작용식 모형

① **개념**: 글과 독자의 배경지식 양방향에서 동시에 독해가 진행된다고 설명하는 모형

② **특징**: 하향식과 같이 독자의 능동성과 의미 구성의 주관성을 열어두지만 독자의 그러한 개방적 역할은 언어 기호와 비교, 합치됨으로써 자의적이지 않은, 언어 기호에 기반한 보편타당한 개방성으로 다듬어지게 된다. 구성주의 노선을 여전히 뒷받침하면서도 기호의 보편성을 잃지 않는다.

3. 독서의 과정별 읽기 전략

(1) 읽기 전/중/후

① **읽기 전**: 읽기의 효율화, 글의 전체 내용에 대한 틀을 잡기 위한 목적

㉠ 배경지식 활성화하기(글의 내용, 형식 등에 대한)

㉡ 어휘 학습

㉢ 학습목표나 읽기 목적을 분명히 하기

㉣ 미리 찾아 읽어보기(글의 핵심이나 독자에게 중요하게 느껴지는 것을 판단할 수 있는 단서 – 결론, 소제목, 요약, 서문, 제목

㉤ 훑어보기

㉥ 예측하기, 상상하기

㉦ 질문 목록 만들기

② **읽기 중**: 매체, 장르 등의 맥락과 글의 형식 및 표지 → 글의 장르에 대해 추론하기, 글과 관련된 필자 및 내용에 대한 배경지식을 활용

㉠ 글의 구조, 전개 구조 분석하기

㉡ 글의 기능 이해하기

㉢ 사회적 맥락과 연관

㉣ 맥락적 의미 추리하기

㉤ 사실과 의견 구별하기

㉥ 글의 내용 정교화하기

㉦ 평가하고 감상하기

㉧ 초인지 활성화하여 활용하기

㉨ 적극적 읽기 유도하기 – 그래픽 조직자 활용하기, 질문하기, 메모하기

③ **읽기 후**: 글 전체 내용 요약하기, 의미 있는 것을 정리하고 기록하며 추론, 평가, 감상하기

㉠ 중심 내용 회상하며 정리하기

㉡ 추론하기(글의 분위기, 필자의 진정한 의도, 중요하게 생각하게 된 것 등)

㉢ 글의 표현의 특징에 대해 정리하기

㉣ 읽기 방법에 대해 검토하고 반성하기

㉤ 자신이 관심을 갖는 다른 분야나 다른 상황에 어떻게 연관되는지를 생각하며 아이디어를 개발하기

㉥ 관련된 다른 책(상호텍스트) 읽기

㉦ 토의하기

㉧ 다른 장르로 바꾸기

㉨ 다른 사람에게 자신의 말로 설명하게 하기

㉩ 비평문, 독후감 쓰기

(2) **SQ3R**: 읽기 과정 자체를 전략적으로 구성한 것으로 읽기와 기능, 전략을 일체화하여 지도하는 방법이다.

① **개관(Survey)**: 본격적으로 읽기 전에 전체 내용을 개관하기

② **질문(Question)**: 궁금한 것, 알고 싶은 것, 알아야 할 것 등을 질문으로 만들어 분명히 인식하게 하기

③ **읽기(Read)**: 질문에 대한 답을 찾으며 꼼꼼히 읽기

④ **암송(Recite)**: 읽은 내용을 다시 말해보게 하기

⑤ **검토(Review)**: 잘 이해되지 않은 곳은 다시 검토하기

4. 독서의 본질

(1) 주제 통합적 읽기

① **개념**: 다양한 관점의 글을 비교·대조하며 읽고 자신의 관점을 새롭게 정리하는 방법이다.

② **절차와 방법**

㉠ 주제 쟁점 확인: 질문 만들기 → ㉡ 글과 자료 선정 → ㉢ 관점 정리 → ㉣ 관점 비교, 대조 → ㉤ 자신의 관점 재구성: 자신의 관점과 생각을 비판적이고 창의적으로 재구성

어휘 및 독해 훈련

01 개념적 의미의 추론

01_ 글의 중심 내용의 개념화
본문은 '동조(同調) 현상'에 대해 설명하고 있는 글로서 동조가, 정보가 부족한 상황에서 좀 더 나은 선택을 하기 위해, 그리고 집단의 압력에 의해 소외되지 않기 위해 타인의 행동을 따르는 것이라고 설명하였다.

01 다음 글에 언급된 '동조'에 대해 가장 잘 이해한 것은?

> 친구 따라 강남 간다는 속담이 있듯이 다른 사람들의 행동을 따라 하는 것을 심리학에서는 '동조(同調)'라고 한다. OX 퀴즈에서 답을 잘 모를 때 더 많은 사람들이 선택하는 쪽을 따르는 것도 일종의 동조이다.
>
> 심리학에서는 동조가 일어나는 이유를 크게 두 가지로 설명한다. 첫째는, 사람들은 자기가 확실히 알지 못하는 일에 대해 남이 하는 대로 따라 하면 적어도 손해를 보지는 않는다고 생각한다는 것이다. 낯선 지역을 여행하던 중에 식사를 할 때 여행객들은 대개 손님들로 북적거리는 식당을 찾게 마련이다. 식당이 북적거린다는 것은 그만큼 그 식당의 음식이 맛있다는 것을 뜻한다고 여기기 때문이다. 둘째는, 어떤 집단이 그 구성원들을 이끌어 나가는 질서나 규범 같은 힘을 가지고 있을 때, 그러한 집단의 압력 때문에 동조 현상이 일어난다는 것이다. 만약 어떤 개인이 그 힘을 인정하지 않는다면 그는 집단에서 배척당하기 쉽다. 이런 사정 때문에 사람들은 집단으로부터 소외되지 않기 위해서 동조를 하게 된다. 여기서 주목할 것은 자신이 믿지 않거나 옳지 않다고 생각하는 문제에 대해서도 동조의 입장을 취하게 된다는 것이다.
>
> 상황에 따라서는 위의 두 가지 이유가 함께 작용하는 경우도 있다. 예컨대 선거에서 지지할 후보를 결정하고자 할 때 사람들은 대개 활발하게 거리 유세를 하며 좀 더 많은 지지자들의 호응을 이끌어 내는 후보를 선택하게 된다. 곧 지지자들의 열렬한 태도가 다른 사람들도 그 후보를 지지하도록 이끄는 정보로 작용한 것이다. 이때 지지자 집단의 규모가 클수록 지지를 이끌어 내는 데에 효과적으로 작용한다.
>
> 동조는 개인의 심리 작용에 영향을 미치는 요인이 무엇이냐에 따라 그 강도가 다르게 나타난다. 가지고 있는 정보가 부족하여 어떤 판단을 내리기 어려운 상황일수록, 자신의 판단에 대한 확신이 들지 않을수록 동조 현상은 강하게 나타난다. 또한 집단의 구성원 수가 많고 그 결속력이 강할 때, 특정 정보를 제공하는 사람의 권위와 그에 대한 신뢰도가 높을 때도 동조 현상은 강하게 나타난다. 그리고 어떤 문제에 대한 집단 구성원들의 만장일치 여부도 동조에 큰 영향을 미치게 되는데, 만약 이때 단 한 명이라도 이탈자가 생기면 동조의 정도는 급격히 약화된다.
>
> 어떤 사람이 길을 건너려고 할 때 무단 횡단하는 사람들이 있으면 별 생각 없이 따라 하는 것처럼, 동조 현상은 부정적인 경우에도 일어난다. 그러나 정류장에서 차례로 줄을 서서 버스를 기다리는 모습처럼 긍정적으로 작용하는 경우도 많다. 또한 동조는 개인으로 하여금 정보 부족 상태에서 좀 더 나은 판단이나 선택을 할 수 있게 하는가 하면, 사회적으로는 질서를 유지하게 하는 원동력으로 작용하기도 한다. 뿐만 아니라 붐비는 가게를 찾고, 같은 농담을 즐기며, 유행하는 옷을 선호하는 사람들의 행동 특성이나 사회 현상을 이해하는 데에도 동조는 적절한 근거를 제공해 준다.

① 많은 사람들이 선택한 합리적 결과에 승복하여 따르는 것
② 포용적인 마음가짐으로 타인의 제안을 수용하여 따르는 것
③ 타인의 고충을 해결해 줌으로써 그들이 자신을 따르게 하는 것
④ 부정적 사회 현실을 개선하기 위하여 집단의 힘을 이용하는 것
⑤ 정보 부족이나 집단 압력으로 인해 타인의 행동을 따르는 것

02 **다음 글에 제시된 공존지수의 개념으로 가장 적절한 것은?**

> 이와 같이 특정한 정보를 중심으로 각 주체들이 네트워크를 형성하여 정보의 시너지 효과를 창출하는 경제 형태를 '연결의 경제'라고 한다.
> '연결의 경제'에 필수불가결한 요소인 정보 네트워크를 형성하기 위해서는 구성원들이 서로에 대하여 열린 마음을 갖는 것이 매우 중요하다. 노벨 경제학상 수상자 애로(K. Arrow)의 말처럼 '돈 주고 어디서도 구할 수 없는 신뢰라는 가치'는 정보 네트워크의 막강한 힘을 바탕으로 이루어지는 '연결의 경제'에서 가장 중요한 자산이다. 이를 수치화한 것이 NQ(network quotient), 즉 공존지수이다. 이제는 누구든 남과 더불어 살아가는 방법을 배우고 익혀서 공존지수를 높여야 이익을 거둘 수 있는 시대가 되었다.

① 정보기술 체계에 대한 이해 능력을 나타내는 지수
② 도구를 이용해 과업을 수행하는 능력을 나타내는 지수
③ 자신의 의도대로 상대를 설득하는 능력을 나타내는 지수
④ 상대방의 감정을 긍정적으로 이해하는 능력을 나타내는 지수
⑤ 신뢰를 기반으로 구성원과 관계를 맺어 가는 능력을 나타내는 지수

02_ 제시된 어휘의 개념 파악
'공존지수'는 구성원들이 서로에 대해 신뢰를 갖는 것과 밀접한 관련이 있으며, 남과 더불어 살아가는 방법을 배우고 익히는 태도를 수치화한 것임을 알 수 있다. 이를 고려할 때 '신뢰를 기반으로 구성원과 관계를 맺어 가는 능력을 나타내는 지수'로 이해하는 것이 가장 적절하다.

01 ⑤ 02 ⑤

03_ [출제의도] 개념의 구체적 적용
〈보기〉의 '기술 혁신'은 신기술의 발견과 발명이 집적된, 상용화할 수 있는 기술 개발을 의미하므로, 홀로그래피의 상용화를 말하는 (마)와 관련된다. 그러므로 정답은 ⑤이다.

03 다음 글에서 〈보기〉의 '혁신'과 가장 관련이 깊은 것은?

(가) 홀로그래피(Holography)는 그리스어로 '완전하다'는 의미의 'Holo'와 '그림'이라는 뜻을 가진 'Graphy'의 합성어로, 완벽한 그림인 3차원 입체 영상을 찍고 재현하는 기술을 의미한다. 필름 카메라나 디지털 카메라로 촬영한 일반 사진은 대상물체에 대한 2차원 정보인 빛의 명암과 색상을 기록한 것이다. 반면에 홀로그래피는 빛의 파동 원리에 입각하여 3차원 정보인 위상 정보를 기록, 입체 영상으로 재현하는 것이다.

(나) 홀로그래피의 원리는 헝가리 태생의 영국 물리학자 게이버에 의해 1948년에 처음으로 발견되었다. 그러나 당시에는 그것을 제대로 구현할 광원이 없어 그다지 발전하지는 못하였다. 그런데 1960년대에 들어와서 레이저가 발명된 뒤로 홀로그래피 기술 역시 급속히 발전하게 되었다. 레이저는 여러 파장이 섞여 있는 보통의 빛과 달리 단색성(單色性)을 지니고, 휘도*가 매우 강하며 빔(beam)이 퍼지지 않고 직진하는 성질이 있어 간섭성*이 매우 좋기 때문이다.

(다) 홀로그래피의 원리를 단계별로 살펴보자. 동일한 광선이 간섭성을 좋게 하므로, 일단 레이저를 둘로 나눈다. 이때 레이저는 직진하는 성질이 있으므로 그 빛을 둘로 나누기 위해서는 빛을 반사하는 거울 등이 필요하다. 둘로 나눈 빛 중 하나는 물체를 거치지 않고 필름에 닿게 하고(기준광), 다른 하나의 빛은 우리가 보려고 하는 물체에 비춰 반사된 광선(물체광)을 필름에 닿게 한다. 물체광은 물체의 각 표면에서 반사되어 나오는 빛이므로 물체 표면에 따라 위상차(물체 표면에서부터 필름까지의 거리)가 각각 다르게 나타난다. 기준광과 물체광이 다시 필름에서 합쳐지면, 변형되지 않은 기준광이 물체광과 간섭을 일으켜 무늬를 만들게 된다. 그 간섭 무늬에 물체의 3차원 정보가 들어 있는데, 이것이 필름에 저장되는 것이다. 이 필름이 지폐나 신용카드에서 볼 수 있는 홀로그램이다. 저장된 영상을 재현하려면 레이저 광선을 다시 홀로그램에 쏘아야 한다. 기록할 때와 같은 파장을 가진 파동만이 3차원으로 재현되고, 파장과 위상이 다른 빛은 아무런 효과가 없이 저장된 홀로그램을 통과해 버리기 때문이다.

(라) 입체 영상을 구현하는 수단이 꼭 홀로그래피 방식만 있는 것은 아니지만, 홀로그래피는 다른 방식들에 비해 눈의 피로감이 없고 입체감이 뛰어나 현재도 박물관이나 미술 전시장 등에서 이용되고 있다.

(마) 그러나 홀로그래피가 텔레비전으로 전송되어 안방에 등장하거나, SF 영화에 나오는 수준으로 현실에서 구현되기에는 아직 무리가 있다. 왜냐하면 현재의 과학 기술은 상용화를 위해 요구되는 수준에 미치지 못하기 때문이다. 따라서 홀로그래피의 상용화를 위해서는 기본이 되는 광학 기술뿐 아니라 정보 처리 등의 매체 관련 기술, 소자 재료 기술 등 관련 분야의 긴밀한 연계에 의한 기술 발전이 중요하다.

* 휘도: 텔레비전이나 컴퓨터 등의 표시 화면으로부터 복사되는 빛의 밝기의 척도
* 간섭성[coherence]: 음파나 광파 등 둘 이상의 같은 종류의 파동이 한 지점에서 만났을 때, 그 둘이 겹쳐져 서로 강해지기도 하고 약해지기도 하는 현상

보기

발견은 자연에 있는 것을 찾아내는 것이지만, 발명은 새로운 무언가를 만들어 내는 것이다. 그런데 이 발명은 천재적인 영감이나 과학 지식의 응용보다는 오랜 훈련과 노력을 바탕으로 문제를 인식하고 해결책을 모색하는 과정에서 얻어진다.

기술 공학에서의 혁신은 이러한 발견과 발명을 포괄하면서 동시에 신기술의 상용화까지 추구하는 개념이다. 혁신은 기업의 마케팅과 관련되어 있고, 분야 간의 연계와 협동에 의해 이루어진다.

① (가) ② (나)
③ (다) ④ (라)
⑤ (마)

04 **다음 글을 읽고 밑줄 친 말이 의미하는 바가 표상적 지식에 해당하지 않는 것은?**

지식의 본성을 다루는 학문인 인식론은 흔히 지식의 유형을 나누는 데에서 이야기를 시작한다. 지식의 유형은 '안다'는 말의 다양한 용례들이 보여 주는 의미 차이를 통해서 드러나기도 한다. 예컨대 '그는 자전거를 탈 줄 안다'와 '그는 이 사과가 둥글다는 것을 안다'에서 '안다'가 바로 그런 경우이다. 전자의 '안다'는 능력의 소유를 의미하는 것으로 '절차적 지식'이라고 부르고, 후자의 '안다'는 정보의 소유를 의미하는 것으로 '<u>표상적 지식</u>'이라고 부른다.

① 나는 그 노래를 부른 가수의 이름을 <u>알아</u>.
② 나는 세종대왕을 <u>알아</u>. 그분은 한글을 창제한 분이시지.
③ 우리 아저씨만큼 개를 잘 다룰 줄 <u>아는</u> 사람은 아직 못 봤어.
④ 내 동생은 2를 네 번 더하면 8인 줄은 <u>아는데</u>, '2×4＝8'은 모른단다.
⑤ 퀴즈의 답이 '피아노'인 줄 <u>알고</u> 있었는데, 너무 긴장해서 아무 말도 못했어.

04_ 구체적 사례 찾기
가수의 이름을 아는 ①과, 한글을 창제한 세종대왕을 아는 ②와, 퀴즈의 답이 '피아노'인 것을 아는 ⑤는 모두 감각 경험에 의존하는 경험적 지식이고, 2를 네 번 더하면 8인 줄 아는 ④는 선험적 지식인데, 이 네 가지는 모두 정보의 소유를 의미하는 표상적 지식에 해당한다. 반면 ③에서 '개를 잘 다룰 줄 아는 것'은 정보가 아니라 일종의 능력이다. 이 글에서는 이처럼 능력의 소유를 의미하는 것을 절차적 지식으로 분류했다.

03 ⑤ 04 ③

05_ 현상의 원인 파악
3문단에서 배가 항해를 할 때 수면 위에 V자 모양의 물결파가 생기는 것이 배의 항해 속도 때문이라고 제시하였다. 4문단에서는 수면의 물결파와 같이 비행기가 비행할 때도 V자형의 충격파가 발생하는데 이것 역시 비행 속도 때문이라고 밝히고 있다. 그러나 이 V자 물결파와 충격파의 근본적인 원인은 배와 비행기의 형태 때문이라고 할 수 있다. 제시된 답지엔 형태에 관한 언급은 없고 속도만 제시되어 있다.

05 다음 글의 내용으로 볼 때, 〈보기〉의 (　) 속에 들어갈 말로 적절한 것은?

이 소닉붐은 왜 발생하는 것일까? 소닉붐은 비행기가 발생시키는 음파가 축적되면서 발생하는 일종의 '충격파(shock wave)'다. 수면에 돌을 던지면 동심원의 파장이 발생한다. 마찬가지로 배가 물 위를 갈 때도 물결파가 발생한다. 그런데 만약 배가 이 물결파보다 빨리 가게 되면 배 머리 부분과 꼬리 부분에 V자 모양의 물결이 발생한다. 이는 배가 물결파보다 빨리 가면서 주위의 물결파가 합쳐지기 때문이다.

비행기가 음속을 돌파할 때도 마찬가지 현상이 일어난다. 비행기가 날아갈 때는 주변 공기가 밀려나면서 압력을 전달하는 파동이 소리의 속도로 퍼진다. 그런데 비행기가 음속 이상으로 날아가면 기체(機體) 앞쪽으로 퍼지는 파동을 따라잡게 된다. 이렇게 되면 비행기 주변으로 퍼지는 파동이 서로 뭉쳐져 V자형의 강한 충격파가 발생한다. 그 결과 비행기 앞부분에서 압력이 급격히 상승했다가 반대로 다시 급격히 감소한 다음 정상으로 돌아가게 된다. 그래서 이 충격파는 배의 경우에서처럼 뾰족한 비행기 앞부분과 뒷날개 부분에 형성된다. 비행기 주변의 압력 변화를 그래프로 그리면 마치 N자와 같은 모양이 되므로 'N파(N wave)'라고도 한다.

소닉붐은 이 충격파가 지상에 도달할 때 우리 귀에 느껴지는 폭발음이다. 보통 초음속 비행기가 지나갈 때 두 번의 소닉붐을 듣게 되는 것은 비행기의 앞부분과 꼬리 부분에서 발생하는 급격한 압력 변화 때문이다.

보기

배가 항해할 때 생기는 'V자 물결파'와 전투기가 비행할 때 '충격파'가 생기는 원인은 모두 배와 전투기의 (　　) 때문에 생기는 것이다.

① 크기　　② 속도
③ 방향　　④ 재질
⑤ 무게

05 ②

06 문맥상 ⓐ, ⓑ에 들어갈 내용으로 적절한 것은?

> 유효수요의 중요성은 영국의 경제학자 케인스(J. M. Keynes)가 1930년대 경제 대공황의 해결책으로 제시한 유효수요 이론에서 처음 제기되었다. 당시 현실을 무시하고 학문적 세계에만 빠져 있던 고전파 경제학자들은 실업이나 공황은 일시적 현상에 지나지 않으며, 시장 경제의 자동 조절 작용에 의해 경기가 곧 회복될 것이라고 주장했다. 그들은 '공급은 스스로 수요를 창출한다.'는 세이(J. B. Say)의 법칙에 입각하여, 생산된 상품이 판매되지 않아서 (ⓐ)하고 그로 인해 (ⓑ)하는 사태는 이론상 벌어질 수 없다고 확신했다. 하지만 고전파 경제학자들의 이러한 예측은 빗나갔고 그들은 공황을 해결할 아무런 대책도 세우지 못했다. 게다가 그들은 아담 스미스(A. Smith)가 강조한 '완전한 자유 경쟁'과 '자유방임주의'를 중요하게 여겼기 때문에 시장에 대한 정부의 개입은 있을 수 없는 일로 생각했다.

	ⓐ	ⓑ
①	가격이 하락	실업이 발생
②	소비가 증가	가격이 상승
③	기업이 도산	실업이 발생
④	소비가 증가	공황이 발생
⑤	기업이 도산	가격이 상승

06_ 문제적 현상의 인과적 과정 이해
실업이 발생하는 과정을 인과적으로 탐색하는 문제로, ⓐ와 ⓑ가 인과적으로 연결되고 있는 선택지를 고르면 된다. 고전파 경제학자들은 '공급이 스스로 수요를 창출한다.'는 세이의 법칙을 따랐기 때문에 '물건을 생산만 해 놓으면 저절로 팔릴 것'이라고 생각했다. 즉 '생산된 상품이 판매되지 않아, 기업이 도산하고, 그로 인해 실업이 발생하는 일'은 벌어지지 않을 것이라고 확신했던 것이다.

02

07 ㉠에 들어갈 말로 가장 적절한 것은?

> 원격 조작 시스템이 완벽에 가까워지면 조작자는 착각에 빠지기도 한다. 즉 원격 로봇이 어떤 물체를 다루고 있을 때, 조작자는 자신이 작업을 직접 하고 있다고 생각하게 되며, 결과적으로 자신이 그 곳에 실제로 존재하는 것 같은 느낌을 갖게 되는 것이다. '원격 존재 기술'은 인간이 원격 조작 시스템을 통해 조작자와 거의 동일한 가상의 존재를 구현하는 기술로, 조작자와 원격 로봇 사이의 완벽한 상호 작용을 통해 이루어진다. 이러한 '원격 존재 기술'에 의해 구현된 가상의 존재를 '원격 존재'라고 한다. 곧 원격 존재는 (㉠)

① 인간을 통제하는 기계 장치이다.
② 위험으로부터 인간을 지키는 수호신이다.
③ 신체를 물리적으로 이동시키는 방법이다.
④ 다른 곳에 존재하는 또 하나의 자신이다.
⑤ 환경 문제를 극복하는 인간 지혜의 총아이다.

07_ 문맥을 통해 생략된 내용 추리하기
원격 존재란 조작자와 다른 곳에 존재하는 조작자 자신과 같은 가상의 존재이므로 ④가 가장 적절하다.

06 ③ 07 ④

08_ 문맥을 통해 생략된 내용 추리하기 ⑤
ⓐ의 앞에는 '반면'이 있으므로, ⓐ에는 앞의 내용과 반대되는 양상의 내용이 들어가야 한다. 그리고 사회 변화의 내용은 뒤에 이어지는 '사대부들의 취향에서 벗어난'과 관계가 있다. 이를 바탕으로 추리할 때, ⓐ에는 사대부와 관련되면서 그 앞의 내용과 대조적인 ⑤가 적절하다.

08 [ⓐ]에 들어갈 내용으로 가장 적절한 것은?

> 풍속화가 본격적으로 등장한 것은 실사구시(實事求是)를 표방한 실학사상(實學思想)이 대두된 조선 후기이다. 이 시기가 되면 서민들의 생활은 점차 나아지고, 서민들 중에는 부를 축적한 사람들도 나타난다. 반면, [ⓐ]. 이 같은 사회의 변화는 그림에도 영향을 미쳐, 사대부들의 취향에서 벗어나 생활을 기록하는 그림, 즉 풍속화가 등장하게 되었다.

① 왕의 권위는 점차 강화되었다
② 화가들의 지위는 상승하게 되었다
③ 상류 사회의 품격은 변함이 없었다
④ 그림의 예술적 가치는 높아지게 되었다
⑤ 사대부들의 권위는 약화되기 시작하였다

02 다의어의 문맥적 의미

㉠

01_ 단어의 문맥적 의미 파악 〈가리다〉
㉠의 '가리다'는 '(옳고 그름을) 분명하게 따져서 분간하다'라는 의미로 쓰였다. ⑤의 '가리는' 역시 '잘잘못을 따져서 분간하다'라는 의미로서 ㉠의 의미와 가장 유사하다. ①은 '자기 일을 알아서 스스로 처리하다', ②는 '보이거나 통하지 못하도록 막히다', ③은 '낯선 사람을 대하기 싫어하다', ④는 '음식을 골라서 먹다'의 뜻으로 쓰였다.

01 밑줄 친 '가리다'의 의미가 ㉠과 가장 가까운 것은?

> '만족스럽다'든가 '실제로 유용하다'든가 하는 개념은 주관적이고 상대적이어서 옳고 그름을 ㉠ <u>가리는</u> 논리적 기준으로는 불명확하다. 바로 이 점에서 실용설이 지니는 한계가 분명하게 드러나는 것이다.

① 내 앞도 못 <u>가리는</u> 처지라 결혼은 꿈도 못 꾼다네.
② 키가 큰 사람이 앞을 <u>가리고</u> 있어서 무척 답답했어요.
③ 낯을 심하게 <u>가리는</u> 아이라서 남을 보면 울기부터 해요.
④ 음식을 <u>가리지</u> 않고 골고루 먹어야 튼튼해질 수 있단다.
⑤ 인재를 뽑을 때는 옥석을 <u>가리는</u> 일이 가장 중요합니다.

08 ⑤ / 01 ⑤

02 ⓒ의 문맥적 의미와 가장 유사한 것은?

> 이상에서 우리는 의미가 무엇인가, 의미의 유형에는 어떤 것들이 있는가에 대해서 살펴보았다. 언어의 중심적 기능이 의미를 전달하고 이해하는 것이므로 의미의 개념과 유형을 제대로 아는 것은 매우 중요하다. 왜냐하면 이를 통하여 우리는 상황에 적절한 어휘를 의미에 맞게 ⓒ가려 쓸 수 있기 때문이다.

① 눈물이 앞을 가려서 그를 볼 수가 없었다.
② 그녀는 불량품을 가려서 버리는 일을 했다.
③ 음식을 가리지 말고 골고루 다 잘 먹어야 한다.
④ 아버지께서는 밤낮을 가리지 않고 열심히 일하셨다.
⑤ 유난히 낯을 가리는 아이를 남에게 맡길 수는 없었다.

02_ 어휘의 문맥적 의미
〈가리다〉
전후 문맥상 ⓒ은 '여럿 가운데서 어떤 것을 골라내거나 뽑다.'는 의미로 쓰였음을 알 수 있다. ②에서 '가려서'는 불량품을 가려 뽑는다는 의미하므로 '가리다'의 의미가 ⓒ과 가장 유사하다.
① '보이지 않게 또는 바로 통하지 않게 가로막다.'의 뜻, ③ '음식을 편벽되게 골라 먹다.'의 뜻, ④ '분별・구별하다.'의 뜻, ⑤ '낯선 사람을 싫어하다.'의 뜻이다.

03 ⓐ의 문맥적 의미와 가장 유사한 것은?

> 이들의 경쟁은 폭발적으로 시작해서 짧은 시간에 결판나고, 그 이후에는 되돌릴 수가 없다. 뇌와 척수 ⓐ같은 중추 신경을 구성하는 신경 세포는 일단 만들어져 솎아지고 나면 더 이상 분열하지 않기 때문에 중간에 사고로 다치거나 없어지면 원래대로 재생되는 것이 불가능하다.

① 비가 올 것 같은 날씨다.
② 말 같은 말을 해야 내가 믿지.
③ 나와 키가 같은 영수가 짝이 되었다.
④ 이 화장품을 바르면 백옥 같은 피부가 됩니다.
⑤ 국수나 냉면 같은 음식을 먹을 때는 무를 곁들여야 한다.

03_ 단어의 문맥적 의미
〈같다・같은〉
ⓐ는 '그런 부류에 속한나.'는 뜻을 나타내는 말로, 문맥적 의미가 가장 유사한 것은 ⑤이다.
① 추측, 불확실한 단정을 나타내는 말이다. ② '기준이 될 만한'의 뜻을 나타내는 말이다. ③ 크기, 생김새 따위가 서로 다르지 않고 동일한 모양이라는 뜻의 말이다. ④ 다른 것과 비교하여 그것과 다르지 않음을 나타내는 말이다.

02 ② 03 ⑤

04 ㉠의 문맥적 의미와 가장 가까운 것은?

과학자들은 상대 속도를 구한 것에 만족하지 않고, 판의 절대 속도, 즉 지구의 기준점에 대해서 판이 어떤 속도로 움직이는가도 알고자 했다. 판의 절대 속도를 ㉠ 구하기 위해서는 판의 운동과는 독립적으로 외부에 고정되어 있는 기준점이 필요하다. 과학자들은 지구 내부의 맨틀 깊숙이 위치한 마그마의 근원지인 열점이 거의 움직이지 않는다는 것을 알아내고, 그것을 판의 절대 속도를 구하는 기준점으로 사용하였다

① 귀성 차표가 매진되기 전에 빨리 구해야겠다.
② 농사철에는 일꾼을 구하는 데 많은 어려움이 따른다.
③ 그는 한 시간 내에 돈을 구해 오겠다고 큰소리를 쳤다.
④ 철수는 영수의 동의를 구한다는 듯이 그의 얼굴을 쳐다보았다.
⑤ 어렵다고 생각하는 문제일수록 답을 구하는 방식은 의외로 간단하다.

04_ 문맥적 의미 파악
〈구하다〉
㉠은 기본형이 '구하다'인 단어로, '알아내다'라는 의미를 포함하고 있다. 그러므로 '구하다'가 지니고 있는 여러 가지 의미들 중에서 ㉠의 문맥적 의미와 유사한 것을 찾아야 한다. 이와 가장 유사한 쓰임은 '문제의 답을 알아내다'는 의미를 담고 있는 ⑤가 가장 유사한 쓰임이라고 할 수 있다.
①, ②, ③은 '필요한 것을 찾거나 또는 그렇게 하여 얻다'는 의미이고, ④는 '상대편이 어떻게 하여 주기를 청하다'는 의미이다.

05 ㉠과 가장 유사한 의미로 쓰인 것은?

한국 사람들은 "문 좀 닫고 들어와."라고 표현한다. 가만히 곱씹어 생각해 보면 논리에 맞지 않는 표현이다. 투명 인간이 아닌 다음에야 어떻게 문을 닫고 들어올 수가 있겠는가? 이런 말을 들은 서양인들은 한국인의 사고 구조에 대해 대단히 의심스러워할지도 모르겠다. 그런데 한국 사람들은 이런 말을 아주 자연스럽게 받아들인다. 그것은 한국인들이 그 상황에서 '한 개인의 출입'보다 '문을 닫는 행위'가 더 중요하다고 생각하기 때문이다. 중요한 것을 앞에 두어서 '강조'하려는 심리가 언어 관습으로 ㉠ 굳어진 것이다.

① 그의 표정은 돌처럼 굳어 있었다.
② 밀가루 반죽을 오래 두면 딱딱하게 굳는다.
③ 친구가 책을 빌려 주어서 책 살 돈이 굳었다.
④ 한번 말버릇이 굳어 버리면 여간해서 고치기 어렵다.
⑤ 운동을 적당히 하지 않으면 나이가 들수록 관절이 조금씩 굳는다.

05_ 다의어의 문맥적 의미
〈굳다 · 굳어지다〉
㉠의 문맥적 의미는 '몸에 배어 버릇이 되다.'이다. 그러나 ①의 밑줄 친 단어는 '표정이나 태도 따위가 부드럽지 못하고 딱딱하여 지다.'의 뜻이고, ②의 밑줄 친 단어는 '무른 물질이 단단하게 되다.'의 뜻이고, ③의 밑줄 친 단어는 '돈 같은 것이 헤프게 없어지지 아니하고 자기의 것으로 계속 남게 되다.'의 뜻이고, ⑤의 밑줄 친 단어는 '근육이나 뼈마디가 뻣뻣하게 되다.'의 뜻이다. 따라서 정답은 ④이다.

04 ⑤ 05 ④

06 ⓐ와 의미가 가장 가까운 것은?

그렇다면 신문화사의 역사 인식 방법이 구체적으로 무엇인지 예를 통해서 알아 보자. 이탈리아의 역사가 카를로 긴즈부르그의 저서 『치즈와 구더기』는 16세기의 이탈리아 북부 지방의 방앗간 주인이었던 메노키오란 인물의 삶을 ⓐ 그리고 있다. 작가는 16세기의 교회 문서에 기록된 메노키오의 일상과 이단 심문에서 했던 발언들, 그가 즐겨 읽었던 책들의 목록과 그 내용을 분석한다. 메노키오는 '우유에서 치즈가 만들어지고 치즈에 구더기가 스미는 것처럼 우주는 자연적으로 생겨났다.'는 이단적 주장을 교회 심판관 앞에서 당당하게 피력하다가 처형되었다. 작가는 문서를 주의 깊게 검토하여 이러한 자연 발생적 우주관을 메노키오가 독서를 통해 스스로 인식했다는 점과 그의 존재는 민중 문화가 수동적으로 지배 문화를 답습한다는 종래의 관념을 뒤집는 사례라는 점을 밝혀냈다.

① 화살이 포물선을 그리며 날아간다.
② 그 연극은 고부간의 갈등을 그리고 있다.
③ 그녀는 그토록 꿈에 그리던 조국 땅을 밟았다.
④ 영수는 나에게 자기 집 약도를 자세히 그려 주었다.
⑤ 그는 지난날의 영광을 머릿속에 그리며 씁쓸하게 웃었다.

06_ 다의어의 의미 파악
〈그리다〉
ⓐ와 ②의 '그리다'는 '생각이나 연상 따위를 말이나 글, 음악 등으로 나타내다.'의 의미이다.

07 ㉠과 유사한 의미로 쓰인 것은?

동·서양을 막론하고 사람들은 수평선과 수직선을 볼 때 안정감과 평온함을 느낀다. 그런데 수평선과 수직선을 가로지르는 사선은 보는 사람에게 평온함을 ㉠ 깨는 긴장감을 불러일으키면서 동시에 역동성을 느끼게 한다. 권터 도메니히의 '스톤 하우스'는 이러한 방법을 사용한 대표적인 건축물이다.

① 채석장에서 돌을 깨는 소리가 들려왔다.
② 기철이는 분위기를 깨는 말을 자주 한다.
③ 술을 깨는 좋은 방법은 물을 많이 마시는 것이다.
④ 자주 약속을 깨는 사람과는 만나지 않는 것이 좋다.
⑤ 이철수 선수가 마라톤에서 세계 기록을 깨는 위업을 달성했다.

07_ 다의어의 의미
〈깨다〉
㉠은 '상태나 분위기를 변화시킨다'는 의미이다.

06 ② 07 ②

ⓛ

08 문맥적 의미가 ㉠과 가장 유사한 것은?

> 이와 관련하여 프로이트는 우리의 수많은 행동, 느낌, 생각 중 우연인 것처럼 보이는 것들도 사실은 무의식이 작용하여 일어나는 것으로 보았다. 예를 들어, 깜빡 잊고 물건을 ㉠ 놓고 온다든지, 말실수를 하는 것까지도 우연이 아니라 그런 행동과 관련된 무언가가 무의식 속에 자리 잡고 있기 때문이라는 것이다.

① 그는 책상 위에 책을 놓고 집에 갔다.
② 나는 건강이 좋지 않아 일을 놓고 있다.
③ 그는 세를 놓고 다달이 돈을 받는 사람이었다.
④ 주사를 놓으려고 하자 아이는 마구 울기 시작했다.
⑤ 동문회에서 학교 이전 문제를 놓고 의견이 분분했다.

08_ 어휘의 문맥적 의미
〈놓다〉
㉠에서 '놓다'는 '잡거나 쥐고 있던 물체를 일정한 곳에 두다.'라는 의미로 쓰인 것이다.
② 계속해 오던 일을 그만두고 하지 아니하다. ③ 집이나 돈, 쌀 따위를 세나 이자를 받고 빌려 주다. ④ 치료를 위하여 주사나 침을 찌르다. ⑤ 논의의 대상으로 삼다.

09 눈의 문맥적 의미와 거리가 먼 것은?

> 달팽이란 놈은 두 뿔이 엄청 긴데다 그 끝에 눈까지 달렸구나. 장자가 일찍이 그 두 뿔에 만(蠻)과 촉(觸)이란 나라가 있어 서로 싸워 시체가 백만이나 되었다고 해서 인간사를 꼬집었으니, 이는 깨달은 자의 눈으로 보면 인생이란 그처럼 보잘것없는 것임을 말하고자 함이다.

① 의향(意向)　② 시각(視覺)
③ 식견(識見)　④ 안목(眼目)
⑤ 관점(觀點)

09_ 어휘의 문맥적 의미
〈눈〉
이 글에서 '눈'은 앞에 '깨달은 자'라는 말이 있기 때문에 어떤 일을 깨달은 다음에 얻은 관점(觀點), 시각(視覺), 식견(識見), 안목(眼目)이라는 의미로 볼 수 있다. '의향(意向)'은 '마음이 향하는 바. 또는 무엇을 하려는 생각.'이라는 의미로, '눈'의 의미와는 거리가 멀다.

✎ 08 ① 09 ①

㉢

10 **ⓐ와 관련하여 '돕다'가 쓰인 다양한 예문을 찾아보았다. 각 예문에 쓰인 '돕다'의 유의어로 적절하지 않은 것은?**

> 촉매는 마법의 돌이라고도 불린다. 화학 공정을 통하여 저렴하고 풍부한 원료로부터 원하는 물질을 제조하고자 할 때, 촉매는 활성화 에너지가 낮은 새로운 반응 경로를 제공하여 마치 마술처럼 원하는 반응이 쉽게 일어나도록 ⓐ 돕기 때문이다. 제1차 세계 대전 직전에 수소와 질소로부터 암모니아의 합성을 가능하게 하여 식량 증산에 크게 기여하였던 철 촉매에서부터 최근 배기가스를 정화하는 데 사용되는 백금 촉매에 이르기까지 다양한 촉매가 의식주, 에너지, 환경 등 여러 가지 문제 해결의 핵심 기술이 되고 있다.

	예문	유의어
①	수재 의연금을 내서 수재민을 도왔다.	구명하다
②	임금님을 도와 좋은 나라를 만들었다.	보필하다
③	친구가 임무를 마칠 수 있도록 도왔다.	조력하다
④	이 약은 원기를 돕는 효과가 매우 크다.	증진하다
⑤	두 회사는 그 사업을 위해 회사끼리 돕기로 했다.	제휴하다

10_ 유의어의 적절성 평가
〈돕다〉
'돕다'의 다양한 유의어를 바르게 사용할 수 있는지를 평가하고 있다. '수재 의연금을 내서 수재민을 도왔다.'에서의 '돕다'는 '빈민, 이재민에게 금품을 주어 구제하다'의 의미를 지닌 '구휼(救恤)'이 적절하다. '구명하다'는 '목숨을 구하다'는 의미이다.

10 ①

11_ 어휘의 의미와 용례
〈되다〉
㉠의 '-되다'는 '해결'이라는 명사에 붙어서 피동의 의미를 나타내는 말로 사용되었다. 용례에서 이러한 경우는 c이다. 또한 ㉡의 '되다'는 보조동사로서 '그러한 상태에 놓이다.'라는 의미로 사용되었으며, 용례에서 이러한 경우는 a이다.

11 ②

11 ㉠, ㉡의 '되다'가 지닌 의미와 용례를 〈보기〉에서 골라 바르게 묶은 것은?

인지 발달 과정의 두 가지 측면인 동화와 조절은 서로 분리될 수 없으며, 상호 작용의 되풀이를 통해 사고의 조화를 이룬 평형화(equilibration)에 이른다. 예를 들어 넓적한 컵의 물을 모양이 길쭉한 다른 컵에 부었을 때, 아동은 물이 많아졌을까 하는 의문으로 혼동하게 된다. 이런 인지적 갈등은 기존에 만들어진 아동의 사고 능력으로는 ㉠ 해결되지 않으므로 새로운 인지 단계로 발전하지 않을 수 없다. 동화와 조절이라는 적응 기제를 통해 발전된 도식은 관련된 상호 체제 속에서 모아져 주변 세계에 적용된다. 예를 들어 아동은 털 달린 네 발 짐승들인 '개', '소', '고양이'에 대한 도식을 연결한 후, 그들 사이의 유사성과 차이점을 쉽게 지적하게 되는 조직화(organization)에 ㉡ 이르게 되는 것이다. 아동은 이렇게 복잡한 주변 환경에 적응해 나가면서 논리적인 사고를 할 수 있는 성인으로 성장하는 것이다.

보기

<의미> ㄱ. (자동사) 물건이 다 만들어지다.
ㄴ. (보조동사) 그러한 상태에 놓이다.
ㄷ. (접미사) 명사에 붙어 피동의 뜻을 나타내는 말

<용례> a. 생각보다 일이 까다롭게 되었다.
b. 어제 맞추었던 옷이 벌써 다 되었다.
c. 소식이 없는 아우로 인해 걱정되었다.

	㉠	㉡
①	ㄱ - a	ㄷ - b
②	ㄱ - c	ㄴ - a
③	ㄴ - b	ㄱ - c
④	ㄷ - a	ㄱ - b
⑤	ㄷ - c	ㄴ - a

12 의미상 ㉠과 유사한 것은?

> 유교적 전통 안에서 혈연으로 이루어진 공동체를 유지하는 것이 중요한 일이 되면서, 이름은 서열을 나타내는 중요한 징표가 되기도 하였다. 처음 만난 친척도 그 이름만 들으면 그 사람과의 서열 관계를 쉽게 파악할 수 있도록 하기 위해, 항렬을 정해 이름자를 정하는 것도 우리의 전통이 ㉠ 되었다. '철수', '민수', '영수' 등과 같은 예의 이름이 많은 것은 이러한 사회에서는 그 사람의 특징이나 역할과 상관없이 서열을 표시하는 글자를 중심으로 이름을 지었기 때문이다.

① 요즘은 사업이 그럭저럭 되고 있다.
② 그에게 그녀는 삶의 목표가 되었다.
③ 우리 국토의 대부분은 산으로 되어 있다.
④ 이 안(案)에 찬성하는 사람이 50명이 되었다.
⑤ 되지 않는 소리 하지 말고 일이나 열심히 해라.

12_ 단어의 문맥적 의미 파악
〈되다〉
㉠은 '어떤 특별한 뜻을 가지는 상태에 놓이다'라는 의미를 지니고 있다. ① 일이 잘 이루어지다, ③ 어떤 재료나 성분으로 이루어지다, ④ 수량에 차거나 이르다, ⑤ '않다'와 결합하여 전혀 이치에 닿지 아니한 말이나 전혀 실현 가능성이 없는 의견을 나타내는 관용어이다. 따라서 정답은 ②이다.

02

13 ㉠의 문맥적 의미와 가장 가까운 것은?

> 따라서 경제의 역동성을 유지하면서도 복지국가로서의 기능을 다하려면 다음의 방식이 매우 유용하다. 즉, 복지 재원 조달방식이 스스로 노력하는 자들을 역차별할 정도로 지나치게 고율이어서는 안 된다는 것과, 복지제도가 음지에 있는 사람들을 양지로 이끌어내는 데 그 근본 목적을 ㉠두어야 한다는 것이다. 결국 복지 지출은 자력갱생의 길로 이끌어낼 수 있도록 '스스로 돕는 자'가 되려고 노력하는 사람들을 더 우대하는 방향으로 이루어져야 한다는 점이다.

① 황소 한 마리를 두고 씨름판을 벌이다.
② 식품을 필요 이상으로 고온에 두지 마라.
③ 소화기는 눈에 잘 띄는 곳에 두어야 한다.
④ 기준을 어디에 두느냐에 따라 결과는 달라진다.
⑤ 요즘에는 이불에 오리털을 두어서 누비기도 한다.

13_ 어휘의 문맥적 의미
〈두다〉
'두다'는 여러 가지 의미를 갖는데, ㉠의 경우는 '행위의 준거점, 목표, 근거 따위를 설정하다.'의 의미를 갖는다. 이에 해당하는 용례는 '기준을 어디에 두느냐에 따라 결과는 달라진다.'와 같은 것이 있다.

12 ② 13 ④

14 ㉠과 문맥적 의미가 가장 유사한 것은?

> 가시광선보다 파장이 긴 적외선이나, 짧은 자외선은 눈으로 인식하지 못한다. 이 중에서 가시광선은 파장이 가장 긴 빨간빛부터 가장 짧은 보랏빛까지 수많은 빛들로 구별되는데, 이 빛들과 관련된 대표적인 현상으로 '분산'과 '산란'을 ㉠들 수 있다.

① 선생님은 보기를 <u>들어</u> 이해하기 쉽게 설명을 하셨다.
② 금년에도 설악산에는 단풍이 아주 아름답게 <u>들었다</u>.
③ 그 편지에는 친구의 소식이 자세하게 <u>들어</u> 있었다.
④ 밥만 잡수시지 말고 나물 반찬도 <u>들어</u> 보세요.
⑤ 그는 잠자리에 <u>들어서도</u> 계속 책을 보았다.

14_ 어휘의 문맥적 의미 〈들다〉
㉠의 '들다'는 '~을 ~으로 설명하거나 증명하기 위하여 사실을 가져다 대다.'란 의미를 갖고 있다. 이와 유사한 의미로 사용된 것은 ①이다. ② '물감, 색깔, 물기, 소금기가 스미거나 배다'는 의미이다. ③ '안에 담기거나 그 일부를 이루다'는 뜻이다. ④ '먹다'의 높임말이다. ⑤ '밖에서 속이나 안으로 향해 가거나 오거나 하다'는 의미이다.

15 ㉠의 문맥적 의미와 가장 유사한 것은?

> 『일본서기』에는 신라를 '눈부신 황금의 나라'로 표현하고 있다. 이 표현에 딱 맞는 유물이 바로 금으로 만든 허리띠이다. 이 허리띠는 금관보다도 두세 배나 많은 금을 ㉠<u>들여</u> 만들었는데, 풀잎무늬를 새겨 넣고 그 아래로 여러 줄의 드리개를 길게 늘어뜨렸다.

① 누님은 손톱에 봉숭아 물을 곱게 <u>들였다</u>.
② 나는 정원에 있던 화분을 거실로 <u>들여</u> 놓았다.
③ 고모님께서는 많은 비용을 <u>들여</u> 집을 수리하셨다.
④ 집 안에 볕을 잘 <u>들이기</u> 위해 정원의 나무들을 잘라 냈다.
⑤ 선배들은 신입생을 자기 동아리에 <u>들이려고</u> 홍보를 하고 다녔다.

15_ 어휘의 문맥적 의미 파악하기 〈들이다〉
㉠의 문맥적 의미는 '어떤 일에 돈, 시간, 노력, 물자 따위가 쓰이게 하다.'의 의미로 ③의 문맥적 의미와 같다. ①은 '물감, 색깔, 물기, 소금기가 스미거나 배게 하다.'의 문맥적 의미를, ②는 '밖에서 속이나 안으로 향해 가게 하거나 오게 하다'의 문맥적 의미를, ④는 '빛, 볕, 물 따위가 안으로 들어오게 하다'의 문맥적 의미를, ⑤는 '방이나 집 따위에 있거나 거처를 정해 머무르게 되다.'의 문맥적 의미를 지니고 있다.

14 ① 15 ③

16 ⓐ의 의미와 가장 가까운 것은?

> 가령 '강[江]-가람', '성(城)-잣' 등이 앞의 예라면, '치아(齒牙)-이(빨)', '밀크-우유-소젖'은 뒤의 예이다. 이런 식의 외래어 수용 태도 때문에, 고유 어휘는 점점 힘을 잃고 사라져 가거나 비천한 지위로 ⓐ 떨어질 수밖에 없는 것이다.

① 그는 입사 시험에 떨어지고 말았다.
② 그는 오랫동안 그녀와 떨어져 지내고 있다.
③ 그 회사는 기술력이 떨어져 경쟁에서 뒤처졌다.
④ 주식 투자에서 그에게 떨어진 것은 본전뿐이었다.
⑤ 비속어를 사용하면 말하는 사람의 품격이 떨어진다.

16_ 다의어의 문맥적 의미
〈떨어지다〉
ⓐ는 '형세나 수준 등이 낮아지다'는 의미인데 이와 같은 의미로 쓰이고 있는 것은 ⑤이다. ①은 '시험에 뽑히지 못하다', ②는 '헤어지다', ③은 '수준이나 정도가 못하다', ④는 '셈에서 남아 처지다'의 의미이다.

02

ⓜ

17 밑줄 친 어휘의 문맥적 의미가 ㉠과 가장 유사한 것은?

> 공공재는 배제성과 경합성이 없는 재화를 말한다. 배제성이란 사람들이 재화를 소비하는 것을 ㉠ 막을 수 있는 가능성을 말하고, 경합성이란 한 사람이 재화를 소비하면 다른 사람이 소비에 제한을 받는 속성을 말한다. 예를 들어 해안가에 세운 등대가 주는 혜택을 특정한 개인이 누리지 못하게 할 수 없고, 한 사람이 그 혜택을 받는다고 해서 다른 사람의 편익이 줄지도 않는다는 점에서 등대는 공공재가 된다.

① 노사 협상을 통해 파업만은 막아야 합니다.
② 추위를 어떻게 막아야 할지 걱정이 앞선다.
③ 어둠을 틈타서 공격해 올 적을 막아야 한다.
④ 어음을 막지 못해 그 기업은 결국 도산했다.
⑤ 땅주인이 차가 다니지 못하도록 길을 막았다.

17_ 다의어의 문맥적 의미
〈막다〉
①은 ㉠과 마찬가지로 '어떤 현상이 일어나거나 생기지 못하게 하다'의 의미로 쓰였다.
② 추위 따위가 어떤 대상에 미치지 못하게 하다는 의미로 쓰였다. ③ 외부의 공격이나 침입 따위를 버티어 지키다는 의미로 쓰였다. ④ 돈을 갚거나 결제한다는 뜻으로 쓰였다. ⑤ 길, 통로 따위가 통하지 못하게 하다는 의미로 쓰였다.

16 ⑤ 17 ①

18 밑줄 친 부분의 의미가 ㉠과 가장 유사한 것은?

> 식물들은 햇빛의 에너지를 거의 100%에 가깝게 활용하여 자신에게 필요한 에너지를 ㉠ 만들어 사용하고 있는데, 이러한 식물의 정교한 시스템을 모방하여 에너지 변환 효율을 높이고자 개발한 기술이 바로 인공 광합성이다. 다만, 식물이 햇빛을 이용하여 물과 이산화탄소에서 유기물과 산소를 만드는 데 반해, 인공 광합성에서는 태양에너지를 전기에너지로 변환하거나 물을 분해해서 수소를 생산한다는 점이 다르다.

① 네가 힘을 써서 새 분위기를 만들어 봐라.
② 너는 왜 자꾸 나를 바보로 만들려고 하지?
③ 이곳은 합성수지로 책상을 만드는 공장입니다.
④ 판소리 동아리를 만들기 위해 준비하고 있는 중이다.
⑤ 상대를 꼼짝 못하게 만드는 기술을 가르쳐 드리겠습니다.

18_ 어휘의 문맥적 의미 구별 〈만들다〉
㉠의 '만들어'는 '목적이나 기술 따위를 들여 사물을 이루다'라는 뜻으로 쓰였다. ③의 '만드는'의 경우에도 그 대상이 '책상'으로서, ㉠과 동일한 의미를 표현하고 있다.

19 ㉠을 우리말로 바꾸기 위해 사전에서 〈보기〉와 같이 '맞추다' 항목을 찾아보았다. 문맥상 ㉠의 의미에 가장 가까운 것은?

> 이런 맥놀이 현상은 의외로 우리 생활 속에서 쉽게 찾아볼 수 있다. 음악의 도시 비엔나에서는 악기 조율사들을 위해 자동 전화로 '라' 음(440Hz)을 제공한다. 악기의 소리가 440Hz에서 조금이라도 벗어나면, 그 차이만큼 맥놀이 파가 발생하기 때문에 맥놀이 음이 들리지 않을 때까지 악기를 ㉠ 튜닝하면 된다.

보기

맞추다 [동]
ㄱ. 서로 떨어져 있는 부분을 제자리에 맞게 대어 붙이다. ¶ 문짝을 문틀에 맞추다.
ㄴ. 둘 이상의 일정한 대상들을 나란히 놓고 비교하여 살피다. ¶ 나는 가장 친한 친구와 답을 맞추어 보았다.
ㄷ. 서로 어긋남이 없이 조화를 이루다. ¶ 다른 부서와 보조를 맞추다.
ㄹ. 어떤 기준에 틀리거나 어긋남이 없이 조정하다. ¶ 시곗바늘을 5시에 맞추다.
ㅁ. 열이나 차례 따위에 똑바르게 하다. ¶ 줄을 맞추다.

① ㄱ　② ㄴ
③ ㄷ　④ ㄹ
⑤ ㅁ

19_ 어휘의 쓰임 이해 〈맞추다〉
지문 내용 중 외래어인 '튜닝'을 우리말로 바꾸기 위하여 사전에서 문맥에 맞는 뜻풀이를 찾을 수 있는지를 묻는 문제이다. 악기 음을 튜닝하는 것은, 어떤 기준에 틀리거나 어긋남이 없이 조정하는 일이다. 따라서 정답은 ④이다.

18 ③　19 ④

20 ㉠과 유사한 의미로 사용된 것은?

<그림> 루빈의 잔

다음의 그림을 보자.
<그림>에서 검은색을 배경으로 흰색에 초점을 맞추어 그 형상을 생각해 보면 잔으로 보인다. 반대로 흰색을 바탕으로 생각하고 검은색에 초점을 ㉠ 맞추면 마주보는 두 사람의 얼굴로도 볼 수 있다. 무엇이 먼저 보이느냐에 따라 같은 그림도 서로 다른 의미로 해석하게 된다.

① 젓가락의 짝을 맞추어 밥상에 올려놓았다.
② 아기의 볼에 입을 맞추며 행복한 미소를 지었다.
③ 그의 가족은 늘 같은 안경점에서 안경을 맞춘다.
④ 컴퓨터를 조심해서 분해한 다음, 본래대로 맞추어 보아라.
⑤ 어머니는 가족 중, 아버지의 입맛에 맞추어 음식을 하신다.

20_ 문맥에 맞는 어휘
〈맞추다〉
㉠의 '맞추다'는 '기준이나 정도에 알맞게 하다.'라는 의미로 사용되었다. ⑤는 아버지의 입맛에 알맞게 음식을 하는 것이므로 ㉠의 유사한 의미로 사용되었다.
①은 '순서를 고르게 하거나 짝을 채우다.'라는 의미로 사용되고 있다. ②는 '서로 닿게 하다.'라는 의미로 사용되었다. ③은 '시킬 일, 주로 물건을 만드는 일을 약속해 부탁하다.'라는 의미로 사용한 예이다. ④는 '떨어져 있는 부분을 제자리에 맞게 하다. 결합하다.'라는 의미로 사용되었다.

02

21 ㉠과 문맥적 의미가 가장 유사한 것은?

어질고 슬기로웠던 태종으로서는 마땅히 바른대로 쓰여 있더라도 싫어할 점이 없었을 것인데, 방현령 같은 일세의 현명한 재상도 오히려 사실을 숨기고 피하여 감히 바른대로 쓰지 못했습니다. 하물며, 혹시 태종에게 ㉠ 미치지도 못하는 후세의 군주가 자기 시대의 역사를 보고자 한다면, 아첨하는 신하가 어찌 방현령 처럼 사실을 숨기고 피하는 것에 그치겠습니까?

① 그녀의 솜씨는 아직 어머니 솜씨에 미치지 못했다.
② 세계적인 불황의 여파가 우리나라에도 미쳤다.
③ 백성들의 원성이 왕에게까지 미치지 못했다.
④ 광고는 판매에 미치는 영향이 크다.
⑤ 산업 시설에도 황사 피해가 미친다.

21_ 어휘의 문맥적 의미 파악
〈미치다〉
'태종에게 미치지도 못하는 후세의 군주가'라는 문맥으로 볼 때, 이 부분에서 ㉠은 '일정한 기준 혹은 수준에 도달하다'는 의미로 쓰였음을 알 수 있다. ①에서도 '미치지'라는 말이 '어머니의 솜씨'라는 기준에 '도달하지' 못했다는 의미로 쓰이고 있다.
② '미쳤다'는 자동사로서 '어떤 대상에게 힘이나 작용이 가 닿다.'는 의미로 쓰이고 있다. ③ '미치지'는 자동사로서 '말이나 생각이 어떤 대상에까지 이르다.'는 의미로 쓰이고 있다. ④ '미치는'은 타동사로서 '(영향을) 끼치다'는 의미로 쓰이고 있다. ⑤ '미친다'는 자동사로서 '어떤 대상에게 힘이나 작용이 가 닿다.'는 의미로 쓰이고 있다.

20 ⑤ 21 ①

ⓗ

22_ 다의어의 문맥적 의미 구별
〈보다〉
'보다'는 ⓓ의 '본'처럼 '눈으로 대상의 존재나 형태적 특징을 알다'가 중심 의미이다. 그 외 여러 가지 주변 의미를 가지고 있는데, ⓐ의 '보니'는 '앞말('익숙하다')의 상태가 원인이 되어 나타나는 상태'를 서술하는 보조용언으로 쓰였고, ⓑ의 '보는'은 '눈으로 대상('서양화')을 즐기거나 감상하다'는 의미로, ⓒ의 '볼'은 '대상('서양의 과학적 표현')을 우수하다고 평가하다'는 의미로, ⓔ의 '보아야'는 ⓑ처럼 동양의 그림을 동양적 시각으로 '감상하다'는 의미로 쓰이고 있다.

22 ⓐ ~ ⓔ의 의미로 적절하지 않은 것은?

> 어떻게 보면 동양의 옛 그림이 이치에 맞지 않는다는 생각 그 자체가 잘못된 것이다. 그렇게 생각한 것은 우리가 그 동안 서양의 그림에 익숙하다 ⓐ 보니 동양의 그림을 서양화를 ⓑ 보는 눈으로 감상하기 때문이다. 서양의 과학적 표현만이 우수한 회화라고 ⓒ 볼 수는 없는 일이다. 서양 그림도 현대 회화에서는 대상을 재현한 그림보다는 뜻을 가진 그림이 오히려 더 성행한다. 동양의 그림은 이야기를 표현한 그림이다. ⓓ 본 대로 그리는 것이 아니라 아는 대로 그렸다. 그래서 묘사적이 아니라 개념적이다. 동양의 그림은 동양적 시각으로 ⓔ 보아야 한다.

① ⓐ: 앞말이 뜻하는 상태가 뒷말의 이유나 원인이 됨.
② ⓑ: 눈으로 대상을 즐기거나 감상하다.
③ ⓒ: 대상을 평가하다.
④ ⓓ: 눈으로 대상의 존재나 형태적 특징을 알다.
⑤ ⓔ: 어떤 결과나 관계를 맺기에 이르다.

23_ 어휘의 문맥적 의미
〈빠지다〉
'빠지다'는 〈보기〉에서처럼 여러 가지 의미를 지니고 있다. ⓐ의 문맥적 의미를 파악하여 이 단어가 〈보기〉에 제시된 여러 개의 뜻 중에서 어떤 의미로 문맥 속에 존재하고 있는지를 파악하여야 한다. 여기에서 '빠지다'는 '차례를 거르거나 일정하게 들어 있어야 할 곳에 들어 있지 아니하다.'를 의미하기 때문에 ㉰와 가장 가깝다.

23 〈보기〉는 사전의 뜻풀이이다. ⓐ의 의미에 가장 가까운 것은?

> 아이들 성장에 정서적인 환경이 마련되지 못한다면, 즉 아이들 교육에 정서 교육이 ⓐ 빠진다면, 그 아이가 아무리 많은 지식을 습득하여 뛰어난 판단력을 가졌다 하더라도 종합적으로 정상적이고 합리적인 생각을 못하는 결함을 안게 될 것이다.

보기

빠지다 동 ㉮ 어느 정도 이익이 남다. ¶ 이번 장사에서는 이자 돈 정도는 빠질 것 같다. ㉯ 원래 있어야 할 것에서 모자라다. ¶ 천 원에서 백 원이 빠지는 셈이구나. ㉰ 차례를 거르거나 일정하게 들어 있어야 할 곳에 들어 있지 아니하다. ¶ 이 책에는 중요한 내용이 빠져 있다. ㉱ 일정한 곳에서 다른 데로 벗어나다. ¶ 그놈은 쥐도 새도 모르게 뒷길로 빠져 달아났다. ㉲ 남이나 다른 것에 비해 뒤떨어지거나 모자라다. ¶ 이 정도 실력이면 어디에 내놓아도 빠지지 않는다.

① ㉮ ② ㉯
③ ㉰ ④ ㉱
⑤ ㉲

22 ⑤ 23 ③

24 ㉠의 '빼다'와 의미가 가장 유사한 것은?

> 근대 국어 시기는 근본적으로 인지의 발달과 계급 사회의 동요로 어휘량이 늘어나 '고유어-한자어-외래어' 부문에서 모두 양적 확장을 보여 준다. 고유어에서는 논리, 개념어 부문이 한자어에 의해 점령당한 것을 ㉠ 빼면 형용사, 부사와 같은 감정어류에서의 다양한 생성과 소멸을 현전하는 소설, 판소리, 시조, 가사, 잡가 등의 문학 작품류에서 보여 준다.(어미미치다, 혬가림, 구브락비기락, 일락배락, 허위허위, 설피설피, 팽당그르르 등)

① 그는 밥 먹는 시간을 빼고는 종일토록 책만 보았다.
② 그는 정신 나간 사람처럼 혼을 빼고 앉아 있었다.
③ 누가 방에 냄새를 빼려고 창문을 모두 열었다.
④ 그는 목청을 길게 빼면서 구성진 노래를 했다.
⑤ 나는 필요할 때마다 통장에서 돈을 빼 쓴다.

24_ 다의어의 문맥적 의미 〈빼다〉
'빼다'는 여러 가지 의미를 갖는데, ㉠의 경우는 '전체에서 일부를 제외하거나 덜어 내다.'의 의미를 갖는다. 이에 해당하는 용례는 "식품 구입 목록에서 과자를 뺐다."와 같은 것이 있다.

㉦

25 ㉠과 문맥적 의미가 같은 것은?

> 경험에 근거한 외부 세계에 대한 지식이나 내성적 지식뿐만 아니라 비경험적 원천을 지녔다고 생각되는 수학적 지식에 대해서도 데카르트는 의심한다. 우리는 '2 + 3 = 5'라고 당연하게 ㉠ 생각한다. 그런데, 실제로는 '2 + 3 = 6'인데 인간이 계산할 때마다 악신(惡神)이 장난을 하여 '2 + 3 = 5'라고 믿게 할 수도 있다. 이러한 악신의 존재 가능성이 부정되지 않는 한 우리는 수학적 지식의 정당성을 입증할 수 없다는 것이다.

① 그는 자신이 언제나 옳다고 생각한다.
② 어린 시절을 생각하면 늘 가슴이 설렌다.
③ 건강을 생각하여 적당한 운동을 해야 한다.
④ 다음 만남에서는 청혼하려고 생각하고 있다.
⑤ 때로 삶의 의미에 대하여 생각해 보아야 한다.

25_ 단어의 문맥적 의미 파악 〈생각하다〉
㉠은 '…을 …으로'나 '…을 …게', '…을 …고', '…고' 등의 형식으로 쓰여 '어떤 일에 대한 의견이나 느낌을 가지다.'는 의미를 지녔다. 이와 같은 의미로 쓰인 것은 ①이다.

24 ① 25 ①

◎

26 ㉠과 문맥상 의미가 가장 가까운 것은?

> 어느 공장에서 길이가 7미터인 제품을 생산하고 있다고 하자. 이때 가장 이상적인 제품의 길이는 7미터이다. 하지만 아무리 공정이 안정되고 설비가 우수하다 하더라도 생산된 모든 제품의 길이가 하나같이 7미터가 되게 하는 것은 ㉠ 어렵고, 7미터를 중심으로 약간씩 오차를 갖기 마련이다.

① 요즘 그가 바빠 만나기가 너무 어렵다.
② 그 사람은 까다로워 대하기가 어렵다.
③ 선생님의 소설은 모두들 어렵다고 합니다.
④ 어려운 살림에 너무 무리하지 않았나 합니다.
⑤ 그는 가난과 외로움으로 청소년기를 어렵게 보냈다.

26_ 어휘의 문맥적 의미 파악 〈어렵다〉
㉠은 일을 해결하기가 까다로워 힘에 겹고 쉽지 않다는 의미로 사용되었다. 이러한 의미로 사용된 것은 ①이다. 만나는 일이 쉽지 않다는 의미를 담고 있기 때문이다.
② 상대가 되는 사람이 거리감이 있어 행동하기가 조심스럽고 거북하다. ③ 말이나 글이 이해하기에 까다롭다. ④, ⑤ 가난하여 살아가기가 고생스럽다.

27 ㉠의 문맥적 의미와 가장 유사한 것은?

> 사회학자인 데이비슨은 이 사례에서 아이디어를 ㉠ 얻어서 대중 매체가 수용자에게 미치는 영향과 관련한 '제3자 효과(third-person effect)' 이론을 발표하였다.

① 돈을 얻을 곳이 또 어디 없을까?
② 책에서 얻은 지혜로 성공할 수 있었다.
③ 여행 중에 얻은 병이 아직도 낫지 않았다.
④ 발언권을 먼저 얻고 나서 말씀해 주십시오.
⑤ 늘그막에 자식을 얻더니 웃음이 끊이지 않는다.

27_ 문맥적 의미의 이해 〈얻다〉
본문의 '얻다'는 어떤 사례를 통해 새로운 생각을 포착하게 된 것을 의미하는 상황에서 쓰인 말로, '구하거나 찾아서 가지다'라는 의미를 지니고 있다. 그러므로 제시된 여러 사례들 중에서 이와 같은 의미로 쓰인 것은 ②가 맞다.
① '돈을 빌리다'의 의미. ③ '병을 앓게 되다'의 의미 ④ '권리나 결과, 재산 따위를 차지하거나 획득하다'의 의미 ⑤ '사위, 며느리, 자식, 남편, 아내 등을 맞다.'의 의미.

26 ① 27 ②

28 ⓐ, ⓑ의 뜻풀이를 〈보기〉에서 찾으면?

옷 가게의 쇼윈도에는 마네킹이 멋진 목걸이를 한 채 붉은 색 스커트를 날씬한 허리에 감고 있다. 환한 조명 때문에 마네킹은 더욱 선명해 보인다. 길을 걷다가 환한 불빛에 이끌려 마네킹을 하나씩 살펴본다. 마네킹의 예쁜 모습을 보면서 나도 모르게 ⓐ이야기를 시작한다. '참 날씬하고 예쁘기도 하네. 저 비싸 보이는 목걸이는 어디서 났을까. 짧은 스커트가 눈부시네……. 나도 저 마네킹처럼 되고 싶다.'라는 생각에 곧 옷 가게로 들어간다.

이와 같은 일련의 과정은 소비자가 쇼윈도라는 공간 텍스트를 읽는 행위로 이해할 수 있다. 공간 텍스트는 세 개의 층위(표층, 심층, 서사)로 존재한다. 표층 층위는 쇼윈도의 장식, 조명, 마네킹의 모습 등과 같은 감각적인 층위이다. 심층 층위는 쇼윈도의 가치와 의미가 내재되어 있는 층위이다. 서사 층위는 표층 층위와 심층 층위를 연결하는 층위로서 ⓑ이야기 형태로 존재한다.

보기

이야기 명 ㉠어떤 사물이나 사실, 현상에 대하여 일정한 줄거리를 가지고 하는 말이나 글. ㉡자신이 경험한 지난 일이나 마음속에 있는 생각을 표현하는 말. ㉢어떤 사실에 관하여, 또는 있지 않은 일을 사실처럼 꾸며 재미있게 하는 말. ㉣소문이나 평판.

	ⓐ	ⓑ
①	㉠	㉡
②	㉡	㉠
③	㉡	㉢
④	㉢	㉠
⑤	㉢	㉣

28_ 중요 어휘의 이해
〈이야기〉
'이야기'는 〈보기〉에서처럼 여러 가지 의미를 지니고 있다. ⓐ와 ⓑ의 문맥적 의미를 파악하여 이 두 단어가 〈보기〉에 제시된 여러 개의 뜻 중에서 어떤 의미로 문맥 속에 존재하고 있는지를 파악하여야 한다. ⓐ는 '자신이 경험한 일이나 마음 속에 있는 생각을 표현하는 말'이므로 ㉡이 적절하다. ⓑ는 '어떤 사물이나 현상에 대하여 일정한 줄거리를 가지고 하는 말이나 글'을 의미하기 때문에 ㉠과 가장 가깝다.

28 ②

29 ㉠과 같은 의미로 쓰이지 않은 것은?

원래 물리학의 실험 기구였던 NMR 분광계를 유기 화학 연구의 핵심 장치로 만드는 데 중추적인 역할을 담당한 사람이 미국의 화학자 로버츠였다. 이 기구는 당시에 유일하게 배리언 사에서 제작하고 있었는데, 로버츠는 이것의 가치를 남들보다 ㉠ 일찍이 인식하고 1950년대부터 이 기구로 미지의 분자 구조를 밝혀내기 시작했다. 로버츠는 '선도 사용자'로서 유기 화학계에 이 기구의 유용성을 열심히 알렸다. 그는 NMR를 이용한 연구를 수행하는 한편 학생들에게 이 기구를 사용하여 연구하는 방법을 가르쳤고 그 내용을 정리하여 교재로 출판했다. 로버츠의 노력에 힘입어 이 기구를 사용하는 연구자의 수가 빠르게 늘어났다.

① 나는 오늘 일찍이 학교로 출발했다.
② 그녀는 아침 일찍이 밥을 해 먹었다.
③ 나는 일찍이 와서 오늘 업무를 준비했다.
④ 나는 일찍이 일을 끝내고 집으로 돌아왔다.
⑤ 그런 일은 일찍이 경험하지 못했던 일이다.

29_ 어휘의 문맥적 의미
〈일찍이〉
'일찍이'는 '일정한 시간보다 이르게'의 의미와 '예전에, 또는 전에 한 번' 등의 의미로 쓰인다. 선택지에 주어진 문장들 속에서 '일찍이'의 의미를 파악해보면, ⑤만 '예전에'의 의미를 담고 있고, ①, ②, ③, ④는 '일정한 시간보다 이르게'의 의미를 담고 있다.

30 ㉠과 유사한 의미로 사용된 것은?

나는 내가 나이롱에다 순엉터리인 건 상관없었지만 어머니를 위해선 좀 안된 것 같아 변명할 마음이 생겼다.
"우린 고향에 선영(先塋)이 있지 않니?"
"느이 고향이 어딘데?"
"몰라서 묻니? 개성 쪽, 개풍군이야."
"거기 있는 선영이 무슨 소용이 있어?"
"그래도."
"그래도라니? 변명치곤 너무 구차스럽다 얘. 이북에 두고 온 논밭 저당 잡고 돈도 꿔 달래라."
㉠ 입이 험한 친구는 사정없이 나를 몰아세웠다.

① 입을 벌리고 잔다.
② 손등에 입을 맞추다.
③ 입이 하나가 늘었다.
④ 입으로는 당해 낼 수가 없다.
⑤ 한 입에 먹어치우기에는 너무 많다.

30_ 단어의 문맥적 의미
〈입〉
①, ②는 '신체', ③은 '식구', ④는 '말(言)', ⑤는 '한 번에'의 뜻이다. 따라서 ④가 정답이다.

29 ⑤ 30 ④

ⓧ

31 ㉠의 문맥적 의미와 가장 유사한 것은?

> 투수들은 어떻게 공을 빨리 던질 수 있을까. 투수들은 흔히 '몸을 실어 던진다'는 표현을 쓴다. 이것은 공이 나가는 방향으로 이동하면서 공을 던진다는 말이다. 다시 말해 신체 부위의 위치와 속도를 변화시켜가며 공의 속도를 최대로 끌어올리는 것이다. 투수는 먼저 양 다리와 엉덩이를 중심으로 하체 쪽에 무게 중심을 ㉠ 잡고 천천히 움직인다. 다음 단계에서 팔을 감아올리며 점점 무게 중심을 상체로 이동시키면서 몸의 속도를 높인다. 그러다가 공을 잡은 팔이 펴지면서 무게 중심은 공을 던지는 손 쪽으로 더 이동하고, 팔의 회전이 빨라지면서 공이 손에서 떠나는 순간, 공은 빠르게 날아간다.

① 그는 육십 평생 지휘봉을 잡고 활동했다.
② 지도자는 균형을 잡고 이끌어가야 한다.
③ 그녀는 절호의 기회를 잡고 승승장구했다.
④ 범인을 잡고 미궁에 빠졌던 문제를 해결했다.
⑤ 엄마는 나이 어린 자녀들의 손을 꼭 잡고 간다.

31_ 문맥적 의미와 유사하게 사용된 경우
〈잡다〉
㉠은 '어떤 상태를 유지하다'는 의미로 사용된 것으로 ②의 예와 유사하다. 반면 ①은 '(일자리나 소득원을) 확보하다. 장만하다.'는 뜻으로 사용된 예이고, ③은 '일, 기회 따위를 얻다.'는 뜻으로 사용된 예이다.

02

31 ②

32_ 어휘의 사전적 의미 파악하기
〈터전〉
㉠은 '살림의 근거지가 되는 곳'이라는 의미이므로 ③이 적절하다.

ⓔ

32 〈보기〉는 사전의 뜻풀이이다. ㉠의 문맥적 의미와 가장 유사한 것은?

> 협동 조합은 일단 공동의 목적을 가진 사람들이 모여, 그 목적을 실현하는 과정에서 그들의 고유한 이념을 확산하고 심화시키려 한다는 점에서, 이념으로 뭉친 결사체보다는 덜 하지만 뚜렷한 가치 지향성을 가진다고 할 수 있다. 다만 지역성은 참여자들의 삶의 ㉠ <u>터전</u>이 밀접해 있을 수도, 아닐 수도 있다는 점에서 어느 정도 융통성이 있다고 할 수 있다. 코뮌의 경우는 생활의 대부분을 긴밀하게 공유하므로 지역성과 이념성이 모두 높은 반면, 이념적 결사체는 공간 근접성을 중시하지 않는다.

보기

터전01
명 집터가 되는 땅. ¶ 집집마다 터전이 넓었다. ······ ⓐ
자리를 잡은 곳. ¶ 경주는 신라의 옛 터전이었다. ······ ⓑ
살림의 근거지가 되는 곳. ¶ 생업의 터전을 마련하다. ······ ⓒ
일의 토대. ¶ 민주주의 터전을 다지다. ······ ⓓ
터-전02
명 텃밭. ¶ 뒤 곁에 터전을 일구었다. ······ ⓔ

① ⓐ
② ⓑ
③ ⓒ
④ ⓓ
⑤ ⓔ

33_ 어휘의 쓰임 파악
〈풍기다〉
이 글의 '풍기는'은 기본형이 '풍기다'로 주로 비유적으로 쓰이면서 '어떤 분위기가 나다. 또는 그런 것을 자아내다.'는 의미이다. '야성미가 풍기는 몸짓 / 이 작품에서는 인간미가 풍긴다.'와 같은 용례로 사용되고 있다. 이러한 의미로 사용된 것은 ②이다.
①, ⑤ 겨, 검불, 먼지 따위가 날리다. 또는 그런 것을 날리다. ③ 냄새가 나다. 또는 냄새를 퍼뜨리다. ④ 짐승이 사방으로 흩어지다. 또는 그런 것을 흩어지게 하다.

ⓟ

33 (다)의 '풍기는'과 문맥적 의미가 가장 유사한 것은?

> ○○보험회사 신축 용지라고 대서특서한 높다란 판장(板墻)으로 둘러막은 목산(目算)범 천 평 이상의 명실상부의 공지가 아닌가.
> 잡초가 우거졌다가 우거진 채 말라서 일면이 세피아 빛으로 덮인 실로 황량한 공지인 것이다. 입추의 여지가 가히 없는 이 대도시 한복판에 이런 인외경(人外境)의 감을 <u>풍기는</u> 적지 않은 공지가 있다는 것은 기적 아닐 수 없다.

① 키로 까불러서 검불을 <u>풍기는</u> 어머니의 모습을 떠올렸다.
② 이국의 정취가 <u>풍기는</u> 아름다운 거리를 한없이 걸어갔다.
③ 진한 향기를 <u>풍기는</u> 붉은 해당화가 마음을 설레게 했다.
④ 총소리가 풀숲에 숨어 있던 새들을 <u>풍겼다</u>.
⑤ 시골 길로 버스가 지나가자 먼지가 <u>풍겼다</u>.

32 ③ 33 ②

03 어휘의 문맥적 의미 · 기능

01 ⓐ, ⓑ의 문맥상 의미로 가장 적절하게 묶은 것은?

그러나 '사진의 추상화'는 쉽지 않은 문제이다. '추상'이란 구체성을 극복하는 데에서 출발하는 것이지만 사진은 구체적 모습을 벗을 길이 없기 때문이다. 사진에 찍힌 사물은 작가가 해석한 주관적 이미지임에도 불구하고 그 형태가 너무나 사실적이어서 아직 ⓐ 해석되지 않은 사물 자체로 인식된다. 사진에 찍힌 여인의 모습을 통해 작가는 여인의 마음을 표현하고자 했는데, 사람들은 여인의 마음을 느끼기 이전에 여인의 모습만을 본다. 이러한 구체적 형태가 사진의 추상화를 가로막는 커다란 장애 요인이다.

그런데 간혹 사진의 추상을 회화의 추상과 같은 의미로 오해하는 사람들이 있다. 회화는 사물의 형태에 묶이지 않는 유연한 매체임에 비해, 사진은 사물의 외형을 벗어나서는 존재할 수 없는 ⓑ 완고한 매체이다. 이처럼 두 매체는 서로 다른 예술 양식이므로 회화적 추상은 사진적 추상의 모범이 될 수 없다. 그런데도 많은 사람들은 회화적 추상을 그대로 사진에 적용해서 추상 사진이라 말한다. 그들이 추상 사진이라 분류한 것을 보면 영상이 흔들렸거나 초점이 흐려진 것, 또는 추상 형태를 모방해서 사물의 형태를 왜곡시켜 놓은 것들이다. 그러나 이들은 추상회화의 형태적 모방일 수는 있어도 추상 사진일 수는 없다.

	ⓐ	ⓑ
①	작가의 주관이 개입되지 않은	형식의 규제를 많이 받는
②	추상적 관념의 세계를 담은	추상화하기 어려운
③	작가의 주관이 개입되지 않은	튼튼하여 흔들리지 않는
④	추상적 관념의 세계를 담은	형식의 규제를 많이 받는
⑤	구체적 모습을 벗어나지 않은	튼튼하여 흔들리지 않는

01_ 어구의 문맥적 의미
ⓐ에서 사진에 찍힌 사물이 '해석되지 않은' 사물로 인식된다는 것은 작가의 주관적 해석이 개입되지 않은 객관적 사물로 본다는 의미이다. ⓑ에서는 사진이 회화와 달리 사물의 외형을 벗어나서는 존재할 수 없기 때문에 사진을 '완고한' 매체라고 했다. 따라서 ⓑ의 의미는 '완전하고 튼튼하여 흔들리지 않는다.'는 사전적 의미가 아니라 '형식의 규제를 많이 받는다.'는 비유적 의미로 쓰였다.

02

01 ①

02 ⓐ~ⓔ의 문맥적 의미를 살려 문장을 만들었을 때, 적절하지 않은 것은?

은행의 핵심 업무는 여유 자금이 있는 사람들로부터 예금을 ⓐ 유치해 자금이 필요한 사람들에게 대출하는 일이다. 은행은 이 과정에서 대출과 예금의 금리 차이를 통해 수익을 얻으며, 국민 경제 차원에서 자금을 효율적으로 배분하는 사회적 역할도 수행한다. 그러나 고객 관련 정보 부족으로 인해 이 역할이 크게 약화될 수 있다.

<중략>

금융의 사회적 역할, 나아가 금융의 공공성을 강조하는 새로운 관점에서 보자면, 금융은 인간다운 생활을 위해 최소한의 이용이 보장되어야 하는 보편적 권리의 대상이자, 우리 사회가 바람직한 방향으로 나아가도록 영향력을 발휘하는 수단이기도 하다. 물론 그것의 실현 가능성에 대해 회의적인 시각도 적지 않다. 가난한 사람일수록 경제 관념이 ⓑ 희박하고 소득 창출 능력 또한 ⓒ 떨어지므로 대출금을 회수하기가 쉽지 않다는 것이다. 하지만 금융 배제층에게 소액의 창업 자금을 무담보로 대출해 주면서도 은행을 무색케 할 정도로 높은 성과를 ⓓ 거두는 사례도 있다. 빈곤층의 자활을 지향하는 '마이크로크레디트(Microcredit)'가 그것이다.

<중략>

마이크로크레디트는 아무리 작은 사업이라도 자기 사업을 ⓔ 벌일 인적·물적 자본의 확보가 자활의 핵심 요건이라고 본다. 한국에서 이러한 활동을 펼치는 '사회연대은행'이 대출뿐 아니라 사업에 필요한 지식과 경영상의 조언을 제공하는 데 주력하는 것도 이와 관련이 깊다. 이들 단체의 실험은 금융 공공성이라는 가치가 충분히 현실화될 수 있으며, 이를 위해서는 사람들의 행동과 성과에 실질적인 영향을 미칠 유효한 수단을 확보하는 일이 관건임을 입증한 대표적인 사례라고 할 수 있다.

① ⓐ: 정부는 민간 자본을 적극 유치하기로 결정했다.
② ⓑ: 그 사람은 응석받이로 자라 자립심이 희박하다.
③ ⓒ: 이 옷은 다른 옷에 비해 품질이 떨어지는 것 같다.
④ ⓓ: 그 선수는 지난 경기에서 승리를 거두었다.
⑤ ⓔ: 그 둘은 만나기만 하면 입씨름을 벌인다.

02_ 어휘의 문맥적 의미
지문을 통해 ⓐ ~ ⓔ의 문맥적 의미를 정확히 확인한 후에, 이를 선택지에 쓰인 해당 단어의 의미와 비교해 보는 문제 유형이다. 어휘의 문맥적 의미에 초점을 맞춘 문제이기 때문에, 철저히 문맥 속에서 어휘의 의미를 파악해야 하며, 지문에 쓰인 어휘와 비교하여 유사한 것과 다른 것을 정확히 파악할 수 있어야 한다. 지문의 ⓔ에 쓰인 '벌이다'는 '일을 계획하거나 시작하여 펼쳐 놓다'의 의미로 쓰였지만, ⑤의 '벌이다'는 '전쟁이나 말다툼 따위를 하다'의 의미로 쓰였다. ① '유치하다'는 '행사나 사업 따위를 이끌어 들이다'의 의미이다. ② '희박하다'는 '감정이나 정신 상태 따위가 부족하거나 약하다'의 의미이다. ③ '떨어지다'는 '수준이 처지거나 못하다'의 의미이다. ④ '거두다'는 '좋은 결과나 성과 따위를 얻다'의 의미이다.

02 ⑤

03 ㉠에 해당하는 것을 〈보기〉에서 모두 고른 것은?

이처럼 말하는 사람의 태도나 감정 등을 드러내는 의미를 정서적 의미라고 한다. 똑같은 '여보세요'라는 말을 하더라도 심리 상태에 따라 그 어조 등이 달라지는데, 대개의 경우 말하는 사람은 무의식적으로 말을 하더라도 듣는 사람은 그 말이 주는 느낌, 즉 정서적 의미를 읽어 낼 수 있다. 한편 ㉠ 반사적 의미는 '아빠'와 '부친'처럼 개념적 의미가 동일한 둘 이상의 표현에서 어감이 다르게 나타나거나, '문어진'이라는 사람 이름처럼 그 말의 원래 뜻과는 아무런 관계없이 [무너진]으로 발음되어 특정한 반응을 불러일으키게 되는 경우를 말한다.

보기

ⓐ '여성'이라는 단어를 접할 때 '꼼꼼하다, 자상하다' 등의 생각을 떠올릴 수 있다.
ⓑ 예전에 '천연두'는 무서운 전염병이었기 때문에 '손님, 마마'라는 말로 완곡하게 표현했다.
ⓒ "잘 한다!"는 말은 억양에 따라 칭찬하는 말로 들릴 수도 있고 비꼬는 말로 들릴 수도 있다.
ⓓ '배신자(裵信子)'라는 이름은 그 발음 때문에 원래 뜻과는 관계없이 남들의 놀림감이 될 수 있다.

① ⓐ, ⓑ
② ⓐ, ⓒ
③ ⓑ, ⓒ
④ ⓑ, ⓓ
⑤ ⓒ, ⓓ

03_ 핵심 개념을 뒷받침하는 사례
넷째 줄의 끝부분에서 ㉠이, '아빠'와 '부친'처럼 개념적 의미가 동일한 둘 이상의 표현에서 어감이 다르게 나타나거나, 어떤 말이 그 말의 원래 뜻과는 상관없이 특정한 반응을 불러일으키게 되는 의미임을 확인할 수 있다. ⓑ의 경우 '천연두'와 '손님, 마마'의 개념적 의미는 같은데, 앞의 것은 무섭다는 느낌을 표현하고, 뒤의 것은 완곡한 느낌을 주므로 반사적 의미의 첫 번째 경우에 해당한다. ⓓ는 '배신자'라는 사람 이름이 발음 때문에 원래 뜻과 관계 없이 놀림의 대상이 되는 특정한 반응을 불러일으키므로 반사적 의미의 두 번째 경우에 해당한다.
ⓐ는 '꼼꼼하다', '자상하다'는 '여성'의 개념적 의미에 덧붙여서 연상되는 의미이므로 함축적 의미에 해당하며, ⓒ는 "잘 한다."라는 말이 억양에 따라 말하는 이의 감정이나 태도를 드러내므로 정서적 의미에 해당한다.

03 ④

04_ 글의 흐름에 맞게 다른 어휘로 바꿔 쓰기
ⓐ의 '틀'은 '구조'로 바꿔 쓸 수 있다. 문맥상 ⓐ는 '(부분이나 요소가) 전체를 이루는 것. 또는 그렇게 이루어진 얼개'를 의미하므로 이와 같은 의미인 '구조'가 적절하다. 그리고 ⓑ는 문맥으로 보아 '관점'이 적절하다. '(역사적 사실이나 사물, 현상 등을 관찰할 때), 그 사람이 보고 생각하는 태도나 방향 또는 처지'를 의미하므로 '관점'이 적절하다.

05_ 단어의 유사성 이해
'놀랍게도'에는 '상식적으로 받아들이기에 힘들다', 혹은 '예상했던 것과는 너무 다르다'는 의미가 내포되어 있다. 성능이 더 좋아진 대형 망원경으로 관측해서 운하가 보이지 않았을 경우에는 운하의 존재에 대해 의심해 봐야 할 것 같은데, 예상 외로 과학자들이 기존의 이론에 관찰된 상황을 끼워맞추려고 했다는 점을 부정적으로 파악하고 있는 것이다. 그러므로 '놀랍게도'와 가장 유사한 의미를 지니고 있는 것은 '일이 너무 뜻밖이어서 기가 막히다'라는 의미를 지닌 '어처구니없게도'라고 할 수 있다.
① 놀랍고 신기하게도 ② 아주 크고 훌륭하게도 ③ 유달리 재치가 뛰어나게도 ④ 미처 생각할 겨를 없이 급하게도

04 ⑤ 05 ⑤

04 ⓐ와 ⓑ를 글의 흐름에 맞게 적절하게 바꿔 쓴 것은?

역사는 어떤 사실에 특정한 의미가 부여되더라도 그것이 개별적 차원을 넘는 전체적인 ⓐ 틀 안에서 파악되고 해석되지 않는 한, 그것은 개별적 존재의 의미로만 남아 역사적 의미를 가질 수 없다.
이러한 해석의 과정에서 역사가에게 필요한 것이 역사관인데, 역사관이란 역사에 대한 총체적 비전을 가리킨다. 순환적인 역사관, 기독교적인 역사관, 마르크스 역사관 등 다양한 역사관이 있다. 역사가는 자신의 역사관을 바탕으로 역사를 서술하는 것이다. 역사관에 따라 똑같은 역사적 사실이나 사건이 '진보', '발전'이라는 ⓑ 틀에서 그 의미가 부여되기도 하고, '반복', '혼동'이란 이름으로 그 의미가 삭제되기도 한다.

① ⓐ - 경향, ⓑ - 체제
② ⓐ - 방법, ⓑ - 의도
③ ⓐ - 목표, ⓑ - 전략
④ ⓐ - 계획, ⓑ - 수단
⑤ ⓐ - 구조, ⓑ - 관점

05 글쓴이의 의도가 직접 드러나도록 ㉠을 바꾸어 쓴다고 할 때, 가장 적절한 것은?

일단 권위자가 무엇인가를 발견했다고 알려지면 그것이 존재하지 않는다는 것을 입증하기란 쉽지 않다. 더구나 관측의 신뢰도를 결정하는 척도로 망원경의 성능보다 다른 조건들이 더 중시되던 당시 분위기에서는 이러한 오류가 수정되기 어려웠다. 성능이 더 좋아진 대형 망원경으로는 종종 '운하'가 보이지 않았는데, ㉠ 놀랍게도 '운하' 가설 옹호자들은 이것에 대해 대형 망원경이 높은 배율 때문에 어떤 대기 상태에서는 오히려 왜곡이 심해서 소형 망원경보다 해상도가 떨어질 수 있다고 '해명'하곤 했던 것이다.

① 경이롭게도
② 굉장하게도
③ 기발하게도
④ 갑작스럽게도
⑤ 어처구니없게도

06 ㉠~㉤ 중, 문맥상 이질적인 것은?

언어는 배우는 아이들이 있어야 지속된다. 그러므로 ㉠ 성인들만 사용하는 언어가 있다면 그 언어의 운명은 어느 정도 정해진 셈이다. 언어학자들은 이런 방식으로 추리하여 인류 역사에 드리워진 비극에 대해 경고한다. 한 언어학자는 현존하는 북미 인디언 언어의 약 80%인 150개 정도가 빈사 상태에 있다고 추정한다. 알래스카와 시베리아 북부에서는 기존 언어의 90%인 40개 언어, 중앙아메리카와 남아메리카에서는 23%인 160개 언어, 오스트레일리아에서는 90%인 225개 언어, 그리고 전 세계적으로는 기존 언어의 50%인 대략 3,000개의 언어들이 소멸해 가고 있다고 한다. 사용자 수가 10만 명을 넘는 약 600개의 언어들은 비교적 안전한 상태에 있지만, ㉡ 세계 언어 수의 90%에 달하는 그 밖의 언어는 21세기가 끝나기 전에 소멸할지도 모른다.

언어가 이처럼 대규모로 소멸하는 원인은 중첩적이다. 토착 언어 사용자들의 거주지가 파괴되고, 종족 말살과 동화(同化) 교육이 이루어지며, 사용 인구가 급격히 감소하는 것 외에 '문화적 신경가스'라고 불리는 전자 매체가 확산되는 것도 그 원인이 된다. 물론 우리는 소멸을 강요하는 사회적, 정치적 움직임들을 중단시키는 한편, 토착어로 된 교육 자료나 문학 작품, 텔레비전 프로그램 등을 개발함으로써 언어 소멸을 어느 정도 막을 수 있다. 나아가 소멸 위기에 처한 언어라도 20세기의 히브리 어처럼 지속적으로 ㉢ 공식어로 사용할 의지만 있다면 그 언어를 부활시킬 수도 있다.

합리적으로 보자면, 우리가 지구상의 모든 동물이나 식물 종들을 보존할 수 없는 것처럼 모든 언어를 보존할 수는 없으며, 어쩌면 그래서는 안 되는지도 모른다. 여기에는 도덕적이고 현실적인 문제들이 얽혀 있기 때문이다. 어떤 언어 공동체가 경제적 발전을 보장해 주는 주류 언어로 돌아설 것을 선택할 때, 그 어떤 외부 집단이 이들에게 ㉣ 토착 언어를 유지하도록 강요할 수 있겠는가? 또한, 한 공동체 내에서 이질적인 언어가 사용되면 사람들 사이에 심각한 분열을 초래할 수도 있다. 그러나 이러한 문제가 있더라도 전 세계 언어의 50% 이상이 빈사 상태에 있다면 이를 그저 바라볼 수만은 없다.

왜 우리는 ㉤ 위험에 처한 언어에 관심을 가져야 하나? 언어적 다양성은 인류가 지닌 언어 능력의 범위를 보여 준다. 언어는 인간의 역사와 지리를 담고 있으므로 한 언어가 소멸한다는 것은 역사적 문서를 소장한 도서관 하나가 통째로 불타 없어지는 것과 비슷하다. 또 언어는 한 문화에서 시, 이야기, 노래가 존재하는 기반이 되므로, 언어의 소멸이 계속되어 소수의 주류 언어만 살아남는다면 이는 인류의 문화적 다양성까지 해치는 셈이 된다.

① ㉠
② ㉡
③ ㉢
④ ㉣
⑤ ㉤

06_ 문맥적 의미의 파악
㉢은 특정한 나라나 민족에서 공식적으로 사용되는 언어이기에 소멸될 위기에 처한 것이 아니다. 하지만 나머지 네 개는 모두 '소멸될 위기에 처한 언어'의 의미를 담고 있다.

02

06 ③

07_ 단어의 문맥적 의미
㉡은 겉으로는 더러워 보이지만 속에 담긴 뜻은 도의에 어긋남이 없는 '엄 행수'의 덕을 의미하고 있다. 따라서 이러한 의미와 통하는 것은 ⓑ의 '막일꾼'이다. ⓐ는 선귤자와 사귀기 위해 사대부들이 스스로 낮추고자 하는 태도로 겉으로 행세하기 위해 하는 태도와 관련이 있다.

07 ⓐ ~ ⓔ 중, ㉡에 해당하는 것은?

자목이 선귤자에게 따져 묻기를,

"예전에 제가 선생님께 벗의 도를 들었는데, '벗이란 함께 살지 않는 아내요 핏줄을 같이 하지 않은 아우와 같다.'고 말씀하셨습니다. 벗이란 이같이 소중한 것인 줄 알았습니다. 세상의 이름난 사대부들이 선생님을 따라 그 ⓐ 아랫자리에서 노닐기를 원하는 자가 많았지만 선생님께서는 아무도 받아들이지 않았습니다. 그런데 저 엄 행수라는 자는 마을에서 가장 비천한 ⓑ 막일꾼으로서 열악한 곳에 살면서 남들이 치욕으로 여기는 일을 하고 있는 사람인데, 선생님께서는 자주 그의 덕을 칭송하여 선생이라 부르는 동시에 장차 그와 교분을 맺고 벗하기를 청할 것같이 하시니 제자로서 심히 부끄럽습니다. 그러하오니 문하에서 떠나기를 원하옵니다." / 하니, 선귤자가 웃으면서,

"앉아라. 내가 너에게 벗을 사귀는 것에 대해 말해 주마. 속담에 '의원이 제 병 못 고치고 무당이 제 굿 못 한다.' 했다. 사람마다 자기가 스스로 잘한다고 여기는 것이 있는데 남들이 몰라주면, 답답해하면서 자신의 ⓒ 허물에 대해 듣고 싶은 체한다. 그럴 때 예찬만 늘어놓는다면 아첨에 가까워 무미건조하게 되고, 단점만 늘어놓는다면 잘못을 파헤치는 것 같아 무정하게 보인다. 따라서 잘하지 못하는 일에 대해서는 얼렁뚱땅 변죽만 울리고 제대로 지적하지 않는다면 제아무리 크게 책망하더라도 화를 내지는 않을 것이니, 상대방의 꺼림칙한 곳을 건드리지 않았기 때문이다. 그러다가 비슷한 물건을 늘어놓고 숨긴 것을 알아맞히듯이 자신이 잘한다고 여기는 것을 은근 슬쩍 언급한다면, 마치 가려운 데를 긁어 준 것처럼 진심으로 감동할 것이다. 가려운 데를 긁어 주는 것에도 방법이 있다. 등을 토닥일 때는 겨드랑이에 가까이 가지 말고 가슴을 어루만질 때는 목을 건드리지 말아야 한다. 뜬구름 같은 말을 하는 것 같으면서도 그 속에 결국 자신에 대한 ⓓ 칭찬이 들어 있다면, 뛸 듯이 기뻐하며 자신을 알아준다고 말할 것이다. 이렇게 벗을 사귄다면 좋겠느냐?"

하였다. 자목은 귀를 막고 뒷걸음질 치며 말하기를,

"지금 선생님께서는 시정잡배나 하인 놈들이 하는 짓거리를 가지고 저를 가르치려 하시는군요."

하니, 선귤자가 말하기를,

"그렇게 말하는 것을 보니 네가 부끄럽게 여기는 것이 전자에는 있지 않고 후자에만 있구나. 무릇 시장에서는 이해관계로 사람을 사귀고 면전에서는 ⓔ 아첨으로 사람을 사귀지. 따라서 아무리 친한 사이라도 세 번 손을 내밀면 누구나 멀어지게 되고, 아무리 묵은 원한이 있다 하더라도 세 번 도와 주면 누구나 친하게 되기 마련이지. <중략>

왕십리의 무와 살곶이의 순무, 석교의 가지, 오이, 수박, 호박이며 연희궁의 고추, 마늘, 부추, 파, 염교며 청파의 미나리와 이태인의 토란들은 상상전에 심는데, 모두 엄 씨의 똥을 가져다 써야 땅이 비옥해지고 많은 수확을 올릴 수 있으며, 그 수입이 일 년에 육천 냥이나 된다네. 하지만 그는 아침에 밥 한 사발이면 의기가 흡족해지고 저녁이 되어서야 다시 한 사발 먹을 뿐이지. 남들이 고기를 먹으라고 권하였더니 목구멍에 넘어가면 푸성귀나 고기나 배를 채우기는 마찬가지인데 맛을 따져 무엇하겠느냐고 대꾸하고, 반반한 옷이나 좀 입으라고 권하였더니 넓은 소매를 입으면

몸에 익숙하지 않고 새 옷을 입으면 더러운 흙을 짊어질 수 없다고 하더군. 해마다 정월 초하루 아침이나 되어야 비로소 의관을 갖추어 입고 이웃들을 두루 찾아다니며 세배를 하는데 세배를 마치고 돌아오면 곧바로 헌 옷으로 갈아입고 다시 삼태기를 메고 마을 안으로 들어간다네. 엄 행수와 같은 이는 아마도 자신의 덕을 ㉡ 더러움으로 감추고 세속에 숨어 사는 대은이라 할 수 있겠지."

– 박지원, 「예덕선생전(穢德先生傳)」

① ⓐ ② ⓑ ③ ⓒ ④ ⓓ ⑤ ⓔ

08 ㉠과 기능이 유사하지 않은 것은?

특히 승선교는 홍예를 중심으로 좌우 계곡 기슭 사이에는 둥글둥글한 자연석으로 석벽을 쌓아 막았고 다리 좌우의 측면 석축도 난적(亂積) 쌓기 방식으로 자연미를 그대로 살렸다. 다리의 기단부에는 아무런 가설이 없고 자연 암반이 깔려 있을 뿐이다. 그래서 홍수 때에도 다리는 급류에 휩쓸릴 염려가 없다. 홍예 맨 위쪽에는 물로 인한 재해를 막고자 ㉠ 이무기돌을 설치해 놓았다. 자연을 이용하고 자연의 경관을 살리면서 우아하고 견실한 다리를 축조한 선인의 슬기가 새삼 놀랍기만 하다.

① 마을 어귀에 솟대를 세우면 물난리를 예방할 수 있다고 믿었다.
② 정월에 '신액소멸'이란 글자를 쓴 연을 날려 재앙을 멀리 하고자 하였다.
③ 설날에 석류나무 가지 사이에 돌멩이를 끼우면 열매가 커진다고 믿었다.
④ 정월 대보름날 아침에 호두, 잣과 같은 부럼을 깨물어 무병장수를 빌었다.
⑤ 동짓날 팥죽을 쑤어 사람이 드나드는 대문이나 문 근처의 벽에 뿌려 악귀를 쫓았다.

08_ 내용 이래를 바탕으로 다른 상황에 적용
㉠은 홍예다리의 천장 중앙에 설치한 '이무기돌'로서 물로 인한 재해를 막고자 설치한 벽사 시설이다. 즉, 다리 한가운데 거꾸로 매달려서 두 눈을 부릅뜨고 물을 노려보는 형상인 이 '이무기돌'은 주술적 기능 중 재앙을 몰아내고자 하는 원화(遠禍)의 기능을 담당한다. 그러나 석류나무 가지 사이에 '돌멩이'를 끼우는 행위는 풍요를 기원하는 의식으로 원화(遠禍)가 아닌 소복(召福)의 기능만을 가지고 있다.

09 ㉠의 '-는 바람에'와 의미적 기능이 가장 유사한 것은?

다게레오타입은 한 번의 촬영으로 단 한 장의 사진만을 얻을 수 있었으나 톨벗의 새 기술은 여러 장의 똑같은 종이 사진을 만들어 낼 수 있게 해 줌으로써 사진을 다량으로 복제하는 시대를 열었던 것이다. 톨벗은 자신의 새로운 기법을 '칼로타입'이라고 명명하였다. 하지만 톨벗이 칼로타입과 관련된 특허를 출원하고 그 기술에 대해 많은 사용료를 ㉠ 요구하는 바람에 이 기술의 확산에는 제동이 걸렸다.

① 함께 늙어 가는 마당에 가릴 것이 뭐가 있소?
② 친구들이 떠드는 통에 교실에선 공부를 못 하겠다.
③ 이 일이 들통 나는 날에는 큰 벌을 받게 될 것이다.
④ 아직 거기까지는 멀었으니 참는 김에 더 참아 봅시다.
⑤ 경찰에서 풀려나는 길로 나는 그 애를 따라 서울로 갔어.

09_ 어휘의 문맥적 의미 파악
의존 명사 '바람'은 '-는 바람에'의 구성으로 쓰여 이어지는 말의 근거나 원인을 나타낸다. 이와 유사한 의미로 사용되고 있는 표현은 ②이다. 문장의 의미를 파악해보면 친구들이 떠드는 것이 교실에서 공부를 못 하게 된 것의 이유와 원인이 되고 있다.

07 ② 08 ③ 09 ②

10 ㉠의 문맥적 의미로 적절한 것은?

> 그림 역시 마찬가지다. 붓을 다룰 줄 알았던 우리 선조들은 눈으로만 그 세계에 젖어든 것이 아니라 손끝으로 선배가 이룩한 위대한 경지를 이해하려고 애썼다. 앞선 시대의 거장의 그림을 단순히 베끼지 않고, 자기 손을 통해 거장들의 그림 세계를 ㉠ 추체험(追體驗)한 것이다.

① 거장의 예술적 체험을 자신의 체험으로 만듦
② 거장의 그림을 본떠서 새로운 예술 작품을 창조함
③ 거장에 대한 존경과 흠모의 마음을 간직하고 추앙함
④ 거장의 그림을 한치의 오차도 없이 세밀하게 모사함
⑤ 거장의 그림이 우리 그림에 끼친 영향을 생각하며 살펴봄

10_ 단어의 문맥적 의미
㉠의 앞부분 설명에서 글쓴이는 유명 작곡가의 작품을 감상할 때 듣는 것만이 아니라 스스로 연주하면서 감상하는 방법을 제시했다. 그림도 마찬가지다. 우리 선조들은 거장의 그림을 눈이 아닌 손으로 직접 느끼면서 감상했다는 것이다. 따라서 정답은 ①이다.

11 ㉠의 문맥적 의미로 알맞은 것은?

> 행정 구역이 다르다든가 시장권(市場圈)이나, 학군(學群) 등이 다르다는 것도, 서로 ㉠ 소원(疏遠)하게 함으로써 방언의 분화를 일으키는 요인이 된다.
> 어떠한 조건에 의해서든 이처럼 지리적인 거리로 인하여 서로 분화를 일으킨 방언 각각을 지역 방언이라 한다.

① 어려워짐
② 소홀히 하며 거부함
③ 간절히 바라고 소망함
④ 어떤 관계나 교류가 활발해짐
⑤ 소식이나 왕래가 끊겨 멀어짐

11_ 단어의 문맥 의미
문맥으로 볼 때, '소원(疏遠)'은 '소식이나 왕래가 오래 끊긴 상태에 있다'가 적절하다. 따라서 정답은 ⑤이다.
• 소원: 지내는 사이가 두텁지 아니하고 거리가 있어서 서먹서먹함.

12 필자가 ⓐ와 같이 평가한 이유로 가장 적절한 것은?

> 진나라가 망한 것은 진승과 오광 때문이었고, 한나라가 어지러워진 것은 황건적 때문이었다. 당나라가 쇠퇴하자 왕선지와 황소가 그 틈을 타고 일어났는데, 마침내 백성과 나라를 망하게 한 뒤에야 그쳤다. 이러한 일들은 모두 백성들에게 모질게 굴면서 저만 잘 살려고 한 죄의 대가이며, 호민들이 그러한 틈을 잘 이용한 것이다. 하늘이 임금을 세운 것은 백성을 돌보게 하기 위해서였지 한 사람이 위에서 방자하게 눈을 부릅뜨고서 계곡같이 커다란 욕심을 부리라고 한 것은 아니었다. ⓐ 진나라, 한나라 이후의 화란(禍亂)은 당연한 결과였지, 불행했던 것은 아니다.

① 통치자의 권위가 사라져서
② 신분 질서가 잡히지 않아서
③ 인재가 적재적소에 등용되어서
④ 시대의 흐름을 거스를 수 없어서
⑤ 위정자들이 백성을 돌보지 않아서

12_ 문장의 문맥 의미
지문에서 올바른 위정자는 백성을 위해야 한다고 전제하고 있다. 그러므로 백성을 위하지 않는 위정자가 망하는 것은 당연한 결과이다. 따라서 ⑤가 정답이다.

10 ① 11 ⑤ 12 ⑤

13 ⓐ~ⓔ 중, 문맥상 의미하는 바가 다른 하나는?

구룡연·만물상·수미봉·옥경대 같은 여러 뛰어난 경치는 금강산에서도 특히 이름난 것이다. 그런데 ⓐ 경관이 기이하고 그윽한 언덕과 골짜기가 또 있어, 만일 이름을 붙여 널리 전파한다면 명승의 대열에 끼일 수 있을 터였다. 그러나 모두 ⓑ 거친 수풀과 우거진 넝쿨 사이에 가려지고 묻혀 있었다.

이로 말미암아 생각하건대 사람 또한 이와 같다. 관각(館閣)에서 능력을 발휘하여 문화를 빛내고, 낭묘(廊廟)에서 예복을 입고 왕정(王政)을 보좌하여, 육경(六經)의 참뜻이 뭇 백성에게 파급되게 하는 분들은 말할 필요도 없다. 그런데 여항의 사람에 이르러서는 기릴 만한 경술(經術)이나 공적은 없지만, ⓒ 그 언행에 혹 기록할 만한 것이 있는 사람, 그 시문에 혹 전할 만한 것이 있는 사람이라도 모두 적막한 구석에서 초목처럼 시들어 없어지고 만다. 아아, 슬프도다! 내가 『호산외기(壺山外記)』를 지은 까닭이 여기에 있다.

친구인 겸산(兼山) 유재건(劉在建)이 나와 뜻이 통하여 여러 사람의 문집 속에서 더듬고 찾아서 이미 전(傳)에 오른 사람 약간 명을 얻었다. 그리고 ⓓ 전이 없는 사람은 겸산이 직접 전을 지었다. 그리하여 모두 280여 편이 된다. 정성스럽게 책을 만들어 제목을 『이향견문록(里鄕見聞錄)』이라 붙이고 나에게 서문을 요청하였다.
<중략>

그 부지런한 뜻이 어찌 헛되겠는가? 후세 사람으로 하여금 이 책을 읽고 감동하고 분발함이 있기를 바라는 것이니, 어찌 다만 한 사람의 글에 그치겠는가? 세상의 교화에 크게 보탬이 될 것이다.

이 뜻은 내가 명산(名山)에서 깨달아서 겸산의 글에 기록하여 두는 바이다. 아아! ⓔ 숨은 빛을 찾아내어 찬연히 세상에 나오게 하였도다. 사관(史官)이 기록하여 석실(石室)에 보관한 역사 기록 이외에 태평한 시절 교화의 아름다움을 볼 수 있는 것은 아마 이 책에 있으리라.

– 조희룡, 「이향견문록 서(里鄕見聞錄序)」

① ⓐ
② ⓑ
③ ⓒ
④ ⓓ
⑤ ⓔ

13_ 문맥상 의미 파악
이 글은 세상에 알려진 유명한 사람은 아니지만 각자 나름대로 능력을 발휘하며 살고 있는 사람들의 모습에 주목하고 있는 글이다. 그러다 보니 세상에 드러나지 않은 존재를 지칭하는 어구들이 많이 등장하는데 ⓐ ~ ⓔ 중에서 ⓑ를 제외한 모든 항목은 모두 이런 존재를 가리키고 있다고 할 수 있다. ⓑ는 그들이 세상에 드러나지 않게 가리고 있는 존재를 의미한다고 볼 수 있다.

13 ②

04 비유적 · 상징적 의미 · 의미의 유사성 여부

1. 비유적 상징적 의미

01 간디 사상에서 ㉠이 갖는 상징적 의미로 가장 적절한 것은?

> 근대 산업 문명은 사람들의 정신을 병들게 하고, 끊임없이 이기심을 자극하며, 금전과 물질의 노예로 타락시킬 뿐만 아니라 내면적인 평화와 명상의 생활을 불가능하게 만든다. 그로 인하여 유럽의 노동 계급과 빈민에게 사회는 지옥이 되고, 비서구 지역의 수많은 민중은 제국주의의 침탈 밑에서 허덕이게 되었다. 여기에서, 간디 사상에서 ㉠ 물레가 가지는 상징적 의미가 드러난다. 간디는 모든 인도 사람들이 매일 한두 시간만이라도 물레질을 할 것을 권유하였다. 물레질의 가치는 경제적 필요 이상의 것이라고 생각한 것이다.
>
> 물레는 무엇보다 인간의 노역에 도움을 주면서 결코 인간을 소외시키지 않는 인간적 규모의 기계의 전형이다.

① 민중 소유의 생산 수단
② 민주주의 정치 공동체
③ 노동자 계급의 신분증
④ 착취와 억압의 수단
⑤ 경제 성장의 도구

01_ 중심 소재의 상징적 의미
㉠ '물레'는 간디의 비폭력주의를 이해하는 데에 필요한 핵심 소재로서 산업 문명의 핵심 생산 수단인 '거대 기계'에 대비되는 것이다. 문맥으로 볼 때, 간디는 근대 산업 문명이 물질적 이득을 끊임없이 확대하기 위해 착취와 억압의 구조를 제도화하였고, 이 과정에서 거대 기계가 중요한 수단으로 이용되었다고 보았다. 그리고 간디는 자신이 제시한 물레와 '거대 기계'의 차이는 생산 수단이 민중에게 있는가 아닌가로 발생한다고 보았다. 따라서 '물레'의 상징적 의미는 민중 소유의 생산 수단이라고 파악할 수 있다.
②'민주주의 정치 공동체'는 간디가 목표로 삼고 있는 이상적인 사회이다. ③ 지문에서 '노동 계급'을 언급하기는 했지만, 물레는 이 '노동 계급'이 산업 문명에 대항하고 제국주의의 침탈에서 벗어나는 데에 도구로서 기능하는 것이므로 적절하지 않다. ④, ⑤ '거대 기계'가 지닌 상징적 의미에 해당한다.

01 ①

02 ㉠과 ㉡에 대응하는 대상을 바르게 제시한 것은?

> 처음 접한 병원체가 체내에 들어오면 대식 세포나 수지상 세포 표면의 톨 유사 수용체가 병원체와 단단히 결합한다. 이렇게 톨 유사 수용체가 병원체와 결합하면 대식 세포와 수지상 세포에서 사이토카인이라는 단백질이 분비된다. 이 단백질은 다른 세포들의 유입을 촉발한다. 이때 주로 유입되는 것은 단핵구인데, 이것은 성숙하여 대식 세포가 된다. 대식 세포와 수지상 세포는 병원체를 공격하여 절단한 조각을 자신의 표면에 걸고 다니며 병원체가 존재한다는 사실을 알린다. 이 신호가 사이토카인과 더불어 B세포와 T세포를 활성화시켜 적응성 면역계가 본격적으로 활동할 수 있게 한다. ㉠ 홀대 받던 조연의 작용으로 ㉡ 잘난 주연이 제 역할을 하게 되는 것이다.
>
> 선천성 면역과 적응성 면역은 이와 같이 우리 몸에 침입한 병원체를 인지하고 제거하는 하나의 시스템의 서로 다른 부분이다. 이 두 시스템 사이의 조화로운 상호작용에 의해 전체 면역계가 강력한 힘을 발휘할 수 있는 것이다.

	㉠	㉡
①	선천성 면역계	적응성 면역계
②	톨 유사 수용체	사이토카인
③	선천성 면역계	사이토카인
④	B세포와 T세포	적응성 면역계
⑤	단핵구	대식 세포와 수지상 세포

02_ 비유적 표현의 의미
적응성 면역이 '독보적인 스타'였던 것에 비해 선천성 면역 반응은 주목을 받지 못했는데, 적응성 면역 반응이 일어나는 데에 선천성 면역계가 중요한 역할을 한다는 사실을 밝히면서 홀대 받던 조연이 잘난 주연이 제 역할을 하게 돕는다고 말하고 있다. 따라서 홀대 받던 조연은 선천성 면역이, 잘난 주연은 적응성 면역이 된다.

03 문맥을 고려하여 ㉠을 비유적으로 표현하고자 한다. 가장 적절한 것은?

> 앵포르멜 화가들은 우발적이고 즉흥적인 감정의 동요를 직접적으로 드러내기 위해 재료 그 자체, 즉 캔버스 위에 흩뿌린 물감이나 찢어진 자루, 균열이 생긴 금속에 모든 일을 맡긴다. 그들은 그림이나 조각을 ㉠ 있는 그대로의 모습 또는 우연의 산물로 만들기 위해 일체의 형식적인 것들을 거부하고 있는 것처럼 보인다. 예술가는 그저 원재료를 상기시키는 제목을 자신의 작품에 붙일 따름이다.

① 조개가 제 살을 갈라 품은 진주처럼
② 파도가 모래 위에 그려 놓은 흔적처럼
③ 바람벽에 남겨 놓은 여행자의 자취처럼
④ 산새마저 날아간 저녁 무렵의 골짜기처럼
⑤ 낡은 일기장에서 찾아낸 어릴 적 사진처럼

03_ 비유적으로 표현하기
문맥으로 보아 ㉠은 '인위적이거나 의식적인 작용이 배제된 것처럼 보이게 한다.'는 의미를 담아야 한다. 그렇다고 해서 의식적이고 인위적인 표현 행위가 없는 것은 아니다. 그렇게 보이게 하려 한다는 뜻이다. ②에서 '흔적'은 작품에 대한 비유이다. 즉, 작품을 마치 '모래 위에 남겨진 파도의 흔적'처럼 보이게 만든다는 의미가 비유적으로 표현되어 있다.

02 ① 03 ②

04_ 비유적으로 표현하기
㉠의 예에서 '값'의 의미는 변화가 없지만, 환경에 따라 발음이 달라지는 현상을 설명하고 있다. ⑤에서 김○○ 씨는 변함이 없지만, 어떤 상황에 놓이는가에 따라 호칭이 달라지고 있다.

04 ㉠을 비유적으로 설명하고자 할 때 가장 적절한 것은?

> 이형태에는 위와 같은 것들 이외에도 또 다른 종류가 있다. ㉠ '값'은 '값이'에서는 /값/으로, '값도'에서는 /갑/으로, '값만'에서는 /감/으로 소리가 다르게 나타난다. 이때 /값/, /갑/, /감/을 형태소 '값'의 이형태라고 한다. 이렇게 보는 이유는 '형태소'라는 말에서 형태란 어떤 형태소를 나타내는 소리의 묶음이라고도 하기 때문이다.

① 컴퓨터의 입력 장치는 키보드와 마우스이다.
② 학교는 초등학교, 중학교, 고등학교, 대학교로 나눌 수 있다.
③ 우리 반에서 키가 크고, 안경을 쓰고, 중국어를 선택한 학생은 2명이다.
④ 남한강은 강원도에서 발원하여 충청북도, 경기도를 거쳐 서울로 흘러간다.
⑤ 김○○ 씨는 집에서는 아버지, 직장에서는 부장, 동호회에서는 회장으로 불린다.

05_ 구절의 문맥적 의미
첫째 문단에서 '독자'가 '관객'으로 바뀌고, 마지막 문단에서 독서 세대가 사라진다고 했다. 따라서 정답은 ③이다.

05 ㉠이 의미하는 바로 가장 적절한 것은?

> 한 시대를 풍미했던 사회소설이 애정영화로 탈바꿈한 것은 독서 세대가 사라지고 있다는 증거이다. 영화 「위대한 유산」은 한때 인류의 위대한 유산으로 믿었던 ㉠ 소설의 시체 위에 화려하게 핀 영상의 꽃을 복잡한 심경으로 바라보게 하는 영화이다.

① 졸작인 소설을 걸작의 영화로 탈바꿈시킴
② 원작 소설에 힘입어 영화가 흥행에 성공함
③ 독서 세대가 사라지고 영상 세대가 주축을 이룸
④ 흥행에 성공한 영화가 침체된 소설 창작을 부흥시킴
⑤ 소설가들의 창작 도구가 펜에서 컴퓨터 자판으로 바뀜

04 ⑤ 05 ③

06 ㉠에서 '밧줄'과 '짧은 실'의 관계로 보아 ⓐ~ⓔ 중, 문맥상 이질적인 하나는?

> 예술이 무엇이냐는 질문에 우리는 레오나르도 다빈치의 '모나리자'나 베토벤의 교향곡이나 ⓐ 발레 '백조의 호수' 같은 것이라고 대답할지 모른다. 물론 이 대답은 틀리지 않았다. 하지만 질문이 이것들 모두를 예술 작품으로 특징짓는 속성, 곧 예술의 본질이 과연 무엇인지를 묻는 것이라면 그 대답은 무엇이 될까?
>
> 사실 같은 이름으로 불리는 ⓑ 어떤 그룹에 속한 것들 모두에게 공통되는 속성이 하나쯤은 있어야 한다는 생각은 자연스럽다. 그렇지 않다면 대체 이들을 같은 이름으로 부르는 근거가 무엇이겠는가. 예술의 본질을 찾으려는 노력도 이러한 가정 하에서 전개되었다. 그래서 예술은 곧 모방이라는 서양의 전통적 시각이나, 예술은 감정의 표현이라는 주장, 또 예술은 형식이라는 주장까지 모두 예술의 본질에 대한 답변으로 간주되었다. 하지만 이들이 모두 정답으로 경쟁한다면, 그 중 어느 것이 정말 예술의 본질인가?
>
> 20세기 들어 비트겐슈타인의 철학은 이 문제에 다른 방식으로 접근하는 계기를 마련해 주었다. 비트겐슈타인은 '게임'을 예로 든다. 누군가가 게임의 본질적 속성을 '경쟁'으로 본다고 해 보자. 곧 반례가 만들어질 것이다. 예를 들어, 전쟁은 경쟁이라는 속성을 가졌지만 게임은 아니다. 한편 게임 중에도 경쟁이 아닌 것이 있다. 무료한 시간에 ⓒ 혼자 하는 카드놀이가 그 예가 될 수 있을 것이다. 이런 식으로 따져가다 보면 모든 게임에 공통적인 하나의 본질을 찾는 일은 불가능해 보인다. 그런데 비트겐슈타인은 이것이 바로 게임이라는 개념에 대한 정확한 인식이라고 한다.
>
> 비트겐슈타인에 따르면, 게임은 본질이 있어서가 아니라 게임이라 불리는 것들 사이의 유사성에 의해 성립되는 개념이다. 이러한 경우 발견되는 유사성을 '가족 유사성'이라 부르기로 해 보자. 가족의 구성원으로서 어머니와 나와 ⓓ 동생의 외양은 이런저런 면에서 서로 닮았다. 하지만 그렇다고 해서 셋이 공통적으로 닮은 한 가지 특징이 있다는 말은 아니다. ㉠ 비슷한 예로 실을 꼬아 만든 밧줄은 그 밧줄의 처음부터 끝까지를 관통하는 하나의 실이 있어서 만들어지는 것이 아니라 짧은 실들의 연속된 연계를 통해 구성된다. 그렇게 되면 심지어 전혀 만나지 않는 실들도 같은 밧줄 속의 실일 수 있다.
>
> 미학자 와이츠는 예술이라는 개념도 이와 마찬가지라고 주장한다. 그에게 예술은 가족 유사성만을 갖는 '열린 개념'이다. 열린 개념이란 주어진 대상이 이미 그 개념을 이루고 있는 ⓔ 구성원 일부와 닮았다면, 그 점을 근거로 하여 얼마든지 그 개념의 새로운 구성원이 될 수 있을 만큼 테두리가 열려 있는 개념을 말한다.

① ⓐ ② ⓑ
③ ⓒ ④ ⓓ
⑤ ⓔ

06_ 문맥적 의미의 파악
㉠에서 '밧줄'과 '짧은 실'은 예술의 개념을 설명하기 위해 동원된 구체적인 사물이다. '밧줄'은 개념이라 할 수 있고, '짧은 실'은 그 개념의 범주에 속할 수 있는 구체적인 것들이다. ⓑ는 하나의 개념을 표현하고 있다. 왜냐하면 이는 '같은 이름으로 불리는' 것이며, '이에 속한 모두에게 공통적인 속성이 있어야 하지 않을까'라며 이야기를 진행하기 때문이다. 반면에 나머지는 모두 개념의 범주에 속할 수 있는 구체적인 것들이거나, 이를 쉽게 설명하기 위해 예로 든 것들이다. 즉, 나머지는 '개념을 이루고 있는 구성원'에 해당하는 것이다.

02

06 ②

07_ 문맥적 의미 파악
'수문장'의 의미는 경험이 의식 수준까지 도달하기 전에 자아가 불필요한 부분을 제거한다는 의미로 여기에 문맥적으로 어울리는 단어는 '액체를 걸러 내는 데 쓰는 기구'의 뜻을 가진 '여과기'라는 단어로 대체하여 사용할 수 있다. '완충기'는 '급격한 충격을 완화하는 장치', '계량기'는 '수량을 헤아리거나, 부피나 무게 따위를 재는 데 사용하는 장치', '감지기'는 '온도·압력·소리·빛 등의 물리량이나 그 변화량을 검출하는 소자(素子) 또는 장치', '경보기'는 '갑작스러운 사고나 위험을 알리는 장치'를 의미하는 말로 대체할 수 없는 단어들이다.

07 문맥적 의미를 고려할 때, ⓐ와 바꾸어 쓰기에 가장 적절한 것은?

> 자아는 자각하고 있는 지각(知覺), 기억, 생각, 감정으로 구성되며, 자아에 의해 존재로 인정되지 못하면 그것들은 자각될 수 없다. 그리고 경험이 의식의 수준까지 도달되기 전에 자아가 불필요한 부분을 제거하기 때문에, 의식에 대한 ⓐ <u>수문장(守門將)</u>으로서 역할을 한다. 그러면 자아에 의해 인식되지 못한 경험들은 어떻게 될까? 경험할 당시 중요하지 않거나 신빙성이 부족하면 '개인 무의식'이라는 곳에 저장되었다가 필요할 때는 언제나 쉽게 의식화될 수 있다.

① 완충기(緩衝器)
② 여과기(濾過器)
③ 계량기(計量器)
④ 감지기(感知器)
⑤ 경보기(警報器)

08_ 비유적 표현
김 반장의 인정이 없고 냉혹한 태도를 드러내기 위하여, 직유법을 사용하여 표현한 문장이다. 막 떨어질 것만 같은 '칼날'을 보고 간담이 서늘해지는 것이 우리들의 일반적인 정서이다.

08 [㉠]에 들어갈 말로 가장 적절한 것은?

> 이 못된 놈이 사람 친다고 악을 쓰면서 덤벼드는 그를 향해 김 반장은 알게 모르게 주먹 솜씨를 발휘하였다.
> "어디서 굴러먹던 뼈다귀인지 생전 보지도 못한 놈이 남의 장사 망치려고 덤벼든 것을 생각하면 내 속이 터진다구."
> 김 반장의 목소리는 칼날처럼 [㉠].

① 무서웠다
② 산뜻했다
③ 시원했다
④ 정확했다
⑤ 서늘했다

07 ② 08 ⑤

09 [A]를 비유적으로 설명하기에 가장 적절한 것은?

> 지금 우리가 사용하고 있는 대부분의 전기는 석탄·석유·천연가스 등의 화석연료를 연소시켜 발전하는 방식으로 얻는다. 이러한 방식은 연료의 화학에너지를 열에너지로 바꾼 다음 기계적 에너지로, 이를 다시 전기에너지로 변환하는 3단계의 과정을 거치는 것이다. 그러나 [A] 연료전지는 천연가스나 메탄올 등의 연료에서 얻어낸 수소와 공기 중의 산소를 반응시켜 전기에너지를 직접 얻는 방식이다. 즉, 중간 과정 없이 화학에너지에서 바로 전기에너지로 변환되는 것이다. 그렇기 때문에 효율이 훨씬 좋다. 또한 생성물이 물밖에 없어 무공해이고, 기계적 에너지 변환 단계가 생략되어 소음이 없음은 물론이다. 그래서 연료전지는 환경 친화적이다.

① 철수는 머리가 아파 공원을 산책했더니 머리가 맑아졌다.
② ○○공장은 새로운 직원들을 채용하여 생산량을 증가시켰다.
③ □□회사는 중간 유통 단계를 줄여서 회사의 이익을 향상시켰다.
④ △△경찰서는 도둑이 잡히지 않자 포상금을 걸어 도둑을 신속하게 검거하였다.
⑤ 영희는 성적이 떨어지자 잠자는 시간을 줄여가며 공부해서 전교 1등을 하였다.

09_ 비유적으로 표현하기
기존의 전기 발전 방식이 에너지를 3단계로 변환시키는 과정을 통해 전기를 얻었다면, 연료전지는 중간의 변환 단계 없이 화학에너지에서 바로 전기에너지로 변환되기 때문에 효율이 좋다는 것이 [A]이다. 다시 말해 연료전지는 기존의 발전 방식에서 거치던 중간 단계를 생략했기 때문에 효율이 좋다는 것이다. 따라서 기존의 유통 단계를 생략해서 회사의 이익을 향상시켰다는 ③의 진술은 [A]와 유사한 상황이다.

02

10 이 글에서 말하고자 하는 바에 가장 가까운 진술은?

> 세상에는 재덕(才德)을 갖추었음에도 이를 충분히 발휘하지 못한 사람이 있는데, 이 경우 사람들은 그 사람의 상에다 그 허물을 돌리지만, 그 상을 따르지 않고 이 사람을 우대했더라면 이 사람도 재상이 되었을 것이다. 또 이해에 밝고 귀천을 살폈는데도 종신토록 곤궁한 사람이 있는데, 이 사람의 경우도 사람들은 상에다가 역시 그 허물을 돌리지만, 그 상을 따지지 않고 이 사람에게 자본을 대주었더라면 이 사람 또한 큰 부자가 되었을 것이다.

① 물고기는 물을 떠나서는 살 수 없고, 꿀벌은 꽃을 떠나서는 살 수 없다.
② 고양이가 발톱을 갈고 호랑이 목소리를 흉내낸다 하여 호랑이가 될 수는 없다.
③ 똑같은 종이라도 생선을 포장했던 종이는 비린내가 나고, 꽃을 포장했던 종이는 향기가 난다.
④ 내가 하찮게 생각하여 버리는 잡동사니가 다른 사람에게는 없어서는 안 될 보물이 될 수 있다.
⑤ 주변 분위기를 좋게 하는 꽃은 정신 건강에, 필요한 영양소를 제공해 주는 과일은 육체 건강에 좋다.

10_ 글의 내용을 뒷받침하기에 적절한 비유
[A]는 재덕을 발휘하지 못한 사람과 큰 부자가 되지 못한 사람에 대해 언급하면서 이들에게 적절한 환경과 여건을 충분히 제공해 주었다면 성공했을 것이라는 견해를 피력하고 있다. 주어진 환경과 여건에 따라 그 가치가 다르게 형성될 수 있다는 ③의 비유가 이에 가장 가깝다.
생존에 필요한 조건의 중요성을 강조한 ①, 다른 것을 흉내는 낼 수 있어도 본바탕은 바꿀 수 없다고 한 ②, 동일한 물건도 상대적으로 그 가치가 달리 쓰일 수 있다는 견해를 표현한 ④, 사물마다 서로 다른 고유의 역할이 있음을 언급한 ⑤는 [A]의 글쓴이의 견해와는 거리가 있다.

09 ③ 10 ③

11 ⓐ와 ⓑ에 들어갈 말로 가장 적절한 것은?

이와 같이 경제적이고 실용적이며 개방적 공간인 블로그와 유사한 성격을 지닌 미디어로는 미니 홈피를 들 수 있다. 그런데 미니 홈피는 블로그와 달리 개인의 신상 관리라는 사적인 역할에 치중한다. 이런 점에서 미니 홈피는 (ⓐ)의 특성이 강한 반면, 블로그는 (ⓑ)와/과 같은 성격이 강한 공간인 셈이다. 즉 블로그나 미니 홈피 모두 인터넷 상의 중요한 소통 수단이지만, 블로그는 네티즌과의 생산적인 대화를 위한 미디어로서의 성격이 짙다는 것이다.

	ⓐ	ⓑ
①	개인이 이용하는 '휴대전화'	대중이 이용하는 '공중전화'
②	사적인 일상을 기록하는 '일기장'	정보와 의견을 서로 주고받는 '모둠 일기'
③	수동적인 계산 도구인 '주판'	기계가 직접 계산 결과를 제시하는 '계산기'
④	소수의 사람이 탈 수 있는 '택시'	한꺼번에 많은 사람이 탈 수 있는 '버스'
⑤	물건을 임시로 넣어 두는 '보관함'	물건을 오랜 기간 보관하는 '창고'

12 ⓐ의 의미를 알아보기 위해 사전을 찾아보았다. 〈보기〉의 밑줄 친 부분과 쓰임이 유사하지 않은 것은?

고기 썩는 냄새가 역한 배 안에서 물결에 흔들리다가 깜빡 잠든 사이에, 유토피아의 꿈을 꾸고 있는 그 자신이 있다. 조선인 콜호스 숙소의 창에서 ⓐ 불타는 저녁놀의 힘을 부러운 듯이 바라보고 있는 그도 있다. 구겨진 바바리코트 속에 시래기처럼 바랜 심장을 안고 은혜가 기다리는 하숙으로 돌아가고 있는 9월의 어느 저녁이 있다.

보기

불-타다 1. 불이 붙어서 타다. ¶ 화재로 집이 불타다.
2. (비유적으로) 매우 붉은빛으로 빛나다. ¶ 불타는 노을.

① 오늘 한창 물오른 싱싱한 생선이 나왔다.
② 어린 동생은 자기의 나이를 손꼽아 세었다.
③ 분홍색 메꽃이 군데군데 두렁을 수놓고 있다.
④ 바람 소리도 잠들고 짐승들 울음소리마저 사라졌다.
⑤ 오월의 신록을 살찌게 하는 비가 부슬거리고 있었다.

11_ 비유적 표현
미니 홈피와 블로그는 경제적이고 실용적인 공간이라는 점에서는 유사하지만 사적인 소통을 주된 역할로 하고 있느냐, 정보와 의견의 교환을 주된 목표로 하고 있느냐에 따라 그 성격이 구별된다. 그러므로 이런 특성을 가장 잘 구별해 주고 있는 것은 사적인 일상을 기록하는 '일기장'과 정보와 의견을 주고받는 '모둠 일기'라고 할 수 있다.

12_ 어휘 · 어법의 이해(단어의 확장적 의미 파악)
〈보기〉에서 '불타다1'은 기본적 의미이고 비유적으로 사용되는 '불타다2'는 확장된 의미이다. ⓐ는 저녁놀이 불타는 것이므로 기본적 의미가 아니라 확장된 의미인 '불타다2'에 해당한다. 그런데 ②의 '손꼽아'는 문맥상 '손가락을 꼽아 수를 세다.'는 기본적 의미로 풀이되므로 ⓐ와 쓰임이 다르다.
① '물오른 싱싱한 생선'에서 '물오른'은 실제로 물이 올랐다는 것이 아니고 싱싱한 상태를 비유적으로 표현한 것이므로 확장된 의미로 쓰인 경우이다. ③ '두렁을 수놓고'에서 '수놓고'는 실제로 수를 놓는다는 것이 아니고 수를 놓은 것처럼 아름다운 경치를 비유적으로 표현한 것이므로 확장된 의미로 쓰인 경우이다. ④ '바람 소리도 잠들고'에서 '잠들고'는 실제로 잠이 들었다는 것이 아니고 바람 소리가 사라져 없어진 상태를 비유적으로 표현한 것이므로 확장된 의미로 쓰인 경우이다. ⑤ '신록을 살찌게 하는 비'에서 '살찌게'는 실제로 살이 찌게 한다는 것이 아니고 신록을 더 짙게 보이는 상태를 비유적으로 표현한 것이므로 확장된 의미로 쓰인 경우이다.

11 ② 12 ②

2. 의미의 유사성

01 ㉠ ~ ㉤ 중에서 의미하는 바가 다른 하나는?

> 이렇게 다양한 선들은 춤을 추는 이가 호흡을 깊이 안으로 들이마실 때에는 힘차게 휘도는 선으로 나타나고, ㉠ 가볍게 숨을 들이마시고 내쉬는 과정을 반복할 때에는 경쾌하고 자잘한 곡선으로 나타나곤 한다.
>
> 호흡의 조절을 통해 다양하게 구현되는 곡선들 사이에는 우리 춤의 빼놓을 수 없는 구성 요소인 '정지'가 숨어 있다. 정지는 곡선의 흐름과 어울리며 우리 춤을 더욱 아름답고 의미 있게 만들어 주는 역할을 한다. 정지하기 쉬운 동작에서의 정지는 별 의미가 없지만, ㉡ 정지하기 어려운 동작에서 정지하는 것은 예술적 기교로 간주된다. 그러나 이때의 정지는 말 그대로의 정지라기보다 ㉢ '움직임의 없음'이며, 그런 점에서 동작의 연장선상에서 이해해야 한다. 음악의 경우 연주가 시작되기 전이나 끝난 후에 일어나는 정지 상태는 별다른 의미가 없지만 연주 도중의 정지, 곧 침묵의 순간은 소리의 연장선상에서 이해되는 것과 마찬가지다. 다시 말해서 이때의 소리의 없음도 엄연히 연주의 일부라는 것이다.
>
> 우리 춤에서 정지를 ㉣ 동작의 연장으로 보는 것, 이것은 바로 우리 춤에 담겨 있는 '마음의 몰입'이 발현된 결과이다. 춤추는 이가 호흡을 가다듬으며 다양한 곡선들을 연출하는 과정을 보면 한 순간 움직임을 통해 ㉤ 선을 만들어 내지 않고 멈춰 있는 듯한 장면이 있다. 이런 동작의 정지 상태에서도 멈춤 그 자체로 머무는 것이 아니며, 여백의 그 순간에도 상상의 선을 만들어 춤을 이어가는 것을 몰입 현상이라고 말하는 것이다.

① ㉠ 가볍게 숨을 들이마시고 내쉬는 과정
② ㉡ 정지하기 어려운 동작에서 정지하는 것
③ ㉢ '움직임의 없음'
④ ㉣ 동작의 연장으로 보는 것
⑤ ㉤ 선을 만들어 내지 않고 멈춰 있는 듯한 장면

01_ 제시된 핵심 대상의 특성 파악
우리 춤은 '곡선'을 내내 유지하면서 진행된다. 이 말은 춤이 시종일관 곡선만으로 진행된다는 말이 아니라, '정지'의 순간에도 상상의 선을 만들어 춤을 이어갈 수 있다는 것을 의미한다. 이는 몰입현상에 의해 완성되는 우리 춤의 특성을 보여 주는 것으로, '곡선'과 더불어 '정지'의 순간에도 유지되는 선까지 느낄 수 있어야 우리 춤을 제대로 감상하는 것임을 알 수 있게 해준다. 그러나 ①은 실제로 보이는 곡선을 의미하는 말이므로 '정지'의 상태를 의미하는 ② ~ ⑤와는 의미가 다르다.

01 ①

필수 독해 유형 36강

The콕 제1강 어휘의 이해와 사용

1단계 유형학습

Q. 다음 문장 중 어법에 맞고 자연스러운 것은?

① 지금 내가 살고 있는 도마동은 예전에는 농촌이었던 곳으로 태어난 곳은 아니다.
② 저 선수의 장점은 주력이 빠르고 시야가 넓은 것이 가장 큰 장점입니다.
③ 내가 재수를 해서 잃은 것은 무엇이고 얻은 것은 무엇일까? 얻은 것은 지난날을 차분히 돌아보고 반성할 기회를 가짐으로써 좀 겸손해진 것 같다.
④ 하지만 어린 나이에 할머니의 생활들을 이해한다는 것은 거의 불가능한 일이었다. 그럼에도 불구하고 그것은 나의 지금의 모습을 형성하는 데 많은 영향을 미쳤다.
⑤ 원시 시대부터 인간은 끊임없는 발전을 거듭해 온 것은 우리가 인정해야 하는 사실이다.

해결 과정

①은 '아니다'에 해당하는 주어가 없다. '내가 태어난 곳은 아니다.'로 고쳐야 한다. ②는 '장점은'이라는 주어를 술어에서 반복적으로 사용하고 있기 때문에 주술호응이 부자연스럽다. ③은 '얻은 것은'과 호응할 수 있는 술어가 없다. ⑤는 '인간은'이라는 주어의 주격조사가 어색하게 사용되어 있다. '인간이'로 고쳐야 보다 자연스러운 문장이 된다.

정답 ④

2단계 배경지식

'어휘의 이해와 사용'을 풀기 위한 스키마 학습

1. 유형설명

이 유형은 '어법의 이해와 사용'을 묻는 문제이다. 이 문제는 어법에 맞으면서 문맥, 문체 등에 어울리는 적절한 어휘를 구사하고 있는가를 파악하는 것이다. 즉 주술 관계, 시제, 접속어 등 문법적 호응 관계에 맞는 글쓰기 능력이나 글의 내용에 어울리는 적절한 표현 능력, 그리고 불필요한 표현 등을 찾을 수 있는 능력을 평가한다.

2. 학습초점

이 형태를 풀기 위해서는 다음과 같은 사항을 반드시 염두에 두어야 한다.

» 문장의 중심 줄기인 주어와 서술어가 적절히 호응해야 한다.
  → 서술어를 먼저 확인한 후 호응하는 주어를 찾는다.(주술의 호응 관계)
» 시제의 올바른 사용을 알아야 한다.
» 체언과 다른 성분의 관계를 나타내는 조사의 용법을 정확히 알아야 한다.
» 문맥에 적절한 표현과 불필요한 표현의 구분 능력을 길러야 한다.
» 부사와 서술어의 호응이 적절해야 한다.
  → 부사 중에는 특수한 서술어와 호응하는 것들이 있다.
» 높임법(주체 높임, 객체 높임, 상대 높임)을 바르게 익혀 올바르게 사용한다.

3. 학습내용

(1) 문장 성분의 호응

① 주어 · 서술어의 호응

㉠ 나는 목이 마렵다. → 마르다. ('마렵다'는 '소변이 마렵다'의 경우)

㉡ 현충일을 맞아 우리가 엄숙한 마음으로 선열의 덕을 추모하는 것은 가신임의 높은 뜻을 기리며, 동시에 우리의 마음가짐을 새로이 해야 한다. → 하기 위한 것이다.

㉢ 여기서 알아야 할 점은 일제의 식민지적 교육이 식민지 지배의 도구에 지나지 않았으며, 간교한 민족 분열의 수단인 동시에 정치 선전이었다. → 정치 선전이었다는 사실이다. (이 글의 문장 주어는 '점은'이고 '정치 선전이었다'는 '교육이'의 서술어이다. 따라서, '점은'의 서술어는 없는 것이 된다.)

㉣ 단편 소설은 길이가 짧은 대신, 장편 소설이 제공할 수 없는 강한 인상이다. → 강한 인상을 준다.

㉤ 그것이 이루도록 노력하자. → 이루어지도록

② 목적어 · 서술어의 호응

㉠ 경석이는 축구 차러 나갔다. → 하러('축구'는 차는 대상이 될 수 없다.)

㉡ 언니는 집에서 원예를 가꾼다. → 꽃을('원예'는 꽃이나 나무를 가꾸는 일)

㉢ 돌쇠는 떡과 술을 잔뜩 마셨다. → 먹었다.('떡'은 마시는 대상이 될 수 없다.)

㉣ 나는 아기에게 밥을 먹습니다. → 먹입니다.

③ 한정어와 피한정어의 호응

㉠ 긍정적 호응: 과연 ~했구나, 정말 ~했다.

㉡ 부정적 호응: 여간 ~지 않다, ~치고 ~없다, 결코 ~아니다, 전연 ~없다(아니다)

㉢ 반의적 호응: 뉘라서 ~것인가?(~겠는가?), 하물며 ~랴?(~ㄹ 것인가?), ~치고 ~ 있을까?

㉣ 비교적 호응: 마치~처럼, 꼭 ~과 같다

㉤ 가정적 호응: 만약(만일) ~더라도, 혹시(아무리) ~ㄹ지라도, 비록 ~들 ~랴?, 설혹 ~다하더라도

㉥ 원망적 호응: 부디 ~하소서, 아무쪼록 ~해라.

㉦ 의문적 호응: 설마 ~했을까?, 어찌 ~있으랴?

㉧ 추측적 호응: 아마 ~ㄹ것이다.

㉨ 당위적 호응: 모름지기 ~해야 한다, 마땅히(당연히) ~해야 ~ㄹ 것이다.

㉩ 사동적 호응: ~에게 ~을 시키다, ~로 하여금 ~을 ~게 하다.

㉪ 명령적 호응: 제발, 아무쪼록

④ 존비의 호응(존대법의 잘못에서 오는 비문)

㉠ 어머니는 부엌에서 밥을 짓고 있다. → 지으시고 계신다.

㉡ 그분은 두 살 된 따님이 계시다. → 있으시다. ('따님'을 높이기 위한 것이 아니다.)

㉢ 아버지, 둘째형이 오늘 서울에 도착하신대요. → 도착한대요.('형'이 아버지보다 낮은 사람이므로)

㉣ 아버님께서 할머니께 용돈을 주신다. → 드리신다.

㉤ 우리 선생님의 준 과학책이야. → 께서, 주신

㉥ 목사님께서 왔다. → 오셨다.

⑤ 시제의 호응(시제의 혼란에서 오는 비문)

㉠ 저기가 내가 어렸을 때 살았는 동네이다. → 살던, 살았던

㉡ 철수는 이따 학교에 갔다. → 간다, 갈 것이다. ('이따'는 미래 시제와 호응)

㉢ 화분이 길에서 놀았던 아이의 머리 위에 떨어졌다. → 놀던

㉣ 호철이는 아직도 그 이야기를 믿는 중이다. → 믿고 있다. ('믿다'가 상태성 동사이므로 어색)

㉤ 내일이면 왔겠는가? → 오겠는가

㉥ 내일은 제가 바빴습니다. → 어제는

⑥ 조사와 어미의 호응

㉠ 조국 건설의 역군으로써 온 힘을 다할 것입니다. → 역군으로서
(~으로서: 자격, 신분 / ~으로써: 수단, 방법)

㉡ 비가 오는 통으로 아무 일도 못했다. → 통에('통'은 처소의 부사격 '에'를 붙인다.)

㉢ 달 밝는 밤이면 고향에 대한 그리움이 사무친다. → 밝은(달이 밝아 가는 과정이 아니고 상태 표현)

㉣ 나한테 연필 두 자루만 빌려 주라. → 다오.('요청하다'의 해라체는 '다오')

㉤ 비록 힘은 없으니 어떻게 모르는 체하겠는가? → 없으나

⑦ 피동·사동의 호응

㉠ 이 집은 할아버지에 의해 지어졌습니다. → ~께서 지으셨습니다.

㉡ 오늘은 고기가 잘 잡아진다. → 잡힌다.

㉢ 꾸중이 영수에게 들리었다. → 영수가 꾸중을 들었다.

(2) 모호하고 어색한 문장

① 주어와 목적어의 지나친 생략에서 오는 비문

허리가 아파서 집 앞의 한의원에 침을 맞으러 다녔는데 아주 용한 할아버지이셨다.
→ 후절의 주어가 나타나 있지 않아서 어색하다. '다녔는데' 다음에 '침 놓는 분은' 이라고 주어를 밝혀 주어야 한다.

② 부사의 위치나 용도가 잘못된 데서 오는 비문

㉠ 하루 이틀의 수고로 정말 되는 것이 아니다. → '정말'을 문장 맨 앞으로 보내야 한다.

㉡ 설사 폭풍이 불어 오기 때문에 굽히지 않겠다. → 불어 오더라도

③ 문장 병렬시 부당한 공유에서 오는 비문

㉠ 인간은 주위의 ⓐ 환경을 ⓑ 지배도 하고 ⓒ 복종도 하면서 끊임없는 발전을 이룩하여 왔다.

→ ⓐ가 ⓑ의 목적어일 뿐만 아니라 ⓒ의 목적어이기도 한 것처럼 되어 있다. 그러나 '~~환경을~~ ~~복종을~~ 하면서'라는 말은 있을 수 없다. ⓒ 앞에 '그것에'를 넣어 주어야 한다.

㉡ 자동차는 그 ⓐ 쓰이는 곳에 따라 두 종류로 ⓑ 나눈다.

→ ⓑ가 ⓐ와 같이 피동형으로 나타날 것을 기대하게 된다. 따라서, ⓑ를 '나뉜다'로 고치는 것이 한결 매끈하게 느껴진다.

㉢ 나는 ⓐ 방과 ⓑ 집안, 그리고 나아가서는 ⓒ 부엌 설거지까지도 도맡아서 해야 했다.

→ ⓐ, ⓑ, ⓒ가 서술어 '도맡아서 해야 했다.'에 연결되어 있어 어색하다. ⓐ와 ⓑ는 도맡을 수 있는 것이 아니다. 따라서 ⓐ, ⓑ의 서술어 '청소했고'를 첨가해야 한다.

④ 문장의 모호성

㉠ 키가 큰누나의 친구가 간다. → '키가 큰'이 '누나'를 수식하는지, '친구'를 수식하는지 분명하지 않다. '키가 큰' 다음에 쉼표를 찍거나, 수식어를 피수식어 앞으로 이동하여 의미를 명확히 해야 한다.

㉡ 사람들이 많은 도시를 다녀 보면 재미있는 일이 많을 것이다. → '사람들이'와 '많은' 이 '도시'를 꾸며 주는 관형절이 된다고 해석할 수도 있다. 전자의 경우는 '사람들이 많이 사는 도시를'로, 후자의 경우는 '사람들이, 많은 도시를', '사람들이 여러 도시를'이라고 고쳐야 한다.

연습문제
1. 사람으로서는 그런 일을 해서는 안 된다.
2. 햇볕에 얼굴이 탔다.
참고 '에'는 원인 부사격 조사이다.
3. 나는 지금 여간 반갑지 않다. 나는 지금 여간 반가운게 아니다.
4. 뉘라서 제자의 성공을 기뻐하지 않으랴.
참고 'ㅣ라서'는 설의법을 유도하는 주격 조사이다.
5. 너는 모름지기 열심히 공부해야(만) 한다.
6. 그 아이는 나이는 비록 어려도 생각은 깊다. / 그 아이는 나이가 비록 어리지만 생각은 깊다.
7. 그 사람은 아내가 교통 사고를 당했다는 소식에 안절부절못했다.
참고 '안절부절하다'는 동사는 없다.
8. 인생에 있어서 제일 중요한 일은 어떻게 살 것인가를(사느냐를) 배우는 것이다.
참고 조사와 어미, 부사어의 용법과 각 성분 간의 호응에 주의하여야 한다.

01_ ① 주어 '습성은'과 서술어 '맡고, 먹는다'가 호응을 이루지 못하고 있다. '개의 일반적인 습성은 냄새를 잘 맡고 아무것이나 잘 먹는다는 점이다.' 또는 '개는 일반적으로 냄새를 잘 맡고 아무것이나 잘 먹는 습성을 지녔다.'라고 하면 자연스럽다.
② 주어와 나머지 부분이 호응되지 않아 어색한 문장이 되었다. '신문은 ~일들을 모두 기사의 대상으로 삼는다.'라고 해야 자연스럽다.
④ '비단 ~만(뿐) 아니라'의 호응이 이루어지지 않고 있다. '비단 수질 오염뿐 아니라 대기 오염, 토양 오염도 우리가 당면한 심각한 문제이다.'라고 해야 바른 문장이 된다.
⑤ 주어 '우리가 글을 쓰는 것은'과 서술어 '목적이다'가 호응을 이루지 못한다. '우리가 글을 쓰는 것은 자신의 생각이나 느낌을 상대방에게 올바르고 분명하게 전달하여 정확하게 이해하도록 하기 위해서다.'

01 ③

연습문제 다음 문장들을 바르게 고쳐 써 보자.

1. 사람이야 그런 일을 해서는 안 된다. → (　　　　　　　　)
2. 햇볕이 얼굴로 하여금 탔다. → (　　　　　　　　)
3. 나는 지금 여간 반갑다. → (　　　　　　　　)
4. 뉘라서 제자의 성공을 기쁘랴. → (　　　　　　　　)
5. 너는 모름지기 열심히 공부한다. → (　　　　　　　　)
6. 그 아이는 나이가 비록 어려서 생각은 깊다. → (　　　　　　　　)
7. 그 사람은 아내가 교통 사고를 당했다는 소식을 안절부절했다.
   → (　　　　　　　　)
8. 인생에 있어서 제일 중요한 일은 어떻게 사는 것을 배우는 것이다.
   → (　　　　　　　　)

3단계 유사문제

'어휘의 이해와 사용'을 해결능력을 배양하기 위한 심화학습

01 다음 중 어법이 바르고 자연스러운 문장은?

① 개의 일반적인 습성은 냄새를 잘 맡고 아무 것이나 잘 먹는다.
② 신문은 정치, 경제, 사회, 문화 등 생활의 일들이 모두 기사의 대상이다.
③ 비싼 대가를 치르고 일본에서 도입한 기술치고 쓸 만한 것이 거의 없다.
④ 비단 수질 오염도 우리가 당면한 문제이지만, 대기 오염, 토양 오염도 심각한 문제이다.
⑤ 우리가 글을 쓰는 것은 자신의 생각이나 느낌을 상대방에게 올바르고 분명하게 전달하여 정확하게 나의 생각이나 느낌을 이해하도록 하는 것이 작문의 일차적인 목적이다.

02 다음 중 가장 자연스러운 문장은?

① 우리가 한글과 세계의 여러 문자들을 비교해 볼 때 매우 조직적이며 과학적이고 독창적인 문자라고 하는 사실은 널리 알려져 있다.

② 그가 오락에 몰두하는 것은 단순히 즐기기 위해서보다는 현재의 괴로움을 잠시나마 잊어 보려는 행동에 불과하다.

③ 인간은 언어를 통하여 자기의 경험을 남에게 전달할 뿐만 아니라 남의 경험을 제삼자에게 전달하기도 한다.

④ 과학적 인간관과 인식론에 있어서는 인간과 인식에 관한 유일한 가정처럼 받아들여지는 데에서 우려를 낳고 있다.

⑤ 한 나라의 영화 정책은 당연히 자기 나라 영화의 보호와 진흥을 목적으로 그 방향에 따라 정책을 수행한다.

02_ ①은 '비교해 볼 때'와 '매우' 사이에 주어인 '한글은'이 생략되어 있다.
②는 '즐기기 위해서'를 '즐기기 위해서라기'로, '잊어 보려는 행동'은 '잊어버리기 위한 것'으로 고쳐야 한다.
④는 서술어 '받아들여지는'의 주어가 빠져 있으며, 전체적으로 '에 있어서는', '받아들여지는' 등은 일본 어투의 문장으로 우리말에는 적당하지 않다.
⑤의 '목적으로 그 방향에 따라 정책을 수행한다'는 뒷부분이 '진흥이란 목적에 따라 수행된다'로 고쳐야 한다.

03 어법이 바르고 자연스러운 문장은?

① 세상 시름에서 훨훨 벗어난 그는 이 첩첩 산중에서 신선처럼 살았다.

② 오늘도 어김없이 바람 부는 날인데도 노인은 외출할 생각을 마음먹었다.

③ 그녀는 자신이 이기적인 줄을 알면서도 남에게서는 무척 듣기 싫어한다.

④ 회원 각자의 현재의 자기 상황에 최선을 다하는 것은 매우 중요한 일이다.

⑤ 그의 얼굴에 나타난 감정은 누구에게도 감출 수 없는 사랑의 표정이었다.

03_ ② 외출할 생각을 마음먹었다. → 외출할 생각을 했다.
③ 남에게서는 → 남의 말은
④ 회원 각자의 → 회원 각자가
⑤ 나타난 감정은 → 나타난 표정은, 사랑의 표정 → 사랑의 감정

02 ③ 03 ①

The콕 제2강 글의 진술 방식

1단계 유형학습

Q. 예문과 글의 진술 방법이 같은 것은?

> 싸락눈이 유리창에 싸라기처럼 싸락싸락 부딪치면서 나뒹굴고 곤두박질치다가는 또르르또르르 굴러서 토방 위에 새하얀 떡가루처럼 소복이 쌓이고 있다.

① 밤중을 지난 무렵인지 죽은 듯이 고요한 속에서 짐승 같은 달의 숨소리가 손에 잡힐 듯이 들리며, 콩포기와 옥수수 잎새가 한층 달에 푸르게 젖었다. 산허리는 온통 메밀밭이어서 피기 시작한 꽃이 소금을 뿌린 듯이 흐뭇한 달빛에 숨이 막힐 지경이다.

② 화수분은 양평서 오정이 거의 되어서 떠나서 해져갈 즈음에서 백리를 거의 와서 어떤 높은 고개에 올라섰다. 칼날 같은 바람이 뺨을 친다. 그는 고개를 숙여 앞을 내려다보다가 소나무 밑에 희끄무레한 사람의 모양을 보았다. 그것에 곧 달려가 보았다.

③ 그 여자의 머리는 검고 윤기가 자르르했다. 산발로 늘어뜨린 검은 머리채는 얼굴을 거의 감싸고 있었다. 비둘기 알을 오똑하게 세워 놓은 듯한 하얗고 갸름한 얼굴판을 위쪽에는 숱이 적지도 많지도 않은 눈썹이 그려 붙인 듯하였다. 그 아래에는 은은히 반짝이는 눈동자가 자리를 잡고 있었다.

④ 우리 나라는 북부지방, 남부지방, 중부지방으로 형성되었는데, 남부지방을 경상남도 전라남도 등이 해당된다.

⑤ 과연 인류학에서 문화를 어떻게 정의하는가? 문화 인류학의 선각자 타일러(Tylor)는 문화에 대하여 “문화 또는 문명이란 지식·신앙·예술·도덕·법률·관습·기타 사회 성원으로서의 인간에 의하여 획득된 모든 능력이나 습성의 복합적 전체이다.”라고 정의하였다.

해결 과정

묘사란 사물이나 상황으로부터 받은 인상이나 느낌 등을 그대로 재현하는 글쓰기 방식이다. 자신이 받은 인상과 느낌을 읽는 사람에게 구체적이고도 생생하게 전달하는 것이 목적이다. 묘사는 과학적(객관적) 묘사와 인상적 묘사로 나눌 수 있다. 예문은 눈이 오는 모습을 인상적으로 묘사하고 있다.
①과 ③은 묘사인데 ①은 ‘인상적 묘사’에, ③은 ‘객관적 묘사’에 해당한다. ②는 인물의 이동 과정을 ‘서사’의 방법으로 진술했고, ④는 설명 중 ‘구분’의 방법을 사용했으며, ⑤는 ‘정의’와 ‘예시’의 방법을 이용하여 설명한 것이다.

✓ 정답 ①

2단계 배경지식
'글의 진술 방식'을 풀기 위한 스키마 학습

1. 유형설명

이 유형은 '글의 진술 방식'을 묻는 문제이다. 이 문제에 접근하기 위해서는 글의 진술 방식에 있어서 정태적 진술 방식(분석, 묘사, 분류, 예시, 정의, 비교와 대조, 유추), 동태적 진술 방식(서사, 과정, 인과), 논리적 진술 방식(논증, 설득)의 특성을 정확히 이해해야 한다.

2. 학습초점

이 문제를 풀기 위해서는 다음과 같은 사항을 반드시 염두에 두어야 한다.

» 글의 진술 방식인 설명, 논증, 서사, 묘사의 진술 방식을 이해하고 구별할 줄 알아야 한다.

» 주로 문제에서 요구하는 것은 제재를 설명하는 데 사용된 '설명의 방법'을 묻는 문제이다. 따라서 예문이 어떤 진술방법을 택하고 있는가를 파악한 후 답지에 사용된 진술 방식과 비교하여 답을 찾으면 된다.

» 특히 묘사의 방법에는 '객관적 묘사'와 '주관적 묘사'를 구별할 줄 알아야 한다.

3. 학습내용

(1) 설명

① 개념

설명을 독자에게 어떤 지식이나 정보를 제공하기 위해 쓰이는 지문 방식이다. 설명은 어떤 대상을 독자에게 이해시키는 것이 목적이므로 정확한 지식을 쉽고 빠르게 전달할 수 있도록 해야 한다. 백과사전이나 국어사전 등의 진술방식이 전형적인 설명이다.

② 종류

㉠ 확인(지정) : '누구냐', '무엇이냐'에 대한 대답

예문

북두칠성은 어느 계절에나 북쪽 밤하늘을 보면 쉽게 찾을 수 있다. 북두칠성을 흔히 국자에 비유하는데, 그것이 국자라면 국을 쏟을 때 국이 흐를 마지막 두 별을 잇는 직선상에 있는 별 중 가장 밝고, 그 두 별의 간격의 다섯 배쯤에 있는 별을 발견할 것이다. 그것이 바로 북극성이다.

⇒ 지정은 설명 방식 중 가장 직접적이고 단순한 방식이어서 학생들도 쉽게 활용할 수 있다. 가령 고향을 소개할 때, 그 위치가 어디이고, 인구가 얼마이며, 주산물(主産物)이 무엇인가 등을 손가락으로 하나씩 가리키듯이 제시하는 이 지정 방식을 활용할 수 있을 것이다.

TIP 지정과 정의의 차이

- 지정은 모두가 알 수 있는 사실을 확인하는 방법이다. 그러나 정의는 단순한 사실의 확인이 아니라 개념을 규정하는 것이다.
- 정의는 전문성에 따른 설명이다. 지정도 전문성이 요구되는 경우가 있지만 그것은 현상적인 것이고, 정의 방법으로는 논리적으로 본질적인 속성과 개념을 해명한다.

ⓛ 분석

ⓐ 분석(analysis)은 하나의 관념이나 대상을 구성 요소들로 나누어 가는 과정이다. 따라서, 이 방법은 서로 연관된 여러 부분들로 이루어진 관념이나 대상을 설명하는 데 효과적이다. 그러므로 분석은 각 구성 요소들이 유기적(有機的)으로 조직되어 있을 때 사용된다. 분석이 효과적으로 수행될 때, 분석은 단지 대상의 구조를 차례대로 분해할 뿐만 아니라, 분해된 부분들의 상호 관계나 전체 구조 속에서 그들이 차지하는 위치나 기능까지도 아울러 밝히게 된다.

ⓑ 분석의 가장 두드러진 특징의 하나는 바로 유기적으로 짜여져서 정해진 기능을 발휘하는 '구조'를 대상으로 한다는 점이다. 곧, 구분된 각 항목들은 그 자체의 개별적인 의미보다는 전체 구조 속에서 요소로서의 의미 기능이 더 큰 것이다.

예문

컴퓨터의 구조는 크게 본체와 주변장치로 나누어 볼 수 있다. 컴퓨터의 본체는 중앙 처리 장치와 기억 장치로 이루어져 있다. 중앙 처리 장치는 컴퓨터의 두뇌에 해당하며, 연산과 제어 등의 작용을 한다. 컴퓨터의 본체에는 중앙 처리 장치와 함께 기억 장치가 있기 때문에 여러 가지 정보를 저장할 수 있다. 디스크라고 하는 보조 기억 장치도 정보의 저장 기능을 수행한다. 그러나 컴퓨터는 본체만으로는 그 기능을 발휘할 수 없다. 주변 장치가 함께 붙어 있어야만 제대로 정보를 처리하게 된다. 컴퓨터의 본체로 정보를 들여보내는 입력 장치가 필요하고, 컴퓨터의 본체를 통해 처리된 자료를 밖으로 드러내어 보여 주는 출력 장치가 필요하다. 컴퓨터의 자판은 입력 장치에 해당된다. 컴퓨터의 본체와 연결되는 모니터와 프린터는 모두 출력 장치이다.

⇒ 예문은 컴퓨터의 구조를 설명하기 위해 각 부분의 특징과 그 기능을 서로 연결시켜 분석적으로 기술하고 있다. 그 내용을 도식화해 보면 다음과 같다.

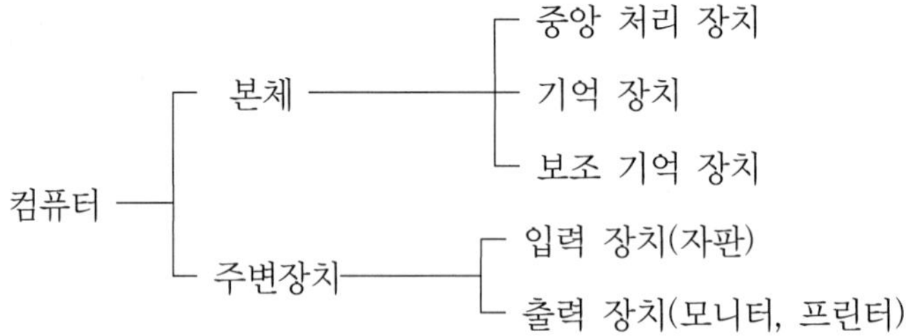

ⓒ **분류와 구분**: 분류와 구분은 한 무리의 사물을 일정한 기준에 따라 갈래짓는 지적 작용으로, 대상이 지닌 속성을 밝혀 주는 구실을 한다. 유개념(類概念)에서 종개념(種概念)으로 내려오면서 가르는 것을 구분(區分)이라 하고, 종개념들을 모아 유개념으로 묶어 가는 것을 분류(分類)라 하는데, 이를 구별하지 않고 분류라 부르기도 한다.

예문

① 경기도, 황해도 남부, 충청남도의 북부를 묶어 기호(畿湖)지방이라 한다.
② 우리 나라는 관서 지방, 관북 지방, 관동 지방, 기호 지방, 호남 지방, 영남 지방으로 구분된다.

⇒ 예문 ①은 작은 것들을 한 덩어리로 묶음으로써 기호 지방의 내용으로 설명하였는데, 이러한 방식을 분류라 한다. 반대로 예문 ②는 큰 것을 작은 것으로 쪼갬으로써 우리 나라의 지리를 설명하였는데, 이러한 방식을 구분이라 한다. 어느 쪽에서나 결국 그 구성 요소를 보임으로써 그 특성을 알려 주는 방식이다.

㉣ **예시**: 예시란 일반적인 원리나 법칙이나 진술을 구체적인 예를 들어 설명하는 진술 방식이다.

예문

민화는 화가의 창조적인 예술품이라기보다는, 집 안팎을 곱게 단장하기 위해 그렸거나, 민속 신앙과 관습에 얽힌 내용의 그림을 대중의 요구에 따라 오랜 세월(歲月)을 두고 되풀이하여 그린, 실용적이며 장식적인 그림이다. 이것은 정통적(正統的)인 음악이나 무용, 문학이 아닌 민속 음악, 민속 무용, 민담(民譚)과 같은 대중 문화(大衆文化)에 속하는 것이라고도 할 수 있다.

⇒ 예문에서는 전통적인 문화가 아닌 대중 문화에 속하는 것들에 대하여 구체적인 예를 들어 설명하고 있다.

㉤ **유추**: 유추(類推)는, 독자에게 생소한 개념이나 매우 어렵고 복잡한 어떤 내용을 설명하고자 할 경우, 그 개념이나 주제를 보다 친숙하고 단순한 다른 어떤 개념이나 내용과 하나씩 비교해 나가는 전개 방법으로서, 잘 알려져 있지 않은 것과 잘 알려진 것이 비유(比喩)되는 특별한 비교라 할 수 있다.

예문

'이처럼 재료가 구조에 참가할 때에 생기는 변화, 이것은 문학과 실생활을 구별하는 본질적 요소가 된다. 건축가가 집을 짓는 것을 보면, 위에 말한 것이 쉽게 이해될 줄 안다. 그는 어떤 완성(完成)된 구조를 생각하고 거기에 필요한 재료를 모아서 적절(適切)하게 집을 짓기도 하고, 주어진 재료들을 가지고 그것으로 지을 만한 집을 짓기도 한다. 어떻든, 그는 모래, 자갈, 목재, 시멘트, 철근 같은 재료를 가지고 건물(建物)이라고 하는 하나의 구조를 완성한다. 이 완성된 구조의 구성 분자가 된 재료들은 그 본래의 재료와 전혀 다른 성질과 모습의 것이 된다. 즉, 시멘트와 적당한 비율로 배합되어 벽에 발린 모래는 트럭에 실려 있을 때와는 전혀 다른 성질, 다른 모습의 사물, 즉 구조(構造)의 일부가 된다는 것이다. 그러므로 문학의 구조를 논할 때에는 무엇보다도 이러한 절대적인 변화가 생긴다는 사실을 잊지 말아야 한다.

TIP 유추와 비교의 차이

비교나 유추는 둘 또는 그 이상의 사물에 대하여 비슷한 점을 밝혀 내는 지적 작용이라는 점에서 같지만, 비교는 그들이 같은 유개념(類概念)에 속한 것인 데 반하여, 유추는 서로 다른 유개념에 속한 것을 대상으로 하는 점에서 차이가 있다. 그런데 유추에서는 그 두 대상 사이에서 속성(屬性)의 유사성을 찾아내어 비교하기 때문에, 유추는 비교에서 확장된 방법이라 할 수 있다.

예
- 연극과 영화의 공통점 → 비교의 방법
- 인생과 마라톤의 공통점 → 유추의 방법

ⓗ 정의

ⓐ **개념**: '정의'란 용어의 의미를 정확히 규정하여 개념의 내용을 설명하는 행위 또는 그 결과로서의 의미를 뜻한다. 즉 사물 또는 대상의 범위를 규정하거나 그 사물의 본질을 설명하는 것이다. '이것은 무엇인가? 어떤 것인가?'에 대한 답으로서 사물의 확실한 범주를 설정해 주는 것이다.

종개념	종차 요소(변별요소)	(최근)유개념
사람은	문화를 창조하고 전승하는	동물이다.
피정의항	정의항	

- 종차 요소는 하나의 유개념 속에 속할 수 있는 다른 개념들과 정의에 사용된 개념을 구별시켜 주는 특성이다(동물 중에 사람을 제외하고 문화를 향유하는 동물은 없다).
- 최근 유개념이란 종개념의 바로 윗단계의 상위 개념을 말한다(사람의 바로 위는 동물이다).

ⓑ **정의의 방법**: 정의는 외연적 정의 형태와 내포적 정의 형태의 두 갈래로 나눌 수 있다.

예문

(가) 척추 동물은 양서류, 조류, 어류, 포유류, 파충류 등을 말한다.(외연적 정의)
(나) 척추 동물은 몸의 등쪽에 뼈와 같은 주요한 골격이 있는 동물을 말한다.(내포적 정의)

⇒ 위의 두 정의 중에서 일반적으로 정의를 내릴 때에는 내포적 정의를 많이 사용한다.

ⓒ **정의의 규칙**: 정의를 할 때는 대체로 다음과 같은 규칙을 따라야 한다. 이러한 규칙은 개념의 내포를 분명히 하는 데 중점을 두는 것이다.

- 정의항의 외연은 피정의항의 외연과 일치해야 한다. 즉 정의항과 피정의항은 대등하여야 하며, 피정의항이 정의항의 부분이 되어서는 안 된다.

예 인간은 두 발을 가진 동물이다.(×) → '두 발을 가진 동물'은 새들도 포함되므로 ⇒ 인간은 서서 걸으며, 말·불·연모를 사용하는 동물이다.(○)

- 정의항의 종차는 피정의항의 본질적 속성을 진술해야 한다.

예 '삼각형'이란 세 개의 직선으로 이루어진 도형이다.(×) → 종차만으로는 삼각형의 본질적인 속성을 밝히지 못했기 때문에 ⇒ 삼각형은 세 변과 세 각으로 이루어진 평면 도형이다.(○)

- 피정의항의 용어나 관념이 정의항에서 반복 사용되어서는 안 된다.

예 독약이란 독이 든 약이다.(×) → 피정의항의 용어를 반복 사용한 순환적 정의이기 때문에 ⇒ 독약이란 사물이나 동물이 적은 약을 마시거나 먹거나 피부로 주입했을 때 강한 독성을 나타내는 의약품이다.(○)

• 정의항이 애매 모호하거나 비유적인 말로 표현되어서는 안 된다.

예 눈은 마음의 창이다.(×) → '마음의 창'이 비유적 표현이기 때문에 ⇒ 눈은 물건을 보는 사람이나 동물의 감각 기관이다.(○)

• 피정의항이 부정의 개념을 지닌 것이 아닌 한, 정의항이 부정적이어서는 안 된다.

예 과부는 남편이 없는 여자이다.(×) → 부정적 표현이 사용되었기 때문에 ⇒ 과부는 남편이 죽어 혼자 사는 여자이다.(○)

예 소경은 앞을 보지 못하는 사람이다.(○) → 피정의항이 부정적 의미를 지니므로 정의항에서 부정적인 내용으로 표현될 수 있다.

ㅅ 과정(過程)

과정은 어떤 결과를 가져오게 한 변화나 단계 또는 기능, 작용 등을 밝히는 진술 방법이다. 따라서, 어떤 일이나 사건의 경과를 제시하는 데 주된 관심을 기울인다. 서사와 마찬가지로 계속되는 일련의 동작이나 행동들에 관련되는 것이지만 '무엇'보다는 '어떻게'에 관한 사항에 주된 관심을 둔다는 측면에서 서사와 구별된다. 예컨대, '운전 면허를 따는 방법'이나 '수영하는 방법' 등에 관한 설명은 과정을 통한 전개 방법에 해당한다.

예문

수영은 물 속에서 행하는 전신 운동으로 몸을 균형 있게 발달시켜 주고 피부와 호흡 기관을 튼튼하게 해 준다. 그러나 이 운동은 생명을 잃을 위험이 따르므로 그 방법과 과정을 충분히 터득해야 한다. 수영은 자유형, 배영, 평영, 접영 등 영법(泳法)에 따라 다른데, 자유형을 기준으로 하여 수영하는 방법을 살펴보면 다음과 같다.

맨 먼저, 준비 운동을 한다. 팔, 다리, 목 등 관절의 각 부위를 오른쪽, 왼쪽으로 회전시켜 주고 근육 마비가 일어나지 않도록 근육을 충분히 풀어준다. 그 다음으로 온몸에 충분히 물을 끼얹은 후 물 속에 들어간다. 물에 들어 간 후 기본 자세는 가능한 한 몸을 수평하게 일직선으로 유지하면서 유선형으로 하여 물의 저항을 줄인다.

ㅇ 인과(因果)

ⓐ 인과, 즉 원인(原因)과 결과(結果)의 원리는 어떤 결과를 가져오게 한 영향 내지 힘, 또는 이러한 힘에 의해 결과적으로 초래된 현상에 관련되는 것으로서, 주로 왜 그것이 일어났는가, 그것의 원인이 무엇이며, 그것의 결과가 무엇인가, 어떻게 그것이 다른 것과 관련되느냐 등에 관한 질문에 답하는 형태의 사고 작용이라고 할 있다. 인과는 어떤 목적의 글에서도 사용될 수 있다.

ⓑ 인과(因果)의 관계를 표현할 때는 그 조건 중 필요 조건과 충분 조건이 있다는 것과, 인과 관계로 보이지만 사실은 공존(共存) 관계에 불과한 경우가 있으므로 오류를 범하지 않도록 해야 한다. '까마귀 날자 배 떨어진다.'는 단순한 공존 관계일 뿐이다.

TIP 원인과 이유의 차이

'원인'과 '이유'의 개념도 구별해 둘 필요가 있다. 예를 들어, 여기에 한 화재 사건이 일어났다고 가정해 보자. 이 경우에 사람들은 그 '원인'이 무엇이냐고 물으며, 그 '이유'가 무엇이냐고 묻지는 않는다. 그러나 누군가가 그 화재를 고의적인 방화였다고 주장한다면 그 '이유'가 무엇이냐고 물으며 '원인'이 무엇이냐고 묻지 않는다. 대체로, 자연적으로 주어진 결과에 대해서는 '원인'이라는 말을 쓰며, 의도적인 주장이나 행동의 동기를 말할 때는 '이유'라는 말을 쓴다.

(2) 묘사

① 묘사의 개념과 목적

묘사는 구체적인 대상을 말로써 그려 보이는 기술 양식이다. 대상의 특징을 일반화, 유형화(類型化)하여 설명하지 않고, 그 구체적인 모습을 그리려는 것이다. 이는 전체와 부분, 부분과 부분이 관련을 가지며, 조화를 이루도록 유기적인 통일체로 표현하는 것이다. 묘사의 목적은 독자의 마음속에 상상 작용을 일으켜 묘사 대상을 직접 감각할 때와 같은 인상과 느낌을 받도록 하는 데 있다.

② 묘사의 효과

느껴지는 광경을 사실감 있고 생생하게 재생하여 준다. 사실감은 묘사의 생명이다. 묘사는 대상에 대해 독자에게 살아 움직이는 모습이나 느낌을 실감나게 전달하는 데 목적을 두고 있다. 그러므로 사물이나 느낌의 특징적인 모습이 잘 드러나서 독자들의 눈앞에 펼쳐 보이는 것 같아야 하며, 어떤 경우는 독자들의 의식이나 감각에 완벽하게 자리를 잡도록 서술해야 한다.

③ 묘사의 종류

㉠ 관찰자의 심리적 반응에 따른 종류

ⓐ **객관적 묘사(과학적 묘사)**: 글쓴이의 주관이 배제된 채, 눈에 보이는 대상이나 상황을 사실에 충실하게 묘사하는 것으로, 과학 실험, 관찰 보고서, 논문 등에 많이 쓰인다. 예리한 관찰 능력과 정확한 표현이 요구되며, 주관에 치우치지 않은 언어를 사용해야 한다.

예문 1

앞발은 아직도 빈 껍질을 붙들고 있다. 그리고 맨 나중으로 몸 중간에 담겼던 껍질로부터 빠져나온다. 이것으로 매미의 일생에서 가장 중요한 허물 벗는 일은 끝이 난다.

– 파브르, '곤충기'

예문 2

인가가 끝난 비탈 저 아래에 가로질러 흐르는 개천물이 눈이 부시게 빛나고, 그 제방을 따라 개나리가 샛노랗다.

개천 건너로 질펀하게 펼쳐져 있는 들판, 양털같이 부드러운 마른풀에 덮여 있는 그 들 한복판에 괴물 모양 기다랗게 누워 있는 회색 건물, 지붕 위로 굴뚝이 높다랗게 솟아 있고, 굴뚝 끝에서 노란 연기가 피어오르고 있다.

햇살에 비껴서 타오르는 불길 모양 너울거리곤 하는 연기는 마치 마술을 부리듯 소리 없이 사방으로 번져 건물 전체를 뒤덮고, 점점 더 부풀어, 들을 메우며 제방의 개나리와 엉기고 말았다.

– 송원희, '조그만 일'

⇒ 예문은 마치 풍경화가 눈앞에 펼쳐 있는 것처럼 개천, 들판, 건물, 굴뚝으로 시선을 옮기면서 객관적으로 묘사하고 있다.

객관적 묘사는 과학적 묘사라고도 하며, 대상에 대해 치밀한 관찰을 통하여 생생하게 기록할 때, 관점을 고정하거나 이동하면서 그려 낼 수 있다.

ⓑ **주관적 묘사(인상적 묘사, 문학적 묘사)**: 글쓴이의 주관적 인상을 통하여 눈에 보이는 대상을 그려내는 것으로, 문학작품 등에 많이 쓰인다.
주관적 묘사를 할 때는 독자의 머릿속에 생생한 기분을 전달해야 하는 것이므로, 어떤 방식으로 인상을 포착할 것인가가 매우 중요하다. 대상의 인상에 대해 독자에게 강렬하게 호소하여 감동을 주는 요소를 찾고, 분명한 관점을 세운 다음 묘사해야 한다. 이때 관점은 기분이나 분위기, 태도, 관심, 인상적인 데 중심을 두어야 효과적인 묘사가 될 수 있다.

(3) 논증

① **성격**: '논증(論證)이란, 아직 명백하지 않은 사실이나 원칙에 대해 그 진실 여부를 증명해 보이는 것으로, 독자로 하여금 글쓴이가 증명한 바를 옳다고 믿게 하고, 그 증명하는 바에 따라 행동하도록 설득하는 진술 방식이다. 논증은 자기 주장을 하나의 문장 형식으로 나타낸 명제(命題)와 이를 뒷받침하는 이유나 근거인 논거(論據), 그리고 논거를 사용하여 명제의 타당성을 증명해 나가는 과정인 추론(推論)으로 이루어진다.

② **명제**: 명제는 논점의 성격에 따라 사실 명제, 가치 명제, 정책(당위) 명제로 나뉜다.

㉠ **사실 명제**: 어떤 것이 사실(眞實)인가를 나타낸 명제이다.

예 한글은 우리 민족의 얼이 담긴 말이다.

㉡ **가치 명제**: 어떤 대상에 대한 시비(是非)나 선악(善惡), 미추(美醜) 등의 가치 판단을 내려놓은 명제이다

예 한글은 과학적으로 우수한 언어이다.

㉢ **정책(당위)명제**: 어떤 행동이나 상태가 바람직하다는 주장을 내세운 명제이다.

예 한글은 과학적으로 우수한, 우리 민족의 얼이 담긴 말이므로, 우리는 그것을 더욱 가꾸고 사랑해야 한다.

③ **논거**: '논거'는 명제의 타당성이나 진실성을 뒷받침하기 위하여 쓰이는 논리적 증거이다.

㉠ **사실 논거**: 누구나 다 객관적으로 인정할 만큼 확실하고 구체적이며 현실적인 사실이나 실험적인 사실을 말한다.

예문

실학자 홍대용(洪大容)이 청나라 북경의 남천주당(南天主堂) 할렌슈타인 선교사를 찾아가 교리 문답을 했다.

"유학은 오륜(五倫)을, 불교는 공적(空寂)을, 도교는 청정(淸淨)을 존중하는 데, 천주학에서는 무엇을 존중합니까?"

"천주학에서는 인애를 존중한다. 천주님은 만유(萬有)의 위에 있으면서 사람을 사랑하기를 나처럼 하라고 가르친다."

"그렇다면 궁극적인 가르침은 유·불·도와 같지 않은가?"

이상 두 교리 문답에서, 우리 한국 사람은 각기 다른 종교일 망정 공존할 수 있는 근거를 찾는데 일관되어 있음을 알 수 있다.

– 이규태, '불교 전파를 탄 캐럴'

ⓛ **소견 논거**: 제 3자로부터 얻은 사실 자료이다. 그 방면의 '권위자나 전문가의 소견'이나 '경험자나 목격자의 증언'이 이에 해당한다. 소견 논거는 공정성과 확실성을 갖추지 못하면 설득력을 획득하기 어려우므로 소견 자료의 선택에 특히 유의해야 한다.

예문

내가 자폐아를 처음 만난 것은 지금으로부터 12년 전의 일이다. 그 때, 어느 한 아이가 어머니의 손에 이끌려 왔다. 그 아이는 4살이었지만 아무런 말도 하지 못하고 이상한 목소리만 내고 있었다. 그 아이는 침착성이 없어서 잠시만 눈을 떼고 있으면 밖으로 나가거나 주위를 이리저리 어지럽혀 온종일 정신을 잃을 정도였다.

그러나 나는 여태껏 한 번도 경험해 보지 못했던 깨끗함이 그 아이와 함께 하고 있다는 것을 온몸으로 느낄 수 있었다.

– 장애자 통합 교육 시리즈, '가능성을 찾아서'

⇒ 사실 논거는 객관성을 띤 구체적인 것으로, 소견 논거는 그 권위가 충분히 인정되는 것으로 사용해야 한다.

④ 논증의 방법과 절차

논증은 곧, 일정한 자료(논거)를 바탕으로 글쓴이가 의도하는 결론을 이끌어 내는 것으로, 이러한 일련의 과정을 특히 '추론(추리)'이라고 한다. 추론의 객관성, 합리성, 보편성을 획득하기 위한 방법으로 가장 널리 쓰이는 방법으로는 연역적 방법과 귀납적 방법, 유추적 방법 등이 있다.

- **연역적 방법**: '연역적 방법'은 일반적인 원리나 원칙을 근거로 하여 구체적인 어떤 사실을 이끌어내는 방법이다. 즉, 이미 알고 있는 일반적인 명제를 바탕으로 하여 새로운 명제를 이끌어 내는 추론 방법이다.

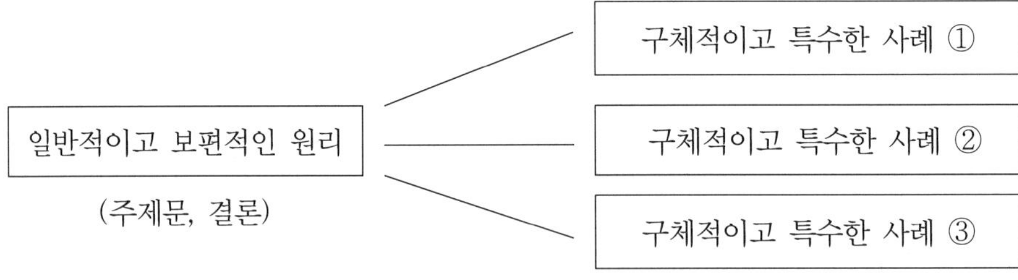

연역적 방법에서 먼저 내세우는 일반적인 원리를 '대전제'라고 하고, 전제를 바탕으로 하여 마지막에 이끌어 낸 것을 '결론'이라고 한다.

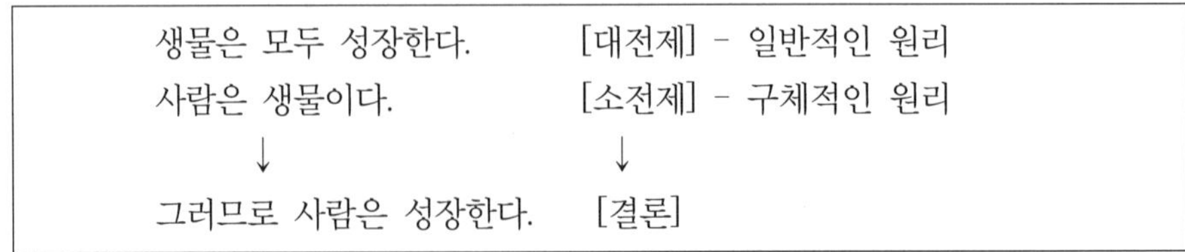

이렇게 논증할 때에는 대전제와 소전제는 모순이 없는가, 결론은 바르게 이끌어 냈는가를 확인하는 일이 중요하다. 연역적 방법은 일반적인 명제를 기초로 하여 새로운 명제를 이끌어 내는 것이므로 논리적 타당성과 명제들 간의 관계만을 매우 중시한다.

TIP 연역 추론의 종류

(1) 직접 추론 : 하나의 전제로부터 새로운 결론을 이끌어 내는 추론.

예 한국인은 모두 황인종이다. (전제)
황인종이 아닌 사람은 모두 한국인이 아니다. (결론)

(2) 간접 추론 : 둘 또는 그 이상의 전제로부터 새로운 결론을 이끌어 내는 추론으로 삼단 논법이라고도 한다.

① 정언적 삼단 논법 : 둘 또는 그 이상의 전제로부터 새로운 결론을 이끌어 내는 추론으로 삼결론을 도출하는 추론 방법

예 모든 사람은 죽는다. 그 독재자는 사람이다. 그러므로 그 독재자는 죽는다.

② 가언적 삼단 논법 : '만약~이라면'이라는 조건을 붙인 대전제를 가진 추론 방법

예 만약 비가 오지 않는다면 운동회가 열릴 것이다. 비가 오지 않는다. 그러므로 운동회는 열릴 것이다.

③ 선언적 삼단 논법 : "선택을 필요로 하는 '~거나'로 된 대전에로 따라 결론을 이끌어 내는 추론 방법

예 내일은 비가 오거나 눈이 올 것이다. 그런데 비는 오지 않을 것이다. 따라서, 눈이 올 것이다.

④ 양도 논법 : 대전제는 두 개의 가언 명제로 되어 있고, 소전제는 하나의 선언 명제로 된 추론 방법

예 비가 오면 큰아들의 미투리가 안 팔릴 테니 걱정이다. 비가 안 오면 작은아들의 나막신이 안 팔릴 테니 걱정이다. 비는 오거나 안 오거나 둘 중의 하나일 것이다. 그러므로 어떻든 걱정이다.

TIP 귀납 추론의 종류

'귀납적 방법'은 구체적인 사실들을 근거로 하여 일반적인 원리나 원칙을 이끌어 내는 방법이다. 곧, 특수한 또는 개별적인 사실로부터 일반적인 결론을 이끌어 내는 방법이다.

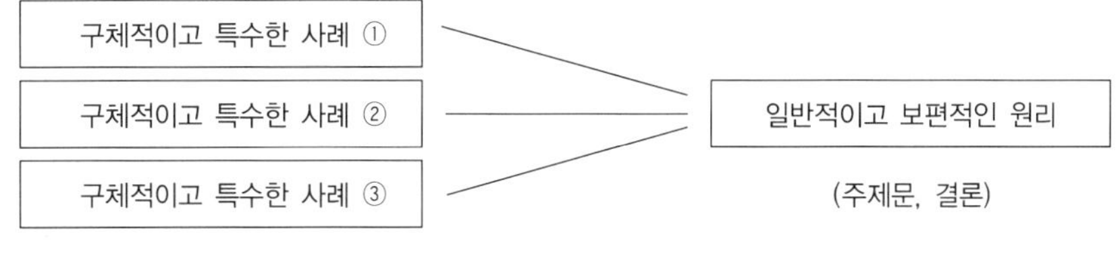

제비도 날개가 있다. 까치도 날개가 있다.	[구체적인 사실들]
이들은 모두 새이다.	[공통점]
∴ 그러므로 모든 새는 날개가 있다.	[결론]

제비와 까치가 날개가 있다는 구체적인 사실을 바탕으로 하여 모든 새는 날개가 있다는 결론을 이끌어 내고 있다. 이처럼, 구체적인 사실들을 기반으로 해서 결론을 이끌어 내기 때문에 구체적인 사실들을 면밀히 확인하는 일이 중요하다.

TIP 귀납 추론의 유형

(1) 완전 귀납 추론: 관찰하고자 하는 집합의 전체 요소를 빠짐 없이 관찰함으로써 그 공통점을 결론으로 이끌어 내는 추론 방법

예 땅콩에 대한 연구 과제를 받은 한 제자는 밤새 땅콩의 껍질을 다 벗겨보고 나서야 스승에게 가서 땅콩은 모두 속꺼풀이 있다고 말씀드렸다.

(2) 통계적 귀납 추론: 관찰하고자 하는 집합의 일부에서 발견한 몇 가지 사실을 열거하여 그 공통점을 결론으로 이끌어 내는 추론 방법

예 땅콩에 대한 연구 과제를 받은 한 제자는 잘 여문 것과 덜 여문 것, 한알박이와 두 알박이, 세 알박이 등 여러 가지를 몇 개씩 골라내어 껍질을 벗겨 보고 곧장 스승에게 가서 땅콩은 모두 속꺼풀이 있다고 말씀드렸다.

(3) 인과적 귀납 추론: 관찰한 집합의 일부 요소들이 지닌 인관 관계를 인식하여 그 원인이나 결과를 이끌어 내는 추론 방법

예 생활이 규칙적이고 편식을 하지 않는 영수는 매우 튼튼한 데 비해, 생활이 불규칙하고 편식을 하는 철수는 몸이 허약하다. 이런 것으로 보아 편식을 하고 불규칙한 생활을 하면 몸이 허약해진다는 것을 알 수 있다.

(4) 유비 추론: '유비 추론'은 서로 다른 대상이 어떤 면에서 유사성이나 일치성을 가질 때, 또 다른 측면도 유사하거나 일치하리라고 추론해 내는 방법이다. 즉, 한쪽의 사실을 바탕으로 하여 다른 쪽의 속성을 추론하는 방법이다.

예 지구에는 공기, 물, 흙 햇빛이 있고 생물이 살고 있다. 최근 화성 탐사선에 의해 화성에도 물이 존재한다는 사실이 밝혀졌다. 이로 보아 화성에도 생물이 살고 있을 것이다.

⑤ **논증에서의 유의점**: 논증(추론)은 다음 절차에 따라 이루어지는 것이 좋다.

㉠ 주어진 주제(화제)를 분석하고, 이에 대해 찬성과 반대의 입장에서 내세울 수 있는 견해나 주장들을 충분히 생각해 본다.

㉡ 자신이 내세우고자 하는 논점들을 이와 비교하여 검토해 보고, 그 논점들 가운데서 핵심이 되는 논점을 정하여 이를 명제로 나타낸다.

㉢ 정한 명제를 연역법과 귀납법 중 어느 추론 방식으로 논증해 나가는 것이 좋은지를 살펴 알맞은 추론 방식을 정한다.

㉣ 추론 유형을 고려하여, 주 논점을 중심으로 전개할 수 있는 보조 논점, 부수적인 논점들을 정리하고 이를 체계적으로 나타낸 본다.

㉤ 각 논점들에 대해 충분히 뒷받침할 수 있는 논거들을 수집하여 정리해 본다.

㉥ 각 논점들을 내세우고 논거를 들어 뒷받침해 가면서 추론해 나간다.

TIP 연역적 방법과 귀납적 방법의 장단점

구분	연역적 방법	귀납적 방법
장점	· 명쾌한 느낌을 준다. · 서술적 진술에 알맞다.	· 독자가 이해하기 쉽다. · 과학적인 증명에 알맞다.
단점	· 독자의 거부감을 자아낸다. · 선입견, 편견에 빠지기 쉽다.	· 지루한 느낌을 준다. · 골고루 살피기 어렵다.

(4) 서사

① 개념

'서사(敍事)'는 어떤 사건에 대한 이야기를 꾸미고 진전시키기 위해 움직임이나 변화, 사건의 진행 과정을 진술하는 방식이다. 그러므로 '무엇이 발생하였는가?'에 대한 대답, 즉, 일정한 시간 내에서 일어나는 인물의 일련의 행동과 사건의 흐름을 중심으로 이야기의 형태는 나타난다.

② 서사의 3요소

㉠ 움직임(movement, acting): 서사는 움직이는 실체(實體), 즉 대상의 활동 사진이다. 그러므로 주안점은 움직이는 대상에 있지 않고 '움직임' 그 자체에 있으며, 한 단계에서 다음 단계로 옮아가는 전이(轉移)가 중요성을 가진다.

㉡ 시간(time): 움직임은 필연적으로 시간의 흐름을 전제로 하여 이루어진다. 서사의 시간은 시간의 한 단편(斷片)이 아니라 시간의 한 단위이며, 그 자체로서 완결성(完結性)을 가진 것이다. 즉, 한 움직임의 과정이 완결되는 동안의 시간을 의미한다.

㉢ 의미(meaning): 서사에서 다루어지는 사건은 단순히 여러 개의 사건이 모아진 것이 아니라, 의미의 연계성을 지닌 일련의 사건이다. 즉 움직임의 각 과정이 사건의 요점을 중심으로 서로 유기적인 관련을 맺고 있어야 한다.

③ 서사의 제시 방법: 서사로 이야기를 제시하는 방법에는 장면적 방법과 요약적 방법이 있다.

㉠ 장면적 방법: 장면적 방법은 글자 그대로 하나의 사건 전체를 충분히 소상하게 그려내 보이는 방법이다. 그러므로 서술하고자 하는 것을 매우 자세하게 재현해서 나타낼 수 있는 장점이 있다. 또, 요약이 필요한 경우에는 언제든지 압축 요약해서 제시할 수가 있다. 장면적 방법으로 제시할 때에는 대화나 묘사 등을 사용해서 보다 사실적으로 표현하는 것이 효과적이다. 그래야만 독자에게 현장감과 생동감을 줄 수 있다.

㉡ 요약적 방법: 요약적 방법은 글자 그대로 요약해서 제시하는 방법이다. 사건의 세부적인 것을 모두 다 밝히지 않고 개괄적이거나 특징적인 면만을 간략하게 서술하는 방법이다. 이는 서술하고자 하는 것을 종합적으로 요약해서 나타낼 수 있는 장점이 있다. 요약적 방법으로 제시하고자 할 때에는 인상이나 느낌을 압축해서 간결하고 분명하게 표현하는 것이 효과적이다. 특히, 복잡하게 얽혀 있는 문제의 경우는 더욱 그러하다.

3단계 유사문제 '글의 진술 방식' 해결능력을 배양하기 위한 심화학습

01 **주어진 진술을 비유와 예시를 사용하여 적절하게 구체화한 것은?**

① 도덕 규범은 문화 상대적이다.
→ 각 민족은 그들이 처한 사회, 경제, 문화적 배경에 따라 그 나름의 도덕 규범을 소유하고 있다.

② 젊은이들은 유교적 도덕관을 경시한다.
→ 요즘 젊은이들은 충·효와 같은 전통 도덕을 유행이 지난 기성복처럼 낡아빠진 것이라고 생각한다.

③ 폐쇄적인 사회의 도덕 규범은 전체적이다.
→ 폐쇄적인 사회에서는 구성원이 도덕 규범을 어겼을 경우, 공동체의 전체 구성원으로부터 완전히 소외되거나 가혹한 비난을 받게 된다.

④ 도덕 규범은 법률의 기초가 된다.
→ 인간 사회에서는 누구나 지켜야 할 도덕이 있는데, 도덕을 위배하는 사람이 점차 많아지자 그들을 제재하기 위해서 법률을 만들었다.

⑤ 우리 사회에는 도덕적 위기감이 팽배해 있다.
→ 전통적인 도덕 규범으로는 상상할 수도 없는 사건이 일어나는 것을 보고, 우리의 전통적 도덕 규범은 이미 존재하지 않는 것처럼 말하는 사람이 많다.

01_ 예문의 글은 서사의 방식을 택하고 있다. ①은 이동적 관점에서의 묘사, ②는 묘사, ③은 과정의 분석, ④ 기능 분석이다.

01 ⑤

02 다음 중, 글의 전개 방식이 다른 것은?

① 이와 같이 우리의 음악, 회화, 건축 등으로부터 일상 생활의 의식주에 이르기까지 깃들어 있는 이 멋과 조화는 우리의 생리 체질까지 제약하면서 발전하여 나왔기로 우리의 문학에서도 이 미의식이 반영되고 있다.

② 기름 파동을 이겨내기 위한 세계의 움직임은 부산하다. 인도의 수상은 마차를 타고 출퇴근을 하고, 네덜란드의 수상은 자전거 타기에 앞장섰다. 이 모든 본보기들은 세계의 기름 파동이 얼마나 심각한가를 단적으로 보여 준다.

③ 다이아몬드는 많은 사람을 유혹하여 곤궁에 빠뜨려 왔다. 저 유명한 니콜라스 벨맨은 상점에서 '키바'라고 하는 보석을 훔쳐내어 도망쳤는데, 경찰을 피하려다가 죽었다. 보석상 토머스 브라이트는 반누라 하는 보석을 밀수하려고 목구멍으로 삼켰다가 맹장 수술 중에 발견되어 체포되었다.

④ 세대간 이해 부족으로 인한 갈등은 인간 역사 이래로 끊임없이 동서고금의 숱한 문학 작품 속에서 흔히 발견하게 된다. 카프카의 '변신' 속에서는 주인공과 아버지와의 갈등이 처절하게 나타나 있는데 이는 현실에서 카프카 자신과 아버지와의 갈등이 얼마나 심했는가를 잘 반영해 주고 있다.

⑤ 철수는 어떤 어린이보다도 정직하다는 것이 드러났다. 그는 일전에 친구들과 함께 학교에서 돌아오다가 길 위에 돈지갑이 떨어져 있는 것을 발견했다. 그 때 친구들이 따라와 철수를 붙잡고 그 지갑을 먼저 열어 보기라도 하자고 졸라 댔다. 그러나 그는 남의 물건을 펼쳐 보려는 호기심은 벌써 나쁜 마음의 씨라고 대꾸하고는 친구의 손을 뿌리쳤다.

02_ 예문의 진술 방식은 묘사이다. ①은 서사, ③은 과정, ④는 분류, ⑤는 정의이다.

02 ②

[03~04] 다음 글을 읽고 물음에 답하시오.

국악은 무엇이고, 양악은 무엇인가?

음악을 '소리의 질서'라고 볼 때, 그 질서의 체계가 근본부터 다르다. '궁상각치우(宮商角徵羽)'라는 국악의 음 체계는 수리적(數理的)으로 꾸며진 데 비해서, 양악의 '도레미파솔라시도'는 물리적(物理的)으로 꾸며진 것이다. 즉, 국악의 음체계는 삼분손익법(三分損益法)으로 분할된 것이고, 양악은 배음율(倍音率)로 분할된 것, 국악이 선적(線的)인 전개로 평면적인 데 비해서, 양악은 공간적인 구축으로 입체적일 수 있다.

이를테면 국악이 초가삼간에 앉아서 대자연을 시야(視野)속에 품는 격이라면, 양악은 벽돌을 쌓아올려 생활 공간을 구축하는 것이랄까. 어쩌면 국악과 양악의 갈등은 하늘과 땅과 인간의 조화를 인생 관조(人生觀照)의 바탕으로 본 우리 선인들의 음악 정신과, 자아(自我)의 깨달음에서 인간 중심의 생활 관조를 바탕으로 본 저네들의 음악 정신과의 그것일는지 모른다.

"음(音)은 천지지화야(天地之和也)"라, 즉 "음악은 하늘과 땅의 조화로다"라고 한 공자(孔子)의 음악 정신을 이어받은 우리의 고급스러운 국악과, "음악은 감정의 속기술이다. 음악은 사상의 상태가 아니라, 영혼의 상태를 매개(媒介)한다"라는 톨스토이의 말은 양자(兩者)의 거리를 실감케 한다.

음악은 모든 기쁨을 높이고
슬픔을 가라앉히며
온갖 병을 몰아내고
모든 괴로움을 만져준다.
그리고 그 때문에 옛 현자(賢者)들은 의약(醫藥)과
음악과의 불가분(不可分)의 힘을 숭배했다.

스코틀랜드의 존 암스트롱이라는 시인은 18세기에 이런 시를 남기고 있는데, 그네들과 우리를 막론하고 오늘의 사람들이 음악에서 얻으려고 한 것은 바로 이런 실리주의적인 것이 아닌지, 그래서 국악을 제치고 양악이 범람하는 것이 아닌가? 그러나 실리주의적인 과학을 추구해 온 지구는 공해로 병들고, 지구 위의 인간 관계는 위기 의식으로 가슴이 조인다.

03_ 국악과 양악을 추상과 과학으로 구별한 내용은 없다.

03 윗글로 보아 국악과 양악의 차이를 잘못 지적한 것은?

	국악	양악
①	수리적	물리적
②	평면적	입체적
③	추상적	과학적
④	자연 순응	인간 중심
⑤	정신의 조화	실리의 획득

03 ③

04 **다음 글 가운데, 윗글과 같은 설명 방식을 취하고 있는 것은?**

① 인생은 먼 여정을 잠시도 쉬지 않고 달려야 한다는 점에서 마라톤과 같다. 달리는 동안에는 숨이 차서 고통을 받을 때도 있고, 때로는 경쟁자를 따돌리기 위해 힘차게 스퍼트해야 할 때도 있는 것이다.

② 잣나무는 소나무와 마찬가지로 길게 뻗어나서 그 웅장한 자태를 드러내면서도 사람을 위압하지 않는다. 사시장철 푸른 잎을 지녀 사람의 마음을 상쾌하게 하고, 그 끝이 날카로워 범속한 사람의 손장난을 허락하지 않는다.

③ 한 민족이 되려면 혈통이 같고, 공통되는 역사를 가지고, 풍속 습관이 같고, 생활 감정이 유사하다는 여러 요건이 구비되어야 하겠지만, 그 중에서도 동일한 언어를 가졌다는 특징이 있어야 한다.

④ 사람은 범인(凡人)과 비범인(非凡人)으로 나눌 수 있다. 범인은 다시 서민과 소인배로 나누어지고, 비범인은 뛰어난 머리를 가진 천재와 탁월한 영도력을 가진 지도자로 나누어 생각할 수 있다.

⑤ 여자는 생각하는 것이 남자와 다른 데가 있다. 남자는 미래를 생각하지만 여자는 현재의 상태를 더 소중하게 여긴다. 남자가 모험, 사업, 성 문제를 중심으로 생각하는 데 반하여 여자는 가정, 사랑, 안정성에 비중을 두어 생각한다.

04_ 본문은 철저하게 대조의 진술 방식으로 쓰여 있다.
① 유추, ② 비교, ③ 분석, ④ 분류

02

04 ⑤

The콕 제3강 주제문의 성격 이해

1단계 유형학습

Q. 다음 중 주제문으로 알맞지 않은 것은?

① 사람의 귀는 소음에 얼마나 견딜 수 있는가?
② 우리 역사에서 민본 정치의 예로 신문고 제도가 있었다.
③ 장애자를 위하여 모든 공공 건물에 휠체어가 다닐 수 있는 통로가 설치되어야 한다.
④ 전통적으로 여성이 수행해 온 가사(家事)는 사회 유지에 필수적인 작업이다.
⑤ 인간의 본성을 추구하려는 시도에 있어서, 많은 소설가들은 뛰어난 심리학자의 자질을 갖추고 있다.

해결 과정

주제문은 주제를 주어와 서술어를 갖춘 명제의 형식으로 표현해야 한다. 주제문은 주제를 문장으로 표현한 것으로 그 의미가 명확하게 표현되어야 한다. 따라서 주제문은 판단이나, 주장, 사실 등을 내용으로 담고 있다. ①은 의문문이므로 주제문으로 부적절하다.

✓ 정답 ①

2단계 배경지식

'주제문의 성격 이해'를 풀기 위한 스키마 학습

1. 유형설명

이 유형은 '주제문의 성격'을 이해하는가를 묻는 문제이다. 주제문은 글쓰는 사람이 읽는 사람에게 전달하고자 하는 중심적인 내용으로 필자의 사상을 표현한 문장이다. 따라서 주제문 작성의 유의점을 파악하고 있어야 한다.

2. 학습초점

TIP 주제문 작성 시 유의점

(1) 주제를 보다 명확하게 구체화한다.
(2) 주어와 서술어를 갖춘 완전한 문장이어야 한다.
(3) 의문문 형태나 이어진 문장을 피한다.
(4) 완곡한 표현이나 모호한 표현을 피한다.
(5) 일관성이 없는 표현, 비유적인 표현을 피한다.
(6) 주제문은 논설문에 알맞은 것과 설명문에 적절한 주제를 선택할 수 있어야 한다.

3. 학습내용

(1) 주제문의 뜻

주제문은 글쓴이가 말하고자 하는 내용을 하나의 완결된 문장으로 작성해 놓은 것이다. 주제문은 막연한 주제, 즉 가주제를 설정해서 생각을 정리한 다음, 가주제의 범위를 한정해서 참 주제를 설정한 후 그것을 하나의 완전한 문장으로 작성하면 된다. 주제문을 작성하지 않고 글을 쓰게 되면 글이 어떤 방향으로 전개되어 어디에서 마무리 되어야 하는지를 전혀 예측할 수 없으므로 반드시 작성해야 한다.

(2) 주제문의 기능

주제문을 작성함으로써 얻게 되는 이점은 다음과 같다.

① 글이 나아갈 방향을 예측할 수 있다.

② 글의 내용과 길이를 조절할 수 있다.

③ 글이 주제에서 벗어나는 것을 막아, 글 전체의 통일성을 유지시킬 수 있다.

(3) 주제문을 작성할 때 유의할 점

① 주제문은 하나의 완전한 문장으로 진술하여야 한다. 어절 형태의 참주제는 글쓴이의 의도나 관점이 드러나도록 완전한 문장으로 진술되어야 한다.

② 주제문은 의문문의 형태를 취해서는 안 된다. 의문문에는 글쓴이의 의도나 관점이 나타나지 않는다. 따라서, 그 의문에 대한 대답이 곧 주제문이 된다.

③ 주제문은 그 표현이 정확하고 구체적이어야 한다. 너무 범위가 넓은 주제를 다루면 막연하여 글이 추상적, 관념적으로 흐르기 쉽다. 그러므로 주제문은 그 표현이 구체적이고 정확해야 한다.

④ 주제문은 누구나 다 알고 있는 자명한 이치이거나 의견이어서는 안 된다. '쓰레기 배출량은 소득의 향상과 비례하여 증가한다.'와 같은 문장은 너무나 자명한 이치를 담고 있어서 한 편의 글로 전개할 가치가 없다. 이것은 '쓰레기 배출량의 증가는 소득의 향상과 더불어 발생되는 필요악으로, 심각한 사회 문제를 야기하고 있다.'와 같이 글쓴이의 의도나 관점이 드러나도록 고쳐야 한다.

⑤ 주제문은 두 개 이상의 내용이 양립하여서는 안 된다. 가령 '좋은 친구를 많이 사귀고, 공부도 열심히 하여야 한다.'는 문장을 보자. 이 문장에는 실질적으로 '좋은 친구를 많이 사귀는 것'과 '공부를 열심히 하는 것'의 두 가지 내용에 하나의 주제문 속에 들어 있다. 그러므로 이런 경우에는 '친구와 사이좋게 지내자.'이든지 '공부를 열심히 하자.'와 같이 둘 중의 어느 하나로 압축하여야 한다.

⑥ 주제문은 비유적이거나 부정적인 표현은 피해야 한다. '유년은 인생의 봄이다.'나 '삼국유사는 철학자들에게 좋은 연구 자료가 아니다.'와 같은 표현이 그러한 예이다.

⑦ 당위 명제와 그 근거로 보기 어려운 사실 명제를 한 문장으로 표현해서는 안 된다. 이 경우 논지의 명확성을 해친다. 가령, '우리 나라는 자동차 분야에서 선진국 대열에 들어섰으며, 앞으로도 자동차 분야에 대한 투자를 촉진시켜 나가야 한다.'는 명제는 사실 명제와 당위 명제를 연결시켜 한 문장으로 표현해 놓은 것이어서 잘된 명제로 볼 수 없다.

⑧ 주제문은 선입견이나 편견 등이 배제되어, 공정성과 객관성을 지닌 것이어야 한다. 가령, '후진국들의 저개발은 그들의 열등한 국민성에 기인한다.'는 명제는 선입견에 의한 것이어서 잘된 주제문으로 볼 수 없다.

이밖에 근거에 의해 증명될 수 없는 것, 모호한 표현들도 주제문으로서 피해야 할 것들이다.

3단계 유사문제

'주제문의 성격 이해' 해결능력을 배양하기 위한 심화학습

01 **다음 가주제를 바탕으로 주제문을 제시한 것 중에서 적절하지 못한 것은?**

① 인생의 성공: 참된 인생의 성공이란 세속적인 의미가 아니라, 자신이 할 수 있는 일을 발견하여 최선의 노력을 기울이는 것이다.

② 우리 나라의 석유 문제: 동력 자원이 부족한 우리의 실정으로 볼 때 제3의 에너지와 같은 새로운 에너지의 개발이 절실하다.

③ 전화와 예절: 전화는 서로 볼 수 없는 상황에서 대화를 주고받는 것이므로, 예절을 지켜 명랑한 통화가 될 수 있도록 해야 한다.

④ 남녀 공학: 남녀 공학은 일반적으로 생각하는 것보다 교육적 효과도 높고, 올바른 인격 형성에 좋은 기회를 주는 제도이다.

⑤ 클럽 활동: 클럽 활동은 교과 활동에서 얻을 수 없는 소질의 계발과 개성을 키워 나가는 데 없어서는 안 될 교육 활동이다.

01_ 주제문은 가주제를 보다 명확하게 한정하여 작성한 문장이다. 즉 구체화한 것이다. ②의 주제문은 가주제의 내용에서 벗어나 있다.

02 **다음 중 주제문으로 사용하기에 적절한 것은?**

① 남북 통일은 과연 이루어질 것인가?

② 전통은 과거의 인습과는 구별되는 것이다.

③ 사랑은 고통을 주기도 하지만, 즐거움도 가져다준다.

④ 교복 자율화에 대하여

⑤ 인생은 고해와 같다.

02_ 주제문 작성 요령을 살펴 보면 ㉠ 하나의 완결된 문장, ㉡ 의문문의 형태를 취하지 말 것, ㉢ 가급적 비유적 표현을 피할 것, ㉣ 두 개의 내용이 양립하여 실질적으로 두 개의 주제문이 되어서는 안 된다. ㉤ 표현이 정확하고 구체적인 것이라야 한다.
①은 의문문 형태이고, ③은 두가지 내용을, ④는 완결되지 않은 문장이며, ⑤는 비유적 표현이라서 주제문으로 적절치 않다.

03 **논설문을 쓰기 위한 주제문으로 가장 명확한 것은?**

① 비관주의는 인간의 도덕적 성장에 해로운 것인가?

② 온대 지방은 계절의 구분이 뚜렷하다.

③ 물질 문명의 발달은 윤리적 퇴폐성을 초래할 지 모른다.

④ 현대인의 사치 풍조는 온 인류를 절망의 늪으로 이끌게 된다.

⑤ 인간의 의지는 인간을 위대한 존재로 발전시킨다.

03_ ①은 의문문의 형태로 작성되었고, ②는 자명한 사실의 문장이고, ③은 논지를 약화시키는 표현이 사용되었고, ④는 비유적 표현으로 주제문으로 적절하지 않다.

01 ② 02 ② 03 ⑤

제4강 어휘의 관계 이해

1단계 유형학습

Q. ⓐ : ⓑ의 관계와 가장 유사한 것은?

흔히 사회 정의를 정당한 불평등이라고 한다. 이것은 비례적인 불평등을 뜻하기도 한다. 주어진 얼마 안 되는 보상을 무엇무엇에 비례해서 분배받기 때문에 비례의 기준이 올바르다고 판단되면 이 기준에 따른 분배와 이 분배에 따른 불평등을 올바른 것으로 여긴다. 이 때에 사회 정의가 될 수 있는 보상의 분배 기준은 보편타당성을 가져야 한다.

대체로 인류 역사에 나타난 정의로운 분배 기준은 세 가지로 간추릴 수 있겠다. 하나는 ⓐ 능력이요, 또 하나는 노력이요, 또 다른 하나는 필요이다. 능력에 따라 분배가 이루어지는 사회가 정의로운 사회이며, 노력에 따라 분배가 이루어지는 역사가 정의로운 역사라고 할 수 있다. 필요에 따라 분배가 이루어져도 정의로운 사회라 할 수 있다. 그런데 우리는 이 세 가지 기준들 사이에 있는 엄청난 차이에 눈을 주어야 한다. 능력이 있을수록 노력을 적게 해도 되고 능력과 노력에 관계없이 필요한 양은 높아질 수도 있고 또 낮아질 수도 있기 때문이다.

먼저 능력이라는 기준을 생각할 때에 우리 사회에서 능력에 따라 보상이 분배되고 있는지를 따져 보아야 한다. 예컨대, 능력을 학력으로 잰다고 하자. ⓑ 학력이 높고 공부를 많이 한 사람들이 돈과 힘과 명예를 참으로 가장 많이 가지고 있을까? 오히려 학력과는 관계없이, 얼마 되지 않는 보상을 놓고 도덕의 원칙도 없이 마구 미친 듯이 덤빌 수 있는 능력에 따라 돈과 힘과 명예가 분배되는 것이나 아닐까? 이 경우의 능력은 정정당당하게 경쟁에 이길 수 있는 능력이 아니라, 부도덕한 일을 겁 없이 해치울 수 있는 능력을 말한다. 여기에서 오는 불평등은 올바른 것이 될 수 없다.

불평등과 깊게 관련된 희소한 보상의 현실은 자연히 경쟁을 불러일으킨다. 경쟁을 한다고 해서 모든 사람이 다 똑같이 열심히 경쟁에 뛰어드는 것은 아니다. 이미 유리한 자리를 차지한 집단일수록 경쟁에의 욕구는 높은 법이다. 아니, 이들만이 경쟁 의욕을 키울 수 있도록 기존 구조가 만들어져 있다.

① 교사 : 학생　　② 조화 : 협조
③ 비 : 소나기　　④ 유죄 : 무죄
⑤ 신입생 : 졸업생

해결 과정

학력은 능력의 일부이므로, 그 하위 개념에 해당한다. 따라서 상하 관계에 있는 낱말의 짝을 찾아야 한다.
① 상관 관계, ② 인접 관계, ③ 상하 관계, ④ 모순 관계, ⑤ 반의 관계　　✓ 정답 ③

2단계 배경지식 　'어휘의 관계 이해'를 풀기 위한 스키마 학습

1. 유형설명

이 유형은 개념 간의 관계를 파악하는 문제다. 개념을 명확하게 파악하기 위해서는 먼저 개념의 내포와 외연에 대해서 분명하게 알아야 한다. 낱말 개념이 명확하고 법칙에 맞게 조직되어 있어야만 정확하고 논리적인 의미를 전달하고 이해할 수 있게 된다. 언어의 의미를 명확하고 서로 법칙에 맞도록 조직할 수 있는 능력을 평가하는 유형이다.

2. 학습초점

개념 사이의 관계를 묻는 문제로 개념의 내포와 외연에 대해서 분명히 알아야 한다.

» 모순관계와 반대관계를 알아야 한다.
» 이의관계와 다의 관계를 알아야 한다.
» 상하관계와 교차관계는 알아야 한다.
» 다의 관계와 유의관계를 알아야 한다.

3. 학습내용

(1) 개념의 정의

개념이란, '낱낱의 사물로부터 공통된 요소를 추상하여 종합한 하나의 일반적인 뜻'이다. 이것은 사고를 조직하고 발전시키는 데 있어 가장 기초가 되는 요소이기 때문에, 논리적 사고력을 키워 나가기 위해서는 이를 명확히 아는 것이 중요하다. 그런데 이 개념은 그 속에 담긴 의미 내용인 '내포'와 이 개념이 적용될 수 있는 범주인 '외연'의 결합으로 이루어지기 때문에, 개념을 명확하게 파악하려면 우선 개념의 내포와 외연의 관계를 분명하게 인식하고, 이를 바탕으로 개념간의 관계를 명확하게 파악할 수 있어야 한다.

(2) 개념의 내포(內包)와 외연(外延)

'내포'란 개념 속에 들어 있는 속성이며, '외연'이란 개념이 적용될 수 있는 범위(범주)를 말한다. '필기구(筆記具)'를 예를 들어보자. 사전에서 필기구를 찾아보면 '글씨를 쓰는 데 사용하는 여러 물건, 연필 · 붓 · 펜 따위'라고 풀이되어 있다. 여기서 '글씨를 쓰는 데 사용하는'은 필기구란 개념 속에 들어 있는 본질적 속성으로서 '내포'에 해당하며, 연필 · 붓 펜 등은 필기구의 범주에 드는 구체적 사물들로서 그들 전체가 '외연'에 해당한다.

이때, 필기구를 중심으로 개념들 간의 관계를 살펴 보면, 먼저 필기구를 포괄하는 큰 개념으로서 '문구(文具)'가 있다. 또, 필기구에 포섭되는 보다 작은 개념으로서 '연필'이나 '펜'등이 있다. 여기서 '문구'는 '필기구'의 상위 개념, '연필'이나 '펜'은 하위 개념에 해당한다.

이처럼 각각의 개념이 지닌 내포와 외연은 서로 다른데, 이 내포와 외연히 서로 어떤 관계를 지니는가에 따라 개념 간의 관계가 달라지게 된다. 따라서, 개념 간의 관계를 명확하게 파악하기 위해서는 먼저 각각의 개념이 지닌 내포와 외연히 무엇인가를 파악한 다음, 이것들 사이의 관계를 따져 나가야 한다.

(3) 어휘의 의미

① 이의관계(異義關係)

㉠ 두 개 이상의 단어가 서로 소리는 같으나, 그 의미가 다른 경우에, 이들을 '이의(異義)관계'에 있다고 한다. 그리고 '이의 관계'에 있는 단어들을 '이의어(異議語)'라고 한다

예
- 배가 아프다. → '복부(腹部)'를 가리킴.
- 배를 먹었다. → '과일의 한 종류'를 가리킴.
- 배가 떠 있다.→ '선박'을 가리킴.

㉡ 동의이의어를 동음어(同音語)라고도 하는데, 한소리에 둘 이상의 의미가 맞붙어 있으면서도 이들 의미 사이에는 아무런 연관이 없을 때를 이른다.

② 다의 관계

하나의 소리가 둘 이상의, 다르면서도 서로 연관된 의미를 지니고 있을 때, 이들을 '다의(多義)관계'에 있다고 한다. 그리고 '다의 관계'에 있는 단어를 '다의어(多義語)'라고 한다.

예 1
- ㉠ 손이 아프다. → 신체의 일부분(手)
- ㉡ 손을 끊었다. → '교제', '관계'의 의미
- ㉢ 손이 모자란다. → '일손', '노동력'의 의미
- ㉣ 그의 손에 놀아나다. → '수완(꾀)'의 의미
- ㉤ 다른 사람의 손에 넘어가다. → '소유'의 의미

예 2
- 나는 다리(사람의 하체부분)가 아프다.
- 개가 다리(동물의 하체부분)를 다쳤다.
- 책상다리(물체의 하체부분)가 부러졌다.

TIP 중심적 의미와 주변적 의미
- 중심적 의미 : 가장 기본적이고도 핵심적인 의미(㉠ 및 예 2의 경우)
- 주변적 의미 : 의미 범위가 확장되어 쓰이는 의미(㉡, ㉢, ㉣, ㉤)

③ 동의 관계

㉠ 두 개 이상의 단어가 서로 소리는 다르나 의미가 같을 때, 이들을 '동의(同義) 관계'에 있다고 한다. 그리고 '동의 관계'에 있는 단어들을 '동의어(同義語)'라 한다. 동의어는 어떤 문맥이나 상황에서도 바꾸어 쓸 수 있는 것이 원칙이다.

예
- 우리 집 건너편에 책방(서점)이 하나 있다.
- 나는 어제 서점(책방)에서 이 책을 샀다.

㉡ 동의어 중에서 바꿔쓰기가 자유럽지 못한 것도 일부 있는데, 이들은 주로 사회 계층적 차이나 말하는 이의 태도적 차이, 방언적 차이를 드러내는 단어들이다.

예 돌아가시다 – 사망하다 – 죽다
사람 – 놈 – 새끼 ⇒ 말하는 이의 태도 차이
교도소 – 감옥소 – 빵깐 ⇒ 사회 계층 차이
고깃간 – 정육점 – 육곳간 ⇒ 방언적 차이

㉢ 동의어는 여러 단어들의 의미가 똑같아서 어떤 문맥이나 생활 속에서도 서로 교체될 수 있는 것이 원칙이다.

④ 유의 관계

두 개 이상의 단어가 서로 소리는 다르나 의미가 비슷할 때, 이들을 '유의(類義)관계'에 있다고 한다. 그리고 '유의 관계'에 있는 단어들을 '유의어(類義語)'라 한다. 유의어는 그 용법이나 문맥적 환경이 다르므로 서로 바꾸어 쓸 수 없는 것이 원칙이다.

㉠ 전혀 다른 사물을 표시하는 경우

예
- 소의 꼬리[소의 꽁지(×)]
- 새의 꽁지[새의 꼬리(×)]

⇒ 길짐승의 '꼬리', 날짐승의 '꽁지'

㉡ 쓰임이 다른 경우

예
- 아가야[밥/맘마] 먹자
- 형이 [밥/맘마(×)] 먹었어요?

㉢ 특정한 경우로 나뉘어 의미가 제한적으로 쓰이는 경우

예
- 낯이 뜨겁다[얼굴이 뜨겁다(○)
- 얼굴이 둥글다[낯이 둥글다(×)

⑤ 반의 관계

㉠ 한 쌍의 단어가 어떤 의미상의 특성을 공유하면서 한 가지 요소만 반대될 때, 이들을 '반의(反義) 관계'에 있다고 한다. 그리고 '반의 관계'에 있는 단어들을 '반의어(反義語)'라 한다.

예
- '총각'과 '처녀' → 둘 다 '사람'이고 '성인'이며 '미혼'이라는 공통점이 있지만 '성(性)'이 다르다.
- '가다'와 '오다' → 둘 다 '장소의 이동'이라는 공통된 의미를 가지고 있으나, '주체의 이동 방향'이 반대가 된다.

㉡ 한 단어가 여러 의미를 가지고 있을 때에는, 그에 따라 반의어도 달라질 수 있다. 곧 한 단어가 둘 또는 그 이상의 반의어를 가질 수 있다.

예 뛰다
- 그는 빨리 뛰었다. → 그는 천천히 걸었다.
- 물가가 뛰었다. → 물가가 내렸다(떨어졌다).

⑥ 하의 관계

㉠ 두 개의 단어 중, 한 단어의 의미가 다른 단어의 의미를 포함하고 있을 때, 이들을 '상하(上下) 관계'에 있다고 한다. 그리고 다른 단어의 의미를 포함하고 있는 단어를 '상의어(上義語)', 다른 단어의 의미에 포함되는 단어를 '하의어(下義語)'라 한다.

예 생물(상) ⇔ (하)식물(상) ⇔ (하)나무(상) ⇔ (하)소나무

» 상의어, 하의어는 상대적 관계이며, 상의어는 일반어, 하의어는 특수어에 해당된다.

㉡ 하의 관계에 있어서 중요한 것은, 하의어는 상의어가 가지고 있는 의미 특성을 자동적으로 가지고 있다는 점이다.

» 상하 관계에 있는 두 개념 중 상위 개념을 유개념(類槪念)이라 하고, 하위 개념을 종개념(種槪念)이라 한다.

⑦ **모순(矛盾) 관계**: 한 유개념(類槪念)에 속하는 두 종개념(種槪念)의 외연이 완전히 다르며, 그 둘의 외연의 합(合)이 그 유개념(類槪念)의 외연과 같은 관계이다.

예 있다(有) : 없다(無), 남자 : 여자, 생(生) : 사(死), 밤 : 낮

⑧ **교차(交叉) 관계**: 두 개념의 외연의 일부가 서로 합치하는 관계

예 학자 : 교육자, 청년 : 미남, 여자 : 학생

⑨ 반대(反對) 관계 : 한 유개념(類槪念)에 속하는 두 종개념(種槪念)의 외연이 완전히 다르며, 그 둘의 외연의 합(合)이 그 유개념(類槪念)의 외연보다 좁은 관계

예 크다(大) : 작다(小), 백색 : 흑색

≫ 모순 관계와 반대 관계는 두 개념 사이에 중간 매개항이 존재하느냐 하지 않느냐에 의해 결정된다.

예 '남자 : 여자'는 중간항이 존재하지 않기 때문에 '모순 관계'이다.
'크다 : 작다'는 중간에 '보통이다'라는 중간항이 존재하기 때문에 '반대관계'이다.

3단계 유사문제

'어휘의 관계 이해' 해결능력을 배양하기 위한 심화학습

01 ⓐ와 ⓑ의 관계와 가장 유사한 것은?

여름철이면 항상 문제가 되는 '세균 덩어리'라는 단어가 우리를 괴롭힌다. 세균에 오염된 음식물이나 수돗물, 최근에 나타난 살을 갉아먹는 신종 미생물에 이르기까지 우리는 마치 세균의 횡포에 무방비 상태가 된 느낌으로 살아가고 있다.
지구의 어느 곳에서나 존재하면서 어떠한 환경에서도 적응하며 살아 남는 것이 이 세균이다. 세균은 자연의 물질 순환에 있어 주된 요소이므로, 자연의 필수적인 요소이며 이들은 생태계의 가장 밑바닥의 역할을 충실하게 수행하고 있다. 그러므로 우리는 항상 미생물과 더불어 일종의 공생 관계를 유지하고 있다고 해야 할 것이다. 이러한 관계를 벗어나서 인류는 한 순간도 살아갈 수 없을 것이다.

미생물학적으로 세균은 그 특성에 따라 여러 가지 종류로 나눌 수 있다. 이들 중 인간과 가장 밀접한 관계를 가지고 있는 것은 역시 장내 세균일 것이다. 이들을 흔히 ⓐ 대장균이라고 부르는데 정온 동물의 장내에 1cc당 약 100억 마리가 존재한다. 이들이 우리의 장내에서 일정 숫자를 유지함으로써 ⓑ 질병을 일으킬 수 있는 나쁜 세균의 침입을 막아 주는 것이다. 어떤 이유에서인지 이들의 숫자가 감소하면 질병 현상이 생기게 된다. 그러므로 그 악명 높은 대장균이 우리에게는 질병을 막아주는 성벽과 같은 역할을 하고 있다. 이외에도 대장균은 최근 유행하는 유전 공학의 기본 도구로 사용되고 있다. 한마디로 대장균이 없는 미생물학은 생각할 수 없을 정도로 중요한 것이다.

질병을 일으키는 나쁜 세균은 전체 세균에 비하여 극히 적은 숫자에 불과하다. 그럼에도 불구하고 세균이 마치 모든 질병의 원인이 되는 것처럼 인식하는 것은 뭔가 잘못되어 있다고 생각한다. 한 예로 우리가 즐겨 먹는 김치 등 많은 종류의 발효 식품에는 젖산균을 포함하여 무수히 많은 세균이 존재하지만 아무도 '세균 덩어리'라고 표현하지 않는다. 세균들은 주어진 공간 내에서 가장 간단한 생존의 법칙에 따라 각각의 역할을 충실하게 수행하고 있으며, 그러면서 이들은 자신이 속한 사회 즉 미세 생태계를 안정화하여 다른 세균이 이상적으로 발생하는 것을 억제한다. 만약, 미세 생태계가 파괴된다면 나쁜 세균이 빠른 속도로 증식하게 될 것이다.

① 댐 : 홍수
② 풀 : 나무
③ 문학 : 예술
④ 시간 : 시계
⑤ 의사 : 환자

01_ 대장균과 질병이 지문 속에서 어떻게 다루어지고 있는가를 분명히 확인한 다음에 이를 다른 관계에 적용할 수 있어야 한다. 특히, 지문에서는 대장균의 긍정적 기능을 보다 강조하고 있음에 착안한다. 본문에서는 대장균의 긍정적 기능과 역할에 초점이 맞추어져 있다. 그 긍정적 기능은 다름 아닌 질병에 대한 '예방'효과이다. 이렇게 두 단어의 관계가 성립될 수 있는 것은, '댐 : 홍수'이다. 즉, 댐은 홍수를 예방하는 기능이 있음은 누구나 인정하는 사실이다.

01 ①

02_ ㉠과 ㉡은 모순 관계로 볼 수 있다. 왜냐하면 둘 다 앎의 방식으로서, 점술은 신뢰할 수 없는 것이라면 과학은 신뢰할 수 있는 것이기 때문이다. 여기서 '모순'은 외연이 상반되고 중간에 다른 외연의 개입이 없는 것이며, '반대'는 외연은 상반되나 중간에 다른 외연의 개입이 가능한 개념이다. ①은 '미지근하다'는 중간항이 개입될 수 있으므로 반대 관계이며, ②는 모순 관계이다. ③은 포유 관계, ④는 공생 관계, ⑤는 동위 관계이다.

02 ㉠과 ㉡의 관계와 가장 유사한 것은?

요즈음 점술가들의 사업이 크게 번창하고 있다는 말이 들린다. 이름난 점술가를 한 번 만나 보기 위해 몇 달 전, 심지어는 일년 전에 예약을 해야 한다니 놀라운 일이다. 더욱 흥미로운 것은 이들 '사업'에 과학 문명의 첨단 장비들까지 한몫을 한다는 점이다. 이들은 전화로 예약을 받고 컴퓨터로 장부 정리를 하며 그랜저를 몰고 온 손님을 맞이하는 것이다. ㉠ 과학과 ㉡ 점술의 기묘한 공존 방식이다.

사람들은 정상적인 앎의 방식을 넘어서는 초월적인 방법을 찾아 나선다. 바로 점술가와 마주치게 되는 자리이다. 사실 이러한 앎의 길이 있기만 하다면 그야말로 매혹적인 일이 아닐 수 없다. 동서고금을 통해 무수히 많은 재주꾼들이 이러한 길의 탐색에 나섰던 것은 당연한 일이다. 혹은 기발한 착상을 해내기도 하고 혹은 가혹한 시련을 견뎌 내기도 하면서 그 어떤 절묘한 길을 찾아보려고 부단히 애써 왔다. 소문난 잔치에 먹을 것이 없게 마련이었다.

결국 뜻 있는 사람들은 그 어디로 인가 방향을 바꾸지 않을 수 없었다. 그 방향 전환의 방식은 대략 두 가지로 나타났다. 동양 사람들은 이러한 시도의 외모를 그대로 유지하면서도 그 내용을 바꾸어 나가는 전략을 택했다. 그들은 점을 치는 데 쓰일 하나의 이론적인 틀을 전수 받았다. 그러나 그들은 이 틀 속에 오히려 그 동안 누적된 삶의 지혜를 담아 나갔다. 흔히 동양 문화의 진수라고도 일컬어지는 『주역』이 바로 이렇게 이루어진 것이다. 본시 『주역』은 하나의 점술서에서 출발한 것이다. 그런데 그 위에 해석을 덧붙이고 덧붙이는 가운데 사람이 살아가는 여러 모습과 세상이 돌아가는 여러 이치를 상징적으로 부각시켜 나갔다. 그리하여 주역은 이제 점치는 방식을 말해 주는 책이 아니라 삶의 지혜를 말해 주는 책으로 탈바꿈해 버린 것이다.

① 차다 : 뜨겁다
② 유죄 : 무죄
③ 인간 :학생
④ 꽃 : 나비
⑤ 자유 : 평등

02 ②

03 다음 두 낱말 사이에 관계가 ㉠과 ㉡의 경우와 같은 것은?

한국의 역사에서 노비 세습제의 강인한 존속은 경제 및 사회 구조의 특이성을 부여하는 주요 요인이 되었다. 노비와 노비 소유 계급인 사족(士族) 사이에는 엄격한 주종 관계가 성립되고 생산 노동의 대부분을 노비가 담당함으로써 그 소유주인 사족들은 안정된 생활 기반 위에서 독서에 전념하면서 품위를 가꾸는 생활을 영위할 수 있었다. 우리 나라 역사상 사족들의 정치적·사회적 자율성이 높은 것은 이러한 배경과 관련이 있다.

그러나 우리 나라의 노비 제도는 그 제도적 귀속성이나 인구 비율이 중국보다 강하면서도 노비의 지위는 중국보다 상대적으로 높았다. 그것은 극히 제한된 것이긴 하지만 유외잡직(流外雜職)의 벼슬에 나갈 수 있는 통로가 있고, 독자적인 생활 경리를 가질 수도 있어서 단순한 물건(재산)이나 짐승처럼 취급되지는 않았다. 따라서 ㉠ 노비의 일부는 노예적 처지에 있는 경우가 있더라도, 대부분의 노비는 반자유민인 ㉡ 농노(農奴)의 성격이 강하였다.

우리 나라 역사는 왕조 교체기마다 공전제(公田制)를 표방한 전제 개혁(田制改革)을 통해서 분배의 정의를 단계적으로 구현해 갔다는 점에서도 특이성을 지닌다. 공전제는 토지에 대한 공개념(公槪念) 적용을 통해서 토지 겸병과 빈부 격차를 완화하자는 데 목적이 있는 것으로서, 토지 사유권의 제한이라는 측면에서 본다면 부정적 의미가 있을지 모르나 사회 정의의 측면에서 볼 때에는 통치 계급의 도덕성을 높이는 효과를 가져왔다. 그리고 그것은 위정자의 자발적 시혜의 결과라기보다는 피할 수 없는 민중적 여망의 반영이라는 점에서 역사의 진전을 의미하는 것이기도 하였다.

① 속옷 - 내의
② 잡지 - 신문
③ 배우 - 가수
④ 책 - 도서
⑤ 남자 - 총각

03_ '농노'는 '노비'의 한 부류이다. '과일 - 사과'의 관계와 같다. 낱말 사이의 관계는 한 개념의 외연이 다른 개념의 외연에 완전히 포함되어 그 일부분이 되는 관계다. (대소 관계) 농노 : 농사짓는 노예, 노비 : 남자 노예와 여자 노예

02

03 ①

The콕 제5강 어휘의 문맥적 의미

1단계 유형학습

Q. ⓐ와 같은 뜻으로 쓰인 것은?

자유는 사랑과 더불어 공영된다는 사실도 경시해서는 안 된다. 만일, 사랑이 없는 자유만이 인정된다면 거기에는 심한 경쟁이 불가피하며, 경쟁에 낙오된 자는 누구도 자유와 행복을 누릴 수가 없다. 자유는 최대 다수의 최대 자유가 마지막 목적이다. 이제 사랑이 없는 자유는 최소수의 최대 자유만이 용인되는 과오(過誤)로 ⓐ 떨어질 가능성이 크다. 우리는 마르크스주의를 평할 때, 그들이 사랑이 없는 평등(平等)만을 위하는 데 불행이 있었다고 말한다.

① 한 달 동안 나를 괴롭히던 독감이 뚝 떨어졌다.
② 그는 친구를 잘못 사귀어 악의 구렁텅이에 떨어졌다.
③ 모든 사람들이 싫어하는 그 어려운 일이 나에게 떨어졌다.
④ 막내가 집안 식구와 떨어져 낯선 시골에 살고 있다.
⑤ 대장(隊長)의 입에서 집에 다녀오라는 지시가 떨어졌다.

해결 과정

문맥적 의미를 파악하는 문제로 ⓐ는 '좋지 못한 상태에 빠지다'는 의미이다. ① 병이 없어지다, 어떤 기운이 가시다. ③ 어떤 일이나 책임 따위가 어떤 사람에 오다. ④ 공간적으로 얼마만 한 거리에 있는 상태가 되다. ⑤ 명령이나 지시 따위가 사람의 입에서 나오는 상태가 되다.

✓ 정답 ②

2단계 배경지식

'어휘의 문맥적 의미'를 풀기 위한 스키마 학습

1. 유형설명

이 유형은 어휘의 문맥적 의미를 파악하는 형태이다. 우리가 사용하는 어휘들은 하나의 고정된 뜻으로만 사용되지 않는다. 즉, 사전적 의미로 이해되는 어휘가 쓰임에 따라 새로운 의미로 확장되는 경우가 있다. 이와 같이 확장된 어휘의 의미를 측정하는 유형이다.

2. 학습초점

지문에 사용된 단어나 어구의 문맥적 의미를 이해하는가를 측정하는 유형의 문제를 해결하기 위해서는 기본적으로 어휘력이 풍부해야 한다. 어휘에 대한 기초적인 지식이 없다면 문제 해결이 어렵기 때문이다. 그러나 경우에 따라서는 의미는 다르나 발음이 같은 동음이의어, 현재는 잘 사용하지 않는 고유어의 사전적 의미, 문맥적 의미를 묻기도 한다.

(1) 지문의 내용을 정확히 이해한다.

어휘의 의미를 파악하기 위해서는 제시된 지문의 내용을 정확히 이해할 필요가 있다. 제시된 지문의 내용을 정확히 이해해야만 그 단어가 어떻게 사용되었는지를 알 수 있다.

(2) 문제가 되는 어휘의 의미를 파악한다.

하나의 어휘는 고정된 의미로 사용되지 않는다. 그러므로 하나의 어휘를 정확히 이해한다는 것은, 그 어휘가 지시적 의미로 사용되었는지, 문맥적 의미로 사용되었는지, 전의적 의미로 사용되었는지를 파악하는 것이기도 하다. 그런데 일반적으로 문제에서 어떤 의미로 이해해야 하는가를 한정하고 있으므로 문제의 의도에 따라 어휘의 의미를 파악한다.

(3) 파악된 어휘의 의미와 가장 가까운 어휘를 답지에서 선택한다.

파악된 어휘의 의미와 가장 가까운 어휘를 찾기 위해서는 답지에 제시된 어휘를 정확히 이해하여야 할 것이다. 여기서 중요한 것은 답지에 주어진 단어의 사전적 의미를 중심으로 지문에서 문제가 되고 있는 부분과 관련되는 의미를 찾는 일이다.

3. 학습내용

(1) 단어의 의미

단어의 뜻은 우선 중심적 의미인 사전상의 뜻과 주변적 의미인 문맥 속의 뜻으로 나뉜다. 이러한 단어들의 의미는 문장을 통해서 그 의미를 파악하게 된다. 그러나 이러한 개념적 의미 외에도 독자의 다양한 정서적 반응을 통한 느낌이다. 연상의 내용인 함축적 의미도 있는 것이다.

예를 들면, '이슬 젖은 눈망울에 햇살이 빛난다.'에서 '이슬'의 의미는 다음과 같이 분석된다.

- **중심적 의미**: 공기 중의 수증기가 찬 물체에 닿아 식어 엉긴 물방울
- **주변적 의미**: 눈물
- **함축적 의미**: 맑고 애잔한 슬픔

이번에는 이육사의 시 「절정」 중 '맵다'라는 단어가 문장 속에서 어떠한 의미를 지니게 되는지 살펴보자.

'매운 계절의 채찍에 갈겨 마침내 북방(北方)으로 휩쓸려 오다.'라는 구절에서

- **중심적 의미**: 입안이 화끈거리도록 알알한 맛
- **주변적 의미**: 몹시 춥다(매운 계절 → 겨울).
- **함축적 의미**: 일제 강점하의 가혹한 정치

그러므로 이 시에서 '맵다'는 몹시 춥다는 의미로 쓰였으며, 이러한 의미에서 우리는 일제의 가혹한 탄압을 연상하는 것이다.

① 중심적 의미

㉠ 한 단어가 여러 가지의 의미로 쓰일 때, 그 가운데에서 가장 기본적이고 핵심적인 의미를 중심적 의미라 한다.

㉡ '손'의 중심적 의미는 '사람의 팔목 아래에 달린 부분'으로 (가)가 이에 해당하며, (나)와 (다)는 '손'의 중심적 의미가 비유적으로 확장되어 각각 '노동력', '관계'를 뜻하고 있다.

(가) 손을 물로 씻어라. ………… 중심적 의미
(나) 손이 모자란다. (노동력) …… 주변적 의미
(다) 그와 손을 끊겠다. (관계) …… 주변적 의미

㉢ 중심적 의미를 기본적 의미 또는 핵심적 의미라고도 한다.

② 주변적 의미

㉠ 중심적 의미가 문맥이나 상황에 따라 그 범위가 확장되어 다른 의미로 쓰인 것을 주변적 의미라 한다.

㉡ '높다'의 중심적 의미는 '이어진 물체의 아래에서 위까지의 공간적 거리가 멀다.'이므로 (가)가 이에 해당된다. (나)는 '지표면과 직접 이어져 있지 않은 대상이 지표면으로부터 위쪽에 멀리 떨어져 있다.'는 뜻이고, (다)는 '사회적 신분이 상승되었다.'는 뜻이며, (라)는 '계량적 수치가 크다.'는 것을 의미하므로 '높다'라는 말의 주변적 의미이다.

(가) 나무가 높다. ……………………… 중심적 의미
(나) 하늘이 높다. (멀리 떨어짐) ……… 주변적 의미
(다) 지위가 높다. (신분의 상승) ……… 주변적 의미
(라) 온도가 높다. (수치가 큼) ………… 주변적 의미

㉢ 주변적 의미는 중심적 의미와 관련이 깊은 다른 의미가 머릿속에 떠오를 때, 그 다른 의미를 나타내는 소리가 미리 준비되어 있지 않으면, 중심적 의미를 나타내는 소리를 다른 의미를 나타내는 데에 유용하기 때문에 생겨나는 현상이다.

㉣ 때로는 한 단어의 중심적 의미가 다른 단어의 의미 영역을 침범해 가면서까지 유용 되는 일도 있다.

예 ┌ 밥을 먹는다. (중심적 의미)
└ 물을 먹는다. (주변적 의미) → '마신다'의 의미 영역 침범

TIP 중심적 의미와 주변적 의미

(1) 먹다 : 중심적 의미는 '삼키다'의 뜻이고 나머지는 주변적 의미이다.

- 밥을 먹는다.(삼키다)
- 술을 먹는다.(마시다) / • 담배를 먹는다.(피우다)
- 돈을 먹는다.(횡령하다) / • 왜 나를 못 먹어 야단이냐?(헐뜯다)
- 욕을 먹는다.(듣다) / • 나이를 먹는다.(이르다)
- 마음을 먹는다.(품다) / • 겁을 먹는다.(느끼다)
- 더위를 먹는다.(병에 걸리다) / • 한 골을 먹는다.(잃다)

(2) 죽다 : 중심적 의미는 '목숨이 끊어지다'이고 나머지는 주변적 의미이다.

- 사람은 누구나 죽는다.(목숨이 끊어지다)
- 시계가 죽는다.(멈추다) / • 불이 죽는다.(꺼지다)
- (장기의) 차가 죽는다.(잡히다) / • 옷의 풀기가 죽는다.(사라지다)

- 기가 죽는다.(꺾이다) / • 색깔이 죽는다.(빛을 잃다)

(3) 나무 : 중심적 의미는 '식물의 한 종류'이고 나머지는 주변적 의미이다.
- 나무를 심는다.(식물의 한 종류)
- 산에 나무를 하러 간다.(땔감) / • 나무로 집을 짓는다.(재목)

(4) 발 : 중심적 의미는 '사람이나 짐승의 다리에서 발목뼈 아래의 부분'을 의미하고 나머지는 주변적 의미이다.
- 발을 다치다.(사람이나 짐승의 발)
- 발을 끊다.(관계, 인연) / • 발이 넓다.(교제의 범위)
- 발이 빠르다.(걸음) / • 발이 맞다.(보조)
- 책상은 발이 길다.(다리)

3단계 유사문제 '어휘의 문맥적 의미' 해결능력을 배양하기 위한 심화학습

01 ㉠과 같은 뜻으로 사용된 것은?

> 우리 민중의 아름다움은 한마디로 삶의 아름다움이었다. 삶 따로 있고 아름다움 따로 있지 않았다. 삶다움이 바로 아름다움이었다. 우리 민중에게 있어서 삶이란 음양을 통일하는 일기(一氣)의 삶이었다. 그 삶이 기(氣)와 음양의 순리로부터 옮겨지고, 그 기와 음양의 흐름이 막히거나 잘리면 몸에 병이 나고 마음이 이미 죽임 낭해 저승길이 ㉠ 어두워졌다. 그 옮김을 옮기지 못할 본래의 통일적 삶으로 회복하고 막힌 기를 뚫어 주고 뒤집힌 음양을 바로잡아 주는 것은 역시 기와 음양의 세계관이었고, 기와 음양의 처방이었다. 그것을 치료하기 위해 또다시 기와 음양을 옮기거나 막거나 자르는 일을 극력 경계했다. 우리 민중의 본디 삶은 흙이나 식물과 또는 동물과의 깊은 인연 속에 있는 것이고 인류 전체도 그렇다. 따라서, 치료는 반드시 자연 건강법을 먼저로 했고, 다음에 약재로서 식물 그리고 아주 흔치 않게 동물성을 취했으나 광물질만은 극도로 경계했다. 오늘날 온갖 약품은 광물질에서 뽑아내고 그것을 무슨 큰 진리요 개발이나 되는 듯이 좋아라고 쓰는 짓이 과연 옳은 짓일까? 그것들은 또다시 우리의 몸과 마음을 병들게 하고, 그것을 만들어 내고 팔고 쓰게 하는 모든 양식들은 우리의 삶을 옮겨 분열과 소외와 죽임으로 몰아넣는다.

① 발표일이 임박해지자 그의 표정은 점점 어두워져 갔다.
② 우리가 처음 만난 때는 별빛 하나 없는 어두운 밤이었다.
③ 앞서 가는 검은 그림자가 그의 가슴을 웬지 어둡게 하였다.
④ 그는 가장임에도 불구하고 가정의 살림살이에 매우 어두웠다.
⑤ 계속되는 선진국의 문화 공세는 대중 문화의 앞날을 어둡게 했다.

01_ 본문 속에 '어두워졌다'는 앞날에 대한 전망이 낙관적이지 못하게 되었다는 뜻으로 사용되었다. 본문의 ㉠은 '어떤 일에 대한 전망이 좋지 않다'는 의미로 사용되었다. ④의 경우는 '특정 일에 대한 앎이 부족하다'는 의미이고, ①, ③은 '심리 상내가 경쾌하시 않음'을 나타내고 있다.

01 ⑤

02_ ㉠은 '유래하다, 말미암다'의 뜻이다. ①은 '잠·졸음·아픔 따위가 몸에 닥치다', ②는 '어떤 곳이나 정도에 미치다', ④는 '계절·기한 따위가 되다', ⑤는 '비·눈·서리 따위가 내리다'는 뜻이다.

02 ㉠과 같은 뜻으로 쓰인 것은?

따라서 가령 불교의 신자가 불교사(佛教史)를 연구한다든가, 기독교 신자가 기독교사(基督教史)를 연구한다든가 하는 일은 그리 바람직하지가 못하다. 종교적 신앙은 적어도 종교사에 대한 인식에 있어서는 강한 주관을 나타낼 가능성이 크기 때문이다. 그렇다고 물론 항상 그러리라는 것은 아니다. 만일 그가 진정한 신앙심의 소유자라면 오히려 금욕적인 신앙심으로 인해서 객관적인 역사적 사실의 추적에 누구보다도 충실할 가능성도 있다.

다음으로는 논리적(論理的)인 사고에 충실하는 일이다. 객관적인 역사적 사실을 추구하는 데 있어서 논리의 비약은 절대로 허락될 수가 없다. 대개 이러한 논리의 비약은 어떤 주관적인 선입관 때문이고, 따라서 첫째 이유와 결국은 표리(表裏)를 이루는 관계에 있긴 하다. 그러나 한편 논리적인 사고의 훈련은 주관의 개입을 최대한으로 막아 줄 것이기 때문에 이 점은 역시 강조될 필요가 있다.

가령 단군 신화의 경우를 생각해 보자. 그 신화에 적혀 있는 구체적 내용은 객관적 사실이 아니더라도 건국 신화로서의 단군 신화는 일정한 국가의 건국을 무시하고는 생각할 수가 없다. 따라서 하늘에서 내려온 환웅(桓雄)이 웅녀(熊女)와 결혼해서 낳은 아들이 단군(檀君)일 수가 없다는 이유로 해서, 단군 신화를 지니고 있던 고조선(古朝鮮) 자체를 부인할 수가 없다. 한편 반대로 고조선이 존재했다고 해서 단군 신화의 내용 그대로를 객관적 사실로 믿고 이를 신성 불가침(神聖不可侵)의 것으로 받들 수도 없다.

위와 같은 잘못들은 모두 논리적인 비약에서 ㉠ 오는 것이다. 어떻든 이같이 주관적인 선입견을 배제하고 논리적인 사고를 통하여 얻어진 객관적 사실은 역사를 이해하는 토대가 된다. 그러나 이러한 객관적 사실의 인식만으로써 역사를 이해하는 작업이 끝나는 것은 물론 아니다. 역사는 단순한 사실의 무더기만은 아니기 때문이다.

① 도저히 참을 수 없을 만큼 잠이 오는군.
② 그녀는 무릎까지 오는 치마를 입고 있었다.
③ 이번 사태는 우리의 부주의에서 온 것이다.
④ 가을이 오면 우리 누나는 결혼을 할 예정이다.
⑤ 비가 오는 날에는 조심해서 자동차를 운전해야 한다.

02 ③

03 ㉠과 동일한 의미로 쓰인 것은?

한옥의 내부 공간은 창호지가 갖는 음(音)의 투과로써 바람소리와 더불어 처마 끝 낙수 소리, 뒷뜨락 감나무의 까치 소리, 앞마당 느티나무의 매미 소리 등의 자연음들을 내부 공간에 투영시켜 더 한층 자연과의 융합성을 느끼게 한다.

또, 시각적인 면에서도 내부 공간은 자연 공간과 쉽게 융화된다. 들어열개를 열고 높은 바닥에 앉아 쉽게 자연을 조망할 수 있을 뿐만 아니라, 달 밝은 밤 창 앞에 심은 석류나무 잎과 가지의 그림자가 이룬 한 폭의 묵화를 감상할 수 있다.

조선시대 주택의 외부 공간은 대자연을 축소한 것 같은 중국의 정원이나 일본의 인공적인 정원과는 달리 지극히 자연과 조화되게, 꾸미지 않는 가운데 꾸미며, 꾸미면서도 꾸미지 않는 듯 극히 소박한 것이 그 특성이다.

이러한 자연과의 융합성은 사용 부재(部材)의 형태에서도 잘 나타난다. 즉, 흰재(材)는 흰재대로 사용하는데, 대들보로 사용할 때에는 힘을 가장 많이 받는 휘어진 꼭지점에 동자대공을 놓아 사용하고, 문지방으로 사용할 때에는 반대로 꼭지점이 아래로 오게 한다. 또, 막돌은 막돌대로 초석(礎石)으로 사용하며 특히 기둥의 밑둥을 적당히 파서 ㉠ 막 생긴 초석의 면에 맞추는 것은 조선시대 건축의 한 특성으로 주택에서도 쉽게 찾아볼 수 있는 것이다.

① 차가운 겨울 벌판을 달려 기차가 사라져 가자 그는 막 울기 시작하였다.
② 적진을 향하여 막 달려가는 김 일병의 눈에는 분노의 불길만이 이글거렸다.
③ 아침을 굶은 데다가 먼길을 걸어 허기진 영수는 음식을 보자 막 먹어 치웠다.
④ 막 자란 가지 그대로는 악기를 만들 수 없으므로 굽고 다듬어 가공해야 한다.
⑤ 막 꺾어 온 싱싱한 꽃으로만 꽃바구니를 꾸며서, 보기에도 더욱 환하고 아름답다.

03_ '막 생긴'의 '아무렇게나 되는 대로, 자연 상태 그대로'의 뜻으로 쓰였다. ①은 '몹시', ②는 '앞뒤를 헤아리지 않고 외곬으로 세차게', ③은 '닥치는 대로', ④는 '아무렇게나 되는 대로, 자연상태 그대로', ⑤는 '이제 방금'의 뜻이다.

02

03 ④

The콕 제6강 요약문 작성

1단계 유형학습

Q. 다음 글의 내용을 균형 있게 잘 간추린 것은?

> 우리 나라의 전통 윤리는 정(情)에 바탕을 둔 윤리이다. 혈연의 정, 부부의 정, 이웃 또는 친지의 정을 따라서 서로 사랑하고 도와가며 살아가는 지혜가 곧 전통 윤리의 기본이다. 정에 바탕을 둔 윤리인 까닭에 우리 나라의 전통 윤리에는 자기 중심적인 일면이 있다. 정이라는 것은 자기와의 관계가 가까운 사람에 대해서는 강하게 일어나고 먼 사람에 대해서는 약하게 일어나는 것이 보통이므로, 정에 바탕을 둔 윤리가 명령하는 행위는 상대가 누구냐에 따라서 달라질 수 있다. 예컨대, 남의 아버지보다는 내 아버지를 더 위하고 남의 아들보다는 내 아들을 더 아끼는 것이 정에 바탕을 둔 윤리에 부합하는 태도이다.

① 전통 윤리는 정에 바탕을 두고 있으므로, 우리가 살려 나가야 할 덕목이다.
② 정에 바탕을 둔 윤리는 상대가 누구냐에 따라 다르므로 가변적이다.
③ 전통 윤리는 정에 바탕을 둔 윤리로 상부 상조의 정신을 바탕으로 하고 있다.
④ 전통 윤리는 가족, 친지, 이웃 등을 함께 생각하게 하는 지혜를 담고 있어서 바람직하다.
⑤ 정에 바탕을 둔 전통 윤리는 가까운 사람일수록 더 위하도록 요구한다는 뜻에서 자기 중심적이다.

해결 과정

요약문은 글의 각 부분들 간의 관계를 고려하여 글의 핵심이 잘 드러날 수 있도록 작성되어야 한다. 첫 문장은 이 글의 전제, 둘째 문장은 이의 구체적 진술 셋째 문장은 첫 문장을 전제로 한 판단, 넷째 문장은 이의 근거, 다섯째 문장은 셋째 문장의 예시이다. 이로 보면 이 글의 핵심은 셋째 문장에 담겨 있다. 이런 점에서 ⑤는 이 글의 핵심을 잘 담고 있으면서 각 문장들의 논리적 관계를 잘 보여 주고 있다. ✓ 정답 ⑤

2단계 배경지식

'요약문 작성'을 풀기 위한 스키마 학습

1. 유형설명

요약하기란 글의 내용을 핵심적인 내용과 부수적인 내용으로 구분하여 주로 그 핵심적인 내용을 중심으로 줄여서 적는 것을 말한다.

요약하기는 대개 글 전체에 제시된 주제를 파악하고 핵심 내용을 중심으로 그것을 뒷받침하는 내용을 간추려 덧붙이는 것이라고 할 수 있다. 요약문 쓰기를 통해 내용과 글의 구성을 정확히 이해하고 또 그것을 완결된 문장으로 표현하는 능력을 측정하는 문제이다.

2. 학습초점

(1) 문단의 요약 과정

① 먼저 문단의 중심 문장(소주제문)을 찾아낸다. 소주제문이 분명치 않을 경우에는 핵심어를 중심으로 소주제문을 재구성한다.

② 뒷받침 문장은 중요 사항(이를테면 근거 제시 부문)을 제외하고 삭제한다.

③ 중심 문장을 바탕으로 뒷받침 문장의 중요 사항을 결합한다.

④ 될 수 있는 한 문단의 전개 방향과 일치하는 순서로 쓴다.

(2) 글 전체 내용의 요약 과정

① 각 형식 문단의 요지를 개략적으로 파악한다.

② 형식 문단간의 논리적 관계를 파악한다. 즉, 중심 문단이 어떤 것이고, 이를 뒷받침하는 문단이 어떤 것인가를 파악한다.

③ 형식 문단을 서로 관련된 내용끼리 묶는다 즉, 내용 문단으로 재편성한다.

④ 내용 문단을 요약하여 글의 개요를 작성한다.

⑤ 글의 개요를 바탕으로 글 전체의 요지를 작성한다.(1차 요약)

⑥ 글 전체의 요지를 주제문을 중심으로 더욱 간추린다.(2차 요약)

⑦ 요약문은 그 자체로 완결된 형태의 글이어야 하며, 문장의 연결이 긴밀해야 한다.

3. 학습내용

(1) 요약하기 방법

① 요약문을 작성하기 전에 개요를 작성한다. 개요를 통해서 전체 글의 핵심 내용을 파악하고, 그 핵심 내용을 중심으로 적절히 줄여서 요약문을 작성해야 한다.

② 반복되는 내용이나 덜 중요한 내용은 삭제한다. 주어진 글 속에는 삭제하더라도 글의 이해에 저해가 되지 않는 부연(보충, 강조) 부분이 있기 마련인데, 이 부분들을 제거하면서 요약문의 뼈대를 세워 나간다.

③ 예시나 비유 등의 구체적인 진술들은 제외되는 것이 보통이다. 단순한 예시나 비유적 진술이라도 하나의 단락으로 독립되어 있는 경우가 있다. 이런 경우는 소주제만을 남기고 그 단락을 과감하게 제외시킨다.

④ 하위 개념은 상위 개념으로 바꾸어 요약문을 작성한다. 구체적이고 특수한 언어를 추상적이고 일반적인 언어로 바꿔 준다. 따라서 요약문의 길이가 짧아질수록 상위 개념은 많이 쓰여진다. 다음 예문에서 '용, 봉황, 산봉우리'의 하위 개념은 '조각과 무늬'라는 상위 개념으로 대치되고 있다.

예문

향로를 받치고 있는 용과 봉래산 꼭대기에 앉은 봉황은 이상 세계를 꿈꾸는 백제인의 정신 세계를 펼쳐 보인 것이다. 향로 뚜껑에 새겨진 산봉우리들도 신선들이 사는 이상향이었을 것이다.
→ 향로에 새겨진 조각과 무늬는 이상 세계를 꿈꾸는 백제인의 정신 세계를 드러낸다.

⑤ 요약문 속에는 주어진 글 속에 제시된 주제문이 포함되어야 한다. 만일 주제문이 제시되지 않은 글이라면 주제문을 만들어 적어야 한다. 주제문을 만들어 내는 능력은 주어진 글을 재구성하는 능력과 관련이 깊다.

⑥ 글을 재구성하는 능력은 흔히 문제의 지시 중 '자신의 표현으로 바꾸어 요약하라'는 문항에서 중요하게 요구된다. 이와 같은 문제가 주어지면 먼저 글의 요지를 잘 파악해서 명확히 이해해야 한다. 그리고 그 요지를 저자의 관점에 따라 자신의 논리력을 첨가시켜 재구성한다. 자신의 독창적인 표현을 위해서 지문 속의 단어나 어구를 동의(同意)의 다른 말로 바꾸어 사용하는 것이 일반적인 방법이다.

(2) 문장 요약의 기본 원리

① 사소하거나 불필요한 내용(수식어나 접속어, 독립어, 종속절 등)은 뺀다.

서적은 어떠한 종류를 막론하고 그 저자가, 적거나 많거나 간에 자기의 체험과 상상력 또는 추리력을 근거로 하고 토대로 삼아서 저작하였기 때문에, 그들의 무한한 노고와 오랜 세월의 연마를 거쳐 이루어진 것이다.
→ 서적은 저자의 무한한 노고와 오랜 세월의 연마를 거쳐 이루어진 것이다.

⇒ 종속절의 내용을 생략하였다.

② 같은 의미를 반복한 어휘나 어구는 하나만 쓴다

사람의 일생은 다섯 단계를 거치는데, 첫째는 유년기를 거치고, 둘째는 소년기를 거치고, 셋째는 청년기를 거치고, 넷째는 장년기를 거치고, 마지막 단계인 노년기의 단계에 도달한다.
→ 사람의 일생은 유년기, 소년기, 청년기, 장년기, 노년기의 다섯 단계를 거친다.

⇒ 서수사인 '첫째는, 둘째는…'은 생략하고, '거친다'는 한 번으로 줄여 쓴다.

③ 하위 개념의 여러 단어들은 상위 개념의 단어로 바꾼다.

사과, 배, 복숭아 …… → 과일

(3) 요약하기의 일반적인 원칙

① 필자의 의도 파악하기

요약문에서 가장 중시되는 것은 필자의 의도를 정확히 드러내는 것이다. 필자의 견해를 왜곡(歪曲)시킨 요약이란 그 자체가 무의미하며 무가치한 것이기 때문이다. 무엇보다 글의 내용을 정확히 이해하여 필자의 의도를 충분히 살리는 요약문이 되어야 한다.

② 중심 내용 찾아내기

글을 읽다 보면 중심 내용과 부수적인 내용이 있음을 알게 되는데, 중심 내용에 밑줄을 긋거나 부수적인 내용을 삭제하면서 전체 글의 내용을 압축해 나가도록 한다.

- 중심내용 : 주제문, 소주제문, 중심 문장
- 부수적인 내용 : 부연, 상술, 예시, 뒷받침 문장

③ 자신의 언어로 바꾸기

불가피한 경우를 제외하고는 원문의 문장을 그대로 옮기지 말고 자신의 말로 바꾸어 쓰는 것이 좋다.

④ 문맥의 흐름 살리기

단락별로 요약할 필요는 없으며, 단락을 원문의 글의 흐름에 따라 적절히 재구성하여 요약한다.

⑤ 제시된 분량 지키기

문제에서 요구하는 분량을 정확히 지키고 가감(加減)이 허용되는 범위를 넘지 않도록 유의한다.

(4) 요약하기의 절차와 방법

① 세시된 글을 정확히 읽는나.

가능한 한 빨리 전체를 통독하면서 글에서 전달하고자 하는 내용을 파악한다. 이때는 '무엇에 대해 쓴 글인가? 글 쓴 목적은 어디에 있는가?' 등을 생각하며 읽는다. 사실과 의견을 구분해 가며 필자의 견해를 파악해 나가되, 한 번만으로 이해가 되지 않으면 두세 번 거듭 읽어보도록 한다.

② 글의 흐름을 논리적으로 분석하며 부분들 사이의 관계를 파악한다.

글의 내용은 아무렇게나 흩어져 있는 것이 아니라 일정한 구조를 이루고 있다. 즉, 한 편의 글은 특정한 주제를 부각시키기 위해 갖추게 되는 논리적 체계, 또는 구성적 특징을 갖고 있게 마련이다. 글을 읽으면서 글의 구조를 파악하고 단락 상호 간의 관계를 살펴서 필자가 의도하는 주제에 도달할 수 있도록 한다.

(5) 요약하기의 유의 사항

① 요약을 할 때 글의 순서를 바꾸어도 되는가

요약을 할 때 반드시 개요를 작성하는 것은 중요한 화제를 빠뜨리지 않기 위해서이다. 그렇다고 해서 요약된 글이 원래 글의 순서를 그대로 따라야 한다는 것은 아니다. 문제는 원래 글의 내용을 충분히 자기 것으로 소화할 수 있는 능력이 있느냐의 여부이다. 따라서 원래 글의 취지를 더 잘 전달할 수 있고, 중요한 화제를 빠뜨리지 않는다면 얼마든지 순서를 바꿀 수 있다. 그러면 〈답〉에서 원래 글과 순서가 바뀐 이유를 알 수 있을 것이다.

② 요약에서 뺄 것과 빼서는 안 될 것을 어떻게 구분하나

요약에서 각 단락의 화제문만 죽 모아 놓고 이를 부드럽게 연결하면 요약 문제를

다 해결될 수가 있는가? 만일 이렇게만 해도 된다면 요약 문제는 비교적 쉬울 것이다. 그러나 대답은 불행하게도 '아니오.'이다. 왜 그런가 하면, 각 단락은 내용상 관련성에 따라 다시 큰 묶음으로 합쳐지고 이 큰 묶음 속에서 보면 독립된 하나의 단락이라 해도 단순한 예시나 비유적 일화일 경우가 될 수 있기 때문이다. 따라서 요약은 그 글의 전체 구조를 완전히 분석할 수 있어야 한다. 그런 다음 중요한 내용들이 빠지지 않게 배려해야 한다.

중요한 내용이 빠지지 말아야 한다니까 또 이런 질문을 하는 학생이 있다. '그러면 그 중요한 내용은 반드시 본문에 나와 있는 형태대로 요약에 포함되어야 하는가요?' 대답은 역시 '아니오.'이다. 본문에 나와 있는 형태와 순서를 그대로 지킬 필요는 없다. 더 적당하다고 생각하는 순서가 있다면 이를 따를 수도 있다. 또한 문제의 조건에서 글자 수의 여유가 허락되지 않는다면 원문의 내용을 직접 옮겨 적지 않더라도 원문의 내용이 요약문 속에 '녹아' 있기만 해도 된다. 다른 말로 하면 요약은 원래 글을 완전히 자기 것으로 만들어 자유 자재로 변형시킬 수도 있어야 완벽하게 해결할 수 있는 것이다. 자, 이제 왜 교수님들이 요약 문제를 그렇게 중시하는지 이유를 알겠는가?

3단계 유사문제

'요약문 작성' 해결능력을 배양하기 위한 심화학습

01 **다음 글의 내용을 가장 잘 간추린 것은?**

> 모든 자연 현상과 더불어 그 자연의 일부로서의 인간을 지배하는 음양의 원리에 따라 인간의 생리적 기능을 조절해 주어야 한다는 것이 한의학의 전제라면, 모든 자연 현상과 구별되는 인간의 특수한 생리학적 구조를 지배하는 원칙에 따라 그것을 수정해야 한다는 것이 양의학의 원리가 된다.

① 양의학은 한의학과 달리 인간을 중시한다.
② 한의학과 양의학의 차이는 그 자연성과 인공성에 있다.
③ 한의학은 양의학처럼 인간의 생리에 관심을 기울이지 않는다.
④ 한의학은 병의 경감을 목적으로 하며, 양의학은 병의 완치를 목표로 한다.
⑤ 한의학과 양의학의 차이는 자연 현상에 대한 이치를 깨닫느냐 아니냐에 있다.

01_ 대조의 기법으로 쓰여진 글이므로 우선은 그 대조의 두 양상을 점검해야 한다. 동양 의학과 서양 의학 간의 차이점을 잘 생각해 보자. 동양은 자연의 일부로 인간을 보고 있고, 서양은 자연과 구별되는 인간으로 보고 있다는 점에 착안하면 쉽게 이해할 수 있다.
양의학이 한의학에 비해 인간을 더 중시한다는 증거를 찾을 수 없고, 한의학이 자연을 중시한다고 인간에 관심을 기울이지 않는다고 할 수는 없다.

01 ②

02 다음 글을 가장 잘 요약한 것은?

> 효과적인 독서의 방법은 사람마다 개성과 환경이 다르기 때문에 일정하지 않다. 나에게 효과 있는 방법이 반드시 남에게도 효과가 있다고 할 수 없고, 또 나의 환경에서 효과 있는 방법이 반드시 남의 환경에서도 효과가 있다고는 할 수 없다. 그러므로 가장 많은 효과를 거둘 수 있는 독서 방법은, 자기 자신의 개성과 환경에 맞도록 여러 차례의 시행 착오를 거쳐서 자기 자신이 터득하는 수밖에 없다. 남의 방법이 좋다고 하여 무조건 따를 것이 아니라, 여러 가지 방법을 써 보아서 어떤 것이 자기에게 맞는 것인지를 발견하는 것이 가장 좋은 방법이다.

① 독서의 방법은 사람의 환경과 개성에 따라 다르다.
② 자신의 개성에 맞는 것이 가장 좋은 독서 방법이다.
③ 효과적인 독서 방법은 자신의 체험에 의해 터득된다.
④ 남에게 좋은 독서 방법도 나에게는 맞지 않을 때가 있다.
⑤ 어떤 독서 방법을 쓰냐에 따라서 독서의 효과는 달라진다.

02_ 이 글의 핵심어는 '독서의 방법'이다. 글쓴이가 전달하려는 '효과적인 독서 방법'을 파악해 보도록 한다.

03 다음 글을 가장 잘 요약한 것은?

> 인간은 외부의 자극에 다른 동물처럼 즉시 반응할 수 없었다. 인간은 다른 동물에 비해 육체적인 기능이 발달하지 않았기 때문이다. 만일 인간이 동물처럼 외부 자극에 대해 기계적인 반응을 하는 본능이 강하였다면, 외부의 자극에 따라 그때그때 본능적으로 반응을 하면 되므로 사고하는 능력도 발달하지 못하였을 것이다. 인간의 이러한 육체적인 약점 때문에 인간은 외부의 자극에 대해 효과적으로 반응하는 대책을 마련하기 위해 여러 가지 방법을 찾으려고 하였다. 이것은 인간의 사고 능력을 더욱 발달시키는 결과를 낳게 되었다.

① 인간이 다른 동물처럼 외부 자극에 대해 기계적인 반응을 하는 본능이 강하였다면 인간의 사고하는 능력은 발달하지 못하였을 것이다.
② 인간이 다른 동물처럼 외부의 자극에 즉시 반응할 수 있었다면, 사고하는 능력이 발달할 수 없었을 것이고, 따라서 인간은 다른 동물과 구분될 수 없었을 것이다.
③ 인간은 동물에 비해 육체적 기능이 발달하지 못한 탓에 외부의 자극에 효과적으로 반응하는 방법을 찾게 되었고, 이 결과 인간의 사고 능력은 더욱 발달하였다.
④ 인간의 사고 능력으로 인해 다른 동물에 비해 발달하지 못한 육체적 기능의 한계를 극복할 수 있었고, 이 결과 외부의 자극에 효과적으로 반응할 수 있었다.
⑤ 인간은 다른 동물에 비해 육체적 기능이 떨어지지만 사고 능력을 가지고 있어 외부의 자극에 효과적으로 반응할 수 있었고, 그 결과 다른 동물을 지배하게 되었다.

03_ 예시문의 글에서 핵심적인 구절은 '인간의 육체적 기능, 사고능력의 소유, 자극에 대한 효과적인 반응, 사고 능력의 발달' 등이다. 그들 사이의 인과 관계를 잘 파악해 본다.

02 ③ 03 ③

The콕 제7강 중심문장과 뒷받침 문장과의 결속

1단계 유형학습

Q. 다음 중, 주제문과 뒷받침 문장의 결속이 자연스럽지 못한 것은?

① 말은 한 번 입에서 떨어지면 되돌릴 수가 없다. 아무리 취소해도 취소되지 않는다. 다만 최소된 듯이 보일 뿐이다. 취소한다고 해서 한 말이 사라지는 것이 아니라, 취소한다는 말과 함께 객관적인 사실로 남는다.

② 우리 민족은 예로부터 노래를 좋아하였다. 그것은 전통 사회의 생활 습속에서 잘 드러난다. 예를 들어, 모내기를 하거나 김을 맬 때, 여러 사람이 손발을 맞추기 위해 노래를 했다. 또, 벼를 벤다든지 타작을 할 때에도 노래를 부름으로써 일의 능률을 높였다.

③ 음악이 있다는 것은 참으로 고마운 일이다. 유쾌한 일이 있을 때 음악을 곁들이면 더욱 좋고, 할 일이 없어서 무료하게 시간을 보낼 때에도 음악은 좋은 친구가 된다. 또한, 서양 음악의 선율에서 느껴지는 조화, 그것이야말로 모든 인간이 추구하고자 하는 것이 아닌가?

④ 권력과 권위는 분명히 다른 것이다. 권력은 외형적으로 금방 드러나는 강제력을 가지고 있지만 권위는 그것을 가지고 있지 못하다. 하지만 권위는 오랜 세월 동안 내면에서 닦여진 진정한 힘을 가지고 있다. 권력은 인간의 행동을 강요할 수는 있어도 진심으로 복종시킬 수 없다. 그러나 권위는 인간을 진심으로 복종시킨다.

⑤ 국어 순화는 우리말을 순수하게 가꾸자는 것이다. 우리말의 발달을 해치는 저속하고 틀린 말, 까다롭고 어려운 한자말을 줄이고 바르고 쉽고 아름다운 말로 바꾸며, 불필요한 외래어를 솎아 내는 것이 국어 순화이다. 또, 토박이말 가운데서도 발음이 까다롭거나 어감이 나쁜 말을 발음하기 쉽고 듣기 좋은 말로 바꾸도록 힘쓰는 것도 국어 순화를 위한 방법이다.

해결 과정

나머지는 주제문과 그것을 뒷받침하는 문장으로 이루어져 있는데, ③에서 '또한 서양 음악의 ~하는 것이 아닌가?'라는 문장은, 음악이 있음으로 해서 얻게 되는 이점을 드러내는 주제문을 뒷받침하지 못하는 내용으로서 통일성에 어긋난 부분이다.

✓ 정답 ③

2단계 배경지식

'중심문장과 뒷받침 문장과의 결속'을 풀기 위한 스키마 학습

1. 유형설명

중심 문장(혹은 소주제문)과 뒷받침 문장의 결속관계를 이해하는가를 측정하는 문제이다. 이 유형은 문단의 개념과 원리를 이해하면 풀 수 있는 형태이다.

2. 학습초점

문단의 기본 특성을 이해하여야 한다.

» 문단의 통일성을 이해한다.

» 문단의 긴밀성을 이해한다.

» 문단의 간결성을 이해한다.

3. 학습내용

(1) 문단의 개념

문단은 한 편의 글을 이루는 가장 큰 단위이면서 그 자체로 완결된 생각을 나타낸다. 문단이 하나의 완결된 생각을 나타내기 위해서는 그 안에 하나의 중심내용을 구별하여, 전자를 소주제(小主題)라고 하고, 후자를 대주제(大主題)라고 한다. 문단을 이루는 문장들에는 문단의 중심내용이 나타나 있는 문장과 이를 뒷받침해 주는 문장이 있다. 여기서 문단의 중심 내용을 담고 있는 문장을 소주제문(小主題文)이라고 한다. 소주제문을 제외한 나머지 문장들은 소주제문을 뒷받침해 주는 구실을 하는 뒷받침 문장이다. 결국, 문단은 소주제문과 뒷받침 문장들로 이루어지며, 이들은 긴밀한 관계를 유지해서 완결된 생각을 나타낸다.

예문

우리 집의 아침은 분주하다. 우리 식구 모두는 매일 동네 뒷산에 있는 약수터에 가서 운동을 하고 약수를 받아 온다. 집에 와서는 아버지와 나는 아침 청소를 하고, 누나는 어머니를 도와서 아침 식사를 준비한다. 아침 식사가 끝나자마자 아버지는 출근하시고, 누나와 나는 학교로 향한다.

⇒ 윗글에서 '우리 집의 아침은 분주하다.'는 문단의 중심 내용을 나타내는 소주제문이다. 나머지 문장들은 소주제문의 구체적인 모습을 보여 줌으로써, 소주제문을 뒷받침하고 있다. 따라서, 윗글은 소주제문을 중심으로 하나의 완결된 생각을 나타내고 있다.

(2) 문단의 전개 원리

문단을 충분히 전개하기 위해서는, 화제문과 뒷받침 문장들 간에 통일성과 긴밀성을 유지시키는 원리를 알아야 한다.

① 문단의 통일성

우리는 집이나 학교에서 우리가 경험한 일을 이야기한다. 예를 들어, 등산을 다녀온 학생이 자기의 경험을 다음과 같이 썼다고 하자.

예문

① 산에서 우리는 무척 즐거웠다. ② 초록의 신선한 숲과 고요함 속에 들려오는 산새의 지저귐이 우리를 동화의 세계로 이끌어 갔다. ③ 오염되지 않은 공기를 마음껏 들여 마시고 청순한 풀꽃의 향기를 맡을 때는 우리 몸 속의 온갖 더러운 것이 말끔히 씻겨 나가는 듯하였다. ④ 우리는 맑은 물이 흐르는 골짜기에서 준비해 간 밥을 먹었다. ⑤ 그런 뒤에 발을 물에 담그고 식구들이 모두 노래를 불렀다.

⇒ 이 글에서 ①은 '산에서의 즐거움'이라는 화제를 포함하는 이 글의 화제문이다. 그리고 나머지 문장들은 즐거움이 어떤 것이었는가를 구체적으로 알려 주고 있다. 따라서 ①은 화제문이며, ②~⑤는 이 화제문의 내용을 구체적으로 보여 주는 뒷받침 문장들이라고 할 수 있다.

문단이 통일성을 유지하기 위해서는 다음과 같은 사항이 지켜져야 한다.

㉠ 화제가 명확하고 단일한 개념으로 한정되어야 한다.

㉡ 문단을 구성하는 모든 문장들의 내용이 한정된 화제를 향하여 집중되어야 한다.

㉢ 화제에 적합하지 않은 내용은 모두 삭제되어야 한다.

② 문단의 긴밀성

말을 할 때에나 글을 쓸 때에나 우리는 생각을 조리 있게 정리하여 표현하여야 한다. 그러자면 문장과 문장을 자연스럽고 조리 있게 이어 나가야 한다. 달리 표현하면 문장 사이에 긴밀성이 있어야 한다. 다음 예문을 보자.

예문

나에게는 한 가지 특기가 있다. 아주 잘한다고는 할 수 없지만, 남들이 인정해 주는 특기이다. 붓글씨가 그것이다. 초등학교 3학년 때 선생님의 강요에 못 이겨 엉겁결에 배웠던 것이 나의 특기가 되었다. 그러나 이 붓글씨는 나에게 마음의 평안을 가져다 주었다.

⇒ 윗글은 '그러나'가 적절치 못하여 문단의 긴밀성이 손상되어 있다. '그러나'를 오히려 '고맙게도'로 고치고, '평안을'도 '평안도'로 고치면 앞뒤가 한결 논리적으로 연결된다.

(3) 문단의 구조

일반적으로 하나의 문단은 문단 전체의 진행 방향을 지시하는 화제문(소주제문)과 화제문의 내용을 뒷받침하는 여러 개의 문장, 즉 뒷받침 문장들로 구성된다. 문단의 구조는 화제문의 위치에 따라서 두괄식 구조, 미괄식 구조, 양괄식 구조 등으로 구분된다.

① **두괄식 구조**: 화제문 + 뒷받침 문장들

<u>대외 관계와 함께 항상 논의되는 것은 한국인의 민족성에 관한 문제이다</u>. 우선 가장 나쁜 민족성으로서 내세우는 것은 당파성이다. 한국사의 타율성을 강조하는 사람들은 이 당파성도 반도적(半島的) 성격에서 오는 것이요, 따라서 그것은 고칠 수 없는 선천적인 것이라고 한다. 그러나 고정 불변의 선천적인 민족성이라는 것도 있을 수 없거니와, 설사 그러한 민족성이 있다손 치더라도 장구한 민족사의 전체에서 살펴볼 때, 당파성을 한국 민족의 선천적인 성격의 산물이라고 고집할 아무런 근거도 없는 것이다.

– 이기백, '한국사 신론'

㉠ 이 문단에서 필자가 말하려는 화제는 '한국인의 민족성'이며, 그것은 밑줄 친 "대외 관계와 함께~관한 문제이다."로 나타나 있다. 그러므로 이 문장은 화제문이다. 그리고 나머지 문장들은 모두 화제문의 내용을 논증하는 뒷받침 문장이다. 이렇게 화제문이 문단의 앞에 위치하고 그 뒤에 뒷받침 문장들이 이어지는 문단의 구조를 두괄식 구조라고 한다.

㉡ 이 구조의 장점은 명료성에 있다. 필자가 말하려는 화제를 먼저 제시하고 뒷받침 문장들로 하여금 제시된 화제를 더욱 분명하게 규정하거나 논증하는 방식이다. 그러므로 독자는 필자의 생각을 쉽게 이해할 수 있다. 그러나 이런 구조의 문단만을 계속 쓸 경우에는, 독자들이 문단의 첫 문장에만 관심을 가짐으로써 그 나머지 문장들을 소홀히 취급하게 되는 단점을 보이기도 한다.

② **미괄식 구조**: 뒷받침 문장들+화제문

예문

어느 민족은 그 자신들이 문화를 창조하여 그것에 관한 고유한 말을 만들어 내는 일도 없지 않지만, 대개의 경우는 자기들보다 선진한 민족으로부터 문화를 받아들이고, 그것에 관한 말까지 빌려다 쓰는 일이 일반적인 사실로 나타나 있다. 따라서 어느 민족이 스스로 어떤 문화를 창조하였다면 그것에 관한 말도 자민족의 고유한 언어로 이루어지겠지만, 대개의 경우 선진 민족으로부터 그들이 발명한 문화를 받아들이고, 그것에 관한 말까지 동시에 받아들여, 그 선진 민족의 말을 쓰게 된다. 그리하여 이러한 말을 외래어라고 일컫는다. 다만 이 경우에 이 외래어는 본래 언어의 종류가 다른 타민족의 말이기 때문에 그 발음이라든지 그 운용하는 방법을 자민족의 언어 습관에 맞도록 수정, 변경시켜서, 즉 동화시켜서 사용하게 된다. 그러므로 이런 말은 그대로 외국어가 아니요, 자민족의 언어에 동화된 말들이다. 그리하여 이런 말들은 외국어라 이르지 않고, 외래어라 일컫는다. <u>따라서 외래어는 외국어가 아니요, 당당한 자민족의 언어, 즉 국어인 것이다.</u>

– 이희승, '나의 언어관'

㉠ 이 문단에서 필자가 말하려는 화제는 '외래어'이며, 그것은 "따라서 외래어는 ~ 국어인 것이다."라는 화제문으로 나타나 있다. 그리고 이 화제문 앞에 있는 모든 문장들은 '외래어'가 어떻게 만들어지는가를 알려 줌으로써 화제문을 끌어내도록 뒷받침한다. 이처럼 뒷받침 문장이 앞에 있고 화제문이 문단의 끝에 위치하는 것을 미괄식 구조라고 한다.

㉡ 미괄식 구조는 두괄식 구조와 더불어 가장 일반적인 문단 구조이다. 이 구조가 가지는 장점은 막연한 개념보다 구체적인 세목을 열거함으로써 독자와 함께 생각을 진전시키고, 독자의 생각을 필자의 견해로 유도할 수 있다는 것이다. 그러나 이런 구조의 문단만을 계속 쓸 경우에는, 독자를 너무 긴장시킬 뿐만 아니라 자칫하면 필자의 의도를 정확히 파악하지 못하게 하는 단점을 보이기도 한다.

③ **양괄식 구조**: 화제문 + 뒷받침 문장들 + 화제문

예문

사람은 날마다 언어의 홍수 속에서 살고 있다. 집에서는 형제 자매들끼리, 직장에서는 동료들끼리, 그리고 학교에서는 친구들끼리 말을 주고받으며 생활한다. 그런가 하면 같은 장소에서, 부모와 자식들이, 그리고 선배와 후배들이 서로 말을 주고받으며 생활하기도 한다. 또 거의 날마다 글을 읽고, 일기나 편지를 쓰며 살고 있다. 이와 같이 사람은 날마다 말하고 읽고, 쓰는 언어의 세계 속에 살고 있다.

㉠ 이 문단에서 필자가 말하고자 하는 화제는 '사람과 언어'이며, 밑줄 친 "사람은 ~ 살고 있다."와 "이와 같이 ~ 살고 있다."로 나타나 있다. 그리고 이 화제문들을 제외한 나머지 문장들은 구체적인 사실로써 화제문의 내용을 뒷받침하고 있다.

㉡ 이와 같이 문단의 첫머리에 화제문이 있고 그 뒤에 뒷받침 문장들이 이어지고, 다시 문단의 끝에 화제문이 있는 문단의 구조를 양괄식 구조 또는 쌍괄식 구조라고 한다.

㉢ 양괄식 구조를 이루는 두 개의 화제문은 내용상으로는 일치하나 그 표현 형식이 다소 다를 뿐이다. 이런 구조를 가진 문단은 화제를 강조하여 독자로 하여금 화제문의 내용을 확고하게 이해하도록 하는 장점을 가지지만, 화제가 중복된다는 문체상의 단점도 아울러 지니게 된다.

3단계 유사문제

'중심문장과 뒷받침 문장과의 결속' 해결능력을 배양하기 위한 심화학습

01 **다음 중, 주제문과 뒷받침 문장의 결속 관계가 자연스럽지 못한 것은?**

① 권력에의 집착은 아편 중독 현상과 비슷하다. 한 번 권력맛을 보면 거기에 도취되어 계속 권력을 유지하려는 유혹에서 좀체 빠져 나오기 어렵다.

② 혼자서 글을 낭독할 때는 낮은 소리로 읽는 것이 좋다. 소리가 너무 높으면 글의 내용보다 그 소리에 휩쓸리게 되고, 또한 몸을 흔드는 것도 정신이 산만해져서 좋지 않다.

③ 과학도는 진실만을 다루고, 논하고, 벗삼아 생활할 각오를 해야 한다. 문학이나 예술 같으면 타인의 감동을 얻기 위하여 더러 화려한 수식도 하고 지나친 과장도 하게 마련이지만 과학에서는 과장은 물론이고 수식에까지도 용납되지 않기 때문이다.

④ 동양 전통극은 서양 연극과 관객의 관람 태도에서부터 차이가 난다. 서양 연극의 관객들이 정숙한 분위기 속에서 엄숙한 태도로 격식을 갖추어 관람하는데 비하여, 동양 전통극의 관객들은 매우 자유 분방한 분위기 속에서 활기 있는 태도로 관람한다.

⑤ 미신도 때로는 인간의 심리에 위안을 주는 경우가 있다. 비록 미신이라 하더라도 자신이 의지하여야 할 곳을 확실히 알지 못하고 있을 때 그것에 의해 미래의 행복을 보장받으면 인간은 다소나마 마음의 안정을 얻게 되는 것이다.

01_ ②에서 '또한 몸을 흔드는 것도 정신이 산만해져서 좋지 않다.'라고 한 것은 '혼자서 글을 낭독할 때는 낮은 소리로 읽는 것이 좋다.'는 주제문에서 벗어나는 내용이다.

01 ②

02 다음 문장에 대한 뒷받침 문장으로 적절한 것은?

> 인간에 대한 깊은 사랑과 이해가 없이는 진정한 휴머니스트가 될 수 없다. 왜냐하면
> ____________________
> ____________________

① 인간의 자기 상실과 자기 소외에서 인간을 구출하고 인간의 주체성과 자율성을 회복하기 위해서는 사랑과 이해가 필요하기 때문이다.

② 사랑과 이해는 인간을 인간답게 하는 기본적 요소로, 인격의 균형을 상실한 현대 사회에 꼭 필요하기 때문이다.

③ 휴머니즘의 근간 정신은 인간에 대한 긍정인데, 긍정의 정신을 가지려면 깊은 애정이 필요하고 애정은 이해를 전제로 하기 때문이다.

④ 어떤 눈으로 인간을 보고, 어떤 태도로 인간을 생각하고, 어떤 방향으로 인간의 삶과 역사를 이끌어 갈 것인지를 휴머니즘이 결정하기 때문이다.

⑤ 휴머니스트에겐 악에 대한 저항과 부정에 대한 항거의 길을 걸으려는 강한 정의감과 도덕적 성실성이 있어야 하기 때문이다.

02 '왜냐하면' 다음에는 구체적 이유가 진술되어야 한다. 즉 휴머니스트의 조건을 설명하는 내용이어야 한다. (이해 → 애정 → 인간 긍정 → 휴머니즘)

03 다음 중 주제문과 뒷받침 문장의 결속이 가장 자연스러운 것은?

① 여성의 지위 향상은 학교 교육에서부터 시작해야 한다. 남성 중심의 교육 내용들을 여성들에게 자부심을 키워줄 수 있는 내용으로 대체해야 한다. 아울러 여성들의 사회 진출을 확대할 수 있는 제도적 장치를 마련해야 한다.

② 경제 발전을 위해서 여성 인력을 활용하는 일이 중요하다. 우리 나라의 산업에서 인력 부족 현상이 두드러지고 있다. 아울러 사회 구조가 날로 복잡해 가고 전문화되어감에 따라 여성들이 갖고 있는 장점을 활용하는 일이 요청되고 있다.

③ 남아 선호 사상은 심각한 사회 문제를 야기할 것이다. 초등학교에서 남학생들의 경우 짝이 없어 혼자서 공부하는 아이들이 많이 있다고 한다. 우리의 남아 선호 사상은 유교의 가부장적 전통에서 유래하고 있다.

④ 여성의 가사 노동이 정당하게 평가받아야 한다. 가정 부인의 직업란에 '무'라고 쓰는 것은 여성 자신들이 자신의 노동을 스스로 낮게 평가하는 것이다. 남편의 수입을 부부 공동의 재산으로 인정하는 법 제도를 만들어 나가야 할 것이다.

⑤ 여성 운동은 여성 문화의 창출로 이어져야 한다. 여성 문화는 참다운 자유와 평등에 바탕을 둔 민주주의 세계관을 반영하는 문화이다. 여성 운동은 남성 중심의 사회적 제도를 바꾸는 일부터 시작해야 한다.

03 뒷받침 문장은 주제문에 대하여 근거를 들거나 예를 들거나 구체적으로 풀이하거나 하여 주제문을 뒷받침하는 구실을 한다. 따라서 뒷받침 문장에 주제문과 다른 주제문에 해당하는 내용이나 주제문을 뒷받침하지 못하는 내용이 와서는 안 된다. '여성 인력을 활용하는 것이 중요하다.'는 주제문을 뒷받침하기 위해서는 그렇게 말할 수 있는 근거나 이유를 드는 것이 좋겠다. 즉, 산업 인력이 부족하기 때문에 여성 인력을 활용할 필요가 있고, 사회 구조가 전문화됨에 따라 여성들의 장점과 능력을 발휘할 필요가 있다는 점은 주제문을 뒷받침하는 근거나 이유가 된다.

02 ③ 03 ②

The콕 제8강 생략된 어휘 및 내용의 추리

1단계 유형학습

Q. 다음 중, 글의 ⓐ~ⓓ 어디에도 들어갈 수 없는 속담은?

> 일상 생활에서 체득한 진리를 예리한 풍자와 엄숙한 교훈과 실감나는 비유를 통해 압축한 속담에는 생활 양태, 풍속, 관습, 신앙 등이 반영되어 있으며, 민중의 기지가 번득이고 있다. 예를 들면, ____ⓐ____은(는) 사람의 욕심에는 끝이 없음을, ____ⓑ____ 은(는) 욕심 많은 사람이 이(利)를 보고는 그냥 지나쳐 버리지 못함을, 그리하여 ____ⓒ____ 은(는) 지나친 욕심을 내게 되면 도리어 손해를 보게 됨을 잘 묘사하고 있다. 늙을수록 욕심은 커 가기에 '늙은 소 콩밭으로 간다.'라고 하고, 사리를 잘 알면서도 짐짓 모르는 체하고 욕심을 채우려 함에 ____ⓓ____ 라는 속담이 그것을 날카롭게 적시(摘示)하여 비판하고 있다.

① 물먹은 배만 튀긴다.
② 말 타면 경마 잡히고 싶다.
③ 멧돝 잡으려다 집돝 잃었다.
④ 참새가 방앗간을 거저 지나랴.
⑤ 미친 척하고 떡 목판을 엎드러진다.

해결 과정

① 필요하지 않은 짓을 함. 냉수 먹고 이 쑤신다. ② 사람의 욕심에는 끝이 없음 ③ 지나친 욕심을 내게 되면 도리어 손해를 보게 됨. (※ 멧돝: 멧돼지, 집돝: 집에서 기르는 돼지) ④ 욕심 많은 사람이 이(利)를 보고는 그냥 지나쳐 버리지 못함. ⑤ 사리를 잘 알면서도 짐짓 모르는 체하고 욕심을 채우려 함. ✓ 정답 ①

2단계 배경지식

'생략된 어휘 및 내용의 추리'를 풀기 위한 스키마 학습

1. 유형설명

전후 문맥을 통해 생략된 어구 및 내용을 추리하는 유형이다. 제시된 지문의 내용을 정확히 파악하고 생략된 부분에 어울리는 내용을 찾는 문제이다. 사실적 사고와 다른 점은 정답을 글속이 아닌 글밖에서 찾아야 한다는 점이다. 단어나 어구를 추리하는 것과 주어진 지문을 바탕으로 삭제된 부분이나 생략된 서론, 결론 등을 추리하는 문제이다.

2. 학습초점

» 제시된 지문의 앞뒤의 내용을 정확히 파악한다.
» 속담이나 고사성어가 적용되는 경우가 많아 평소에 학습을 많이 해놓아야 한다.

3. 학습내용

(1) 생략된 어구와 내용 추리

표현된 또는 표현되어야 할 내용에 대해 추리하고 상상하는 과정을 통해 그 의미를 명확하게 하는 능력을 측정한다.

① 생략된 어구의 추리

㉠ 생략된 어구의 앞뒤 내용을 파악한다.

㉡ 앞뒤 글을 가장 자연스럽게 연결시켜 줄 수 있는 어구를 추리한다.

ⓐ 앞의 내용과 동일한 내용인가를 추리한다.

ⓑ 앞의 내용을 포괄하는 내용인가를 추리한다.

ⓒ 앞의 내용을 함축·비유하는 내용인가를 추리한다.

ⓓ 뒤의 내용의 일부인가를 추리한다.

ⓔ 뒤의 내용의 전제 조건인가를 추리한다.

㉢ 추리한 내용을 다시 앞뒤 내용과 연결하여 문맥에 맞는가를 확인한다.

> 방자놈 거동 보소. 도련님 분부 뫼시어 춘향 초래하러 갈 제, 논틀이며 밭틀이며 뒤쭉을 높이 찌고 껑충거려 건너가서 춘향 초래하는 말이,
> "책방 도련님 분부 내려 너를 급히 부르신다."
> 춘향이 깜짝 놀레어 이른 말이,
> "어찌 그리 급히 부르나니, 요망의 아들 녀석 같으니, 사람을 놀래나니, 책방 도련님은 우애 내 등에다가 춘향이라고 대자(大字)로 입춘(立春)처로 써 붙였느냐, 너다려 춘향이니 오향이니 고양이니 질양이니 (   ) 가초가초 경신년 글상 외듯 다 외워 바치라더냐?"

⇒ 생략된 내용의 앞뒤를 볼 때 도련님이 춘향이를 아는 것은 방자가 시시콜콜히 모든 것을 다 일러주었기 때문이라는 것을 알 수 있다. 따라서 (   ) 안에는 뒤에 나오는 구절과 같은 의미를 지닌 '종다리새 열씨 까듯'과 같은 구절이 적당함을 추리할 수 있다.

② 생략된 내용의 추리

㉠ 글 전체의 논지 전개 흐름을 살핀다.

㉡ 생략된 부분의 앞뒤 문맥의 핵심적인 내용을 파악한다.

㉢ 앞뒤의 내용을 자연스럽게 연결시켜 줄 수 있는 내용을 추리한다.

㉣ 추리한 내용을 다시 앞뒤 내용과 연결하여 문맥에 맞는가를 확인한다.

> 한 국가의 최고 지도자가 갖추어야 할 덕목 중의 하나는 도덕성이다. 국가의 지도자란 누구인가. 그는 권력 구조의 정점에 위치한 국가 경영의 최고 책임자이다. 그의 지도적 기능은 정치·경제·국방·외교·교육 등 국정 전반에 걸쳐 폭넓게 이루어지며 때로는 통치권이라는 미명하에 실정법의 테두리를 벗어나기도 한다. 따라서
> (   )

⇒ 윗글의 주제는 첫 문장에 제시하고 있듯이 지도자는 도덕성을 갖추어야 한다는 점이다. 주제의 명확성에 초점을 맞추어 (   ) 안에 들어갈 내용을 추리해 보면 '한 국가의 지도자가 지도자가 도덕성을 갖추지 못하면 국가 존립이나 흥망에 지대한 악영향을 끼친다.'가 될 것이다.

3단계 유사문제

'생략된 어휘 및 내용의 추리' 해결능력을 배양하기 위한 심화학습

01_ 예문의 마지막 문장과 같은 판단을 이끌어 내기 위한 논리적인 근거가 들어가야 한다. 여기서 '자기 일에 충실하지 못하다는 것'을 문제 삼았으므로 그 구체적인 내용이 다루어져야 할 것이다.

01 **다음의 [   ] 안에 들어갈 내용으로 가장 알맞은 것은?**

> 학생들은 간혹 남의 일을 걱정하느라 시간과 정력을 소모하기도 한다. 이것이 지나칠 경우, 자기 일을 뒷전으로 제쳐놓게 되는 수가 있다.
>
> [   ]
>
> 앞으로 사회를 이끌어 나가야 할 학생들이 이처럼 자기 일에 충실하지 못한다는 것은 그들에게 거는 사회의 기대에 부응하지 못하는 무책임한 행동이라고 할 수 있다.

① 그렇다고 남의 일을 자신의 일처럼 제대로 해결해 줄 수 있는 문제도 아니다.
② 더구나 지나치게 남의 일게 간섭한 나머지 남의 일을 그르치기까지 하는 경우도 있다.
③ 그러다 보면 한참 공부해야 할 시기에 탄탄한 실력을 쌓아 나가기 어렵게 될 수도 있다.
④ 하지만 이것이야말로 이기심에 물들지 않은 학생다운 순수한 열정이라고 말할 수 있다.
⑤ 이런 학생들이 많아지다 보니 우리 주위에는 늘 걱정해야 할 일로 가득 차 있게 마련이다.

01 ③

02 '운동 경기의 효용'이라는 제목의 다음 주제문을 가지고 개요를 작성할 때, [　　　　]에 들어갈 알맞은 것은?

> 주제문 : 운동 경기는 관전하는 경우에나 직접 참여하는 경우에나 우리 생활에 활력을 불어넣어 주는 효용이 있다.
>
> 개 요
>
> Ⅰ. 요즈음의 운동 경기를 봄.
> Ⅱ. 운동 경기를 관람하는 재미
> 　1. 묘기를 보는 재미
> 　2. 예측할 수 없는 승부 때문에 느끼는 재미
> 　3. 요령과 규칙을 알고 보는 재미
> Ⅲ. 운동 경기를 직접 할 때의 효용
> 　1. 신체적 건강에 좋은 점
> 　2. 정신 건강에 좋은 점
> 　　가. 가족의 경우　　　　나. 나의 경우
> Ⅳ. 운동 경기와 [　　　　]
> 　1. 애교심을 길러 줌
> 　　가. 중학교 때의 경험　　　　나. 축구 시합에 응원을 갔던 일
> 　2. 애국심을 길러 줌
> 　　가. 중국과의 탁구 선수권전　　　　나. 일본과의 축구 월드컵 예선전
> Ⅴ. (결론) 운동 경기의 활성화와 보급

① 정신 건강　　② 단결심
③ 경쟁 의식　　④ 승부
⑤ 학교 생활

02_ 애교심, 애국심 → 운동 경기와 단결심

02 ②

The콕 제9강 제목 붙이기

1단계 유형학습

Q. 이 글의 제목으로 적절한 것은?

"인간은 빵만으로는 살 수 없다."는 말이 있지만 인간은 빵 없이는 살 수 없다는 것도 부인할 수 없는 사실이다. 인간이 생활하기 위해서는 의식주(衣食住)의 수단을 비롯하여 여러 가지 물질을 필요로 한다. 의복, 주택, 식료품 등은 말할 것도 없고 전기, 수도, 교통 수단, 신문, 텔레비전 등도 이제는 모두 생활 필수품이 되고 만다. 그밖에 학교, 병원, 공원, 운동장 및 기타의 문화 시설들의 '공공재(公共財)' 그리고 각종 '서비스'도 현대 생활에 있어서 없어서는 안 될 물건이 되고 있다.

이와 같이 인간이 생활하기 위하여 소요되는 물질, 즉 재화와 용역을 획득하고 처분하는 데 관련된 활동을 경제생활이라 한다. 경제 생활이 보다 윤택한 것이 되기 위하여 인간이 필요로 하는 재화와 용역을 보다 능률적으로 생산하고 유효하게 사용하는 것이 필요하다. 이와 같이 인간이 필요로 하는 재화와 용역을 생산하는 능력이 성장하는 것을 경제 성장이라 한다.

후진국의 경제 성장이 장기간 지속되기 위해서는 비단 물리적인 생산 능력의 성장뿐 아니라, 경제의 구조를 포함한 사회 전반의 폭넓은 발전이 있어야 한다. 사회 제도가 보다 합리화되고 근대화되어야 하고, 인간의 지식과 능력이 향상되어야 한다. 이와 같이 일국의 경제가 사회 전반의 발전과 상승 작용을 누적적으로 이루어지는 경제 성장의 과정을 밟는 것을 경제 발전이라 한다.

경제가 발전하는 과정에 많은 새로운 기업이 생겨나고 분업이 일어나며 기능을 달리하는 많은 경제사회 단체가 생겨난다. 이들의 이익은 엇갈릴 것이기 때문에, 이들의 활동을 원만하게 조정하기 위한 법률이나 규칙이 제정되고 운영되어야 한다. 경제가 발전함으로써 여러 경제 주체의 이해관계가 엇갈려서 이에 대한 합리적이고 공정한 조정이 필요한데도, 이에 대한 법률이나 규칙이 불합리하고 무리한 것이라면 결국 경제 발전 자체가 저해될 것이다.

법률이나 규칙은 그 사회의 전통, 관습 및 그 사회 구성원의 가치관 등을 반영한다. 사회의 전통이나 관습은 경제 발전에 적응하여야 한다. 일국의 경제 발전은 또 경제 생활에 있어서의 국민의 가치관을 반영한다. 경제는 물적인 생활 수단에 관련된 것이지만 가치관은 국민의 정신적인 바탕에 관련된 것이다. 올바른 가치관이 경제 생활을 이끌어야 한다. 만일 국민이 나태하여 일하기를 꺼려한다든지, 지나치게 많은 소비를 함으로써 저축을 게을리 한다든지, 또는 국민 모두가 오직 자기 이익만 도모하고 부정한 수단을 써서 남의 경제 활동을 막고 서슴없이 남을 속인다든지 한다면, 이것도 역시 경제 발전을 저해하게 될 것이다.

뿐만 아니라 경제 활동이 순조롭게 이루어지기 위해서는 정치가 건전하고 안정되어 있어야 한다. 사실 정치란 일국의 문화적 특성의 종합적 표현이며 정치와 경제는 불가분의 관계에 있다. 경제가 발전함에 따라 경제 주체는 자유, 평등 등의 확대를 요구하게 된다. 이러한 요구를 정치가 적절히 수용・순화하지 않는다면 사회 질서는 혼란을 면하지 못하게 된다. 혼란과 무질서는 장래에 대한 전망을 흐리게 함으로써 인간의 경제 활동의 의욕을 약화시키고 그것을 파국으로 몰아넣을 것이다. 이와 같은 여러 가지 사회적 변화들이 경제 발전과 상승하여 합리적으로 이루어지는 것을 사회 발전이라 한다.

경제 발전은 한편으로는 사회 발전의 동인(動因)이 되는 동시에 다른 한편으로는 사회 발전에 의하여 제약받는다. 경제는 인간 생활의 물리적 측면을 지칭하며, 사회는 인간 생활의 사회적・정신적 측면을 지칭한다.

이 양면은 서로 독립하여 발전할 수가 없다. 양측이 모두 서로 손잡고 발전해야 한다. 만일 한 쪽만 독주한다면 그러한 상태는 그리 오래 갈 수는 없다. 사회 발전 없는 경제 발전도 있을 수 없고 경제 발전 없이 사회 발전만이 이루어질 수도 없다.

① 정치와 경제의 관계
② 경제 발전과 사회 발전
③ 사회 발전의 동인(動因)
④ 경제 성장과 국민 경제
⑤ 경제 생활에 필요한 윤리

해결 과정

경제발전 및 사회발전의 개념과 상호간의 관계에 대해 설명하고 있다. 경제생활, 경제성장의 개념도 설명하고 있으나 이는 경제발전과 사회발전의 개념과 관계를 설명하기 위한 전제에 해당한다고 볼 수 있다 ✓ 정답 ②

2단계 배경지식 '제목 붙이기'를 풀기 위한 스키마 학습

1. 유형설명

글 전체의 내용을 파악하고 제목을 붙이는 문제이다. 제목은 그 글의 내용과 성격을 직접적으로나 간접적으로 드러낼 수 있어야 한다. 논설문, 설명문 등은 주로 주제나 중심 과제로 구체적인 제목을 붙이는 것이 좋고, 예술문(문학적인 글)은 그 제재로 제목을 삼거나 상징적(암시적)인 제목을 붙이는 경우가 많다.

2. 학습초점

» 글의 요지를 파악한다.
» 제목은 글의 내용 및 성격과 관련지어 생각한다.
» 다양한 글의 제목을 생각해본다.

3. 학습내용 – 제목 붙이기

글에 있어서의 제목은 글 전체를 대표하는 글의 얼굴이다. 한편의 글을 대할 때 누구나 글의 제목을 먼저 보게 되고, 글의 제목으로부터 받은 첫인상은 글의 내용과 품위 등 여러 측면에 깊이 관여하게 되며 그 인상은 읽는 이의 뇌리에 오랫동안 남아 있게 된다. 그러므로 글쓰는 이는 글의 목적과 내용에 가장 알맞은 제목을 정하여 독자에게 좋은 인상을 심어 주어야 한다.

글의 제목을 붙일 때에는 다음 사항에 유의해야 한다.

(1) 참신하고 매력 있는 제목이어야 한다. 그래야만 독자의 주의를 끌고 독자에게 좋은 인상을 심어줄 수 있다.

(2) 정확하고 간결하며, 글의 내용을 암시해 줄 수 있는 제목이어야 한다. 분명하지 못하고 애매 모호하거나 장황하게 늘어놓게 되면 독자들에게 좋은 인상을 줄 수 없다. 또, 글의 내용을 넌지시 암시해 주는 제목이어야 한다.

(3) 독자들이 관심을 끌기 위하여 의도적으로 과장하거나 선동적으로 제목을 붙이는 것은 피하는 것이 좋다. 자칫 독자들로부터의 신뢰를 잃어버릴 수가 있다.

위의 세 가지 사항에 유의해서 글의 제목을 붙이면 된다.

글의 제목의 유형으로는 그 형식과 내용에 따라 여러 가지가 있다. 즉, 형식상으로 볼 때 하나의 단어나 어구 또는 문장으로 글의 제목을 정하는 경우가 있고, 내용상으로 보아 글의 제재나 소재 또는 주제 암시 및 문제 제기의 유형으로 글의 제목을 정하는 경우가 있다.

(1) 형식으로 본 글의 제목

① 하나의 단어로 글의 제목을 정한 경우

예 학, 나무, 토지, 소나기, 감자, 할머니, 바위, 진달래꽃, …

② 어구로 글의 제목을 정한 경우

예 님의 침묵, 모란이 피기까지는, 창조론과 진화론, 노인과 바다, 내가 존경하는 인물, 바다를 생각하며, 환경 오염과 인류의 미래, …

③ 문장으로 글의 제목을 정한 경우

예 나는 왕이로소이다, 짝 잃은 거위를 곡(哭) 하노라, 신념을 기르자, 그리고 아무 말도 하지 않았다, 어떻게 읽고 쓸 것인가, 남북 대화는 재개되어야 한다, …

(2) 내용으로 본 글의 제목

① 제재나 소재로 글의 제목을 정한 경우

예 꽃, 까치, 유관순, 강강술래, 집에 대하여, 대학 입시 이대로 좋은가, 국민 저축의 현황과 문제, 행락 질서에 문제 있다. …

② 주제 표출이나 암시로 글의 제목을 정한 경우

예 지조론, 교양에 대하여, 아름다운 세상, 꼴찌에게 보내는 갈채, 호랑이 가슴에도 시가 있다, 사랑의 묘약, 명문(名文)과 졸문(拙文), 희망은 있다, 새벽의 기도, …

③ 문제를 제기하는 것으로 제목을 정한 경우

예 빼앗긴 들에도 봄은 오는가, 환경 보호 대책에 문제 있다, 바다를 생각하며, 눈 오는 날의 일기, 이별, 성웅 이순신전, 나의 좌우명, 잃어버린 장갑, 전화기에 얽힌 사연, …

위와 같이 글의 제목의 여러 가지 유형을 알고, 글의 목적과 성격 및 내용에 가장 알맞은 제목을 붙여야 한다.

(3) 주제와 관련하여 제목 붙이기

요지라든지 주제라든지 하는 것이 글의 사상적인 면을 가리키는 것임은 앞에서 말하였거니와, 이 주제를 그대로, 또는 그것을 포함시키거나 변형한 언어로써 표현하여 그 글을 대표하는 제목을 붙인 것이 표제이다. 따라서, 주어진 글을 읽고 적절한 제목을 붙이기 위해서는 주제를 파악하는 것이 우선적이다.

3단계 유사문제

'제목 붙이기' 해결능력을 배양하기 위한 심화학습

01_ 서론의 논지 제시 부분은 전체 글의 주제가 요약되어 있는 부분이다. 논지 제시 단락인 셋째 단락에서 글쓴이는 역사적 압력에 의한 인간 부정사를 모색하려 한다고 하였으므로 이것을 바탕으로 전체 글의 제목을 추리할 수 있다.

01 이 글이 전체 글의 서론임을 고려할 때, 전체 글의 제목으로 가장 적절한 것은?

> 이러한 사회적 사물(事物)이 권력과 노동력과 창조력으로 생성되는 데는 반드시 발생기가 있고, 생장기가 있고, 쇠퇴기가 있다. 괴멸기가 있고, 괴멸기에 이르면 또 새로운 사물이 발생된다. 이리하여 사회는 성장과 쇠퇴의 순환적 반복을 통해 영원히 그 존재성이 유지된다.
>
> 한 예를 들면, 신라에 발생기가 있고, 성장기가 있고, 쇠퇴기가 있고, 멸망기가 있고, 멸망기에 이르러서는 신라 아닌 신흥 국가, 그러면서도 동일한 민족 공동체를 지평으로 한 고려가 일어난 것과 같다. 고려 역시 그러하였고, 조선 역시 그러하였다. 이러한 역사적 파동이 있을 때마다 역류하는 정치 권력에 항거하는 역사적 사명을 띤 인물이 출현한다.
>
> 나는 이제 우리 나라 근대사, 즉 조선 이래 이러한 인간 유형에 속하는 몇몇 인물들의 모습을 묘사함으로써 역사적 압력에 의한 인간 부정사(人間否定史)를 모색하려고 한다.
>
> 나는 생성학적(生成學的) 사회학의 관점에서, 이 사회는 인간의 행위 즉, 정치적 권력과 경제적 노동력과 문화적 창조력에 의하여, 모든 사건과 모든 상품과 모든 창작물이 생성된다고 본다. 다시 말하면 정치적(법률을 포함한) 권력을 근거점으로하여 모든 상품, 예를 들면 의상・식물・가옥・전등・라디오・책상・기차・로켓 같은 것을 생산하고, 또 문화적 창조력을 근거점으로하여 창작물, 예를 들면, 철학・도덕・문학・예술품 같은 것이 창조된다고 본다.
>
> 예를 들면 석가모니・공자・노자・소크라테스・예수와 같은 이러한 인물은 대거 현실에 아첨하지 않고, 그것을 부정 또는 타파하려고 하였기 때문에, 도리어 그 당시의 정치적 압력에 의하여 부정되는 수가 많았다. 그러나 그들의 정신은 민족 또는 인류와 같이 영구히 머물러 있다.

① 사회의 성장과 역사적 사명
② 생성학적 사회학의 발전 과정
③ 정치 권력과 창조력의 관계
④ 역사적 압력과 인간 부정
⑤ 민족 공동체의 역사적 사명

01 ④

02 다음 글의 전체적 내용을 포괄할 수 있는 제목으로 가장 알맞은 것은?

아직은 우리 주위에서 흔한 사례는 아니지만, 정보화가 본격적으로 개시되면 눈 깜짝할 사이에 우리는 직장이라는 개념에 일대 혁명을 겪을 것이다. 집이 바로 일터가 되기 때문이다. 그러니까 직업적 조직체라는 것도 서류상으로는 존재할 터이지만 실제로는 불필요해진다. 일이 '개인화'되기 때문이다.

공동 작업과 각자 집에서 컴퓨터와 전화와 영상 시설만으로 해낼 수가 있고, 회의도 마찬가지이다. 결재 서류를 들고 사무실을 찾아다니며 기다리는 등의 번거로움도 벗어버릴 수가 있다. 조직의 위계 서열과 권위의 집중·분산 원칙도 바뀔 수밖에 없다. 산업 사회의 관료 체제가 필요로 하였던 조직 원리와는 전혀 다른 원리가 적용되어야 하고, 그것을 수용하였던 대형 건물은 용도를 더 창조적이고 유익한 데로 전환하게 된다.

이와 같은 추세는 사회의 권력 구조에도 변화를 수반한다. 권력의 집중보다는 분산을 조장할 개연성이 크기 때문이다. 그러나 여기에서 한 가지 주의할 것은, 권력의 분산이란 정보의 분산을 전제할 때 가능하다는 점이다. 그런데 정보화의 기술은 활용하기에 따라서는 정보의 초집중화를 오히려 더 수월하게 만들 수도 있는 법이다.

게다가 정보 사회에서는 시민 각자의 사사로운 권리를 침해하기도 쉬워진다. 개인의 인적 사항과 가족 사항, 재무 상태, 부동산 소유 등 온갖 정보가 국가와 민간 기업과 기디 사회 조직체들에 의하여 수집, 정리되어 있어서 수시로 이용당할 수 있게 된다. 이런 권력까지 겹치면 정보의 집중화는 무서운 힘을 발휘할 수 있다. 그러므로 정보화는 사회 계층적 구조를 평균화시킬 소지를 충분히 가지고 있으면서 동시에 정보 집중과 통제에 의한 불평등 구조의 첨예화를 부추길 수도 있는 야누스의 얼굴을 하고 있다. 사실 기술 변동이 인간에게 도움을 준 것은 부인할 수 없으면서도 그것의 부정적인 효과를 또한 무시할 수 없는 양면성이 여기에서도 첨예하게 드러난다.

이러한 사회가 닥쳐왔을 때, 인간은 어떻게 이에 적응하고 대처할 것인가를 상상해 보는 것도 흥미 있는 일일 것이다. 그러나 실은 여기에도 신중함이 요구된다. 무엇보다도, 정보화는 인간의 두뇌, 즉 소프트웨어가 좌우하는 사회를 가져온다. 그런 만큼 인간의 창의성과 의식의 핵심이 된다. 아울러 일이 개인화되고 분산되기 때문에 개성과 독창성이 중요해지는 것도 당연하다. 하지만 이런 상황이 전개됨으로써 사람들 사이의 관계와 집합적 목표를 어떻게 재정립할 것인가가 숙제로 떠오를 것이 분명하다. 마치 기술이 인간을 떠나 생존·발전할 수 있는 것처럼 착각을 하기 쉬울 정도로 빠른 변화를 보이고 있지만, 따지고 보면 모든 것이 다시 인간에게로 귀착된다.

① 정보 사회의 조직 원리
② 정보 사회의 영상 매체
③ 정보 사회와 산업 사회
④ 정보 사회의 인간 관계
⑤ 정보 사회의 양면성

02_ 이 글의 전개는 정보 사회의 작업 방식, 사회 조직,권력 구조, 정보 집중화의 위험성, 개인의 창의성 중시와 집합적 목표와의 관계 등을 말하고 있다. 이러한 것을 포괄할 수 있는 제목은 '정보 사회의 조직 원리'이다. ③은 산업 사회가 정보 사회와 대등하게 설명된 것이 아니라 정보 사회의 조직 원리를 설명하기 위한 대조로서만 언급되었으므로 정답이 아니다. ④, ⑤는 본문에서 언급되지만 부분에 국한되므로 제목으로 알맞지 않으며 ②는 언급되지 않은 것이다.

02 ①

03_ 예문은 모두 '정치가 사회에 대하여 어떤 역할을 할 수 있는가'에 대한 논의이다.

03 다음 글에 적합한 제목은?

근대로부터 현대에로 시대가 진전됨에 따라서, 자본주의의 고도화와 사회 문제의 심각화, 정치적 권리의 평등화, 각종 기술의 발달, 집단화의 진행, 국가의 '적극 국가화(積極國家化)'와 같은 여러 가지 요인이 사회적 가치를 둘러싼 분쟁을 급속도로 격화시켜 갔다. 좀처럼 만족할 줄 모르는 무한한 욕망을 가진 인간 생활에서는, 만일 물질적인 부(富)나 정신적인 자유를 막론하고 그것이 유한한 것이라면, 그것을 둘러싼 분쟁을 피할 수 없을 것이다. 그런데 분쟁은 어떤 모양으로라도 조정되지 않으면 안 된다. 만일 그 분쟁이 조정되지 못한다면 사회는 일대 혼란에 빠질 것이 분명하다. 원래 정치 권력은 바로 이러한 분쟁에 사회적 결말을 짓게 하는 수단으로서 등장한다. 위에서도 언급한 바와 같이 현대 생활에 있어서는 여러 가지 사회적 가치를 둘러싼 이해 관계의 대립이 날카롭게 되고 있다. 따라서, 현대 생활에 있어서는 정치 문제화 내지 사회화시키지 않는다면 효과적인 해결을 바라기가 어렵게 된 문제들이 많아지게 되었다. 바로 여기에서부터 '분쟁의 정치화'가 진행되며 격화되어 간다.
이와 같은 사정으로 말미암아 현대에서 살아가는 어떠한 개인도 또한 집단도 – 즉 인간의 어떠한 생활 영역도 – 전적으로 비정치적으로 되어 버릴 수가 없다. 현대에서 살아가는 인간들은 그 자신과 그 가족, 민족, 국가 그리고 온 세계가 보다 더 자유롭고 행복하고 평화롭게 되어지기를 원한다면, 불가불 정치에 대한 깊은 관심을 가져야 할 것이다. 그리고 더 나아가서 정치의 실체(實體)를 올바르게 파악, 이해하여 가장 적절하게 정치에 참여할 수 있도록 힘써야 할 것이다.

버나드 베렐슨으로 대표되는 다수의 현대 사회 과학자들은 정치에 대한 능동적 개입이라는 이상을 무비판적으로 칭찬하는 것에 대해 경고하고 있다. 그들은 정치에 대한 광범위한 참여나 약속은 위험하다고 말한다. 베렐슨과 그 밖의 학자들은 매우 수동적이고 무관심한 대중을 보다 선호한다. 그들은 정치적 행위에 대한 대중적 동원과 강력한 관심이 정치적 쟁점이나 후보자에 무관심하고 정치 과정에 비합리성만을 가져올 수많은 시민을 자극시킬 것을 두려워한다. 강력한 대중 참여는 곧바로 전체주의적 폭군과 민중 선동가를 만들어 낼 것이라고 지적한 이들도 있다. 그들은 적절한 사례로서 히틀러가 권력을 장악한 1930년대 초의 격렬한 정치적 상황을 인용한다.

이들 이론가들은 정치에 지나치게 중요성을 부과하는 것이 인간의 악을 줄이거나 인간의 행복을 성취하는 데 정치가 할 수 있는 역할에 대해 어리석고 비합리적이며 과장된 기대를 불러일으키기 쉽다고 주장한다. 그 결과는 피할 수 없고 때때로 위험을 초래하며, 정치가 열반이나 유토피아로 인도할 수 없다는 것이 판명될 때에는 실망을 자아내게 될 것이라고 말한다. 그들의 지적은 날카롭다. 그러나 정치적으로 공약을 내걸고, 행동에 옮기는 일이 어느 수준에 이를 때 과도한 신념과 지나친 희망인가를 결정하는 문제는 결코 단순하지 않다. 예를 들면, 몇몇 보수주의자들은 존슨 대통령이 1960년대 중반에 '가난에 대한 전쟁'을 선언함으로써 수백만의 미국 빈민들에게 정신적으로 엄청난 상처를 주었다고 비난해 왔는데, 그가 선언한 전쟁은 한 세대만에 빈곤을 퇴치하겠다는 과장된 주장을 포함하고 있었다는 것이다.

① 정치의 목적
② 현대 정치의 역사
③ 대중 사회와 정치
④ 정치의 사회적 역할
⑤ 현대 정치의 개념

03 ④

제10강 단락 간의 관계 파악

1단계 유형학습

Q. 아래의 글에서 단락 간의 관계를 잘못 말한 것은?

(가) 일반적으로 서경 천도 문제를 사이에 둔 김부식과 묘청의 대립을 이념의 차이에서 찾고 있는 것 같다. 즉 유학(儒學)과 풍수지리설의 대립 또는, 사대파(事大派)와 독립파(獨立派)의 대립으로 보고 있는 견해 등이 그것이다. 가령, 신민주의(新民族主義) 역사가로 알려진 이인영(李仁榮)의 『국사요론(國史要論)』에 의하면 '사대냐 독립이냐' 하는 장을 설정하여 고려 왕조의 대외 관계 및 국내의 갈등을 서술하면서, 묘청의 난과 관련하여 다음과 같이 주장하고 있다.
'김부식은 관군을 이끌고 서경을 포위하여 그 이듬해 겨우 이를 진압하였으니 묘청, 정지상(鄭知常) 등이 죽고 서경 전역은 사대주의의 승리로 끝났다.'
(나) 그러나 실상 이러한 주장의 근원을 이루고 있는 것은 민족주의 사가(史家)인 단재 신채호의 「조선역사상 일천년래 제일 대사건」이라는 논문에서 비롯되고 있다. 신채호는 이 논문의 서론 가운데서 "서경 전역을 역대의 사가들이 다만 왕사(王師)가 반적(反賊)을 친 전역으로 알았을 뿐이었으나, 이는 근시안의 관찰이다. 그 실상은 이 전역이, 즉 낭(郎), 불(佛) 양가 대 유가(儒家)의 싸움이며, 국풍파(國風派) 대 한학파(漢學派)의 싸움이며, 독립당(獨立黨) 대 사대당(事大黨)의 싸움이며, 진취(進取) 사상 대 보수(保守) 사상의 싸움이니, 묘청은 곧 전자의 대표요 김부식은 곧 후자의 대표이었던 것이다. 이 전역에 묘청 등이 패하고 김부식이 승하였으므로 조선사가 시대적 보수적 속박사상(束縛思想) — 유교 사상에 정복되고 말았거니와, 만일 이와 반대로 김부식이 패하고 묘청 등이 승하였다면 조선사가 독립적 진취적 방면으로 진전하였을 것이니, 이 전역을 어찌 일천년래 제일 대사건이라 하지 않으랴?" 하고 자신의 입장을 피력하고 있다.
(다) 신채호의 견해에 의하면, 서경 전역(轉役)은 우리 나라의 역사상 가장 큰 사건이 되는 셈이다. 우리는 서경 천도 운동을 둘러싼 묘청의 활동을 통하여 신채호나 이인영 등의 견해에 일리가 있음을 알 수 있다. 가령, 묘청이 인종에게 서울을 서경으로 옮기고 금, 송과 똑같이 왕을 황제라 칭하며 독자적인 연호를 사용하자고 건의하고, 나아가서는 금을 정벌할 것을 주장하고 있는 데서 그러한 일면을 엿볼 수 있는 것이다.
(라) 그러나 문제의 핵심은 묘청이 서경 천도 운동을 추진한 근본 의도가 어디에 있었겠느냐 하는 점이다. 과연 자주 독립 국가로서의 면목을 갖추기 위한 것이 그 근본 목적이었을까?

결론부터 말하자면, 필자는 묘청의 근본 목적을 다른 방면에서 찾아야 하리라고 생각하는 것이다. 묘청 등에 의해 추진된 서경 천도 운동의 동기나 목적에 물론 여러 요소가 내포되어 있겠지만, 가장 근본적인 것은 역시 당시 고려 사회에 강렬하게 존속하던 지방 사이의 대립 의식에서 문제 해결의 단서를 찾아보아야 하리라 생각한다.

(마) 당시 고려 사회에 있어서 지방과 지방 사이의 대립 의식은 여간 심각한 것이 아니었다. 우리는 그에 관련된 사례(事例)를 수없이 볼 수 있다. 특히 개경과 거의 대등한 규모를 갖추고 있던 서경의 두 지방 사이에는 묘청 이전에도 고려 왕실을 사이에 두고 이미 서로 대립과 상호 견제가 행하여지고 있었던 것이다. 그런데 개경이 이자겸의 난 뒤에 활기를 잃게 되자 묘청으로 대표되는 서경 세력은 서울을 서경으로 옮겨서 개경 세력을 압도하려고 하였던 것으로 생각한다.

따라서 필자는 김부식과 묘청의 대립을 개경 세력과 서경 세력의 대립으로 파악하고 있는 것이다.

(바) 그러면 어찌하여 김부식과 묘청의 대립이 마치 사대당과 독립당의 대립과 같은 이념적인 대립이었던 것처럼 주목되었던 것일까? 그것은 아마도 묘청 일파가 서경 천도를 실현시키려는 하나의 포석으로서 자주 독립적인 발언을 한 데 반해서, 김부식은 뒤에 『삼국사기』의 편찬 태도에서 비판받고 있듯이 사대주의적인 색채를 띠고 있었기 때문일 것이다. 그러나 이러한 이념상의 차이는 적어도 서경 천도 문제에 국한시켜 볼 때에 크게 문제시될 수 없다고 본다. 묘청 일파로서는 어떠한 수단을 사용하여서라도 서울을 서경으로 옮기려고 하였으며, 그것을 합리화시키고자 풍수지리설을 이용하고, 또 천하가 고려 왕조에 항복해 올 것이라는 등의 주장을 서슴지 않았다. 이에 반해서 김부식으로 대표되는 개경 세력은, 만약 서울이 서경으로 옮겨지면 곧 그 세력이 크게 꺾일 수밖에 없었으므로 한사코 반대하게 되었던 것이다.

① (나)는 (가)에 대해 반론을 제기한 것이다.
② (다)는 (가), (나)의 내용에 대해 부연 설명한 것이다.
③ (라)는 (가)~(다)에 대한 반론으로 전체 글의 주지이다.
④ (마)는 (라)의 주장을 강화하고 입증하는 역할을 한다.
⑤ (바)는 (가)~(다)의 내용에 대한 반론으로 (라)의 내용을 강화한다.

해결 과정

(가), (나)는 모두 서경 천도를 둘러싼 김부식과 묘청의 대립을 이념의 차이로 이해하는 내용이므로 (나)는 (가)에 대한 반론이 아니라 전개로 보아야 한다. (마)는 (라)의 주장에 대한 예증이고, (바)는 (가)~(다)의 내용을 비판한 것이므로 결국 (라)을 강화시키는 반증이라 할 수 있다.

정답 ①

2단계 배경지식

'단락 간의 관계 파악'을 풀기 위한 스키마 학습

1. 유형설명

이 유형은 문단의 연결 관계를 파악하고 문단의 내용과 역할의 중요성에 따라 구분할 수 있는 능력을 측정하는 문제이다. 특히 이 유형은 글의 구조 분석 과정 중 문단의 유형(성격)을 파악하는 문제이다. 이를 위해서는 먼저 각 문단의 중심 내용을 파악하고 다른 문단 간의 연결 관계를 검토해야 한다.

2. 학습초점

» 단락의 구조 및 성격을 파악한다.
» 단락의 성격은 내용에 의해 구분됨을 염두에 두고 내용 파악에 유의한다.

3. 학습내용 – 단락의 구조

(1) 단락의 구조 및 분석

① 구조의 분석 과정
㉠ 우선 각 단락의 주요 내용을 추려 낸다.
㉡ 이를 통해 다른 단락과의 연결 관계를 파악한다.(단락의 유형 파악)
㉢ 논리의 전개 과정에 따라 내용 단락별로 묶어 낸다.
㉣ 이를 개요 표로 작성하여 글의 전체 구조를 파악한다.

② 단락의 연결 관계
㉠ 원인과 결과: '원인과 결과'의 관계로 이루어지는 단락, 원인 제시 → 결과 제시, 결과 제시 → 원인 제시
㉡ 주장과 근거: 글쓴이의 주장을 독자에게 납득시키기 위해서는 객관적 근거가 필요한 단락 주장 제시 → 근거 설명, 의견 제안 → 이유 설명
㉢ 과제와 해결: 과제 제시 → 해결 방안 제시, 문제 제기 → 해답 제기
㉣ 원리와 적용: 원리를 설명 → 적용 방법을 예시, 구체적 사실을 예시 → 원리나 법칙을 설명

(2) 단락의 유형과 기능

① 내용과 역할의 중요성에 따른 구분
㉠ 주요 단락(중심 단락): 글의 주제가 드러나 있거나 핵심 제재가 담겨 있는 문단
㉡ 보조 단락(뒷받침 단락): 주요 문단을 뒷받침하며, 주제 전달의 보조적 역할을 하는 단락
ⓐ 도입 단락: 글을 시작하는 단락
ⓑ 전제 단락: 결론에 이르는 조건이나 가정을 제시하는 단락
ⓒ 연결 단락: 문단과 문단을 연결하는 단락
ⓓ 부연 단락: 앞 문단에 대한 보충 설명을 담은 단락
ⓔ 첨가 단락: 앞 문단에 새로운 내용을 덧붙이는 단락
ⓕ 강조 단락: 특별히 어떤 내용을 강조하는 단락

② 문단의 의미와 기능에 따른 구분

ⓐ **형식 단락**: 행가름에 의해 표면적으로 나눈 단락

ⓑ **내용 단락**: 각각의 문단을 동일한 화제에 따라 나눈 단락(일반적 개념의 단락)

③ 진술 방식에 따른 구분

ⓐ **묘사 단락**: 대상의 느낌과 인상이 드러나도록 기술한 단락

ⓑ **서사 단락**: 행동의 연속인 이야기를 기술한 단락

ⓒ **설명 단락**: 어떤 사실을 풀이하여 알리는 단락

ⓓ **논증 단락**: 어떤 의견의 참됨을 밝히고 주장하는 단락

3단계 유사문제

'단락 간의 관계 파악' 해결능력을 배양하기 위한 심화학습

01 각 단락의 논리적 관계에 대한 설명으로 옳은 것은?

(가) 전통 문화의 토대였던 농촌 기반을 희생하고 도시적 자본 문화를 팽배시키고 민중의 창조적 힘 대신에 소비자로 전락시키는 계급 갈등의 지배 문화 구조에서 현대화의 의미는 반인간화의 촉진이면서 전통 단절의 심화일 뿐이다. 불가피한 산업 사회에서 자본의 축적이나 풍요한 물질의 생산은 그 민족 공동의 분배와 복지 향상, 인간성의 성취에 목적이 있는 것이다. 물질 문명 자체가 인간에게 정신의 행복을 동시에 주지 못한다면 역사의 진보는 없는 것이다.

(나) 그렇다면 모든 공예는 민중성에 기초하여 민중의 삶에 기여하는 디자인과 제품 생산을 그 미학과 발전의 척도로 삼아야 한다. 자본의 기능적 수단으로써 사치스런 고가품을 만들고 이러한 특수성의 독점 생산이 마치 독창적이고 국제 첨단인양 공예적 미의식을 혼미 시키는 것은 민족 공동체의 생활 정서를 파괴하는 일이며 인간성의 말살을 유도하는 일이다.

(다) 인간 생활의 절제와 조화가 자연과의 균형감이나 도덕감을 배양하고 그것이 생활용도 속에 저절로 배어있는 전통 공예품의 아름다움, 민중의 혼을 일깨우는 전통 정신을 잇지 못하고 기이하고 특수한 장난이나 퇴폐적인 자극의 취미, 오직 희소 가치이기 때문에 소유욕을 충동하는 공예품은 결과적으로 그것을 소장하는 특수층의 정서적 타락을 반영하는 것이다. 인간성을 함양하지 못하는 그림과 마찬가지로 쓸모없는 공예품이 사치벽을 조장하고 생활 정서를 타락시키고 있는 것은 동일하다. 물질을 지배하지 못하고 물질의 노예가 되어 버린 인간 군상이 오늘의 공예에서 조장되고 있다면 그것은 분명히 반전통적인 공예 문화의 타락상이다.

(라) 특히 모더니즘으로 촉발되는 이같은 공예의 타락상은 무수한 산업 소재의 기술 이용이라는 명분에도 물질 자체에 예속되는 역설적인 현상을 보여주기도 한다. 또한 이의 디자인, 색상, 구성의 감각에서도 다양성의 명분으로 무질서하고 잡다한 기이성과 국적불명의 모방성만 난무한다. 이 방면의 공예, 디자인 수입 서적상이 얼마나 번창하고 있는지 보아도 알 수 있다.

(마) 참다운 민족 공예의 전통을 현대의 생활 양식에서 발전시키려면 어떻게 해야 할 것인가? 여러 가지 제도적 장치와 역사적 자성의 미의식 개발이 필요할 것이다. 우선 초등 교육에서부터 잘못된 기초는 물론이고 전문 대학의 교육에까지 근본적인 공예의 세계관이 반영되는 교과 과정이 짜여지고, 전문적 연구 집단에 의해 예술성, 과학성, 실용성이 수 없이 실험되어 국민 표준의 공감대를 얻을 수 있도록 교육 제도와 연구 기관이 세워져야 한다. 그리고 자본가의 무지한 손으로 생활 정서를 해치는 무분별한 디자인의 남발을 방지하여야 한다. 무제한적 자본 경쟁으로 일상 생활에 시각 공해를 일으키는 디자인이나 과도한 물량 생산의 공세는 상업 공해와 마찬가지로 현대 문화의 공적(公敵)이다.

① (가)는 (나)의 전제이다.
② (나)는 (가)의 반론이다.
③ (다)는 이 글의 결론이다.
④ (라)는 (다)의 예시이다.
⑤ (마)는 (라)의 강조이다.

01_ (나)는 주지, (다)는 상술, (라)는 부연, (마)는 (나)의 방향을 제시하고 있다.

02

01 ①

02_ (가)는 도입이지만 문제를 제기하고 있지 않다. 오히려 (나)에서 문제 제기를 하고 있으며 '언론은 객관성과 중립성이 보장될 수 없다'는 말로 서술 방향을 결정하고 있다.

02 다음 글의 논리 전개 방식으로 틀린 것은?

(가) 흔히 언론은 '사회의 거울', '제4부', '정부의 감시자', '사회의 목탁' 등으로 이야기된다. 그리고 언론은 객관성과 공정성을 입버릇처럼 이야기한다. 쉽게 이야기하면 언론은 사회 현실을 객관적으로 반영하면서 잘못된 부분을 고발하고 비판하는 정의의 사도와 같은 역할을 한다는 것이다. 그런 의미에서 혹자는 행정・입법・사법의 3부 이외에 언론을 제4부로 일컫기도 하는 것이다.

(나) 과연 언론은 객관적이고 중립적일 수 있는가? 결코 그렇지 않다. 우선 언론이 현실에 관한 모든 정보를 제공할 수 없다. 따라서 언론은 보도 대상을 일정하게 선택하지 않으면 안 된다. 그러므로 선택의 과정에서부터 이미 객관성과 중립성은 보장될 수 없는 것이다.

(다) 언론이 객관적・중립적일 수 없다면 언론은 어떠한 힘들에 의해 좌우되는 것일까? 언론은 다양한 사회 세력의 결집 장소이다. 국가는 자체의 정당성을 확보하기 위하여 언론을 통제하고 장악한다. 다음에 자본은 광고주로서의 지위를 통하여, 그리고 언론의 직접 소유를 통하여 언론에 영향력을 미친다. 한편 언론 기업은 정보 상품을 독자에게 판매하면서 광고주로부터 광고 수입도 획득하여 독점 대기업으로까지 성장하였다. 동시에 언론은 그 영향력을 신장하여 고위 공직자 몇 사람을 날려보내는 일을 예사로 하고, 심지어 킹메이커라고 일컬어지기도 한다. 언론은 그런 의미에서 온갖 힘있는 자들의 대변인이라고 할 수 있다.

(라) 언론은 사회의 거울이 아니다. 왜냐하면 언론은 국가 권력이나 자본가, 그리고 언론 기업 자체의 이해 관계에 의해 굴절되고 왜곡된 현실상을 보여 주기 때문이다. 그러나 다른 한편으로, 언론은 사회의 거울이기도 하다. 왜냐하면 언론은 사회 세력들이 힘 겨루기를 하는 장소이면서, 그 결과를 반영하는 장이기 때문이다.

(마) 그렇다면 결국 언론은 '사회의 뒤틀린 거울'인 셈이다. 객관성과 중립성을 표방하면서도 힘있는 자들을 대변하는 야누스, 굴곡의 현대사에 절묘하게 적응해 온 카멜레온, 그것이 언론이다.

① (가)는 문제 제기이다.
② (나)는 서술 방향을 제시하고 있다.
③ (다)는 (나)을 뒷받침하는 근거이다.
④ (라)는 (다)의 소결론이다.
⑤ (마)는 (라)의 확인이면서 동시에 전체에 대한 결론이다.

02 ①

03 (가)~(라)의 상호 관계에 대한 설명으로 가장 적절한 것은?

(가) 20여 년 전만 해도 한 개인이 외국을 여행한다는 것은 대단히 어려웠다. 여행을 하려면 상대방 나라의 기관이나 개인으로부터 초청과 동시에 재정 보증이 있어야 했다. 해외 여행에 필요한 외화는 상대국 초청자가 모든 것을 지불한다고 하였으니 여행자가 환전하여 소지할 수 있는 외화는 법률상 1백 달러뿐이었다. 이것은 여행하는 사람의 빈부(貧富)와 관계없이 누구에게나 적용되었다.

(나) 요사이는 한 번에 5천 불씩 갖고 여행을 할 수 있지만 당시의 빈약한 국가 재정 상태로 보면 당연한 조치일 것이다. 그러나 나 같은 유학생들이 장학금을 받고 겨우 1백 달러를 들고 나가 공부를 할 때에, 가끔 일 년씩 연수를 받으러 오는 분들을 보면 지갑에 규정 이상의 외화가 두툼하게 들어 있었다. 이들은 귀국할 때에도 국내에 없는 전자 제품 같은 물건을 사서 여유 만만하게 돌아가기도 하였다. 그래서 나는 연수생들은 모두 그러려니 하고 생각했다.

(다) 그러나 나는 그중 한 분이 귀국할 때 사는 귀국 선물을 보고 큰 감동을 받았다. 꼬깃꼬깃 구겨진 1백 달러를 한 푼도 쓰지 않고 갖고 있다가 그 일부로 연필 열 다스를 사는 것이었다. 우리 나라는 아직도 선진국에서 많이 배워야 한다며 그런 의미에서 연필을 선물로 산다는 설명이었다. 네 자녀에게 한 다스씩 주고 친지들에게 나머지를 나누어주겠다고 했다. 선진국의 지하철에 대해 배우러 온 그 분은 연수받던 전 과목에서도 우수한 성적을 받아 유학생들에게 모범을 보였었다.

(라) 나는 이 분같이 알뜰하고 청렴한 공직자가 있기에 우리 나라가 지금같이 잘 살게 되었다고 생각한다. 당시에 그 분이 늘 원하던 자신의 꿈과 같이 지금 대부분의 국민들이 따뜻한 물로 목욕할 수 있고, 가스가 나오는 집에서 살게 된 것은 이러한 공직자들이 있기 때문이다. 따라서 우리 나라의 미래는 밝다고 나는 확신한다.

① (나)는 (가)의 결과이다.
② (나)는 (다)의 전제이다.
③ (다)는 (나)의 비판이다.
④ (라)는 (다)의 예시이다.
⑤ (라)는 (가)의 결론이다.

03_ (나)에서 필자는 많은 외화를 가지고 오는 공직자들과 많은 물건을 사는 사람들을 근거로 '그래서 나는 연수생들은 모두 그러려니 하고 생각했다.'고 했다. 그러나 (다)에서는 전부가 그렇지 않다는 것을 예로 들어 보여주고 있다.

03 ③

The콕 제11강 한자성어 이해

1단계 유형학습

Q. (　　) 안에 들어가기에 알맞은 한자성어는?

백성이 도둑질을 직업으로 삼는 자가 있어 그 자식에게 그 술법(術法)을 다 가르쳐 주니 그 자가 또한 그 제간을 자부(自負)하여 자신이 아비보다 훨씬 낫다고 여겼다. 언제나 도둑질을 할 적에는 그 자식이 반드시 먼저 들어가고 나중에 나오며, 경(輕)한 것을 버리고 중(重)한 것을 취하며, 귀로는 능히 먼 데 것을 듣고 눈으로는 능히 어둔 속을 살피어, 뭇사람의 칭찬을 받으므로 제 아비에게 자랑삼아 말하기를,

"내가 아버지의 술법과 조금도 틀림이 없고 강장(强壯)한 힘은 오히려 나으니, 이것을 가지고 가면 무엇을 못 하오리까?" / 하니 아비도 역시 말하기를,

"아직 멀었다. 지혜란 배워서 되는 것이 아니요, 자득이 있어야 되는데 너는 아직 멀었다." 하였다. 자식이 말하기를,

"도적의 도는 재물을 많이 얻는 것으로 공을 삼는 법인데, 나는 아버지에 비해 공이 항상 배(倍)나 많고 또 내 나이 젊으니, 아버지의 연령에 도달하면 마땅히 특별한 수단이 생기게 될 것입니다."

하니, 아비 도적이 말하기를,

"멀었다. 내 술법을 그대로 행한다면 겹겹의 성(城)도 들어갈 수 있고, 비장(秘藏)한 것도 찾아 낼 수 있다. 그러나 한 번 차질이 생기면 화가 따르기 마련이다. 이를테면 형적(形跡)이 드러나지 않고 (　　　　)하여 막힘이 없는 것은, 자득의 묘(妙)가 없으면 못 하는 것이다. 너는 아직 멀었다." / 하였다.

자식은 듣고도 들은 척도 아니하니, 아비 도적이 다음 날 밤에 그 자식과 더불어 한 부잣집에 가서 자식을 시켜 보장 속에 들어가게 하여 자식이 한참 탐을 내어 보물을 챙기고 있는데, 아비 도적이 밖에서 문을 닫고 자물쇠를 걸고 일부러 소리를 내서 주인으로 하여금 듣게 하였다. 주인이 집에 도적이 든 줄 알고 쫓아 나와 자물쇠를 본즉, 전과 같으므로 주인은 안으로 들어가 버리니, 자식 도적은 보장 속에 들어서 빠져 나올 길이 없었다. 그래서 일부러 손톱으로 빡빡 긁어서 쥐가 긁는 소리를 내니, 주인 말이,

"쥐가 보장 속에 들어 물건을 절단 내니 쫓아 버려야겠다." / 하고는, 등불을 켜고 자물쇠를 끄르니 자식 도적이 빠져 달아났다. 주인집 식구가 모두 나와 쫓으니 자식 도적이 사뭇 다급하여 벗어나지 못할 것을 알고, 못가를 돌아 달아나면서 돌을 집어 물에 던졌다. 쫓던 자가,

"도적이 물 속으로 뛰어들어갔다." / 하고, 모두 막아서서 찾으니, 자식 도적이 이 틈에 빠져 나와 제 아비를 원망하며 하는 말이,

"새 짐승도 오히려 제 새끼를 보호할 줄 아는데, 자식이 무엇을 잘못해서 이렇게도 욕을 보입니까."

하니, 아비 도적이 말하기를,

"이제는 네가 마땅히 천하를 독보할 것이다. 무릇 사람의 기술이란 남에게 배운 것은 한도가 있고, 제 마음에서 얻은 것은 응용이 무궁하다. 하물려 곤궁하고 답답한 것이 능히 사람의 심지를 견고하게 만들고, 사람의 기술을 익숙하게 만드는 것이 아니냐. 내가 너를 곤궁하게 만든 것은 바로 너를 편안하게 하자는 것이요, 내가 너를 위험에 빠뜨린 것은 바로 너를 건져 주기 위한 것이다.

네가 만약 보장에 갇히고 사뭇 쫓기던 환란(患亂)을 당하지 아니 하였다면, 어찌 쥐 긁는 시늉과 돌을 던지는 희한한 꾀를 낸단 말이냐. 네가 곤경에 부닥쳐 지혜를 짜내고 기변(奇變)에 다다라 엉뚱한 수를 썼으니, 지혜가 한 번 열리기 시작하면, 다시 현혹되지 않는 법이다. 네가 마땅히 천하를 독보할 것이다."

① 임기응변(臨機應變)
② 취사선택(取捨選擇)
③ 유유자적(悠悠自適)
④ 일기당천(一騎當千)
⑤ 조삼모사(朝三暮四)

해결 과정

전후 문맥으로 볼 때, (　　)에 들어가기에 적절한 내용은 '그때 그때의 사정과 형편을 보아 그에 맞게 처신하는 것'이다.

정답 ①

2단계 배경지식

'한자성어 이해'를 풀기 위한 스키마 학습

1. 유형설명

이 유형은 독해 문제 위주로 출제 기조가 바뀐 국가직과 지방직 시험에서는 어휘 문제가 단독으로 나오기보다는 독해 문제에 포함되어 나오므로 어휘력 보강을 위해 기본적인 내용으로 익혀 두도록 한다.

2. 학습초점

» 다음에 소개되는 한자성어는 가장 기본적인 한자성어이다.
» 기본 한자성어의 의미를 정확히 알아두도록 한다.

3. 학습내용

다음 한자 성어를 보고 그 뜻을 공부하라.

가렴주구(苛斂誅求)	개과천선(改過遷善)
견강부회(牽强附會)	고육지책(苦肉之策)
괄목상대(刮目相對)	기호지세(騎虎之勢)
남가일몽(南柯一夢)	노심초사(勞心焦思)
동상이몽(同床異夢)	등하불명(燈下不明)
물심일여(物心一如)	사면초가(四面楚歌)
설상가상(雪上加霜)	숙맥불변(菽麥不辨)
애걸복걸(哀乞伏乞)	양두구육(羊頭狗肉)
여세추이(與世推移)	일촉즉발(一觸卽發)
자가당착(自家撞着)	장주지몽(莊周之夢)
점입가경(漸入佳境)	조삼모사(朝三暮四)
좌불안석(坐不安席)	주객일체(主客一體)
천방지축(天方地軸)	표리부동(表裏不同)
호접몽(胡蝶夢)	혼비백산(魂飛魄散)
환골탈태(換骨奪胎)	

3단계 유사문제
'한자성어 이해' 해결능력을 배양하기 위한 심화학습

01 ㉠을 나타내는 말로 적절한 것은?

> 우리 조정은 그렇지 아니하여 구구한 백성이면서도 신을 섬기고 윗사람을 받드는 범절은 중국과 대등하게 하고 있는데, 백성들이 내는 조세가 다섯 푼이라면 조정으로 돌아오는 이익은 겨우 한 푼이고, 그 나머지는 간사한 자들에게 어지럽게 흩어져 버린다. 또, 관청에서는 여분의 저축이 없어 일만 있으면 한 해에도 두 번씩이나 조세를 부과하는데, 지방의 수령들은 그것을 빙자하여 ㉠ 키질하듯 가혹하게 거두어들이는 것 또한 없었다. 그런 까닭에 백성들의 시름과 원망은 고려말보다 더 심한 상태이다.
> 그런데도 윗사람들이 태평스레 두려워할 줄 모르고, 우리 나라에는 호민이 없다고 생각한다. 불행하게도 견훤이나 궁예 같은 자가 나와서 몽둥이를 휘두른다면, 근심하고 원망하던 백성들이 가서 따르지 않으리라고 어떻게 보증하겠는가? 기주・양주들에서와 같은 천지를 뒤엎는 변란은 발을 구부리고 기다릴 수 있을 것이다. 백성을 다스리는 사람이 두려워해야 할 만한 형세를 명확하게 알아서 시위와 바퀴를 고친다면, 오히려 제대로 된 정치를 할 수 있을 것이다.

① 조삼모사(朝三暮四)
② 견강부회(牽强附會)
③ 숙맥불변(菽麥不辨)
④ 가렴주구(苛斂誅求)
⑤ 양두구육(羊頭狗肉)

01_ ① 간사한 꾀로 남을 농락함. ② 억지로 말을 끌어 붙여 주장함 ③ 사리로 분별하지 못함. ④ 세금을 가혹하게 거둠. ⑤ 겉은 좋으나 속은 형편 없음.

02 ㉠과 관계가 먼 것은?

> 사실 국악 합주곡을 보더라도 거기엔 병진행(倂進行)이 어떠니 사진행(斜進行)이 어떠니 하는 서양 음악적인 세칙은 찾아볼 수 없다. 음을 내는 악기라면 너 나를 가리지 않고 한데 뭉뚱그려져서 소리를 보태 간다.
> 그러한 국악을 놓고 화성이 없다는 말은 할지언정 불협화음의 연속으로 시끄러운 음악이라고 말하는 사람은 없다. 음향의 세계를 목적으로 설정한 것이 아니고 오직 과정 내지는 방법으로 채용했을 뿐이다. 그러면 국악이 목적으로 지향한 세계는 무엇일까. 모호하나마 우주적이라고 표현할 수밖에 없는 초지상적인 세계라고 하겠다. 그것은 관조의 세계요 명상의 세계요 참선의 세계다. 즉, 자연의 섭리, 우주의 조화와 혼연 일체가 되는 망아의 경지라고 하겠다. 모든 일상적인 분별을 뛰어넘어 나와 대상이 일체가 되는 곳에는 이미 현실적인 개념의 음악이라는 것은 자취를 감추게 되는 것이다. "훌륭한 음악은 소리가 없고 훌륭한 시문은 글자가 없다."는 옛말은 ㉠ 이 같은 경지를 보충 설명해 주는 좋은 예가 아닐까 한다.

① 호접몽(胡蝶夢)
② 장주지몽(莊周之夢)
③ 물심일여(物心一如)
④ 주객일체(主客一體)
⑤ 남가일몽(南柯一夢)

02_ 장주(莊周)의 호접몽(胡蝶夢)에 비견되는 일체 물화의 경지라 하겠다.

01 ④ 02 ⑤

The콕 제12강 글의 정보 확인

1단계 유형학습

Q. 다음의 논지와 일치하는 것은?

21세기를 주도할 가능성이 높은 국가들은 이미 새로운 시간과 공간 인식 위에서 그들이 추구해야 할 모형을 마련하고, 이를 정책화하려는 노력까지 보여 주고 있다.

이러한 모형의 설정과 함께 시급한 것은 청사진을 성공적으로 가시화할 수 있는 실천 전략의 수립이다. 현재와 같이 소박한 개방화가 곧 국제화의 지름길이라고 생각하는 사고나, 국제화는 곧 종속을 의미한다는 경직된 사고를 넘어서서 국제주의와 민족주의를 함께 품을 수 있는 지구적 민족주의의 실천 전략이 마련되어야 할 것이다.

이러한 모형이 보여 주는 공통된 특징은 우선 행위의 주체 면에서 더 이상 근대 국가만으로는 불충분하다는 것을 인식하고, 밖으로는 국가 조직과 지역 통합체 및 국제 조직을 연결하고 안으로는 지방 자치 단체와 사회 조직을 보다 유기적으로 연결하여 새로운 복합적인 국가 조직을 만들려는 데 있다. 동시에 이러한 새로운 모습의 국가조직이 추구하는 활동 목표도 근대적인 부국 강병을 넘어서서 새로운 민주주의와 안보, 지속 가능한 경제 발전, 기술 정보 대국, 지구적 민족 문화의 달성에 두고 있다.

국제 수준의 국제화를 염두에 둔다면, 우리도 정부 주도 경제의 국제 경쟁력 강화 정도를 국제화의 길이라고 생각하는 초보적 사고에서 하루빨리 벗어나야 한다. 우리 삶의 국제화 문제에 총체적으로 대응하기 위해서는 정부가 하루 빨리 국제 수준의 국제화 계획을 포괄적으로 마련하고 동시에 중앙과 지방 행정 기관의 국제화 계획을 병행해서 추진하여야 한다.

① 국제화는 자칫하면 외세에 종속되는 우려할 만한 결과를 불러온다.
② 근대적 부국 강병이 지구적 민족주의를 실천하는 바람직한 전략이다.
③ 국제화를 위해서는 나라 안팎에서 여러 조직을 유기적으로 연결해야 한다.
④ 국제화를 위해서는 국제주의를 지향해야 하고 민족주의를 고집해서는 안 된다.
⑤ 나라가 잘 살기 위해서는 정부의 도덕성 및 제도 개편이 선행되어야 한다.

해결 과정

윗글은 네 개의 형식 단락으로 이루어져 있는데, 첫째~셋째 단락은 앞서 나가는 국가들이 추구하고 있는 새로운 모형에 대해 살펴보고, 넷째 단락에서는 우리 나라가 해야 할 과제를 제시하고 있다. 둘째 단락에서는 '개방화 = 국제화'나, '국제화 = 종속'을 모두 지양하고 국제주의와 민족주의를 모두 포괄할 수 있는 지구적 민족주의를 지향해야 한다고 했으며, 셋째 단락에서는 국내외적인 단위 조직들을 상하 종횡 모두 유기적으로 연결하여 근대 국가적 체제를 벗어나고 활동 목표도 근대적인 부국 강병을 넘어서야 한다고 했다. 이렇게 각 단락의 중요 내용을 점검하면서 선택지를 비교하면 쉽게 답을 구할 수 있다. ✓ 정답 ③

2단계 배경지식

'글의 정보 확인'을 풀기 위한 스키마 학습

1. 유형설명

이 유형은 글 속의 정보를 확인하는 문제이다. 정보란, 화자나 필자가 전달하고자 하는 내용을 이루는 사실적 요소를 말한다. 이러한 정보를 이루는 요소에는 사건, 인물, 원리, 사실 등이 있는데 이러한 것들은 그 자체로서도 정보의 가치를 지니고 있을뿐더러 말이나 글 전체를 이해하는 데에 중요한 요소가 된다.

말이나 글을 통해 나타난 정보를 얻기 위해서는 우선적으로 어떠한 정보가 들어 있는가를 확인하는 과정이 필요하다. 정보의 확인 과정에서는 말이나 글을 듣거나 읽고 나타난 정보와 나타나지 않은 정보를 분별하여 나타난 정보를 확인해야 한다. 이와 같이 정보를 확인하는 과정은 말이나 글을 이해하는 가장 기본적인 활동이기 때문에 사실적 사고 영역에서는 큰 비중을 차지한다. 정보 확인 문제는 정보를 개괄적으로 확인하는 문제와 정보를 세부적으로 확인하는 문제로 나뉜다.

2. 학습초점

» 글을 읽을 때 중요한 구절이나 어휘에 밑줄 등의 표시를 하며 읽는다.
» 글에 언급된 내용이 무엇인지 염두에 두면서 읽는다.

3. 학습내용 – 글의 정보 확인

(1) 정보의 개괄적 확인

정보의 개괄적 확인이란, 주어진 말이나 글에 대한 전반적인 흐름을 확인하여 정보를 확인하고, 그 정보를 재조직하여 종합하는 과정을 말한다. 따라서 나타난 정보와 나타나지 않는 정보를 분별하는 과정을 거쳐서 말이나 글의 흐름을 개괄적으로 확인하여 재조직할 수 있는 능력을 평가하게 된다. 이러한 능력을 평가하는 문제는 전체 내용과 일치하는지 여부를 묻는 방식으로 나타난다. 정보를 개괄적으로 확인하기 위해서는 말이나 글을 짧게 요약하면서 듣거나 읽어야 하며, 이를 통하여 제시된 문항과 비교하여 일치하는지 여부를 판단해야 한다.

(2) 정보의 세부적 확인

정보의 세부적 확인이란, 주어진 말이나 글의 내용 중 특정한 요건에 부합하는 정보를 확인하거나 추출하는 과정을 말한다. 여기서 특정한 요건이란 정보를 이루는 요소인 사건, 인물, 원리, 사실 등의 특정한 범주나 상황, 성격 및 분야 등을 말한다. 따라서 정보를 세부적으로 확인하기 위해서는 말이나 글을 정확하고 세밀하게 듣거나 읽어서 사건, 인물, 원리, 사실 등의 특정한 범주나 상황, 성격 및 분야에 속하는 정보들을 정확하게 추출해야 한다.

(3) 정보 간의 관계 알기

정보 간의 관계 알기란, 정보들이 서로 어떠한 관계를 맺고 연결되어 있는가를 파악하는 능력이다. 말이나 글의 내용을 이루는 정보들은 개별적으로 흩어져 있는 것이 아니라 서로 밀접한 관계를 맺으면서 핵심 정보를 뒷받침하고 있다. 따라서 핵심 정보를 정확하게 이해하기 위해서는 우선 주어진 각 정보들을 확인하고 그것들 사이의 관계를 파악해 나가야 한다. 곧 정보간의 관계를 아는 것은 복잡하게 얽혀 있는 정보들을 정리하여 핵심 정보를 파악하는 지름길로서 사실적 사고 능력의 기초가 된다고 할 수 있다. 정보들 사이에는 선후(先後), 대립(對立), 대등(對等), 인과(因果)의 관계나, 예시(例示), 사실과 비유 등의 관계가 형성될 수 있다.

① 선후(先後) 관계

발생 순서에 따라 이루어진 정보간의 관계이다. 주로 어떤 순서로 사건이 발생했는가, 가장 먼저 일어난 행위나 사건은 무엇인가 등을 파악함으로써 정보 간의 선후 관계를 밝힐 수 있다.

② 대립(對立) 관계

의견, 처지, 속성 등이 서로 맞서거나 반대되는 정보 간의 관계이다. 대립 관계에 있는 정보들은 주로 대조의 방식으로 전개되는데, 제시된 차이점을 짝을 지어 파악함으로써 정보간의 대립 관계를 밝힐 수 있다.

③ 대등(對等) 관계

서로 비슷한 위상(위상)에 있는 정보 간의 관계이다. 주로 지칭하는 바가 다른 것은 무엇인가, 가장 이질적인 것은 어느 것인가 등을 파악함으로써 정보 간의 대등 관계를 밝힐 수 있다.

④ 인과(因果) 관계

어떠한 사물이나 현상이 다른 사물・현상의 원인이 되고, 그 다른 사물이나 현상은 그 이전 사물・현상의 결과가 되는 관계이다. 주로 그것이 왜 일어났는가, 그것의 결과는 무엇인가, 어떻게 그것이 다른 것과 관련되는가 등을 파악함으로써 정보 간의 인과 관계를 밝힐 수 있다.

⑤ 예시(例示) 관계

일반적인 사실에 대해 특수한 사실을 예로 들어 보이는 정보 간의 관계이다. 일반적인 사실의 본질을 명백하게 하는 특수한 항목에는 무엇이 있는가를 파악함으로써 예시로 이루어진 정보 간의 관계를 밝힐 수 있다.

⑥ 사실(事實)과 비유(比喩)

어떠한 사물이나 현상을 그와 비슷한 다른 사물・현상에 빗대어 표현하고 있는 정보간의 관계를 말한다. 사실적인 정보를 어떤 비유를 통해서 표현하고 있는가를 파악함으로써 정보 간의 사실과 비유 관계를 밝힐 수 있다.

3단계 유사문제

'글의 정보 확인' 해결능력을 배양하기 위한 심화학습

01 다음 중, 아래 글의 내용과 일치하지 않는 것은?

지방 자치제와 민주주의의 관계에 대해, 둘 사이에 매우 밀접한 관계가 있다는 견해와 필연적 관계는 없다는 견해가 있다. 이때 전자는 주로 영국·미국의 주민 자치에 근거를 두는 경향이 강한 데 반하여, 후자는 주로 유럽 대륙 국가들의 단체 자치의 전통에서 그 매듭을 찾는다.

현대에 있어서 지방 자치의 존재를 부정하는 이론들은 민주주의를 평등한 다수에 의한 단일의 제도라고 정의하면서, 민주주의는 필연적으로 중앙 집권화로 이동할 수밖에 없기 때문에 지방 자치는 그 내부에서 창출되는 분열 현상으로 인해 민주주의의 장애 요소로 등장한다고 한다. 또한 현대 국가에서는 사회 구조의 변화에 의하여 지방 자치가 갖고 있는 민주적 행정면의 장점이 능률적 행정면에서 제약이 되고 있다고 주장하며, 지방자치는 이러한 구조 변화가 가져온 제반 문제를 해결할 능력을 상실하고 있다고 주장한다. 지방 자치제가 지역 주민의 민주주의 훈련과 민주적 풍토를 마련하는 데는 유용하나, 일단 민주화의 과정이 완성되는 시점에 이르러서는 민주주의적 중앙 집권제의 구축을 위하여 지방 자치제는 사멸한다는 것이다.

그러나 주민 자치의 전통을 간직하고 있는 많은 나라의 경우, 민주적 중앙 정부가 정착된 이후에도 지방 자치제를 계속 유지할 뿐만 아니라 이를 아직도 민주주의 실현을 위한 중요한 제도로 인식하고 있음을 볼 때 그러한 논리는 설득력이 약함을 알 수 있다.

한편 이와는 반대로 지방 자치제는 민주주의를 부단히 육성하고 발전시키는 통치 방식이기 때문에 지방 자치는 민주주의 국가에서 필수적인 제도라는 견해가 있다. 지방 자치와 민주주의의 관계는 일반적으로 다음과 같이 이해되고 있다.

첫째로 지방 자치는 지역 민주주의를 방어하는 동시에 지역의 민주화를 통하여 국가의 민주화를 형성한다. 민주주의 국가는 국민의 의사를 토대로 하여 통치되는 국가라 할 수 있는데, 특히 현대 사회의 다원적 구조 속에서 전체 국민의 단일한 의사란 현실적으로 결코 존재할 수 없으며 단지 무수한 부분 의사의 집합만이 존재할 뿐이다. 따라서 오히려 지방 자치를 통하여 통치권이 분권화되고 그것이 주민의 일상적인 생활 방식 속에서 자연스럽게 내면화될 때 정치적 일체감이 보다 효율적으로 확보될 수 있는 것이다.

둘째로 지방 자치는 민주주의의 훈련장으로서의 역할을 한다.

① 지방 자치제가 민주주의와 별 관련이 없다는 견해가 있다.
② 민주주의는 필연적으로 중앙 집권화한다고 생각하는 사람들은 지방 자치의 현대적 의미를 부정한다.
③ 주민 자치의 전통이 깊은 나라일수록 중앙 집권화의 속도는 빠르다.
④ 지방 자치 제도는 국민들에게 민주주의의 훈련장을 제공한다.
⑤ 지방 자치를 통한 분권화가 정치적 일체감의 확보에 효율적일 수도 있다.

01_ 이 글은 김재균의 '민주주의와 지방 자치' 중에서 발췌한 것으로, 현대 민주정치에 있어서 점점 사라져 가는 직접 민주주의적 요소를 복원하고 민주주의의 산교육을 습득시킬 수 있는 제도가 지방 자치제임을 역설하면서 지방 자치 제도의 필요성과 시행 과정상의 난점 해소 방안을 아울러 제시하고 있다.

01 ③

02_ 실질 소득 또는 국민 후생의 총체적 증가가 가능한 시기에는, 정도 차이가 있지만 모든 구성원의 동시적 소득 증가가 가능하기도 하므로 일정 계층에 유리한 정책이라 하더라도 그것이 항상 타 계층의 불이익을 초래하는 것은 아니다.

02 다음 글의 내용과 일치하지 않는 것은?

과거 한국 경제의 고도 성장기간 동안 줄곧 문제가 된 것은 성장과 분배를 병행하느냐 아니면 성장을 먼저 하고 분배를 뒤로 돌리느냐 하는 것이었다. 그리고 정책 당국이 수긍하든 하지 않든 결과적으로는 선성장(先成長)·후분배(後分配)의 쪽을 택하는 셈이 되었다.

일반적으로 실질 국민 소득이 크게 증가하는 고도 성장기간 동안에는 분배 문제의 해결은 비교적 쉽다고 할 수 있다. 왜냐하면 많고 적은 차이는 있지만 모든 성원의 소득을 동시에 증가시킬 수 있기 때문이다. 그러나 이 경우에 있어서조차도 사회 정의에 합치하도록, 즉 대부분의 사회 구성원이 명시적 또는 암묵적으로 용인하는 규칙에 따라 분배가 이루어져야지, 만일 그렇지 않을 때는 그 분배는 사회적 불만과 불안의 요소로 작용할 수 있다는 것을 우리는 보아 왔다.

그러나 실질 소득이 증가하지 않는 기간 동안에 분배 문제의 해결은 더욱 어려워진다. 우리는 조만간 실질 소득 또는 실질 국민 후생의 총체적 증가가 없는 사회에 돌입하게 될 것이다. 물론 앞으로 상당기간 동안 숫자로 표시되는 일인당 GNP는 계속 증가할 수 있을 것이다. 그러나 공해 및 공해 방지를 위한 투자, 자연 환경의 파괴 등을 말미암아 국민 후생의 총체적 증가는 점점 기대하기 어려워질 것이다. 이것은 게임 이론의 용어를 빌리면 '이득의 합이 제로인 사회(zero-sum society)'가 된다는 말이다. 이런 사회에서는 어떤 정책 결정이 일부 계층에 유리하게 내려지면, 그 결정으로 말미암아 불이익을 보게 되는 계층이 반드시 존재하게 마련이라는 것이다.

이득의 합이 양인 사회에서는 이해 관계의 대립이 존재하나 그것이 첨예화되지 않고, 모두에게 유리한 타협안이 나올 수 있다. 그러나 '이득의 합이 제로인 사회'에서는 이해 관계의 대립은 첨예화되기 쉽다. 왜냐하면 모두를 만족시킬 수 있는 타협안은 존재하지 않기 때문이다.

① 형평에 어긋난 분배는 사회적 불안을 야기할 수 있다.
② GNP의 증가가 곧바로 국민 후생의 총체적 증가를 뜻하지는 않는다.
③ 일부 계층에 유리한 정책 결정은 항상 다른 계층의 불이익을 초래한다.
④ 실질 국민 소득이 증가하는 기간에는 분배 문제의 해결이 비교적 쉽다.
⑤ 실질소득이 증가하는 기간보다 실질소득이 증가하지 않는 동안의 분배 문제 해결은 더욱 난해하다.

02 ③

The콕 제13강 단락의 화제 파악

1단계 유형학습

Q. (가) ~ (마)의 주제로 적절하지 않은 것은?

(가) 우리의 민족 정신이 형성된 바탕에는 티없는 맑음과 밝음이 깃들여 있으며 강한 긍정과 힘이 함축되어 있음을 볼 수 있다. 우리 민족이 좋아하는 빛깔이 있다면 흰빛이라고 쉽게 동의하게 된 데는 백의 민족이라 불리울 만큼 흰 빛깔의 옷을 즐겨 입었기 때문이다. 흰 빛깔은 바로 어둠이나 비관의 그림자를 찾아볼 수 없는 밝음과 낙관의 상징이다.

(나) 우리 민족의 전통은 인간 그 자체를 전적으로 긍정하며 이상화하고 있는 것이다. 단군 신화에서는 하느님의 아들이 인간 세상을 탐내어 하강하였다 하였고, 곰은 사람이 되기를 기원하여 여자가 되었다. 단군은 곧 하늘과 땅이 결합되어 사람으로 태어난 우리의 시조요, 우리 민족의 이상적 인간상이다.

(다) 신라의 불교 문화가 융성하던 시기에 원효 대사는 무애(無㝵)라 이름 붙인 바가지를 두드리며 수많은 촌락을 돌아다니면서 노래하고 춤추는 가운데 대중을 교화하였다 한다. 이러한 전교 방법은 어려운 수행이 대중에게 적합하지 않기 때문이기도 하지만 동시에 불교 교리도 염세적인 분위기가 아니라 낙천적인 즐거움의 분위기 속에서 받아들일 수 있는 우리 민족의 심성을 파악하는 데서 계발된 것이라 할 수 있다.

(라) 인간에 대한 긍정적이고 적극적인 관심은 유교 사상의 수용과 더불어 더욱 깊어졌다. 삼국 시대 이래 충·효·열(烈)의 정신은 국민 정신으로 일반화되었다. 세종대왕은 훈민정음의 창제와 더불어 「삼강행실도」를 편찬하게 하여 효자·충신·열녀의 일화를 그림과 함께 훈민정음으로 해설을 담아 국민 교육의 교재로 간행하였다. 더 나아가 조선시대에 주자학의 발전 과정에서, 특히 퇴계와 기대승의 사단칠정론변(四端七精論辨)을 거치면서 태극이기론(太極理氣論)의 자연 철학적 방면보다 심성이기론(心性理氣論)의 인간학적 방면을 중심 과제로 깊이 강구하여 한 특징을 이루게 되었다. 그것은 민족의 정신적 바탕이 인간을 지향하고 있다는 사실을 다시 한 번 입증해 주는 것이다. 19세기에 들어와서 동학이 민중 신앙으로 발전하는 과정에서도 그 교리 속에 '인내천(人乃天)' 또는 '사인여천(事人如天)'을 내세운 것은 바로 우리 민족의 심성을 단적으로 표출시켰던 것이라 할 수 있다.

(마) 오늘에 와서 물질 문명이 극도로 발달하고 이데올로기의 대립이 우리의 목전에 절박하지만 우리 민족의 정신 문화적 전통이 인간의 근원적 본성에 대한 긍정적 신념을 바탕으로 하고 있는 만큼 결코 기계문명이나 이데올로기 속에 인간을 파괴하고 상실시키는 자기 부정에 빠지지는 않을 것이다. 오히려 우리의 전통 문화가 현대의 상황 속에 재창조된다면 그것은 인간 긍정의 인도적 사사의 방향을 열어 줄 것이요, 또한 장래에 있어서 인간 운명의 구원을 가능하게 하는 인류 역사의 미래적 방향을 제시해 줄 수 있을 것으로 기대한다.

① (가): 흰빛에 대한 민족적 선호
② (나): 단군 신화에 나타난 인간관
③ (다): 신라 불교의 인간관
④ (라): 조선 유교의 인간관
⑤ (마): 전통 사상의 현대적 재조명

해결 과정

(라)는 단순히 유교의 인간관이 아니라, 동학을 포괄하는 조선시대 전체의 인간관이다. ✔ 정답 ④

2단계 배경지식

'단락의 화제 파악'을 풀기 위한 스키마 학습

1. 유형설명

이 유형의 문제는 수험생들이 지문을 자세히 읽어 중심 내용을 파악하는 문제이다. 이 때 문제가 되는 것은 지문의 내용을 이해할 수 있는 배경지식이 있느냐와 지문을 읽을 시간이 충분하냐 부족하냐의 여부이다. 따라서 평소에 지문을 빨리 읽고 내용을 파악하는 습관을 길러야 한다.

2. 학습초점

» 각 문단의 핵심어를 파악하는 습관을 기른다.
» 필자가 말하려는 핵심내용의 초점을 찾는다. 핵심내용은 소주제문을 정리하면 간단하다.

3. 학습내용

(1) 효과적인 지문 읽기

① 문제와 보기를 먼저 읽고 지문을 읽어라.
문제에서 제시된 보기의 내용을 먼저 숙지하고 지문과 비교하면 시간을 많이 벌 수 있다. 선택적 독서로 주어진 지문을 훑어보고 나서 문제에 제시된 보기를 확인하고 다시 지문을 읽어보는 것도 좋은 방법이 된다.

② 지문의 길이가 길 경우, 핵심적인 단락과 부차적인 단락을 분리해서 핵심적인 단락을 중점적으로 읽어라.
핵심적인 단락이라 함은 전체의 주제를 내포하고 있는 단락을 말한다. 단락 중에서 예시, 부연, 강조 등의 단락들은 대부분이 부차적인 단락일 경우가 많으므로 시간이 촉박할 경우, 이 단락들은 스쳐 지나가도 좋다.

③ 지문을 읽을 때는 항상 이 글은 무엇에 대해 쓴 글인가를 수험생 스스로 자문해 가면서 읽어라.

④ 내용 전체에 중요하다고 생각되는 부분에는 밑줄을 긋자.

⑤ 단락마다 여백에 그 대강의 요지를 간단히 메모하라.

⑥ 평소에 글을 요약하며 읽는 습관을 길러라.

평상시 글을 읽을 때는 그것이 어떠한 글이든 위에서 제시한 방식대로 글을 읽는 습관을 길러야 한다. 이런 문제는 점수를 따기 위한 문제라고 생각하자. 모든 답이 이미 주어진 지문 속에서 그대로 나타나 있기 때문이다.

(2) 전체와 핵심 파악하기

우리가 일상 생활에서 사용하는 말이나 글은 여러 정보들이 밀접한 관계를 이루면서 하나의 전체적인 생각을 이루고 있다. 따라서 부분적인 정보의 이해만으로는 내용의 전체와 핵심을 파악할 수 없다. 이와 같이 전체적인 흐름을 파악하여 내용을 요약하고, 이를 바탕으로 전체를 포괄하는 제목을 붙이고, 주제나 요지 또는 핵심어를 파악하는 것이 전체와 핵심을 파악하는 능력이다. 전체와 핵심을 파악하는 것은 글의 전체적인 방향을 이해하고 가장 핵심적인 내용을 파악하는 능력이므로 언어 생활에서 가장 본질적인 활동이라 할 수 있다.

① 단락 요지 파악

글의 내용을 구성하는 기본 단위는 단락이다. 제시된 글의 부분적인 단락을 요약하여 단락의 화제를 파악해야 한다.

㉠ 단락: 한 편의 글의 부분이면서 각각의 소주제에 의해서 통일되어 있는 문장의 집합을 가리킨다. 단락은 각각의 소주제를 지니지만 그것은 글 전체의 주제와 긴밀한 관계를 맺고 있다.

㉡ 화제: 단락에는 그 전체를 꿰뚫는 중심 생각이 있는데, 이를 글의 주제와 구별하여 화제라 한다. 글의 화제는 '이야깃거리', '진술 대상', '중심 과제'라고 할 수 있다.

② 전체 요지 파악

단락의 요지를 바탕으로 전체 글의 흐름을 정리하여 요약한다.

③ 제목 붙이기

글 전체의 요지를 파악하면, 전체를 포괄할 수 있는 제목을 붙일 수 있다. 글의 제목은 글의 내용이나 성격과 관련을 가지는 것이 상례이다. 그래서 제목은 글의 쓸거리나 주제를 어느 정도까지 암시할 수 있도록 정하게 된다. 제목을 보면 글 속에 어떤 내용이 있는지를 짐작할 수 있다. 글의 제목은 글의 이해에 도움을 준다. 반대로 글을 읽고 내용을 제대로 이해했다면 그 글에 알맞은 제목을 붙일 수 있다. 글의 제목은 그 글의 내용을 함축하고 있으므로 제목을 붙이려면 그 글의 요지를 파악할 수 있어야 한다. 읽고 있는 글이 무엇에 대하여 어떻게 말하고 있는가를 파악해야 한다.

제목은 대체로 다음 세 가지 부류로 나뉜다.

㉠ 주제와 연결된 제목: 주제를 제목으로 하는 글은 핵심이 뚜렷이 부각되는 장점이다. 그래서 주제를 특별히 강조하고 싶은 경우에는 이런 제목을 택한다.

㉡ **목적과 연결된 제목**: 목적을 드러내는 말을 제목으로 하는 경우는 독자에게 무엇인가 일러주거나 행동으로 유도하려는 경향이 짙다. 물론 이런 글에도 주제는 있지만 목적 의식이 더 강하게 드러나게 마련이다.

㉢ **쓸거리 또는 소재와 연결된 제목**: 한정된 쓸거리를 가지고 제목을 붙이게 되면 글에서 다룰 범위를 확실하게 정할 수 있다.

(3) 핵심어

① **개념**: 핵심어는 화자나 필자가 전달하고자 하는 중심 내용을 효과적으로 전달하기 위해서 사용한 가장 중요한 단어이다.

② **위치**: 핵심어는 위치가 고정되어 있지 않고 반복적으로 나타나는 경우가 많다.

TIP 주제 파악의 요령

요지가 파악되었으면 그것을 근거로 하여 글의 주제를 추출할 수 있다. 글을 독해함에 있어 단락을 나누고, 요지, 주제 등을 파악하는 것은 결국 글 속의 내용을 올바로 이해하기 위한 하나의 단계이다. 특히 설명문과 논설문에 있어서는 독해를 통해 얻어진 주제가 제목이 되는 경우가 많다.

(1) 단락을 구분한다.
- ① 단락을 나눈다.
- ② 단락의 소주제문, 중심 문장을 찾는다.

(2) 각 단락의 요점을 종합하여 요약한다.
- ① 소주제문을 중심으로 내용을 요약한다.
- ② 글 전체를 논리 전개에 따라 도식화한다.

(3) 주제를 파악한다.
- ① 글의 전개와 구성법을 고려하여 중심 단락을 찾는다.
- ② 주제문을 찾는다.
- ③ 핵심어를 중심으로 주제를 포착한다.

3단계 유사문제

'단락의 화제 파악' 해결능력을 배양하기 위한 심화학습

01 (가)~(마)의 요지로 적절하지 않은 것은?

(가) 판소리 형성 초기에 여러 가지 내용으로 불리던 것이 후대로 내려오면서 더 많은 수의 노래로 분화되어 발전하지 않고 반대로 곡목 수가 자연 퇴화하면서 다섯 마당으로 집약된 것에는 필연적인 이유가 있을 것으로 보인다. 그 이유 중의 하나는 무엇보다도 남도악의 음악적 특성에서 비롯된 것이라고 할 수 있다. 즉 남도악은 한국 음악 중에서 극적으로 전개될 수 있는 가능성을 가장 많이 지니고 있다.

(나) 판소리는 근원적으로 서민 문화임이 분명하다. 그러나 이러한 판소리에 양반 문화가 받아들여지지 않았다면 오늘의 판소리 다섯 마당은 이루어지지 않았을 것으로 보인다. 사실상 판소리 창작의 대부분은 각 마당의 줄거리는 익히 알고 있지만 그 줄거리를 꾸미는 사설의 대부분이 한자로 수식된 것이거나 중국 고전의 고사 성어(故事成語)가 자주 나오는 등 선비 취향인 장면 구성과 묘사법이 주를 이루기 때문에 자신들이 부르고 있는 사설의 정확한 의미를 모르고 있다.

(다) 오늘날 장대한 규모의 판소리 다섯 마당이 이루어진 것은 미의 최고 가치를 선(善)에 두는 의식 때문이라고 생각한다. 현재의 판소리 다섯 마당의 내용은 각각 '춘향가'는 정절(貞節)을, '심청가'는 효(孝)를, '흥부가'는 의(義)를 나타내고 오륜(五輪)은 조선조 사회에서 최고의 가치로 내세운 이념이었음은 물론이고 판소리에 있어서 다섯 마당이 음악적으로 발전할 수 있는 궁극적인 가치 이념이었으며 그 자체를 최고의 미로 생각하였던 것이다.

(라) 본래 판소리 광대에게 잡가나 민요를 부르도록 요구하는 것을 그들은 모욕이라고 생각하였다. 이것은 판소리 광대 자신들이 판소리를 얼마나 높이 평가하고 있으며 또한 그와 같이 높은 경지에 달한 음악을 하는 데 대한 그들의 자부심이 얼마나 높은 것이었는지를 잘 나타내 주는 단면이라고 하겠다. 즉, 판소리 광대들은 자신들의 신분은 비록 천하지만 판소리 자체는 인간의 윤리에 맞는 음악 중의 음악이라고 믿었던 것이다.

(마) 현재 불리는 판소리 다섯 마당이 우리 음악에서는 물론 세계적으로도 유사한 예를 찾기 어려울 정도의 수준 높은 예술 음악으로 크게 발전한 것은 판소리가 단순히 감각적인 미를 지향하는 데 머무르지 않고 강력히 선(善)을 추구하였던 미의식이 양반과 서민을 다 포함하는 전 민족에 바탕을 두고 오랜 시간 동안 작용함으로써 가능하였다고 생각되는 것이다.

① (가): 판소리가 다섯 마당으로 집약된 이유
② (나): 판소리의 양반 문화 수용
③ (다): 선(善)의 가치 추구
④ (라): 창자(唱者)의 사회적 계층
⑤ (마): 판소리가 수준 높은 예술 음악으로 발전한 이유

01_ (라)는 판소리 광대들의 판소리에 대한 평가를 다루고 있다.

01 ④

02_ (가)의 경우 글 전체의 서두에 해당하는 부분이다. 두 개의 문장으로 구성된 이 글에서 후자에 필자의 중심 생각이 담겨 있다. '정겨운' 소리가 나던 '키'의 사라짐에 대한 아쉬움이 함축되어 있다.

02 (가)~(마)의 제목으로 적절하지 않은 것은?

(가) 우리의 전통 식생활 문화에서 필수품이었던 용구들 가운데 더 이상 그 기능이 필요하지 않아 사라져 가고 있는 것들이 많다. 그중 하나가 시원하게 만들어지고 쓸 때마다 長短高低의 빗방울 또는 우박이 쏟아지는 정겨운 소리가 나던 키이다.

(나) 손놀림에 따라 공중에서 재주를 넘는 알곡들은 다시 키 안으로 떨어져 쌓이지만 쭉정이와 검부러기는 바람에 불려서 날려 갔고 모래와 돌은 뒤로 처져 움푹 파인 곳에 모였다. 간혹 땅에 떨어지는 곡식은 재빠르게 쫓아간 닭의 차지였다.

(다) 삼각형 모습의 키에서 움푹 파인 안 쪽은 쿰치, 중간은 바닥, 끝은 술, 그 옆에 달아 낸 것은 날개라고 부른다. 이 키는 동북아시아 여러 민족과 티베트에서도 쓰이고 있다. 그러나 우리의 키는 크고 시원한 것이 특징이다. 벌어진 날개는 밖으로 떨어져 나가는 곡식을 줄이려고 한 생활의 지혜와 독창성을 보여준다.

(라) 재료는 지방에 따라 싸리, 왕골, 대나무, 고리버들 등으로 만들었는데 U자형으로 둘러 댄 얇은 소나무 판자와 이를 얽어 맨 가는 칡 덩쿨이 시원한 키의 조형을 창조해 가고 있다.

(마) 이렇듯 전통 생활에서의 필수품이 기능에 밀려 박물관에서나 볼 수 있는 것은 시대적 필연이라 아니 할 수 없다. 하지만 퇴락한 필수품에서 조형의 미를 발견하는 것은 키의 또 다른 기능이 발휘된 것은 아닐까?

① (가): 키의 기능과 용도
② (나): 키의 사용과 작동
③ (다): 키의 구조와 명칭
④ (라): 키의 재료와 조형
⑤ (마): 키의 또 다른 기능

03_ (마)의 주제는 '사실주의에 맞선 부르주아 예술가들의 예술 지상주의에의 안주'이다.

03 (가)~(마)의 중심 화제를 바르게 정리하지 못한 것은?

(가) 순수 예술 또는 '예술의 자율성'은 일반적으로 자본주의 사회가 정착되면서 나타난 현상이었다. 다시 말하면 고대 그리스나 중세 봉건 제도 아래서는 '예술의 자율성'이라는 개념이 나타나지 않았다. 고대 그리스에서 예술은 인간 도야의 한 수단이었으며, 중세에는 신의 섭리를 더 잘 나타내기 위한 수단에 불과하였다. 중세 봉건 제도가 무너지고 근세가 시작되면서 시민 계급은 '개인의 해방'을 기치로 내세웠다. 그리고 그와 함께 개인의 자유로운 능력으로 얻어지는 사유 재산의 제한 없는 소유권을 인정하였다. 봉건 제도를 무너뜨리고 인간의 자유로운 해방을 구가하던 진보적인 시민 계급은 자유 재산의 축적과 더불어 권력을 장악하고 보수적인 계급으로 변하기 시작하였다.

(나) 순수 예술 운동은 처음에는 두 가지 측면을 지녔다. 하나는 중세의 종교적인 속박에서 벗어나려는 측면이고, 다른 하나는 자본가나 상품화의 구속에서 벗어나려는 측면이었다. 자본주의가 정착되면서 황금과 화폐가 '보이지 않은 손'으로 등장하여 모든 인간 관계를 규제하기 시작하였다. 그것은 예술을 상품화하고 예술가를 자본가의

02 ①

심부름꾼으로 만들면서 예술의 고유한 특성을 짓밟으려 하였다. 이러한 위험에서 벗어나려는 노력이 '순수 예술 운동'의 한 동기였다. 그것은 생산 수단의 사유화가 이루어지고 정신 노동과 육체 노동이 철저하게 구분되면서 더욱더 강화되었다. 다시 말하면 자본가와 자본의 직접적인 지배를 받는 데 반하여, 학자나 예술가처럼 정신적인 노동에 종사하는 사람들은 자율성을 유지할 수 있다는 환상을 밑바탕으로 한 것이다.

(다) 14, 15세기에 자본주의적 생산이 가장 최초로 이루어진 곳은 이탈리아였다. 특히 플로렌츠는 당시 가장 번창한 상업 도시였다. 소규모 수공업자들이 대규모의 기업가나 상인들에 의해 밀려나기 시작하였고 수공업자들이 상품 시장의 판매인으로 전락하였다. 이곳의 예술가들도 이러한 변화에 초연할 수 없었다. 예술 활동은 경제적인 생산 관계와 밀접하게 연관되기 때문이다. 당시의 예술가들은 주관적인 판단 속에서 자율성을 유지한다고 생각했지만 실제로 자본에 종속되어 갔다. 이러한 상황 속에서 몇몇 예술가들은 예술의 자율성을 유지하려고 노력하였다. 예술의 자율성은 예술의 자유가 가장 많이 침해받는 곳에서 항상 강조되었다. 그러므로 화폐가 중시되는 고루한 시민 사회의 도덕이나 자본의 지배에서 벗어나려는 예술의 자율성 운동은 초기에 어느 정도 긍정적인 모습을 지녔다. 상대적인 독창성과 특수성이 항상 예술 활동을 이끌어야 하기 때문이다.

(라) 그러나 자본주의가 점차 발전함에 따라 인간 해방을 부르짖는 노동 운동이 일어나고 그것을 뒷받침해 주는 과학적 유물론이 체계화되어 가자 부르주아 지식인과 예술가들은 스스로의 기득권을 방어해야 될 처지에 직면하였다. 이들은 종교, 관념론 철학, 순수 예술 이론을 사회 운동으로 무마시키고 스스로의 지배를 강화하기 위한 수단으로 사용하였다. 처음에 어느 정도 긍정적 의미를 지녔던 예술의 자율성 운동은 이제 반동적인 역할을 수행하였다. 자본의 덕분으로 주관적인 자유만이라도 향유할 수 있다고 생각한 부르주아 예술가들은 이제 적극적으로 자본주의를 옹호하기 시작하였다.

(마) 자본주의가 발달하면서 필연적으로 노동자가 중심이 되는 무산 계급이 불어나고 노동 운동이 강화되면서 일면의 예술가들이 이에 동조하기 시작하였다. 이들은 사실주의라는 기치를 내걸고 자본주의의 모순을 파악하기 시작하였다. 이들은 맞서 기득권을 향유하려는 부르주아 예술가들은 예술의 자율성을 옹호하고 나섰는데 실제로 그것은 자본주의를 옹호하고 노동 운동을 무력화시키려는 의도와 무관하지 않았다. 예술의 자율성 이념은 시민 계급이 내세운 자유 개념과 일맥 상통하였다. 이들은 예술의 자유를 내세우면서 자본 축적의 자유를 합리화하고 착취의 자유를 옹호하며 지배 계급의 자유를 전 인류의 자유인 것처럼 선전한다. 이들은 예술의 '자율성' 또는 '순수성'을 내세워 지배 계급의 착취를 눈감아 주고 인간답게 살지 못하고 있는 노동자의 고통으로부터 눈으로 돌리려 한다. 모든 사회문제로부터 눈을 돌려 예술 지상주의에 안주하려 한다.

① (가) : '예술의 자율성' 문제 대두
② (나) : 순수 예술 운동의 전개 방향
③ (다) : 예술의 자율성 운동의 초기 양상
④ (라) : 예술의 자율성 운동의 변질
⑤ (마) : 사실주의에 의해 위축된 예술 지상주의

03 ⑤

The콕 제14강 문장 간의 관계 파악

1단계 유형학습

Q. 다음 글의 논증 구조를 바르게 분석한 것은?

> ㉠ 그 동안 과학이 눈부시게 발달해 온 데 힘입어 오늘날 우리의 생활은 매우 윤택해졌다.
> ㉡ 그래서 많은 사람들은 과학에는 거짓이 없고 실패가 없다고 믿게 되었다.
> ㉢ 그러나 과학은 우리의 삶의 문제를 해결하기에는 너무나 미약하고 부적절할 뿐 아니라 오히려 환경을 오염시키고 생태계를 파괴해 왔다.
> ㉣ 그런데도 여전히 과학 만능주의에서 벗어나지 못한다면 우리는 조만간 인류 파멸의 비극을 맞게 될지도 모른다.
> ㉤ 이런 점에서 과학의 역기능을 분명히 인식하고 좀더 냉정하고 합리적인 태도로 과학을 대하는 것은 지속적인 과학 발전을 지향하는 데 필요한 선결 과제라 할 것이다.

① ㉠은 ㉡의 결론이다.
② ㉡은 ㉢의 전제이다.
③ ㉢은 ㉣의 전제이다.
④ ㉣은 ㉤의 전제이다.
⑤ ㉤은 ㉠~㉣의 부연이다.

해결 과정

㉡은 사실로서 논리적 판단이 아니며, ㉠은 ㉡의 현상이 일어나게 된 원인에 해당한다. ㉢은 ㉡에 대한 반론이며, ㉢과 ㉣은 ㉤에 대한 전제이고, ㉤은 글 전체의 결론이다. ✓ 정답 ④

2단계 배경지식

'문장 간의 관계 파악'을 풀기 위한 스키마 학습

02

1. 유형설명

한 단락은 여러 개의 문장으로 구성되어 있는 것이 일반적이다. 각 문장들은 단락의 주제를 효과적으로 전달하기 위해 서로 밀접한 관련을 맺고 있다. 이 유형은 각 문장 간의 구조를 묻는 유형이다.

2. 학습초점

» 각 문장의 정보를 파악하고 그 정보를 포괄 할 수 있는 핵심 정보를 추출한다.
» 각 문장의 정보를 파악한 후 그 핵심 정보를 중심으로 이들 정보의 위상을 파악한다. 문장과 문장은 대등, 상하 관계를 맺을 수 있고, 주장과 논리, 원인과 결과, 주지와 부연, 상세화, 예시, 보충(첨가)의 관계에 놓여 있다.

3. 학습내용

(1) 정보의 종류

정보란 주어진 글에 나타난 사실, 지식, 의견 등 내용을 이루는 요소를 포괄하는 개념이다. 정보는 명시적(明示的)으로 드러날 수도 있지만, 간접적으로 또는 여러 개의 정보가 복합적으로 나타날 수도 있다. 명시적인 정보는 사실적 이해로 접근이 가능하며, 내재된 정보는 추리·상상적 이해로 접근이 가능하다.

① 사실

글 속에 나타나 있는 객관적이고 구체적인 정보를 '사실'이라 한다. '사실'은 문제점을 도출하기 위한 현상으로서의 자료, 추상적 진술의 예시, 상상이나 추론의 전제나 근거가 된다.

㉠ 특수한 사실(경험적 사실): 단일 사건 또는 사건들의 단일한 상태를 보여 주는 사실. 이러한 사실은 일반적 판단보다는 글의 진술 속에 들어 있는 사건이나 상태를 관찰함으로써 진위를 판별할 수 있다.

예문

ⓐ <u>선생님은 우리를 이끌고 거리로 나갔다. 우리는 수천 명의 다른 학생, 시민들과 함께 대오를 이루어 노래를 부르고 구호를 외치면서 거리를 누볐다</u>. 나는 너무나 기뻐서 가슴이 터질 것만 같았다. 모든 사람들이 환호하였다. 나는 너무도 흥분한 나머지 하루 종일 밥 먹는 것도 잊어버렸다. ⓑ <u>3월 1일에 끼니를 잊은 한국인은 수백만 명은 될 것이다</u>.

– 님 웨일즈, '아리랑'

⇒ 3·1절날 직접 체험했던 내용을 구체적으로 기술하고 있다. 이 글에서 ⓐ는 경험적 사실, ⓑ는 일반적 사실을 바탕으로 한 의견이다.

㉡ 일반적 사실: 많은 구체적 사실들을 바탕으로 일반화한 보편적인 내용으로서의 사실. 이러한 사실은 그것을 지지할 수 있는 특수한 사실들이 많이 발견될수록 그 진술이 참이 될 가능성이 높아진다.

ⓐ 나는 어제 하룻밤 사이에 한 강(江)을 아홉 번이나 건넜다. ⓑ 강은 새외(塞外)로부터 나와서 장성(長城)을 뚫고 유하(楡河), 조하(潮河), 황화(黃花), 진천(鎭川) 등의 여러 줄기와 어울려 밀운성(密雲城) 밑을 지나 백하(白河)가 되었다. ⓒ 내가 어제 두 번째로 배로 백하를 건넜는데, ⓓ 이것은 바로 이 강의 하류(下流)였다.

— 박지원, '열하일기'

⇒ 이 글은 모두 사실로만 이루어진 글이다. 여기서 ⓐ와 ⓒ는 경험적 사실, ⓑ와 ⓓ는 일반적 사실에 속한다.

② 의견

개인의 견해가 반영된 주관적인 정보. '사실'의 뒷받침이 있어야만 타당한 의견으로 받아들여질 수 있다.

예문

㉠ 요즈음은 경로 서비스 분야에도 기술이 발달되어, 할아버지 할머니의 팔, 다리, 어깨를 손자 손녀들을 대신하여 주물러 드릴 수 있는 전자 안마 의자까지 상품화되었다. ㉡ 그러나 한편에서는 경로 서비스 같은 것은 기계보다는 사람이 해야 하지 않느냐 하는 주장도 나오고 있다. ㉢ 아무리 기술이 발달된다 하더라도 따뜻한 사람의 손길이 닿지 않으면 안 되는 곳에 기계를 써서는 안 된다는 것이다. ㉣ 기계에 인간의 일을 모두 맡겨 버린다면 사회는 비인간화되어 혼미에 빠지고 말 것이기 때문이다.

— 서정욱, '과학 기술의 발달과 일'

⇒ ㉠: 개별적 사실(문제를 제기함)
㉡ = ㉢: 필자의 견해(상식적 견해를 인용하여 동조하는 방식을 취함)
㉣: 일반적 사실(논거로서 의견을 뒷받침함)

» 사실과 의견은 다음과 같은 특징으로 구별할 수 있다.

구분	검증의 초점	태도
사실	진위성(眞僞性)	객관적
의견	타당성(妥當性)	주관적

(2) 정보의 관계

① 원인과 결과

우리의 일상생활에서 일어나는 모든 일에는 반드시 원인과 결과가 있게 마련인데, 이러한 원인과 결과의 관계로 이루어지는 것을 인과 관계라 한다.

예문

우리 대한 제국 동포 형제들은 천하 태평으로 수백 년 동안을 살아 왔으므로, 내외에 있어서 경쟁이라는 것이 무엇인지 모르고 살아 왔습니다.

⇒ 원인+결과

② 비교와 대조

둘 이상의 정보를 제시하여 그들 사이의 공통점이나 유사점을 드러내는 것을 비교라 하고, 그 차이점을 드러내는 것을 대조라 한다.

예문

(가) 여자는 사고 유형이 남자와 다르다. 여자는 대개 현재의 상태를 생각하는 경향이 있다. 남자가 미래에 눈을 두고 있는 것과는 다르다. 여자는 보통 가정, 사랑, 안정 등을 생각한다. 이는 남자들이 모험, 사업, 성 문제를 중심으로 생각하는 것과는 대조적이다.

(나) 영화는 스크린이나 일정한 공간 위에 시각적으로 흐르는 예술이며, 연극 또한 무대라는 제한된 공간 위에서 시각적으로 형상화되는 예술이다. 이 두 예술이 다 함께 시간과 공간의 예술이라는 점에서, 다른 부문의 예술에 비하여 보다 가까운 위치에 놓여 있음을 알겠다.

⇒ (가)는 여자의 사고 유형과 남자와 사고 유형의 차이를 드러내고 있다. (대조)
(나)는 영화와 연극의 공통점을 지적하고 있다. (비교)

③ 사실과 비유

잘 알지 못하는 사실이나 어려운 내용을 설명하려고 할 때, 잘 알거나 느낄 수 있는 다른 사물과의 유사성을 통하여 그것을 효과적으로 표현하는 것을 비유라 한다.

예문

우리는 돈푼이나 벌기 위하여 하기 싫은 일을 하지 않을 것이며, 천년을 늙어도 항상 가락을 지니는 오동나무처럼, 일생을 춥게 살아도 향기를 팔지 않는 매화처럼, 자유로운 제 모습을 잃지 않고 살고자 애쓰며 서로 격려하리라.

⇒ 늙어도 추하지 않음과 가난해도 지조를 팔지 않음이 '사실'이라면, 오동나무와 매화는 '비유'에 해당한다.

④ 주장과 근거

필자의 주관적 견해를 나타내기 위해서는 독자가 납득할 수 있는 객관적 근거가 필요하다.

예문

㉠ 게으름보다는 부지런함이 자본주의를 앞당길 수 있다. ㉡ 방대한 자원을 가진 중남미 국가들은 경제 발전이 부진한 데 비해, 자원이 없는 한국은 고도 성장을 거듭하고 있다. ㉢ 한국인은 정말 부지런하다. ㉣ 일벌레라고 불리는 일본인보다 한국인이 더 부지런하다. ㉤ 연간 노동 시간도 일본인 노동자들보다 더 많다.

⇒ ㉠은 주장을 나타내고 ㉡~㉤은 근거를 나타내고 있다. 또 ㉢이 주장을 나타낸다면 ㉣과 ㉤은 그것을 뒷받침하는 근거이다.

⑤ 전제와 결론

어떤 결론을 이끌어 내기 위해서 미리 제시한 정보를 전제라고 한다. 그리고 전제에서 결론을 도출하는 추론의 방식을 연역법이라고 한다.

예문

㉠ 인간과 인간의 관계는 옆으로의 관계다. 그것은 같은 인간끼리 평등한 횡적 관계다. 대신적(對神的)인 '위에로'의 관계하고 다르고, 대물적(對物的)인 '밑으로'의 관계와도 다르다. 그것은 신처럼 믿고 우러러보는 관계도 아니요, 물건처럼 지배하고 이용하는 관계도 아니다. ㉡ 대인 관계는 나와 너와의 대등한 인간적 관계로 융화가 지배하는 관계다.

⇒ ㉠을 전제로 하여 ㉡의 결론을 도출해 내고 있다. 대개 전제는 보편적이고 포괄적인 정보 즉 일반적 사실에 해당한다. 그리고 결론은 그 전제를 토대로 하여 도출된 어떤 의견에 해당하는 것이 보통이다.

3단계 유사문제

'문장 간의 관계 파악' 해결능력을 배양하기 위한 심화학습

01 다음 글의 논증의 짜임새를 옳게 분석한 것은?

㉠ 우리가 흔히 경험하는 바에 따르면, 예술이 추구하는 미적 쾌감이 곱고 예쁜 것에서 느끼는 쾌적함과 반드시 일치하지는 않는다. ㉡ 예쁜 소녀의 그림보다는 주름살이 깊이 팬 늙은 어부가 낡은 그물을 깁고 있는 그림이 더 감동적일 수 있다. ㉢ 선과 악을 간단히 구별할 수 없는 여러 인물들이 뒤얽혀서 격심한 갈등이 전개되는 영화가 동화처럼 고운 이야기를 그린 영화보다 더 큰 감명을 주는 것도 흔히 있는 일이다. ㉣ 이와 같이 예술의 감동이라는 것은 '단순히 보고 듣기 쾌적한 것'이 아닌, '우리의 삶과 이 세계에 대한 깊은 인식, 체험'을 생생하고도 탁월한 방법으로 전달하는 데에 있다. ㉤ 따라서, 예술의 미란 소재의 문제가 아니라, 인생・자연・사회에 대한 통찰과 그 표현의 탁월성에서 나오는 것이다.

① ㉠은 ㉡의 근거로서 이 글이 문제삼고자 하는 것을 밝혀준다.
② ㉡은 ㉢을 뒷받침하는 구체적인 예이다.
③ ㉢은 ㉡과 대등한 관계에 있으면서 ㉣의 이유를 제시하는 역할을 한다.
④ ㉣은 ㉠의 일반적 진술로, 논의의 방향을 전환시키게 된다.
⑤ ㉤은 ㉠의 논의를 발전시킨 것으로서 이 글의 결론이다.

01_ ㉡과 ㉢은 대등한 관계로서 ㉠을 뒷받침하는 구체적인 예이다. 그리고 ㉣은 ㉠의 진술에서 한 걸음 나아간 발전적 진술로 ㉤의 근거가 된다. 선지 ③에서 '이유 제시'가 잘못 분석되어 있다.

01 ⑤

02 다음 글의 구조를 분석한 것으로 적절한 것은?

㉠ 본질과 현상은 밀접한 연관과 통일 속에 있다. ㉡ 본질을 떠난 현상, 현상이 없는 본질이란 있을 수 없다. ㉢ 본질은 다양한 현상을 통하여 나타나며 현상은 본질을 표현한다. ㉣ 예컨대 전기라는 본질이 없으면 전등에 불이 켜지지 않는다. ㉤ 인간 사회의 이기심도 사람이 사람을 착취하는 사회 관계가 없으면 존재할 여지가 없고 나타나지도 않는다.

① ㉠은 ㉡~㉤의 전제이다
② ㉡은 ㉢의 근거이다.
③ ㉢은 ㉡의 부연이다.
④ ㉣은 ㉠의 근거이다.
⑤ ㉤은 전체의 결론이다.

02_ ㉠은 주어진 글의 결론이며, ㉡과 ㉢은 ㉠의 부연, ㉣과 ㉤은 예시로서 ㉠의 근거이다.

03 다음 글의 구조를 바르게 분석한 것은?

㉠ 신라 가요는 우리 문학의 원류이자 향찰로 표기된 특수 문화 양식임에 틀림없다. ㉡ 또 그것이 한국 문학사의 벽두를 장식하는 가장 최고의 시가임도 주지의 사실이다. ㉢ 이와 같은 문학사적인 중요한 의의 때문에 모든 신라 가요는 정당한 평가 이상의 극진한 대접을 받아온 것이 지금까지의 거짓 없는 실정이다. ㉣ 사실상 신라 가요 중에는 지금의 안목으로 보아도 그 질적인 우수성을 인정받아 마땅한 작품이 적지 않다. ㉤ 그러나 14수 모두가 다 똑같이 높은 수준에 도달했다고 할 만한 것은 아니다. ㉥ 이들 작품 가운데에는 신라 당시의 문학적인 척도로 평가하여도 대단치 않은 것으로 판별될 수밖에 없는 것도 있다. ㉦ 이런 유의 노래까지도 그것이 희한한 문자로 표기되어 있다는 이유 때문에, 혹은 우리 문학사의 원류에 해당되는 희소가치의 작품이라는 이유 때문에 아무 분별없이 과도한 평가를 받아서는 곤란한다.

① ㉠은 글 전체의 내용을 일반화하는 주제문에 해당한다.
② ㉡, ㉣은 ㉢의 뒷받침 문장으로 신라 가요의 문학적 의의를 구체적으로 밝히고 있다.
③ ㉤은 앞서 서술된 내용과 상반된 진술을 이끌어 내는 역할을 맡고 있다.
④ ㉥은 ㉤의 부연으로써 작품 평가의 새로운 척도가 필요함을 제시하고 있다,
⑤ ㉦은 ㉥의 이유를 제시함으로써 글쓴이의 중심 생각을 요약하고 있다.

03_ 전체적으로 '긍정→부정'의 구조를 취한 예문에서 ㉤은 반증을 이끌어 내는 역할을 담당하고 있다.

02 ④ 03 ③

The콕 제15강 단락의 기능 및 위상 파악

1단계 유형학습

Q. 각 단락의 관계를 잘못 설명하고 있는 것은?

(가) 옛날에는 오히려 사회 생활의 비중을 정신적인 것이 더 많이 차지 해 왔다. 종교, 학문, 이상 등이 존중되었고, 그 정신적 가치가 쉬 인정받았다. 그러나 현대 사회로 넘어오면서부터 모든 것이 물질 만능주의로 기울어지고 있다. 그것은 세계적인 현상이며, 한국도 예외는 아니다. 물론, 그 중요한 원인이 된 것은 현대 산업사회의 비대성(肥大性)이다. 산업사회는 기계와 기술을 개발했고, 공업에 의한 대량 생산과 소비를 가능케 했다. 사람들은 물질적 부를 즐기는 방향으로 쏠렸는가 하면, 사회의 가치 평가가 생산과 부(富)를 표준으로 삼기에 이르렀다.

(나) 그 결과로 나타난 것이 문화 경시의 현실이며, 그것이 심하게 되어 인간 소외(人間疏外)의 사회를 만들게 되었다. 정신적 가치는 그 설 곳을 잃게 되었으며, 물질적인 것이 모든 것을 지배하기에 이르렀다. 이렇게 물질과 부가 모든 것을 지배하게 되면, 우리는 문화를 잃게 되며, 삶의 주체인 인격의 균형을 상실하게 된다. 그 뒤를 따르는 불행은 더 말할 필요가 없다.

(다) 우리는 한반도가 공간적으로는 만주의 몇십 분의 일 밖에 안 되지만, 독립된 문화를 가졌기 때문에 자주 국가로 남고, 만주는 그렇지 못했기 때문에 오늘날 중국의 한 부분으로 남아 있음을 잘 알고 있다. 문화를 남겨 준 아테네는 삼천 년 이상 인류의 흠모의 대상이 되고 있으나, 스파르타는 이미 그 자취를 감춘지 오래 되었다는 역사도 배우고 있다. 상고시대(上古時代)에는 페르시아나 이집트도 중국이나 인도와 같은 큰 문명권(文名權)을 만들고 있었다. 그러나 공자, 맹자와 같은 사상가, 우파니샤드와 같은 철학을 남가지 못했기 때문에, 오늘은 고유의 문화적 전통이 단절되었음을 잘 안다. 그럼에도 불구하고, 우리는 모두가 물질적인 경향과 가치만 따르고 있을 뿐, 정신과 문화에 대하여는 충분한 관심을 기울이지 않고 있다. 우리는 이 상실된 균형을 하루 빨리 되찾지 않으면 안 된다.

(라) 그러기 위하여 우리 모두는 정신적 가치가 속하는 문화에 관심을 기울이고, 학문과 예술적 창조에 참여하여 건설적 가치관을 가지고 우리 사회에 임하는 일이 시급하다. 신라의 문화가 불교에 의한 통일된 가치관에서 탄생되었으며, 조선시대의 문화가 유교전통에서 이루어진 것이라면, 지금 우리에게 필요한 것은 우리 모두의 문화적 참여와 그에 따르는 가치관의 확립이다. 이 두 가지 조건이 채워지지 않은 채로 물질과 정신의 균형을 얻거나 새로운 문화를 창조해 가진다는 것은 망상에 불과한 것이다.

① (가)는 문제의 원인이며, (나)는 문제의 결과를 서술하고 있다.
② (나)의 진술을 (다)가 예시로써 뒷받침하고 있다.
③ (다)의 전제하에 (라)는 해결 방안을 제시하고 있다.
④ (가)와 (나)는 변증법적인 논리를 전개하고 있다.
⑤ (가)·(나)는 사실적인 사회 현상을, (다)·(라)는 필자의 견해를 주로 제시하고 있다.

해결 과정

(가)와 (나)는 인과 관계를 이루고 있다. ✔ 정답 ④

2단계 배경지식 '단락의 기능 및 위상 파악'을 풀기 위한 스키마 학습

1. 유형설명

한 편의 글은 여러 단락의 모임으로 성립된다. 그런데 각 단락은 그 위상이 서로 다르기 마련이다. 단락 자체의 구성상의 성격과 역할을 파악하는 유형이다.

2. 학습초점

» 글 전체와의 관계 속에서 각 단락이 수행하는 기능을 알아야 한다.
» 단락의 성격은 글의 내용으로 파악되기 때문에 일차적으로 단락의 핵심 내용을 파악하고, 글 전체 속에서 단락의 위상을 파악해야 한다.

3. 학습내용 – 단락의 기능 파악

글 전체와의 관계에서 각 단락이 수행하는 기능(機能)에 따라 여러 가지 유형이 있다.

(1) **도입 단락**: 글을 쓰는 동기나 목적, 집필 방향 등을 제시하여 독자의 관심을 유발시키는 단락이다.

예문

(가) "나는 가난한 탁발승(托鉢僧)이오. 내가 가진 거라고는 물레와 교도소에서 쓰던 밥그릇과 염소 젖 한 깡통, 허름한 요포(腰布) 여섯 장, 수건, 그리고 대단치도 않은 평판(評判) 이것뿐이오."
마하트마 간디가 1931년 9월 런던에서 열린 제2차 원탁 회의에 참석하기 위해 가던 도중 마르세유 세관원에게 소지품을 보이면서 한 말이다. K. 크리팔라니가 엮은 <간디 어록>을 읽다가 이 구절을 보고 나는 몹시 부끄러웠다. 내가 가진 것이 너무 많다고 생각되었기 때문이다. 적어도 지금의 내 분수로는. – 법정, '무소유(無所有)'

(나) ㉠ 모든 사회는 그 시대에 따르는 문제를 안고 있다. ㉡ 우리가 사는 현대 사회도 여러 가지 과제를 지니고 있다. ㉢ 그 문제가 무엇인가를 파악하고, 해결을 모색하는 것이 무엇보다도 시급하고 중요한 일이다. ㉣ 그러나 이 모든 문제보다도 앞서는 것이 있다면, 그것은 개인과 사회의 관계를 어떻게 보는가 하는 것이다.
– 김형석, '현대 사회의 과제'

⇒ (가)는 수필의 도입 부분으로 타인의 일화를 소개하여 흥미 있는 도입을 시도했고, (나)는 논설문의 전형적인 도입의 한 예로 ㉠→㉡→㉣의 순서로 논제를 확정해 나가고 있고, ㉢은 이 글의 전개 방향(문제 파악과 해결 방안의 모색)을 제시하고 있다.

(2) **전제 단락** : 논리적 전개의 바탕을 이루는 단락이다. 연역적 전개의 전제를 설정하는 경우와 비판적 관점으로 발전하기 위해 상식적 편견을 제시하는 경우가 대부분이다.

예문

(가) 사람들에게 인생의 목표를 물어 보면, 대부분이 행복한 삶이라고 한다. 지극히 자연스런 대답이다. 그러나 행복에 이르는 과정에 대한 합의는 국민적 철학이기도 하다. 무슨 행복을 누리느냐 하는 문제보다도 어떻게 행복에 이르느냐 하는 과정이 중요하고, 그것은 어느 개인의 문제가 아니라 국민 전체의 합의에 의해서 정립되어야 할 것이기 때문이다.
(나) 그러나 우리의 경우, 이 문제에 대한 합의는 이루어져 있지 않다. 국민적 합의의 부재―이것이 오늘을 사는 한국인의 가장 큰 약점이다. 경제적 계층 간의 갈등, 정치 세력간의 충돌도 국민적 철학의 바탕이 없이 이념 논쟁으로만 치달으면, 구세주적 애국주의와 비방의 희생물이 되고 만다.
(다) 민주주의는 결과 못지 않게 과정이 중요하다고 한다. 민주주의적 과정 ― 그것이 민주주의이기 때문이다.

⇒ (가)는 '과정과 국민 전체의 합의의 중요성'을 일반적 원리로 제시하고 이를 전제로 하여 (나)에서 우리의 현실을 비판하고 (다)에서는 이 둘을 전제로 하여 결론을 이끌어 냈다. 논점을 기준으로 앞부분은 전제, 뒷부분은 논거라 한다.

전제(前提) ⇒ 주지(主旨) ⇒ 논거(論據)

(3) **발전 단락** : 앞 단락의 내용을 심화시켜 주제의 형상화에 이바지하는 단락이다.

예문

(가) 백인의 문명이 감각의 문명이라고 하면, 황인의 문명은 초감각의 문명이라고 할 수 있다. 백인과 황인의, 자연을 수용하는 자세의 차이에서 비롯되는 두 문명의 이 같은 질적 차이는, 문명에 각각 상반되는 득과 실을 가져왔다.
(나) 자연과 대립하고 이것을 정복의 대상으로 본 백인은 과학과 부의 편리한 생활 환경과 본능의 충족을 얻었다. 그 반면, 대 우주의 밑바닥에 흐르고 있는 무한의 세계를 잃었던 것이다.
(다) 자연과 동화하고 여기에 귀의한 황인은, 물질의 혜택을 잃은 대신, 우주의 대진리를 직시할 수 있는, 크고 넓고 깊은 정신의 세계를 얻었다.
(라) 감각의 세계는 유한하고, 초감각의 세계는 무한하다. 유럽 사람들은 스스로 자기네들의 물질 문명이 막바지에 이른 것을 깨닫고 있다. 그들은 철학도 끝났고, 예술도 끝났다고 말한다. 내가 보기에는, 과학도 그 한계에 가까워진 것이 아닌가 싶다.
(마) 그래서 그들은 동양 문명에 깊은 관심을 가지고 벼랑에 부딪힌 자기네 문명의 돌파구를 황인의 정신 세계에서 찾고 있는 것이 아닌가 하는 느낌이다.

⇒ (가) 두 문명의 차이에서 오는 득과 실[도입, 전제] → (나) 백인 문명의 득과 실[상세화 1] → (다) 황인 문명의 득과 실[상세화 2] → (라) 백인 문명의 한계[발전] → (마) 황인 문명으로 보완함[결말] (나)와 (다)는 (가)의 구체적 진술(상세화)이다. [득과 실 → 얻다 · 잃다]

앞에 제시된 내용을 바탕으로 (라)에서는 새로운 논점으로 발전했다. 즉 백인과 황인의 문명을 단순 비교하는 것이 아니라, 백인의 문명이 안고 있는 문제점을 부각시켰다. (라)의 앞부분에 접속어 '그런데'를 넣어 이 점을 확인해 보자. (마)는 (라)에서 제기한 문제점에 대한 해결 방안을 제시한 결말 단락이다.

(4) **보충 단락**: 앞 단락의 내용 중, 미비한 것을 보충하는 단락이다.

예문

(가) 이러한 의미에서, 민족 문화의 전통을 무시(無視)한다는 것은 지나친 자기 학대(自己虐待)에서 나오는 편견(偏見)에 지나지 않을 것이다. 따라서, 첫머리에서 제기(提起)한 것과 같이, 민족 문화의 전통을 계승하자는 것이 국수주의(國粹主義)나 배타주의(排他主義)가 될 수는 없다. 오히려, 왕성(旺盛)한 창조적 정신은 선진 문화(先進文化) 섭취(攝取)에 인색하지 않을 것이다.

(나) 다만, 새로운 민족 문화의 창조(創造)가 단순한 과거의 묵수(墨守)가 아닌 것과 마찬가지로, 또 단순한 외래 문화(外來文化)의 모방(模倣)도 아닐 것임은 스스로 명백한 일이다. 외래 문화도 새로운 문화의 창조에 이바지함으로써 뜻이 있는 것이고, 그러함으로써 민족 문화의 전통을 더욱 빛낼 수가 있는 것이다.

– 이기백, '민족 문화의 전통과 계승'

⇒ (가)에서 '전통의 창조성'을 결론으로 확성하고 (나)에서 이런 '창조성'은 외래 문화의 수용에서도 적용되어야 한다는 점을 부연 해명했다.

(5) **연결 단락**: 앞 단락과 뒷 단락을 연결해 주는 단락이다. 일반적으로 앞단락의 내용을 요약하여 그것을 뒷 단락의 도입이나 전제로 사용하는데, 이를 보통 '승전기후(承前起後)'라 한다.

(6) **강조 단락**: 어떤 특정한 내용을 강조하는 단락이다. 어떤 단락을 독립시켜 강조하거나, 결론에서 특정한 내용을 반복하여 지적함으로써 강조하는 경우가 대부분이다.

예문

(가) 헤겔을 비롯한 변증론자들은, 이것을 사회와 역사에 있어서의 변증법이라고 설명했다. 하나의 현실은 반드시 둘로 대립되는 상반성을 내포하나, 결국은 보다 높은 차원의 현실로 지양(止揚)된다는 뜻이다. 역사의 변화와 발전의 법칙이 여기에 있다고 보았던 것이다. 이렇게 선의의 창조적 기여를 할 수 있는 사람들의 위치는 대단히 귀중한 것이다. 이렇듯, 개인과 사회의 문제는 항상 복합적인 것이지만, 우리가 진실로 바라는 것은, <u>사회는 언제나 개인을 위하며, 개인은 항상 사회를 위한다는 인도적(人道的) 관계인 것이다</u>.

(나) 개인의 존재와 가치를 무시하는 사회가 되어서도 안 되나, 사회적 가치와 의미에 개의치 않는 개인이 되어서도 안 된다. 우리 모두는 내가 소속되어 있는 사회를 위해 창의적 기여를 해야 할 책임이 있다. 선의의 사랑과 위해줌을 결한 개인과 사회의 관계는 언제나 불행한 파탄(破綻)을 가져올 수 있다.

– 김형석, '현대 사회의 과제'

⇒ (나)에서 그것이 실행되지 않았을 부정적인 경우 나타날 수 있는 문제점들을 제시함으로써, (가)의 밑줄 친 주지를 강조하고 있다.

3단계 유사문제 '단락의 기능 및 위상 파악' 해결능력을 배양하기 위한 심화학습

01_ (마)는 전체의 결론이 아니라, (나)의 부연 단락이다.

01 다음 글의 구조를 설명한 다음 문장 중, 옳지 않은 것은?

(가) 절대주의 음악관과 관련주의 음악관이라는 말이 있다. 우리 나라의 음악 평론가들은 대부분이 절대주의 음악관을 가지고 있는 듯하다. 이 글은 위의 말을 설명하고 보충함으로써 우리 나라 음악 평론의 진로를 찾아보는 것을 목적으로 한다.

(나) 우선 절대주의 음악관이 무엇인가에 대해 살펴보기로 한다. 그러기 위해서 하나의 질문을 던져야 할 것 같다. '음악의 의미와 가치를 찾으려면 우리 인간이 어디로 가야 하는가'라는 질문이 그것이다. '작품 그것에로 가라, 그리고는 작품을 하나의 창조물로 되게 하는 성질에 눈을 돌려라'라는 답이 나올 수 있다. 다시 말해서 음악의 경우, '소리에로 가라, 그리고 그 소리들의 음악 구조적 기능에로 눈을 돌려라'라는 대답이 나올 수 있다는 것이다. 위의 대답을 옳은 대답으로 보는 사람을 이 글에서 필자는 절대주의 음악관을 가진 사람이라고 규정한다.

(다) 음악의 가치와 의미를 찾으려면 음악 그것에로 갈 것이 아니라 음악이 지칭하는 아이디어, 정서, 태도, 사건 등으로 가야 한다고 믿는 자가 관련주의자이다. 앞에서 언급된 아이디어, 정서, 태도, 사건 등은 인간의 일상 생활 속에서 찾아지는 것이니까 음악밖에 있는 어떤 것들인 것이다. 그러니까 관련주의자들은 음악의 역할을 음악 외적인 성격을 띤 어떤 것을 이해・상기・경험하게 하는 수단으로 보는 사람들인 것이다.

(라) 관련주의자들이 인정하는 예술의 가치는 작품 속에 내포된 미(美), 외적인 메시지, 즉 선(善)의 메시지인 것이다. 예술의 가치는 어떤 목적을 위한 훌륭한 수단이 될 때 생긴다는 것이다. 이 어떤 목적이란 미적 목적이 아니라 비미적 목적이라는 것이다. 더 좋은 시민, 더 좋은 일꾼, 더 좋은 인간 등을 되게 하는 것이 목적이고, 예술은 그 목적을 달성하는 수단이고 예술 작품의 우열은 그 목적 달성에의 성공도로 가능하다는 것이다.

(마) 절대주의자들은 관련주의자들과 그 입장을 달리한다. 앞에서 이미 언급했듯이 절대주의자들은 음악의 가치와 의미를 음악 밖에서가 아니라 음악 안에서 발견하려고 한다. 예술의 의미와 가치는 그 예술 이외의 인간 경험에서 생기는 가치와 의미와는 그 뜻이 다른 어떤 의미와 가치라고 믿는 쪽이 절대주의자들이다. 그 중에서도 이것을 강력하게 믿는 자가 절대 형식주의자들이다. 미적 사건의 의미는, 즉 음악에서의 소리 현상이라는 이름의 소리 사건의 의미는 소리 바로 그것이라고 믿는 사람이 절대 형식주의자들이다. 예술은 형식의 앎, 그것 이외의 목적은 없는, 다시 말해서 형식의 앎 그것을 위해서 존재한다는 것이다.

① (가)는 도입 단락이다.
② (나)~(라)는 (가)의 전개이다.
③ (라)는 (다)의 부연 설명이다.
④ (마)는 전체의 결론이다.
⑤ (나)・(마)와 (다)・(라)는 대조의 방법에 의해 설명되고 있다.

01 ④

02 다음 글을 한 편의 글로 볼 때, (가)~(마)의 관계에 대한 설명으로 적절한 것은?

(가) 문학을 이해하는 방법을 크게 나누면 다음 두 가지를 들 수 있다. 그 하나는 연속성(連續性)의 입장이며, 다른 하나는 비연속성(非連續性)의 입장이다. 이 경우 연속성(continuum)이란 사회와의 연속이란 뜻이며, 마찬가지로 비연속성(discontinuum)이란 사회와의 비연속, 즉 단절을 뜻한다.

(나) 사회와의 연속성이란 무엇을 뜻하는 것인가? 한마디로 그것은 작품을 평가할 때 그 가치 기준이 일상 사회 생활 속의 그것임을 뜻한다. 바꿔 말하면, 일상 사회 생활 속에서 통용되는 가치 기준을 가지고 문학 내지 예술 작품을 평가하는 태도인 것이다. 사회의 가치 평가 기준이 문학 작품과 연속되어 있음을 말하는 것이다. 대부분의 사람들은 이러한 입장에서 작품을 읽는 것이다. 따라서, 이 태도가 가장 보편적인 것에 속한다.

(다) 작품은 하나의 창조된 예술이기 때문에 그 자체의 구조와 질서를 가진다는 견해도 있을 수가 있다. 이 견해에 따른다면 아무리 작품이 부도덕하더라도 그 작품 속의 법칙에 따르는 것이기 때문에 사회 속의 평가 기준으로 작품을 평가해서는 안 된다는 뜻이 포함되어진다. 작품을 평가하는 기준은 작품 자체 속의 평가 기준으로 해야 한다는 관점이 성립될 수 있다.

(라) 연속성의 입장은 일종의 아마추어이며 비연속성의 입장이 보다 더 전문적이라고 멋대로 단정할 수 없을 뿐만 아니라 어떤 경우에 정반대일 수도 있는 것이다. 요컨대, 어느 입장으로 보든지 문제는 얼마나 깊게, 철저하게, 심각하게 보느냐에 달려 있을 따름이다.

(마) 연속성이란, 평가 기준이 일상 사회 속의 그것과 작품의 그것이 동일하다는 입장이다. 그러니까 문학을 하나의 독자적인 존재로 인정하지 않는 태도이다. 즉, 문학의 독자성(獨自性) 혹은 자율성(自律性)을 인정하지 않게 된다. 따라서, 문학은 사회의 한 종속물인 것으로 이해된다. 이와 반대로 문학의 평가 기준이 사회 속에 있지 않고 작품 자체 속에 있다고 한다면, 그것은 문학의 독자성, 즉 자율성을 인정하는 결과에 이르게 된다.

① (나)는 (가)의 상술 과정이다.
② (다)는 (나)와 대등한 관계이다.
③ (라)는 (가)의 상술 과정이다.
④ (라)는 (나)·(다)의 부연이다.
⑤ (마)는 (라)의 상술이다.

02_ 글의 중심 내용을 먼저 파악하고, 각 단락이 어떤 기능을 하는지를 판단한다.

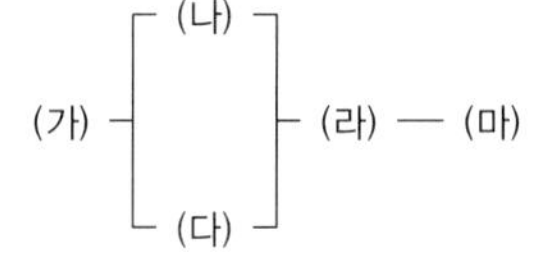

(마)는 (라)의 내용을 재차 강조하여 상술한 단락이다.

02 ⑤

03_ 필자는 (가)에서 문제의 배경을 설명하고 (나)에서 문제를 제기하고 있다. (다)~(마)는 해결책을 제시하기 위한 논증 과정인데, (다)에서 문제 해결을 위한 일반론을 전제하고, (라)에서 원인을 분석한 후, (마)에서 해결책을 제안하고 있다.

03 논지 전개상 각 단락의 성격으로 바르지 않은 것은?

(가) 농산물 유통 및 가격 안정법 시행을 둘러싸고 일어났던 작년의 대파란은 정부의 응급 조치로 일단 진정되었다. 그렇지 않아도 물가 불안의 주범이 농수산물인 양 보도되고 있는 판에 불행 중 다행이라 하겠다. 개방 체제하에서 우리 나라 농어업의 경쟁력을 높이고 소비자의 경제 후생을 향상시키는 것이야말로 지금 우리가 당면한 국민적 과제다. 그리고 이를 위해 우선적으로 개혁해야 할 곳이 바로 전근대적 모순투성이인 농수산물 유통 구조, 특히 도매 시장이다.

(나) 고질병을 치유하려면 근본부터 수술을 해야 한다. 때문에 이번 농안법 파동을 계기로 도매 시장에 관한 관리 제도와 운용을 근본적으로 개혁해야 할 것이다. 일부 정치권과 언론에서는 이번에 시행 보류된 개정 농안법이야 나무랄 데 없는 이상적인 법인데 중매인들의 집단 이기주의 때문에 정부가 마치 '항복'이라도 한 것처럼 비치고 있으나, 이는 시장 생태와 현 제도의 문제점이 제대로 알려지지 않고 있음을 극명하게 말해 주는 것이다.

(다) 어떤 개혁이든 실현되려면 필요 조건과 함께 충분 조건도 마련되어야 한다. 생산자와 소비자 이익을 위하여는 중간 유통 마진을 줄여야 하며, 그렇게 하려면 중매인의 도매 행위를 금지하고 단순한 중대 역할만 허용하는 것도 한 가지 수단이 될 수 있다. 그렇게 하기 위하여는 산지에서 집하되어 상장(上場) 경매된 농수축산물을 도소매하는 도매, 소매 체제가 우선 정비되어 있어야 한다. 그런데 우리 현실은 어떠한가.

(라) 도매 시장도 공영과 유사 도매 시장으로 양분되어 있으며 농산물의 등급화, 규격화, 표준화도 제대로 안 되어 있을 뿐만 아니라, 소매상도 영세하여 주문 거래도 투명 공정하게 정착되어 있지 않다. 중간 마진이 큰 첫째 원인은 사실 부류별 시장에 너무 많은 지정 도매인이 있고, 옥상옥으로 관리 공사까지 설치되어 있기 때문이다.

(마) 냉엄한 무한 경쟁 시대에서 우리가 선진 농어업을 재창조하려면 유통의 부분적인 개선이 아니라 '재창조'가 절실히 필요하다. 우선 유사 도매 시장을 정리하여 모두가 기득권에 집착하지 말고 도매시장 관리 체계의 과감한 효율화 개혁에 나서야 한다. 또 중매인의 수를 점차 줄여 법인화, 도매상화시켜야 하며, 경매가 아니라도 공정한 가격 형성이 신속히 행해질 수 있는 거래 방식을 개발해야 한다. 그러기 위해서는 그 종합 대책을 정부, 유통업계, 생산자 그리고 학계가 협력하여 하루 빨리 세워야 한다. 이것만이 이번 파동을 교훈 삼아 농수축산물의 유통을 개혁하는 길이기 때문이다.

① (가) - 문제의 배경 설명
② (나) - 문제의 제기
③ (다) - 문제 상황의 구체적 예시
④ (라) - 문제의 원인 분석
⑤ (마) - 해결책 제시

03 ③

제16강 함축적 의미의 추리

1단계 유형학습

02

1. 단어의 뜻

단어의 뜻에는 사전에 풀이되어 있는 기본 의미인 개념적 의미와 문장 속 에서 실제로 쓰이는 뜻인 문맥적 의미, 그리고 사람들의 느낌과 연상을 불러일으키는 함축적 의미 등 세 가지가 있다. 다음의 예문을 보자.

예문 1

날씨가 추워지면 이슬 대신 서리가 내린다.

예문 2

인간의 목숨이란 풀잎 끝의 이슬이다.

예문 3

영희의 눈망울에는 이슬이 맺혀 있다.

예문 ①의 '이슬'은 사전 속의 일차적 의미인 기본 의미(공기가 식어서 노점(露點) 이하로 내려갈 때 수증기가 작은 물방울이 되어 물체의 표면에 부착한 것)로 쓰였고, 예문 ②와 예문 ③의 문맥 의미는 각각 '잠깐 있다가 사라지는 것'과 '눈물'이다.
또한, 예문 ①의 '이슬'은 드러난 뜻밖의 다른 속뜻이나 느낌을 품지 않으나, 예문 ②의 '이슬'은 '허무감', '무상감(無常感)'을, 예문 ③의 '이슬'은 '맑고 애잔한 슬픔'을 각각 느끼게 한다.
이때 예문 ①의 물리적인 이슬, 예문 ②의 비유적인 이슬, ③의 눈물인 이슬로서 드러난 뜻을 개념적 의미라 하고, 예문 ②와 ③의 허무감이나 슬픔의 느낌 및 연상의 내용을 함축적 의미라 한다.
사실을 밝히거나 이치를 따져 주장을 내세우는 글(논술 포함)에는 개념적 의미가 중요하고, 정서와 상상을 바탕으로 하여 쓰는 문학적인 글에서는 함축적 의미가 중요하다. 그러나 이것은 절대적인 기준은 아니다.

2단계 배경지식 '함축적 의미의 추리'을 풀기 위한 스키마 학습

1. 유형설명

어휘는 문맥속에서 지시적 의미에 덧붙어 연상되는 개인적이고 정서적인 의미를 지니게 되는데 이를 함축적 의미라 한다. 따라서 어휘의 사전적 위미가 아닌 숨겨진 함축적 의미를 파악하는 것은 글을 올바로 이해하고 감상하는 지름길이 된다. (국가직/지방직 9급 시험을 준비하는 수험생들에게도 문학 작품에 대한 기본적인 이해는 필요하다. 교재에 제시된 내용을 바탕으로 비문학처럼 출제되는 문학 제재에 대한 독해 준비가 필요하다.)

2. 학습초점

» 문맥의 전후 상황을 살핀다.

» 예를 들어, 시인은 여러 시어들을 함축적이고 비유적이며 상징적으로 사용함으로써 어떤 시적 진실을 드러내고자 하는데, 이러한 함축적 의미를 파악하기 위해서는 다음과 같은 점을 파악한다.

① '무엇을 노래한 시어(시구)인가'를 파악한다.

② '어떤 느낌을 주는 시어인가'를 파악한다.

③ '서정적 자아(시적 화자)는 어떤 사람인가'에 관심을 두는 것이 좋다.

3. 학습내용 – 함축적 의미의 추리

(1) 작품 속의 상황

① 사람들이 영화나 소설을 중간부터 보기 시작했을 때 내용을 알지 못하고 한동안 어리둥절하게 되는 것과 마찬가지로, 작품 속의 상황을 알아야 우리는 시를 제대로 이해할 수 있다. 대체로 서정시에서는 문제적 상황만을 짤막하게 제시하는 정도에서 그치는 것이 보통이지만, 이 문제적 상황을 제대로 파악해야 시를 올바르게 감상할 수 있다.

② 문제적 상황이란 서정적 자아가 작품을 통하여 의미 있다고 부각시켜 놓은 삶의 상황을 가리킨다. 작품 속의 상황을 파악하기 위해서는 작품 속에 특이한 말이나 어려워 보이는 구절이 있더라도 이것이 무슨 뜻일까 하고 처음부터 억지로 캐어 보려는 생각을 갖지 말고, 시에 나오는 말들을 그대로 받아들여 작품의 분위기와 흐름을 익히는 태도가 필요하다. 다음으로 서정적 자아는 지금 어떤 위치, 어떤 처지에 있는가를 알아본다. 이것을 모르면 서정적 자아의 말을 정확하게 이해하기 어렵게 된다.

(2) 시어의 함축적 의미

일상의 언어와 시의 언어는 뚜렷이 구별되어 사용되는 것은 아니지만, 시의 언어는 시 작품의 내부 구조를 통해서 지시적 의미와는 다른 새로운 의미를 이루어 낸다. 이를 함축적 의미(내포적 의미)라고 한다. 예를 들어, '검다'라는 말은 보통의 언어에서는 '하얗다'와 대조되는 색깔을 가리키지만, 시에서는 '죽음, 절망, 고통, 죄악, 무지' 등과 같은 의미로 사용된다. 시어의 함축적 의미를 파악하기 위해서는 작품 속의 상황, 즉 무엇이 어떻게 표현되고 있는가를 알아야 한다. 그런 다음 자유로운 연상 작용을 통하여 그 시의 상황에 가장 적합한 함축적 의미를 결정한다.

3단계 유사문제 '함축적 의미의 추리' 해결능력을 배양하기 위한 심화학습

01 다음 글에 나타난 글쓴이의 생각을 함축적으로 드러내 주는 것은?

그 무엇보다 중요한 것은 바로 사고 방식을 지배하는 한국적인 것이다. 이 사고 방식의 동일성을 나는 의식구조란 말로 나타내 왔다. 우리 일상의 주변에서 일어나고 있는 만사가 한국적이라는 동일성에 지배받지 않는 것이 하나도 없다. 우리 한국 사람의 존재 이유요, 존재 가치이며, 존재 증명인 이 한국적인 것이야말로 날로 좁아지는 국제화 사회에서 떳떳이 살 수 있는 밑천이요, 국제 사회 발전에 기여할 우리만이 가진 소중한 재산이다. 이 한국적인 것을 보다 많이 지니고 나갔을 때 국제 사회에서 우러름 받고 환대 받으며 살 수 있는 것이다.

① 세계는 넓고 할 일은 많다.
② 사람과 땅은 둘이 아닌 하나이다.
③ 가장 한국적인 것이 가장 세계적인 것이다.
④ 타국 땅을 밟아 봐야 제 나라 소중한 줄을 안다.
⑤ 제 나라를 사랑하는 자는 인류를 미워할 수 없다.

01_ ③은 한 나라의 주체적이고 독자적인 문화가 궁극적으로는 세계 발전에 이바지한다는 뜻을 담은 말이다. 한국적인 것이 국제 사회의 발전에 기여할 수 있다고 한 글의 논지를 대변하는 말이다.

02 밑줄 친 글에 내포된 의미를 가장 바르게 설명한 것은?

노주인(老主人)의 장벽(腸壁)에
무시(無時)로 인동(忍冬) 삼긴 물이 나린다.

자작나무 덩그럭 불이
도로 피여 붉고,

구석에 그늘 지여
무가 순돋아 파릇하고,

흙냄새 훈훈히 김도 사리다가
바깥 풍설(風雪)소리에 잠착하다.
산중(山中)에 책력(冊曆)도 없이
<u>삼동(三冬)이 하이얗다</u>.

— 정지용, '인동차(忍冬茶)'

① 고독(孤獨)의 정서(情緖)
② 비애(悲哀)와 탄식(歎息)
③ 고난(苦難)과 시련(試鍊)
④ 절망(絶望)적 고뇌(苦惱)
⑤ 탈속(脫俗)의 경지(境地)

02_ '책략도 없이'를 통해 초시간성을 드러내고 '하이얗다'를 통해 순수함을 드러냄으로서 세속에 때묻지 않은 탈속의 경지가 드러나 있다.

01 ③ 02 ⑤

The콕 제17강 현실에 대한 인식과 대응

1단계 유형학습

Q. 다음 글을 읽고 밑줄 친 내용과 유사한 현실 인식의 태도를 보여 주고 있는 것은?

임꺽정은 16세기 중엽 명종 때에 활동한 인물로 홍길동, 장길산과 더불어 조선시대 3대 의적이라 불린다. 의적이라 함은 단순한 무법자와는 달리 민중에게 칭송을 받고, 지지를 받고, 원조를 받는 영웅 내지 투사를 말한다. 이들은 민중의 염원, 희망의 대상이 되어 당대의 죽음과는 관계없이 불사설(不死說)로 전설이 될 만한 인물이다.

임꺽정은 양주 백정 출신으로서 지혜가 있고 용감하며 날쌨다. 조선시대의 백정은 도살업, 육류 판매업, 갖바치 등을 하여 살아가는 사람들로서 신분적으로 노비는 아니었으나 그 하는 일이 천하다고 하여 천대를 받았다. 임꺽정 부대의 주력은 가난에 쪼들린 자, 침탈을 견디지 못한 자, 죄가 두렵고 부역을 피하기 위한 자, 위협이 두려워 무리에 합류한 자들이다. 이들은 몰락 농민, 도망 노비, 백정, 장인(匠人), 역자(驛子) 등 당시 사회에서 각종 천대와 수탈을 받는 최하층 민들이었다. 이밖에 각종 기밀을 제공해 준 아전과 약탈한 물건을 내다 판 상인들이 합세했는데, 이들은 임꺽정 부대의 보조 세력이었다.

이들이 도적 활동을 하게 된 원인은 먼저 잇따른 흉년과 기근이다. 도적 활동은 사회적 불평들이 심화되고 경제적 위기가 닥쳐오는 시기에 만연한다. 자연 재해로 인한 기근과 흉작은 농민의 생활 상태를 악화시키고 도적 활동을 부추긴다.

<u>다음은 과중한 세금 부담이다. 나라에 바치는 각종 공물이 너무 많아 백성들이 감당할 수가 없었으며, 군역과 관련된 폐단이 심했다. 당시 황해도는 서울의 번상과, 도내 방비 외에도 국방 경비까지 담당해야 했다. 고을 수령의 침탈 역시 농민의 생활을 궁핍하게 했다. 재상들은 벼슬을 팔고, 벼슬을 산 수령들은 자신의 배와 그 재상들의 탐욕을 채우기 위해 백성의 고혈을 다 짜냈다</u>

임꺽정은 관군과의 3년에 걸치는 전투 끝에 생포되어 1562년초에 최후를 마쳤다. 이런 임꺽정 부대의 활동은 봉건 국가의 권위에 정면으로 도전한 것이었다. 이들은 관리들을 서슴없이 살해하였으며, 재상·관료·양반 등 봉건 지배층을 적으로 삼았다. 이 때문에 봉건 정부는 이들을 단지 물자를 약탈하는 도적이 아니라 국가 기틀을 뒤흔드는 반적(反賊)으로 여겨, 많은 반대와 희생을 무릅쓰고 군사를 동원하여 처벌하지 않을 수 없었다. 이로 인해 지배층 내부에서조차 나라가 망할지도 모른다는 위기감에 싸였으며, 이는 지배 체제의 위기와 함께 개혁의 필요성을 예고하고 있었다.

① 얼레빗으로 빗고 나서 참빗으로 빗으니
얽힌 머리털에서 이가 빠져 나오네.
어찌해야 천만 자의 큰 빗을 구해서
만백성의 이들을 쓸어 버리 수 있을까. – 유몽인

② 비 개인 긴 둑에 풀빛이 진한데
남포에 임 보내니 노랫가락 구슬퍼라.
대동강 물은 어느 때나 마를 건가?
해마다 이별의 눈물만 푸른 물결에 더하거니. – 정지상

③ 새 짐승도 슬피 울고 강산도 찡그리네.
무궁화 온 세상이 이젠 망해 버렸어라.
가을 등불 아래 책 덮고 지난 날 생각하니,
인간 세상에 글 아는 사람 노릇하기 어렵기만 하구나. – 황현

④ 국화(菊花)야, 너는 어이 삼월 동풍(三月東風) 다 보내고,
낙목한천(落木寒天)에 네 홀로 피었느냐.
아마도 오상고절(傲霜孤節)은 너뿐인가 하노라. – 이정보

⑤ 청산리(靑山裏) 벽계수(碧溪水)야 수이 감을 자랑 마라.
일도(一到) 창해(滄海)하면 돌아오기 어려우니,
명월(明月)이 만공산(滿空山)하니 쉬어 간들 어떠리. – 황진이

해결 과정

밑줄 친 글의 내용은 각종 공물과 고을 수령의 침탈로 인해 농민이 궁핍한 생활을 하게 되었다는 내용이다. 이와 같은 현실 인식이 드러난 시는 ①이라 볼 수 있다. '만백성의 이'라는 것은 비참한 농민을 더욱 궁핍하게 만드는 조세와 부역, 탐관 오리 전부라 볼 수 있다.

✓ 정답 ①

2단계 배경지식 ‘현실에 대한 인식과 대응’을 풀기 위한 스키마 학습

1. 유형설명

작품에서 작자를 대신하여 말하는 사람을 서정적 자아, 혹은 시적 화자라고 한다. 서정적 자아는 작품 내에 들어 있는 경우도 있고, 작품 밖에 위치하는 경우도 있다. 그러나 서정적 자아가 어디에 위치하건, 서정적 자아는 작자의 정서나 사상을 전달하므로, 작품의 주제를 파악하기 위해서는 서정적 자아의 심리나 태도 혹은 현실에 대한 인식과 대응방식을 정확히 알아야 한다.

2. 학습초점

» 서정적 자아의 현실(서정적 자아가 처해 있는 상황)이 부정적인지 또는 긍정적인지를 파악하고, 현실에 대해서 어떤 태도를 취하는지를 알아야 한다. 현실을 긍정적으로 수용하고 있는지, 벗어나려는 의지를 갖고 있는지 등의 태도를 파악해야 한다.

3. 학습내용

(1) 인생과 세계에 대한 작가의 태도

수필은 허구(虛構)가 아니라 작가가 일상 생활의 주변에서 직접 체험하고 생각한 바를 솔직 담백하게 진술한 산문 문학이다. 그러므로 수필에는 인생과 세계에 대한 작가 특유의 생각이 담겨 있게 마련이며, 이는 수필의 주제 의식과 밀접히 연관된다.

다 가 버리고 혼자 남았다고 생각될 때가 있다. 어떤 어려운 일을 해 보자고 모인 친구들이 그 목적한 일이 너무 힘들어서 도중에 변심하여 물러가 버린다. 하나하나 떨어져 나가 버린 뒤에 혼자 남는 자기를 발견할 때의 서글픔과 호젓함을 생각해 본다.

세상이 어지러울 때, 우리들만은 이 어지러운 세상에서라도 바르고 깨끗하게 살아야 한다던 결백한 친구들이 하나하나 변심하여 누추한 자리로 들어가서 육신의 안락을 누린다. 혼자 남았구나…하고 느낄 때의 고독감.

성스러워야 할 직업에 종사하면서 돈에 팔려 그 직업을 더럽히는 친구들이 늘어가고, 끝에 가서는 성직을 고수하려는 사람이 도리어 바보나 어리석은 인간으로 손가락질을 받은 일이 있다. 주위를 둘러보아도 모두가 변해 있을 때의 고독감.

나 하나만이 뜻을 꺾지 않고 버티어 본들 무슨 소용이 있을 것인가 하는 절망감이 사무쳐 온다. 혼자 남았다는 것을 느꼈을 때의 외로움이, 버티어 나가던 우리의 마음을 약하게 만들어 준다.

그러나 다시 생각해 본다. 외롭다는 것은 무엇인가.

소수라는 것은 다수에 비해서 약세라는 일반적인 생각에 사로잡힐 필요가 있을까. 우리는 어떤 가치를 수나 양으로만 계산해서는 안 될 것이다.

> 가령, 나 하나가 남고 많은 사람이 떨어져 갔다면, 그 많은 사람과 나는 지금 대등한 위치에 서 있는 것이다. 천의 저편과 하나의 이편은, 곧 나 하나야말로 천과 맞서서 겨루는 용사(勇士)요, 위대한 임무를 해 내고 있는 사람이란 것을 생각하게 해 준다. 악전고투(惡戰苦鬪)가 닥쳐오겠지마는 얼마나 영광스런 외로움인지 모른다. 끝까지 처음의 뜻을 꺾지 않고 지켜 온 양심이나 정의를 내던지지 않고 싸우다가 죽는다면, 이 또한 보람있는 일이 아닐까 하는 것이다.
> 세상이나를 버린다고 불평할 것도 없다. 세상이나를 몰라준다고 원망할 것도 없다. 나는 백이나 천이나 만에 대항해서 살아가는 사람이라 생각한다면 외로움은 오히려 나 자신이 백이나 천이나 만보다 굳세고 강한 것이라 자부(自負)할 수도 있지 않을까. 그러한 나의 고독은 영광스럽기 그지없는 것이다.
>
> – 원수, '영광스런 고독'

작가는 인생과 세상에 대한 투철한 성찰과 사색을 통해 그에 대한 작가 고유의 시각을 드러낸다. 그런데 이를 드러내는 방식은 특별한 소재를 통한 형태가 있는가 하면, 이 글과 같이 작가 자신의 생각을 직접 드러내는 유형도 있다. 따라서, 수필에 드러난 작가의 인생관이나 세계관을 파악하기 위해서는 먼저 글 속에 들어 있는 작가의 핵심적인 생각을 사실적으로 이해해야 한다.

이 글에서 작가는 세상을 바르게 살아가려고 하는 사람이 끝까지 그 높고 깨끗한 마음을 굽히지 않는다는 것이 얼마나 귀중한 것인가를 말하고 있다. 뜻을 같이한 동지들이 변절해 떠나고, 돈에 팔려 편안함을 찾아 가 버린 자리에 혼자 남은 외로움을 '영광스런 고독'으로 표현하여, 작가 자신의 삶에 대한 태도를 단적으로 드러내고 있는 것이다.

(2) 화자의 태도 추리

모든 글 속에는 작가의 기본 입장이나 태도가 반영되어 있게 마련이다. 그런데 같은 대상에 대해 쓴 글이라도 작가의 관점과 태도에 따라 그 내용이 달라질 수 있다. 문학 작품에서 태도란 일반적으로 서정적 자아나 서사적 자아가 문학적 현실이나 독자, 상대방에 대해 지니고 있는 생각, 감정 등을 의미한다. 문학 작품 속의 화자는 작가가 말하고자 하는 주제 의식을 대변해 주는 존재이므로, 문학 작품의 주제를 분명히 파악하기 위해서는 화자가 지니고 있는 태도를 분명히 파악하는 것이 필요하다.

일반적으로 화자가 지니고 있는 태도는 등장 인물이 지니고 있는 인생관이나 세계관을 통해 드러나게 된다. 그러므로 문학 작품을 올바르게 파악하려면 화자가 현실이나 외부 세계에 대해 어떻게 대응하고 있는지, 작품 속에 등장하고 있는 다른 인물에 대해 어떤 관점을 취하고 있는지 등을 살펴보면 된다.

고전 문학에서 태도를 추리하는 문제는 현대 문학과 마찬가지로 운문과 산문에서 두루 출제될 수 있으므로, 작품을 읽어나갈 때 화자의 말과 행동 속에 담긴 의미와 특성 등에 특히 유의해야 한다. 또한, 고전 문학 속에는 선인들의 전통적인 가치관이 내재되어 있으므로 그러한 것들에 대한 배경 지식을 미리 갖추는 것도 필요하다.

흐느끼며 바라보매
이슬 밝힌 달이
흰 구름 따라 떠간 언저리에
기랑(耆郎)의 모습이올시 수풀이여.
일오(逸烏)내 자갈 벌에서
낭(郎)이 지니시던
마음의 갓을 좇고 있노라.
아아, 잣나무 가지가 높아
눈이라도 덮지 못할 고깔이여.

— 충담사, '찬기파랑가'(김완진 해독)

이 노래는 기파랑이라는 인물이 평소에 지녔던 고고한 인품을 직접적으로 언급하지 않고, 자연물인 달과의 문답을 통해 은연중에 드러내고 있다. 즉, 물 속의 달과 시내, 잣가지 등을 통해 기파랑이 지닌 인품을 제시하고 있다. 달은 고전 시가에서 주로 광명과 염원을 상징하듯 여기에서도 달을 통하여 기파랑의 고매한 자태를 그리고 있다. 그리고 시내는 기파랑이 지니고 있는 맑고 청정한 인품을 상징하는 것으로 볼 수 있고, 잣나무는 고결한 인품을 상징하며, 곧게 뻗은 가지는 강직한 성품을 나타낸다.
여기서 작중 화자는 기파랑이 지닌 '마음의 가장자리'만이라도 따르고 싶어한다. 그래서 화자는 마지막 구절에서 기파랑을 더할 수 없는 고매한 인격의 소유자로, 눈조차 덮지 못하는 잣나무 가지로 형상화하여 그 인품을 예찬하고, 그를 흠모하는 추모의 태도를 드러내고 있다.

The콕 제18강 개요 작성

1단계 유형학습

Q. 다음은 순서 없이 나열된 내용을 '서론 – 본론 – 결론'의 삼단 구성으로 배열하려고 한다. 가장 잘 정리한 것은?

(가) 서양인의 문명은 자연을 정복의 대상으로 봄으로써 과학과 부와 편리한 생활을 얻었다.
(나) 서양인의 문명이 감각의 문명인 반면, 동양인의 문명은 초감각의 문명이다.
(다) 동양인은 물질의 혜택을 잃은 대신, 넓고 깊은 정신의 세계를 얻었다.
(라) 두 문명의 질적인 차이는 두 문명에 각각 상반되는 득과 실을 가져왔다.
(마) 서양인은 벼랑에 부딪힌 자기네 문명의 돌파구를 동양인의 정신 세계에서 찾고 있다.
(바) 감각의 세계는 유한하고 초감각의 세계는 무한하다.

① 서론 – (가), (다), 본론 – (나), (라), 결론 – (마), (바)
② 서론 – (가), (다), 본론 – (마), (바), 결론 – (나), (라)
③ 서론 – (나), (라), 본론 – (가), (다), 결론 – (바), (마)
④ 서론 – (라), (나), 본론 – (다), (가), 결론 – (마), (바)
⑤ 서론 – (바), (라), 본론 – (가), (다), 결론 – (나), (마)

해결 과정

① (나), (라)는 전제적 진술이고, (가), (다)는 전제의 구체화, (바), (마)는 결론을 맺고 있다. ✓ 정답 ③

2단계 배경지식 '개요 작성'을 풀기 위한 스키마 학습

1. 유형설명

이 유형은 글을 균형 있게 쓸 수 있는가를 평가하는 문제다. 즉 주제가 설정되고 자료가 선정되면 그 자료들을 어떻게 엮느냐의 문제가 남게 되는데 이를 개요 짜기라 한다. 소재를 어떻게 배열하고 어떤 방향으로 글을 이끌어 갈 것인가를 결정하는 것이다.

2. 학습초점

» 서론에 담겨야 될 내용의 성격을 이해한다.
» 본론과 결론의 내용의 성격을 이해한다.
» 개요의 각 항목에는 하나의 생각이나 주장을 넣는다.
» 같은 내용의 중복을 피한다.
» 일정한 균형미를 갖추도록 설계한다.

3. 학습내용

글짓기에 있어서 주제를 설정하고 알맞은 제재를 선택한 다음에는 설계도에 해당되는 개요(槪要)를 작성하여야 한다.

(1) 3단 구성의 내용

① **서론**: 문제 제시(주제 설정)
㉠ 화제에 독자의 주의를 끌게 한다.
㉡ 글 쓴 동기와 의도를 밝힌다.
㉢ 흥미를 느낀 독자로 하여금 자신이 제기한 문제에 이끌리게 한다.
㉣ 문제의 현황을 알린다.

② **본론**: 문제 해결의 방안 제시(주제의 전개)
㉠ 사실을 제시하고 그 사실에 대한 자신의 견해를 진술한다.
㉡ 자신의 견해의 정당성을 논거를 제시하여 입증한다.
㉢ 자신의 견해를 뒷받침해 줄 사실이나 예화를 덧붙인다.
㉣ 자신의 견해와 다른 견해나 주장을 열거하고, 자신과 다름에 대해 논증한다.
㉤ 해결 방안을 구체화하고 그 유효성을 실증한다.

③ **결론**: 주제를 요약한다.
㉠ 본론을 요약하고 정리한다.
㉡ 독자의 결심을 촉구하고, 행동으로 유도한다.
㉢ 새로운 과제를 제시한다.
㉣ 앞으로의 전망을 비친다.

(2) 5단 구성의 전개

5단 구성의 전개는 대체로 다음과 같이 나눈다.

① **주의 환기**: 독자의 관심을 끌 수 있는 화제를 제시한다.
② **과제 제기**: 앞의 화제와 연결시켜 과제를 제기한 다음, 전개 순서를 알린다.
③ **과제 해명**: 과제에 대한 자신의 주장을 제시하여 '논의(論議)'를 전개한다.
④ **해명의 구체화**: 보편 타당성 있는 논거를 풍부하고 다양하게 제시하여 자기 주장이 옳음을 증명한다.
⑤ **결론**: 본론을 요약, 정리한다. 독자의 결심이나 행동의 촉구, 문제 해결의 전망 등을 덧붙이기도 한다. (3단 구성에서는 ①, ②가 서론, ③, ④가 본론에 해당한다.) 그러나 실제로 논술을 작성할 때 이 방식이 절대적인 것은 아니다. 가령, '청소년 범죄'라는 화제로 글을 쓴다면 위 항목대로 하지 않고 다음과 같이 개요를 작성할 수 있다.

> 서론: ① 청소년 범죄의 급증 현상
> ② 글의 전개 순서 제시
> 본론: ③ 범죄 증가의 원인
> ④ 대책
> 결론: ⑤ 본론 요약, 기성 세대의 각성과 관심 촉구

다시 말하면, 의미 단락을 다섯으로 하는 것이 글 전체의 구성에서 바람직하다는 의미이지, 반드시 ①~⑤의 항목대로 해야 한다는 뜻은 아니다.

개요를 작성할 때는 가능한 한 상세하게 하는 것이 좋다. 그래야 집필할 때 좀 더 쉽게 쓸 수 있다. 가령, 앞에서 들었던 '청소년 범죄'의 경우를 다시 작성해 보자.

서론 : ① 요즘 들어 청소년 범죄가 급증하고 있다.
(통계자료, 또는 탈선 행동의 예)
② 그 원인을 분석하고 그에 따른 대책을 제시하고자 한다.
본론 : ③ 원인
㉠ 입시 위주의 교육으로 인간성이 황폐화되고 있다.
(지나친 경쟁 심리, 가치관의 실종, 성적 불량에 대한 문제아 취급)
㉡ 기성 세대의 타락이 청소년에게 파급되고 있다.
(성 개방 풍조, 저질 문화의 범람, 한탕주의)
④ 대책
㉠ 인성 교육으로서의 교육 개혁이 시급하다.
㉡ 사회 정화가 선행되어야 한다.
결론 : ⑤ 청소년에 대한 기성 세대의 각성과 관심을 촉구한다.

앞에 예로 든 것과 비교할 때 이와 같이 개요를 작성하면, 글쓰기가 매우 쉬워진다. 또한 중간에 다른 길로 화제가 벗어날 위험성도 없다.

(3) 개요 짜기의 요령

그러면 개요는 어떻게 짜는가?

우선 위에서 든 5단 구성 항목, 즉 '① 주의 환기 → ② 과제 제기 → ③ 과제 해명 → ④ 해명의 구체화 → ⑤ 결론'이 가장 일반적이다. 이 중에서 ①, ②는 어떤 논제라 할지라도 서론의 내용과 마찬가지이므로 반드시 기억해 두어야 한다. 그러나 ③, ④는 논제의 성격에 따라 얼마든지 다른 항목으로 바뀔 수 있다.

특히 사회 문제(환경 오염, 범죄, 문화의 저질화, 남녀 평등, 노인 문제 등등)의 경우, ㉠ 현상(또는 실태) → ㉡ 문제점(영향) → ㉢ 해결의 중요성 → ㉣ 원인 분석 → ㉤ 해결 방안 등의 큰 항목을 설정하는 것이 바람직하다. 이들 중 ㉠, ㉡, ㉢은 대체로 서론의 '주의 환기'에 대응된다. 또 어떤 제재에 대한 장단점을 쓰는 경우 '○○의 장점', '○○의 단점' 등의 항목이 본론에 설정될 수밖에 없다.

그러므로 개요를 짤 때에는 무엇보다도 논제와 문제에 주어진 조건을 정밀하게 분석할 필요가 있다. 그 분석에 따라 우선 개요의 큰 항목을 설정한 다음 좀 더 작은 세부 항목들을 짜도록 해야 한다.

3단계 유사문제 '개요 작성' 해결능력을 배양하기 위한 심화학습

01_ '1-(가)'와 '1-(나)'는 각각 하나의 갈등을 나타내고, 동시에 이들은 대등한 자격을 가지고 있다. 그런데 공통점이 있으면서 대등한 항은 '유형(類型)'이므로, 1은 '갈등의 유형'으로 묶일 수 있다. 그리고 '2-(가), 2-(나), 2-(다)'는 각각 갈등을 일으키 원인에 해당하므로, 2의 소제목은 '갈등의 원인'이다.

01 **'세대차의 극복'을 주제로 글을 쓰려고 개요를 작성하였다. 본론의 1.과 2.에 들어갈 소제목(小題目)으로 가장 적절한 것은?**

> 제목: 세대차
> 서론: 오늘날 기성 세대와 젊은 세대간에 갈등이 있음.
> 본론: 1. (   )
> (가) 사회 문제나 정치 문제에 대한 의견이 대립함.
> (나) 자식이 지향하는 삶과 부모의 기대 사이에 갈등이 있음
> 2. (   )
> (가) 경험의 차이가 존재함.
> (나) 세대간의 대화가 부족함
> (다) 시범자(示範者)로서 부모들의 역할 수행이 미흡함.
> 결론: 갈등의 해결 방안
> 기성 세대가 젊은 세대를 자신들과 대등하게 인간적 대우를 해 주고, 두 세대가 서로의 입장을 이해하도록 노력해야 함.

① 1. 갈등의 유형 — 2. 갈등의 원인
② 1. 갈등의 방향 — 2. 갈등의 인식 태도
③ 1. 갈등의 양상 — 2. 갈등의 사회적 배경
④ 1. 갈등의 내용 — 2. 갈등의 양상
⑤ 1. 갈등의 요소 — 2. 갈등의 특성

02_ 본론에서 어린이 과보호의 배경과 그로 인한 문제점을 가정, 사회 차원에서 드러내고 있으므로 이를 바탕으로 그 대응 방향을 찾도록 한다.

02 **어린이 과보호를 문제삼아 글을 쓰고자 한다. 다음 개요의 [   ] 안에 들어가기에 적절한 내용은?**

> Ⅰ. 서론
> • 어린이 과보호의 문제점
> Ⅱ. 본론
> 문제의 배경
> ㉠ 핵가족화 현상으로 인한 가족 우선주의
> ㉡ 자녀에 대한 소유 의식
> 문제점의 규명
> ㉠ 가정 차원의 문제점
> • 아이의 경우 — 자기 중심적이고 비자주적인 태도 형성
> • 부모의 경우 — 자녀에 대한 기대가 충족되지 않는 데서 오는 배신감과 소외감

01 ①

ⓛ 사회 차원의 문제점
- 공동체 의식의 이완
- 시민 의식의 파괴

Ⅲ. 결론

[ ]

① 과보호 규제를 위한 사회적, 법적 장치의 필요성
② 과보호 피해를 줄이기 위한 여성 교육의 강화 방안 촉구
③ 과보호에 대한 인식 전환과 건전한 가족 문화 형성의 필요성
④ 과보호 문제의 교육적 해결을 위한 학교 사회의 대응 방안 모색
⑤ 유치원 교육의 개편을 통한 시민 도덕 규범의 일상적 실천 촉구

03 **다음과 같은 글의 개요에서, 제목과 결론에 들어갈 내용으로 가장 적절한 것은?**

제목 : (㉠)
서론 : 최근 성적을 비관하여 자살하는 학생이 늘어가고 있는 등 성적병의 만연이 심각한 사회 문제로 등장하고 있다.
본론 : 1. 성직병의 민연은 인지적 지능(I.Q)을 강조하는 우리의 왜곡된 교육 현실에 그 원인이 있다.
2. 우리 인생의 목표는 결국 행복하게 사는 것이다.
3. 행복하게 사는 재주인 정서적 지능(E.Q)에 대한 논의가 활발해지고 있다.
4. 정서적 지능이 높은 사람들은 낙천적이며 어려움이 닥쳐도 기가 죽지 않고 모험심과 자신감을 가지고 있다.
결론 : (㉡)

① ㉠: 정서적 지능과 인지적 지능
㉡: 인지적 지능보다는 정서적 지능이 더욱 중요하게 다루어져야 한다.
② ㉠: 성적병과 교육 제도의 문제점
㉡: 인성 교육을 강화하여 경쟁 논리가 지배하는 교육 현실을 개선해야 한다.
③ ㉠: 교육 현실과 개인의 삶
㉡: 공동체적 심성을 함양할 수 있는 교육이 곧 개인의 행복한 삶을 위한 교육이 될 수 있다.
④ ㉠: 정서적 지능과 행복한 삶
㉡: 아이들이 행복하게 살 수 있도록 정서적 지능을 함양할 수 있는 교육을 실시해야 한다.
⑤ ㉠: 성적병과 사회적 현실의 관계
㉡: 성적병은 잘못된 사회 현실에 그 원인이 있으므로 성적병을 치유하기 위해서는 우리 사회의 구조적 문제를 해결해야 한다.

03_ 서론에서 성적병의 만연을 화제로 제시한 것은 우리의 교육 현실이 사회 분위기에 편승하여 인지적 지능을 강조하는 성적 위주로 흐르고 있음을 지적하여 이에 대한 대처 방안으로 정서적 지능이 중요하게 작용해야 함을 말하기 위한 것이다. 따라서 결론에서는 정서적 지능을 함양하기 위한 교육의 역할에 대한 내용이 언급되어야 한다. 제목은 본론과 결론의 내용을 적절히 포괄할 수 있으면 된다.

02 ③ 03 ④

The콕 제19강 논리적 전제 파악

1단계 유형학습

Q. 다음 글 중에서 밑줄 친 글의 전제로 가장 적당한 것은?

(가) 한 민족의 전통은 고유(固有)한 것이다.
그러나 고유하다, 고유하지 않다 하는 것도 상대적인 개념이다. 어느 민족의 어느 사상(事象)도 완전히 동일한 것이 없다는 점에서는 모두가 다 고유하다고 할 수 있다. 한 종교가 사상(思想)이나 정치 제도나 다른 하나에 도입된다 하더라도, 꼭 동일한 양상으로 발전되는 법은 없으며, 문화, 예술은 물론이고 과학 기술조차도 완전히 동일한 발전을 한다고는 볼 수 없다.

(나) 이런 점에서는, 조상으로부터 물려받은 모든 유산(遺産)이 다 고유하다고 할 수 있다. 그러나 또 한편, 한 민족이 창조하고 계승한 문화나 관습이나 물건이 완전히 고유하여, 다른 민족의 문화 내지 전통과 유사점을 전연 찾을 수 없고, 상호의 영향이 전혀 없는 그런 독특한 것은, 극히 원시시대의 몇몇 관습 외에는 없다고 할 것이다.

(다) 불교, 유교, 도교, 기독교, 이슬람교 등의 세계 종교는 각기 그것을 창시한 민족들의 고유한 전통을 형성하는 밑바탕이 되었지만, 이들 각 종교도 그 기원으로 거슬러 올라가 보거나 당대 및 후대에서의 상호 연관을 고찰해 본다면, 외래 요소 및 유사성을 많이 내포하고 있음을 볼 수 있다.

(라) 그러니 이처럼 모호하고 상대적인 개념인 고유성이라는 것을 가지고 하나의 전제로 삼는다는 것은 심히 불안정한 일이며, 결국 주관(主觀)이 많이 배재될 우려가 있다. 그러나 전통이라는 관념에는 원래 주관적인 면을 완전히 배제할 수 없을 뿐 아니라, 어떤 경우에는 주관적인 의식에 크게 의거하는 면이 있다.

(마) 후손들이 어떤 것을 자기네의 조상들로부터의 고유한 전통이라고 믿게 될 때, 그것은 전통으로서의 작용을 하게 된다. 자기들만이 조상 대대로 지녀 왔고, 자기네만의 것이라는 주관적인 의식이, 만일 다른 민족과의 비교 연구에서 결코 독특하고 고유한 것이 아니라는 것이 밝혀져서 민족의 대다수에게 알려진다면, 그것은 전통으로서의 작용력(作用力)을 잃게 될 수도 있다. 그러나 다른 민족의 유사한 현상과 비교해 보더라도, 시작의 시기나 발달의 정도 등에 있어서 독자적인 것이 의식된다면 그것은 전통으로서 의식되는 것이다.

① 상대적인 개념이어야 한다.
② 주관적인 의식에 전적으로 의거한다.
③ 객관적으로도 인정되어야 한다.
④ 독자성을 바탕으로 한다.
⑤ 절대적인 의미가 있어야 한다.

해결 과정

필자는 '전통의 고유성'의 전제를 두 가지 제시하고 있다. 즉 후손들에게 주관적으로 자신들의 고유한 전통이라고 믿어지고, 다른 나라와 비교해 보더라도 객관적으로 상대성이 인정될 때, 전통이 되는 것이다. ✓ 정답 ②

2단계 배경지식 '논리적 전제 파악'을 풀기 위한 스키마 학습

1. 유형설명

이 유형은 논리적 전제를 파악하는 문제이다. 전제는 주장을 이끌어내기 위한 근거나 배경이 되는 내용들이다. 주장이 무엇이고 그 주장이 어떤 근거나 내용을 바탕으로 하고 있는가를 파악하는 능력을 측정하는 것이다.

2. 학습초점

» '전제'란 용어를 정확히 파악한다.
» 전제와 결론, 근거와 주장의 관계를 이해한다.

3. 학습내용

글에 제시된 여러 가지 정보를 토대로 글에 나타난 행위나 사고, 판단 등의 근거가 되는 전제 조건을 찾아내는 문형이다. 전제를 바탕으로 결론을 추론하기 마련이다. 다음의 예문에서 <전제>와 <결론>의 예들을 살펴보자.

(1) 전제와 결론

논리적인 글이란 우선 우리의 심리적인 면이나 감성적인 면을 아름다운 단어들을 골라서 표현한 문학적인 글과 대칭 된다. 그러나 이러한 정의가 논리적인 글에 대해 정의했다고 볼 수는 없다. 우선 논리적인 글에는 논자의 주장인 논증이 있어야 하며 그 논증은 '전제'와 '결론'이라는 구조를 가지고 있어야 한다. 여기서 '결론'이란 논증으로 해서 도출되는 명제를 말하며, 이때 결론을 받아들이는 근거 내지 이유로 제시된 다른 명제를 전제라고 한다.

예 ┌ 저녁 노을이 몹시 붉다.(전제)
└ 따라서 내일은 날씨가 맑을 것이다.(결론)

그러므로 명제 하나만이 동떨어져 있어서는 전제나 결론일 수는 없다. 명제가 하나의 전제로서의 자격을 갖추기 위해서는 논증에서 하나의 가정으로 나타났을 때에만 가능한 것이다.

그러나 위의 예에서처럼 모든 논증들이 전제가 먼저 나오고 결론이 뒤에 오는 '전제+결론'의 구조로 짜여져 있는 것만은 아니다.

예 ┌ (나라고) 어찌 과오가 없겠느냐.(결론)
└ 나도 사람이다.(전제)

그리고 이러한 논증의 결론을 이끌어 내는 데 쓰이는 전형적인 말과 전형적인 구절들이 있다. 이러한 결론지시구들 중 제일 많이 사용되는 것으로는, '그러므로, 따라서, 결과적으로, 그러니까' 등이 있다.

예 ┌ 저녁 노을이 몹시 붉다.(전제)
└ 따라서 내일은 날씨가 맑을 것이다.(결론)

예 ┌ 그러나 그들은 인간이란 사회 속에서 살기를 원한다.(전제)
└ 그러므로 자신의 개인적인 이익의 일부를 공공의 이익을 위해서 포기해야만 한다.(결론)

전제를 나타내는 전제지시구들로서는 '왜냐하면, …라는 이유에서' 등이 있다.

예 ┌ 내일은 날씨가 맑을 것이다.(결론)
└ (왜냐하면) 저녁 노을이 붉다.(붉으므로)(전제)

예 ┌ (그러므로) '자유로운 종교 활동'이라는 문제를 이 사건의 경우에 끌어들이는 것은 쓸데없는 일이다.(결론)
└ (왜냐하면) 어느 누구도 종교적인 수업을 받도록 강요당하지 않는다(않기 때문이다).(전제)

이를 다시 표준적인 순서로 배열을 해 보면, 다음과 같다.

예 ┌ 어느 누구도 종교적인 수업을 받도록 강요당하지 않는다.(전제)
└ (그러므로) '자유로운 종교활동'이라는 문제를 이 사건의 경우에 끌어들이는 것은 쓸데없는 일이다.(결론)

연습문제1 **다음 글에서 전제와 결론을 찾아보아라.**

"행복이란 마음의 평정에 있고 지속적인 마음의 평정은 장래에 대한 우리의 확신에 달려 있으며 그 확신은 신과 인간에 대한 우리의 과학에 근거하고 있으므로 과학은 참된 행복을 얻는 데 필수적이다."

연습문제2 **다음 글 속에서 전제 지시구인 '왜냐하면', '...이라는'과, 결론 지시구인 '그러므로', '따라서', '결과적으로', '그러니까' 중 맞는 것을 넣어서 각각 전제와 결론을 찾아보아라.**

"민주주의하에서는 가난한 자들이 부자보다 더 많은 권력을 가지고 있다. 그것은, 가난한 자들의 숫자가 더 많은데 다수의 의지가 우선이기 때문이다."

연습문제1

(전제) 행복이란 마음의 평정에 있고(있다.)
(전제) 마음의 평정은 장래에 대한 우리의 확신에 달려 있으며(있다.)
(전제) 그 확신은 신과 인간에 대한 우리의 과학에 근거하고 있으므로(한다.)
(결론) (그러므로) 과학은 참된 행복을 얻는 데 필수적이다.

연습문제2

(결론) (따라서) 민주주의하에서는 가난한 자들이 부자보다 더 많은 권력을 가지고 있다.
(전제) (왜냐하면) 그것은 가난한 자들의 숫자가 더 많은데 다수의 의지가 우선이기 때문이다.

(2) 분석의 실제 ①

예문

① 이렇게 독력(獨力)으로 개척(開拓)하여 나가는 데는 무엇보다도 필요하고 비교적 쉽사리 입수할 수 있는 재료가 서적(書籍)이다. ② 서적은 어떠한 종류를 막론하고, 그 저자가 적거나 많거나 간에 자기의 체험(體驗)과 상상력(想像力) 또는 추리력(推理力)을 근거(根據)로 하고 토대로 삼아서 저작하였기 때문에, ③ 그들의 무한한 노고(勞苦)와 오랜 세월의 연마를 거쳐서 이루어진 것이다.
④ 이러한 노작의 결정체인 서적을 읽는다면, 저자의 장구한 기간의 체험이나 연구를 독자는 극히 짧은 시일에 섭취(攝取)하여 자기 것으로 만들 수 있게 된다. ⑤ 그뿐 아니라, 서적에서 얻은 지식이나 암시(暗示)에 의하여, 그 저자보다 한 걸음 더 나아가는 새로운 지식을 터득하게 되는 일이 많다. ⑥ 그렇기 때문에 서적은 어두운 거리에 등불이 되는 것이며(暗衢明燭), 험한 나루에 훌륭한 배가된다(迷津寶筏)고 일러 왔다.

① 이렇게 독력으로 개척하여 나가는 데는 무엇보다도 필요하고 비교적 쉽사리 입수할 수 있는 재료가 서적이다.(결론)

② 서적은 어떠한 종류를 막론하고, 그 저자가 적거나 많거나 간에 자기의 체험과 상상력 또는 추리력을 근거로 하고 토대로 삼아서 저작한다.(전제 : ③에 대한)

③ 그렇기 때문에, 그들의 무한한 노고와 오랜 세월의 연마를 거쳐서 이루어진 것이다.(결론 : ②에 대한)

④ 이러한 노작의 결정체인 서적을 읽는다면, 저자의 장구한 기간의 체험이나 연구를 독자는 극히 짧은 시일에 섭취하여 자기 것으로 만들 수 있게 된다.(전제 : ⑥에 대한)

⑤ 그뿐 아니라, 서적에서 얻은 지식이나 암시에 의하여, 그 저자보다 한 걸음 더 나아가는 새로운 지식을 터득하게 되는 일이 많다.(전제 : ⑥에 대한)

⑥ 그렇기 때문에 서적은 어두운 거리에 등불이 되는 것이며, 험한 나루에 훌륭한 배가된다고 일러 왔다.(결론 : ④, ⑤에 대한)

TIP 논리적 관계의 분석
①의 문장은 결론임을 쉽게 알 수 있다.
②와 ③의 문장은 전제와 결론의 관계이다.(논증)
④, ⑤, ⑥에서 ⑥의 문장은 ④, ⑤의 전제를 근거로 하여 도출된 결론이다. (논증)

(3) 분석의 실제 ②

예문

① 말이 살고 죽으며 변하는 일체는 사회적 자연 현상이다. ② 그러므로 말에 함부로 손을 댈 수 없음은 당연한 일이다. ③ 그러함에도 우리는 말에 손을 대야 한다. ④ 그 이유는, 말을 단순히 '되어진 것'으로만 생각할 수 없고, '무엇을 이루어 내는 힘을 가진 것'으로 생각하기 때문이다. ⑤ 독일의 언어 철학자 훔볼트는 앞엣것을 '에르곤'이라 하고, 뒤엣 것을 '에네르게이아'라 한다. ⑥ 그리고 그는, 말은 에르곤이 아니고 에네르게이아라고 역설한다.

① 말이 살고 죽으며 변하는 일체는 사회적 자연 현상이다.(전제: ②에 대한)

② 그러므로 말에 함부로 손을 댈 수 없음은 당연한 일이다.(결론: ①에 대한)

③ 그러함에도 우리는 말에 손을 대야 한다.(결론: ④에 대한)

④ 그 이유는, 말을 단순히 '되어진 것'으로만 생각할 수 없고, '무엇을 이루어 내는 힘을 가진 것'으로 생각하기 때문이다.(전제: ③에 대한)

⑤ 독일의 언어 철학자 훔볼트는 앞엣것을 '에르곤(ergom)'이라 하고, 뒤엣 것을 '에네르게이아(emergeia)'라고 한다.(전제: ⑥에 대한)

TIP 논리적 관계의 분석

명제 ①, ②의 이해를 돕기 위해 다시 정리해 보자.

① 말이 살고 죽으며 변하는 일체(의 모든 것)는 사회적(인) 현상이다. (전제)
(또는, 사회적인 현상으로 말은 살고, 죽으며 변한다.)

② 그러므로 말에 함부로 손을 댈 수 없음은 당연한 일이다. (결론)
명제 ③, ④도 다시 정리해 보자.

④ 말을 단순히 '되어진 것'으로만 생각할 수 없고, '무엇을 이루어 내는 힘을 가진 것'이라고 생각한다.
(하기 때문이다.) (전제)

때문에, ③. 우리는 말에 손을 대야 한다. (결론)

여기서 한 가지 설명하고 넘어가자. 명제 ④의 '때문이다'와 같은 전제 지시구와 같은 문구가 그 문장의 끝에 올 때에는 다음 문장의 맨 앞에 온 것과 같이 보아도 좋다. 그러므로 '때문이다'가 정확히 전제를 나타냈다면 다음 명제는 틀림없는 결론이다. 이러한 예는 모든 지시구에도 해당된다. 예를 들어, '사랑하였으므로 행복하였노라.'에서 '으므로'는 '그러므로'가 '사랑하였다'라는 동사를 만나 연결형 어미가 된 것이다. 따라서 다음과 같이 정리할 수 있다.

(나는) 사랑하였다. (전제)

그러므로 (나는) 행복하였다.(행복하였노라.)(결론)

TIP 논리학 용어풀이

- 정의: 개념에 속하는 가장 가까운 종류를 들어 그것이 체계 중에 차지하는 위치를 밝히는 일.
  예 '사람은 이성적인 동물이다.'
- 타당성: 어떤 판단이 인식가치를 가짐을 일컫는 말. 어떤 판단이 곧 진실한 경우에 그 판단을 타당성이 있다고 함.
- 근거: 어떤 의견에 근본이 되는 까닭. 이유.
- 가설: 어떤 사실의 원인을 설명하거나 어떤 이론 체계를 연역하기 위하여 가정적으로 설정한 가정(假定).
- 가언명제: 어떤 가정 아래에서 결론을 주장하는 명제, 가언적 판단.
  예 만약 예술의 대상들이 표현적인 것들이라면 그것들은 언어이다. 와 같이 단정적인 주장이 아니고 가정적인 주장인 것을 말하며, 이는 귀납논증의 결론들이 대체로 이에 속한다.
- 반론: 남의 논설이나 비난에 대해 반박하는 논설.
- 정언명제: '새가 난다', '개가 짖는다'와 같이 정언적 판단을 표시하고 형식상 주어와 술어와의 일치나 불일치를 아무런 가정조건 없이 무제약적으로 입언하는 명제.
  예 모든 인간은 동물이다. 와 같이 단정적인 주장을 말하며 모든 연역논법의 결론들이 이에 해당한다.
- 전제: 추리할 때, 결론의 근거가 되는 명제.
  예 a. 어떤 사람은 자기는 늘 불행하다고 자탄한다. (결론)
  b. 이것은 자신이 행복함을 깨닫지 못하기 때문이다. (전제)
- 결론: 추리에 있어서 이미 알고 있는 지식 또는 가정(假定)된 지식을 전제로 하여 그로부터 도출한 판단, 귀결
  예 a. 사람에게는 거처하는 방이 무엇보다 소중하다.(결론)
  b. 조용하고 아늑한 방에서 거처하면 마음도 한결 즐겁고 꿈도 화려해진다.
- 명제: 논리적인 판단을 언어나 기호로 표현한 것, 예를 들면 'A는 B이다'와 같은 것
- 추리: 이미 알고 있는 지식의 판단으로부터 새로운 판단을 도출하는 사고 작용.(추리 = 결론)

- 논증 : 주어진 판단의 확실성 또는 개연성을 정하여야 할 근거를 제시함.
- 논거 : 논증에서 '참'과 '거짓'을 확정할 판단, 곧 제제(提題)의 근거로서 전제가 될 명제.
- 부연 : 덧붙여 알기 쉽게 자세히 설명을 늘어놓음.
- 오류 : 이치에 어긋난 인식.
- 논점 : 논의의 문제가 되는 곳.
- 논지 : 논의의 취지.
- 개념 : 낱낱의 사물로부터 공통의 성질이나 일반적 성질을 추출하여 된 표상. 판단의 결과로 얻어지는 것인데 그 판단을 성립시키는 것.

3단계 유사문제

'논리적 전제 파악' 해결능력을 배양하기 위한 심화학습

01 다음 글 중의 밑줄 친 전제가 되는 진술이라 할 수 있는 것은?

> 과거 한국 경제의 고도 성장기간 동안 줄곧 문제가 된 것은 성장과 분배를 병행하느냐 아니면 성장을 먼저 하고 분배를 뒤로 돌리느냐 하는 것이었다. 그리고 정책 당국이 수긍하든 하지 않든 결과적으로는 선성장(先成長)·후분배(後分配)의 쪽을 택하는 셈이 되었다.
>
> 일반적으로 실질 국민 소득이 크게 증가하는 고도 성장기간 동안에는 분배 문제의 해결은 비교적 쉽다고 할 수 있다. 왜냐하면 많고 적은 차이는 있지만 모든 성원의 소득을 동시에 증가시킬 수 있기 때문이다. 그러나 이 경우에 있어서조차도 사회 정의에 합치하도록, 즉 대부분의 사회 구성원이 명시적 또는 암묵적으로 용인하는 규칙에 따라 분배가 이루어져야지, 만일 그렇지 않을 때는 그 분배는 사회적 불만과 불안의 요소로 작용할 수 있다는 것을 우리는 보아 왔다.
>
> 그러나 실질 소득이 증가하지 않는 기간 동안에 분배 문제의 해결은 더욱 어려워진다. 우리는 조만간 실질 국민 후생의 총체적 증가가 없는 사회에 돌입하게 될 것이다. 물론 앞으로 상당기간 동안 숫자로 표시되는 일인당 GNP는 계속 증가할 수 있을 것이다. 그러나 공해 및 공해 방지를 위한 투자, 자연 환경의 파괴 등으로 말미암아 국민 후생의 총체적 증가는 점점 기대하기 어려워질 것이다. 이것은 게임 이론의 용어를 빌리면 '이득의 합이 제로인 사회(zero-sum society)'가 된다는 말이다. 이런 사회에서는 어떤 정책 결정이 일부 계층에 유리하게 내려지면, 그 결정으로 말미암아 불이익을 보게 되는 계층이 반드시 존재하게 마련이라는 것이다.
>
> <u>'이득의 합이 양인 사회(positive-sum society)'에서는 이해 관계의 대립이 존재하나 그것이 첨예화되지 않고, 모두에게 유리한 타협안이 나올 수 있다</u>. 그러나 '이득의 합이 제로인 사회'에서는 이해 관계의 대립은 첨예화되기 쉽다. 왜냐하면 모두를 만족시킬 수 있는 타협안은 존재하지 않기 때문이다.

① 고도 성장기간에는 많든 적든 모든 성원의 소득을 동시에 증가시킬 수 있기 때문에
② 불공평한 분배는 사회적 불만이 요소가 되기 때문에
③ 조만간 숫자상의 GNP는 계속 증가할 것이기 때문에
④ 국민 후생의 총체적 증가는 점점 기대하기 어려울 것이기 때문에
⑤ 사회 구성원 전체를 만족시키는 분배 정책은 원래 불가능하기 때문에

01_ '이득의 합이 양인 사회'에서는 국민 후생의 총체적 증가가 가능하므로 구성원 사이의 이해 갈등도 줄어들 것이다.

01 ①

02_ "소크라테스는 자기의 생각을 감추기보다는 죽음을 택했다."라는 결론이 나오려면 '생각의 표현'과 '죽음'의 관계에서 ②와 같은 전제가 있어야 한다. 그리하여 전체의 추론을 다시 써 본다면, "언론의 자유는 죽음보다는 중요하다. 그런데 소크라테스는 언론의 자유가 죽음보다 중요하다고 생각했다. 그러므로 소크라테스는 자기의 생각을 감추기보다는 죽음을 택했다."가 된다.

02 다음 글 중에서 밑줄 친 글의 직접적인 전제로서 가장 알맞은 것은?

갑: 너는 "생각은 자유이다."라는 말에 대해서 어떻게 생각하니?

을: 그거야, 다른 사람들에게 피해를 주지만 않는다면 자기가 어떤 생각을 하건 괜찮다는 의미가 아니겠어? 그런데 그건 왜 물어 보니?

갑: 응, 사고의 자유와 언론의 자유와의 관계를 알아보려고 말야.

을: 그건 쉬운 문제가 아니잖아. 너는 어떻게 생각하는데 그러니?

갑: 만약에 어떤 사람이 자기의 생각을 남에게 전달하는 것이 허용되지 않는다면 개인적인 사고의 자유도 별로 가치가 없는 것 아니겠니?

을: 물론, 그렇겠지. 생각하는 사람 자신도 불만일 테고, 심지어 고통스럽기조차 하겠지.

갑: 자신뿐만 아니라 다른 사람들에게 다소라도 영향을 주는 생각을 감추기란 매우 어렵잖아. 만약 어떤 사람이 자기 주변 사람들이 옳다고 믿는 사상이나 관습에 여러 가지 문제가 있다는 것을 타당한 이유를 들어 제시하려고 할 경우, 그는 어떻게 해야 하겠니? 침묵으로써 자신의 생각을 표현하는 경우도 있겠지만 보통의 경우 그것은 어려운 일이 아니겠니?

을: 그건 그래, 더욱 좋은 대안이 있고 자신의 논증이 옳다고 확신한다면, 당연히 자신의 의견을 개진해야겠지.

갑: 그래서 하는 말인데, 다른 사람들로 하여금 무엇이 옳은 것인가를 생각하게 하고 그들이 갖고 있는 단순한 믿음의 환상에서 벗어나게 하기 위해서라도 표현의 자유 즉, 언론의 자유가 보장되어야 하다고 생각하는 거야, <u>자기의 생각을 감추기보다는 차라리 소크라테스처럼 죽음을 택한 것도 바로 이런 이유 때문이 아닐까?</u>

을: 그야 그렇지만, 언론의 자유가 있다고 해서 개인의 사적 신상 문제를 함부로 언론에 공개할 수는 없는 일이잖아.

갑: 물론이지. 하지만 그것은 언론의 자유와 관계 있는 문제가 아니라, 개인의 권리 침해와 관련된 사항이 아닐까?

을: 그러니까, 네 말은 다른 사람들이 권리를 침해하지 않는 한 언론의 자유는 무조건 보장되어야 한다는 것이군.

① 소크라테스는 위대한 사상가이다.
② 언론의 자유는 생명보다 중요하다.
③ 언론의 자유는 개인의 사고를 고양시킨다.
④ 소크라테스는 생각의 자유가 중요하다는 것을 인식하고 있었다.
⑤ 소크라테스는 다른 사람들의 잘못된 믿음과 관습을 일깨워 주었다.

02 ②

03 다음 밑줄 친 글의 전제가 되고 있는 것은?

이렇게 되면, 개인과 사회의 관계는 어떻게 되는가? 어떤 때는 서로가 조화를 이루며 서로 협조할 수 있으나, 때에 따라서는 심한 대립과 반발을 일으키는 경우도 있다. 개인이 사회를 위하고, 사회가 개인을 위할 때에는 크게 문제가 되지 않는다. 그러나 개인이 사회를 거부하거나 사회가 개인을 부정할 때에는 갈등과 모순을 피하지 못하게 된다. 전체주의 사회에서 개인들이 자유를 찾아 투쟁했던 역사를 본다든지, 독재 국가에서 지성인들이 처해 있는 상황을 보면, 우리는 이러한 사실을 도저히 부정할 수가 없게 되다.

대체로 이러한 갈등과 불행은 두 가지 경우에 초래된다. 하나는, 전체로서의 사회가 개체로서의 개인의 자유와 가치를 억압했을 때이며, 또 다른 하나는, 개인들이 스스로 속해 있는 사회에 반항을 하며 대립을 일으켰을 때이다. 어떤 사람은 도덕적 인간과 비도덕적 사회라는 말을 상용했다. 그렇다면 도덕적인 사회와 비도덕적인 개인도 문제가 될 수가 있다. 그러나 현대는 사회를 중심으로 살고 있기 때문에 전자에 더 큰 어려움이 있는 경우가 많다.

또, 이러한 관계는 역사의 과정에 따라 다르게 나타날 수도 있다. 새로운 역사가 시작된 뒤, 당분간은 개인과 사회가 동질적인 내용을 위해 조화와 협력을 이룰 수 있다. 그러나 어느 정도 세월이 흐르게 되면, 사회는 반드시 현상을 유지하려는 보수적인 세력과 그에 항거하는 새로운 세력으로 나뉘게 된다. 이때, 새로운 이념과 방향을 추구하는 개인은 언제나 기성의 것에 대해 반발하게 마련이다. 그것은 정치, 경제, 문화 등 모든 면에서 나타나는 현상이다.

헤겔을 비롯한 변증론자들은, 이것을 사회와 역사에 있어서의 변증법이라고 설명했다. 하나의 현실은 반드시 둘로 대립되는 상반성을 내포하나, 결국은 보다 높은 차원의 현실로 지양(止揚)된다는 뜻이다. 역사의 변화와 발전의 법칙이 여기에 있다고 보았던 것이다. 이렇게 선의의 창조적 기여를 할 수 있는 사람들의 위치는 대단히 귀중한 것이다. 이렇듯, 개인과 사회의 문제는 항상 복합적인 것이지만, 우리가 진실로 바라는 것은, 사회는 언제나 개인을 위하며, 개인은 항상 사회를 위한다는 인도적(人道的) 관계인 것이다.

<u>개인의 존재와 가치를 무시하는 사회가 되어서도 안 되나, 사회적 가치와 의미에 개의치 않는 개인이 되어서도 안 된다</u>. 우리 모두는 내가 소속되어 있는 사회를 위해 창의적 기여를 해야 할 책임이 있다. 선의의 사랑과 위해줌을 결한 개인과 사회의 관계는 언제나 불행한 파탄(破綻)을 가져올 수 있다.

① 사람은 본질적으로 선하다.
② 사회는 하나의 유기체와 같다.
③ 사회의 구성원은 모두 평등하다.
④ 개인과 사회는 대등한 관계이다.
⑤ 사회보다는 개인의 이익이 우선이다.

03_ 밑줄 친 부분과 같은 진술은 양자의 관계가 대등하다는 전제 위에 성립한다.

02

03 ④

The콕 제20강 문장 및 단락의 순서 배열

1단계 유형학습

Q. 다음은 하나의 문단을 구성하는 문장들을 순서 없이 늘어놓은 것이다. 이 문단의 맨 마지막에 놓여야 할 문장은?

> ㉠ 권력은 인간의 행동을 강요할 수는 있어도 진심으로 복종시킬 수는 없다.
> ㉡ 그러나 권위는 인간을 진심으로 복종시킨다.
> ㉢ 하지만 권위는 오랜 세월 동안 내면에서 닦여진 진정한 힘을 가지고 있다.
> ㉣ 권력은 외형적으로 금방 드러나는 강제력을 가지고 있지만, 권위는 그것을 가지고 있지 못하다.
> ㉤ 권력과 권위는 분명히 다른 것이다.

① ㉠
② ㉡
③ ㉢
④ ㉣
⑤ ㉤

해결 과정

㉤이 이 문단의 첫 문장이 되어야 한다. 그렇다면 이 문단은 결국 ㉤-㉣-㉢-㉠-㉡의 순서로 문장이 전개되고 있음을 알 수 있다. 그런데 ㉤-㉠-㉡-㉢-㉣로 생각해 볼 수도 있지만 글 마지막 부분은 가장 포괄적이고도 필자의 생각을 단적으로 드러내주는 문장이어야 한다. 따라서 ㉣보다 ㉡이 끝으로 오는 것이 적절하다. ✓ 정답 ②

2단계 배경지식

'문장 및 단락의 순서 배열'을 풀기 위한 스키마 학습

1. 유형설명

한 편의 글은 필자의 생각을 드러내기 위해 논리적 관계에 따라 서술하기 마련이다. 이 형태는 궁극적으로 필자가 어떤 생각이나 주장을 펼치기 위해 어떤 순서로 문장이나 단락을 배치하는 것이 논리적인지를 묻는 형태이다.

2. 학습초점

» 내용의 유기적 관계를 파악하고, 접속어 및 지시어 등에 유의하여 글을 배치한다.
» 긴 글은 글의 내용 흐름을 파악하는 데 주력한다.
» 역접 및 순접의 관계를 고려한다.

3. 학습내용

(1) **단락의 전개**: 글은 일반적으로 '기(起)[서론]·서(敍)[본론]·결(結)[결론]'의 순서로 전개된다.

① **서론**: 문제 제기와 주제 설정
② **본론**: 제기된 문제에 의한 주제 전개
③ **결론**: 해명된 주제의 요약 정리
※ 논리적인 글의 구상은 대개 의사의 환자에 대한 치료법에 비유할 수 있다.
현상 지적(증세) ⇨ 원인 분석(진찰) ⇨ 이론 제시(치료법) ⇨ 해결 방안(처방)

⑵ **문장의 전개**: 문장과 문장 사이에는 일정한 순서와 질서가 있어야 한다.

예제 다음 문장을 이용하여 글쓰기를 하려고 할 때, ㉠~㉢의 순서를 가장 잘 배열한 것은?

서두: 대부분의 사람들은 기계가 감정을 느낄 수 없다고 생각한다.
본문: ㉠ 그리고 컴퓨터는 감정을 느낄 수 없기 때문에 절대로 인간의 지능을 가질 수 없다고 한다.
㉡ 그러나 실제 우리는 감정을 조절하는 두뇌 작용을 정보 처리 측면에서 어느 정도 이해할 수 있다.
㉢ 인공 지능 학자들조차도 컴퓨터가 감정을 갖게 하는 방법에 대해 회의적인 태도를 가지고 있다.
결미: 따라서 감정 조절 원리를 잘 응용하면 컴퓨터는 머지않아 감정까지도 가질 수 있을 것으로 예상된다.

① ㉠ – ㉡ – ㉢
② ㉠ – ㉢ – ㉡
③ ㉡ – ㉠ – ㉢
④ ㉡ – ㉢ – ㉠
⑤ ㉢ – ㉡ – ㉠

해설: 일단 서두와 관련된 내용과, 결말과 관련된 내용으로 분류한다.
• 컴퓨터는 감정을 가질 수 없다. → ㉠, ㉢
• 컴퓨터는 감정을 가질 수 있다. → ㉡

정답 ②

3단계 유사문제 '문장 및 단락의 순서 배열' 해결능력을 배양하기 위한 심화학습

01_ 글의 흐름이 논거의 제시에서 출발하고 있다는 점에 착안한다. (가): 연구 결과 예시. (나): (가)·(다)에 대한 종합적 언급. (다): 연구 결과 예시. (라): 우리의 교육적 현실. (마): 연구 결과 예시.

01 (가)~(마)를 문맥의 흐름에 맞게 가장 잘 배열한 것은?

(가) 1990년대 초에 세계 포럼과 국제 경영 개발 연구소가 선진국 23개국의 국제 경쟁력을 비교 조사하여 그 연구 결과를 발표한 적이 있다. 이 연구에 따르면 1988년 이후 선진국 가운데서 국제 경쟁력이 가장 뛰어나 계속 1위를 차지하고 있는 나라가 일본이라는 것이다. 이 연구가 우리의 관심을 끌었던 것은 일본의 그러한 국제 경쟁력이 활발한 국내 투자의 덕도 있겠지만 무엇보다도 일본 학교 교육의 우수성에서부터 나왔다는 점이다.

(나) 이들 주장을 종합하여 보면, 과학 기술이든 경제든 국가의 경쟁력은 학교 교육에서 길러지기 때문에 학교 교육이 국제 경쟁력을 잃으면 곧 국가의 전체적 경쟁력을 잃게 된다는 것이다.

(다) 또한 최근 미국의 마이켈 포터는 그의 '국가의 경쟁력 우위'라는 책에서 "미국 경제가 국제 경쟁력을 잃고 있는 원인은 일본이 시장을 개방하지 않기 때문이 아니라, 미국의 중등학교 교육이 산업 인력에 필요한 과학 기술의 기능 개발 교육에 실패했기 때문이다."라고 주장하고 있다.

(라) 이에 비하면 한국 고등학교의 학생들은 물리 분야의 경우 15위, 화학의 경우는 19위로서 미국 학생의 순위(물리 12위, 화학 14위)보다도 크게 뒤지고 있다. 더욱 놀라운 것은 한국 고등학교의 학생이 대학 입학 시험 준비를 위해 투입하고 있는 학습 시간은 일본보다 앞서고 있는데도 불구하고 기초 과학 학력이 뒤진다는 점이다. 이는 가볍게 보아 넘길 일이 아니다. 특히 IEA연구가 평가하려고 하였던 내용이 학생들의 과학적인 문제 해결력, 자료 해석 및 분석력 등 비교적 고등 정신 능력을 측정하는 데 주안점을 두었다는 것을 감안한다면, 우리 청소년들이 엄청난 시간을 대학 입시 준비에 쓰고 있지만 실상은 쓸데없는 데 시간을 낭비하고 있다는 이야기가 된다.

(마) 일본의 학교 교육이 국제적으로 뛰어나다는 증거는 여러 국제 비교 연구에서도 실증되고 있다. 네덜란드에 본부를 둔 국제 교육 평가협회(IEA)가 실시한 지난 제2차 과학 학력 국제 비교 연구에서 일본의 중·고등학교 학생의 학력은 비교국 가운데에서 상위권이었다. 예컨대, 중학교의 경우는 24개 비교 집단(22개국 참여) 가운데에서 2위였고, 고등학교의 경우 물리 분야의 학력은 19개 집단 중 4위, 화학은 5위로 상위권이었다.

① (가) - (다) - (나) - (마) - (라)
② (가) - (다) - (나) - (라) - (마)
③ (가) - (나) - (다) - (마) - (라)
④ (가) - (다) - (마) - (나) - (라)
⑤ (가) - (마) - (라) - (나) - (다)

01 ①

02 다음 글 (가)~(마)의 순서를 내용 전개에 따라 바르게 배열한 것은?

(가) 영화가 그 창작 과정에서 거쳐야 하는 이러한 공정은 그 표현 형식과 기교에서 연극과 다른 국면을 발전시켰을 뿐 아니라, 창작된 작품을 일반 대중에게 전달하는 능력에 있어서도 절대적인 우위를 차지하게 하였다. 영화는 거의 무제한으로 복사되는 릴리스 프린트를 만들 수 있고, 세계 여러 지역의 영화관에서 동시에 상영되므로, 연극으로서는 도저히 따를 수 없는 막대한 수의 관객을 동원할 수 있다.

(나) 카메라는 어떤 곳에서나, 배우의 연기와 필요한 모든 물상(物像)을 촬영한다. 정교한 성능을 가진 카메라는 모든 피사체를 여러 조각으로 분석하여 보여 주기도 하고, 육안(肉眼)으로는 볼 수 없는 움직임까지도 확대하여 보여 주기도 한다. 그러므로 영화는 무대로서의 공간과, 소재로서의 물상에 대하여 거의 제한이 없는, 선택의 자유를 가지고 있다고 하겠다.

(다) 영화가 지닌 이러한 동시성과 반복성의 성능은, 단시일 안에 영화를 대중 예술로서 발전시켰을 뿐 아니라, 영화로 하여금 강력한 전파력을 가진 매스 커뮤니케이션의 매개체로서, 우리 사회 생활에 없어서는 안 될 중대한 구실을 담당하게 하였다.

(라) 영화의 창작 과정에 있어서의 과학적인 조작은 촬영으로 끝나는 것이 아니라, 이와 병행하여 배우의 대사를 비롯한 필요한 모든 음향이 사운드 필름에 녹음되고, 그 뒤에 필름을 현상하고, 인화하여, 다시 이것을 합쳐서 편집하는 물리적, 화학적 공정이 남아 있다. 특히, 편집은 창작 과정의 최종 단계로서, 작품의 예술적 가치에 영향을 주는 중요한 작업이다.

(마) 이와 비교하면, 연극 예술은 너무도 순간적임을 면하지 못한다. 마치 밤하늘의 불꽃놀이처럼 아름답게 피었다가 스러지는 허무감마저 느꼈다. 무대에서 막이 내리는 순간에 연극은 끝나며, 다시 보고자 하되 볼 수 없고, 오직 뒤에 남은 것은 희곡과, 그것을 형상화한 연출과 연기와 무대 장치에 관한 예술적 감명뿐이다. 이러한 감동마저 시간의 흐름에 따라 희미해진다. 그렇다고, 같은 연극을 여러 번 재연한다고 해도, 거기에서 받는 감명이나 인상이 항상 동일할 리 없다. 그러므로 연극 공연은 순간적인 동시에 일시적이다.

① (가) - (나) - (라) - (다) - (마)
② (가) - (다) - (마) - (나) - (라)
③ (가) - (라) - (다) - (마) - (나)
④ (나) - (다) - (마) - (라) - (가)
⑤ (나) - (라) - (가) - (다) - (마)

02_ 크게 창작 과정과 전달 기능 면에서 영화가 지닌 독자성에 대해 설명하고 있다. 따라서, 이 두 가지 측면에서 내용의 단락을 먼저 분류해 본다.

02 ⑤

03_ 글의 첫 문장은 현황을 제시한 문장이므로 이를 바탕으로 ㉣과 같은 문제를 제기할 수가 있다. 이러한 문제 제기를 바탕으로 ㉠과 같은 '피상적 관찰'의 경우를 상정해 볼 수 있을 것이고, 이에 대한 반박으로 ㉢의 주장을 편 다음에 ㉡의 예로써 주장을 뒷받침해 줄 수 있을 것이다.

03 다음의 문장을 이용하여 '과학을 생활화하자.'라는 주제를 지닌 글의 서두 부분을 쓰려 할 때, ㉠~㉣의 순서를 가장 잘 배열한 것은?

> 과학이라고 하면 으레 어려운 것, 일반 국민과는 아무 상관도 없는 것으로 여기는 경향이 있다.
>
> ㉠ 얼른 짐작하건대 현대 과학이 수입되기 전의 우리의 생활은 완전히 비과학적이었을 것 같기도 하다.
> ㉡ 예컨대 간장을 담글 때 숯이나 고추를 띄워 놓는 것은 숯의 탈취성과 고추의 살균 작용을 이용한 것이었다.
> ㉢ 그러나 우리 선조들이 우리에게 남겨 준 교훈들을 돌이켜 생각해 볼 때 얼마나 많은 과학 지식이 실생활에 이용되고 있었는지를 알 수가 있다.
> ㉣ 그러면 우리의 생활, 특히 우리 선조들의 생활에서는 과연 과학이 전혀 쓰이지 않았던 것일까?
>
> 이처럼 우리 선조들은 일상 생활에서 과학적 지식을 이용해 왔음에도 불구하고 아직도 우리의 일상생활에는 비과학적인 요소가 너무나 많이 자리잡고 있다.

① ㉠ - ㉢ - ㉡ - ㉣
② ㉠ - ㉡ - ㉣ - ㉢
③ ㉢ - ㉠ - ㉣ - ㉡
④ ㉣ - ㉠ - ㉢ - ㉡
⑤ ㉣ - ㉢ - ㉡ - ㉠

The콕 제21강 논리 전개 방식

1단계 유형학습

Q. 다음 글의 논지 전개 방식에 대해 가장 잘 설명한 것은?

> 한국 사회에서 성별, 도시·농촌과 같은 지역, 그리고 사회 계층은 교육 기회 분배 구조의 형성에 크게 작용한다. 즉 남녀의 차이에 따라, 지역에 따라, 그리고 계층에 따라 교육 기회의 분배는 불평등하게 이루어져 있다. 그리고 이러한 불평등은 학력(學歷)뿐만 아니라 학력(學力)에서도 나타난다.
>
> 이러한 학생들의 인적 특성에 따른 교육 기회 분배 구조의 불평등성은 근로 소득을 중심으로 한 경제적 지위 획득의 불평등성과도 연결된다. 많은 연구 결과들은 낮은 수준의 교육 기회의 획득이 낮은 경제적 지위로 연결됨을 보여 주고 있다. 물론 이에 대한 논의도 그리 간단치는 않다. 즉 노동 시장의 어느 부분에 속하느냐, 어떠한 산업이냐에 따라 교육 기회 분배 구조가 경제적 지위 획득에 미치는 영향은 서로 다르다. 그런데 외형적으로 우리는 다음과 같은 결론에 도달할 수 있다.

03 ④

즉 한국 사회에서 성별, 지역, 그리고 사회 계층은 교육 기회 분배 구조의 불평등성 형성에 크게 영향을 미치며, 이는 경제적 지위 획득의 불평등성에도 크게 작용한다.

이러한 논의를 진행해 가면서 우리는 다음과 같은 중요한 물음을 한 번 더 짚고 넘어갈 필요가 있다. 만약 학교 교육에서의 평등한 기회의 접근이 이루어지고 있다면, 교육은 소득 분배의 평등화의 요인이 될 수 있는가?

사실 많은 연구자들은 경제적 지위나 소득의 분배는 교육과 상관없이 그가 속한 계층과 같은 개인의 배경에 따라 결정될 것이라고 주장한다. 이 주장은 실제로 상당히 공감이 가는 것이기도 하다. 그러나 불행하게도 이에 관한 구체적이고 실증적인 자료는 아직 없다. 여하튼 이러한 주장이 일리 있다고 생각하게 되면, 아마도 "교육은 자본주의 사회에서 소득 분배의 불평등을 정당화하는 하나의 도구일 뿐 결코 평등화의 도구가 될 수 없다."는 여러 사회 결정론자들의 주장은 상당한 설득력을 가질 수 있을 것이다.

그러나 이에 관해 우리는 이와는 다른 다양한 여러 관점들을 생각할 수 있다. 예를 들어 학교 교육은 어느 정도의 일치된 양식의 규범과 행동 양식을 가짐으로써 일정한 정도의 평등화의 역할을 한다고 볼 수 있다. 즉 부유한 계층의 자녀나 가난한 계층의 자녀나 학교에서는 모두 비슷한 방식으로 행동하게 되며, 이는 그들 사이의 간격을 좁히는 역할을 할 수 있다. 또한 학교 교육은 어느 정도 심리적 평등화의 요인이 될 수 있다. 비록 사회에 나와서 자신이 속한 계층의 차이가 있다 하더라도 가난한 계층에 속한 학생도 학교에서는 부유한 계층의 학생과 같은 것을 배우며 같은 개념과 일정 유형의 정보를 같이 사용하고 있다는 심리적 평등감을 가질 수 있다. 학교 교육이 옛날의 노예와 귀족이 가졌던 괴리감이 더 이상 존재하지 않게 하는 중요한 역할을 한 것은 어느 정도 사실이다. 또한 학교는 모든 학생을 학교 내에 일정 시간 잡아 둠으로써 부유한 계층이 그들의 경제력을 동원할 시간적 여유를 주지 않는다는 점에서 경제적 평등화의 역할을 어느 정도 수행한다고 볼 수도 있다. 예를 들어 배워야 할 일정한 주제만 주어져 있고 학교 제도가 없다면 부유한 계층은 자신의 입지를 최대한 이용하려 할 것이며, 사회적 선발 기능에서 그렇지 못한 계층의 학생에 비해 매우 유리한 위치를 차지하게 될 것이다.

뿐만 아니라 학교 교육과 그것을 기초한 선발 제도는 학생들에게 그것을 열심히 함으로써 선발을 통과하고 자신의 계층을 높일 수 있을 것이라는 심리적 유인으로 작용할 수 있다.

그리고 그러한 선발 과정을 일종의 경쟁으로 생각한다면 사회를 유지하는데 필요한 일정 유형의 정보 체계를 이러한 경쟁을 통해 갖추게 하는 데에는 이러한 학교 제도가 상당한 효율성을 지닌다고 할 수 있다.

이러한 측면에서 학교 교육의 평등화를 위해 노력하는 것은 매우 의미 있는 것일 수 있다. 그러나 여기서 무엇을 평등한 교육 기회에의 접근이라고 보느냐는 우리 사회가 결정해야 할 중요한 논의 사항이라 생각된다. 예를 들어 허용적 평등, 보장적 평등, 보상적 평등 등에서 무엇을 평등의 기준으로 볼 것인가와 같은 질문은 특히 교육 정책의 시행에 중요한 문제가 될 것이다.

그러면 과연 한국 사회에서의 평등한 교육 기회에의 접근과 소득 분배를 이해하기 위해 더욱 관심을 기울여야 할 연구의 과제는 무엇인가?

① 변증법적 방법을 통해 최선의 해결안을 모색해 나가고 있다.
② 기존의 견해들을 차례차례 반박한 후에 새로운 방안을 제시하고 있다.
③ 대립되는 두 개의 견해를 제시하고 그 중의 하나를 선택해 나가고 있다.
④ 예외적 상황, 반대되는 주장도 한편으로 인정함으로써 자신의 주장을 설득력 있게 펼치고 있다.
⑤ 유추를 이용함으로써 독자들이 글쓴이의 주장을 쉽게 이해할 수 있게 하고 있다

해결 과정

'물론 이에 대한 논의도 그리 간단치는 않다.', '사실 많은 연구자들은 경제적 지위나 소득의 분배는 교육과 상관없이 그가 속한 계층과 같은 개인의 배경에 따라 결정될 것이라고 주장한다.', '그러나 이에 관해 우리는 이와는 다른 다양한 여러 관점들을 생각할 수 있다.' 등에서 볼 수 있는 바와 같이 예외적 상황, 반대되는 주장도 인정하면서 자신의 논지를 강화해 나가고 있다.

정답 ④

2단계 배경지식

'논리 전개 방식'을 풀기 위한 스키마 학습

1. 유형설명

비판적 사고능력을 측정하는 것으로 글의 전개 방식을 파악하는 문제이다. 글의 내용을 파악하고, 필자가 생각을 펼치기 위해 어떤 형태의 진술 방식을 택하고 있는지를 파악해야 한다. 즉, 연역적, 귀납적, 유추, 변증법 등 다양한 논리 전개 방식을 알아야 한다.

2. 학습초점

» 연역적 전개 및 귀납적 전개 방식을 이해한다.
» 변증법적 전개를 이해한다.
» 주장과 근거, 사실과 의견을 파악한다.

3. 학습내용

(1) 논증

① 진리임이 이미 확증된 명제에 근거하여 어떤 명제가 진리라는 것을 증명하는 사고의 과정

※ 주장을 '무엇을'(논제), '무엇에 근거하여?'(근거), '어떻게 확증하는가'(논증 방식) 하는 문제

② 논증의 3요소: 논제, 논거, 논증 방식(추론)

③ 논증의 종류

㉠ 연역법: 논제가 특수한 경우의 판단이고 논거가 일반적인 원리인 논증

㉡ 귀납법: 논제가 일반적인 원리의 판단이고 논거가 특수한 경우의 논증

(2) 귀납 추리와 연역 추리

연역 추리는 결론이 전제들로부터 절대적인 필연성을 가지고 도출된다고 여겨지는 논증이다. 타당한 연역 논증에서 결론은 전제들로부터 필연적으로 귀결되기 때문에, 전제가 결론을 확립해 주는 결정적인 근거가 된다. 이에 반해, 귀납 추리는 결론이 전제들로부터 개연적으로 또는 확률적으로만 도출된다고 여겨지는 추론이다. 따라서, 귀납 추리에서는 전제가 결론을 결정적으로 확립해 주지는 못한다. 그러므로 전제와 결론의 일반성과 특수성에 근거하여 연역 추리와 귀납 추리를 구별하는 것은 올바르지 않다.

① 연역적 추리

㉠ 개념: 전제와 결론 간에 필연적인 관계가 있으며, 일반적인 원리의 전제를 이용하여 특수한 경우의 결론을 이끌어 내는 데 사용된다.

㉡ 종류(전제가 되는 판단<명제>의 종류에 따라 나뉨)

ⓐ 직접 추리: 어떤 한 전제로부터 새로운 한 결론을 직접적으로 끌어내는 방법

- 대당(對當) 관계에 의한 직접 추리
- 명제 변형에 의한 직접 추리

ⓑ 간접 추리

- 정언(定言) 삼단 논법
- 가언(假言) 삼단 논법
- 선언(選言) 삼단 논법
- 양도(兩刀) 논법

ⓐ **정언 삼단 논법**: 정언 삼단 논법은 세 개의 정언 명제와 세 개의 개념으로 이루어진 연역 추론이다. 정언 삼단 논법의 형식은 명제와 세 개의 개념이 배열되는 방식에 따라 256가지가 되지만, 그 중에서 타당한 형식은 수십 가지 정도이다.

ⓑ **가언 삼단 논법**: 가언 삼단 논법에는 전제 결론이 가언 명제 또는 조건 명제(p이면 q이다)로만 구성되어 있는 순수 삼단 논법과, 하나의 가언 명제와 하나의 정언 명제로부터 정언 명제를 결론으로 이끌어 내는 혼합 가언 삼단 논법 [타당한 혼합 가언 삼단 논법(전건 긍정식, 후건 부정식)]이 있다.

ⓒ **선언 삼단 논법**: 선언 삼단 논법은 하나의 선언 명제(p이거나 q이다)와 또 하나의 정언 명제를 전제로 삼고 그것으로부터 하나의 정언 명제를 이끌어 내는 논법이다. 타당한 선언 논법은 선언 명제의 한 편 선언지(p 또는 q)를 부정하고 나머지 선언지를 결론에서 이끌어 내는 추론이다.

ⓓ **딜레마**: 두 개의 가언 명제와 하나의 선언 명제로부터 하나의 결론(정언 명제일 수도 있고, 선언 명제일 수도 있다)을 이끌어 내는 논법이다. 딜레마는 그 자체가 타당한 논법이기 때문에 딜레마에 대한 검토는, 그것의 전제들이 참인가를 알아봄으로써 그 결론이 확립될 수 있는가 하는 것에 한정한다.

딜레마의 전제들을 검토하는 방법에는 '뿔 사이로 피하기'의 방법과 '뿔로 잡기'의 방법이 있다. 뿔 사이로 피하기는 선언 전제가 배중률(p이거나 q가 아니다)의 형식을 취하고 있지 않을 때에 사용하는 방법이다. 선언 전제의 선언지가 서로 모순 관계에 있을 때에는 다른 가능성을 생각할 수 없으므로, 그러한 선언 전제는 물리칠 수 없다. 그러나 선언 전제의 선언지가 서로 모순 관계에 있지 않으면, 즉 선언 전제가 배중률의 형식 아니면 언급하지 않은 가능성을 지적함으로서 쉽게 전제를 물리칠 수 있다.

② 귀납추리

㉠ **개념**: 전제와 결론 간에는 일반적으로 개연성이 존재하며 개별적인(특수성)사태 혹은 현상으로부터 그 유(類)의 사태 혹은 현상의 일반적인 결론을 도출하는 추리 방법

㉡ **종류**: 통계적 귀납 추리, 인과적 귀납 추리, 유비 추리

ⓐ **통계적 귀납 추리**: 어떤 대상의 집합(類)에 드는 모든 원소들에 대한 결론을 그 집합에 드는 일부 관찰된 원소들에 대하여 주장하는 전제로부터 이끌어 낸다. 몇 가지 사실을 열거함으로써 결론을 도출하기 때문에 '단순 열거에 의한 귀납 추리'라고도 하며, 그 결론에는 필연성이 없고 개연성만이 있다. 그 이유는 관찰된 대상 이외에 모순되는 경우도 있을 수 있기 때문이다. 옛날부터 내려오던 많은 속담과 민간 요법들은 어떤 과학적, 이론적 근거가 있어서 계속 이야기되며 사용된 것이 아니라, 다만 오랜 경험을 통하여 그리고 그와 모순되는 경우가 발생한 적이 없었다는데 근거하여 이루어진 것이다. 예를 들면, '제비가 땅 위에 낮게 날면 비가 온다', '개미가 이사를 하면 장마가 진다', '눈이 많이 오면 풍년이 든다' 등이 그렇다.

통계적 귀납 추리는 '완전히'는 아니어도 통계를 내어볼 때 맞아 떨어질 가능성이 많음을 추리한다. 즉 '귤 쉰 개가 썩은 것을 보고 이 상자 속에 든 귤은 모조리 썩었다.' 등이 그렇다.

예 레이저 눈 수술은 시력 교정에 대체로 효과가 있다.⇒ 통계적 귀납추리
통계적 귀납 추리는 실험 횟수가 많을수록 추리는 정확해짐.

S1은 P이다.
S2은 P이다
.
.
.
.
S3은 P이다

∴ 그러므로 모든 S는 P이다

⇒ 통계적 귀납추리는 몇 가지 사실을 열거함으로써 결론을 도출하기 때문에 그 결론에는 필연성이 없고 개연성만 있다. 왜냐하면 이미 관찰한 대상 이외의 다른 대상들에 이와 모순되는 경우가 있을 수 있다.

예 금속은 물에 가라앉는다.(물보다 가벼운 금속 있음)
새는 모두 날 수 있다.(예외 : 타조)
물고기는 모두 아가미로 호흡한다.(허파로 호흡하는 물고기 발견) 등

ⓑ **인과적 귀납추리** : 어떤 부류의 일부 대상들이 가지고 있는 원인, 결과의 관계를 인식하고 그 원인 또는 결과를 알아내고자 하는 귀납 추리이다.

S1은 P이다.
S2은 P이다.
S3은 P이다.
.
.
.
SN은 P이다.
(S1, S2, S3,— SN은 S류의 부분적인 대상들이며, 이것들과 P 간에는 필연적인 관계가 있다. 그러므로 모든 S는 P이다.

예 철은 열을 받으면 체적이 팽창한다.
구리는 열을 받으면 체적이 팽창한다.
납은 열을 받으면 체적이 팽창한다.
⇒ 철, 구리, 납은 금속의 일부분이다. 가열할 때 금속 분자의 응집력이 감퇴되기 때문에 그 체적이 팽창한다. 그러므로 모든 금속은 열을 받으면 그 체적이 팽창한다.

ⓒ **유비 추리** : 두 개의 대상 사이에 일련의 속성이 동일하다는 사실에 근거하여 그것들의 나머지 속성도 동일하리라는 결론을 이끌어내는 추리

A는 a, b, c 등의 속성을 가지고 있다.
B는 a, b, c 등의 속성을 가지고 있다.
A는 d의 속성을 가지고 있다.

그러므로 B도 d의 속성을 가지고 있을 것이다.

예 꽃에 손을 베었는데 그 풀잎의 가장자리가 날카롭고 고르게 굴곡을 이루었다. 철판을 날카롭고 고르게 굴곡을 만들면 나무도 자를 것이다. 이로부터 톱을 발견하였다.

TIP 유비 추리의 결론의 확실성을 높이는 방법

(1) 유비의 대상 간에 동일한 속성이 많아야 한다.

(2) 전제에 속하는 동일한 속성이 대상들의 특유한 속성이며 동일한 속성과 유비의 속성 간에 결정적이고도 밀접한 연관이 있어야 한다.

TIP 유비 추리의 약점

(1) 두 개의 대상이 동일한 속성을 가졌다고 하여 모두 동일한 부류에 속하는 것은 아니다.

(2) 동일한 부류에 속한다고 하여 속성마다 동일한 것은 아니다.

(3) 사물의 속성들 사이에는 일정한 연관이 있으나 그것이 모두 필연적인 연관이라고 할 수 없다.

3단계 유사문제 ‘논리 전개 방식’ 해결능력을 배양하기 위한 심화학습

01_ 성인의 말을 반박한 유자후의 ‘수도론’을 반박하고 있다. ‘도(道)를 지키는 것이 맡은 일을 지키는 것만 못하다.’는 성인의 말은 전하는 사람이 잘못 전한 것이라는 유자후의 주장은 최고의 지혜를 가진 사람에게 해당하는 것이고 일반 사람들에게는 성인의 말을 실천하는 것이 도를 지키는 것이 된다는 주장을 펴고 있다.

01 다음의 논지 전개 방식을 바르게 설명한 것은?

유자후(柳子厚)*가 논(論)을 지어 주장하기를,

“‘도(道)를 지키는 것이 맡은 일을 지키는 것만 못하다.’ 했는데, 이것은 성인이 한 말이 아니라 이것을 전한 사람이 잘못 전한 것이다. 피관(皮冠)**은 우인(虞人)***의 물건이요 사물은 도의 기준이니, 그 사물을 지키는 것을 그 기준대로 한 뒤에 라야 비로소 도가 보존되는 것이다. 만일 이것을 버린다면 곧 도를 잃는 것이다. 맡은 일은 도의 기구이니, 도를 지키는 데 맡은 일을 잃는다는 것은 있을 수 없다. 그런데 ‘도를 지키는 것은 맡은 일을 지키는 것만 못하다.’고 한다면 대체로 그것의 근본을 잃은 것이다.”라고 하였다.

유자후의 말은 진실로 옳다. 그러나 내가 생각하기에는 이것은 다만 최고의 지혜를 가진 사람에게 국한하여 논한 것이요, 성인이 널리 일반적인 사람을 위하여 논한 것과는 다르다. 왜냐하면 만일, “맡은 일을 지키는 것은 도를 지키는 것만 못하다.” 라고 하면 바로 그것은 최고의 지혜를 가진 사람과 같아져서 도가 맡은 일을 지키는 근본이고, 맡은 일은 도를 행하는 도구임을 알 수 있게 되는 것이다. 근본을 지키면 기구(器具)라고 하는 것도 따라서 잃지 않음을 아는 사람이라면 유자후의 말과 같이 될 수 있다.

그러나 중간이나 하급에 속하는 사람은 도가 맡은 일을 지키는 근본임을 깨닫지 못하고 부질없이 도가 있는 곳만 찾으면서 스스로 도를 지킬 수 있다고 생각하고, 맡은 일을 지키는 데 소홀하다 보면 그것 때문에 직책을 잃어버리고 일을 망쳐 바로 돌이킬 수 없이 그것의 화를 받게 될 것이니, 맡은 일을 지킬 수 있겠는가? 만일, “도를 지키는 것은 맡은 일을 지키는 것만 못하다.” 라고 생각하여 노력하고, 정성을 다하고 조심하여 그 맡은 일을 잘 지킨다면 그 또한 도에 가깝게 될 것이니, 도가 어찌 보존되지 않겠는가? 성인이,

“도를 지키는 것이 맡은 일을 지키는 것만 못하다.”라고 한 것은 곧 도를 지키는 것을 말한 것인데, 다만 먼저 할 것과 뒤에 할 것이 있음을 말한 것일 뿐이니, 그 뜻은 처음부터 다른 것이 아니다. 이것은 성인이 여유를 가지고 완곡히 표현하여 직접 이것을 체험하게 하는 것이다. 어찌 이것을 전한 사람이 잘못한 것이라고만 하겠는가?

— 이규보(李奎報), ‘반유자후수도론(反柳子厚守道論)’

*유자후(柳子厚) : 한(漢)나라 때문인 유종원(柳宗元)
**피관(皮冠) : 사슴의 가죽으로 만든 갓. 임금이 우인(虞人)을 부를 때 사용함
***우인(虞人) : 산림소택(山林沼澤)을 맡은 하급 관리

① 유자후의 권위를 빌려 자신의 주장이 정당함을 드러내었다.
② 예상되는 반론을 반박하여 자신의 주장이 정당함을 드러내었다.
③ 성인의 말에 대한 반론을 반박하여 성인의 말을 옹호하였다.
④ 성인의 말과 유자후의 말을 절충하여 새로운 결론을 이끌어 내었다.
⑤ 유자후의 말을 전제로 하여 거기에 적용되는 구체적인 진술을 이끌어 내었다.

02 다음 추리 중, 방법이 다른 하나는?

① 우리 민족은 다신 숭배의 전통을 가졌다. 외래 종교의 신도 다신들 중의 하나이다. 그러므로 우리 민족은 외래 종교를 강하게 배척할 이유가 없는 것이다.
② 무교의 신앙 정신은 다른 고등 종교를 믿는데 전혀 방해물이 되지 않는다. 다신을 믿는 종교는 다른 종교를 배척하지 않는 법인데 무교는 바로 다신을 믿는 종교이기 때문이다.
③ 우리는 외래 문화를 받아들일 때 주체적인 자세를 잃지 않았다. 한국 불교, 한국 유교가 본래의 발생지인 인도, 중국의 그것과 다른 성격과 모습을 보이고 있는 데서 이를 알 수 있다.
④ 전통은 끈질긴 생명력을 지니고 이어진다. 무속 신앙은 우리 민족의 고유 신앙으로서 하나의 전통이다. 그리하여 무속 신앙은 아직도 우리 국민들의 가슴에 살아 있다.
⑤ 우리 나라 근대사의 종교적 갈등은 외래 종교끼리의 갈등으로 봐야 한다. 왜냐하면, 다신을 숭배하는 우리의 전통적 종교는 외래 신앙과 갈등을 일으키지 않는 법인데 종교 간의 갈등이 있었으니까.

02_ ③은 귀납적 전개, 나머지는 연역적 전개 방식이다.

01 ③ 02 ③

The콕 제22강 생략된 문단의 자리 배치

1단계 유형학습

Q. 내용의 연관성을 생각할 때, 〈보기〉의 글이 들어가기에 알맞은 곳은?

(가) 전환기를 맞은 우리의 가족 제도와 가족 윤리를 어떻게 다시 정립하느냐 하는 문제는 우리 사회가 당면한 중요한 문제들 가운데 하나이다. 전통적 가족 제도와 가족 윤리가 현대의 실정에 맞지 않는다고 해서 서구의 그것을 그대로 모방하는 것이 바람직하다고는 생각되지 않는다. 일반적으로 전통이라는 것은 함부로 버려서는 안 될 귀중한 것을 간직하고 있다는 평범한 상식에 비추어 보더라도, 전통적 가족 제도와 가족 윤리를 송두리째 버릴 수 없다는 것이 식자들의 공통된 의견이다.

(나) 전통적 가족 제도와 가족 윤리를 오늘의 실정과 현대인의 심성에 맞도록 고치되, 옛것의 좋은 점을 살려야 한다는 견해에 대해서 많은 사람들이 원칙적으로 찬동하고 있다. 그러나, 무엇을 어떻게 고치고 옛것 가운데에서 무엇을 살리느냐 하는 구체적인 물음에 대해서는, 사람들의 의견이 다각도로 대립하는 경향을 보인다. 이 물음에 대한 견해는 늙은 세대와 젊은 세대 사이에 차이가 있고, 남자와 여자 사이에 차이가 있으며, 농촌 사람과 도시 사람 사이에도 차이가 있다.

(다) 가족 제도 또는 가족 윤리에 관한 의견 및 행동의 차이는 심각한 사회 문제로 발전할 소지를 가졌다. 세상에 태어난 사람은 극소수의 예외를 제외하고는 모두 어떤 가족의 한 성원으로 살고 있으며, 또 앞으로도 계속 그렇게 살게 마련이다. 따라서, 어떤 가족 제도 또는 가족 윤리 속에 사느냐 하는 것은 모든 사람들의 이해와 관계되는 현실적 관심사이며, 바람직한 가족 제도 또는 가족 윤리에 대한 태도의 대립은 대체로 이해 관계의 대립을 반영하기 쉽다. 모든 사람들의 이해 관계와 직결되는 문제인 까닭에, 남녀 노소의 구별 없이 누구나 이 문제에 관심을 갖게 되며, 또 각각 자기에게 유리한 길을 옹호하는 경향이 있는 까닭에, 이 문제는 복잡한 양상의 태도의 대립을 초래한다. 이러한 대립 내지 갈등을 그대로 방치할 수는 없으며, 그것을 해소할 수 있는 새로운 가족 제도와 가족 윤리를 정립하는 일은 우리 모두를 위해서 매우 중요한 과제가 되고 있다.

(라) 어떠한 가족 제도와 가족 윤리가 바람직하냐 하는 문제는, 이해 관계가 서로 다른 사람들의 주관적 의견을 기존으로 삼고 생각할 문제가 아니라, 우리들이 처해 있는 객관적 상황과 현대 한국인의 의식을 기준으로 삼고 생각할 문제이다. 다시 말해서, 경제를 비롯한 여러 가지 생활 여건과 우리들 모두를 고루 행복하게 만들기에 가장 적합한 가족 제도와 가족 윤리가 우리들이 추구해야 할 이상이라고 보아야 할 것이다.

(마) 한 가지 확실한 것은, 전통 사회의 가부장적 대가족주의가 오늘의 우리 현실에 맞지 않는다는 사실이다. 농업으로 생계를 유지하던 옛날에는 농토가 있는 고향을 떠나서 개인이 독립해서 산다는 것이 거의 불가능했던 까닭에 개인보다도 가족이 생활의 단위가 되었고, 가족이 생활의 단위였던 까닭에 '나'보다도 '우리'로서의 가족을 우선적으로 생각하는 자아 의식(自我衣食)이 형성되었다.
그리고 '우리'로서의 가족을 우선적으로 생각하는 자아 의식이 형성되었던 까닭에, 수직적 질서를 앞세우는 비민주적 가족 윤리가 당연한 것으로서 받아들여질 수도 있었다. 그러나, 지금은 전통적 대가족 제도를 필요로 하는 경제적 여건도 사라지고, 가부장적 가족 윤리를 수용하기에 적합한 가족주의적 자아 의식도 개인주의적 자아 의식 앞에 퇴색하고 말았다. 따라서, 전통 사회의 대가족 제도와 가부장적 가족 윤리는 그 근거를 잃었다고 보아야 한다.

보기

행동 내지 실천의 대립은 관념 내지 의견의 대립보다도 더욱 심한 편이다. 바람직한 가족 형태나 가족 윤리에 대해서 말로는 같은 의견을 주장하면서도, 실제 행동에서는 전혀 다른 태도를 취할 경우가 허다하다. 예컨대, 결혼하기 전에는 '부모를 한 집에 모시고 사는 것이 자식의 도리'라는 견해에 찬동한 청년이 막상 결혼을 한 뒤에는 따로 사는 편을 택한 경우도 흔히 있고, 또 말로는 '며느리도 내 자식이니 딸과 마찬가지로 아끼고 사랑하는 것'이 자기의 생활 신조라고 밝힌 시어머니가 실제로는 매우 가혹하게 며느리를 괴롭히는 사례도 적지 않다.

① (가)의 뒤
② (나)의 뒤
③ (다)의 뒤
④ (라)의 뒤
⑤ (마)의 뒤

해결 과정

〈보기〉의 글은 젊은 세대와 기성 세대 모두 가족 윤리에 대한 의견과 행동이 일치하지 못하는 것을 보여 준다. 그런데 (나)에서는 가족 제도와 가족 윤리에 대해 사람들의 의견이 대립되어 있음을 말했고, (다)의 앞부분에서 가족 제도 또는 가족 윤리에 관한 의견 및 행동의 불일치를 말하고 있으므로, 〈보기〉는 이 두 단락과 상호 연관되어 있다.

정답 ②

2단계 배경지식

'생략된 문단의 자리 배치'을 풀기 위한 스키마 학습

1. 유형설명

이 유형은 글의 내용을 파악하고, 글의 유기적인 연결과 논리적 연결을 할 수 있는가를 측정하는 문제이다. 내용이 어느 곳에 놓여야 자연스러운가를 묻는 문제이다.

2. 학습초점

» 접속어, 지시어 등을 주시한다.

» 내용의 흐름(즉 상세화, 일반화, 구체화 등)을 파악한다.

3. 학습내용

단락에 관한 문제는 '단락을 나란히 배열하라'는 문제와 '단락의 위치를 찾아라'와 같은 유형이 있다. 이러한 문제들을 풀기 위한 필요한 요령을 정리해 보면 다음과 같다.

(1) 먼저 단락의 소주제를 찾고 이를 기초로 글 전체의 주제를 찾아라.

어떤 문제에서건 주제는 열쇠다. 글의 논리적 흐름을 파악하기 위해서는 각 단락의 중심 생각이 무엇인지 알아야 한다. 그 다음 전체 주제가 무엇인지 생각하고 이 주제에 맞게 각 단락들의 순서를 잡아 본다. 글의 흐름을 알기 위해서는 단락 간의 연결 관계를 알려 주는 접속어를 참고하는 것도 좋은 방법 중 하나인 것은 틀림없지만 확실한 것은 아니다. 단락의 주제에 따른 논리 전개의 흐름을 파악하는 것이 가장 확실한 방법이다.

(2) 접속어를 '주의 깊게' 살펴야 한다.

접속어는 단락 간의 관계를 보여 주는 지표이다. 따라서 접속어를 적절하게 고려하는 것은 단락의 순서를 바로잡는 데 상당한 도움을 준다. 그러나 문제는 접속어가 제시된 글의 단락 간의 관계만을 나타내는 것이 아닐 수도 있다는 점이다. 제시된 글이 어떤 글의 전체가 아니라 그 중 일부만을 잘라 낸 경우라면, 접속어는 실리지 않은 부분과 실린 부분의 관계를 나타낼 수도 있다는 점에 주의를 기울여야 한다.

(3) 문체나 어휘의 성격을 살펴라.

필자가 강조하는 부분에서는 이제까지와는 다른 문체와 용어가 나타날 수도 있고, 앞서의 논의를 다시 정리하는 경우도 있다. 이런 경우는 대체로 결론부에 해당한다고 볼 수 있다.

(4) 다시 한 번 각 단락의 순서를 확인하라.

이 점에서 가장 중요한 것은 주제를 통해 글의 순서를 파악하는 것이다. 그 다음 접속어와 다른 것들을 고려한다.

3단계 유사문제 '생략된 문단의 자리 배치' 해결능력을 배양하기 위한 심화학습

01 다음 글을 읽고 (가)~(마) 중 보기의 글이 어느 글 뒤에 들어가야 하겠는가?

(가) 새로운 인간 가치(人間價値)의 확립은 낡은 것 – 인간성을 억압하고 왜곡하는 낡은 가치관 – 의 부정으로부터 출발해야 하였으며, 봉건적 구속에서 자아(自我)를 해방시키는 일로부터 시작되어야 했다. 그러므로 르네상스의 휴머니즘은 우선 해방(解放)의 사상(思想)이었고 반항(反抗)의 정신(精神)이었다. 그것은 교양과 학예를 승려(僧侶)의 독점으로부터 해방하여 일반 시민에게 고루 나눌 것을 희구하였으며, 교회적 권위로부터의 세속적(世俗的) 인생(人生)의 해방을 지향하였다. 그것은 그리스도교적인 세계관 내지 가치관에 대하여 꾸준히 반항하였다. 새로운 인간상의 형성을 카톨릭 교회에 대한 반대의 방향에서 모색했던 것이다.

(나) 르네상스의 휴머니즘은 인간의 자기 긍정을 출발점으로 삼으며, 개인의 자아 존중을 근본 이념으로 삼는다. 하나님과의 관계를 통해서만 약간의 가치를 인정받던 중세의 인간과는 달리, 그 스스로 안에 본래적 가치를 간직한 인간의 존재를 믿었으며, 겸손과 금욕과 복종을 미덕으로 삼던 중세기적 개인과는 달리, 자기를 주장하고 자기의 힘을 과시하고자 힘쓰는 개인의 출현이 찬양을 받았다.

(다) 르네상스의 휴머니스트들은 강한 개성의 발전을 꾀하는 한편, 다방면에 교양을 쌓기를 희망하였다. 그들의 이상은 '성자(聖者)'가 되는 일이 아니라, '전인(全人)'이 되는 일이었다.

(라) 새 시대의 사람들은 자기의 개성을 존중하고 자기의 감정을 값진 것으로서 의식하였다. 이 시대에 많은 자서전적 작품이 나온 것도 개인의 자기 의식과 깊은 관련이 있는 것으로서 이해된다. 각자는 각자의 고유한 삶을 가지고 있으며, 각자의 삶은 그 특수성으로 말미암아 충분한 이야깃거리로서의 가치를 가졌다.

(마) 이러한 의식을 바탕으로 삼은 '자기의 표현'으로서의 문학이 이 시대에 일어났으며, 그러한 문학의 대표로서 우리는 몽테뉴(Montaigne, 1533~1592)의 수필을 알고 있다. 몽테뉴가 그린 것은 초월적 존재나 초자연적 존재가 아니라 인간이었다. 그리고 그가 그린 인간은 밖에 있는 다른 사람들이 아니라, 주체적으로 파악된 자기 자신의 모습이었다. 그러나 그의 문학은, 한 개인의 내면을 묘사함을 통하여, 동시에 인간성의 공통된 내면을 그려 낸 것이기도 하였다. 개인은 그 개성의 측면에서 볼 때는 특수한 존재이나, 그 근본은 공통된 인간성을 바탕으로 삼고 이루어진 자연물이기 때문이다.

보기

여러 가지 방면으로 천재적 재능을 발휘한 레오나르도 다빈치(Leonardo da Vinci, 1452~1519)는 당시의 이상적 인간상의 한 구현(具現)이었다고 볼 수 있을 것이다.

① (가)의 뒤
② (나)의 뒤
③ (다)의 뒤
④ (라)의 뒤
⑤ (마)의 뒤

01_ (가): 르네상스의 휴머니즘은 해방의 사상이고 반항의 정신이다.
(나), (다): 르네상스의 휴머니즘은 인간의 자기 긍정을 출발점으로 삼으며, 개인의 자아존중을 근본 이념으로 삼는다.
(라), (마): 르네상스의 문학은 인간의 개성과 감정을 존중한다.
주어진 〈보기〉의 여러 가지 방면에 재능을 보인 다빈치는 새로운 인간상의 이상형으로 제시되었으니 (다) 글의 뒤가 적합하다.

02

01 ③

02_ '또한'은 앞뒤 문장을 병렬 관계로 연결해 준다. 주어진 글이 '바다가 육지로 바뀌는 경우'이므로 이 글 앞에는 '육지가 바다로 바뀌는 경우'가 와야 한다.

02 다음 글을 읽고 문맥상 〈보기〉의 글이 들어가기에 알맞은 곳은?

(가) 지구의 물은 순환하고 있다. 매년 바다에서 3만 입방 마일의 물이 증발하고 다시 비나 그 밖의 형태로 바다에 되돌아온다. 이 순환의 두 가지 흐름, 즉 증발과 회귀는 반드시 똑같진 않다. 바닷물에 들어 있는 물질 가운데 증발하는 것은 오직 물뿐이므로 비가 거의 순수한 물인 것은 바로 이 때문이다. 회귀하는 물의 일부는 우선 비가 되어 육지로 떨어지고 흙 속을 흐르다가 녹기 쉬운 화학 물질을 담아 바다로 운반한다. 예를 들면 강물은 1/100%의 염분을 함유한다. 이 정도의 함유량은 짠 느낌이 들 정도는 아니나 문제가 되기엔 충분하다. 이는 바다는 육지에서 끊임없이 염분이나 그 밖의 화학 물질을 소량씩이나마 얻지만 증발로는 전혀 잃지 않는다는 말이다. 그렇다면 바다는 점점 염분이 증가하지 않을까? 물론 매우 느린 속도이지만 그래도 수백 수천만 년이라는 지질학적 시간의 관점에서 보면 바다의 염분이 크게 증가하는 것은 틀림없는 사실이다.

(나) 강은 바다와 전혀 연결되지 않은 육지 안에 있는 호수로도 염분을 보낸다. 따라서 그 곳에서도 바다와 마찬가지로 다양한 용해 물질이 쌓인다. 만일 그 호수가 열대 지방에 있어 평균 증발률이 바다보다 훨씬 큰 경우라면 용해 물질은 매우 빠른 속도로 쌓인다. 실제로 바다보다 훨씬 짠 호수가 있다.

(다) 그렇다면 결국 바다도 이 같은 종말을 향해 달리고 있는 걸까? 만일 바다에서 염분이 감소하는 과정이 전혀 없다면 확실히 그렇다고 할 수 있다. 예를 들면 폭풍우를 들 수 있다. 폭풍우는 해안이나 도시에서 멀리 떨어진 대륙 안쪽 땅까지 물거품으로 휩쓴다. 이는 바다 염분까지 물거품에 실어 내륙 지방에 뿌려대는 역할을 한다. 이보다 훨씬 중요한 것은 용해 물질 사이의 결합 작용이다. 용해 물질이 충분히 쌓이면 이들은 서로 결합하여 용해되지 않는 화합물로 바뀌어 바다 밑에 가라앉는다. 그 밖의 물질도 그 자체로는 용해되지 않아도 바다 밑 물질과 결합하거나 바다 속 생물의 체내로 흡수되어 버린다.

(라) 그 결과 바다에는 계산상의 수치보다 용해 물질이 훨씬 적은 것이다. 그렇지 않다면 바다에는 과거 수십억 년 동안 강에서 운반된 모든 물질로 지금 상태보다 훨씬 농도가 짙을 것이다. 한편 바다 밑은 원래 육지였기 때문에 다양한 물질의 귀중한 창고이다. 이 바다 밑에 다량의 금속이 묻혀 있다.

(마) 결국 바다는 염분이 계속 조금씩 늘어나는 것일까? 그렇지 않으면 묽어지고 있는 걸까? 이것도 아니면 어느 때는 염분이 늘어났다가 또 어느 때는 그 반대로 되어 전체적으로 평균치를 유지하는 걸까? 지질학자들도 아직 명확한 결론을 내리지 못하고 있다.

보기

또한 장구한 세월 동안 바다 속 얕은 부분은 융기 작용에 의해 육지로 바뀌기도 했다. 이처럼 바다에서 분리된 부분은 증발이 계속되어 마지막엔 방대한 용해 물질을 남긴 채 육지로 변해 버린다. 막대한 양의 소금이나 그 밖의 물질이 체굴 되는 암염광이야말로 말라 버린 바다의 흔적인 것이다.

① (가)의 뒤 ② (나)의 뒤 ③ (다)의 뒤
④ (라)의 뒤 ⑤ (마)의 뒤

02 ④

제23강 글을 쓴 의도 추리

1단계 유형학습

02

Q. 다음 글을 읽고 글쓴이의 집필 의도와 관련, 제목으로 알맞은 것은?

낭만주의와 고전주의는 서구의 문화 사조를 형성하는 양대 조류이다. 이들 무형의 정신적 조류가 공존하거나 부침하며 흘러내린 것이 서구의 문화사라고 일컬어진다. 이 같은 양대 조류의 시원을 더듬어보면 멀리 그리스의 제천 의식과 연결된다. 아폴로 제전(Apollonian cult)과 디오니소스 제전(Dionysian cult)이 곧 그것이다. 균제와 간결, 우아를 표방하는 아폴로 제전은 고전주의를 발효시켰고, 몰아나 열정등으로 묘사되는 디오니소스 제전은 낭만주의를 잉태했다. 한 마디로 아폴로 제전의 분위기는 인간의 머리 작용, 즉 지성 기능에 가깝고, 디오니소스 제전의 분위기는 가슴 작용, 즉 감성 기능에 가깝다고 볼 수 있다.

개인 간에도 지성과 감성의 균형이 다르듯이 민족 간에도 그 같은 편차는 분명히 있다. 흔히 서구인은 지성적이고 동양인은 감성적이라고 한다. 대체적으로 보아 서구 문화가 지성적인 속성이 농후하고 동양 문화가 감성적인 속성이 두드러진 게 사실인 것도 같다. 특히 우리 민족의 기질을 살펴보거나, 또는 20세기 후반부터 밀려들어온 서구 문화의 성향을 점검해보면 그 같은 사실에 공감하지 않을 수 없다.

확실히 한국인은 서구인에 비해서 감성이 농후한 민족이다. 생활 구석구석에서 그 같은 실례를 찾아볼 수 있다. 사소한 일에도 곧잘 흥분하거나 반가운 사람을 만났을 때 눈물부터 흘리는 우리의 인정이 그러하다. 오래 전에 이산 가족 재회 장면이 TV로 방영된 적이 있어서, 우리가 똑똑히 확인할 수 있었지만 도대체 석별의 눈물이 아닌 해후의 눈물을 흘리는 민족은 아마도 우리뿐이 아닐까 싶을 정도이다. 국제 경기에서 우승을 하거나 국제 콘테스트에 입상했을 때에도 다른 나라 사람들과는 달리 한국인은 곧잘 눈물을 보이곤 한다.

정말 감정이 풍부하고 엑스터시에 잘 드는 민족이 우리네다. 오죽하면 일찍이 선인들이 우리 민족을 고무진신(鼓舞盡神)의 민족이라고 했겠는가. 중국이나 서구인은 궁리진성(窮理盡性), 즉 이치를 골똘히 궁구하여 사물의 본성을 캐내는 데 반하여, 우리는 북 치고 춤추며 몰아의 경지로 빠져들어 접신(接神)의 경지에 이른다는 것이다. 열 번 옳고도 정확한 진단이 아닐 수 없다. 그만큼 우리 민족은 감성이 풍부하다.

풍부한 감성은 두드러진 감성의 문화를 낳게 마련이다. 이는 다른 민족에 비해서 감성적인 문화 요소가 많은 우리의 전통 음악에서도 여실히 드러난다. 감성을 앞세우는 낭만주의의 예술이 내용을 중시한 나머지 형식을 와해시키듯, 두드러진 감성의 바탕 위에서 전개되는 전통 음악 역시 감성에 입각한 즉흥성과 융통성이 유달이 돋보인다. 우선 국악에는 일정한 틀이 없다고 해도 과언이 아니다. 요즘 흔히 연주되는 산조 음악도 그 연주 시간이 일정하지 않다. 연주자의 기분에 따라서 줄일 수도 늘릴 수도 있는 것이다. 흥이 나면 더 탈 수 있고, 흥이 없으면 짧게 줄여도 무방하다.

민요나 판소리도 마찬가지다. 일정한 가락에 가사만 바꿔 가며 얼마든지 신축성 있게 부를 수 있는 게 우리 민요이다. 따라서, 민요의 가사도 일정하지 않다. 판소리 공연장에서 확인할 수 있듯이 판소리 역시 부르는 사람의 기분에 따라서 단 몇 십 분으로 줄여서 부를 수도 있는가 하면 몇 시간씩 늘려서 부를 수도 있다. 고수가 북 장단에 추임새로 창자의 흥을 고조시켜 주면 창자는 자기 최면에 들어, 갖가지 즉흥적인 재담을 섞어 가면서 소리를 엮어 내다가도, 왠지 분위기가 시들하면 이내 목이 메이고 신명기가 죽어서 싱겁기 짝이 없는 노래가 돼 버린다.

이처럼 감성을 바탕으로 한 음악적 특성은 비단 외형적으로 나타나는 음악의 형식면에서만이 아니다. 본질적으로 전통 음악의 원형질이랄까 그 속성 자체가 감성적임을 알 수 있다. 합리를 바탕으로 구조적으로 엮어 가는 서양 음악이 균제미나 지성미의 표본이라면 몰아의 신명기를 배면에 깔고 있는 우리의 음악은 피안적 황홀미나 감성미의 상징물이라고 하겠다.

사실이 이러하고 보면 서구 예술을 주체적으로 수용해야 하는 시대적 과제도 바로 이 같은 음악 본연의 속성 진단에서부터 풀어 가야 할 것이다. 전통 음악과 서양 음악의 명실상부한 접목은 양쪽의 악기나 음악 형식이나 기법을 원용하고 융합함으로써 이룩할 수 있는 것이 아니라, 논리의 문화와 감성의 문화를 어떻게 조화시키느냐의 문제 풀이에서부터 가능할 수밖에 없는 것이다.

① 왜 서구 음악만을 좋아하는가?
② 왜 우리 음악을 업신여기는가?
③ 왜 신명 없이는 노래하지 못하나?
④ 왜 눈물 없이는 노래하지 못하나?
⑤ 우리 민족은 냉철한 가슴이 없는가?

해결 과정

주어진 글은 우리의 전통 음악의 특성 중 하나인 신명기를 밝히고자 쓴 글이다.

정답 ③

2단계 배경지식

'글을 쓴 의도 추리'을 풀기 위한 스키마 학습

1. 유형설명

'의도' 란 말이나 글 또는 어떤 표현을 통해 궁극적으로 이루고자 하는 그 무엇이다. 즉 넓게 보면 어떤 내용을 설명, 주장, 구체화하는 것이며, 상세히 보면 어떤 내용의 전달, 칭찬, 격려, 비난, 공격, 고무, 선동, 경계, 공감 등 여러 가지를 생각해 볼 수 있다. 우리의 언어 활동을 '유목적적 행동' 이라고 하는 것은 어떤 형태의 발화나 글이든 간에 표현하는 사람의 의도가 담겨 있음을 말해 주는 것이다. 글을 쓴 의도를 파악하는 문제이다.

2. 학습초점

» 말이나 글의 핵심 내용을 정확히 파악해야 한다.

» 어떠한 내용을 말하게 된 화자의 입장이나 상황을 추리하여 필자의 감추어진 의도를 파악해야 한다.

3단계 유사문제
'글을 쓴 의도 추리' 해결능력을 배양하기 위한 심화학습

01 다음 글을 읽고 필자가 궁극적으로 말하고자 한 것은?

> (가) 내가 집이 가난해서 말이 없으므로 혹 빌려서 타는데, 야위고 둔하여 걸음이 느린 말이면 비록 급한 일이 있어도 감히 채찍질을 가하지 못하고 조심조심 하여 곧 넘어질 것같이 여기다가, 개울이나 구렁을 만나면 내려서 걸어가므로 후회하였으나, 발이 높고 의기양양하게 마음대로 채찍질하여 고삐를 놓으면 언덕과 골짜기가 평지처럼 보이니 심히 장쾌하였다.
> 그러나 어떤 때에는 위태로워서 떨어지는 근심을 면치 못하였다.
> (나) 아! 사람의 마음이 옮겨지고 바뀌는 것이 이와 같을까? 남의 물건을 빌려서 하루 아침 소용에 대비하는 것도 이와 같거든, 하물며 참으로 자기가 가지고 있는 것이랴.
> (다) 그러나 사람이 가지고 있는 것이 어느 것이나 빌리지 아니한 것이 없다. 임금은 백성으로부터 권세를 빌려 은총과 귀함을 누리며, 아들은 아비로부터, 지어미는 지아비로부터, 비복(婢僕)은 상전으로부터 힘과 권세를 빌려서 가지고 있다.
> (라) 그 빌린 바가 또한 깊고 많아서 대개는 자기 소유로 하고 끝내 반성할 줄 모르고 있으니, 어찌 미혹(迷惑)한 일이 아니겠는가?
> (마) 그러나가도 혹 잠깐 사이에 그 빌린 것이 도로 돌아가게 되면, 만방(萬邦)의 임금도 외톨이가 되고, 백승(百乘)을 가졌던 집도 외로운 신하가 되니, 하물며 그보다 더 미약한 자야 말할 것이 있겠는가?
> (바) 맹자가 일컫기를 "남의 것을 오랫동안 빌려쓰고 있으면서 돌려주지 아니하면, 어찌 그것이 자기의 소유가 아닌 줄 알겠는가?" 하였다.

① 남에게 빌린 것은 무엇이나 결국 주인에게로 돌아간다.
② 사람은 누구나 남의 것을 오래 빌려쓰고 있으면, 그것을 자기 것으로 착각하게 된다.
③ 남에게 빌린 것이 많으면, 그것을 자기 것으로 하고 싶은 유혹에 빠지게 된다.
④ 사람은 자기가 소유한 것에 대하여 고마운 마음을 가져야 한다.
⑤ 자기가 소유한 것은 남에게 빌린 것이므로, 결국 내 것이란 없는 것이다.

01_ 내가 가진 것은 결국 남에게 빌린 것(진정한 자기 소유란 없는 것)이기에 빌려준 사람에게 고마움을 가져야 한다.

02

01 ④

02_ 이 글의 중심 화제는 '초월의 욕망'이다. 인간은 자기 보존의 이기심과 함께 생존의 한계를 벗어나고자 하는 초월의 욕망을 동시에 가지고 있다.

02 다음 글을 읽고 궁극적으로 말하고자 하는 것은?

훌륭한 예술 작품은 우리들에게 기쁨을 준다. 이 기쁨의 출처와 그 구체적인 경과를 자세하게 살펴보는 일은 매우 까다로운 작업을 요구하는 것일는지 모르지만, 우리가 예술 작품의 감성을 통해서 얻은 기쁨이 적어도 단순히 물질의 소유를 통해서 얻을 수 있는 그러한 종류의 만족감과는 전혀 성질을 달리하는 것이라는 것은 쉽사리 인정할 수 있을 것 같다. 간단히 말해서, 예술 작품이 제공하는 기쁨은 우리가 인간으로서 지니고 있는 근원적인 욕망의 하나, 즉 초월에의 욕망이 어느 정도로나마 충족되기 때문에 가능한 체험이라고 일단 말해 볼 수 있을 것이다. 인간은 끊임없이 자기 자신의 주어진 생존의 한계를 넘어가고자 하는 충동에 지배되어 있다. 말할 필요도 없이 이 충동은 때로 매우 파괴적인 형태로 표현되어 물건과 권력에 대한 맹목적이고 광적인 탐욕으로 치닫는 것이 될 수도 있지만, 다른 한편으로 여기에 작용하는 맹목성은 또한 메마르고 편협한 이기주의적 한계를 초월하여 보다 너그러운 상호 관계가 보장되는 자유와 조화의 사회적, 심미적 공간에 대한 억제하기 어려운 그리움의 원천이 되기도 한다.

인간 사회는 단지 자기 보존이나 자기 확대의 체제라고 말할 수는 없을 것이다. 사회 속에는 어느 때 어느 곳에서나 다만 자기 보존이나 자기 확대의 욕망만이 아니라 그에 못지 않게 유토피아적 조화에 대한 열망, 즉 보편적 인간 해방에의 동경이라는 또 하나의 근원적인 욕망이 표현되어 왔다. 이것은 자유롭고 평등한 세상에 대한 어떤 도덕적으로 각성된 의식이 항상 작용하여 왔다기보다도 그러한 세상에 대한 억누를 수 없는 욕망이 사람 개개인 속에 이미 거의 리비도적인 충동으로서 자리잡고 있기 때문일 것이다. 생물학적, 심리학적 조건으로 인하여 인간은 때때로 이기적인 탐욕의 추구에 열중하는 것도 가능하지만, 바로 그러한 조건은 사람이 그 자신만의 고독한 세계로부터 벗어 나와 보다 큰 공동체의 일원이 될 것을 강제한다는 사실도 기억할 필요가 있을 것이다.

되풀이하여 말하면, 이기적인 욕망과 보편적 행복에의 요구가 사회 속에 공존해 있다는 것은 인간이 원래 도덕적으로 고상한 본성을 소유하고 있기 때문이 아니다. 사람이 이 세상에서 살아가자면 그는 필연적으로 혼자만의 폐쇄적인 테두리를 떠나지 않을 수 없는데, 이러한 필연성으로 인하여 초월에의 욕망이 거의 본능적인 욕망의 하나로서 사람 속에 깊이 뿌리 박혀 있는 것이라고 생각해 볼 수 있다. 요컨대, 인간 생존의 구조 자체가 사람으로 하여금 이기적인 태도를 가지게 만들면서 동시에 자기의 이기성을 부정하도록 강요하는 것이다.

① 문학적 기쁨의 출처는 분명히 파악할 수 없다.
② 인간의 이기성은 상황에 따라 달라진다.
③ 인간의 세상에 대한 관계는 이중성을 띠고 있다.
④ 인간은 존재학적으로 초월의 욕망을 가지고 있다.
⑤ 인간은 자유·평등의 세계를 꿈꾸는 도덕적 존재이다.

02 ④

제24강 통일성 파악

1단계 유형학습

Q. 다음 글에서 글의 통일성과 일관성을 해치는 것은?

> ㉠ 도시인들은 공해에 시달린다. ㉡ 거리를 달리는 온갖 차들, 공장의 굴뚝, 연탄이나 석유를 연료로 쓰는 일반 주택의 난방 시설 등에서 쉬지 않고 뿜는 연기와 가스는 도시의 공기를 흐리게 한다. ㉢ 요즘 집을 새로 지을 때 멋을 부려서 굴뚝의 모양과 색깔을 다양하게 한다. 특히 공장 굴뚝은 여러 가지 모양의 색을 칠해서 무늬를 아름답게 만든다. ㉣ 모든 집에서 흘러나오는 하수와 공장에서 흘려 보내는 폐수는 강물을 더럽혀서 깨끗한 수돗물을 공급하는데 지장을 준다. ㉤ 뿐만 아니라, 확성기, 라디오, 텔레비전, 온갖 차들의 경적, 공장의 기계들이 내는 소음은 사람들의 청각을 마비시키고 신경을 마비시켜서 정신적인 피로를 가져다준다.

① ㉠　　② ㉡　　③ ㉢
④ ㉣　　⑤ ㉤

해결 과정〉

단락의 통일성이란 1단락 안에는 1개의 중심 화제, 소주제가 있어야 한다는 구성의 원리이다. ㉠이 중심 화제이다. 글의 일관성이란 1단락의 모든 내용은 중심 화제, 소주제를 향하여 긴밀하게 연결되어야 한다는 구성의 원리이다. ㉢은 공해의 내용과 거리가 멀다.

✓ 정답 ③

02

2단계 배경지식

'통일성 파악'을 풀기 위한 스키마 학습

1. 유형설명

문단의 구성 조건 중 '한 문단에는 하나의 소주제가 있어야 한다'는 것이 있다. 하나의 문단은 원칙적으로 하나의 소주제에 의해서 제한을 받는다. 즉 하나의 중심 생각만이 있어야 한다. 다시 말하면, 핵심에서 벗어난 다른 내용이 삽입되어 있는가를 파악하는 문제이다.

2. 학습초점

» 전체 내용 전개가 어떻게 이루어지고 있는가를 살펴 본 다음, 주제와 긴밀한 관계에 있는가를 살핀다.

» 문단은 글 전체 내용의 일부분이면서 하나의 통일된 목표를 유지해야 한다. 즉 화제의 범위를 벗어나지 않아야 함에 유의한다.

3. 학습내용

TIP 문단의 전개 원리
문단을 충분히 전개하기 위해서는, 화제문과 뒷받침 문장들 간에 통일성과 긴밀성을 유지시키는 원리를 알아야 한다.

(1) 문단의 통일성

우리는 집이나 학교에서 우리가 경험한 일을 이야기한다. 예를 들어, 등산을 다녀 온 학생이 자기의 경험을 다음과 같이 썼다고 하자.

예문

① 산에서 우리는 무척 즐거웠다. ② 초록의 신선한 숲과 고요함 속에 들려오는 산새의 지저귐이 우리를 도화의 세계로 이끌어 갔다. ③ 오염되지 않은 공기를 마음껏 들여 마시고 청순한 풀꽃의 향기를 맡을 때는 우리 몸 속의 온갖 더러운 것이 말끔히 씻겨 나가는 듯하였다. ④ 우리는 맑은 물이 흐르는 골짜기에서 준비해 간 밥을 먹었다. ⑤ 그런 뒤에 발을 물에 담그고 식구들이 모두 노래를 불렀다.

⇒ 이 글에서 ①은 '산에서의 즐거움'이라는 화제를 포함하는 이 글의 화제문 이다. 그리고 나머지 문장들은 즐거움이 어떤 것이었는가를 구체적으로 알려 주고 있다. 따라서 ①은 화제문이며, ②~⑤는 이 화제문의 내용을 구체적으로 보여 주는 뒷받침 문장들이라고 할 수 있다.

문단이 통일성을 유지하기 위해서는, 다음과 같은 사항이 지켜져야 한다.

① 화제가 명확하고 단일한 개념으로 한정되어야 한다.

② 문단을 구성하는 모든 문장들의 내용이 한정된 화제를 향하여 집중되어야 한다.

③ 화제에 적합하지 않은 내용은 모두 삭제되어야 한다.

3단계 유사문제

'통일성 파악' 해결능력을 배양하기 위한 심화학습

01 ㉠~㉤ 중, 단락의 통일성을 해치는 문장은?

> 그는 부지런한 학생으로 소문이 나 있다. ㉠ 무릇 머리가 영리한 사람은 자기 재주만 믿고 게으름을 피우는 일이 있다. ㉡ 그러나 그는 머리가 명석한 편인데도 쉴새 없이 공부를 한다. ㉢ 그는 아침에 일찍 등교해서 밤늦게까지 자리를 거의 떠나지 않고 공부를 한다. ㉣ 교실 청소나 그 밖의 궂은 일을 앞장서서 하는 것도 그의 부지런한 성품을 반영하고 있다. ㉤ 또한, 그는 학급 문제를 해결하는 데 날카로운 의견을 제시하기도 한다.

① ㉠
② ㉡
③ ㉢
④ ㉣
⑤ ㉤

01_ 이 단락의 소주제는 '학생이 부지런하다.'이다. ㉤은 부지런한 성격이 아니라 이지적인 성격을 말하고 있다. 대등하다는 전제 위에 성립한다.

02 '노인을 보호·우대하고 일을 드려 사회에 참여시켜야 한다.'는 주제로 글쓰기를 할 때, 통일성을 해치는 글감은?

① 노인의 축적된 경험과 지혜 활용의 이점
② 일자리 마련을 통한 삶의 보람 부여
③ 정신적, 물질적 공경 방안
④ 기능과 체력이 노쇠함으로 인한 문제점 제시
⑤ 병약한 노인 보호의 당위성 강조

02_ 통일성은 주제와의 관련성 여부를 따져보아야 한다. 병약한 노인들을 보호하는 취지로 일거리의 제공은 주제에서 말하고자 하는 본질에서 벗어나는 내용이다.

03 다음 글을 퇴고하려고 할 때, '단락의 통일성'이라는 기준에 비추어 삭제하거나 다듬어야 할 부분은?

> ⓐ 우리 나라 청소년의 대부분이 성(性)에 대해 무지하거나 잘못된 생각을 하고 있다. ⓑ 그들은 친구나 선배 아니면, 성인 잡지, 도색 영화나 비디오, 상업 소설 같은 대중 매체를 통해 성을 배운다. ⓒ 그들은 성에 대한 건강한 인식을 갖기 이전에 타락한 성문화에 노출되고 체계적인, 그리고 꼭 필요한 지식보다는 청소년에게는 불필요하거나 오히려 해가 될 수 있는 것을 먼저 배운다. ⓓ 이제 봉건 시대의 성윤리를 강조하는 일은 없어야 한다. ⓔ 하루 속히 학교에서 체계적이고 올바른 성교육을 실시하여 이러한 폐단을 바로잡아야 한다.

① ⓐ
② ⓑ
③ ⓒ
④ ⓓ
⑤ ⓔ

03_ '학교에서 성교육을 실시해야 한다.'는 것이 요지다. 봉건적 성윤리는 요지와 관계가 멀어 통일성을 해치므로 삭제하는 것이 타당하다.

01 ⑤ 02 ⑤ 03 ④

The콕 제25강 제재를 통한 주제문 작성

1단계 유형학습

Q. **다음은 어떤 글을 쓰기 위한 자료들을 모아 놓은 것이다. 이들 자료를 바탕으로 쓸 수 있는 글의 주제는?**

> ㉠ 소크라테스는 '악법도 법이다.'라는 말을 남기고 독이 든 술을 태연히 마셨다.
> ㉡ 도덕적으로는 명백하게 비난할 만한 행위일지라도, 법률에 규정되어 있지 않으면 처벌할 수 없다.
> ㉢ 개 같이 벌어서 정승같이 쓴다는 말도 있지만, 그렇다고 정당하지 않은 방법까지 써서 돈을 벌어도 좋다는 뜻은 아니다.
> ㉣ 주요섭의 '사랑방 손님과 어머니'라는 작품은, 서로 사랑하면서도 관습 때문에 헤어져야 하는 청년과 한 미망인에 대한 이야기이다.

① 신념과 행위의 일관성은 인간으로서 지켜야 할 마지막 덕목이다.
② 도덕성의 회복이야말로 현대 사회의 병리를 치유할 수 있는 최선의 방법이다.
③ 개인적 신념에 배치된다 할지라도, 사회 구성원이 합의한 규약은 지켜야 한다.
④ 현실이 부조리하다 하더라도, 그저 안주하거나 외면하지 말고 당당히 맞서야 한다.
⑤ 부정적인 세계관은 결코 현실을 개혁하지 못하므로 적극적·긍정적인 세계관의 확립이 필요하다.

해결 과정

㉠~㉣은 법률, 도덕, 관습을 준수하는 행위로, 모두 인간의 행위가 사회적 규약의 제약을 받는다는 것을 서술하기 위한 내용에 해당된다.

정답 ③

2단계 배경지식 '제재를 통한 주제문 작성'을 풀기 위한 스키마 학습

1. 유형설명

이 유형은 소재들의 특성을 파악하여 일반화시켜 주제문을 만들어 내는 문제이다. 소재들의 공통점을 파악하고 일반화시켜 그 소재를 통해 나타내기에 적절한 주제를 파악하는 유형이다.

2. 학습초점

» 소재 하나 하나의 특성을 파악한다.
» 소재 내용을 파악하고 하나의 화제로 규합하는 능력을 기른다.

3. 학습내용

주제와 제재: 실제의 작문 과정에서는 주제를 표현하는 데 적절한 제재를 사용함으로써 글의 내용을 더 강하게 전달할 수 있다. 그러므로 주제와 제재의 관계는 상호 보완적이라고 할 수 있다.

3단계 유사문제 '제재를 통한 주제문 작성' 해결능력을 배양하기 위한 심화학습

01 다음에 열거된 내용들은 한 편의 글을 쓰기 위해 수집한 자료들이다. 글의 주제로 가장 적절한 것은?

보기

㉠ 한국의 전통 문화와 유산	㉡ 한국인의 가치관과 전래 무속
㉢ 충효 사상과 윤리 의식	㉣ 제사와 성묘 등의 조상 숭배
㉤ 남아 선호 풍습과 남존여비 사상	㉥ 가부장 중심의 권위주의 질서

① 한국인의 종교　② 한국인의 문화
③ 한국인의 철학　④ 한국인의 심성
⑤ 한국인의 풍습

01_ '한국인의 철학'이나 '한국인의 심성' 및 '한국인의 풍습'을 주제로 삼기에는 제시된 자료가 너무 특정 영역에 편중되어 있으며, '한국인의 종교'의 경우에는 관계 없는 자료들이 제시되어 있어 부적절하다.

01 ②

02_ 마지막 항목에 주의를 기울이면 경제 활동과 관련된 주장이 이어질 것이라는 판단을 할 수 있다. 결국, 노인의 취업 문제가 가장 구체적인 것이 될 것이다. 물음의 성격을 잘 보자. 가장 구체적인 것을 찾으라고 하고 있다. 노령 인구를 위한 대책이나 노인에 대한 사회적 책임은 지나치게 포괄적이다.

02 〈보기〉의 항목으로부터 제기될 수 있는 문제로 가장 구체적인 것은?

보기

- 인간의 평균 수명은 계속 길어지고 있다.
- 의학의 발달은 이런 현상을 점점 가속화하고 있다.
- 우리 나라에서도 노령 인구는 점점 증가한다.
- 직장에서의 정년은 60~65세이다.
- 노동을 할 수 있는 건강한 노인이 많아지고 있다.

① 노령 인구를 위한 대책
② 정년제의 재검토
③ 노동 인구의 감소에 따른 대책
④ 노인의 취업 문제
⑤ 노인에 대한 사회적 책임

03_ 어느 일방의 주장만을 담은 것이 아닌, 전체를 포괄하는 주제를 찾아야 한다. 소주제문들은 약사와 한의사의 독자적 영역을 존중하고 있으며, 그 각각에서 건전한 직업 윤리를 요구하고 있다.

03 〈보기〉의 소주제문들을 포괄하는 주제로 가장 타당한 것은?

보기

- 약사는 약을 조제할 수 있다.
- 건전한 약사 정신만이 환자의 신뢰를 얻을 수 있다.
- 한의학은 서양 의학과는 독립된 독자적인 체계를 가지고 있다.
- 국민 건강과 직결되는 의료계의 파업은 가능한 피해야 한다.

① 한약과 양약은 각각 한의사와 약사에 의해 조제되어야 한다.
② 병원은 진료 행위만 하고 약의 조제에 관여해서는 안 된다.
③ 한약도 약이므로 약사는 양약뿐 아니라 한약도 조제하여 판매하는 것이 마땅하다.
④ 약사와 한의사의 관계에 대한 명확한 인식이 있어야 한다.
⑤ 약사와 한의사의 양성 과정에서 도덕적 자질의 배양이 병행되어야 한다.

02 ④ 03 ⑤

제26강 서술상의 특징

1단계 유형학습

Q. 다음 글의 서술상 특징을 바르게 설명한 것은?

일반적으로 한 사람의 건강을 진단하기 위해 우리는 다음과 같은 몇 가지 검사를 실시한다. 우선 체온을 확인하고 혈액 등 각종 체액의 성분과 농도를 측정하며 체중의 유지, 신진 대사의 이상 여부를 살핀다. 그리고 신체의 모든 기관이 정상적인 모습을 지니고 정상적인 기능을 하는지 살펴보고, 특히 악성 종양(암세포 무리)과 같이 균형을 깨는 이상 현상이 나타나지 않는지 확인해 나간다.

이러한 기준에 따라 우리 온 생명을 검진해 보면 놀라운 사실을 발견하게 된다. 우선 지구의 평균 기온이 상승하고 있으며 지구상의 토양, 물, 대기 등의 성분과 농도들이 급격히 변함으로써 생존에 필요한 물리적 여건들이 크게 훼손되고 있다. 이는 말하자면 체온 상승, 체액 농도의 변화와 같은 이상 징후들에 해당하는 것이다.

그리고 대체 불능 자원들이 급격히 고갈되고 있으며 처리 곤란한 폐기물들이 적체되는 현상이 나타나고 있다.

이는 신체의 신진 대사에 이상이 생겨 신체 내의 필수 영양소가 소진되고 노폐물이 배설되지 않는 상황에 해당한다. 더욱 두드러진 증상은 지구상의 대다수 생물종들이 서식처를 잃고 이미 멸종하였거나 멸종 위기에 빠져 있다는 점이다. 이는 건강한 신체의 많은 기관들이 이미 절단되어 나갔거나 제 기능을 하지 못하는 상황을 의미한다. 온 생명을 구성하는 생물종은 마치 사람의 팔다리와 같은 기관들에 해당하는데 이들이 수없이 잘려 나가거나 기능을 잃고 있는 것이다. 마지막으로 이 모든 것의 원인이 드디어 적발된다. 인간이란 생물종이 이루는 이상 번영 현상이다. 신체의 각 부위에 암세포가 번성하고 있듯이 인간이 온 생명의 각 부위를 점유하면서 비정상적인 번영을 누리고 있는 것이다.

여기서 중요한 점은 인간이 온 생명 안에서의 자신의 위상을 파악하지 못하고 스스로 번영하는 것으로 착각하고 있다는 사실이다. 이것은 바로 인간이 암세포의 역할을 하고 있음을 말해 주는 것이다. 암세포라는 것은 본래 외부에서 침입한 병원균이 아니라 엄연히 신체에 속하는 자체 세포들로서, 오직 그 어떤 이유로 신체 안에서의 자신의 위상을 망각함으로써 자신이 지닌 생존기술을 무분별하게 활용하여 자신의 번영과 번식만을 꾀하는 세포들인 것이다.

물론 인간이 공해 문제를 비롯하여 온 생명의 병적 상황에서 오는 증상을 전혀 못 느끼고 있는 것은 아니다. 그러나 이 경우에도 이것이 온 생명의 병적 상황에서 오는 것이라는 근원적 진단에 이르지 못하며, 오직 문명의 발전에 부수되는 필요악 정도로 생각하고 있다. 그러므로 이것이 온 생명에 미치는 아픔을 느끼지 못하고 오직 인간에게 끼치는 불편만을 염려하는 것이다. 설혹 녹색 운동이나 공해 퇴치에 나서고 있으나 이는 어디까지나 '인간을 위한' 것이며 '인간에게 느껴지는' 증세만을 제거할 것을 목표로 하고 있다. 말하자면 암적인 증세에 대한 진통제적 처방이라 할 수 있다.

인간의 출현이 지구 생명 탄생 이후 35억 년 만에 처음으로 온 생명의 자의식을 일깨워 놀라운 우주사적 사건이었다면, 바로 이러한 능력을 부여받은 인간이 온 생명을 죽이는 암세포로 기능한다는 것은 너무도 역설적인 우주사적 비극이 아닐 수 없다.

현재로서 온 생명의 암적 사망이 구체적으로 어떠한 결과를 낳을 것인지 분명히 말하기는 어렵다. 이것이 단지 인간을 비롯한 지구상의 고등 생물종들의 멸망으로 끝날 것인지, 또는 지구상의 모든 생명이 완전하게 사라 자는 데까지 이를 것인지는 속단할 수 없다. 그러나 한 가지 분명한 것은 지능과 정신, 그리고 문화로 이어지는 지구 생명의 더없이 신비롭던 상황 전개는 온 생명의 암적 종말과 함께 영구히 다시 찾을 수는 없으리라는 것이다.

① 유추에 의한 설명을 바탕으로 자신의 논지를 전개해 나가고 있다.
② 단정적인 표현과 구체적 사례 제시를 통해 당위성을 강조하고 있다.
③ 자신의 입장과 상반되는 주장에 대한 비판을 통해 논지를 강조하고 있다.
④ 구체적 사실들이 지니는 특성의 공통점을 도출한 후 그 일반화를 꾀하고 있다.
⑤ 문제 상황이 지닌 문제점을 분석하고 이와 관련지어 그 해결 방안을 모색하고 있다.

해결 과정

자연 환경을 해치는 인간의 존재를 암적인 존재로 비유하여 말하고 있다. 이는 암의 속성과 인간의 속성이 유사하다는 것을 바탕으로 유추를 한 것이다.

정답 ①

2단계 배경지식

'서술상의 특징'을 풀기 위한 스키마 학습

1. 유형설명

이 유형은 글의 서술상의 특징을 묻는 문제이다. 즉 실용문이든 문학적인 글이든 글의 진술상의 특징을 지니게 되는데, 그 특징은 내용 전개와 논리 전개 방식, 수사법 등 많은 부분을 참고해야 한다.

2. 학습초점

» 표현의 특징을 파악한다.
» 구체적 진술과 일반적 진술, 반론 및 비판적 성격을 지녔는가를 파악한다.
» 내용을 정확히 파악한다.
» 각 단락의 내용이 전후 단락과의 관계 및 역할이 어떠한가를 살핀다.

3. 학습내용 – 글의 성격 및 표현상의 특징을 표현한 예문

(1) 실용적인 글의 예문

① 논리적 주장에 대하여 적절한 예시로서 설득력을 높여 주었다.
② 주로 귀납적 방법으로 글을 전개해 나갔다.
③ 주관을 배제하고 객관적으로 서술했다.
④ 비유적 표현이나 화려한 수식 없이 사실만을 직서적으로 서술했다.
⑤ 주로 예시에 의존해 구체성이 두드러진다.
⑥ 평이한 용어로 객관적인 기술 방식을 취했다.

(2) 문학적인 글의 예문

① 7·5조 3음보의 운율이 반복되고 있다.
② 각 시행들이 산문적인 서술 문장으로 이루어졌다.
③ 돈호법과 영탄법이 효과적으로 구사되었다.
④ 사물이나 현상의 구체성이 추상적인 의미나 가치로 비유되고 있다.
⑤ 장중, 고아하고 웅변적이다.
⑥ 영탄법과 대구법의 묘를 살렸고, 적절한 생략법의 구사로 문장의 멋을 더했다.

3단계 유사문제　'서술상의 특징' 해결능력을 배양하기 위한 심화학습

01_ 내적 준거에 따른 비판 – 언어 유희가 나타나 있는 부분이 아님에 유의하자.

01 다음 글을 읽고 표현상 특징으로 거리가 먼 것은?

운봉이 일어서며 "여보 본관장, 나는 떠나야겠소." 본관이 겁을 내야 운봉을 잡고, "조금만 지체허옵시오." "아니오, 나는 오날이 장모님 기고일(朞考日)이라, 불참 허였다가는 큰 야단이 날 것이니, 곧 떠나야겠소." 곡성이 일어서며, "여보 본관장, 나도 떠나야겠소." "아니, 곡성은 다 웬일이오?" "나는 초학(初瘧)이 들어 오날이 직날이라 어찌 떨리던지 시방 떠나야겠소."

그때에 어사또난 기지갤 불끈, "에이, 잘 먹었다. 여보 본관 사또, 잘 얻어먹고 잘 놀고 잘 가오마는, 섬뜩허니 낙흥(落興)이오." 본관이 화를 내어, "잘 가든지 마든지 허지, 분요(奔擾)헌 통에 수인사라니?" "그럴 일이오. 우리 인연 있으면 또 만납시다."

어사또 일어서며 좌우로 살펴보니, 청패역졸(靑牌驛卒) 수십 명이 구경꾼같이 드믄듬성 늘어서 어사또 눈치를 살필 적에, 청패역졸 바라보고 뜰 아래로 내려서며 눈 한 번 끔쩍, 발 한 번 툭 구르고, 부채짓 까딱 허니, 사면의 역졸들이 해 같은 마패를 달같이 드러매고, 달 같은 마패를 해같이 드러매고 좌우에서 우루루루루…… 삼문을 후닥닥! "암행 어사 출두(暗行御使出頭)요!" "출도야!" "출도허옵신다!" 두세 번 외는 소리 하늘이 덥석이 무너지고, 땅이 툭 꺼지난 듯, 백일(白日)에 벽력(霹靂)이 진동허여 여름날이 불이 붙어 가삼이 다 타는구나.

각 읍 수령이 겁을 내야 탕건(宕巾) 바람 버선발로 대숲으로 달아나니, "통인아, 공사궤(公社櫃)!" "급창아, 탕건 줏어라!" 대도 집어 내던지고 병부(兵符) 입으로 물고 힐근실근 달어나며 난리 났네. 본관이 겁을 내야 골방으로 달아나며 통인의 목을 부여안고, "나를 살려라, 나를 살려라, 통인아, 날 살려라!" 혼불부신이 될 적에 역졸이 장난한다. 이방 딱! 공형 공방 후닥딱! "아이구 아이구 아이구 아이구 아이구, 나는 삼대 독신이오. 살려 주오. 어따, 이 몹쓸 아전(衙前)들이 좋은 벼실은 저희가 다 허고, 천하에 몹쓸 공방 시켜 이 형벌이 웬일이냐!" 공형 아전 갓철 대 부러지고, 직령(直領) 동이 떠나가고, 관청색(官廳色)은 발로 채여 발목 삐고 팔 상헌 채 천둥지둥 달아날제, 불쌍허다 관노 사령, 눈 빠지고 코 떨어지고, 귀 떨어지고 덜미 쳐서, 엎더지고 상투 쥐고 달아나며 난리 났네. 깨지나니 북장구요, 둥구나니 술병이라. 춤추던 기생들은 팔 벌린 채 달아나고, 관비난 밥상 잃고 물통이고 들어오며 "사또님, 세수 잡수시오.", 공방은 자리 잃고 멍석 말아 옆에 끼고, 멍석인 줄을 모르고 "워따, 이놈의 자리가 어찌 이리 무거우냐?"

① 의성어나 의태어 사용으로 묘사가 생동감이 넘친다.
② 대구, 열거, 반복의 수사법이 많이 사용되었다.
③ 일상적 동작이 언행을 전도시켜 웃음을 유발시켰다.
④ 과장적이고 회화적인 표현이 많다.
⑤ 언어 유희적인 표현으로 해학성을 높이고 있다.

01 ⑤

02 다음 글의 내용 전개상 특징을 바르게 말한 것은?

서구의 과학적 합리주의를 탄생시킨 영국의 산업혁명은 역사 전개의 과정에서 돌연변이적인 현상이며 그 현상은 문화사 발전에 긍정적인 면과 부정적인 면을 동시에 공존시키고 있다. 긍정적인 측면은 과학적 합리주의가 산업 기술을 개발시켜서 인간에게 물질적으로 풍부한 사회를 건설하여 주었다고 하는 점일 것이다. 그러나 부정적인 측면은 과학적 합리주의가 기계 문명의 발달을 더욱더 급진전시킬 것을 요구하고 있기 때문에 그 과정에서 인간의 권위가 상실되고 만다는 점이다. 다시 말하자면, 인간의 생활에 더욱 편리함을 목적으로 기계 문명을 발달시키고 있는 본래의 의도가 없어지고, 인간의 가치가 물품을 생산하는 기계의 부속품보다는 낮게 평가를 받게 되어 존엄한 인간성을 상실시키고 있다는 점일 것이다.

그 존엄한 인간성의 상실 문제가 가져다 준 인간소외의 현상을 창출시킨 서구의 과학은, 유교 전통의 사상 체계에서 볼 때 기학(器學)으로 형이하의 말단 문제에 속하며, 그 과학보다 상위 개념으로 형이상의 근본 문제에 속하는 도학(道學)인 절대 정신의 세계가 있다. 유교적인 인식에서 볼 때 사물의 본(本)과 말(末)의 문제에 있어서 본의 문제를 먼저 해결하고 말의 문제를 나중에 해결하여야 이상적인 '도(道)'에 가까워질 수 있다. 이러한 관점에 초점을 맞추어 말한다면 인간을 중심으로 볼 때, 과학은 기학으로 이차적인 문제이며 인간성의 회복은 도학적 절대 정신의 일차적인 기본 문제라고 할 수 있다. 현대 사회에 있어서 서구의 과학적 합리주의는 본말이 전도된 가치관을 형성시켜 인간이 마땅히 누려야 할 자리를 빼앗고 있는 것이다.

인간의 권위를 위협하고 있는 것은 핵무기나 공해 문제 등을 열거할 수 있겠지만, 그것보다 더 무섭고 가혹하게 작용하고 있는 것은 서구의 과학적 합리주의가 만든 핵가족적 의식 구조와 물질 만능적 의식 구조이다. 유교적 가족 공동체의 윤리 질서에서 본다면 그러한 의식 구조가 인간의 권위를 위협하여 설자리를 빼앗고 있는 것이다. 환언하여 말하자면 유교적 대가족 제도가 붕괴하여 핵가족 공동체가 형성되고, 그 가운데에 노인이 젊은이에게 보호받을 수 없는 노인 복지 부재의 인간 소외 현상을 만들고 있는 것이다. 노인 문제는 현대 산업 사회의 가장 큰 병리 현상이라고 볼 수 있으며, 그 문제를 근본적으로 해결할 수 없는 과학적 합리주의는 윤리적 가치의 측면에서 비판이 되어야 한다고 생각한다.

① 인과 관계를 중심으로 문제의 경과를 밝혔다.
② 사실을 제시하고 이를 바탕으로 비판하고 있다.
③ 역사적 흐름에 따라 사건의 내용을 서술하고 있다.
④ 여러 가지 사실을 열거하여 사실의 종합적 이해를 추구하고 있다.
⑤ 사실의 객관적 제시로 논점을 유추하도록 하였다.

02_ 물질과 정신의 균형회복을 역설하고 있다.

02 ②

The콕 제27강 화자의 정서

1단계 유형학습

Q. 다음 글을 읽고 밑줄 친 부분과 비슷한 삶의 정서가 드러난 것은?

새해가 밝았구나. 남자라면 새해를 맞으면서 반드시 그 마음가짐이나 행동거지를 새롭게 생각해 보는 것이 중요하다.

나는 젊은 날에는 새해를 맞을 때마다 꼭 한 해 동안 해야 할 공부 과정을 계획해 보았었다. 예를 들면 무슨 책을 읽고 어떤 글을 뽑아 적어 두어야겠다는 식으로 계획을 세워 놓고 꼭 그렇게 실천하곤 했다. 왕왕 몇 개월이 못 가서 착오가 생겨 계획대로 되지 않을 때도 있었지만 아무튼 좋은 일을 행하고자 했던 생각이나 발전하고 싶은 마음은 없어지지 않아 많은 도움이 되었다.

내가 지금까지 너희들 공부에 대해서 무수히 많은 글과 편지를 보냈는데도 불구하고 너희는 아직 경전(經典)이나 예악(禮樂)에서 하나도 질문을 해 오지 않고 역사책에 관한 논리도 보여 주지 않고 있으니 어찌된 셈이냐? 너희들은 내 이야기를 그렇게까지 경시한단 말이냐? 내가 밤낮으로 초조하게 근심하며 돌아가고 싶어하는 것은 너희들의 뼈가 점점 굳어지고 신체만 굳세어져 한두 해 더 지나 버리면 완전히 나의 뜻을 저버리고 야만적인 생활에 빠져 버리고 말 것이라는 초조감 때문이다. 지난해에도 그런 걱정 때문에 병이 나서 여름 내내 앓아 허송했고, 10월 이후에도 계속 마음이 놓이질 않았다. 마음 한가운데에 반 조각의 정성이라도 있다면 아무리 난리 속이라도 반드시 진보할 점이 있는 법인데 너희들은 집에 책이 없느냐, 어째서 스스로 포기를 하려 드느냐, 영원히 폐족(廢族)으로 지내 버릴 작정이냐?

너희 처지가 비록 벼슬길이 막혔다 하더라도 성인(聖人)이 되는 일이야 꺼릴 것이 없지 않느냐. 문장가가 되는 일이나 박식한 선비가 되는 일은 꺼릴 것이 없지 않느냐. 꺼릴 것이 없는 것만이 아니라 과거 공부하는 사람들이 빠지는 잘못에서 벗어날 수도 있고, 사고하는 능력을 개발해 인정(人情)이나 물태(物態)의 진실과 거짓을 옳게 판단할 수 있는 장점도 지니고 있는 것이다.

그런 까닭에 선배로서 율곡과 같은 분은 어버이를 일찍 여의었음에도 그 어려움을 참고 견디어 얼마 안 있다 마침내 지극한 도(道)를 깨우쳤고, 우리 집안의 선조 우담(愚潭) 선생께서도 세상 사람들의 배척을 받고서 더욱 덕이 높아졌다. 성호(星湖) 선생께서도 난리를 당한 집안에서 태어나 이름난 유학자가 되었으니, 이분들 모두가 당대의 고관대작 집안의 자제들이 미칠 수 없는 훌륭한 업적을 남겼음을 너희들도 일찍부터 들어오지 않았느냐?

폐족에서 재주 있고 걸출한 선비가 많이 나오는 것은, 하늘이 재주 있는 사람들을 폐족에서 태어나게 하여 그 집단에 모범이 되게 하려는 것이 아니다. 부귀영화를 얻으려는 마음이 근본 정신을 가리지 않아 깨끗한 마음으로 독서하고 궁리하여 진면목을 바르게 뼛속에다 심을 수 있기 때문이다.

내가 유배 생활에서 풀려 몇 년간이라도 너희들과 생활할 수만 있다면 너희들의 몸과 행실을 바르게 잡아 주어 효제(孝悌)를 숭상하고 화목 하는 일에 습관 들게 하며 경사(經史)를 연구하고 시례(詩禮)를 담론하면서 책을 서가에 진열하고 먹을 만큼만 식량을 비축해 두고, 원포(園圃-과일이나 채소를 심는 뒤뜰)에 상마(桑麻), 소과(蔬果), 화훼(花卉), 약초(藥草) 등을 심어 제자리에 가지런히 해 놓고, 그것들이 무성하게 자라나는 것을 볼 것이다.

마루에 오르고 방에 들면 거문고가 놓여 있고, 조촐한 주안상이 차려져 있으며, 붓과 벼루, 책상, 도서들이 품위 있고 깨끗하게 갖추어져 있을 때 마침 반가운 손님이 찾아온다. 그와 더불어 <u>작은 닭 한 마리에 개천의 생선을 안주 삼아 탁주 한 잔에 맛있는 풋나물을 입에 넣고, 가산(家産)의 어려움으로 넉넉지 않더라도 서로 어울려 고금의 일에 정신을 쏟고 흥겹게 산다면</u> 비록 폐족이라 하더라도 판단력 있는 사람들이라면 모두 그 삶을 부러워할 것이다.

이렇게 1~2년의 세월이 흐르다 보면 반드시 중흥(中興)의 여망이 비치게 될 것이 아니겠느냐? 이 점 깊이 생각해 보도록 하여라. 이런 일조차 하지 않을 것이냐?

① 頭流山(두류산) 兩端水(양단수)를 녜 듯고 이제 보니,
桃花(도화) 뜬 맑은 물에 山影(산영)조ᄎᆞ 잠겻셰라.
아희야, 武陵(무릉)이 어듸오 나ᄂᆞᆫ 옌가 ᄒᆞ노라

② 말 업슨 靑山(청산)이요, (態)태 업슨 流水(유수)ㅣ로다.
갑 업슨 淸風(청풍)이요, 님ᄌᆞ 업슨 明月(명월)이라.
이 中(중)에 病(병) 업슨 이 몸이 分別(분별)이 업시 늙으리라.

③ 靑山裏(청산리) 碧溪水(벽계수)야, 수이 감을 자랑 마라.
一到滄海(일도창해)하면 돌아오기 어려오니,
明月(명월)이 滿空山(만공산)하니 쉬어 간들 어떠리?

④ 盤中(반중) 早紅(조홍)감이 고와도 보이나다.
柚子(유자)ㅣ 아니라도 품엄 즉도 하다마난,
품어 가 반길 이 없을새 글로 설워하나이다.

⑤ 짚 方席(방석) 내지 마라, 落葉(낙엽)엔들 못 앉으랴.
솔불 혀지 마라, 어제 진 달 돋아 온다.
아희야, 薄酒山菜(박주산채)ㄹ망정 없다 말고 내어라.

해결 과정

밑줄 친 부분에는 '부귀와 공명에 초연한 安分知足(안분지족)의 자세'가 드러나 있다.

① 조식의 시조 - 자연 귀의를 노래, ② 성혼의 시조 - 자연에의 동화를 노래, ③ 황진이의 시조 - 인생무상을 자연의 이치에 비유, ④ 박인로의 시조 - 돌아간 어버이를 생각하며 읊은 시조, ⑤ 한석봉의 시조 - 자연과 벗하여 살아가는 안분지족을 노래.

✓ 정답 ⑤

2단계 배경지식
'화자의 정서'를 풀기 위한 스키마 학습

1. 유형설명
이 유형은 작품에 등장하는 화자의 기분 및 느낌을 묻는 문제이다. 화자가 작품 속에서 어떤 심리적 상태에 머물러 있는가를 알기 위해서는 먼저 작품의 전체적 분위기를 파악해야 한다. 또한 주제와도 밀접한 관련을 맺고 있음에 유의한다.

2. 학습초점
» 작가의(주인공, 시적 자아)의 정서나 심리 상태를 파악하고 그것을 다른 상황에 적용할 줄 알아야 한다.
» 정서나 심리는 작품의 전체적 분위기와 밀접하게 관련되므로 먼저 분위기를 파악해야 한다.

3. 학습내용 – 화자의 정서(emotion)
정서(情緖)란 보다 높은 차원으로 승화되거나 정제된 인간의 감정을 말한다. 즉 사람은 어떤 사물을 접했을 때 여러 가지 감정을 가지게 된다. 희노애락(喜怒哀樂)·애증(愛憎)·공포·쾌고(快苦) 등이 정서이며 의식적으로는 강한 감정이 중심이 된다. 특히 생활의 욕구가 충족되고 안 되는 데에 따라 나타나는 심리적 반응인 기쁨, 슬픔, 사랑, 미움, 분노, 불안 쾌감, 불쾌감 등의 정서가 반응한다. 여기서 '화자의 정서'란 시적 화자의 마음 상태를 나타내는 것으로 시의 분위기 및 어조와 밀접한 관련을 맺고 있다.

3단계 유사문제
'화자의 정서' 해결능력을 배양하기 위한 심화학습

01_ 제시된 시는 죽은 아이에 대한 상실감과 그리움을 절제된 시어로 표현하고 있다.
① 이병기의 '비'(시조), ② 조지훈의 '봉황수', ③ 조지훈의, '고풍 의상', ④ 김소월의 '진달래꽃', ⑤ 정희성의 '저문 강에 삽을 씻고'

01 다음 글의 정서와 가장 가까운 것은?

> 유리에 차고 슬픈 것이 어른거린다.
> 열없이 붙어 서서 입김을 흐리우니
> 길들은 양 언 날개를 파닥거린다.
> 지우고 보고 지우고 보아도
> 새까만 밤이 밀려나가고 밀려와 부딪히고
> 물먹은 별이, 반짝, 보석처럼 박힌다.
> 밤에 홀로 유리를 닦는 것은
> 외로운 황홀한 심사이어니,
> 고운 폐혈관이 찢어진 채로
> 아아, 너는 산(山)새처럼 날아갔구나!

① 짐을 매어 놓고 떠나려 하시는 이 날
어둔 새벽부터 시름없이 내리는 비
내일도 나리 오소서, 연일(連日) 두고 오소서.

② 품석(品石) 옆에서 정일품(正一品) 종십품(從十品) 어느 줄에도 나의 몸둘 곳은 바이없었다. 눈물이 속된 줄을 모를 양이면 봉황새야 구천(九天)에 호곡(呼哭)하리라.

③ 살살이 퍼져 나린 곧은 선이
스스로 돌아 곡선(曲線)을 이루는 곳.
열두 폭 기인 치마가 사르르 물결을 친다.

④ 영변(寧邊)에 약산(藥山)
진달래꽃
아름 따다 가실 길에 뿌리우리다.

⑤ 흐르는 물에 삽을 씻고
먹을 것 없는 사람들의 마을로
다시 어두워 돌아가야 한다.

02 밑줄 친 부분과 유사한 정서를 담고 있는 것은?

> 생사(生死) 길은
> 예 있으매 머뭇거리고,
> 나는 간다는 말도
> <u>못다 이르고 어찌 갑니까.</u>
> 어느 가을 이른 바람에
> 이에 저에 떨어질 잎처럼,
> 한 가지에 나고
> 가는 곳 모르온저.
> 아아, 미타찰(彌陀刹)에서 만날 나
> 도(道) 닦아 기다리겠노라.

① 세월이여! / 소금보다 짜다는
인생을 안주하여 / 주막을 나서면,
노을 비낀 길은 / 가없이 길고 가늘더라만

② 가을에도 / 기도하게 하소서…….
낙엽(落葉)들이 지는 때를 기다려 내게 주신
겸허(謙虛)한 모국어(母國語)로 나를 채우소서.

③ 그러나 이별을 쓸데없는 눈물의 원천(源泉)을 만들고 마는 것은 스스로 사랑을 깨치는 것인 줄 아는 까닭에, 걷잡을 수 없는 슬픔의 힘을 옮겨서 새 희망의 정수박이에 들어부었습니다.

02 밑줄 친 부분에는 죽은 자(누이)에 대한 아쉬움, 안타까움의 정서가 담겨 있다.
① 김용호의 '주막에서', ② 김현승의 '가을의 기도', ③ 한용운의 '님의 침묵', ④ 조지훈의 '승무', ⑤ 서정주의 '귀촉도'

01 ④ 02 ⑤

④ 휘어져 감기 우고 다시 접어 뻗는 손이
깊은 마음 속 거룩한 합장(合掌)인 양하고,
이 밤사 귀또리도 지새우는 삼경(三更)인데,
얇은 사(紗) 하이얀 고깔은 고이 접어서 나빌레라.

⑤ 흰 옷깃 여며여며 가옵신 님의
다시 오진 못하는 파촉(巴蜀) 삼만 리
신이나 삼아 줄 걸 슬픈 사연의
올올이 아로새긴 육날 메투리
은장도(銀粧刀) 푸른 날로 이냥 베어서
부질없는 이 머리털 엮어 드릴걸.

03 시의 전체적 정서는 사랑, 그리움, 기다림 등이다. 이별의 정서는 그리움 등을 가져오게 하는 부분적인 정서이다.

03 **다음 시어들 중 시의 전체 정서를 대변하고 있는 것은?**

> 우리들의 사랑을 위하여서는
> 이별이, 이별이 있어야 하네.
>
> 높았다 낮았다 출렁이는 물살과
> 물살 몰아갔다 오는 바람만이 있어야 하네.
>
> 오! 우리들의 그리움을 위하여서는
> 푸른 은하(銀河)물이 있어야 하네.
>
> 돌아서는 갈 수 없는 오롯한 이 자리에
> 불타는 홀몸만이 있어야 하네!
>
> 직녀(織女)여, 여기 번쩍이는 모래밭에
> 돋아나는 풀싹을 나는 세이고…
>
> 허이연 허이연 구름 속에서
> 그대는 베틀에 북을 놀리게.
>
> 눈썹 같은 반달이 중천에 걸리는
> 칠월 칠석(七月七夕)이 돌아오기까지는,
>
> 검은 암소를 나는 먹이고,
> 직녀(織女)여, 그대는 비단을 짜세.

① 베틀 ② 이별
③ 그리움 ④ 홀몸
⑤ 은하(銀河)물

03 ③

제28강 내용 및 단락 나누기

1단계 유형학습

Q. 다음 글을 네 부분으로 나눌 때, 바르게 표시한 것은?

(가) ‘일탈(deviance)’이란 우리에게 다소 생소하게 들리는 용어이다. 일탈의 사전적인 의미는 궤도에서 벗어나고 빗나간 상태인데, 흔히 탈선 또는 이탈과 비슷한 내용으로 쓰인다. 그러나 사회학적 전문 용어로서의 일탈은 일탈적인 행위와 행동을 지칭할 때에 사용한다.

(나) 어느 사회나 그 존속을 위하여 제도화되거나, 또는 제도화되지는 않았다 하더라도 사회적으로 강제되고 있는 행동의 규범의 체계를 가지고 있고, 이 체계에서 벗어날 경우, 그 사회는 집단적으로 이에 제재를 가하게 된다. 이 규범 체계에서 벗어난 사람은 일탈 행위자로 규정되고, 규범에서 벗어난 행동은 일탈 행위로 지칭된다. 일탈 행위자가 명문화된 사회 규범을 어겼을 경우, 그는 범법자 또는 범죄자로 규정되어 응분의 법적 조치를 받게 된다.

(다) 사회학자들은 일탈 행동은 행동 그 자체가 갖는 내재적 특성에 의해 규정되는 것이 아니라, 그 행동의 발생 상황에 따라 판단된다고 생각한다. 예를 들어, 비키니 차림의 젊은 여자가 한여름 바닷가 모래밭을 거닐고 있는 행위는 극히 자연스럽고 정상적이지만, 같은 여자가 동일한 차림으로 서울의 종로 거리를 활보하고 다닌다 할 경우, 우리는 모두 이 행동을 자연스럽다기보다는 변태적인 것으로 생각하게 될 것이다.

(라) 문화의 상대성은 일탈 행동을 보는 눈에도 적용된다. 즉 문화의 차이가 일탈 여부를 결정지을 수 있다. 몇 년 전 미국에 이민 간 30대 후반의 한 한국 교포가 겪는 수난의 예를 한 번 들어보자. 그 교포는 6~7세 된 어느 백인 어린이가 귀여운 나머지 “어디 고추 한 번 보자.”라고 말하면서 만지려 하였다. 이때 그 어린이는 기겁을 하고 그의 어머니에게로 달려가 “어떤 동양 아저씨가 이상한 행동을 해.”라고 일러 바쳤다. 그러자 그 어머니는 즉시 경찰에 신고하였고 그 교포는 현장에서 체포되었다. 만약에 그 교포가 동일한 행동을 한국에서 하였더라면 그 행동은 지극히 정상적인 것으로 생각되었을 것을, 미국 문화권에서였기 때문에 상당히 심각한, 즉 형사 처벌까지도 받게 되는 행동으로 간주되었던 것이다.

(마) 우리는 ‘비키니 차림으로 걷는 행동’과 ‘고추를 보자고 한 행동’ 그 자체를 ‘일탈적이다’ 또는 ‘동조적이다’라고 말하기는 힘들다. 다시 말하면, 동일한 행동이 지극히 동조적일 수도 있고, 일탈적일 수도 있는데, 이는 그 행동이 발생하는 사회적 여건과 상황에 따라 그 행동의 일탈 여부가 결정되기 때문이다.

(바) 일탈을 규정하는 기준은 시간에 따라 변할 수 있다. 일탈 여부가 사회적으로 규정된다는 말은 사회의 규범 체계가 시간에 따라 변화할 수 있다는 것이고, 따라서 일탈을 정의 내리는 사회적 기준도 또한 시간에 따라 변화하게 된다. 그렇기 때문에 어떠한 행동도 본질적으로 '일탈이다 아니다'라고 평가하기는 힘들다. 한 시대에 일탈로 생각되었던 행위라 할지라도 그 다음 시대에는 극히 새롭고 개혁적인 행위로 받아들여지는 예는 얼마든지 볼 수 있다.

(사) 그러므로 일탈 행동이란 한 개인이 구체적으로 무엇을 했는가에 의해 규정되는 것이 아니라 어떠한 상황에서 이것이 발생하고 그 사회의 성원들이 그 행동을 어떻게 보느냐에 따라 좌우되는 것이다. 동일한 행동이라도 관련된 맥락에 따라 일탈적일 수도 있고 정상적일 수도 있다는 점을 재차 강조해 두고자 한다.

① (가) / (나)~(라) / (마), (바) / (사)
② (가) / (나), (다) / (라)~(바) / (사)
③ (가), (나) / (다), (라) / (마), (바) / (사)
④ (가), (나) / (다)~(마) / (바) / (사)
⑤ (가)~(다) / (라) / (마) / (바), (사)

해결 과정

(가), (나): 일탈의 개념, (다)~(마): 일탈 행동의 사회적 차이, (바): 일탈 기준의 시간적 변화성, (사): 일탈에 대한 다양한 관점. (다)~(바)는 일탈 여부의 판단이 사회적 상황과 시대에 따라 다름을 보여 준 것이고 (사)는 앞의 내용을 요약한 것이다.

정답 ④

2단계 배경지식

'내용 및 단락 나누기'을 풀기 위한 스키마 학습

1. 유형설명

좋은 글이 되기 위해서는 통일성의 원리를 지켜야 한다. 통일성의 원리는 글의 주제와 그 주제를 뒷받침하는 모든 재료들이 내용상으로 일치해야 한다는 것을 말한다. 통일성의 원리는 글 전체를 구성할 때는 물론이고 문단을 구성할 때에도 반드시 지켜야 하는 원리이다. 내용 및 단락의 내용에 따라 유사한 내용끼리 묶고 나눌 수 있는가를 묻는 유형이다.

2. 학습초점

» 내용을 나눌 때는 처음, 중간, 끝 또는 앞부분, 뒷부분으로 유사한 단락끼리 묶어 본다.
» 단락을 나눌 때는 두 개의 주제가 들어 있는 것으로 화제가 어디에서 바뀌는가를 살핀다.
» 다음의 단락 나누기의 요령을 기억해야 한다.

3. 학습내용 – 단락 나누기의 요령

(1) **단락의 개념**: 하나의 중심 생각에 묶일 수 있는 문장들의 집합

(2) **단락의 통일성과 완결성**

① 하나의 단락은 하나의 중심 생각과 그를 뒷받침하는 문장들로 이루어진다. 통일성이란 뒷받침 문장들이 중심 생각을 초점으로 하여 집약되는 성질을 말한다. 그리고 뒷받침 문장들은 중심 생각을 드러내기에 충분할 만큼 동원됨으로써 한 단락 내에서 하고자 하는 논의를 완결시킬 수 있어야 한다. 이를 완결성이라고 한다.

② 중심 생각은 일반적이고 추상적인 말로 진술되어 있는 것이 보통이고, 뒷받침 문장은 구체적이고 제한적인 진술로 되어 있는 것이 보통이다.

③ 구체적 진술의 방법으로는 부연(상세화), 예시, 비유, 인용, 가정, 비교, 대조 등이 있다.

(3) **단락을 나누는 방법**

① 전체의 주제를 먼저 파악한다.

② 통독을 통하여 글이 몇 가지의 이야기를 하고 있는지를 파악하여 크게 나눈다.

③ 크게 나눈 것을 다시 잘게 나누어 간다.

④ 나누어 갈 때 참고해야 하는 것은 다음의 것들이다.

㉠ **화제 파악**: 단락이 나누어지는 것은 기본적으로 화제가 달라지기 때문이다. 하나의 생각을 펼쳐 나가다가 다른 화제로 전환이 이루어질 때 단락이 나누어지는 것이다. 긍정에서 부정으로, 전제에서 본론으로 바뀌는 대목 같은 데서 단락이 나누어진다.

㉡ **접속어**: 일반적으로 접속어들은 단락이 나누어지는 지표가 될 수 있다. 그러나 언제나 그런 것은 아니라는 점을 명심해야 한다. 오히려 접속어가 함정이 될 수 있다.

㉢ **지시어**: 지시어는 앞에 나온 어휘를 대신하여 쓰는 말이다. 어떤 어휘가 계속하여 지시어로 대신 쓰인다면 단락을 나눌 수 없는 것이 보통이다. 특히 '이' 혹은 '이것'과 같은 지시어는 같은 단락 내에서 쓰일 수 있는 지시어이다.

㉠, ㉡, ㉢ 중에서 오직 하나, 믿을 수 있는 것은 '화제 파악'을 통한 단락 나누기이다.

01_ 이 글은 장자의 '풍류성과 천재적 상상력'이란 두 가지 내용으로 이루어져 있다. 필자에 따르면, 장자의 풍류성은 남방의 절묘한 풍경에 영향을 받은 것이고 그의 천재적 상상력은 그 같은 자연 속에서 지낼 수 있었던 기회를 제공받았기 때문에 가능했던 것이다.

01 ④

3단계 유사문제

'내용 및 단락 나누기' 해결능력을 배양하기 위한 심화학습

01 다음 글을 내용상 두 단락으로 나눌 때, 그 위치로 알맞은 곳은?

장자(莊子)의 고향인 몽현은 중국의 동남부에 위치한 하나의 조그마한 지방이다. 그곳에는 장자가 고기를 낚았다는 맹저택(孟渚澤)이란 연못이 있다. 그리고 중원으로 통하는 요로인 문수(汶水)가 있고 수십 리를 뻗어 있는 동산이 있다. 위대한 재자(才子) 장주는 이렇게 산 좋고 물 맑은 아름다운 자연의 품에서 자랐던 것이다. ∨㉮ 강남에는 재사가 많다는데 지리적인 원인을 살펴보면 이 말이 하나도 거짓이 없다는 것을 알 수 있다. ∨㉯ 중국의 북방은 모두 평야에서 백성들은 대부분 농업을 위주로 삼는다. 그러므로 거기에서 나오는 인재들도 공자와 묵자와 같이 모두 비교적 질박한 덕성을 갖추고 있다. ∨㉰ 그러나 남방은 강과 하천이 종횡으로 흘러 절묘한 풍경을 이루고 있기에 그것에서 나오는 인물들도 또한 장자와 같이 풍류를 즐길 줄 아는 사람들이다. ∨㉱ 공자를 보면, 그는 어렸을 때 창고 속에서 장부나 기입하고 목장에서 소떼나 지키는 무미건조한 일만을 하였던 것이다. 그러나 장자는 몇 천 묘(묘)나 되는 넓은 칠원(漆園)에서 일을 하며 하루 종일 푸른 나무와 훨훨 나는 새들을 벗삼으며 지냈던 것이다. 이렇듯 자연의 생기를 마시며 자라는 가운데에서 상상력은 무한히 자라났다. ∨㉲ 그의 우화 속에 나오는 대상은 모두가 붕새, 참새, 수목 등이며 또한 환상 속의 지인(至人), 진인(眞人) 등은 모두 괴상 망칙한 사람들로서 가슴이 튀어나오지 않았으면 귀가 없거나 하였으니, 자연이 이 천재에게 끼친 영향이 얼마나 깊었나 하는 것을 우리는 알 수 있다.

① ∨㉮
② ∨㉯
③ ∨㉰
④ ∨㉱
⑤ ∨㉲

02 다음 글을 소주제에 따라 재구성한다고 할 때, 가장 알맞은 것은?

(가) 말과 생각은 서로 밀접한 관련이 있으나 동질적인 것은 아니다. 양자의 관련에 대해서는 자고로 많은 이들이 관심을 나타낸 바 있다.

(나) 칼 야스퍼스는 "우리는 말과 더불어 비로소 생각할 수 있다."고 하여 말과 생각은 서로 분리될 수 없다고 보았다. 볼노우도 "말은 생각의 통로"라고 말했다. 곧 생각은 마치 말이 마련하는 물길을 따라 흘러가는 물과 같다고 하였다. 이러한 견해는 지나친 데가 있다. 말과 생각의 관련성을 강조한 것은 이해가 가나 양자가 동질적인 것이라고 보는 데는 무리가 있다. 왜냐하면 말을 못 하는 동물에게서도 지적인 행동이나 사고 작용에 비길 만한 점이 발견되기 때문이다. 예를 들어, 켈러라는 사람은 침팬지가 높은 데 매달린 먹이를 손에 넣으려고 궤짝을 쌓기도 하고 2개의 장대를 잇는 행동을 관찰한 바가 있다. 이러한 행위는 미리 연습시킨 것도 아니며 또 쉽게 이루어진 것도 아니었다. 침팬지는 쓸모 없고 어리석은 시행착오를 거듭한 끝에 한 때 그 일을 완전히 포기하여 버리고 말았었다. 그러다가 그는 갑자기 이 일을 해낸 것이다. 포기하고 있는 동안에 어떤 해결책을 찾아낸 것이다. 침팬지의 이와 같은 행위에 지적인 사고 작용이 끼여들지 않았다고 할 수는 없을 것이다. 말을 할 줄 모르는 침팬지가 이런 일을 해낸 것을 보면 생각이 말과 뿌리를 같이 한다고 볼 수는 없는 것이다.

(다) 또 갓난 어린이가 언어를 배우기 전이나, 초기에 보이는 반사 행위나 단순한 순환 운동 같은 것은 언어 없이 지적인 행위가 나타나는 경우라 볼 수가 있다. 내재어에 의한 사고 작용이 본격화되기 이전의 단순한 외재적 표현, 곧 한 낱말 문장이나 두 낱말 문장 등은 사고 작용과 밀접한 관련 없는 언어 행위에 속한다고 볼 수도 있다.

(라) 한편, 언어를 배우는 능력은 지적인 능력 곧 지능 지수 같은 것과는 관련이 없음이 일반적인 사실로 여겨지고 있다. 지능이 발달된 어린이가 언어를 빨리 배워 익히는 것도 아니요, 언어를 빨리 익히고 활발히 말하는 어린이가 지능 지수가 반드시 높은 것이 아님을 우리는 보아 오고 있다. 예를 들어, 수학적 두뇌가 명석한 아이가 오히려 말을 더디 배우는 수가 있는가 하면, 다른 지적 능력이 현저히 뒤떨어진다고 볼 수 있는 어린이가 말을 재빨리 배워서 재재거리는 일이 흔히 있다.

(마) 슬로빈(Slobin)이라는 심리학자도 이 문제와 관련하여 벙어리에 대한 실험 보고를 인용하고 있다. 곧 많은 벙어리 아이들은 말 배우기가 늦거나 거의 배우지 못하는 수가 많으나 지적 발달에서는 그렇게 심히 뒤떨어지지 않는다는 것이다. 물론 정상아보다 뒤지는 것은 사실이지만 그 기본적인 지적 능력에서는 극심한 차이는 없다는 것이다.

① (가), (나) / (다) / (라), (마)
② (가), (나), (다) / (라), (마)
③ (가) / (나), (다), (라) / (마)
④ (가) / (나), (다), (라), (마)
⑤ (가), (나) / (다), (라) / (마)

02_ (가)의 첫 문장이 주제문이다. 이를 뒷받침하는 근거가 (나), (다)이다. 그리고 (라)의 첫 문장이 소주제문이며 (마)는 이를 뒷받침하는 근거이다.

02

02 ②

The콕 제29강 독자의 반응

1단계 유형학습

Q. 다음 시에 대한 독자의 반응으로 가장 알맞은 것은?

바다에 끝없는
물결 위으로
내, 돌팔매질을 하다
허무에 쏘는 화살 셈치고서

돌 알은 잠깐
물 연기를 일고
금빛으로 빛나다
그만 자취도 없이 사라지다

오오 바다여!
내 화살을
어디다 감추어 버렸나

바다에
끝없는 물결은
그냥, 까마득할 뿐.

— 신석초, '돌팔매'

① 허무에 몰입되어 버린 사람을 만난 기분이군.
② 자연의 신비감이 매우 감각적으로 표현되었는데.
③ 싱싱한 젊음의 낭만이 넘치는 힘있는 시가 아닌가!
④ 옛것에 대한 향수가 너무 지나친 것이나 아닌지?
⑤ 인생의 무상성이 신선한 이미지로 극복되어 있어.

해결 과정

이 시의 주제는 '광활한 자연(바다) 앞에서 느끼는 허무함'이다. 각 연의 내용을 살펴보면 '1연-허무감에 대한 도전, 2연-무의미하게 끝나버린 허무에의 도전, 3연-자연의 거대한 힘에 대한 경이, 4연-인간적 허무감의 증폭'으로 요약할 수 있다.

✓ 정답 ①

2단계 배경지식 '독자의 반응'을 풀기 위한 스키마 학습

1. 유형설명

거의 모든 글은 어떤 독자를 예상하고 그 독자에 대해 어떤 영향을 주기 위한 목적으로 쓰여진다고 볼 수 있다. 훌륭한 독자는 필자의 글 속에서 글쓴이의 의도를 정확히 파악하고 반응한다. 즉 문학 작품이든 실용문이든 필자의 주장의 타당성과 모순점을 파악할 수 있는 능력을 평가하는 문형이다.

2. 학습초점

» 필자의 주장이나 쓰여진 글의 내용을 정확히 파악한다.
» 글의 내용이 교훈적인지, 설득적인지, 또는 모순점이 없는지를 정확히 파악한다.

02

3단계 유사문제 '독자의 반응' 해결능력을 배양하기 위한 심화학습

01 다음 글을 읽고 나올 수 있는 반응으로 적절하지 않은 것은?

지루하게 긴 생애를 살아
허리 굽은 노인이
종교를 믿지 않고
법원으로 간다.

아무도 반기지 않는 사무실마다
쌓여 있는 기록과 법령집들
미농지와 도장과 재떨이 사이에
법이 있으리라 믿으며
억울한 노인은 지팡이를 끌고
아득히 긴 회랑을 헤맨다.
법을 끝내 찾지 못하고
어두운 현관문을 나서며
노인은 드디어 깨닫는다
법원은 하나의 건물이라고
검사실과 판사실과 법정뿐만 아니라
구내 식당 다방 이발소 양복점이 있고
주차장에는 자동차들이 즐비한
법원은 호텔처럼 커다란 건물이라고.

① 소외당하고 있는 노인들을 사회적으로 보살펴야 한다
② 까다로운 법보다는 상식이 통하는 사회가 되어야 한다.
③ 삭막한 현대 문명 속에서 인간성을 회복해야 한다.
④ 사회 곳곳에 만연된 과소비 풍조를 시정해야 한다.
⑤ 권위주의적 관료주의는 우리 사회의 큰 골칫거리 중의 하나이다.

01_ 물질 문경 속에서 소외되는 인간을 형상화한 시이다. ④는 직접적인 비판의 대상이 아니다.

01 ④

02_ 밑줄 친 글은 "우리가 계승해야 할 민족 문화의 전통으로 여겨지는 것들이 과거의 인습을 타파하고 새로운 것을 창조하려는 노력의 결정이었다."에 대한 논거로 제시한 것이다.

02 필자의 의도를 고려할 때, 밑줄 친 글에 대해 독자가 보인 반응으로 가장 바람직한 것은?

한편, 우리가 계승(繼承)해야 할 민족 문화의 전통으로 여겨지는 것들이 연암의 예에서 알 수 있는 바와 같이, 과거의 인습을 타파(打破)하고 새로운 것을 창조하려는 노력(努力)의 결정(結晶)이었다는 것은 지극히 중대한 사실이다. 세종대왕(世宗大王)의 훈민정음(訓民正音) 창제 과정(創製過程)에서 이 점은 뚜렷이 나타나고 있다. 만일, 세종(世宗)이 고루(固陋)한 보수주의적(保守主義的) 유학자(儒學者)들에게 한글 창제의 뜻을 굽혔던들, 우리 민족 문화의 최대 걸작품(最大傑作品)이 햇빛을 못 보고 말았을 것이 아니겠는가?

원효(元曉)의 불교 신앙(佛敎信仰)이 또한 그러하다. 원효는 당시의 유행(流行)인 서학(西學, 당나라 유학)을 하지 않았다. <u>그 원효의 '화엄경소(華嚴經疏)'가 중국(中國) 화엄종(華嚴宗)의 제3조(第 三祖) 현수(賢首)가 지은 '화엄경 탐현기(華嚴經探玄記)'의 본이 되었다.</u> 원효는 여러 종파(宗派)의 분립(分立)이라는 불교계(佛敎界)의 인습에 항거(抗拒)하고, 여러 종파의 교리(敎理)를 통일(統一)하여 해동종(海東宗)을 열었다. 그뿐 아니라, 모든 승려(僧侶)들이 귀족(貴族) 중심의 불교(佛敎)로 만족할 때에, 스스로 마을과 마을을 돌아다니며 배움 없는 사람들에게 전도(傳道)하기를 꺼리지 않은, 민중 불교(民衆佛敎)의 창시자(創始者)였다. 이러한 원효의 정신은 우리가 이어받아야 할 귀중한 재산(財産)이 아닐까?

겸재(謙齋) 정선(鄭敾)이나 단원(檀園) 김홍도(金弘道), 혹은 혜원(蕙園) 신윤복(申潤福)의 그림에서도 이런 정신을 찾을 수 있다. 이들은 화보 모방주의 (畵譜模倣主義)의 인습에 반기(叛起)를 들고, 우리 나라의 정취(情趣)가 넘치는 자연(自然)을 묘사(描寫)하였다. 더욱이 그들은 산수화(山水畵)나 인물화(人物畵)에 말라붙은 조선시대의 화풍(畵風)에 항거(抗拒)하여, '밭가는 농부(農夫)', '대장간 풍경(風景)', '서당(書堂)의 모습', '씨름하는 광경(光景)', '그네 뛰는 아낙네' 등 현실 생활(現實生活)에서 제재(題材)를 취한 풍속화(風俗畵)를 대담(大膽)하게 그렸다. 이것은 당시에 있어서는 혁명(革命)과도 같은 사실이었다. 그러나 오늘날에는 이들의 그림이 민족 문화의 훌륭한 유산(遺産)으로 생각되고 있는 것이다.

요컨대, 우리 민족 문화의 전통은 부단(不斷)한 창조 활동(創造活動) 속에서 이어 온 것이다. 따라서, 우리가 계승(繼承)해야 할 민족 문화의 전통은 형상화(形象化)된 물건(物件)에서 받는 것도 있지만, 한편 창조적(創造的) 정신 그 자체(自體)에도 있는 것이다.

① 우리의 것을 소중히 여기는 태도가 정말 필요하구나!
② 야! 역시 우리 민족은 그 옛날부터 했다 하면 세계 일류였다.
③ 아니? 그럼, 원효가 실질적으로 화엄종을 개창한 인물이잖아?
④ 그래! 인습에 얽매이지 않아야 새로운 것을 창조할 수 있는 것이야.
⑤ 맞아! 자유로운 탐구 정신만 있다면 유학을 가지 않아도 되는 것이야.

02 ④

03 다음 글의 내용에 대한 독자의 반응으로 적절치 않은 것은?

> 당시의 타락한 카톨릭 교회에 대항하여 청교도라 불린 신교 세력의 이념은 기도와 같은 종교적 활동 외에 현실에서의 세속적 활동도 하느님의 뜻에 어긋나는 것이 아니라고 가르쳤다. 특히 정당한 방법으로 재산을 모은 것은 부지런하게 살았다는 증표이며, 오히려 하느님의 영광을 나타내 보인다는 것이었다. 기업의 이윤 추구는 하나님이 '소명'하신 것이며, 돈을 빌려주고 이자를 받는 일도 부도덕한 것이 아니었다. 재산은 중요한 미덕이므로 경제적 불평등은 정당화될 수 있었다. 근면한 사람은 부자인 것이 당연하고 게으른 사람은 가난뱅이일 수밖에 없다고 생각했던 것이다. 이러한 이념은 도시의 상공업적 경제 질서를 옹호해 주었으므로 한창 떠오르고 있는 시민 계급의 적극적인 호응을 받았다. 현세에서의 성공이 장차 천국의 문으로 들어갈 수 있는 입장권이라는데 반대할 자본가는 아무도 없었다.

① 당시 사회의 청교도들은 근면을 최대의 덕목으로 강조했겠군.
② 청교도들은 내세에서의 삶뿐만 아니라 현세에서의 성공도 중시했겠군.
③ 종교 개혁 당시 가난한 사람들은 게으르다는 비난을 받기 십상이었겠군.
④ 자본주의하에서 자본가들은 자신의 이윤 추구를 위해 최대한의 노력을 경주했겠군.
⑤ 자본주의하에서 모든 사람은 어느 정도의 부를 누리는 평등함을 가질 수 있었겠군.

03_ 자본주의에서는 경제적 불평등은 정당화된다고 하였으므로 ⑤와 같은 반응은 잘못된 것이다.

02

The콕 제30강 어휘의 일반화, 추상화 과정

1단계 유형학습

Q. 다음은 '아파트'라는 소재를 두고, 글쓰는 이가 자유 연상을 하는 과정을 나타낸 것이다. 연상이 전개될수록 그 의미가 일반화, 추상화되는 방향으로 나아간 것은?

① 아파트 → 건축물 → 도시
② 아파트 → 집 → 사랑(愛)
③ 아파트 → 개인주의 → 각박한 인심
④ 아파트 → 땅 → 돈
⑤ 아파트 → 상가(商街) → 인파(人波)

해결 과정

'아파트'는 '집'의 한 종류이므로 '집'은 '아파트'를 일반화한 것이며, '집'은 한 가족의 보금자리인데, 이 '가족'이란 사랑이 바탕이 된 소규모의 단위 집단이므로, '사랑'은 집이 지닌 하나의 속성에 해당하는 것이다. 따라서, '사랑'이란 '집'의 의미가 추상화된 것이다.

✓ 정답 ②

03 ⑤

2단계 배경지식 '어휘의 일반화, 추상화 과정'을 풀기 위한 스키마 학습

1. 유형설명

이 유형은 낱말의 상위 개념과 하위 개념, 또는 유개념(類槪念)과 종개념(種槪念)을 파악할 수 있는가와 어휘에 연결되는 추상화의 과정이 자연스러운가를 묻는 문제이다.

2. 학습초점

» 어휘의 관계를 알아야 한다.
» 어휘의 자연스러운 추상화 과정을 알아야 한다.
» 어휘의 일반화는 추상어가 되어서는 안되고, 추상화가 된 마지막 어휘는 추상어이어야 함을 살핀다.

3. 학습내용

일반화란 한 개념의 외연이 다른 개념의 외연을 완전히 포함하는 관계, 즉 두 개념 중 하위 개념인 '종개념'에서 상위 개념인 '유개념'으로 확장된 것이 '일반화'이다.

(1) 일반어와 특수어

① 일반어 : 특수어보다 상위 개념. 포괄적, 추상적
② 특수어 : 일반어보다 하위 개념. 개별적, 구체적

(2) 추상어와 구체어

① 추상어(抽象語) : 감각적으로 인지할 수 없는 관념적인 뜻을 가짐.
예 평화, 증오, 사랑 등
② 구체어(具體語) : 감각적으로 인지할 수 있는 대상을 가리킴.
예 집, 책상 등

3단계 유사문제

'어휘의 일반화, 추상화 과정' 해결능력을 배양하기 위한 심화학습

01 '접시'라는 소재를 두고 글쓰는 이가 자유 연상을 한다고 할 때, 연상이 전개될수록 그 의미가 일반화, 추상화되는 방향으로 나아간 것은?

①	접시	→	도구	→	기계
②		→	부엌	→	주부
③		→	그릇	→	인품
④		→	음식	→	요리사
⑤		→	비행접시	→	우주

02 다음은 '소나무'라는 소재를 두고, 글쓴이가 자유 연상하는 과정을 나타낸 것이다. 연상이 전개될수록 그 의미가 일반화, 추상화되는 방향으로 나아간 것은?

①	소나무	→	식수	→	식목일
②		→	상록수	→	일관성
③		→	기둥	→	대들보
④		→	땔감	→	연료
⑤		→	산	→	백두산

03 다음은 '나무'라는 소재를 가지고 글쓴이가 자유 연상한 과정이다. 그 의미가 구체화되는 방향으로 나아간 것은?

①	나무	→	열매	→	사랑
②		→	목공소	→	식탁
③		→	나이테	→	연륜
④		→	책상	→	학창 시절
⑤		→	식물	→	생명

04 다음은 '환경'이란 소재를 두고, 글을 쓰는 이가 자유 연상하는 과정을 나타낸 것이다. 연상이 전개 될수록 그 의미가 구체화, 특수화되는 방향으로 나아간 것은?

①	환경	→	오염	→	쓰레기 분리
②		→	교육	→	미래 사회
③		→	가정	→	사랑과 이해
④		→	자연	→	생태계
⑤		→	문화	→	정신 세계

02

01_ '접시'의 상위 개념에 해당하는 것으로 '도구'와 '그릇'이 있다. 여기서 인품(아량 – 깊고 너그러운 도량)은 '그릇'의 확장적 의미로 쓰이는 말이고 추상적 개념을 담은 것이지만, '기계'는 '도구'에 대한 추상적 개념에 해당하지 않는다.

02_ 소나무는 상록수의 일종이다. 또 상록수는 일년 내내 그 푸르름을 잃지 않는다는 점에 착안해야 한다. '소나무–땔감–연료'는 일반화 과정이 있기는 하지만, '소나무'에서 곧장 '땔감'으로 오는 일반화 과정이 다소 석연치 않고, '땔감'을 추상화한 것이 '연료'라고 하는 것도 매우 어색하다.

03_ 나무는 물론 구체적인 사물이지만, 그 나무로 만든 식탁도 구체적인 연상을 통해서 나타난 것이다. 다른 것들은 추상적인 방향으로 연상이 진행되었다.

04_ 구체화, 특수화한 것은 ①이고, 그 외에는 보다 추상화되는 방향으로 흘렀다.

01 ③ 02 ② 03 ② 04 ①

The콕 제31강 문장 또는 단락의 구조 분석

1단계 유형학습

Q. ⓐ-ⓔ의 관계를 잘 도식화한 것은?(⋯ 상술, = 예시, →(←) 인과, ↔ 대립)

ⓐ 20세기 후반에 들어오면서 제정 당시의 상황과는 상당히 달라진 과학 연구 방식에 따라 노벨상의 선정에 있어서 문제점들이 드러나기 시작했다. ⓑ 우선, 수상 분야에 문제가 있다. ⓒ 수학 분야가 빠진 것은 말할 것도 없고, 물리학과 화학 분야가 명시되는 바람에 지구 과학과 천문학은 계속 수상에 있어서 불이익을 받았다. ⓓ 이런 이유로 현대 수학의 공리적 기초를 세운 힐베르트, 저장 프로그램 전자 컴퓨터의 발달에 기여한 폰 노이만, 사이버네틱스를 창시한 위너가 노벨상과는 상관없는 인물이 되었고, 에딩턴이나 허블 같은 유명한 천문학자도 수상에서 제외되었다. ⓔ 죽은 사람에게는 수여하지 않는다는 규정도 문제라고 할 수 있다.

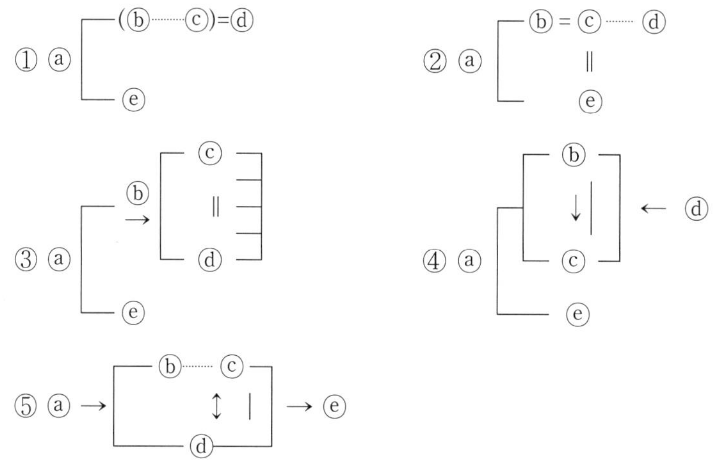

해결 과정

ⓐ는 '노벨상 선정의 문제점'이라는 소주제(문단의 주제)를 드러내는 주제문이며, 이러한 문제점을 구체적으로 제시한 ⓑ와 ⓔ는 대등한 관계에 있다. ⓒ는 ⓑ의 상술이며, ⓓ는 ⓒ의 예시이다. ⓓ는 ⓑ와 ⓒ에 대한 예시로 보아도 무방하다.

✓ 정답 ①

2단계 배경지식

'문장 또는 단락의 구조 분석'을 풀기 위한 스키마 학습

1. 유형설명

이 유형은 논리적 구조를 분석하는 문제이다. 문단 또는 문장 내의 문장들이 서로 어떤 관계로 짜이고 연결되어 있는가를 묻는 문제이다.

2. 학습초점

» 문장의 내용을 파악한다.
» 중심 화제가 무엇인가를 파악하고, 각 문장의 논리적 연결 관계를 파악한다.
» 각 문장에 쓰인 접속어를 통해 구조 관계를 파악한다.

3. 학습내용

논리적 구조를 묻는 문제를 푸는 열쇠는 중심 문장을 찾는 일이다. 나머지 문장은 전제나 근거, 부연, 상세화 등이다.

3단계 유사문제

'문장 또는 단락의 구조 분석' 해결능력을 배양하기 위한 심화학습

01 다음 글의 구조를 잘 나타낸 것은?

> (가) 인간의 고차적인 지적(知的) 기능(機能)으로서의 사고(思考)를 구명(究明)하는 학자들의 입장은 그 관점이나 강조점에 따라서 각기 다르게 나타난다. 이러한 입장의 차이는 비단 사고(思考)의 경우에만 나타나는 것은 아니다. 예컨대, 지능이나 태도의 개념을 정의하는 경우에도 마찬가지이다. 그런데 사고의 개념을 규명함에 있어서 많은 학자들이 견해를 같이하는 한 가지 사실은 사고의 과정을 '문제 해결의 과정'으로 본다는 점이다.
>
> (나) 그러나 사고를 문제 해결의 과정으로 보는 그 근본은 크게 두 가지로 구분된다. 그 하나는, 유기체와 환경 간의 불균형 상태를 균형 상태로 회복하려는 인간의 욕구가 사고를 유발시킨다는 입장이다. 이에 반해, 다른 한 입장에서는 앞의 입장은 인간이 자율적으로 어떤 지적 추구를 하려는 욕구를 과소 평가(過小評價)하는 것이라고 말하면서, 인간의 능동적인 지적 호기심이 사고(思考)를 유발한다고 보고 있다.
>
> (다) 듀이(Dewey)에 의하면 인간은 환경과 부단한 상호 작용을 하며 살아가는 유기체로서 당면한 문제 상황을 해결해 나갈 수 있는 능력을 갖고 있다는 것이다. 이 문제 상황이 유기체 내에 불균형 상태를 조성한다는 것이다. 듀이는 이 불균형 상태를 균형 상태로 돌이켜 놓기 위한 지적 활동을 사고(思考)로 보았다. 그리고 이러한 사고를 유발하는 힘이 균형을 다시 찾으려는 인간의 욕구라는 것이다.

01_ (가) 사고의 과정은 '문제 해결의 과정'이다. – 출발점. (나) 사고를 보는 관점은 크게 두 가지로 구분된다. – 문제 구분. (다) 듀이의 견해 : 균형을 되찾으려는 욕구 – 개념정리. (라) 샤크텔의 견해 : 내재적 필요에 의한 욕구 – 개념정리. (마) 사고를 구성하는 요소가 무엇인지 생각 해 보기로 하자. – 종합 및 새로운 문제 제기

(라) 그러나 샤크텔(Schaktel)에 의하면, 인간은 긴장을 해소하기 위해 행동할 뿐 아니라, 경험을 추구하는 탐구적(探究的) 욕망을 선천적으로 갖고 태어난다는 것이다. 이러한 욕망은 환경의 위협으로 인해 생겨나는 것이 아니라, 환경과 상호 작용을 하려는 인간의 내재적(內在的) 필요에 의해서 발생된다는 것이다. 이 입장은 교육에 두 가지 시사(示唆)를 줄 수 있다.

(마) 오래 전부터, 우리의 학교 교육에서도 탐구 학습에 대한 관심을 많이 가져왔다. 그러나 아직도 이러한 학습이 만족스럽게 이루어지지는 못하고 있다. 차제에 학생의 탐구력이나 사고력을 육성하기 위한 보다 효과적인 방안을 검토하는 일환으로 사고력을 구성하고 있는 본질적 요소들이 무엇인가를 생각해 보기로 하자.

① (가) — (나) — (다) ┬ (라) / └ (마)

② (가) ┬ (나) ┬ — (라) — (마) / └ (다) ┘

③ (가) — (나) ┬ (다) ┬ — (마) / └ (라) ┘

④ (가) ┬ — (다) — (라) — (마) / (나) ┘

⑤ (가) — (나) ┬ (다) / ├ (라) / └ (마)

01 ③

02 아래 글의 구조를 바르게 도식화한 것은?

(가) 물질 중에는 전류가 잘 통하는 도체와 전류가 잘 통하지 않는 부도체의 중간 정도가 되는 물질이 있다. 이러한 물질을 반도체리고 하는데, 규소나 게르마늄 등이 이에 속한다.

(나) 반도체의 가장 큰 응용 분야는 트랜지스터인데, 작은 전력으로도 그 효율이 대단히 높아 1950년대에 트랜지스터 라디오가 보급되면서 전자 산업에 커다란 변혁을 일으켰다. 또한, 컴퓨터는 이 트랜지스터를 이용하여 매우 소형화되었으며, 그 능력 역시 확대되어 기계의 자동화, 로봇 등 그 이용 범위가 점점 넓어지고 있는 상황이다.

(다) 1911년, 네덜란드의 과학자 오네스는 수은을 액체 헬륨으로 냉각해서 전기 저항을 조사하였더니, 절대 온도 0K(-273℃)보다 약간 높은 -269℃에서 저항이 사라져 버리는 현상을 발견하고 이를 초전도 상태라고 하였다. 그 후 많은 과학자들은 '만일 초전도의 성질을 가진 금속으로 전자석을 만들 수 있다면 전력 손실이 없는 전자석을 만들 수 있을 것이다.'라고 생각하며 무슨 보물찾기라도 하듯이 초전도 현상을 가진 금속을 찾기 시작하였다. 초전도 전자석을 사용하면 전력 손실을 크게 줄일 수 있으며 무엇보다도 전력을 저장할 수가 있다는 장점이 있다. 초전도 재료로 만든 대형 코일에 전기를 저장해 두면 시간이 아무리 지나도 전기량이 일정하게 유지되기 때문에 필요할 때 꺼내어 사용할 수 있는 것이다.

(라) 그 동안 과학자들은 초전도 현상을 가진 금속은 발견했으나, 워낙 낮은 온도(대략 -250℃ 이하)에서만 그 성질이 나타나므로 아직까지 특수 분야를 제외하고는 실용화하지 못하고 있다. 그러나 보다 높은 온도에서 초전도 현상을 나타내는 물질을 찾고 있던 중 1987년에 액체 질소보다 높은 온도(약 -173℃)에서 초전도 현상을 나타내는 물질이 발견되었다.

(마) 이러한 고온 초전도체의 개발은 앞으로 산업 발전에 크게 기여할 것으로 믿어진다.

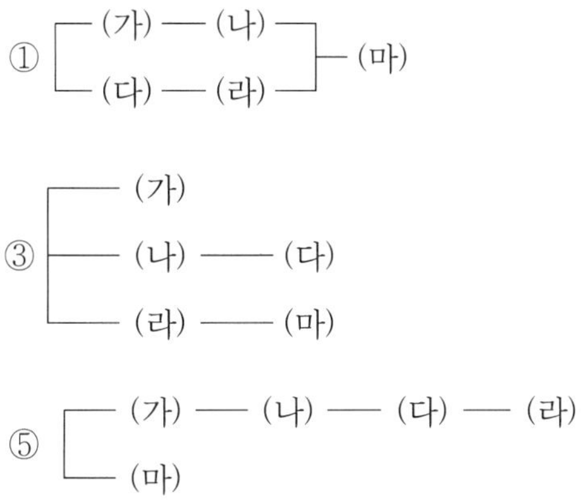

① [(가) — (나)], [(다) — (라)] — (마)

② [(가) — (나) — (다)], [(라) — (마)]

③ [(가)], [(나) — (다)], [(라) — (마)]

④ [(가) — (나)], [(다) — (라) — (마)]

⑤ [(가) — (나) — (다) — (라)], [(마)]

02_ (가)와 (나)는 반도체에 대한 개념과 효용성을 병렬적으로 설명한 글이고 (다)~(마)는 초전도체에 대한 설명이 병렬식으로 전개되고 있다.

02 ④

03_ 주어진 글은 서로 상반되는 주장인 ㉢과 ㉣을 통합하여 ㉤의 결론을 이끌어 내고 있는 변증법적인 논리 전개 방식을 취하고 있다. 그리고 ㉠과 ㉡은 ㉢을 이끌 대전제와 소전제에 해당하는 것이다. 따라서, ㉠과 ㉡은 대등 병렬의 관계를 지니면서 이 둘이 결합되어 ㉢의 주장을 이끌어 내는 것이다. 그리고 ㉢과 ㉣은 대등 병렬의 관계로서 정(正), 반(反)에 속하며, ㉤은 ㉢과 ㉣의 결합을 통하여 도출되는 결론이다.

03 ②

03 다음 글의 논리적 구조를 바르게 분석한 것은?

> ㉠ 무릇 인간이란 문화를 떠나서는 살 수 없는 법이요, 더 나아가 문화의 발전이 없이는 삶의 향상도 기대할 수 없는 법이다. ㉡ 아울러 문화란, 시대와 장소를 불문하고, 고유의 전통을 바탕으로 형성되어 그것의 축적을 통해서만 발전하는 것임을 인류의 역사는 잘 보여 주고 있다. ㉢ 그리고 이러한 사실을 통해 우리는 민족의 미래에 있어 고유의 문화적 전통이 얼마나 소중한 것인가를 깨닫게 될 것이다. ㉣ 그러나 한편으로는 새로운 것의 도입을 통한 변화의 도모가 문화 발전의 또 다른 하나의 축임을 부인할 수도 없는 것이 사실이다. ㉤ 그러므로 우리의 남은 문제는 어떻게 하면 문화적 전통이라는 과거를 끊임없이 변화를 추구하는 현재의 시대적 조류 속에 융화시키느냐에 있다고 할 것이다.

①
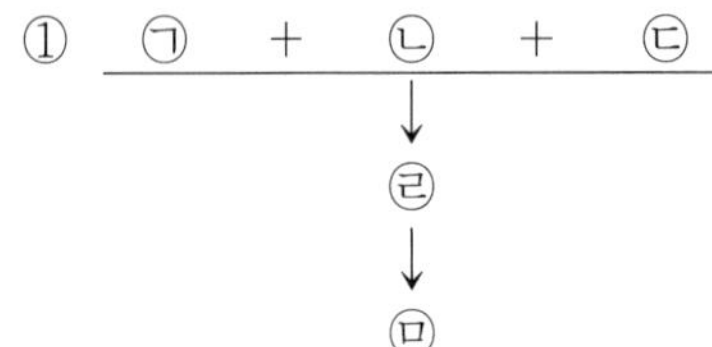

②
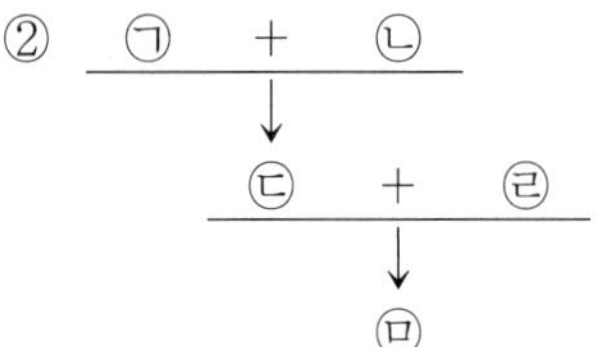

③
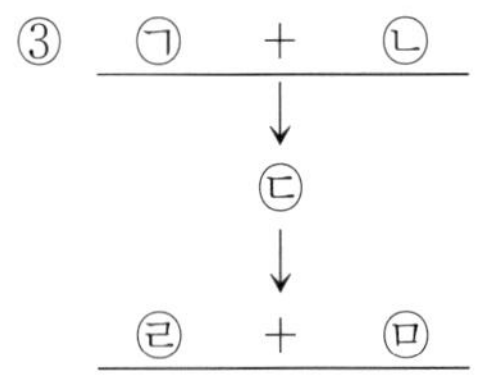

④
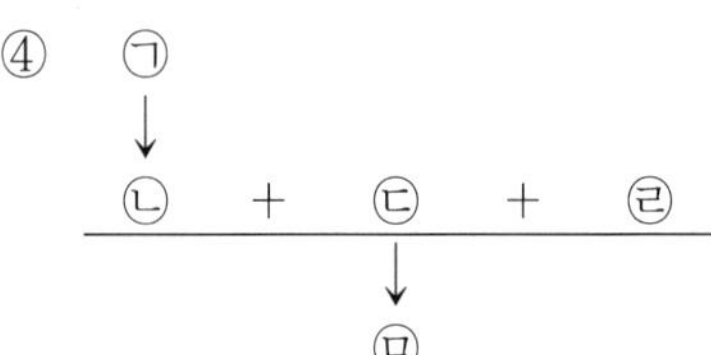

⑤
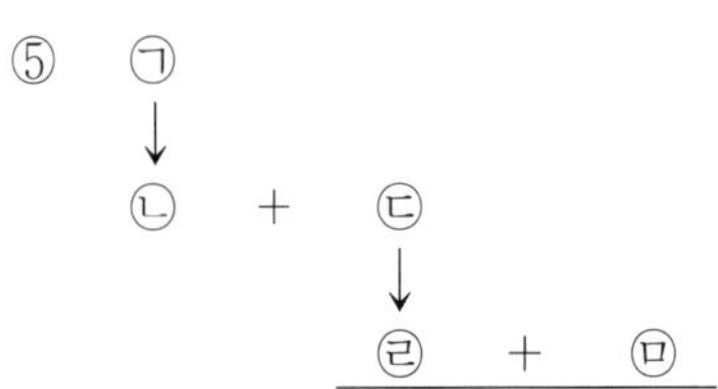

The콕 제32강 분류 기준

1단계 유형학습

Q. '직업의 이모저모에 대하여'라는 제목으로 글을 쓰기 위해 직업을 분류하였다. 분류 기준으로 알맞은 것은?

> Ⅰ 그룹: 변호사, 농부, 어부, 광부, 상인, 회사원, 작가, 예술가, 회계사
> Ⅱ 그룹: 군인, 경찰, 철도 기관사, 판사, 검사, 교사, 일반 공무원

① 소득이 높은 직업인가? 소득이 낮은 직업인가?
② 사회적 지위가 높은 직업인가? 낮은 직업인가?
③ 자격증을 필요로 하는 직업인가? 그렇지 않은 직업인가?
④ 육체적 노동을 요하는 직업인가? 정신적 노동을 요하는 직업인가?
⑤ 사적인 일을 수행하는 직업인가? 공적인 일을 수행하는 직업인가?

해결 과정

Ⅰ 그룹은 개인의 이익을 위해 하는 직업이고, Ⅱ 그룹은 국민 다수의 공익을 위해 하는 직업이다. 이들은 국가나 지방 자치 단체가 그 신분을 보장하게 된다. 사립 학교 교사의 경우도 공무원에 준하는 대우를 받게 되는 것은 교육 행위의 공공적 성격 때문이다. ✓ 정답 ⑤

2단계 배경지식

'분류 기준'을 풀기 위한 스키마 학습

1. 유형설명

분류는 매우 기본적인 사고 작용의 한 형태로서, 어떤 생각이나 대상들을 비슷한 특성에 근거하여 구분 짓는 지적 작용이다. 어떤 생각 또는 대상들이 어떻게 분류될 수 있는가, 무엇이 분류의 기준이 되는가 등을 잘 알아야 하는 문형이다.

2. 학습초점

» 분류의 유의점을 알아야 한다.
» 분류의 기준이 무엇인지 유의한다.

3. 학습내용 – 분류의 원칙

(1) 분류든 구분이든 무엇을 나눌 때는 그 근거, 즉 기준이 명확해야 한다.

예문

자동차, 기차, 비행기, 배, 이들은 그 기능으로 보아 모두 운반 수단에 속한다.

이 예문은 '그 기능이 무엇인가' 하는 기준에 따라 자동차, 비행기, 배를 운반 수단으로 분류한 것이다. '기능'이라는 기준을 고려하지 않는다면 이들은 운반 수단으로 분류할 수가 없는 것이다.

(2) 분류하고자 하는 사물들이 같거나 비슷한 특성이 있어야 한다.

앞의 예문에서 자동차, 기차, 비행기, 배들은 운반 기능이 있다는 같은 점이 있기 때문에, 운반 수단으로서의 분류가 가능한 것이다.

(3) 하나의 구분 원리만이 적용되어야 한다.

예문

① 노인과 어머니는 여성이다.
② 할머니와 어머니는 여성이다.

①은 잘못된 분류이다. 여성으로 분류하는 기준은 성별인데, '노인'은 나이를 나타낸다. 그러니까 성별과 나이라는 두 개의기준이 혼합된 것이다. ②는 성별이라는 기준 하나만이 적용된 것이어서 무난하다.

(4) 하위 단계는 상위 단계에 모두 포함되는 것이어야 한다.

위의 예문에서 하위 단계는 할머니와 어머니이고, 상위 단계는 여성이다. 하위 단계의 각 항목은 상위 단계에 모두 포함되는 것이어야 한다.

(5) 분류된 항목들은 서로 배타적이어야 한다.

분류된 각 항목들은 서로 확연히 구분되어서 조금도 넘나들어서는 안 된다.

예문

할머니와 어머니는 ① 여성이고, 할아버지와 아버지는 ② 남성이다.

이 예문에서, 분류된 각 항목인 ①과 ②는 서로 배타적이다. 이와 같이 어느 한쪽이 다른 한쪽을 수용하거나 서로 겹치는 일이 있으면 안 되는 것이다.

3단계 유사문제

'분류 기준' 해결능력을 배양하기 위한 심화학습

01 다음 중 소재를 일관되게 분류한 것은?

① 동물 ─ 포유류 / 파충류 / 설치류

② 학교 ─ 공립학교 / 사립학교 / 고등학교

③ 나무 ─ 침엽수 / 활엽수 / 가로수

④ 전쟁 ─ 종교 전쟁 / 자원 전쟁 / 핵 전쟁

⑤ 회사원 ─ 관리직 / 생산직 / 경리직

01_ 분류에는 하나의 일관된 기준이 적용되어야 한다. ① 설치류는 쥐, 다람쥐, 토끼 등에 해당하는 동물군으로서 포유류의 하위 항목에 해당한다. ② '설립방식'과 '학교급별'의 분류 기준이 2가지이다. ③ '잎새의 모양', '용도'라는 2가지 기준이 적용되었다. ④ '전쟁의 원인', '전쟁의 방법'이라는 2가지 기준이 적용되었다. ⑤ '직책의 종류'라는 일관된 기준에 의한 분류이다.

02 다음 보기의 분류에 적용된 기준 두 가지를 바르게 제시한 것은?

보기

- 난초 기르기에 대한 사람들의 의식 유형
- 유형1: 난초를 자연 상태대로 둘 것을 주장하며 자신은 물론이고 다른 사람이 난초를 기르는 것을 좋아하지 않는 사람
- 유형2: 난초를 좋아하기는 하지만, 자신이 직접 기르는 것은 좋아하지 않는 사람
- 유형3: 자기 만족을 위해 난초 기르기에 열중하면서도, 다른 사람이 기르는 것은 달가워하지 않는 사람
- 유형4: 내가 기르든 남이 기르든, 취미 생활로 난초 기르기를 좋아하는 사람

	<기준 1>	<기준 2>
①	좋은 난초를 고르는 법	난초를 기르는 방법
②	난초를 기르게 된 동기	난초에 대한 만족도
③	난초를 기르는 주체	난초 기르기에 대한 태도
④	난초 기르기에 대한 태도	좋은 난초를 고르는 법
⑤	난초를 기르는 방법	난초를 기르는 주체

02_ 네 가지 유형에 공통으로 적용된 기준은, '누가 난초를 기르는가(난초를 기르는 주체)'와 '난초 기르기에 대하여 어떤 태도를 보이는가(난초 기르기에 대한 태도)'이다.

01 ⑤ 02 ③

03_ 설화의 유형이 ① 분포 상태, ② 인물의 유형, ③ 내용의 성격에 따라 분류되고 있음을 알 수 있다. 이를 도표화하면 다음과 같다.

구분	신화	전설	민담
분포 상태	광범위한 지역	특정한 지역	국한이 없음
인물	영웅	능력자	일상인
내용	신성성	진실성	흥미성

03 ④

03 보기와 같은 분류에 적용된 기준만으로 이루어진 항목은?

보기

학자들은 설화(說話)를 몇 가지 유형으로 나눈다.

- 제1유형 – 신화: 광범한 지역에 분포되어 있으며 내용상 신성성이 있다고 믿어지는 것으로, 주인공은 영웅으로 등장한다.
- 제2유형 – 전설: 특정 지역이나 특정물을 증거로 하여 주인공이 특별한 능력을 지닌 것으로 나타나며, 내용상 신성성은 사라졌으나 진실성이 있다고 믿어지는 것이다.
- 제3유형 – 민담: 지역에 국한하지 않으며, 일상적 인물에 대한 이야기로서 흥미를 위주로 한다.

	<기준 1>	<기준 2>	<기준 3>
①	지역적 특성,	이야기의 성격,	신성성의 유무
②	지역적 한계,	증거물의 유무,	진실성의 유무
③	지역의 원근,	주인공의 유무,	흥미의 유무
④	분포 상태,	인물의 유형,	내용의 성격
⑤	시대적 특성,	내용의 구성,	인물의 성격

The콕 제33강 논리적 오류 파악

1단계 유형학습

Q. ㉠이 범하고 있는 오류와 가장 가까운 것은?

오늘날 이와 같은 철학을 배경으로 하여 자연 환경의 문제에 관한 의사 결정에는 전문 과학자만이 참가할 수 있다는 엘리트주의가 판을 치고 있다. 이렇게 되면 ㉠ 평범한 보통 사람은 과학자가 하는 일을 이해할 수 없으므로 과학자가 하는 일은 무조건 정당한 것으로 받아들여야 한다는 논리가 성립된다. 이 논리는 오늘날 핵 산업의 전문가와 군부 및 경제 과학 전문가들이 핵무기와 핵 발전 또는 그것으로 인한 환경의 오염 등에 대한 대중의 참여가 부당함을 입증하는 논리로 애용되어 왔다.

① 명한이가 훔쳤을 거야. 여기에 돈을 둘 때 옆에서 보고 있었거든.
② 아니, 너 요즘은 왜 전화 안 하니? 응, 이젠 아주 나를 미워하는구나.
③ 누나, 누나는 자기도 매일 텔레비전 보면서, 왜 나만 못 보게 하는 거야?
④ 얘 아버지는 유명한 화가야. 그러니까 이 아기도 그림을 잘 그릴 게 분명해.
⑤ 어디 그림 하나님이 없다는 증거를 대봐. 못 하지? 거봐. 하나님은 있는 거야.

해결 과정

① 잘못된 인과 관계, ② 흑백 논리의 오류, ③ 역공격(피장파장)의 오류, ④ 발생학적 오류, ⑤ 무지에의 호소 오류

✓ 정답 ⑤

2단계 배경지식 '논리적 오류 파악'을 풀기 위한 스키마 학습

1. 유형설명

논리적인 사고를 위해서는 가능한 한 많은 오류 유형을 알아야 한다. 글쓴이의 사고 작용에서 무엇이 잘못되었는가를 찾아내고, 또한 비판적으로 파악하기 위해서는 오류를 찾아내는 능력이 필요하다.

2. 학습초점

» 각 오류의 종류를 정확히 파악하는 능력을 기른다.
» 자주 오류의 문제를 풀어 보는 것이 상책이다.

3. 학습내용 – 오류 파악하기

(1) 거짓말과 오류의 차이

① 거짓말: 남을 속이려고 일부러 하는 거짓 판단. 정직하지 못한 틀린 판단(속임수)

② 오류: 그것이 옳다고 믿고 하는 거짓 판단. 정직한 틀린 판단(실수)

예 토끼: 저는 간을 꺼내 바위 위에 널어놓고 왔습니다.(거짓말)
용왕: 그럼, 토끼 뱃속에는 간이 없겠군.(오류)
양치기 소년: 으악! 이번에는 진짜로 늑대가 나타났어요!(참말)
마을 사람들: 흥! 저 녀석 또 거짓말을 하는구나.(오류)

(2) 오류의 개념: '그릇되어 이치에 어긋나는 인식'(언뜻 보기에는 그럴듯하면서도 논리적으로 타당하지 못한 경우)

(3) 오류의 종류

① 심리적 오류: 논지에 대해 타당한 근거를 들지 않고 심리적으로 설득시키려 하면 오류를 범하게 된다.

㉠ 감정에의 호소: 동정, 연민, 공포, 증오 등의 감정에 호소하거나 아첨하는 방법으로 논지를 받아들이게 하는 오류

예 내가 시키는 대로 하지 않으면 죽을 줄 알아! → 공포(증오)에의 호소(힘에 의한 논증)

예 교회에 나오지 않는 사람들은 모조리 지옥의 불구덩이에 떨어질 것입니다. 그때 가서 뉘우치지 말고 지금 교회에 나오십시오! → 공포(증오)에의 호소(힘에 의한 논증)

예 이 안건이 받아들여지지 않는다면 차후에 일어나는 모든 사태의 책임은 귀측에 있음을 분명히 밝혀 두는 바입니다. → 지위나 학벌을 내세워 위협함으로 자신의 견해를 관철시키려함.

예 이 사람은 부모님을 잃은 슬픔을 잊으려고 마약을 복용한 것입니다. 재판장님께서도 부모님을 잃은 슬픔을 잘 아시잖습니까? 저는 이 사람이 비록 마약을 복용하기는 했지만, 용서해 주는 것이 옳다고 생각합니다. → 동정(연민)에의 호소

예 선생님, 제가 잘못한 것을 알지만요, 딱 한 번만 봐 주세요. 벌받느라고 집에 늦게 가면 고생하시는 부모님들께서 걱정하신단 말예요.→ 동정(연민)에의 호소

예 대통령 자리에서 편하게 지내던 사람이 추운 절간에서 저런 고생을 하고 있으니 정말 안됐어. 대통령 자리에 있을 때 독재자이지 지금까지 독재자인가? 에이그 보기에도 딱하니 이제 그만 용서해 줍시다. → 동정(연민)에의 호소

예 죄 없는 많은 생명이 죽어 가고 있습니다. 우리 모두 헌혈에 동참합시다. → 동정(연민)에의 호소

예 야, 너 한번 나가서 항의해 봐. 너는 우리 반에서 제일 똑똑한 아이잖아. → 아첨에의 호소

ⓛ 사적 관계에의 호소: 개인적 친분 관계의 정 때문에 논지를 받아들이게 하는 오류

예 넌 나하고 제일 친한 친구잖아. 네가 날 도와주지 않는다면 난 누굴 믿고 이 세상을 살아가란 말이니?

예 아니, 내가 그렇게 야단맞고 있는데도 가만히 지켜보고만 있어도 되는 거야? 네가 친구라면 내가 잘못했더라도 날 위해 변명이라도 해주어야 할 것 아냐.

ⓒ 군중 심리에의 호소: 군중 심리를 자극하여 논지를 받아들이게 하는 오류(대중들이 좋아하는 것을 들어 대중심리에 영합해서 자신의 주장을 합리화하려는 오류)

예 야, 서편제를 보러 가자. 아직 서편제를 보지 못한 사람은 거의 없다더라.

예 ○○화장품은 세계의 여성이 애용하고 있습니다. 아름다운 여성의 필수품, ○○화장품을 소개합니다.

예 이 책은 아주 가치 있는 내용을 담고 있음에 틀림없다. 이 책을 사서 읽지 않는 이가 없을 정도니까.

예 어떤 작품이 일류메이커이기 때문에 만족하다고 보는 경향

예 죽은 자와의 대화는 가능하다. 왜냐하면 수백만의 사람들이 그들이 저 세상에서 온 소리를 들었다고 주장했으며 수백만의 사람들이 잘못 판단한다는 것은 불가능하기 때문이다.

ⓡ 부적합한 권위에의 호소: 어떤 특정한 분야에 대한 전문가나 권위자를 다른 분야에 대한 전문가나 권위자로 착각하는 데서 범하는 오류. 또한 관습이나 전통에 호소함으로써 자기의 주장에 정당성을 부여하는 것을 부적합한 권위에의 논증 오류라 한다.

예 이 화장품이 얼마나 좋은 화장품인 줄 아니? 그 유명한 ○○○란 탤런트도 언제나 이 화장품만 쓴다는 말 들어 봤지?

예 프로이드는 인간의 모든 성격이 유아기에 결정된다고 했어요. 그러니 그 학생을 선도하려고 아무리 애를 써도 그 못된 성질을 고칠 수는 없잖아요? 되지도 않을 걸 내가 뭐하러 사서 고생을 해요?

※ 예를 들어 종교적 문제의 논쟁에 있어 다윈의 권위를 인용한다거나 정치적 문제에 관한 논의에서 아인슈타인의 권위에 호소하는 것 모두 이 오류에 포함된다. 베이컨은 이러한 오류를 '극장의 우상'이라 하여 경계한 바 있다.

ⓜ 인신공격: 논거의 부당성을 지적하기보다는 주장을 낸 사람의 인품, 직업, 과거 정황, 성격을 비난함으로써 그 주장이 거짓임을 내세우는 오류

예 저 사람의 말은 믿을 만한 게 못 돼. 저 사람은 전과자거든.

예 그 사람의 말을 듣고 돈을 빌려줘? 그 사람은 청소부인데…….

예 소크라테스는 독배를 들고 죽은 사람이다. 그러므로 그의 말은 믿을 것이 못 된다. → 소크라테스가 독배를 들었다는 것과 그의 말은 별개이다. 소크라테스의 말이 잘못이라면 그 말에서 부당함을 지적해야 할 것이다.

ⓑ 피장파장(역공격): 비판받은 내용이 비판하는 사람에게도 역시 동일하게 적용됨을 근거로 비판에서 벗어나려는 오류로 논점 일탈의 오류라고도 한다.

예 아빠도 초등학교 때 공부를 못했다면서 맨날 나보고 공부 잘하라고 꾸중해!

예 오빤 뭐 잘했다고 그래? 오빤 더 하더라, 뭐. → 동생은 자신에 대한 논점을 반박하기보다 오빠의 잘못을 끌어들여 자신의 잘못을 희석시키려고 하고 있다.

ⓢ 원천 봉쇄의 오류(우물에 독약 치는 오류)

예 얘! 빨리 가서 자야지. 늦게 자는 어린이는 착한 어린이가 아니야!

예 운동장 조회 시 '조용히 해. 빨리 들어가고 싶으면'이란 말은 학생들이 운동장에 남아 있기를 싫어한다는 것을 이용해서 떠드는 것을 막으려고 원천 봉쇄한 것이다.

예 빨리 돈을 내십시오. 우리가 모금을 하자는 것은 어디까지나 불우 이웃을 돕기 위한 것 아닙니까? 원래부터 비인간적인 사람이 아니라면 돈을 내지 않을 사람이 없다고 저는 봅니다.

cf 까불면 혼날 줄 알아! → 힘에 의한 논증, 공포에의 호소

ⓞ **정황에의 호소**: 어떤 사람의 직책, 직업, 나이, 행적 등의 정황을 논리적 판단에 이용함으로써 발생하는 오류

예 얘, 빨리 일어나! 아니, 고등학교 3학년이나 되어 가지고 이렇게 늦잠을 자도 되니?

예 이 안건은 당신 지역구에 경제적 부담을 줄 것이기 때문에, 당신이 찬성을 해서는 안 됩니다.

② **자료적 오류**: 자료(논거)에 대해 잘못 판단한 오류

㉠ **성급한 일반화의 오류**: 부적합하고 대표성이 결여된 근거, 제한된 정보 등을 이용하여 특수한 사례들을 성급하게 일반화함으로써 빚어지는 오류.

예 하나를 보면 열을 안다고. 너 지금 행동하는 것을 보니 형편없는 애구나. → 불충분한 통계량의 오류. 편의 통계량의 오류도 이에 속함.

예 인간의 자유를 박탈하는 것은 잘못이 아니다. 범죄자와 정신병자들을 가두어 두는 것은 적절하고 필요한 조치니까.

예 그들은 내가 뛰어난 웅변가라고 말하였으나, 내가 대단한 웅변가가 아님이 사실로 밝혀질 것이다. 그러므로 그들은 거짓말쟁이다.

예 B씨는 작년 봄부터 폐결핵을 앓고 있다. 진단이 내려지자 그는 의사의 지시를 무시하고 바닷가에 가서 생선회를 안주 삼아 술을 마시며 무절제한 생활을 했다. 1년 후 폐결핵이 치료되었는데 그는 바다의 신선한 공기가 특효였다고 자랑했다.

예 미인들은 일찍 죽는다.

예 뭐? 상우가 선생님한테 대들었는데 선생님께서 도리어 상우를 칭찬하며 빵을 사 주시더라구? 옳지! 그렇다면 나도 선생님한테 대들어 봐야지.

예 제가 알고 있는 어떤 할아버지는 콜라를 즐겨 드셨는데 백살까지 장수하다 돌아가셨습니다. 그러니 콜라를 즐겨 마시는 것은 장수하는 비결임에 틀림없습니다

예 아유, 댁네 아이가 거짓말을 잘한다고요? 글쎄 우리 아이도 어제 오락실에 가지 않았다고 거짓말을 하잖아요. 요즘 애들 다들 그렇군요.

㉡ **잘못된 유추의 오류**: 비유를 부당하게 적용함으로써 발생하는 오류. 우연적 비본질적인 속성을 비교하여 결론을 이끌어냄(기계적 유비 추리). 즉 일부분이 비슷하다고 해서 나머지도 비슷할 것이라고 잘못 생각하는 데서 발생하는 오류.

예 누리가 얼마 전에 대공원에 혼자 놀러 갔다가 불량배에게 돈을 빼앗긴 것 알지? 그런데 오늘 다움이도 혼자 대공원에 놀러 갔다지 뭐니. 틀림없이 다움이도 불량배 만나서 돈을 뺏기고 올 거야.

예 컴퓨터와 사람은 유사한 점이 많아. 그러니 컴퓨터도 사람처럼 감정을 느낄 거야.

㉢ **무지에의 호소**: 어떤 논제의 반증 예가 제기되지 못하기 때문에 그 논제가 참이라고 단정하거나, 또는 그 논제를 증명하지 못했기 때문에 거짓이라고 단정하는 오류.

예 귀신은 분명히 있어. 귀신이 없다고 증명한 사람이 이제까지 없었거든.

예 천당이나 지옥이 없다는 것을 증명할 수 없기에 천당이나 지옥의 존재를 인정해야 한다.

예 당신은 이 범죄에 연루되지 않았다는 것을 전혀 증명하지 못했다. 그러므로 범인은 바로 당신이다. → 만일 이런 식으로 재판을 진행한다면 억울한 누명을 쓰는 사람이 얼마나 많겠는가?

㉣ **논점 일탈(무관한 결론)의 오류**: 논점과 관계없는 것을 제시하여 무관한 결론에 이르게 되는 경우.

예 너희들 왜 먹을 것을 갖고 싸우니? 빨리 방에 들어가서 공부나 해!

예 누가 잘했든 잘못했든 그렇게 싸우고만 있을 거야? 그렇게도 할 일이 없으면 차라리 잠이나 자!

㉤ **우연과 원칙 혼동의 오류**: 일반적 규칙을 특수한 경우에 적용할 때, 어떤 우연한 상황이 발생하여 일반적 규칙을 적용할 수 없는 데도 불구하고 그대로 적용함으로써 발생하는 오류

예 빌린 물건은 주인이 달라고 하면 언제든지 돌려주어야 하는 법 아닌가. 그러니 그 친구가 화가 나서 자기 아내를 죽이려는 걸 알았지만, 난들 어떻게 하겠나. 자기 칼을 돌려달라니 돌려 줄 수밖에. → 살인에 사용된 칼을 돌려 줌.

예 요즘 애들은 통 버릇이 없어요. 우리 아이들도 남들로부터 버릇없이 군다는 말을 듣는데, 댁네 아이도 그렇겠지요? → 우연의 오류

예 우리 보관소야 손님이 물건을 맡겨 놓으면 맡아 두는 곳 아닙니까? 그게 도둑질한 물건이라도 손님이 맡겨 놓아서 맡아 둔 건데 왜 죄 없는 나를 붙잡아 가는 것입니까? → 원칙 혼동의 오류

예 살인을 해서는 안 된다는 규칙을 방어적인 상황과 같은 예외적인 상황에 적용하여 사람을 죽여서도 안 된다는 경우

ⓑ **의도 확대의 오류**: 의도한 행위가 인과 관계가 없는 전혀 엉뚱한 결과를 낳았을 때 그 결과의 원인만을 추구하는 오류

예 아니, 그 사람을 벌금 3만원만 받고 풀어줘요? 그 사람을 피하려다가 차가 충돌하여 두 사람을 죽였는데. 그런 살인자를 가만 놔두는 법이 어디 있어요?

예 담배 피우면 폐암에 걸려 죽을 확률이 높아진다는 것도 모르니? 아니, 정말 그렇게도 죽고 싶어?

ⓢ **잘못된 인과 관계의 오류(거짓 원인의 오류, 선후 인과의 오류)**: 합당한 이유 없이 어떤 사건을 다른 사건의 원인이라고 단정하는 오류

예 '까마귀 날자 배 떨어진다' 식의 오류

예 너 어제 영희랑 데이트했지? 네가 빵집에 들어간지 10분쯤 뒤에 영희가 그리로 들어가는 것을 내가 봤는데? → 어떤 두 사건이 우연히 일치할 때 한 사건이 다른 사건의 원인이라고 주장하거나 한 사건이 다른 사건보다 앞서 발생했다고 해서 전자가 후자의 원인이라고 잘못 추론하는 오류

예 밤에 잘 때 돼지꿈을 꾸면 횡재수가 있다는 미신도 돼지꿈이 이튿날의 돈벌이와 아무런 관계가 없는 것인데도 우연히 돈벌이가 되었던 것과 전후 연결되어 일반화된 거짓 원인의 오류이다.

예 내 돈은 분명히 영구 그놈이 훔쳐갔다고! 내가 호주머니에 돈 넣는 것을 본 애는 영구밖에 없단 말이야!

ⓞ **결합, 분해의 오류**: 부분의 속성을 전체로 가진다거나 전체의 속성을 부분도 가진다고 추론하는 오류.

예 나트륨이나 염소는 유독성 물질이야. 그러니 염화나트륨도 유독성 물질이지. 또는 염화나트륨은 독성이 없어. 그러니 나트륨이나 염소도 독성이 없긴 마찬가지지.

예 이 기계는 가벼운 부품으로 구성되어 있기 때문에 가볍다.

예 우리 학교는 일류학교이니 나도 일류 학생이다.

예 미국은 돈이 많은 나라야. 그러니 미국 사람들은 누구나 돈이 많을 거야. → 분할의 오류

예 종달새 합장단은 인기가 좋아. 그러므로 종달새 합창단에 소속된 사람들은 누구나 인기가 좋을 것이다. → 분할의 오류

예 이 영화는 인기가 있을 것이에요. 왜냐하면 이 영화에는 인기 있는 배우들만 출연하기 때문이죠. → 결합의 오류

예 좋은 참고서도 있고, 좋은 공부방도 있고, 좋은 학용품도 있고, 좋은 과외 공부도 하고⋯⋯ 그러니 성적도 좋을 거야. → 결합의 오류

예 대나무가 뭐가 비싸다고. 이 대나무 공예품이 그리 비싸단 말이오? → 흙이 비싸서 고려자기가 비싸고, 물감 값이 비싸서 그림 값이 비싼가? 싸리나무 한 대씩을 꺾을 수 있다고, 싸리나무 다발을 꺾을 수 있는 것은 아니다.

ⓩ **흑백 논리의 오류**: 논의의 대상을 두 가지로만 구분함으로써 즉, 선언지 둘만 인정하여 다른 선언지가 존재함에도 불구하고 두 선언지로만 추리함으로써 발생하는 오류

예 내 부탁을 거절하다니. 넌 나를 싫어하는구나.

예 남을 위해 살아봐야 아무도 알아주지 않아. 그러니 나는 이제부터 나 혼자만을 위해 살 거야!

예 너는 별로 슬퍼하지 않는구나! 흥! 너는 나랑 헤어지는 것이 기쁜 모양이지.

예 앞에 가는 사람은 도둑! 뒤에 가는 사람은 경찰.

예 그 동안 왜 전화 한 번도 안 한 거야? 흥, 이제 내가 보기 싫어진 거지? 정말 미워 죽겠어.

㉷ **복합 질문의 오류**: 단순하게 '예'나 '아니오'라고 대답할 수 없는 몇 개의 요소 질문으로 구성된 질문. 또는 수긍할 수 없거나 수긍하고 싶지 않은 것을 전제하고 질문함으로써 수긍하게 만드는 오류.

예 저한테 한 표를 던져 살기 좋은 나라를 건설해 보지 않으시겠습니까?

예 '당신 그 훔친 돈 모두 유흥비로 탕진했지요?'라고 물을 때 혐의자가 유흥비에 돈을 탕진한 사실이 없다는 것에만 신경을 쓴 나머지 부주의하게 '아니오' 하고 대답할 때 수사관이 '그러니까 당신은 그 돈을 훔쳤다는 것을 인정하는군요'라고 추론한다면 이는 복합질문의 오류를 범하게 된다.

예 학생 여러분! 이 문제집을 풀어 봄으로써 자랑스런 대학생이 되고 싶지 않으십니까?

㉸ **발생학적 오류**: 어떤 사실의 기원이 갖는 속성을 그대로 후대에도 지니고 있다고 잘못 생각하는 오류

예 아니, 부전자전이라는 말도 못 들어 봤나? 그 친구는 직장을 자주 옮기는 자가 아닌가? 그런데 그런 친구의 아들을 이번에 채용했단 말야? 두고 보라지. 제 애비와 똑같을 거야.

③ 언어적 오류

㉠ **애매어의 오류**: 두 가지 이상의 의미를 가진 말을 동일한 의미의 말인 것처럼 애매하게 사용하거나 이해함으로써 생기는 오류.

예 모든 인간은 죄인이다. 죄인은 감옥에 가야 한다. 그러므로 모든 인간은 감옥에 가야 한다. → 죄인: 원죄를 지닌 인간, 범죄를 저지른 사람

예 나보고 짐승이라니! 그럼 당신은 짐승이랑 사네. → 비인간적인 사람, 짐승

예 꿈은 생리 현상이다. 인생은 꿈이다. 따라서 인생은 생리 현상이다.

예 '쥐는 동물이다. 그러므로 큰 쥐는 큰 동물이다'는 타당한 논증이다. 그러나 '쥐는 동물이다. 그러므로 큰 쥐는 큰 동물이다.'라고 추론한다면 이 추론은 타당하지 않다.

㉡ **애매구의 오류**: 의미 구조상 애매한 구절이 있는 전제로부터 잘못된 결론을 이끌어 내는 오류

예 그렇게 쉬운 것도 모르다니, 네 머리는 돌이니? 너 같은 녀석은 차라리 박치기 선수가 되는 것이 낫겠다.

㉢ **애매문의 오류**: 문장이 두 가지 의미로 해석되는 오류.

예 사랑하는 오빠의 친구를 만났다고? 아니, 넌 오빠를 사랑한다는 말이니?

예 그가 네 숭배자라니, 너는 숭배하는 사람도 있구나! → 숭배의 주체가 '그'와 '너'의 두 가지로 해석될 수 있다.

예 아내는 나보다 돈을 더 좋아한다.

㉣ **강조의 오류**: 문장의 어느 한 부분을 지나치게 강조함으로써 생기는 오류

예 철수가 영수를 때린 건 아냐. → '영희가 영수를 때렸대.', '철수가 영수 옆에 있던 명호를 때렸대.', '철수가 영수를 넘어뜨렸대.' 등으로 해석 가능.

예 "우리는 우리의 친구들에 대하여 험담해서는 안 된다."
"그래요? 그러면 선생님에 대한 험담은 상관 없겠네요?"

㉤ **'이다'를 혼동하는 오류**: 술어적인 '이다'와 동일성의 '이다'를 혼동해서 생기는 오류.

예 신은 사람이다. 그런데 진실한 사람은 흔치 않으므로, 진실한 신도 흔치 않다.

㉥ **범주의 오류**: 서로 다른 범주에 속하는 것을 같은 범주의 것으로 혼동하는 데서 생기는 오류.

예 운동장이랑 교실은 다 둘러봤는데, 그럼 학교는 어디에 있습니까?

㉦ **은밀한 재정의의 오류**: 용어의 의미를 자의적으로 재정의하여 사용함으로써 생기는 오류

예 그 친구, 정신 병원에 보내야 하는 것 아냐? 요즘 세상에 뇌물을 마다하다니, 미치지 않고서야 어떻게 그럴 수가 있어?

01_ 전반적으로 자신의 독특한 경험, 곧 부분적인 사실을 전체적인 사실로 확대하는 '성급한 오류'를 범하고 있다.

3단계 유사문제

'논리적 오류 파악' 해결능력을 배양하기 위한 심화학습

01 다음 글에 나타난 논리적 오류를 가장 잘 지적한 것은?

"아니 도둑놈에게 도대체 변명이 무슨 변명이야? 그래 자넨 아직두 한국놈이 도둑놈이 아니라구 우길 수 있단 말야? 이 지구상에 우리 나라처럼 도둑이 들끓구 판을 치는 나라가 또 있단 말인가? 이거봐. 만기. 덮어놓구 자기 나라를 두둔하구 추켜올리는 게 애국자, 애국심은 아닌 거야. 말을 좀 똑바루 하란 말야. 그래 아무리 조심을 해두 전차나 버스를 한 번 탔다 내리기만 하면 돈지갑이나 시계 만년필 따위가 감쪽같이 사라져 버리는데 이래두 한국이 도둑의 나라가 아니란 말인가? 백주에 대로상을 걸어가노라면 바람도 안 부는데 모자가 행방불명이 되기 일쑤구, 또 어떤 놈이 불쑥 나타나 골목으로 끌고 들어가서는 무조건 뚜들겨 팬 다음 양복을 벗겨가지구 달아나는 판이니, 아 이래두 한국은 도둑의 나라가 아니구 알량한 동방예의지국이군 그래."

— 손창섭, '잉여 인간'

① 개인의 경험을 지나치게 일반화하고 있다.
② 신뢰할 수 없는 자료를 통해 결론을 이끌어 내고 있다.
③ 감정에 치우친 나머지 사태를 객관적으로 바라보지 못하고 있다.
④ 다른 사람들의 견해를 마치 자신의 견해인 양 늘어놓고 있다.
⑤ 논점에서 벗어난 결론을 이끌어 냄으로써 논리의 비약을 보이고 있다.

01 ①

02 밑줄 친 부분과 같은 유형의 오류는?

> "에고 이 몹쓸 년아, 출천 대효(出天大孝) 내 딸 심청이, 인당수에 망종 갈 때, 사후에 신세라도 의탁하라 주고 간 돈, 네 년이 무엇이라고, 그 중한 돈을 떡값, 살구값, 팥죽 값으로 다 녹였단 말이냐?"
> "그러면 어찌하여요? 먹고 싶은 것 안 먹을 수 있소?"
> 뺑덕 어미가 방정을 떨며,
> "어쩐 일인지, 지난달에 몸구실을 거르더니, 신 것만 구미에 당기고, 밥은 먹기가 싫어요."
> 그래도 어리석은 사나이라, 심봉사 이 말 듣고 깜짝 놀라,
> "여보게, 그러면 태기(胎氣)가 있을 나베. 그러하나 신 것을 그렇게 많이 먹고 그 애를 낳으면, 그 놈의 자식이 시큰둥하야 쓰겠나? 남녀간에 하나만 낳소. 그도 그러려니와, 서울 구경도 하고 황성 잔치 같이 가세."

① 아내는 나보다 돈을 더 좋아한다.
② 남을 위해 살아봐야 아무도 알아주지 않아. 그러니 나는 이제부터 나 혼자만을 위해 살 거야!
③ 친구들과 마음을 터놓고 사귀라고 했으니까 부모님께 마음을 털어놓을 필요는 없지.
④ 일식이 일어나자 중국의 무당들이 북과 징을 쳤다. 그리자 해가 다시 나타났다.
⑤ 이 기계는 가벼운 부품으로 구성되어 있기 때문에 가볍다.

02_ 밑줄 친 부분의 오류는 '거짓 원인의 오류'다. 신 것 먹은 것과 시큰둥한 것은 인과 관계가 성립하지 않는다.

03 영훈의 말 (마)에 대해 가장 적절하게 비판한 것은?

> (가) 영훈: 이번 리그에 출전한 야구 선수 중에서 박 선수가 가장 뛰어난 선수야.
> (나) 철호: 말도 안 돼. 박 선수가 뭐가 뛰어나니?
> (다) 영훈: 박 선수는 이번 리그에서 타율이 가장 높았어.
> (라) 철호: 내가 알기로는 박 선수의 타율은 김선수의 타율보다 낮았어.
> (마) 영훈: 박 선수의 타율이 더 높아. 김 선수의 타율이 박 선수의 타율보다 높았다는 얘기는 들어 본 적이 없는걸.
> (바) 진수: 너희들 무슨 얘기 하니? 최 선수가 이번 리그의 가장 뛰어난 선수야.
> (사) 영훈·철호: 뭐라고? 왜?
> (아) 진수: 최 선수가 홈런을 가장 많이 쳤잖아.

① 너는 우리가 논의하는 바와 상관없는 다른 논의를 끌어들이고 있는 거 아니니?
② 김 선수의 타율이 더 높다는 얘기를 네가 들어보지 못했다고 해서 그런 주장을 할 수 있니?
③ 너는 타율이 더 높다는 말을 애매하게 사용하고 있어.
④ 너는 박 선수의 타율이 가장 높다는 사실을 미리 전제하고 있어.
⑤ 너는 박 선수에 대한 개인적인 호의 때문에 그를 싸고도는 거야.

03_ (마)는 무지에 호소하는 오류를 범했다.

02 ④ 03 ②

The콕 제34강 작품 비평 방법

1단계 유형학습

Q. 다음 작품을 읽은 독자의 반응 중, 작품의 내재적 의미만을 주목한 것은?

> 방 안에 들어서며 설렁탕을 한구석에 놓을 사이도 없이 주정꾼은 목청을 있는 대로 다 내어 호통을 쳤다.
> "이런, 오라질 년, 주야장천(晝夜長川) 누워만 있으면 제일이야! 남편이 와도 일어나지를 못해."라는 소리와 함께 발길로 누운 이의 다리를 몹시 찼다. 그러나 발길에 채이는 건 사람의 살이 아니고 나무등걸과 같은 느낌이 있었다. 이때에 빽빽 소리가 응아 소리로 변하였다. 개똥이가 물었던 젖을 빼어놓고 운다. 운대도 온 얼굴을 찡그려 붙여서, 운다는 표정을 할 뿐이다. 응아 소리도 입에서 나는 게 아니고 마치 뱃속에서 나는 듯하였다. 울다가 울다가 목도 잠겼고 또 울 기운조차 시진한 것 같다.
> 발로 차도 그 보람이 없는 걸 보자 남편은 아내의 머리맡으로 달려들어 그야말로 까치집 같은 환자의 머리를 꺼들어 흔들며,
> "이년아, 말을 해, 말을! 입이 붙었어, 이 오라질 년!" / "…." / "으응, 이것 봐, 아무 말이 없네." / "…." / "이년아, 죽었단 말이냐, 왜 말이 없어?" / "…."
> "으응. 또 대답이 없네, 정말 죽었나보이."
> 이러다가 누운 이의 흰 창을 덮은, 위로 치뜬 눈을 알아보자마자,
> "이 눈깔! 이 눈깔! 왜 나를 바라보지 못하고 천정만 보느냐, 응?"
> 하는 말끝엔 목이 메었다. 그러자 산 사람의 눈에서 떨어진 닭의 똥 같은 눈물이 죽은 이의 뻣뻣한 얼굴을 한테 비비대며 중얼거렸다.
> "설렁탕을 사다 놓았는데 왜 먹지를 못하니, 왜 먹지를 못하니… 괴상하게도 오늘은! 운수가 좋더니만…."

① 비속어의 대담한 구사로 당시의 시대상을 잘 나타냈군.
② 아내의 죽음과 운수 좋은 날이라는 상황의 설정이 정말 날카롭군.
③ 일제하의 우리 민족의 삶이 얼마나 비참했는지 가히 짐작할 수 있을 것 같아.
④ 빈궁 문학이라는 점에서 이 작품은 1920년대 후반의 경향파 문학과 맥이 통하는 것 같아.
⑤ 이 작품을 쓴 사람은 아마 가난이 얼마나 쓰라린 것인지를 뼈저리게 느껴 본 인물일 거야.

해결 과정

①,③,④는 반영론적 관점, ⑤는 표현론적 관점이다.

✓ 정답 ②

2단계 배경지식 '작품 비평 방법'을 풀기 위한 스키마 학습

1. 유형설명

이 유형은 작품을 어떤 관점으로 평가하고 수용하는가를 파악하는 문제이다. 비평에 있어서 중심이 되는 문제는 기준과 방법인데, 이 방법과 기준을 파악할 수 있는 능력을 측정하는 문제이다.

2. 학습초점

» 문학 비평의 네 가지 관점을 분명히 알아두고, 문제에서 요구한 관점을 파악하여 답지에 적용시킨다.

3. 학습내용

TIP 문학 비평의 네 가지 관점

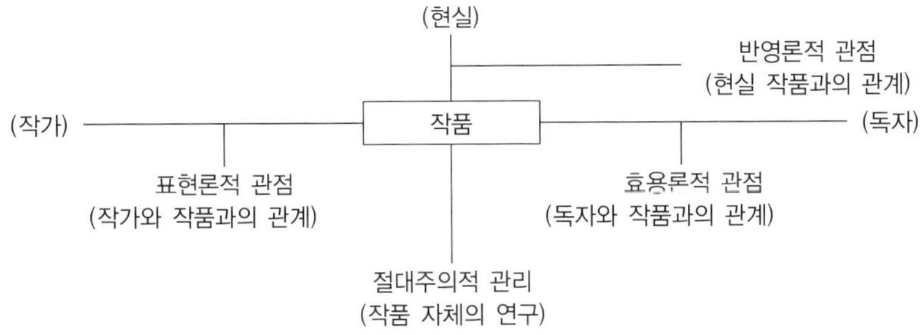

(1) **외재적(外在的) 관점과 내재적(內在的) 관점**

웰렉(Rene Wellek)이 분류한 비평의 관점으로, 외재적 비평은 작품을 둘러싸고 있는 외부 환경 즉 작가·사회·독자와 연결시켜 연구하는 것이고, 내재적 비평은 작품을 외부 환경과 독립시켜 작품 자체에 대하여 연구하는 것을 말한다. 에이브럼스(M. H. Abrams)는 외재적 관점을 다시 표현론적 관점, 반영론적 관점, 효용론적 관점으로 나누었다.

① 외재적 관점

㉠ 표현론적 관점

문학 작품을 시인이나 작가의 체험, 사상, 감정을 표현한 것으로 보는 관점이다. 따라서 작품의 이해는 작가의 의도를 파악하는 일이며, 이를 위해 작가의 전기적 사실을 연구하여 작품에 어떻게 표현되었는가를 살핀다. 그러나 작품은 작가의 의도가 그대로 표현되지 않을 수 있다는 점에서 '의도의 오류(intentional fallacy)'를 범할 수 있다.

㉡ 반영론적 관점

작품을 삶의 현실(시대, 사회)이 반영된 산물이라고 보는 관점이다. 따라서 작품 이해의 지름길은 작품이 대상으로 삼고 있는 현실을 연구하는 일이다. 이 관점은 예술의 독창성을 간과할 우려가 있다.

ⓒ 효용론적 관점

작품이 독자에게 어떤 효과를 어느 정도 주었느냐에 따라 작품의 가치를 평가하려는 관점이다. 따라서 독자의 감동은 무엇이며 그것이 구체적으로 작품의 어떤 면에서 촉발되었는가와 같은 독자의 주관적 감정이 작품의 가치를 결정한다고 본다. 그러나 다양한 독자들의 주관적 감정들이 객관성을 갖기 어렵다는 점에서 '감정의 오류(affective fallacy)'를 범하기 쉽다.

② 내재적 관점 – 절대주의적 관점

㉠ 작품 그 자체를 독립적인 존재, 완결된 구조로 보아, 작품 내의 여러 요소들의 유기적 관계를 중요하게 여기며 구조 분석을 통해 작품의 참모습을 볼 수 있다는 관점이다. 작품의 구조를 중시한다는 점에서 구조론적 방법이라고도 하며 다른 관점들이 외재적 요인을 중시하는 데 비해 내부 요인을 중시한다는 점에서 내재적 비평이라고도 한다.

㉡ 작품을 이해하는 데 참조할 수 있는 것은 작품밖에 없으며, 작품 안에 작품을 해명할 수 있는 모든 요소는 갖추어져 있다는 입장이다. 따라서 작품의 언어, 구조, 부분과 전체의 유기적 관계 등이 중심적인 탐구 대상이다.

3단계 유사문제 '작품 비평 방법' 해결능력을 배양하기 위한 심화학습

01 다음 소설에 대한 감상 중, 표현론적인 입장에 주목한 것은?

그 여자는 자기보다 나이 두 살 위였는데, 한 이웃에 사는 탓으로 같이 놀기도 하고, 싸우기도 하며 자라났다. 그가 열네 살 적부터 그들 부모들 사이에 혼인 말이 있었고, 그도 어린 마음에 매우 탐탁하게 생각하였었다. 그런데 그 처녀가 열 일곱 살 된 겨울에 별안간 간 곳을 모르게 되었다. 알고 보니, 그 아비 되는 자가 이십원을 받고 대구 유곽에 팔아먹은 것이었다. 그 소문이 퍼지자 처녀 가족은 그 동리에서 못 살고 멀리 이사를 갔는데 그 후로는 물론 피차에 한 번 만나 보지도 못하였다. 이번에야 빈터만 남은 고향을 구경하고 돌아오는 길에 읍내에서 그 아내 될 뻔한 댁과 마주치게 되었다. 처녀는 어떤 일본 사람 집에서 아이를 보고 있었다. 궐녀는 이십 원 몸값을 십 년을 두고 갚았건만 그래도 주인에게 빚이 육십 원이나 남았는데, 몸에 몹쓸 병이 들어 나이 늙어져서 산송장이 되니까, 주인 되는 자가 특별히 빚을 탕감해 주고, 작년 가을에야 놓아 준 것이었다. 궐녀도 자기와 같이 십 년 동안이나 그리던 고향에 찾아오니까, 거기에는 집도 없고, 부모도 없고 쓸쓸한 돌무더기만 눈물을 자아낼 뿐이었다. 하루해를 울어 보내고 읍내로 들어와서 돌아다니다가, 십 년 동안 한 마디 두 마디 배워 두었던 일본말 덕택으로 그 일본 집에 있게 되었던 것이다. <중략>

섬이나 나는 전토는 / 신작로가 되고요- / 말마디나 하는 친구는
감옥소로 가고요- / 담뱃대나 떠는 노인은 / 공동 묘지 가고요-
인물이나 좋은 계집은 / 유곽으로 가고요-

— 현진건, '고향'

① 이 소설은 비참한 일제 치하의 하층민의 삶을 보여 주어서 일제에게 우리가 얼마나 당했는지를 인식시키고 각성을 촉구하는 의미가 있어.
② 일제 시대 일본은 모든 것을 수탈하고 우리의 생존마저도 빼앗으려고 했지. 그 수탈과 참혹한 인간의 삶을 이 소설이 극명하게 제시하고 있어.
③ 작가는 그 형이 독립 투사로 1926년 옥사했고, 그 형수는 남편을 따라 순사 했대. 이 소설이 나오게 된 것은 그 충격과 영향이 큰 것 같아.
④ 이 소설은 이야기 속에 그의 이야기가 있고 그의 이야기 속에 또 그 여자의 이야기가 있는 구조를 가지고 있군,
⑤ 그 당시 농촌이 워낙 피폐해져서 이 소설 말고도 이향(離鄕)을 다룬 다른 소설들이 많아. 최서해의 <탈출기>나 <홍염>도 그런 소재를 다루고 있지.

01_ 표현론적인 입장은, 문학은 작가의 삶의 가치관이나 개성이 표현된 것이라는 관점이다. 즉 작가에 주목하여 작품을 이해하는 관점이다. ①,②,⑤는 반영론적 관점, ④는 절대주의적 관점(내재적 관점)에서 작품을 이해하고 있다.

02

01 ③

The콕 제35강 인과적 순환 관계 표현하기

1단계 유형학습

Q. 〈보기〉는 어느 회사 제품의 국제 경쟁력이 약화된 원인을 설명하는 글을 쓰기 위해 작성한 것이다. 〈보기〉에 나타난 각 요인들의 인과적인 순환 관계가 잘 드러나도록 서술한 것은?

보기

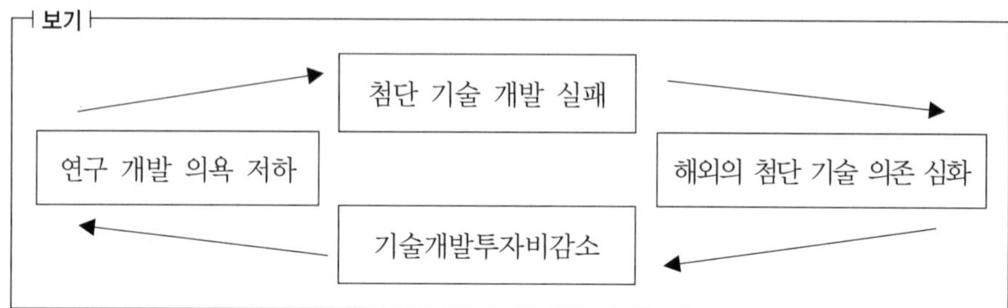

① 첨단 기술은 기초 과학에 의해 뒷받침된다. 그러니 회사는 지금 당장 필요한 기술 개발에만 신경 쓰지 말고 장기적인 안목으로 기초 과학 연구에 투자해야 한다.

② 회사는 현재의 기술 수준에만 만족하고 해외의 첨단 기술 정보 수집을 등한시하였다. 그러니 독자적인 첨단 기술을 갖출 수가 없어서 제품의 국제 경쟁력이 떨어지게 되었다.

③ 연구 개발 의욕이 저하되는 것은 기술 개발 투자비가 미미한 탓이다. 회사는 연구원들의 연구 의욕이 저하되었기 때문에 해외에서 기술을 도입하여 첨단 기술 개발에 실패한다.

④ 첨단 기술 개발 실패는 연구원들과 연구 의욕을 저하시킨다. 이 때문에 회사는 기술 개발 투자비를 삭감하고 그 대신 해외에서 첨단 기술을 도입하여 제품의 국제 경쟁력을 갖추려고 한다.

⑤ 기술 개발 투자비가 감소한 것은 해외의 첨단 기술을 무분별하게 도입한 탓이다. 그러므로 연구 개발 의욕이 떨어지고 첨단 기술 개발에 실패하게 된다.

해결 과정

그림으로 제시된 내용을 글로 풀어쓰는 문제이다. 이 문제는 글의 인과 관계를 분명히 밝혀 쓰는 것이 중요하다. 이 문제를 해결하는 방법은 그림에 제시된 것들 중에서 가장 중요한 문제점을 찾아내 글로 표현하는 것이다. 그림에 나타난 네 가지 사항 중 가장 중요한 것은 '첨단 기술 개발 실패'이다. 이 첨단 기술 개발 실패는 해외의 첨단 기술에 위존이 심한 것이 그 원인이고, 이것은 다시 기술 개발에 대한 투자 위욕을 감소시키게 된다. 또 이것이 원인이 되어 기업의 연구 개발 위욕을 감소시키는 악순환이 계속된다. ✓ 정답 ⑤

3단계 유사문제 '인과적 순환 관계 표현하기' 해결능력을 배양하기 위한 심화학습

01 〈보기〉는 우리 나라의 사회 문제 중의 하나인 고학력 중심주의를 설명하는 글을 쓰기 위해 작성한 제재들이다. 〈보기〉에 나타난 각 요인들의 인과적인 순환 관계가 잘 드러나도록 표현한 것은?

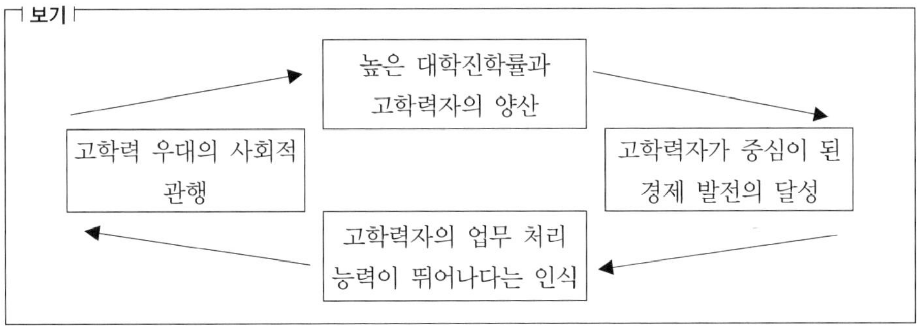

① 고학력 우대의 사회적 관행은 고학력자의 업무 처리 능력이 뛰어나다는 인식 때문인데 이런 인식은 고학력자가 중심이 되어 경제 발전을 이룬 데서 생긴 것이다. 고학력 우대의 사회적 관행은 높은 대학 진학률로 이어져 고학력자를 중심으로 경제 발전을 가능케 하며 이는 다시 고학력자의 능력이 뛰어나다는 인식을 강화한다.
② 고학력 우대의 사회적 관행은 높은 대학 진학률로 이어져 고학력자를 중심으로 경제 발전을 가능케 하며 이는 다시 고학력자의 능력이 뛰어나다는 인식을 강화한다. 고학력자가 중심이 되어 경제 발전을 이룬 데서 고학력 우대의 사회적 관행이 생겼고 고학력자의 업무처리 능력이 뛰어나다는 인식이 강화되었다.
③ 고학력 우대의 사회적 관행은 높은 대학 진학률을 유발하여 고학력자가 중심이 된 경제 발전을 가능케 한다. 이것은 결국 고학력자의 업무 처리 능력이 뛰어나다는 인식에서 비롯된 것이며 고학력 우대의 사회적 관행을 강화하게 된다.
④ 고학력자의 업무 처리 능력이 뛰어나다는 인식은 고학력자가 중심이 되어 경제 발전을 이룬 데서 생긴 것이다. 고학력 우대의 사회적 관행은 높은 대학 진학률로 이어져 고학력자를 중심으로 경제 발전을 가능케 하며 이는 다시 고학력자의 능력이 뛰어나다는 인식을 강화한다.
⑤ 고학력자의 업무 처리 능력이 뛰어나다는 인식은 고학력자가 중심이 되어 경제 발전을 이룬 데서 생긴 것이다. 이러한 경제 발전의 근본적인 원동력은 학력 우대의 사회적 관행에서 찾을 수 있는데 이는 높은 대학 진학률로 이어져 고학력자를 중심으로 한 경제 발전으로 순환된다.

01_ 화살표의 방향에 유의하여 설명을 전개하되 인과적 순환이 이루어져야 한다. ④의 경우 '고학력 우대의 사회적 관행'과 '고학력자의 업무 처리 능력 인식' 사이의 인과관계가 설명되지 않았다.

01 ①

02_ 〈보기〉는 한 가지가 잘못됨으로써 다른 부작용이 연쇄적으로 일어나며, 그 과정이 계속해서 순환됨을 보여 주고 있다. 〈보기〉를 보면 일종의 순환 과정임을 알 수 있다. ②의 경우, 나무 뿌리가 없어지게 된 이유가 나와 있지 않다. ③, ④, ⑤는 순환 과정의 일부가 생략되거나 순서가 뒤바뀌어 있다.

02 **다음의 보기는 살림 훼손으로 인한 어느 도시의 몰락 과정을 설명하기 위해 작성된 것이다. 보기에 나타난 각 요인들의 인과적 순환 관계가 잘 드러나도록 서술된 것은?**

보기

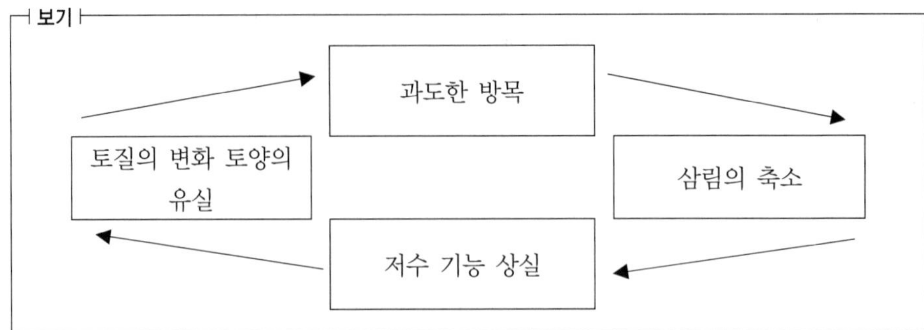

① 무분별한 방목으로 나무가 많이 없어졌다. 그래서 비가 많이 오면 그 빗물이 토양을 그대로 쓸어 내렸다. 토양은 벗겨져 흙이 벌겋게 드러나고 토질도 매우 메말라갔다. 곡식이 자라지 않는 땅에서 목축밖엔 달리 할 수 있는 것이 없었는데, 이는 그나마 조금 남아 있던 수풀을 완전히 없애 버리는 결과를 낳았다.

② 나무 뿌리가 없으니 비가와도 물이 저장되지 못하여 흙을 쓸고 내려가더니 토질도 점차 악화되었다. 수풀에선 농사가 불가능해 아쉬운 대로 방목을 할 수밖에 없었다. 척박한 땅에서는 목초밖에 키울 수 없게 되었고, 이로 인해 삼림은 아주 없어져 버렸다.

③ 수풀을 베고 그 자리에 목초를 심었다. 나무가 사라지니 비가와도 저장되지 않고 흙을 씻겨 내렸다. 이로 인해 나무가 자라기 어렵게 되었다. 방목을 계속하다 보니, 어느덧 토질도 달라져 버렸다.

④ 과도한 방목은 토양의 유실을 초래하였다. 흙이 씻겨 내려가고 토질이 달라지는 것은 수풀이 없기 때문이다. 다시 말하면, 나무의 뿌리가 사라져서 저수 기능이 없어진 것에 그 원인이 있었다.

⑤ 토양의 유실은 토질의 변화로 이어졌다. 토질이 바뀌면, 농사가 불가능해져서 방목을 할 수밖엔 없다. 방목을 하다 보니 이는 저수지를 마르게 하였고 저수지가 말라 버려 토질은 더욱 황폐해지고 말았다.

02 ①

03 〈보기〉는 영화 산업 부진의 원인을 설명하는 글을 쓰기 위해 작성한 것이다. 〈보기〉에 나타난 각 요인들의 인과적인 순환 관계가 잘 드러나도록 서술한 것은?

보기

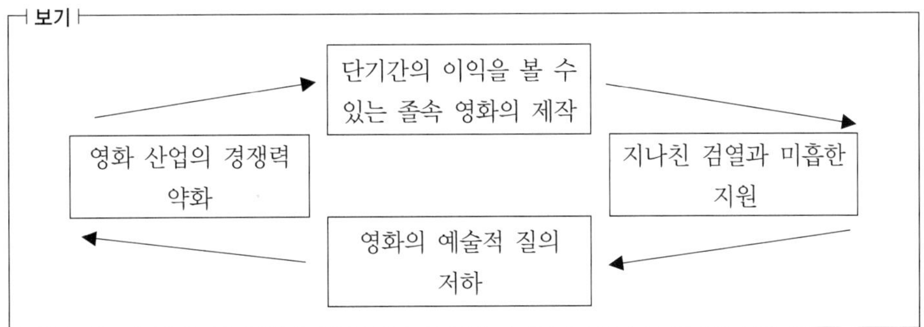

① 영화 산업의 예술성은 건실한 재정과 자유로운 상상력에 의해 뒷받침된다. 그러니 영화 회사는 단기간의 상업적 이익에만 신경을 쓰지 말고 장기적인 안목에서 영화 산업의 경쟁력 강화를 위해 노력해야 한다.

② 영화 산업은 목전의 이익에만 집착한 나머지 영화의 진정한 예술적 질에 대한 고려를 등한시하였다. 따라서, 영화 산업의 국제 경쟁력을 갖출 수가 없어서 졸속하게 제작되고, 그 결과 오히려 검열을 강화한 계기가 되었다.

③ 영화의 예술적 질이 떨어지는 것은 지나친 검열과 재정 지원의 부족 때문이다. 그 결과 영화 산업은 경쟁력이 턱없이 떨어지게 되고, 다시 영화 회사는 상업적 영화를 만들게 되는 악순환에 빠지게 된다.

④ 영화 산업은 경쟁력이 현저히 떨어지며, 따라서 자구책으로 졸속한 상업 영화를 제작한다. 이는 정부의 재정 지원을 가로막고 지나친 검열을 강화하는 계기가 되며, 이것이 다시 영화의 예술적 풍부함을 가로막는 장애 요인이 되는 것이다.

⑤ 영화의 예술성은 현저히 세계 수준에 미치지 못한다. 따라서 경쟁력이 떨어지며, 정부가 검열을 일삼고, 재정 지원을 기피하는 원인이 된다. 따라서, 영화 산업의 발전은 제작자들의 심기일전의 노력을 통해 극복되어야 한다.

03_ 도표의 서술은 도표의 내용을 정확하게 표현해야 한다. 그리고 이처럼 순환 관계가 제시될 때에는 단순히 꼬리를 물고 이어지는 것이 아니라, 어디를 문제의 근원으로 파악할 것인가를 선택해야 한다. 비록 결과적으로는 서로 연관되어 있을지라도 이 모든 문제를 야기한 원인은 기실 '지나친 검열과 미흡한 지원'이다. 이를 근본적인 출발점으로 삼고 있는 것은 ③이다.

02

03 ③

The콕 제36강 요구 조건에 만족한 표현

1단계 유형학습

Q. '과학 기술의 발달'을 대상으로 하여 표현하려고 한다. 〈보기〉의 의도를 잘 반영하여 표현한 것은?

보기
㉠ 비유와 대조의 방법을 사용한다.
㉡ 대상이 지니고 있는 양면적 속성을 드러낸다.
㉢ 의지를 지닌 것처럼 표현한다.

① 과학 기술의 발달은 현대 사회의 생산력을 높여 주고, 이를 통해서 모든 인간의 물질적 수요를 충족시켜 준다.
② 과학 기술의 발달은 그 무한한 가능성으로 인해 인간에게 희망을 줄 수도 있지만, 반면에 심각한 위협을 주기도 한다.
③ 과학 기술의 발달은 인간에게 풍요와 편리를 안겨다 준 천사이면서, 동시에 인간의 무지를 깨우쳐 준 지혜의 여신이다.
④ 과학 기술의 발달은 인간을 해방시켜 자아를 실현하게 할 수도 있지만, 인간을 로봇처럼 조종하기 위해서 미숙한 상태로 억눌러 둘 수도 있다.
⑤ 과학 기술의 발달은 과거와는 현저히 다른 양상으로 인간의 운명을 이끌었고, 앞으로도 어떤 변화를 가져올지 모르는 수수께끼와 같은 존재이다.

해결 과정

②는 비유의 방법을 쓰지 않았다. ③, ⑤는 대조의 방법을 쓰지 않았고, 양면적 속성을 드러내지 못했다.

✓ 정답 ④

2단계 배경지식

'요구 조건에 만족한 표현'을 풀기 위한 스키마 학습

1. 유형설명

이 유형은 요구 사항을 제시문에 나열하고 그 조건에 만족하는 가장 바람직한 문장을 찾는 것이다. 이 유형은 글의 여러 가지 표현의 방법을 익히어 효과적인 표현 방법을 알고 있는가를 측정하는 문형이다.

2. 학습초점

» 요구 조건을 제대로 파악한다.
» 글의 진술 방식을 제대로 파악한다.

3. 학습내용

제2강 <글의 진술 방식> 부분 참고

3단계 유사문제

'요구 조건에 만족한 표현' 해결능력을 배양하기 위한 심화학습

01 〈보기〉의 조건을 모두 만족하는 글은?

보기
㉠ 첫 문장이 주제문이다. ㉡ 글이 통일성을 이루고 있다. ㉢ 대조의 진술 방식을 사용하고 있다.

① 초여름답지 않게 복날 같은 지열이 후끈 달아올랐다. 두어 달 계속된 가뭄으로 논두렁은 거북 등이 되었고, 쩍쩍 갈라진 틈새로 일찍 심은 모가 빨갛게 말라붙었다. 마을은 깊은 침묵의 나락으로 빠져들었다. 이따금 끼니를 얻어먹지 못한 동네 개들이 어슬렁거릴 뿐이다.

② 제주도 석상 문화의 으뜸은 동자석이다. 아담한 크기의 동자석이 쌍으로 서서 무덤을 지킨다. 글자 그대로 아이 형상의 석상인데, 그 토속성이 사람들의 눈길을 끈다. 불행하게도 이들 동자석은 많은 수난을 당했다. 지금도 수집가들에 의해 팔려 가거나 도난당하고 있는 실정이다.

③ 사람의 말을 흉내내는 새는 혀의 구조가 특이하다. 대부분의 새는 혀가 너무 딱딱하고 가늘어 움직임이 한정적인 것에 비해, 앵무새와 구관조의 혀는 살이 많고 유연해 움직임이 좋다. 그래서 사람의 말은 물론 개가 짖는 소리나 초인종, 전화벨 소리까지 흉내낼 수 있다.

④ 배는 삶의 중심이다. 인간사에서 배고픔보다 절박한 것이 있을까. 배고픔이란 세 글자는 인생살이에서 고통의 상징이었다. 가난하게 사는 삶 자체를 배고픔으로 표현했으니 말이다. 그렇다면 배의 중심인 배꼽은 삶의 중심의 중심이기 때문에 세상의 중심이라고 할 수 있다.

⑤ 과학자들은 잔인하다. 그들은 잠이 사람에게 미치는 영향을 조사하기 위해 며칠씩 잠을 재우지 않기도 한다. 강아지를 4~6일 동안 재우지 않았더니 죽어 버렸다는 과학 보고서도 있다. 그러나 인간을 실험 대상으로 하여 잠을 자지 않으면 인간이 며칠 만에 죽는지에 대한 실험 결과는 아직 없다.

01_ ①은 한 마을의 안팎을 묘사하고 있는 글로서, 겉으로 드러난 주제가 없다. ②는 첫 문장이 주제문인 것 같지만 동자석이 많은 수난을 당했다는 부분이 글의 통일성을 해치고 있다. ③은 첫 문장이 주제문이고, 통일성에도 문제가 없으며, 사람의 말을 흉내 내는 새와 그렇지 않은 대부분의 새의 혀의 구조의 차이를 설명하고 있다. ④는 배의 얘기인지, 배꼽의 얘기인지 분명하지 않고, ⑤는 첫 문장이 주제문이라면 마지막 문장은 글의 통일성에 저해된다.

01 ③

02_ 〈보기〉로 보아 '단풍'과 자신의 일체감이 표현되어야 하며, 그 표현이 과장되어야 한다. ③이 '우리 = 단풍'의 일체감을 잘 드러내고 있고, '옷을 짜면 ~ 것만 같다.'에서 상당한 과장법을 사용하고 있다.

02 ③

02 '단풍으로 물든 가을 산의 모습'을 표현하고자 한다. 〈보기〉의 의도를 잘 반영하여 표현한 것은?

보기
㉠ 대상과의 일체감을 중심으로 표현한다.
㉡ 주관적인 인상을 다소 과장하여 표현한다.

① 만학천봉(萬壑千峰)이 한바탕 흐드러지게 웃는 듯, 산색은 붉을 대로 붉었다. 자세히 보니, 홍만도 아니었다. 청이 있고, 녹이 있고, 황이 있고, 등(橙)이 있고, 이를테면 산 전체가 무지개와 같이 복잡한 색소로 구성되었으면서, 얼른 보기에 주홍만으로 보이는 것은 스펙트럼의 조화던가?
② 산 전체가 요원(燎原)같은 화원(花園)이요, 벽공(碧空)에 외연(巍然)히 솟은 봉봉은 그대로가 활짝 피어 오른 한 떨기의 꽃송이다. 산은 때아닌 때에 다시 한 번 봄을 맞아 백화 난만한 것일까? 아니면, 불의의 신화(神火)에 이 봉 저 봉이 송두리째 붉게 타고 있는 것일까? 진주홍을 함빡 빨아들인 해면같이, 우러러볼수록 찬란하다.
③ 산은 언제 어디다 이렇게 많은 색소를 간직해 두었다가 일시에 지천으로 내뿜는 것일까? 단풍이 이렇게까지 고운 줄은 몰랐다. 정말 우리도 한 떨기 단풍에 지나지 않아 보인다. 다리는 줄기요, 팔은 가지인 채, 피부는 단풍으로 물들어 버린 것 같다. 옷을 훨훨 벗어 꽉 쥐어짜면, 물에 헹궈 낸 빨래처럼 진주홍 물이 주르르 흘러내릴 것만 같다.
④ 시선을 낮춰 아래로 굽어보니, 발 밑은 천인단애(千仞斷崖), 무한제(無限際)로 뚝 떨어진 황천 계곡에 단풍이 선혈처럼 붉다. 우러러보는 단풍이 새색시 머리의 칠보 단장(七寶丹粧) 같다면, 굽어보는 단풍은 치렁치렁 늘어진, 규수의 붉은 치마폭 같다고나 할까. 수줍어 생글 돌아서는 낯붉힌 아가씨가 어느 구석에서 금방 튀어나올 것도 같구나!
⑤ 돌연 일진 광풍이 어디서 불어 왔는지, 휙 소리를 내며 운무를 몰아 가자, 은하수같이 정다운 은제와, 주홍 주단 폭같이 늘어놓은 붉은 진달래 단풍이, 몰려가는 연무 사이로 나타나 보인다. 은제와 단풍은 마치 이랑 이랑으로 섞바꾸어 가며 짜놓은 비단결같이 봉에서 골짜기로 퍼덕이며 흘러내리는 듯하다. 진달래는 꽃보다 단풍이 배승(倍勝)함을 이제야 깨달았다.

03 〈보기〉의 의도를 잘 반영하여 표현한 것은?

보기
㉠ 풀벌레 소리를 인간 현상에 비추어 표현한다.
㉡ 비유의 효과를 살린다.
㉢ 교훈적 요소가 암시적으로 드러나도록 한다.

① 낮에는 숨죽이고 자신을 숨기고 있다 밤이 되면 나타나 울음 운다. 이름 모를 풀섶에 한가로이 누워 가다듬은 목청을 자랑이라도 하듯 소리 높여 쉼없이 노래한다.
② 풀섶 여기저기에 흩어져 제각기 독특한 소리를 낸다. 옆집 처녀를 유혹이라도 하려는 듯이 자신의 소리를 뽐내가며 더욱 큰소리로 노래한다.
③ 적막한 밤의 정적을 깨고 귀뚜라미는 귀뚜라미대로, 여치는 여치대로 일제히 소리 높여 노래한다. 이런 가을밤은 혼자 있어도 외롭지 않다.
④ 둥근 달 높이 떠 온 세상 비추고 풀벌레 소리 가득한 가을밤. 창문을 열고 뜰에 나가서니 온 세상 한가운데 내가 서 있는 듯하구나.
⑤ 음악으로 치면 독주회도 4중주도 아닌 대교향악이다. 개인의 화려함도 자랑함이 없이 전체의 조화를 파괴함도 없이 그저 주어진 악보에 따라 최선을 다해 교향악을 연주한다.

03_ ⑤의 앞 문장은 풀벌레 소리를 비유적으로 표현했고, 뒷 문장에서는 이를 인간 현상에 비추어, 자신에게 주어진 일을 묵묵히 해 나가는 인간의 모습을 암시적으로 나타내고 있다.

02

03 ⑤

천지현

주요 약력

現) 박문각 공무원 국어 온라인·오프라인 전임강사
前) 황남기 독한공무원 전임교수
前) EBS 공무원 국어
前) YBM공무원 국어/PSAT 전임교수
前) 일타에듀/독한공무원 외 전임교수
前) 종로국가정보학원 출강
前) 강남메가&이투스 출강
前) 대성 종로 재수종합반 출강

주요 저서

· 박문각 공무원 The콕 국어 생각의 기술(박문각출판)
· 박문각 공무원 The콕 국어 문법·규정(박문각출판)
· 박문각 공무원 The콕 국어 어휘·독해력(박문각출판)
· 2024 EBS 공시 국어 전략서(아람출판사)
· 2024 EBS 공시 국어 기출·예상문제집(아람출판사)
· 2023 EBS 공시 국어 전략서(아람출판사)
· 2023 EBS 공시 국어 기출문제집(아람출판사)
· 2023 EBS 공시 국어 적중 예상문제집(아람출판사)
· The콕 핵심요약(멘토링)

유튜브 공무원국어 천지현
인스타그램 @thecok_korea
카카오톡 thecok
네이버 카페 https://cafe.naver.com/visang09

천지현 The콕 국어 ✧✦ 생각의 기술

초판 인쇄 | 2024. 10. 15. **초판 발행** | 2024. 10. 21. **편저** | 천지현
발행인 | 박 용 **발행처** | (주)박문각출판 **등록** | 2015년 4월 29일 제2019-000137호
주소 | 06654 서울시 서초구 효령로 283 서경 B/D 4층 **팩스** | (02)584-2927
전화 | 교재 문의 (02)6466-7202

저자와의 협의하에 인지생략

정가 38,000원
ISBN 979-11-7262-244-2